PRINCIPES

D'ADMINISTRATION GÉNÉRALE

DE

L'INDOCHINE

PAR

LÉON MOSSY

LICENCIÉ EN DROIT

ADMINISTRATEUR DES SERVICES CIVILS DE L'INDOCHINE

5e ÉDITION

Revue et augmentée

SAIGON

IMPRIMERIE DE L'UNION

13, RUE LUCIEN MOSSARD, 13

1926

PRINCIPES
D'ADMINISTRATION GÉNÉRALE
DE
L'INDOCHINE

PAR

LÉON MOSSY

LICENCIÉ EN DROIT
ADMINISTRATEUR DES SERVICES CIVILS DE L'INDOCHINE

5e ÉDITION
Revue et augmentée

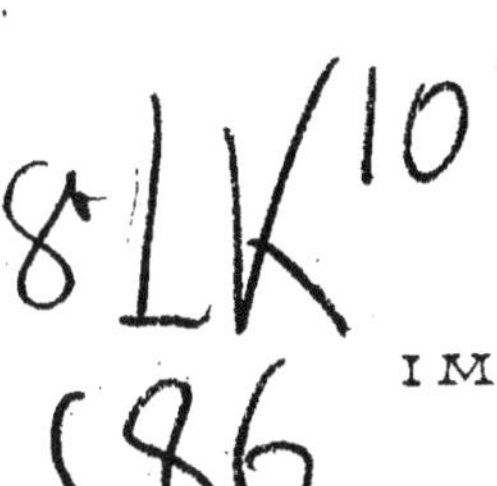

SAIGON
IMPRIMERIE DE L'UNION
13, RUE LUCIEN MOSSARD, 13

1926

PRINCIPES
D'ADMINISTRATION GÉNÉRALE
DE
L'INDOCHINE

Préface de la 1re édition

Le Décret du 24 Juin 1912 a institué un examen pour le grade d'administrateur de 5e classe des Services Civils (1) *et l'arrêté du 1er Octobre suivant en a fixé les conditions et le programme. Les quatre épreuves à subir par les candidats ont trait :*

La première, à des notions générales de législation métropolitaine et coloniale, aux principes d'économie politique, au régime financier et à la comptabilité.

La deuxième, à l'Administration générale de l'Indochine.

La troisième, à des notions de droit français.

La quatrième, à des notions générales sur l'histoire des divers pays de l'Indochine.

Alors que les matières relatives aux 1re, 3e et 4e épreuves ont toutes fait l'objet de traités ou d'études, je ne sache pas que l'on ait songé jusqu'ici à publier — tout au moins en vue de l'examen — un ouvrage qui traiterait précisément de toutes les matières inscrites sous la rubrique : Administration générale de l'Indochine *et qui constituent la 2e épreuve* (2).

J'ai donc pensé que je pourrais être utile à mes jeunes collègues en condensant, dans un recueil, les différents points du programme. Ce travail aura tout au moins l'avantage d'éviter aux candidats une grande perte de temps. En effet, ne sont-ils pas obligés, s'ils veulent affronter l'examen avec chance

---

(1) Par suite de la réorganisation du corps des Services civils de l'Indochine — en vertu du décret du 1er Décembre 1920 — l'examen pour le grade d'administrateur de 5e classe (ancienne formation) est prévu maintenant pour le grade d'administrateur-adjoint de 3e classe. — Les conditions et programme de cet examen, fixés à nouveau par l'arrêté du 16 Mars 1921, sont exactement ceux prévus par l'arrêté du 1er Octobre 1912. La seule modification apportée à ce dernier texte est la suppression de tout ce qui est relatif à la dispense de certaines épreuves, qui avait été consentie aux titulaires de diplômes de l'Enseignement supérieur.

(2) Ces matières constituent également une des parties de la 2e épreuve du concours pour le grade de chef de bureau de 2e classe des Services civils.

de succès, de se reporter à de nombreux textes épars dans le Journal Officiel de l'Indochine, *dans les* Bulletins Administratifs *locaux, dans le* Recueil général permanent de l'Indochine, *dans le* Recueil d'Administration cantonale et communale de Cochinchine de M. Ernest OUTREY, *etc. etc. N'y a-t-il donc pas, par suite, avantage à ce que tous les points du programme de la 2e épreuve soient traités dans un petit recueil facile à consulter ? Du moins, je l'ai pensé ainsi. Aussi bien, c'est avec l'espoir qu'il pourra être lu avec fruit que je m'y suis consacré n'ayant eu en vue que d'être utile à mes collègues ainsi qu'à tous ceux qui, n'étant pas encore familiarisés avec les principes de l'Administration générale de la Colonie ont à préparer un examen dont le programme comporte les matières de la 2e épreuve. (Examen des payeurs et des commis de Trésorerie, des huyện en Cochinchine, des inspecteurs des Douanes et Régies, des secrétaires de commissaires de police, etc. etc..)*

Enfin, il m'est permis de croire qu'il pourra être également consulté avec intérêt, le cas échéant, par toute personne qui désirera avoir un renseignement précis sur tel ou tel point de l'Administration indochinoise.

Pour préparer ce travail, certains ouvrages m'ont été d'un grand secours : je citerai notamment le Recueil d'Administration cantonale et communale de M. Ernest OUTREY, les Recueils de M. Gabriel MICHEL, les Principales réformes financières en Indochine de M. DEMORGNY, le Traité de Législation Coloniale de M. DISLÈRE, l'Annuaire général de l'Indochine.

NOTA. — *J'ai estimé qu'il serait bon de reproduire in-extenso divers textes d'intérêt primordial pour les Administrateurs et les fonctionnaires en général ; on trouvera donc, en fin de cet ouvrage, le Décret de réorganisation du corps des Administrateurs des Services civils de l'Indochine, l'arrêté sur les examens de langues orientales, etc .. etc..,*

L. MOSSY.

Saigon, le 25 Mars 1914.

Préface de la 2e édition

Le bienveillant accueil fait à mon ouvrage m'a engagé, maintenant que la 1re édition en est épuisée, à en préparer une 2e, revue, mise à jour et considérablement augmentée. On trouvera donc dans ce volume des questions qui n'étaient pas traitées précédemment et qui pourtant peuvent être d'une grande utilité.

Heureux si mes efforts peuvent faciliter la tâche de mes collègues et leur éviter de la sorte des recherches parfois longues et difficiles dans les publications officielles de la colonie.

L. Mossy.

Saigon, le 25 Avril 1917.

INTRODUCTION

GÉNÉRALITÉS

SUR

L'INDOCHINE ET LE RÉGIME COLONIAL

Administration générale. — C'est le décret du 17 Octobre 1887, modifié par celui du 19 mai 1889, qui a organisé l'Indochine en Gouvernement général comprenant la Cochinchine, le Tonkin, l'Annam, le Cambodge, réalisant ainsi l'Union Indochinoise pour ce qui concernait l'Administration générale et la Direction politique, le Commandement des forces de terre et de mer, les Services judiciaires, l'Administration des Postes et Télégraphes et les Douanes et Régies.

Chaque pays conservait son autonomie, son budget, son organisation propre telle qu'elle résultait des institutions locales ou des actes diplomatiques passés avec les souverains des territoires placés sous le protectorat de la France. C'est ainsi que les Résidents supérieurs de l'Annam et du Tonkin et le Résident supérieur du Cambodge continuaient à exercer, sous l'autorité du Gouverneur général, les pouvoirs qui leur étaient respectivement conférés par le traité passé avec l'Empereur d'Annam, le 6 Juin 1884, approuvé par la loi du 15 Juin 1885, et par la convention passée avec le Roi du Cambodge, le 17 Juin 1884, approuvée par la loi du 17 Juillet 1885.

Le traité du 3 Octobre 1893 intervenu entre le Siam et la France nous donna l'ensemble des territoires de la rive gauche du Mékong et les îles du fleuve constituant ainsi le Laos français qui fut, par décret du 19 Avril 1899, placé sous l'autorité d'un Résident supérieur dépendant du Gouverneur général. En 1904 à la suite de nouvelles négociations avec le Siam, le Cambodge fut accru des territoires siamois de Melouprey et Tonlé-repou. Enfin le traité du 23 Mars 1907 qui établit, d'une manière définitive, les limites entre le

Laos, le Cambodge et le Siam nous donna également les territoires de Battambang, Siem-Reap et Sisophong (1) « que le Siam occupait à tort et que le Roi du Cambodge n'avait cessé de revendiquer comme terres cambodgiennes ».

D'autre part, la Chine ayant, par le traité du 10 Avril 1898, cédé à bail à la France pour 99 ans, le territoire de Kouang-tchéou-wan, ce dernier pays fut également placé, par décret du 5 Janvier 1900, sous l'autorité du Gouverneur général.

L'Union indochinoise qui, à vrai dire, ne fut pratiquement réalisée que sous le gouvernement de M. Doumer, à la suite de la nouvelle institution d'un budget général (2) pour les dépenses d'intérêt commun à l'Indochine (décret du 31 Juillet 1898), comprend donc la colonie de Cochinchine, les protectorats de l'Annam, du Tonkin, du Cambodge et du Laos et le territoire à bail de Kouang-tchéou-wan.

L'organisation de la Colonie a été fixée en dernier lieu par les décrets du 20 Octobre 1911 dans lesquels sont méthodiquement repris les textes qui la régissaient au triple point de vue politique, administratif et financier.

L'Indochine est soumise à la haute autorité d'un Gouverneur général dont les pouvoirs et les attributions seront étudiés au chapitre suivant. Le Chef de la Colonie est assisté

---

(1) En vertu de ce traité, les territoires cédés à la France sont devenus français. L'incorporation au Cambodge a pu être faite administrativement, en ce sens que ces territoires sont placés sous l'autorité et l'administration du Résident supérieur du Cambodge, mais, *territorialement*, ces provinces sont françaises, forment une Colonie française tout comme la Cochinchine, alors que le Cambodge est pays de Protectorat. Cette distinction est utile surtout au point de vue législatif ; nous pouvons légiférer comme bon nous semble à Battambang, tandis que, au Cambodge, nous sommes liés par le traité de Protectorat.

Pour régulariser ce rattachement, un décret en date du 20 septembre 1915 stipule que les mutations territoriales entre les divers pays qui composent la Colonie de l'Indochine française sont effectuées par arrêtés du Gouverneur général pris en Conseil de Gouvernement, après avis des Conseils de Protectorat ou du Conseil Colonial de la Cochinchine, suivant le cas.

Toutefois, ces arrêtés ne pourront être rendus exécutoires qu'après avoir reçu l'approbation du Ministre des Colonies.

(2) Le budget général qui avait été créé par le décret du 17 octobre 1887 avait été supprimé par celui du 11 mai 1888.

d'un Conseil de Gouvernement réorganisé par un des décrets du 20 Octobre 1911; une Commission permanente élue dans son sein exerce certaines attributions en dehors des sessions (1).

A la tête des Administrations locales se trouvent un Gouverneur pour la Cochinchine, un Résident supérieur pour chacun des Protectorats de l'Annam, du Tonkin, du Cambodge, du Laos, et un Administrateur chef de territoire pour Kouang-tchéou-wan. Ces hauts fonctionnaires ont, sous leurs ordres, les chefs des services locaux et, d'une manière générale, tout le personnel en service dans le pays qu'ils administrent. En outre, le Gouverneur de la Cochinchine est assisté d'un Conseil Privé et d'un Conseil colonial, et les Résidents supérieurs de l'Annam, du Tonkin et du Cambodge, d'un Conseil de Protectorat.

Nota. — Les Gouverneurs généraux, Gouverneurs des Colonies et Résidents supérieurs sont régis par le décret du 21 Juillet 1921.

Le cadre des Gouverneurs et Résidents supérieurs — à l'exception des Gouverneurs généraux — comprend 3 classes conférées par décret. Elles sont personnelles et indépendantes de la résidence.

Les Gouverneurs généraux et les Gouverneurs des Colonies ne dépendant pas d'un Gouvernement général sont nommés pour une durée de cinq ans. Cette durée peut être ultérieurement prolongée. Ils sont assimilés, au point de vue de la retraite, aux Commissaires généraux de la Marine.

Les Chefs des grandes Administrations et Services généraux communs à l'Indochine ne dépendent que du Gouverneur général. Ce sont :

Le Directeur des Finances,
Le Directeur des Affaires économiques,

---

(1) Cette organisation doit être modifiée. (Mai 1925).

Il est question en effet de remplacer le Conseil de Gouvernement et sa Commission permanente par 3 assemblées qui seront :

1° Le Congrès de l'Union indochinoise ;
2° Le Conseil supérieur de l'Indochine ;
3° Le Conseil d'Administration du Gouvernement général.

L'Inspecteur général des Travaux publics,
Le Directeur de l'Instruction publique,
Le Directeur des Douanes et Régies,
Le Directeur du Contrôle financier,
Le Directeur de l'Administration judiciaire,
Le Directeur de l'École française d'Extrême-Orient,
Le Directeur de l'Intendance (pour l'Arsenal de Saigon),
Le Trésorier général,
L'Inspecteur général des Services sanitaires et médicaux,
L'Inspecteur général des Services vétérinaires et zootechniques,
Le Directeur des Postes et Télégraphes,
Le Chef du Service géographique,
L'Inspecteur général de l'Agriculture, de l'Elevage et des Forêts,
Le Directeur de l'Institut scientifique.

Chaque pays de l'Union comprend un certain nombre de circonscriptions administratives à la tête desquelles se trouve un administrateur (pour la Cochinchine), un résident (pour le Cambodge, le Tonkin, l'Annam), un commissaire du Gouvernement (pour le Laos). Il y a, en outre, au Tonkin et au Laos, plusieurs Territoires militaires dirigés par des officiers supérieurs du grade de lieutenant-colonel ou commandant (1). En ce qui concerne le territoire de Battambang, nouvellement incorporé au Cambodge, le chef de la circonscription prend le titre de commissaire-délégué.

Les Chefs de province (administrateurs, résidents, commissaires du Gouvernement etc.) dirigent, sous l'autorité des Chefs de l'Administration locale, les services provinciaux et exercent d'une façon plus ou moins directe le contrôle de l'Administration indigène ; ils sont assistés de

---

(1) L'arrêté du 25 février 1924 stipule que, dans chacun des territoires militaires, un administrateur-adjoint sera placé auprès du commandant du territoire pour s'occuper de toutes les affaires administratives de la circonscription et plus particulièrement de la justice indigène.

Au surplus, comme les autres circonscriptions, ces territoires sont placés sous la direction du Chef de l'Administration locale.

fonctionnaires européens et indigènes qui les secondent soit au chef-lieu, soit à la tête des *délégations* (délégués français) ou des *postes administratifs* (délégués indigènes).

Les divers pays de l'Union Indochinoise comprennent les circonscriptions administratives suivantes :

COCHINCHINE. — 20 provinces: Baclieu, Baria, Bentré, Bienhoa, Cantho, Chaudoc, Cholon, Giadinh, Gocong, Hatien, Longxuyen, Mytho, Rachgia. Sadec, Soctrang, Tanan, Tay-ninh, Thudaumot, Travinh, Vinhlong.
2 villes : Saigon et Cholon.
1 île : Poulo-Condore (pénitencier).

TONKIN. — 21 provinces : Bac-giang, Bac-kan, Bac-ninh, Ha-dong, Hai-duong, Hoa-binh, Hung-yen, Kien-an, Lang-son, Lao-kay, Nam-dinh, Ninh-binh, Phu-tho, Quang-yen, Son-la, Son-tay, Thai-binh, Thai-nguyen, Tuyen-quang, Vinh-yen, Yen-bay.
4 territoires militaires : Hai-ninh (1er), Caobang (2e), Ha-giang (3e), Lai-chau (4e).
4 villes : Hanoi (1), Haiphong (1), Nam-dinh et Hai-duong.

ANNAM. — 13 provinces : Binh-dinh, Binh-thuan, Ha-tinh, Haut-Donai, Khanh-hoa, Kontum, Nghe-an, Quang-binh, Quang-nam, Quang-ngai, Quang-tri, Thanh-hoa, Thua-thien.
2 villes : Tourane (1) et Dalat.

CAMBODGE. — 14 provinces : Battambang, Kampot, Kandal, Kompong-cham, Kompong-chhnang, Kompong-speu, Kompong-thom, Kratié, Prey-veng, Pursat, Siemreap, Soai-rieng, Stung-treng, Takéo.
1 ville : Phnompenh.

LAOS. — 10 provinces : Attopeu, Bassac, Cammon, Haut-Mékong, Houaphan, Luang-prabang, Saravane, Savannaket, Tranninh, Vientiane.
1 territoire militaire : Phong-saly (5e)

---

(1) Par ordonnance en date du 3 Octobre 1888 complétée par celle du 15 janvier 1901, l'Empereur d'Annam a cédé en toute propriété à la France les territoires des villes d'Hanoï, Haiphong et Tourane qui sont ainsi devenus territoires français où nous pouvons par suite légiférer sans être liés par le traité de Protectorat.

KOUANG-TCHÉOU-WAN. — 2 centres urbains : Fort-Bayard et Tchekam.

7 délégations : Poteou, Tamsoui, Potsi, Tchimoun, Tai-ping, Tongsan, Sanka-Wo.

Constitution et législation.— Conformément à l'article 18 du Sénatus-consulte du 3 Mai 1854, qui est le texte fondamental de la constitution coloniale, les Colonies autres que la Martinique, la Guadeloupe et la Réunion sont soumises au régime des décrets simples. L'Indochine rentre donc dans la catégorie des colonies soumises à ce dernier régime. « Toutefois une modification a été apportée sur ce dernier point par les lois relatives au régime douanier des Colonies. La loi du 7 Mai 1881 exige un décret en Conseil d'État pour la fixation des tarifs de Douane de ces établissements. Cette disposition a été maintenue par la loi du 11 Janvier 1892, dans les cas spéciaux où le tarif métropolitain n'est pas applicable. En outre, cette dernière loi décide que les délibérations des Conseils généraux relatives au mode d'assiette, aux règles de perception et au mode de répartition de l'octroi de mer doivent être approuvées par un décret rendu dans la forme des règlements d'administration publique. » (DISLÈRE, *Traité de législation coloniale*).

« En vertu du Sénatus-consulte du 3 Mai 1854, le décret simple est donc en ce moment pour toutes les colonies, sauf les Antilles et la Réunion, l'acte législatif de droit commun ; néanmoins cette délégation consentie au chef du pouvoir exécutif n'entrave nullement la liberté d'action du pouvoir législatif actuel exercé par le Sénat et la Chambre des Députés, de telle sorte que si le Président de la République possède encore le pouvoir de faire œuvre de législation coloniale, dans les formes voulues par le Sénatus-consulte du 3 Mai 1854, la Chambre des Députés et le Sénat n'en ont pas moins le droit de s'emparer des matières qui avaient été réservées au pouvoir exécutif et de les régir par des lois. C'est ainsi que certaines lois ont été votées par le Sénat et la Chambre des Députés sur des matières qui, sous le régime du Sénatus-consulte de 1854, pouvaient être réglées par des décrets ; par exemple, la loi du 29 Juillet 1881 sur la presse, la loi du 27 Mai 1885 sur les récidivistes, qui ont été déclarées applicables à l'Algérie et aux Colonies. Ces matières sont ainsi sorties du régime provisoire et exceptionnel des décrets pour être replacées dans le droit commun ou, en d'autres termes, sous le régime des lois, car seules des lois pourraient les régler à nouveau, même pour les Colonies soumises au régime des décrets. Mais cette évocation partielle faite par les Chambres, dans certaines matières particulières et spéciales, ne peut avoir pour effet de modifier, pour le surplus, la constitution coloniale qui reste la même dans tous les autres cas.

« Et de même que le pouvoir législatif de droit commun a pu valablement déléguer ses attributions au chef du pouvoir exécutif pour en faire le législateur colonial, de même le chef du pouvoir exécutif *peut*, à son tour, *régulièrement déléguer* ces mêmes attributions au chef d'une Colonie, de manière que ce dernier possède alors un véritable *pouvoir législatif*, dans la limite naturellement de la délégation consentie à son profit, étant expressément entendu que cette délégation se trouve révoquée pour les matières où le chef du pouvoir exécutif serait intervenu par voie de décret. Bien mieux, et à défaut d'un texte précisant et limitant les pouvoirs du Gouverneur, ce dernier est reputé posséder le pouvoir législatif en vertu d'une délégation *tacite*, sous la réserve du droit d'évocation toujours possible du pouvoir législatif supérieur (1). » (Penant, *Recueil de jurisprudence coloniale*).

Nota. — « L'intervention du Conseil d'Etat s'impose, en ce qui concerne les colonies, lorsqu'il s'agit d'emprunts : mais lorsque l'Etat lui-même garantit le paiement des intérêts et le remboursement de l'emprunt, cette intervention est

(1) Dans son ouvrage « *L'Indochine* » M. Salaün écrit : « La délégation législative *expresse et permanente* conférée au chef du Pouvoir exécutif par le Sénatus-Consulte de 1854, et maintenue par le Parlement, le Président de la République la transmet à son tour au Gouverneur général en passant par le Ministre des Colonies. Il est donc exact de dire que, à l'exception des matières évoquées directement par le législateur métropolitain, ou déjà réglées par des décrets, — ces matières sont, à la vérité, très nombreuses et très variées — c'est par l'intermédiaire de son Gouverneur général que la France gouverne l'Indochine. »

insuffisante et un engagement de cette nature doit être consacré par le Parlement. C'est ainsi que des lois ont été nécessaires pour autoriser le Gouvernement général de l'Indochine à contracter, avec la garantie de l'Etat, les emprunts des 10 Février 1896, 25 Décembre 1898, 26 Décembre 1912, etc .. (1)». DISLÈRE, *ibid.*)

Représentation Coloniale : Conseil Supérieur des Colonies. — L'Indochine est représentée au Parlement par le Député de la Cochinchine et par trois délégués, un pour l'Annam, un pour le Tonkin et un pour le Cambodge, au Conseil supérieur des Colonies. *(Décret du 28 Septembre 1920).* Cette assemblée est instituée auprès du Ministre des Colonies et sous sa présidence pour fournir des avis sur les questions et les projets, intéressant le Domaine colonial français, que le Ministre soumet à son examen.

Le Conseil supérieur des colonies se compose de trois corps consultatifs, qui se réunissent et délibèrent séparément :

1° Le Haut Conseil colonial ;
2° Le Conseil économique des colonies ;
3° Le Conseil de législation coloniale.

Le Haut Conseil colonial est appelé à donner ses avis sur les problèmes concernant l'Administration générale, l'organisation politique et militaire, le statut indigène et le développement d'ensemble des colonies et pays de Protectorat.

Il est composé des anciens Ministres des Colonies et des anciens Gouverneurs généraux.

Un représentant de chacun des Ministres des Affaires étrangères, de la Guerre et de la Marine est appelé à prendre part à ses travaux.

Le Ministre des Colonies préside lui-même les séances du Haut Conseil colonial.

---

(1) La procédure d'autorisation des emprunts prévue par l'art. 87 du décret du 30 Décembre 1912, est la reproduction des dispositions de l'art. 127 de la loi de finances du 13 Juillet 1911. Il résulte de ces dispositions que seuls peuvent emprunter : soit les Colonies non groupées, soit les Gouvernements généraux, à l'exclusion des Colonies qui les composent.

Le Conseil économique des colonies est appelé à donner ses avis sur les questions et les projets intéressant la mise en valeur des colonies et des pays de Protectorat, ainsi que l'expansion commerciale, industrielle et agricole de la France dans ses possessions.

Il se compose :

1° Des Sénateurs et Députés des colonies ;

2° Des Délégués élus des colonies au Conseil supérieur ;

3° De Membres désignés à raison de leur expérience spéciale des questions économiques, financières, industrielles, commerciales, agricoles et maritimes qui touchent aux intérêts solidaires de la Métropole et des colonies ;

4° Du Directeur de l'Agence générale des colonies et des Directeurs des Agences économiques des Gouvernements coloniaux ;

5° De représentants de chacun des Départements du Commerce, des Finances, de l'Agriculture, de la Marine marchande, des Travaux publics, du Travail et de l'Instruction publique désignés par le Ministre dont ils relèvent.

Le Conseil économique est divisé en sept sections, savoir :

a) Section des produits d'alimentation ;
b) Section des matières grasses ;
c) Section des textiles ;
d) Section des produits miniers et combustibles minéraux ;
e) Section des produits forestiers et végétaux ;
f) Section des transports maritimes ;
g) Section du tourisme et de la propagande coloniale

Chacune de ces sections délibère séparément.

Pour l'examen des questions connexes à deux ou plusieurs sections, ces dernières, sur la proposition de leurs présidents, peuvent délibérer en commun. Le Président du Conseil économique peut également réunir en séance plénière les diverses sections ou leurs délégués.

Le Conseil de législation coloniale est consulté sur les réformes à introduire dans le régime administratif et financier et la législation des colonies et pays de Protectorat.

Ses membres sont choisis parmi les personnalités métropolitaines et coloniales qualifiées par leur expérience et leurs connaissances juridiques et administratives.

Les Ministres de la Justice et des Finances, le Vice-Président du Conseil d'Etat et le Premier Président de la Cour des Comptes désignent chacun un magistrat ou un fonctionnaire appelé à prendre part aux travaux du Conseil de législation.

Les Sénateurs et Députés des Colonies, ainsi que les Délégués au Conseil supérieur sont convoqués aux séances dans lesquelles le Conseil de législation examine les questions intéressant les colonies qu'ils représentent.

Les Directeurs, Inspecteurs généraux et Chefs de service de l'Administration centrale sont, sur convocation spéciale, appelés à prendre part aux délibérations intéressant les questions qui dépendent de leurs services respectifs.

Le Haut Conseil colonial est réuni dans toute circonstance où le Ministre des Colonies estime devoir le consulter ; toutefois, il est obligatoirement convoqué deux fois par an.

Les sections du Conseil économique, en raison de la nature de leurs travaux, peuvent se réunir à toute époque de l'année. Cependant, elles sont obligatoirement convoquées par le Ministre en session normale le 15 Mai de chaque année.

Le Conseil de législation coloniale se réunit une fois au moins par trimestre.

Le Ministre des Colonies présente annuellement au Parlement un rapport d'ensemble sur les travaux du Conseil supérieur.

Les délibérations du Haut Conseil colonial, du Conseil économique des Colonies et du Conseil de législation coloniale font l'objet de procès-verbaux rédigés pour chaque séance et signés par le président, ainsi que par le secrétaire.

Un délégué au Conseil supérieur des colonies est élu par chacune des colonies ou chacun des pays de Protectorat, énumérés ci-après :

Guinée française. — Côte d'Ivoire. — Dahomey. — Haut-Sénégal-Niger et Haute-Volta. — Afrique équatoriale française. — Madagascar (région Est). — Madagascar (région

Ouest). — Comores. — Nouvelle-Calédonie. — Etablissements français d'Océanie. — Saint-Pierre et Miquelon. — Cambodge. — Annam. — Tonkin.

Les délégués sont élus pour quatre ans.

Le mandat des délégués prend date du jour de la proclamation du résultat définitif du scrutin, au chef lieu de la colonie ou du pays de Protectorat, par la Commission générale du recensement des votes.

Cette proclamation ouvre, pour le candidat déclaré élu, le droit à l'indemnité qui peut lui être accordée par la colonie ou le pays de Protectorat qu'il représente. L'annulation postérieure des opérations électorales, en faisant cesser ce droit, n'entraîne aucune répétition des indemnités perçues.

Un nouveau scrutin est ouvert dans chacun des collèges électoraux dans le mois qui suit l'expiration du délai de 4 années.

En cas de décès, de démission ou d'annulation des opérations électorales, les électeurs sont convoqués dans le délai de 3 mois qui suit le décès, la démission ou l'annulation.

Sont électeurs : les citoyens français âgés de vingt-et-un ans, jouissant de leurs droits civils et politiques et résidant dans la colonie depuis six mois au moins.

Sont éligibles : les citoyens français âgés de vingt-cinq ans et jouissant de leurs droits civils et politiques.

Les fonctionnaires publics, employés et agents permanents de l'Administration rétribués sur les fonds du budget de l'Etat ou sur ceux des budgets généraux et locaux des colonies ou pays de Protectorat sont inéligibles pendant la durée de leurs fonctions et pendant les six mois qui suivent leur radiation des contrôles de l'activité par suite de démission, de destitution ou pour toute autre cause.

Les candidats devront faire parvenir au Chef de la colonie, au plus tard quinze jours francs avant la date du scrutin, une déclaration de candidature établissant qu'ils remplissent les conditions prévues pour se présenter au choix des électeurs et appuyée, autant que possible, des documents permettant d'en justifier, ou de la copie desdites pièces. Il sera accusé réception de cette déclaration.

Nul n'est élu délégué au premier tour de scrutin s'il ne réunit :

1° La majorité absolue des suffrages exprimés ;
2° Un nombre de voix égal au quart des électeurs inscrits.

Au cas où ces deux conditions ne seraient pas remplies, il est procédé à un second tour de scrutin dont la date est, comme pour le premier, fixée par un arrêté du Ministre des Colonies.

L'élection au second tour a lieu à la majorité relative, quel que soit le nombre des votants.

En cas d'égalité de suffrages, le plus âgé est élu.

Inspection des Colonies. — Le contrôle de l'administration des services civils coloniaux tant dans la Métropole qu'aux colonies ou pays de protectorat autres que l'Algérie et la Tunisie, et de l'administration de la partie de l'armée coloniale dont les dépenses incombent au budget du Ministère des colonies, est exercé par le personnel de l'Inspection des colonies.

Ce contrôle, qui est exercé par des missions mobiles composées de un ou plusieurs fonctionnaires de l'Inspection, a pour effet de sauvegarder les intérêts du Trésor et les droits des personnes et de constater dans tous les services l'observation des lois, ordonnances, décrets, règlements et décisions ministérielles qui en régissent le fonctionnement administratif, financier et comptable.

Il s'exerce indistinctement dans tous les services civils et financiers, dans le Commissariat colonial et le service de santé des colonies, dans tous les services militaires (artillerie, génie, corps de troupe et établissements considérés comme tels) et dans tous les établissements et services spéciaux placés sous l'autorité directe ou la surveillance du Ministre des colonies.

Les Inspecteurs des colonies ne relèvent que du Ministre des colonies et agissent comme ses délégués directs.

Le contrôle des services civils et financiers coloniaux ou locaux, s'exerce conformément aux dispositions du titre III du décret du 1er Avril 1921 complétées, s'il y a lieu, par des règlements d'administration publique.

Les Inspecteurs des colonies adressent leurs rapports au Ministre des colonies. Ils constatent les suites données à leurs observations précédentes par les services compétents. Ils proposent toute mesure qu'ils jugent utile pour faire disparaître les abus ou pour simplifier et améliorer le fonctionnement administratif et financier des services. Indépendamment de leur inspection, les Inspecteurs des colonies peuvent être chargés par le Ministre des colonies, en paix comme en temps de guerre, de toutes études ou missions intéressant le bon ordre des finances, la régularité de l'administration coloniale et les questions d'ordre économique.

Les opérations de l'Inspection ne doivent, en aucun cas et sous aucun prétexte, rencontrer aucune entrave.

Tous les bureaux, casernements, ateliers, magasins, greffes, hôpitaux, prisons, sont ouverts aux fonctionnaires de l'Inspection en mission. Ils peuvent se faire présenter, pour les examiner sur place, les registres de comptabilité, la correspondance et, généralement, tous documents administratifs qu'ils jugent nécessaires ; ils peuvent également se les faire remettre sur reçu, à l'exception des pièces justificatives des comptes de comptables.

Ils provoquent des explications qui doivent leur être fournies soit de vive voix, soit par écrit, s'ils en font la demande, sur les faits et actes qu'ils contrôlent.

Les fonctionnaires de l'Inspection contrôlent spécialement la gestion des comptables publics tant en deniers qu'en matières. Ils vérifient, en conséquence, toutes les fois qu'ils le jugent convenable, les caisses et les écritures des comptables du Trésor et des comptables locaux, ainsi que celles des comptables des communes, des hospices et des établissements publics.

Ils contrôlent le fonctionnement des banques coloniales dans les conditions déterminées par les textes spéciaux sur la matière.

Les fonctionnaires de l'Inspection ne peuvent diriger, empêcher ou suspendre aucune opération.

Le droit d'investigation des Inspecteurs en mission n'est soumis à aucune restriction. Les Inspecteurs peuvent recourir à toutes les sources de documentation et utiliser tous les moyens extérieurs de vérification et de contrôle. Les fonctionnaires, auxquels ils s'adressent par écrit, doivent répondre directement et sous pli fermé à l'Inspecteur qui leur a demandé des explications ou des renseignements.

Les officiers, fonctionnaires ou agents doivent assister personnellement aux vérifications des services dont ils sont chargés.

Si un Inspecteur informe un chef de circonscription de son arrivée, le fonctionnaire ainsi avisé doit maintenir à son poste, sauf le cas de nécessité ou d'urgence justifiée, tout le personnel en service dans la circonscription.

Toute opération de contrôle ou toute étude administrative ou financière faite par un Inspecteur donne lieu, de sa part, à l'établissement d'un rapport communiqué, pour explications, au fonctionnaire, officier ou agent dont le service est vérifié. Le supérieur hiérarchique de ce dernier et l'autorité supérieure de la colonie formulent par écrit leurs explications, et, s'il y a lieu, font connaître la suite donnée sur place aux propositions faites.

Les résultats fournis par les vérifications sont consignés par le chef de mission dans un rapport définitif qui est adressé par lui directement au Ministre des colonies.

Les autorités locales sont tenues de mettre à la disposition des Inspecteurs en mission, le personnel et les moyens matériels nécessaires pour l'accomplissement de leur mission. Elles leur fournissent également, au compte du chapitre du budget qui supporte les mêmes dépenses pour le Gouvernement de la Colonie, et, dans des conditions en rapport avec leur situation hiérarchique, les moyens de transport (voitures, pousse pousse, hamacs, etc..) analogues à ceux mis à la disposition des autres fonctionnaires pour leurs déplacements.

CHAPITRE I

Responsabilité, attributions et pouvoirs du Gouverneur général.

Responsabilité, attributions et pouvoirs du Gouverneur général. — La responsabilité, les attributions et les pouvoirs du Gouverneur général ont été fixés en dernier lieu par un des décrets du 20 Octobre 1911 qui abroge celui du 21 Avril 1891 et, d'une manière générale, toutes les dispositions antérieures en ce qu'elles ont de contraire au décret précité.

Le Gouverneur général est le dépositaire des pouvoirs de la République dans l'Indochine française. Ainsi que nous l'avons vu plus haut, en vertu de la disposition par laquelle le législateur colonial (en l'espèce, le Président de la République) délègue ses pouvoirs au Gouverneur général, ce haut fonctionnaire possède le *pouvoir législatif* dans la Colonie (1).

Nota. — Un arrêté du 14 Décembre 1911 avait donné qualité au Général Commandant supérieur des troupes, au Gouverneur de la Cochinchine, aux Résidents supérieurs et au Commandant de la Marine pour contresigner les actes

---

(1) C'est ce que confirme d'ailleurs une consultation récente du Conseil d'Etat à qui il avait été demandé si l'approbation préalable par le Ministre d'arrêtés locaux pris par les Gouverneurs, dans la limite de leurs attributions, devait être maintenue.

Cette consultation est intéressante car elle définit clairement les pouvoirs des Gouverneurs des Colonies. En voici les considérants :

« Considérant que de l'examen des actes constitutifs qui forment la « base de l'Administration coloniale et fixent les pouvoirs des Gouver- « neurs généraux et des Gouverneurs des Colonies, il résulte que « les rédacteurs de notre législation coloniale ont toujours été inspi- « rés par le plus large esprit de décentralisation ; qu'ils ont toujours « reconnu et affirmé dans les textes la nécessité de donner une grande « initiative à ces hauts fonctionnaires qui *sont dépositaires des pou- « voirs du Chef de l'Etat sur toute l'étendue du territoire qu'ils admi- « nistrent* et de leur attribuer des pouvoirs propres, en vertu des- « quels ils ont le droit, sous leur responsabilité, de prendre des arrê- « tés réglementaires qui, pour être mis à exécution et sortir leur « plein effet, n'ont point besoin d'être soumis à l'approbation préa- « lable du Ministre des Colonies : qu'il faut reconnaître qu'il devait « en être ainsi non seulement en raison même de la situation spé-

réglementaires du Gouverneur général, chacun en ce qui concerne l'Administration qu'il dirige.

La formalité d'un contreseing, prévue par les anciennes ordonnances, dans le but de mettre à couvert la responsabilité du Gouverneur, ne se justifie plus dans l'organisation actuelle de l'Indochine qui consacre la responsabilité personnelle du Gouverneur général, du Gouverneur et des Résidents supérieurs et la disparition des anciens Chefs d'administration, y compris le Chef du Service judiciaire.

En effet, un décret du 19 Mai 1919 ayant enlevé aux deux Procureurs généraux la qualité de Chef du Service judiciaire et ayant transféré au Gouverneur général les pouvoirs dévolus au Garde des Sceaux dans la Métropole, ne laisse plus de place à l'exercice du droit de contreseing en Indochine parmi les collaborateurs directs du Gouverneur général.

D'autre part, le contreseing du Gouverneur de la Cochinchine et des Résidents supérieurs au bas des actes réglementaires du Gouverneur général apparaît sans utilité lorsque ce dernier agit dans la limite de ses attributions.

Pour l'exécution de ces dispositions, le Gouverneur général a pris le 12 Avril 1924 un arrêté qui abroge l'arrêté du 14 Décembre 1911 relatif au contreseing de ses décisions.

« ciale de nos Colonies qui sont fort éloignées de la Métropole, mais « aussi pour fournir aux Gouverneurs, qui sont sur place et connais- « sent mieux les besoins des populations, les moyens de prendre des « décisions rapides et d'éviter ainsi des lenteurs et des retards, qui « sont la conséquence forcée des échanges de correspondances avec « le Département et qui peuvent être très préjudiciables à la bonne « administration de la Colonie.

« Considérant d'ailleurs que les Gouverneurs, même investis du « pouvoir de décision propre, n'en sont pas moins soumis à l'auto- « rité directe du Ministre des Colonies qui exerce ses droits de con- « trôle et de surveillance sur les actes des dits Gouverneurs dont il « est le supérieur hiérarchique. . . »

....

D'autre part, dans le rapport de présentation, au Président de la République, des décrets du 20 Octobre 1911, le Ministre des Colonies s'exprime ainsi : « C'est à cette idée de décentralisation qu'a répondu la création des Gouverneurs généraux et il faut entendre de la manière la *plus large* et la plus *formelle* les textes qui les qualifient « *dépositaires des pouvoirs de la République* ».

Il a seul le droit de correspondre avec le Gouvernement sauf l'exception prévue au décret du 22 Mars 1907. (Décret instituant le contrôle financier de l'Indochine). Il communique avec les Départements ministériels sous le couvert du Ministre des Colonies. Il correspond directement avec les Ambassadeurs, Ministres plénipotentiaires, Consuls généraux, Consuls et Vice-Consuls de France en Extrême-Orient.

En sa qualité de dépositaire des pouvoirs de la République en Indochine, le Gouverneur général y est chargé de la promulgation (1) et de l'exécution des lois et décrets. La promulgation résulte de la publication au *Journal Officiel* de la Colonie de l'arrêté local ordonnant l'application des actes qui doivent être exécutés; à peine de nullité, ces actes doivent être insérés à la suite dudit arrêté. A ce sujet, il y a lieu de faire une distinction : « Lorsque les lois ou décrets contiennent une disposition, généralement *in fine,* stipulant qu'ils sont applicables aux Colonies, un arrêté de promulgation du Chef de la Colonie est suffisant pour la mise en vigueur. Mais toutes les fois que cette clause n'a pas été insérée dans l'acte qu'il s'agit de rendre applicable, une loi ou un décret, suivant les distinctions établies par le Sénatus-consulte du 3 Mai 1854, est indispensable comme premier élément afin de consacrer juridiquement le fait de cette application. L'arrêté local qui n'en demeure pas moins nécessaire, constitue le second élément et vient se superposer à cette première promulgation qu'il rend définitive. » (*Circulaire ministérielle du 22 Mai 1906*).

Aucun délai n'est imparti aux Gouverneurs pour procéder à la promulgation des lois et décrets dans la Colonie; en principe, la promulgation doit être faite dès réception du *Journal Officiel de la République française* portant publication de l'acte qu'il s'agit de promulguer; néanmoins, ils

(1) Lorsque le législateur entend donner une portée générale à certaines dispositions, il est admis par la jurisprudence qu'un décret spécial n'est pas nécessaire pour les rendre exécutoires aux Colonies : C'est le cas, par exemple, de l'art. 65 de la loi de finances du 22 Avril 1905 donnant à tous les fonctionnaires civils et militaires le droit à la communication de leur dossier avant d'être l'objet d'une mesure disciplinaire ou d'un déplacement d'office.

peuvent, suivant les circonstances et sous leur entière responsabilité, différer cette formalité.

Les lois et décrets promulgués en Indochine et les arrêtés des autorités locales sont exécutoires :

1° Dans les villes constituées en municipalités, un jour franc après la réception à la Mairie du *Journal Officiel de l'Indochine*.

2° Dans les provinces, deux jours francs après la réception de ce *Journal Officiel* au chef-lieu de la province.

En cas d'urgence provoquée par des circonstances spéciales, le Gouverneur général peut abréger les délais spécifiés ci-dessus, en assurant la publication des lois, décrets et arrêtés par tous moyens ordinaires de publicité autres que ceux indiqués plus haut (1). *(Décret du 1er Février 1902).*

Pour constater l'époque de la réception du *Journal Officiel*, du *Bulletin Officiel de l'Indochine* et des *Bulletins Administratifs* locaux, il doit être tenu au secrétariat de chacune des villes constituées en municipalités et au chef-lieu de chaque province, un registre *ad hoc* sur lequel doit être inscrite la date exacte de l'arrivée respective de ces publications officielles. C'est à partir de cette date que courent les délais mentionnés ci-dessus. *(Arrêté du 31 Mars 1909).*

En vertu du décret du 6 Mars 1877 modifié par celui du 20 Septembre suivant, le Gouverneur général — substitué en la circonstance au Gouverneur de la Cochinchine, seul représentant de la France à cette époque — a le droit de prendre des arrêtés et décisions avec pouvoir de les sanctionner par 15 jours de prison et 100 francs d'amende au maximum (2).

Dans ce cas, et toutes les fois que les peines pécuniaires ou corporelles excéderont celles de droit commun en ma-

---

(1) La Cour de cassation estime que, dans ce cas, le Gouverneur doit, par un arrêté spécial, déclarer l'urgence.

(2) Au surplus, le Gouverneur général est investi du droit de réglementation en vertu de l'article 2 du décret du 20 Octobre 1911, spécifiant qu'il est dépositaire des pouvoirs de la République dans l'Indochine française, c.-à.-d. du Chef de l'Etat, lequel possède le pouvoir législatif aux colonies en vertu du Sénatus-consulte du 3 Mai 1854. (Voir note page 23).

tière de contraventions, c-à-d. 5 jours de prison et 15 francs d'amende au maximum, les règlements dans lesquels elles seront prévues devront, dans un délai de six (1) mois (en vertu du décret du 20 Septembre 1877), passé lequel ils seront caducs, être convertis en décrets par le Chef de l'Etat.

Le Gouverneur général a la haute direction et le contrôle de tous les services civils de l'Indochine (2); il est responsable de leur fonctionnement. Il répartit entre les divers pays, et suivant les besoins, tout le personnel à l'exception de celui de la Magistrature. Il nomme à toutes les fonctions civiles, sauf à celles dont la nomination est réservée à l'autorité métropolitaine par les lois et décrets. Pour ces dernières, la nomination a lieu sur sa présentation.

Les fonctionnaires pourvus d'emplois par l'autorité métropolitaine peuvent, en cas d'urgence, être suspendus par le Gouverneur général, qui en rend compte immédiatement au Ministre des Colonies. Cette disposition ne s'applique pas au Contrôleur financier.

Le Gouverneur général nomme et organise les personnels locaux (2) et indigènes. L'organisation des personnels métropolitains ou coloniaux mis à sa disposition demeure réservée à l'autorité métropolitaine; les nominations se font sur sa présentation dans tous les cas où il n'aurait pas reçu délégation pour y procéder lui-même.

Le Gouverneur général peut déléguer au Gouverneur de la Cochinchine, aux Résidents supérieurs et à l'Administra-

---

(1) Le décret du 6 Mars ne portait que 4 mois.

(2) Ce texte implique nécessairement qu'il fixe lui-même les pouvoirs des différents fonctionnaires qu'il a nommés dans les services organisés par lui. (Penant 1903). Le décret du 11 Septembre 1920 a rendu les Gouverneurs généraux et les Gouverneurs des Colonies entièrement maîtres de régler, à tous les points de vue, et sous leur responsabilité, le statut des fonctionnaires recrutés et organisés par eux et entretenus sur les fonds dont ils sont les ordonnateurs, sans qu'ils aient besoin de recevoir l'approbation préalable du Ministre des Colonies — qui était de règle.

Toutefois le Ministre fait connaître les principes qu'il est indispensable d'appliquer ou de maintenir, dans toute réorganisation de personnel, tant au point de vue du recrutement, de l'avancement que de la discipline.

L'article 1er du décret précité stipule que les arrêtés, pris en ces matières par les Gouverneurs généraux et Gouverneurs, devront être rendus en Conseil.

teur du territoire de Kouang-tchéou-wan, tout ou partie des pouvoirs qui lui sont conférés. Il consent ces délégations sous sa responsabilité.

Le Gouverneur général est responsable de la défense intérieure et extérieure de l'Indochine. Il dispose à cet effet des forces de terre et de mer qui y sont stationnées, dans les conditions précisées par les décrets du 9 Novembre 1901, réglant les relations entre les Gouverneurs généraux et les Commandants supérieurs des troupes coloniales, et du 3 Novembre 1905 relatif aux attributions des Commandants de la Marine aux Colonies. Mais il ne peut, en aucun cas, exercer le commandement direct des troupes. La conduite des opérations appartient à l'autorité militaire, qui doit lui en rendre compte. Aucune opération, sauf le cas d'urgence, où il s'agirait de repousser une agression, ne peut être entreprise sans son autorisation.

Des territoires militaires peuvent être déterminés, organisés ou supprimés par le Gouverneur général en Conseil.

Le Gouverneur général est assisté d'un Secrétaire général qui a la délégation générale et permanente pour régler toutes les questions d'ordre administratif, financier, économique ou autres qu'il ne se sera pas réservées (1).

Sauf désignation spéciale par un décret pris sur la proposition du Ministre des Colonies, le Secrétaire général remplace, par intérim, le Gouverneur général.

---

(1) « Cette attribution de pouvoirs est large et extensive. Elle l'est à dessein. Elle est conforme à l'esprit du décret du 20 Octobre 1911, qui a institué auprès du Gouverneur général, un Secrétaire général auquel le Chef de la colonie peut déléguer tout ou partie de ses pouvoirs. Elle est conforme à mes intentions qui veulent faire un ample crédit au collaborateur que j'ai choisi. J'ai dit, en le recevant officiellement, la confiance entière que je lui donnais. Elle ne saurait se mesurer au décompte d'une énumération limitative d'attributions. Encore même que l'arrêté ne parle que des pouvoirs du Secrétaire général en matière administrative et financière, je compte bien lui ouvrir aussi, comme à son distingué prédécesseur, le domaine éminent des affaires politiques et associer son conseil à l'ensemble des problèmes généraux dont j'aurai à poursuivre l'étude. En un mot, c'est au sens le plus large et dans son acception la plus complète que j'entends concevoir ma collaboration avec lui. » *(Circulaire du Gouverneur général aux Chefs d'Administration locale).*

Aux termes des dispositions combinées des ordonnances des 21 Août 1825 et 8 Février 1827 sur les Gouvernements de la Martinique, de la Guadeloupe et de la Réunion, promulguées dans la Colonie, les Gouverneurs — et par conséquent le Gouverneur général de l'Indochine — sont couverts par les dispositions suivantes :

« Le Gouverneur ne peut, pour quelque cause que ce soit, être ni actionné, ni poursuivi dans la Colonie, pendant l'exercice de ses fonctions.

« Toute action dirigée contre lui sera portée devant les tribunaux de France suivant les formes prescrites par les lois de la Métropole.

« Aucun acte, aucun jugement ne peuvent être mis à exécution contre le Gouverneur de la Colonie. »

Le décret du 6 Mars 1877, reproduction pour les colonies placées sous le régime des décrets simples, de la loi du 8 Janvier précédent qui avait rendu applicable aux Antilles et à la Réunion le Code pénal métropolitain, a maintenu et aggravé cette disposition.

En effet l'article 121 du Code pénal métropolitain est, en vertu de l'article 2 dudit décret, complété comme suit : « Seront punis de la même peine (dégradation civique) tous Officiers de police judiciaire, tous Procureurs généraux, tous Substituts, tous Juges qui auront provoqué, donné ou signé des mandats, ordonnances ou jugements contre le Gouverneur ou qui auront autorisé contre lui un acte de cette nature sans les autorisations prescrites par les lois de l'Etat.

« Cette peine sera également encourue par les Officiers ministériels qui auront mis à exécution de pareils actes. »

Ces dispositions ont été confirmées par le décret du 27 Novembre 1922.

Nous verrons plus loin (Chap. IX, *Conseils du Contentieux administratif*) que des contestations peuvent s'élever au sujet de l'application des décisions des Gouverneurs. Elles sont portées devant les tribunaux de l'ordre administratif : Conseil du Contentieux administratif ou Conseil d'Etat suivant le cas.

Par sa circulaire du 15 Avril 1924, le Gouverneur général a déterminé, d'une manière précise, les rapports qui doivent exister plus particulièrement entre les Chefs des Gouvernements locaux et le Gouvernement général.

....

« Le Gouverneur général a une double mission. Il est tout d'abord le représentant du Gouvernement métropolitain et le dépositaire des pouvoirs de la République dans l'ensemble du territoire de l'Union indochinoise. Il est en même temps le mandataire des intérêts généraux du groupe de pays composant le Gouvernement général.

Considéré comme représentant du Gouvernement français, il est un agent de décentralisation ou plus exactement de déconcentration et se substitue à l'action exercée directement par le Ministre des Colonies et les autres Ministres du Cabinet à l'égard des colonies demeurées autonomes. Résidant dans le territoire de l'Union, il est mieux à même de se rendre compte de la diversité des problèmes à résoudre, voit plus aisément les moyens de les règler et peut, le cas échéant, proposer à l'autorité compétente les modifications législatives appropriées.

Sa qualité de dépositaire des pouvoirs de la République, en lui imposant de veiller au respect des droits de la France dans cette partie de l'Asie et en le rendant seul responsable de la conduite des affaires locales, lui confère en contrepartie le droit exclusif de diriger l'évolution politique, sociale, financière ou économique du pays. Ses attributions sans être définies, à cet égard, d'une manière précise, ne comportent aucun pouvoir réglementaire susceptible d'empiéter sur les attributions personnellement dévolues aux Chefs des Gouvernements locaux. Il agit, à ce titre, par voie d'instructions et ne saurait consentir aucune délégation d'une autorité qui lui a été conférée à titre strictement personnel. Les Chefs des Gouvernements locaux placés expressément sous ses ordres directs ne peuvent donc déterminer ou provoquer, sans son assentiment préalable, une nouvelle orientation générale du pays qu'ils administrent, sous sa haute autorité. Pour permettre au Gouverneur général d'exercer ses attributions, les Chefs des Gouvernements locaux doivent le renseigner, lui rendre compte même des actes relèvant de leur compétence et lui proposer les mesures qu'ils jugent utiles. Par cette prérogative essentielle, se trouve assurée l'unité de vues dans la décentralisation.

....

Le Gouverneur général n'a pas seulement reçu du pouvoir métropolitain une délégation d'autorité d'ordre hiérarchique sur les organismes administratifs de l'Indochine, il est également investi de pouvoirs réglementaires propres qu'il exerce sans partage, sous la réserve d'observer certaines formalités ou de prendre l'avis préalable de Conseils purement consultatifs. Ces actes réglementaires, il les prend sous sa responsabilité et de ce fait, ils n'ont pas besoin d'être contresignés par une autorité civile ou militaire, comme l'exigeaient les anciennes ordonnances, en contrepartie de la responsabilité limitée des Gouverneurs.

Le plus important de ces pouvoirs consiste dans le droit qui lui est reconnu, en vertu d'une délégation expresse et permanente, d'organiser les divers services des administrations indochinoises, en dehors des cas où des textes ont formellement réservé l'intervention du Département. Sous cette même réserve, il nomme à tous les emplois civils et il répartit, selon les besoins, le personnel de tous les services entre les divers pays de l'Indochine. Ces pouvoirs qu'il a la faculté de déléguer, mais sous sa responsabilité, ont été récemment accrus par la dispense de l'approbation ministérielle préalable, prévue par un décret du 11 septembre 1920.

En outre de cette délégation générale, il est chargé, en vertu de délégations législatives spéciales, de régler par voie d'arrêtés diverses matières d'administration générale ou de police.

Enfin, en matière financière, il est habilité pour approuver les budgets locaux et les arrêtés financiers émanant des Chefs de Gouvernements locaux doivent recevoir son approbation préalable. De plus, ayant la charge des finances générales, il est appelé, soit dans la gestion des budgets, soit dans celle de certains services fiscaux à édicter parfois, sous réserve de l'approbation du Ministre, des règlements susceptibles d'une profonde répercussion sur la vie locale.

....

En tant que représentant des intérêts généraux du groupe dont il a la direction, le Gouverneur général apparaît comme un organe de coordination et de régularisation, chargé de guider, d'après un plan d'ensemble, l'évolution de pays distincts mais géographiquement et ethniquement appelés à composer une fédération économique et politique. Les ressources propres très importantes mises à la disposition du budget général lui permettent de pratiquer une entr'aide mutuelle difficile à réaliser autrement et de fortifier l'armature politique et économique du groupe, en le faisant bénéficier d'un plus vaste crédit destiné à gager les emprunts nécessaires à l'exécution de grands travaux publics.

CHAPITRE II

Conseil de Gouvernement et Commission Permanente du Conseil de Gouvernement — Conseil de Défense — Controle Financier.

Conseil de Gouvernement. — Le Gouverneur général est assisté d'un Conseil qui, primitivement appelé Conseil supérieur, a pris, en vertu du 2e Décret du 20 Octobre 1911, le nom de Conseil de Gouvernement. Ce Conseil est composé de la manière suivante :

Le Gouverneur général, Président ;
Le Général de Division, Commandant supérieur des troupes du groupe de l'Indochine ;
Le Secrétaire général du Gouvernement général ;
Le Gouverneur de la Cochinchine et les Résidents supérieurs de l'Annam, du Tonkin, du Cambodge et du Laos ;
Le Député de la Cochinchine ;
Le Directeur de l'Administration judiciaire ;
Le Directeur des Finances ;
L'Inspecteur général des Travaux Publics ;
Le Directeur de l'Instruction publique ;
L'Inspecteur général des Services sanitaires et médicaux ;
Le Directeur des Douanes et Régies ;
Le Trésorier général de l'Indochine ;
Le Directeur des Affaires économiques ;
L'Inspecteur général de l'Agriculture, de l'Elevage et des Forêts ;
Le Commandant de la Marine et de la Division navale de l'Indochine ;
Le Président du Conseil colonial de Cochinchine ;
Les Délégués élus de l'Annam, du Tonkin et du Cambodge ;
Les Présidents des Chambres de Commerce de Saigon, Hanoi et Haiphong ;
Les Présidents des Chambres d'Agriculture de la Cochinchine et du Tonkin ;
Les Présidents des Chambres mixtes de Commerce et d'Agriculture de l'Annam et du Cambodge ;
Cinq notables indigènes à raison d'un pour la Colonie de

la Cochinchine et d'un pour chacun des Protectorats de l'Annam, du Tonkin, du Cambodge et du Laos, Membres ;
Le Directeur du cabinet du Gouverneur général, Secrétaire, avec voix délibérative.

Les membres indigènes titulaires ou suppléants sont désignés chaque année par le Gouverneur général sur la proposition du Gouverneur de la Cochinchine et des Résidents supérieurs intéressés.

En cas d'absence ou d'empêchement du Gouverneur général, le Secrétaire général du Gouvernement général préside le Conseil.

L'Inspecteur général des Colonies, Chef de mission, et le Directeur du Contrôle Financier ont le droit d'assister aux séances ; ils siègent en face du Président.

L'Inspecteur général peut se faire représenter par un des Inspecteurs qui l'accompagnent.

Les Chefs des Services civils et militaires peuvent être appelés au Conseil de Gouvernement avec voix délibérative pour les affaires relevant de leur compétence.

En cas d'absence ou d'empêchement, les membres titulaires du Conseil de Gouvernement sont remplacés par les fonctionnaires, officiers ou membres des assemblées réglementairement appelés à les suppléer.

Les membres intérimaires prennent rang immédiatement après les membres fonctionnaires titulaires et entre eux, d'après leur grade ou leur assimilation et leur ancienneté.

Le Conseil de Gouvernement tient au moins une session par an. Il se réunit sur la convocation du Gouverneur général qui fixe le lieu de la réunion (1). Ses séances ne sont pas publiques.

---

(1) Les membres du Conseil de Gouvernement, non fonctionnaires, qui ne résident pas dans la ville où se réunit cette assemblée, ont droit au remboursement de leurs frais de transport, si les moyens de transport ne leur sont pas fournis en nature par l'Administration.

Ils reçoivent, en outre, pendant la durée de leur séjour dans la ville où se réunit cette assemblée et pour toute journée de séjour obligatoire en cours de route entre le port d'embarquement et le lieu de réunion du Conseil, tant à l'aller qu'au retour, une indemnité journalière destinée à les couvrir de tous leurs frais (hôtel, location de voitures, etc.).

« Cette indemnité est réduite de moitié lorsque le logement et la nourriture leur sont fournis par l'Administration ou à son compte ».

Le Gouverneur général arrête en Conseil de Gouvernement le Budget général, les Budgets locaux ou de Protectorat et les Budgets annexes, ainsi que les comptes administratifs; il détermine le montant des contributions et subventions afférentes aux divers pays de l'Union; il approuve, dans les mêmes conditions, le mode d'assiette (1), les règles de perception (1) et la quotité des droits perçus au profit du Budget général, des Budgets locaux, des Budgets annexes dans l'Indochine française, le tout sous la réserve des attributions propres au Conseil colonial de Cochinchine (2).

C'est également en Conseil de Gouvernement qu'il réglemente l'exercice des fonctions de notaire, huissier, commissaire-priseur et courtier de commerce; qu'il arrête les projets d'établissement des voies ferrées; qu'il classe ou déclasse les routes coloniales; qu'il décide les mutations territoriales intéressant les divers pays de l'Union Indochinoise; qu'il annule les délibérations prises par le Conseil colonial de Cochinchine concernant les taxes et contribution autres que les droits de Douane et d'octroi de mer; qu'il a la faculté d'ériger en communes les principaux centres des possessionsde la Colonie.

Le Conseil de Gouvernement donne son avis sur toutes les questions intéressant l'Indochine française et qui sont soumises à son examen par le Gouverneur général. Il est obli-

---

(1) Le mode d'assiette et les règles de perception des taxes et contributions indirectes autres que les droits de Douanes, délibérées et fixées en Conseil de Gouvernement, doivent en outre être approuvés par décret (art. 6 du décret du 20 Oct. 1911) tandis que pour les impôts, redevances et taxes de taxes de toute nature profitant aux budgets locaux l'approbation du Gouverneur général en Conseil de Gouvernement suffit (art. 11, même décret).

(2) Un arrêté du Gouverneur général qui, en vertu des textes en vigueur doit être approuvé par un décret, est néanmoins provisoirement exécutoire en vertu du décret du 30 Janvier 1867. En matière d'assiette, de règles de perception et de quotité des contributions et taxes, l'arrêté pris par le Gouverneur général n'est pas caduc s'il n'a pas été converti en décret dans le délai de six mois. Cette règle ne s'applique, en effet, qu'aux arrêtés rendus en matière de police ou d'administration, conformément au décret du 6 Mars 1877, modifié par celui du 20 Septembre suivant. Il est juste d'ajouter toutefois que la question est fort controversée.

gatoirement consulté sur les emprunts à contracter au nom de l'Indochine. *(Art. 127, § 3, de la loi de Finances du 13 Juillet 1911, et art. 87 du décret du 30 Décembre 1912).*

Commission Permanente du Conseil de Gouvernement. — Il a été créé une Commission permanente du Conseil de Gouvernement qui peut être appelée à donner son avis sur les affaires susceptibles d'être soumises à l'examen de ce Conseil. Cet avis peut remplacer celui du Conseil de Gouvernement, sauf en ce qui concerne l'établissement du Budget général, des Budgets locaux, des Budgets annexes et des emprunts. La Commission permanente du Conseil de Gouvernement est convoquée et présidée par le Gouverneur général; elle se réunit dans la ville désignée par lui. Elle comprend les membres du Conseil de Gouvernement présents au lieu de la réunion ou leurs intérimaires.

La plupart des dispositions relatives au Conseil de Gouvernement sont applicables à la Commission permanente.

La Commission permanente du Conseil de Gouvernement est obligatoirement consultée sur les questions ci-dessous, en dehors de celles prévues au décret du 20 Octobre 1911 :

1° Acquisitions, aliénations et échanges de biens immobiliers ou mobiliers du Domaine de l'Indochine lorsque la valeur dépasse 8.000 $ 00 ou 20.000 francs ;

2° Baux des biens donnés ou pris à ferme ou à loyer, lorsque le montant de la location annuelle dépasse 4.000 $ 00 ou 10.000 francs ;

3° Mode de gestion des divers Domaines ;

4° Concessions de terres domaniales ayant une superficie supérieure à 1.000 hectares ;

5° Acceptation ou refus de dons et legs faits à l'Indochine ;

6° Classement et déclassement des routes, canaux, fortifications, etc... faisant partie du Domaine public ;

7° : a) *Projets, plans, marchés et cahiers des charges d'adjudication de travaux ou fournitures dont le montant est supérieur à 40.000$00 ou 100.000 francs ;*

b) *Procès-verbaux d'adjudication de travaux ou fournitures ayant donné lieu soit à une augmentation sur les prix* *prévus, soit à un incident, lorsque la dépense est supérieure à 40.000$00 ou 100.000 francs. (Arrêté du 5 Avril 1916).*

8° Transactions concernant les droits de la colonie et dont la valeur excède 8.000$00 ou 20.000 francs ;

9° Actions à intenter au nom de l'Indochine dont le montant en principal dépasse 8.000$00 ou 20.000 francs ;

10° Modifications en cours d'exercice aux crédits du budget général et des budgets annexes du budget général de l'Indochine et des budgets locaux du Tonkin, de l'Annam, du Cambodge et du Territoire de Kouang-tchéou-wan ;

11° Comptes de gestion des comptables d'approvisionnement dans les services relevant du Gouvernement général ;

12° Attribution des concessions minières et institution des réserves forestières ;

13° Et, en général, sur toutes les affaires pour lesquelles la consultation de la Commission permanente est prévue par un décret.

Sauf le cas d'urgence, les membres de la Commission permanente sont informés à l'avance des affaires qui doivent y être traitées.

Les documents et rapports y relatifs sont déposés au Secrétariat de la Commission dix jours au moins avant la séance pour que les membres puissent en prendre connaissance.

Le secrétaire de la Commission permanente rédige le procès-verbal des séances. Il y consigne le compte-rendu sommaire de la discussion, les votes et, s'il y a lieu, les opinions rédigées, séance tenante, par les membres de la Commission.

Le procès-verbal est signé par le président et le secrétaire.

Il est tenu dans les bureaux du Gouvernement général à la disposition des membres du Conseil. (*Arrêté du Gouverneur général, 10 Mai 1912*).

NOTA. — Le Conseil de Gouvernement tel qu'il a été constitué par l'acte du 20 Octobre 1911 et tel qu'il fonctionne actuellement ayant été l'objet de critiques sérieuses, M. le Gouverneur général Merlin a estimé qu'il y avait lieu d'en modifier la composition et de placer auprès du Chef supérieur de la Colonie une assemblée qui, par ses origines, soit complètement indépendante de l'Administration et qui représente autant que possible toutes les valeurs de l'Union Indochinoise.

Cette assemblée qui porterait le nom de « Congrès de l'Union Indochinoise » assisterait le Gouverneur général dans les principales de ses attributions financières, telles que l'examen des budgets et des comptes administratifs, des programmes de grands travaux et des projets d'emprunt.

Dans son rapport de présentation de ce projet, le Secrétaire général du Gouvernement général s'exprime ainsi:

....

« Une telle assemblée offre des avantages multiples et très divers. Elle permet au Gouverneur général d'être en communion étroite avec l'opinion publique, d'en suivre de près tous les mouvements, d'en connaître précisément les aspirations. Elle lui apporte le bénéfice d'expériences acquises très diversement et en dehors des formes, des modes, des conceptions, des idées propres à l'Administration. Elle incite les services à exercer sur eux-mêmes une surveillance constante et sévère. Elle procure au Chef de la Colonie un moyen nouveau de se contrôler lui-même, d'éviter ou de redresser aussitôt toute erreur de conduite. Elle lui fournit l'occasion d'exposer ses programmes et de défendre ses projets. Appuyés par l'assemblée, les actes du Gouverneur général prennent une autorité renforcée auprès de l'opinion publique aussi bien qu'auprès des pouvoirs métropolitains.

Dans l'institution d'une telle assemblée, les deux problèmes primordiaux à résoudre sont de fixer le mode de désignation des membres et de déterminer les pouvoirs conférés à l'assemblée elle-même.

En Indochine, les corps électoraux sont différents selon qu'il s'agit d'Européens ou d'Indigènes, différents même suivant les divers pays de l'Union. Ils sont, en leur état actuel, trop disparates pour qu'on réussisse à les fondre utilement en un corps unique. Ils sont pour certains, trop neufs dans l'exercice de leur fonction pour qu'on se risque sans imprudence à leur confier dès maintenant le soin d'élire directement les membres d'une assemblée appelée à suivre les problèmes financiers les plus considérables de l'Indochine.

Pour constituer une assemblée nouvelle qui aura à fixer ses règles de travail, la discipline de ses discussions, à prendre la conscience exacte de ses devoirs comme de ses droits et de ses responsabilités, il a paru plus sage de faire tout d'abord appel à des personnalités ayant déjà l'expérience des assemblées et représentant, suivant une sélection opérée par leurs pairs mêmes, l'élite de ces assemblées, en même temps que les intérêts les plus importants et les plus divers du pays. C'est au sein des corps élus locaux: Conseil colonial de Cochinchine, Chambres de Commerce et d'Agriculture, Conseils municipaux, Chambres consultatives indigènes, que se recruteront en majeure partie les membres de la future assemblée.

Le Congrès de l'Union Indochinoise compterait 44 membres dont 27 membres représentant l'élément français et 17 membres représentant l'élément indigène. Cette proportion paraît équitable dans l'état actuel des choses. Du fait des rapatriements, des obligations propres à certains membres français, des vides peuvent se produire au Congrès qui risqueraient de compromettre la prédominance nécessaire de l'élément européen pour la faire passer à l'élément indigène encore insuffisamment préparé à prendre la charge d'intérêts si considérables.

Certains membres sont qualifiés pour siéger au Congrès par les fonctions électives qu'ils remplissent, d'autres sont délégués spécialement et directement élus par les membres, soit français, soit indigènes, des diverses assemblées locales. Ainsi, le Congrès se composerait du Député de la Cochinchine, des trois délégués au Conseil supérieur des Colonies, issus directement du suffrage universel, de quatre membres du Conseil colonial dont un indigène, de neuf représentants des Chambres de Commerce dont trois indigènes, de quatre représentants des Chambres d'Agriculture dont deux indigènes, de huit représentants des Chambres mixtes dont deux indigènes, de trois membres français des Conseils municipaux, de huit délégués des Chambres consultatives indigènes, enfin d'un délégué français du Laos désigné par le Gouverneur général, en l'absence d'assemblée consulaire ou municipale.

La Cochinchine serait représentée par treize membres dont neuf français, le Tonkin et la partie du Nord-Annam qui s'y rattache économiquement, par quatorze membres dont neuf français, l'Annam et le Cambodge, chacun par sept membres dont quatre français, le Laos, par trois membres dont un français. Cette répartition dont le détail est présenté par le tableau ci-joint, tient un compte aussi équitable que possible à la fois du chiffre de la population et de l'importance économique de chacun des pays de l'Union.

Par ailleurs, les membres du Congrès, exception faite du Député de la Cochinchine et des délégués au Conseil supérieur des Colonies, sont tous désignés dans le mois qui précède la session ordinaire du Congrès et pour un an seulement. Ils représenteront donc fidèlement chaque année l'opinion actuelle de leurs mandants. D'autre part, leur présence aux sessions du Congrès ne saurait apporter aucune entrave au fonctionnement normal des autres assemblées dont ils font partie. Il est même à espérer que du fait de la nouvelle institution, le recrutement de ces derniers tendra à s'améliorer encore. On a pu constater en effet que des notabilités françaises qualifiées pourtant par leur expérience du pays, leur valeur propre, l'importance des intérêts qu'elles représentent, se tenaient systématiquement à l'écart des assemblées consulaires ou municipales où elles rendraient de grands services. On est en droit de penser que l'ambition légitime d'occuper un siège au Congrès, de participer à la gestion des intérêts les plus considérables de l'Indochine, les déterminera à l'avenir à prendre une part active à la vie municipale ou consulaire du pays.

Il est à noter que le projet établi se différencie nettement du système des « délégations financières » en pratique dans nos possessions de l'Afrique du Nord et récemment étendu à Madagascar. Ce système peut se justifier dans ces divers pays où les impôts sont différents selon qu'ils portent sur les Européens ou sur les Indigènes. Il n'aurait aucune raison d'être en Indochine où les impôts qui alimentent le Budget général sont non des impôts directs particuliers soit aux Européens soit aux Indigènes, mais des impôts indirects généraux qui pèsent également sur toute la population sans distinction d'origine. Le système n'est d'ailleurs pas exempt de critiques et de fort justifiées se sont déjà fait jour. Sa mise en application comporte une grande complexité, engendre de multiples difficultés et de longs délais dans l'examen des affaires. Enfin, inconvénient plus grave, il tend à différencier et même opposer les intérêts des deux éléments de la population au lieu de les confondre dans une heureuse harmonie, dans une union désirable. Une assemblée unique dont tous les membres travaillent en commun fait disparaître ces inconvénients et présente d'autres avantages. Au contact de leurs collègues français, les représentants indigènes voient leur activité stimulée, les éléments critiques de leur intelligence se développer; à fréquenter leurs collègues indigènes, les représentants français comprennent mieux leurs besoins, leurs aspirations et leur mentalité. La confiance réciproque s'engendre, préparant la fusion de tous les intérêts.

Par son mode de recrutement, par la faculté d'élaborer son règlement intérieur et de procéder souverainement à la vérification des pouvoirs de ses membres, le Congrès de l'Union Indochinoise jouira d'une absolue indépendance et ses avis, expression exacte de l'opinion, ne manqueront pas de constituer un puissant auxiliaire du Gouverneur général dans l'œuvre de progrès à poursuivre dans ce pays.

Le second problème à considérer dans l'institution du Congrès est de déterminer la nature et l'étendue des pouvoirs qui seront dévolus à l'assemblée.

Dans notre organisation coloniale actuelle, les Conseils généraux des vieilles colonies et les Conseils coloniaux de Cochinchine et du Sénégal constituent, au même titre, des assemblées délibératives, dont les attributions sont analogues à celles conférées aux assemblées départementales de la France.

En quoi consistent au juste les pouvoirs de ces assemblées? Elles statuent définitivement sur un petit nombre de questions comme les concessions, les aliénations gratuites et le classement de routes. Elles délibèrent seulement sur le mode d'assiette, les tarifs et les règles de perception des impôts locaux, les acquisitions, les aliénations et les changements de propriété, les emprunts, les acceptations de dons et legs. Leurs délibérations ne deviennent d'ailleurs exécutoires qu'après approbation par décret simple ou en

Conseil d'Etat dans les colonies autonomes, par arrêté du Gouverneur général ou décret en Conseil d'Etat dans les colonies groupées en fédération L'autorité compétente pour approuver la délibération ne peut la modifier mais peut toujours la rejeter. Elles votent le budget, préparé par le Gouverneur, mais elles n'ont l'initiative d'aucune dépense, initiative qui reste au Gouverneur seul et elles sont tenues de prévoir au budget une série de dépenses obligatoires particulièrement importantes. Elles ne conservent leur liberté que pour le montant des dépenses facultatives encore que celles-ci mêmes soient soumises à approbation. Elles sont consultées obligatoirement sur certaines matières comme les tarifs d'octroi de mer, les tarifs douaniers et les modifications de limites territoriales. Dans tous les autres cas, elles émettent simplement des avis.

De cet exposé, il ressort que ces assemblées ont des pouvoirs relativement limités et que, sauf un petit nombre d'espèces, leurs décisions ne deviennent exécutoires qu'après approbation de l'autorité supérieure. On peut donc affirmer que dans bien des cas, le pouvoir délibératif se confond ainsi avec la consultation obligatoire.

Par ailleurs, le système, assez compliqué, demande pour fonctionner normalement sans heurts ni risques de conflits, une préparation à la vie publique qui ferait défaut à une assemblée nouvelle, surtout si elle représente des intérêts considérables autant que divers et des pays d'organisation très différente comme tel est le cas pour l'Indochine. Au surplus, il s'imposerait d'établir, au préalable, un départ exact entre les dépenses obligatoires et les dépenses facultatives et c'est là une œuvre délicate qui ne peut s'effectuer qu'après une série d'observations pratiques renouvelées.

Pour ces motifs, le projet prévoit que le Congrès de l'Union Indochinoise sera une assemblée consultative, dont les avis seront demandés obligatoirement sur les plus importantes matières financières, facultativement sur les autres.

Elle sera consultée obligatoirement sur les projets de budgets, les projets d'emprunt, les plans de campagne des travaux publics, les comptes définitifs, sur les impôts ou taxes de toute nature perçus au profit du budget général ou des budgets locaux. Elle émettra ses votes en toute indépendance, sous forme de délibérations. C'est donc un pouvoir très voisin de celui qui est consenti aux Conseils généraux ou Conseils coloniaux. L'assemblée sera consultée facultativement sur les objets soumis à son examen par le Gouverneur général. Ultérieurement, après la période d'adaptation nécessaire, rien ne s'opposera à ce que la future assemblée soit dotée d'un pouvoir délibératif analogue à celui des Conseils généraux.

La nouvelle organisation constitue indéniablement un progrès considérable sur l'état de choses actuel et prépare les voies à des réformes plus décisives dans l'avenir.

La création d'un Congrès de l'Union Indochinoise a pour conséquence une modification profonde dans l'organisation et le fonctionnement du Conseil de Gouvernement et de la Commission permanente de ce Conseil, tels qu'ils ont été constitués par le décret du 20 Octobre 1911.

Dans le projet de réforme qui vous est soumis, les attributions de ces deux dernières assemblées ont été mises en harmonie avec la nouvelle institution. Certains membres et délégués du Congrès y ont entrée. Le nombre des membres qui en font partie, à tout titre, a été sensiblement réduit dans l'une et l'autre, pour rendre la réunion de ces assemblées permanentes plus facile et leur travail plus aisé et plus rapide.

L'ancien Conseil de Gouvernement deviendra « le Conseil supérieur de l'Indochine, » l'ancienne Commission permanente de ce Conseil se transformera en « Conseil d'administration du Gouvernement général ».

Tandis que le Conseil actuel du Gouvernement compte 36 membres dont 13 sont les mandataires du suffrage universel ou des assemblées consulaires, le Conseil supérieur de l'Indochine comprendra 18 membres fonctionnaires et 7 membres du Congrès.

Le Conseil d'administration nouvellement créé sera composé de 7 membres dont deux délégués désignés chaque année par le Congrès.

Le Congrès sera donc représenté dans l'un et l'autre Conseil respectivement par 7 et par 2 délégués, c'est-à-dire dans une proportion supérieure au passé ; il aura ainsi la pleine faculté d'y faire entendre sa voix.

Par ailleurs, ces deux assemblées ramenées à un nombre restreint de membres mieux qualifiés rempliront plus utilement leur rôle essentiel de Conseils permanents du Gouverneur général dans tous les actes importants de sa fonction.

Le Conseil supérieur de l'Indochine restera une assemblée purement consultative, au sein de laquelle, à l'issue de la session du Congrès de l'Union Indochinoise, le Gouverneur général, conformément aux règlements financiers, arrêtera le Budget général et ses annexes, le plan de campagne des travaux, les budgets d'emprunt et les comptes définitifs, les projets d'emprunt, déterminera les subventions à allouer aux Budgets locaux ou les contributions à réclamer d'eux, approuvera les Budgets locaux, établira les taxes et contributions, sous réserve, le cas échéant, de l'approbation nécessaire du pouvoir métropolitain.

Le Conseil d'administration, groupant des membres du Conseil supérieur de l'Indochine et du Congrès, fera, au cours de l'exercice financier, l'office de Commission permanente de ces deux assemblées.

En fait et sous réserve des dispositions contraires du décret instituant le Congrès de l'Union Indochinoise, le Conseil supérieur de l'Indochine et le Conseil d'Administration sont substitués, dans leurs diverses attributions respectives, à l'ancien Conseil du Gouvernement et à sa Commission permanente. » (1)

....

Conseil de défense. — Par décret du 31 Octobre 1902 il a été créé dans chaque colonie un Conseil de défense, qui est chargé :

D'une part, d'étudier les questions d'organisation militaire et défensive de la colonie qui lui sont transmises, pour examen, par le Ministre des Colonies ou sur lesquelles le Gouverneur demande à être éclairé ;

D'autre part, d'émettre un avis, lorsque le Gouverneur le lui demande, sur les mesures que celui-ci juge utile de prendre d'urgence et sans attendre l'assentiment du Ministre.

---

(1) Au moment où nous reproduisons ces lignes (avril 1926), aucune modification n'a encore été apportée à l'état de choses créé par le décret du 20 Octobre 1911.

Le Conseil de défense est composé comme suit :

Le Gouverneur général, le Gouverneur ou son intérimaire, Président ;

Le Commandant supérieur des troupes, Vice-président ;

L'Officier général ou supérieur le plus élevé en grade après le Commandant supérieur, commandant de troupes d'Infanterie, Membre ;

L'Officier général ou supérieur, commandant l'Artillerie, Membre ;

Le Chef d'Etat-Major ou l'Officier supérieur adjoint au Commandant supérieur, Membre ;

Les fonctions de Secrétaire *sont remplies par le Chef d'Etat-Major ou, à défaut, par l'un ou l'autre des deux autres membres.*

Dans les colonies où l'officier adjoint au Commandant supérieur est un officier subalterne, celui-ci est secrétaire du comité, mais n'a pas voix délibérative.

Le Conseil est obligatoirement assisté, pour les questions d'ordre spécial et suivant le cas :

Du représentant civil ou militaire du Gouverneur sur le territoire duquel portent les délibérations du Conseil ;

Du Commandant de la défense du point d'appui de la Flotte ;

Du Commandant de la Marine ;

Du Directeur du Service Administratif ;

Du Directeur du Service de Santé ;

Du Directeur des Travaux Publics ;

Du Trésorier payeur,

qui ont voix délibérative au sein du comité.

Peuvent être appelés à prendre part aux travaux du Conseil, avec voix délibérative, l'Officier général des troupes coloniales en tournée d'inspection générale et l'Amiral commandant la force navale évoluant dans les parages de la colonie.

Le président peut convoquer, également avec voix consultative, toute personne qu'il jugera utile de consulter en raison de sa situation ou de ses travaux.

Le Conseil se réunit sur la convocation de son président.

L'arrêté ministériel du 3 Novembre suivant a réglé le fonctionnement des Conseils de défense aux colonies.

Le Conseil de défense est chargé :

1° D'examiner, au premier degré et sur place, les questions d'organisation militaire et définitive de la colonie, qui doivent être étudiées au second degré par le Comité consultatif de la défense des Colonies, institué par le décret du 29 Juillet 1902;

2° D'émettre un avis sur toutes les mesures militaires que le Gouverneur juge utile de prescrire d'urgence et avant d'avoir obtenu l'assentiment du Ministre;

3° D'étudier les affaires du ressort des commissions mixtes de travaux, telles que routes, chemins de fer, ponts, etc.;

4° D'étudier également toutes questions pouvant intéresser la défense de la colonie et pour lesquelles le Gouverneur demandera à être éclairé.

Le Conseil peut délibérer quand cinq membres sont présents dont trois au moins pris parmi les membres permanents.

Une copie des procès-verbaux, certifiée conforme et signée par le président du Conseil de défense, doit être adressée, les 1er Janvier, 1er Avril, 1er Juillet et 1er Octobre, au Ministre des Colonies, sous le timbre du Bureau militaire.

Si le Gouverneur juge nécessaire de prendre d'urgence une mesure d'ordre militaire qui n'ait pas été prescrite par le Ministre ou qui ne soit pas exactement conforme au programme arrêté par lui, après avis du Comité consultatif de la défense des colonies, il devra adresser au Ministre, en lui rendant compte de cette mesure et à l'appui de son rapport, le procès-verbal de la séance correspondante du Comité de défense locale, avec l'avis de la commission ou du membre du comité délégué pour l'examen de cette question.

Les discussions du Conseil sont tenues secrètes.

Contrôle financier. — Par décret du 26 Juin 1895, il a été institué auprès du Gouverneur général de l'Indochine un Contrôleur financier placé sous les ordres immédiats du

Ministre des Colonies de manière à lui laisser une indépendance suffisante pour exercer la fonction dont il est chargé.

Ce fonctionnaire est nommé par décret sur la proposition du Ministre des Colonies et du Ministre des Finances.

Il est choisi parmi les Inspecteurs des Finances, les Conseillers référendaires à la Cour des Comptes, les Agents supérieurs de l'Administration centrale des finances ayant au moins le grade de Chef de bureau ou parmi les Inspecteurs des Colonies.

Il a entrée au Conseil de Gouvernement de l'Indochine et à la Commission permanente de ce Conseil.

Il suit la comptabilité des dépenses engagées et celle des administrateurs, tant en ce qui concerne le budget général de l'Indochine et les budgets locaux que le budget colonial. En vertu du décret du 28 Mai 1913, son contrôle s'exerce également sur les budgets du Territoire de Kouang-tchéou-wan, des diverses municipalités et des Chambres de Commerce de l'Indochine.

A cet effet, il reçoit mensuellement de tous les ordonnateurs un double de bordereaux d'émission de mandats et de tous les comptables de l'Indochine, la situation détaillée des recettes et des dépenses effectuées. Il peut en outre requérir des Administrations civiles, militaires et financières toutes communications et y effectuer toutes recherches nécessaires à son contrôle.

Tous projets d'arrêtés ou de décisions émanant des différentes autorités civiles ou militaires de l'Indochine intéressant directement ou indirectement les crédits du budget colonial ou les finances de la Colonie doivent être communiqués préalablement au Contrôleur financier et visés par lui. Les projets de budget de la Colonie soumis à l'approbation du Gouvernement métropolitain doivent être également accompagnés de l'avis du Contrôleur financier.

Si le Contrôleur, pour des raisons d'ordre exclusivement financier, refuse son visa, le Gouverneur général peut passer outre, à charge d'en informer les Ministres des Colonies et des Finances. Il en avise en même temps le Contrôleur.

Le Contrôleur financier adresse *directement* chaque mois au Ministre des Finances un rapport détaillé sur la situation budgétaire et sur le fonctionnement des services financiers de la Colonie. Il remet en même temps copie de ce rapport au Gouverneur général.

Le Contrôle financier ne comprenait, en 1911, que deux bureaux, celui de Saigon et celui de Hanoi. D'accord avec le Gouverneur général, le Directeur du Contrôle a installé des délégués à Hué, Pnom-Penh et Vientiane. Les visas sont obtenus rapidement, les transmissions sont devenues moins longues ; la décentralisation s'effectue en même temps que la gestion des Chefs d'Administration locale est plus exactement contrôlée. Une collaboration journalière s'est établie, dont le caractère a été défini par la circulaire du Gouverneur général du 24 Mars 1913. « L'adhésion du Contrôle financier, est-il dit dans cette circulaire, constitue, pour l'or- « donnateur, une garantie de régularité, venant renforcer « l'autorité de ses décisions ; il convient donc de soumettre « à son examen toutes pièces pouvant engager en recettes ou « en dépenses les finances de la Colonie. Tenter de s'affran- « chir de cette intervention serait, pour un Chef d'Adminis- « tration locale, méconnaître les intentions de la Métropole « qui, en instituant le Contrôle financier, a voulu placer, « auprès des ordonnateurs, des conseillers éclairés, suscep- « tibles de les mettre en garde contre toute exagération de « dépenses. J'ai donc tout lieu de penser qu'aucun conflit ne « saurait s'élever entre deux organismes également soucieux « de réagir contre tout relâchement de la gestion financière « qui leur est dévolue et que, poursuivant le même but, ces « deux services ne pourront manquer de s'entendre sur les « moyens à adopter pour l'atteindre. » *(Exposé des motifs du Budget général de l'Indochine, exercice 1914).*

Nota. — La question s'est posée de savoir si le service du Contrôle était juge non seulement de la *régularité*, mais du *bien-fondé* de toute décision administrative entraînant des conséquences budgétaires ; si, en un mot, le Contrôleur financier avait le droit d'apprécier l'*opportunité* ou la *moralité* d'une dépense, alors même que la mesure envisagée est régulière et ne donne lieu à aucune observation au point de vue financier.

Si cette thèse était admise, le Directeur de ce service serait investi d'une autorité supérieure à celle du Gouverneur général lui-même, ce qui serait contraire à l'eprit et à la lettre des décrets fixant les pouvoirs du chef suprême de la colonie.

Mais aucun texte ne donne au service du Contrôle une semblable prérogative. Bien au contraire, les décrets organiques des 14 Mars 1896 et 22 Mars 1907, conçus à cet égard en termes identiques, disposent formellement que le refus de visa ne pourra être basé que sur « des raisons d'ordre exclusivement financier ». Et encore, en ce dernier cas, le Gouverneur général peut-il passer outre, à charge d'en référer aux Ministres des Colonies et des Finances.

Il a été d'ailleurs reconnu qu'il n'appartenait pas à ce service « de juger du fond des affaires soumises au visa, mais simplement des formes et des prescriptions indispensables à leur légalité ». On ne pouvait mieux dire que le Contrôleur financier n'a pas le droit de se faire juge de l'opportunité ou de la moralité d'une dépense, régulièrement engagée par un ordonnateur (1).

---

(1) En France, en cas d'objection, le contrôleur présente au Ministre son avis qui ne peut être motivé que sur *l'imputation demandée, sur la disponibilité du crédit ou sur l'exactitude matérielle des calculs d'évaluation.*

Il en résulte qu'en France, le contrôleur des dépenses engagées n'a pas à émettre son avis *sur l'utilité ou la convenance* de la dépense engagée. Il n'examine les projets qui lui sont soumis qu'au seul point de vue budgétaire. Son opposition ne peut être motivée que sur *l'inexactitude de l'imputation demandée, l'absence de crédits disponibles ou l'erreur matérielle des évaluations.* Le Directeur du Contrôle financier en Indochine ne peut avoir que les mêmes pouvoirs, comme il ne peut refuser son visa que pour des raisons d'ordre exclusivement financier; ces raisons ne peuvent être que celles indiquées plus haut.

Cette manière de voir a été d'ailleurs confirmée par l'article 357 du décret du 30 Décembre 1912 sur le régime financier des colonies.

CHAPITRE III

SERVICE ET ORGANISATION JUDICIAIRES

I. — SERVICE JUDICIAIRE.

Dispositions générales. — Le Service judiciaire de l'Indochine a été profondément remanié par le décret du 19 Mai 1919, modifié et complété par celui du 16 Février 1921, dont les dispositions essentielles sont la suppression de la Cour d'Appel de l'Indochine, la création de deux Cours d'Appel siégeant l'une à Saigon, l'autre à Hanoi et l'institution d'un Directeur de l'Administration judiciaire. Les pouvoirs de l'ancien Procureur général de l'Indochine sont dévolus à ce nouveau chef de service, placé auprès du Gouverneur général. Cette création a pour avantage de libérer les Procureurs généraux des deux nouvelles cours des soins étrangers à leurs fonctions judiciaires et de rendre la magistrature assise indépendante du Parquet.

La circulaire du Procureur général en date du 25 Août 1919 résume clairement la nouvelle réglementation du service.

« Il y aura désormais deux Cours d'Appel distinctes avec, à la tête de chacune d'elles, un Premier Président, Chef de la magistrature assise et un Procureur général, Chef des magistrats du Ministère public, avec, pour toute l'Indochine, un Directeur de l'Administration judiciaire, auquel sont dévolues les attributions autrefois conférées au Procureur général de l'Indochine en sa qualité de Chef du Service judiciaire.

Les magistrats des parquets devront donc adresser leur correspondance et tous les états réglementaires au Procureur général de leur ressort, tandis que les magistrats du siège correspondront directement avec le Premier Président.

Les magistrats qui, comme les juges de paix à compétence étendue, ont à accomplir certains actes relevant de la fonction du ministère public, correspondront naturellement avec le Procureur général pour tout ce qui est relatif à cette fonction.

Pour les affaires d'ordre purement administratif, les magistrats de tous ordres et de toutes fonctions s'adresseront au Directeur de l'Administration judiciaire par la voie hiérarchique, c'est-à-dire en passant par l'intermédiaire soit du Premier Président, soit du Procureur général, suivant qu'ils appartiennent à la magistrature assise ou à la magistrature du parquet.

En résumé, *le Chef administratif sera le Directeur de l'Administration judiciaire,* tandis que les deux Premiers Présidents et les deux Procureurs généraux seront placés l'un à la tête de la magistrature assise, l'autre à la tête de la magistrature debout.

Il suffira d'ailleurs de vous reporter à la réglementation métropolitaine pour être fixés sur les attributions respectives des deux hauts chefs de la magistrature indochinoise et du Directeur de l'Administration judiciaire qui agit par délégation du Gouverneur général, lequel reste le Chef de la Justice avec les pouvoirs conférés dans la Métropole au Ministre de la Justice, Garde des Sceaux.

En prenant donc pour guide l'organisation métropolitaine, vous serez certains de ne pas vous méprendre sur les rôles que doivent jouer les nouveaux organismes créés.

Les dispositions du décret du 19 Mai sont très nettes à cet égard, et se suffisent par ailleurs à elles-mêmes ». *(Circulaire du Directeur de l'Administration judiciaire à MM. les Premiers Présidents et Procureurs généraux près les Cours d'Appel de Saigon et de Hanoi).*

En sa qualité de dépositaire des pouvoirs de la République française, le Gouverneur général a, sous le contrôle permanent du Ministre des Colonies et du Garde des Sceaux, Ministre de la Justice, la haute Administration de la Justice sur tout le territoire de l'Indochine. L'autorité judiciaire ne lui appartient pas, mais il exerce à l'égard de la magistrature indochinoise les pouvoirs conférés en France au Ministre de la Justice, Garde des Sceaux, à l'égard de la magistrature métropolitaine.

En conséquence, il a sur les magistrats de toutes les juridictions civiles et commerciales un droit de surveillance. Il peut leur adresser une réprimande. Cette réprimande est notifiée au magistrat qui en est l'objet, par le Premier Président pour la magistrature assise, par le Procureur général pour les officiers du ministère public.

Le Gouverneur général nomme directement, sur la proposition du Directeur de l'Administration judiciaire et après avis de la cour compétente en assemblée générale, les avocats-défenseurs, les notaires, les huissiers, les commis-greffiers titulaires, à leur entrée en fonctions; mais l'avis de l'assemblée générale de la cour n'est pas nécessaire pour la promotion au grade supérieur des commis-greffiers.

Il nomme également sur la présentation du Procureur général, les secrétaires du parquet, les commis-greffiers provisoires ou stagiaires, les interprètes et expéditionnaires de l'Administration judiciaire.

Il peut, par arrêté, et pour les besoins du service sur la demande du Premier Président ou du Procureur général, si une vacante provisoire venait à se produire, et qu'il y ait impossibilité de la combler avec les éléments du ressort, faire passer, sur la proposition du Directeur de l'Administration judiciaire, un magistrat ou un greffier du siège ou du Parquet du ressort d'une Cour d'Appel au siège ou au Parquet du ressort de l'autre Cour.

Directeur de l'Administration Judiciaire. — Le Directeur seconde le Gouverneur général dans l'Administration de la Justice. Il exerce toutes les fonctions, il a toutes les attributions administratives dévolues jusqu'ici au Procureur général de l'Indochine en sa qualité de Chef du Service judiciaire. Il est le Chef du Service de la Justice indigène au Tonkin. Il siège au Conseil de Gouvernement.

Il est nommé par décret sur la proposition du Gouverneur général. Il doit être choisi parmi les magistrats supérieurs en activité de service, de préférence parmi les Premiers Présidents et les Procureurs généraux du ressort de l'Indochine.

Il est classé à la 1re catégorie A du décret du 6 Juillet 1904 avec tous les avantages attachés à cette classe.

En cas d'absence hors de la Colonie ou de décès du Directeur de l'Administration judiciaire, le Gouverneur général, par arrêté, désigne, pour le remplacer, un des Premiers Présidents ou des Procureurs généraux du ressort de l'Indochine.

Le Directeur de l'Administration judiciaire a son siège à Hanoi auprès du Gouverneur général.

Procureurs généraux et Premiers Présidents. — Les deux Cours d'Appel indochinoises étant soumises aux mêmes règles que les Cours de la Métropole, le Premier Président et le Procureur général y ont les mêmes pouvoirs que leurs collègues de France et toutes les attributions administratives précédemment dévolues au Procureur général y sont exercées par un organisme spécial institué auprès du Gouverneur général : la Direction de l'Administration de la Justice. Les Premiers Présidents acquièrent toute leur indépendance et toute l'autorité indispensable à l'exercice de leurs hautes fonctions : ils deviennent les chefs des magistrats qui jugent. Les Procureurs généraux ne sont plus, comme autrefois, Chefs du Service judiciaire ; la fonction qui leur était dévolue jusqu'ici passe au Directeur de l'Administration judiciaire. Mais ils ont les mêmes pouvoirs comme les mêmes devoirs des Procureurs généraux près les Cours d'Appel de la Métropole — c.-à-d. qu'ils sont surtout chargés d'assurer l'exécution des lois et des décisions de Justice.

a) **Procureurs généraux.** — En conséquence de ce qui précède, les Procureurs généraux ont les attributions suivantes :

Ils exercent l'action de la justice criminelle dans toute l'étendue de leur ressort respectif. Ils ont la surveillance de tous les officiers de police judiciaire et des officiers ministériels.

Ils veillent à ce que les lois et règlements soient exécutés dans les tribunaux et lorsqu'il y aura des observations à faire à cet égard, le président de la cour ou du tribunal de première instance sera tenu, sur leur demande, de provoquer une assemblée générale de la cour ou du tribunal.

Ils n'assistent pas aux délibérations des juges lorsqu'ils se retirent dans la chambre du conseil pour les jugements ; mais ils assistent à toutes les délibérations qui regardent l'ordre, le service intérieur et les avis à donner ou qui sont relatives à des avis ou décisions en matière de discipline. Tous les membres du parquet sont admis à l'assemblée ; ils délibèrent et votent chacun comme les autres membres de la cour ou du tribunal.

Ils ont le droit de faire inscrire sur les registres de la cour ou des tribunaux les réquisitions qu'ils jugent à propos de faire.

Ils préparent et soumettent au Conseil privé ou aux Conseils de Protectorat, d'après les ordres du Gouverneur général, les rapports concernant les recours en grâce.

Ces magistrats ont également dans leurs attributions :

1° La surveillance et la bonne tenue des lieux où se rend la justice ;

2° La surveillance de la curatelle aux successions vacantes, telle qu'elle est déterminée par les ordonnances et décrets ;

3° La censure des écrits en matière judiciaire destinés à l'impression ;

4° La préparation et la présentation des rapports sur les demandes en dispense et en autorisation de mariage.

Toutes les fonctions du ministère public sont personnellement et spécialement confiées aux Procureurs généraux. Ils portent la parole, s'ils le jugent convenable, aux audiences de la cour, toutes chambres assemblées, aux audiences solennelles de la cour, et aux audiences des chambres de la cour, ainsi qu'aux audiences des cours criminelles.

Les avocats généraux et les substituts des Procureurs généraux participent à l'action du ministère public sous les ordres et sous la direction des Procureurs généraux qui les attachent à la chambre à laquelle ils croient leur service le plus utile.

Toutes les fois qu'ils en sont requis par les Procureurs généraux, ils sont tenus de leur communiquer les conclusions qu'ils se proposent de donner. En cas de dissentiment, le Procureur général prend la parole.

b) **Premiers Présidents.** — Les Premiers Présidents, tout comme les Procureurs généraux d'ailleurs, doivent visiter périodiquement ou inopinément les tribunaux de leur ressort. Ils vérifient si les affaires y sont normalement expédiées et exercent leur contrôle sur tous les Services judiciaires,

Personnel des Cours d'Appel et des tribunaux. — Viennent immédiatement après les Procureurs généraux et les Premiers Présidents des Cours d'Appel, les présidents de chambre et les conseillers aux dites cours. Dans les tribunaux de 1re instance se trouvent des juges-présidents, des vice-présidents, des lieutenants de juge, des juges suppléants. Les procureurs de la République près de ces tribunaux remplissent les fonctions de ministère public sous la direction du Procureur général et participent à l'exercice de ses fonctions.

Enfin, il y a des juges de paix à compétence étendue et, à Saigon, un juge de paix à compétence simple.

A chacun de ces tribunaux sont attachés un ou plusieurs greffiers ou commis-greffiers, et des huissiers dont le nombre est fixé, selon les besoins, par le Gouverneur général.

II. — Organisation judiciaire

A) JUSTICE FRANÇAISE

Dispositions générales. — L'organisation judiciaire de l'Indochine est encore assez complexe et quoique fixée en principe d'une manière uniforme, elle présente un caractère particulier selon qu'il s'agit, par exemple, de la Cochinchine, pays d'administration directe, ou de l'Annam, du Cambodge, du Laos et du Tonkin, pays de protectorat.

« Cet état de choses résulte de l'existence d'un grand nombre de textes sur la matière et de l'enchevêtrement de leurs dispositions. Aussi le Département se propose-t-il d'apporter plus de simplicité et plus de clarté dans cette organisation ». *(Rapport de présentation du décret du 28 Mai 1913, sur la réorganisation du Service judiciaire en Indochine).* Nous allons donc l'étudier dans sa forme générale, nous réservant d'indiquer les caractères particuliers qu'elle peut présenter dans tel ou tel pays, en vertu des traités, conventions ou décrets spéciaux.

Ce sont les décrets des 17 Mai 1895, 15 Septembre 1896, 8 Août 1898, 1er Décembre 1902, avec les modifications qui ont pu y être apportées dans la suite et notamment le décret du 19 Mai 1919 et celui du 16 Février 1921 qui ont réorganisé la Justice en Indochine.

La justice française est rendue par deux cours d'appel, par des cours criminelles, par une commission criminelle (au Tonkin), par des tribunaux de 1re instance, des justices de paix à compétence étendue, des tribunaux résidentiels et des tribunaux mixtes de commerce, (ces quatre dernières sortes de tribunaux constituant la juridiction du 1er degré) et par des justices de paix (1).

Les audiences sont publiques en matières civiles et criminelles, à moins que cette publicité ne soit dangereuse pour l'ordre et pour les mœurs, et, dans ce cas, la cour ou le tribunal le déclare par un arrêt ou jugement préalable. Dans tous les cas, les arrêts ou jugements sont prononcés publiquement et doivent être motivés à peine de nullité.

Personnes soumises aux juridictions françaises et législation applicable par ces juridictions. — En Cochinchine et dans les villes ou concessions françaises de Hanoi, Haiphong et Tourane, toutes personnes, sans distinction, sont soumises, en toutes matières, à la juridiction française.

Dans les autres régions de l'Indochine, les tribunaux français sont compétents, en matière civile et commerciale, à l'égard des Français et assimilés, des sujets français, des Annamites originaires des concessions françaises, des protégés français étrangers au pays, et des étrangers quelconques. Il en est ainsi même lorsqu'une des parties est indigène.

Ainsi, la juridiction française est compétente, en Annam-Tonkin, pour connaître des litiges entre Annamites du pays et Cambodgiens ou Laotiens, — au Cambodge, pour connaître des contestations entre Cambodgiens et Annamites ou Laotiens, — enfin, au Laos, pour connaître des litiges entre Laotiens et Annamites ou Cambodgiens.

Au Tonkin, les indigènes peuvent porter leurs différents devant les tribunaux français lorsque toutes les parties sont d'accord à ce sujet. Ils le peuvent même s'ils déclarent vouloir rester soumis à la loi indigène. Lorsque des indigènes auront contracté sous l'empire de la loi française, cette option entraînera compétence pour la juridiction française.

(1) En Cochinchine, il existe également des justices de paix indigènes qui seront étudiées plus loin (*Justice Indigène*).

En matière pénale, les juridictions françaises sont compétentes à l'égard des Français ou assimilés, des sujets français, des Annamites originaires des concessions françaises de Hanoi, Haiphong et Tourane, des protégés français étrangers au pays, des étrangers quelconques, ainsi qu'à l'égard de leurs coauteurs ou complices.

Elles sont également compétentes pour connaître des infractions commises par des indigènes au préjudice de Français ou assimilés, de sujets français, d'Annamites originaires des concessions françaises de Hanoi, Haiphong et Tourane, de protégés français et étrangers au pays, ou d'étrangers quelconques. En dehors des territoires de la Cochinchine et des villes de Hanoi, Haiphong et Tourane, les juridictions indigènes ne sont compétentes que pour connaître des infractions commises exclusivement par des indigènes au préjudice d'indigènes.

En matière civile, la loi française régit toutes les conventions et toutes les contestations entre Français, entre Français et assimilés, entre Français ou assimilés et indigènes ou assimilés.

La loi annamite régit toutes les conventions et toutes les contestations entre indigènes et assimilés. Toutefois, la déclaration faite dans un acte par des indigènes ou assimilés qu'ils entendent contracter sous l'empire de la loi française entraîne l'application de cette loi. Ils peuvent également, d'un commun accord, demander à la juridiction saisie qu'il leur soit fait application de la loi française.

Cette option n'est pas permise aux indigènes du Cambodge et de l'Annam proprement dit, à moins que des ordonnances de leurs souverains ne les y autorisent expressément.

En matière commerciale, les tribunaux français appliquent le code de commerce et les lois ou décrets spéciaux au commerce dûment promulgués dans la colonie.

Toutefois, demeurent en vigueur : 1° le décret du 27 Février 1892 réglementant le commerce asiatique en Indochine ; 2° l'arrêté du Gouverneur général réglementant le commerce asiatique du Tonkin, approuvé par le décret du 21 Octobre 1911 ; 3° l'arrêté du 12 Janvier 1912 réglementant le commerce asiatique du Cambodge, lequel est expressément approuvé par le décret du 16 Février 1921,

En matière pénale, le Code pénal métropolitain, les lois et décrets qui l'ont modifié, ainsi que les textes qui prévoient et punissent des infractions spéciales, régulièrement promulgués dans la colonie, sont applicables aux Français et assimilés.

Les mêmes textes sont applicables aux Annamites et assimilés pour les infractions par eux commises au préjudice de Français ou assimilés.

Les infractions commises par les Annamites et assimilés au préjudice d'autres Annamites ou assimilés restent soumises au Code pénal modifié par le décret du 31 Décembre 1912.

Ledit décret est également applicable aux Annamites et assimilés à raison de certaines infractions commises au préjudice de l'Etat ou du Gouvernement français, ou même au préjudice de Français ou assimilés lorsque ces infractions sont expressément prévues par le décret. En conséquence, les crimes et délits commis contre la sûreté extérieure ou intérieure de l'État français restent soumis aux dispositions des articles 75 et suivants du Code pénal modifié par le décret du 31 Décembre 1912.

Les lois, décrets et arrêtés spéciaux régulièrement promulgués dans la colonie sont applicables à tous les justiciables français de l'Indochine, à moins qu'une disposition spéciale n'en restreigne l'application soit aux Français et assimilés, soit aux Annamites et assimilés, ou que la nature même des infractions prévues n'en limite l'application à l'égard des uns ou des autres.

Procédure à suivre devant les Tribunaux Français.— La procédure de conciliation, facultative devant les justices de paix, est celle dite de la petite conciliation, réglée par l'article 17 de la loi du 25 Mai 1838, modifiée par celle du 2 Mai 1855. Seront en outre appliquées, au cas où les parties auront recours à la tentative de conciliation, les dispositions des articles 53 à 58 du Code de procédure métropolitain.

La procédure à suivre devant les juges de paix français. ou devant les tribunaux français faisant fonctions de justices-de paix, est celle tracée par les articles 8 à 47 inclusivement du Code de procédure ou par les lois et décrets réglementant des matières spéciales et dûment promulgués.

Devant les tribunaux de première instance et la Cour d'appel, la procédure à suivre est celle prescrite par le Code de procédure, en tant qu'elle est compatible avec l'organisation judiciaire de la colonie et la réglementation de la profession d'avocat-défenseur, ou par les lois et décrets spéciaux régulièrement promulgués.

Le ministère des avocats-défenseurs reste facultatif : les articles 75 à 82 inclusivement, 142, 144, 145, 147, 154, 155, 157, 160, 161, 162 du Code de procédure civile ne seront pas applicables dans leurs dispositions qui prévoient l'intervention forcée des avoués.

Les parties sont tenues de comparaître en personne ou par le ministère des avocats-défenseurs.

Elles pourront cependant se faire représenter par leurs descendants ou ascendants, épouse, frères ou sœurs. Une partie absente de la colonie pourra être représentée par son mandataire général.

Les décès, démissions, interdictions, destitutions des avocats-défenseurs des parties ne donneront pas lieu à la reprise d'instance ; la partie dont l'avocat-défenseur sera décédé, démissionnaire, interdit, suspendu, destitué ou même absent de la colonie, sera, si elle n'a pris l'initiative d'en constituer un autre, sommée par la partie adverse de se présenter en personne ou de constituer un autre avocat-défenseur sous peine de voir prononcer défaut contre elle sur simple avis.

Dans les cas où il y a lieu à reprise d'instance par suite de changement ou de décès de l'une des parties, l'autre partie assignera ses ayants-droit ou représentant, en se conformant aux articles 341, 345, 346, 348, 349 du Code de procédure civile.

En cas de récusation d'un juge-président, d'un juge de paix à compétence étendue ou d'un juge résidentiel, si le juge déclare vouloir s'abstenir, il sera remplacé, pour l'affaire qui a motivé la récusation, par simple ordonnance du Premier Président de la cour ; si, au contraire, le juge refuse de s'abstenir, il sera fait application des articles 45, 46 et 47 du Code de procédure civile, et la demande en récusation sera portée devant la première chambre de la Cour d'appel.

Les délais de distance à observer pour les significations et notifications de toutes sortes seront réglés, pour les distances entre les différents lieux de la colonie, par arrêté du Gouverneur général et restent provisoirement réglés par le paragraphe 1er de l'article 1er de l'arrêté du 27 Mai 1914. Les délais pour les notifications à faire hors de la colonie sont ceux déterminés par le paragraphe 2 du même article dudit arrêté, lequel est expressément approuvé par le décret du 16 Février 1921.

Les recours en cassation sont réglés par les dispositions des lois métropolitaines sous réserve des dispositions du décret du 25 Juin 1879.

Cours d'Appel. — La Cour d'Appel de l'Indochine, instituée par le décret du 8 Août 1898, est supprimée.

La Justice est désormais rendue en appel — en vertu du décret du 19 Mai 1919 — par deux cours d'appel, l'une siégeant à Saigon, l'autre à Hanoi.

Le ressort de la Cour d'Appel de Saigon comprend, outre les territoires de la Cochinchine, du Cambodge, de Battambang, Siemréap et Sisophon déterminés par le décret du 19 Mai, les provinces de Binh-dinh (Qui-nhon) Phu-yen (Songcau), Phan-rang, Binh-thuan (Phanthiet), Khanh-hoa (Nhatrang) et Darlac faisant partie du territoire de l'Annam et celles d'Attopeu, Khong, Paksé, Saravane, Bassac et Savannakhet faisant partie du territoire du Laos.

Le ressort de la Cour d'appel de Hanoi comprend, outre les territoires du Tonkin et de Kouang-tchéou-wan déterminés par le même décret, les provinces de l'Annam non comprises dans le ressort de la Cour d'appel de Saigon (Thanhhoa), Nghê-an (Vinh), Hatinh, Quang-binh (Donghoi), Quang-tri, Thua-thien, Quang-ngai et Quang-nam, et celles du Laos non comprises dans le ressort de la Cour d'appel de Saigon (Cammon, Luang-prabang, Sam-neua) Vientiane, y compris le 3e territoire militaire, Tran-ninh, Houa-phan et Haut-Mékong).

a) **Cour d'Appel siégeant à Saigon.** — La Cour d'Appel siégeant à Saigon connaît :

1° Des appels formés contre les jugements rendus en premier ressort par les tribunaux civils et de commerce français de la Cochinchine, du Cambodge, des territoires cédés à la France par le Siam en vertu du traité du 23 Mars 1907 (provinces de Battambang, Siemréap et Sisophon), des provinces du Laos et de l'Annam qui seront déterminées par arrêté du Gouverneur général ;

2° Des appels des jugements rendus en matière correctionnelle par les tribunaux des mêmes régions ;

3° Des appels des jugements rendus en matière civile, commerciale et correctionnelle par les tribunaux consulaires de la Chine et du Siam, autres que ceux du Yunnan et des crimes commis dans les mêmes pays par les Français, sujets et protégés français.

Cette cour comprend deux chambres ordinaires :

La première chambre, habituellement présidée par le Premier Président, connaît, avec l'assistance de deux conseillers, plus particulièrement : 1° des appels des jugements rendus par les tribunaux français du ressort en matière civile et de police correctionnelle quand il y a en cause des Français et assimilés ou en matière commerciale quels que soient les plaideurs ; 2° des appels des jugements rendus par les tribunaux consulaires, en toutes matières.

La deuxième chambre, habituellement présidée par le président de chambre, avec l'assistance de deux conseillers, connaît, plus spécialement, des appels des jugements rendus par les tribunaux français statuant en matière civile indigène, ou à l'égard d'Annamites assimilés prévenus de délits correctionnels.

Toutefois, si les besoins du service l'exigent, la cour, en assemblée générale, pourra former des sections temporaires de l'une ou l'autre de ses deux chambres pour le jugement des affaires qui y ressortissent.

Le Premier Président peut, néanmoins, répartir les affaires indistinctement entre les deux chambres ou leurs sections temporaires et quand il le juge utile, présider l'une ou l'autre chambre. *(Décret du 21 Avril 1923).*

Une Chambre des mises en accusation, présidée par le Premier Président, ou par le président de chambre, ou par un conseiller, avec l'assistance de deux conseillers, connaît :

1° Des instructions relatives aux affaires qui sont de la compétence des cours criminelles du ressort (Cochinchine,

Cambodge, provinces de Battambang, Siemréap, Sisophon et provinces de l'Annam et du Laos déterminées par arrêté du Gouverneur général);

2° Des affaires criminelles provenant des juridictions consulaires ci-dessus spécifiées;

3° Des oppositions formées aux ordonnances des juges d'instruction du ressort dans les cas prévus par le code d'instruction criminelle ;

4° Des demandes en réhabilitation.

La chambre des mises en accusation se conforme aux dispositions du titre II, chapitre 1er (art. 217 à 250) inclusivement) du Code d'instruction criminelle et exerce tous les pouvoirs conférés par ces dispositions.

De la même manière pourra être formée une chambre des vacations.

Pour les affaires provenant des tribunaux consulaires, elle applique les dispositions de la loi du 8 Mai 1836 (titre 3, art. 64 à 68).

Lorsque la Cour d'Appel aura à connaître des crimes commis par les justiciables des tribunaux consulaires, elle sera composée du Premier Président et de quatre conseillers faisant partie des deux chambres ordinaires, suivant les prescriptions de l'article 67 de la loi du 8 Mai 1836, et se conformera aux dispositions des articles 69 à 74 de cette loi.

Les magistrats ayant pris part à l'arrêt de renvoi de la chambre d'accusation ne pourront pas siéger pour le jugement de l'affaire.

La Cour d'Appel de Saigon est composée d'un Premier Président, d'un président de chambre et de neuf conseillers.

Les fonctions du ministère public sont exercées par un Procureur général assisté de trois avocats généraux et de deux substituts.

Le service du greffe est assuré par un greffier en chef et des commis-greffiers.

b) **Cour d'Appel siégeant à Hanoi.** — La Cour d'Appel siégeant à Hanoi, connaît :

1° Des appels formés contre les jugements rendus en premier ressort par les tribunaux français du Tonkin, des provinces de l'Annam et du Laos déterminées par arrêtés du Gouverneur général, du territoire de Kouang-tchéou-wan, statuant soit en matière civile française, soit en matière de commerce, soit en matière indigène, soit en matière correctionnelle ;

2° Des appels ou recours formés contre les jugements rendus en premier ressort par les tribunaux indigènes du Tonkin exclusivement ;

3° Des appels des jugements rendus en matière civile, commerciale et correctionnelle par les tribunaux consulaires du Yunnan, et des crimes commis dans cette région de la Chine par des Français, sujets ou protégés français.

La Cour d'Appel de Hanoi comprend deux chambres :

La première chambre, présidée habituellement par le Premier Président, avec l'assistance de deux conseillers, connaît exclusivement des appels des jugements rendus en premier ressort par les tribunaux français du ressort, en matière civile française ou indigène, commerciale et de police correctionnelle, et les appels des jugements rendus en ces mêmes matières par les tribunaux consulaires du Yunnan.

La deuxième chambre, présidée par le président de chambre, avec l'assistance d'un conseiller et d'un mandarin indigène, connaît des appels et des recours formés contre les jugements rendus par les tribunaux indigènes du Tonkin, dans les conditions prévues à l'ordonnance royale du 16 Juillet 1917, rendue exécutoire par arrêté du Gouverneur général du même jour ainsi qu'au décret du 9 Mars 1918.

Si les besoins du service l'exigent, il pourra être formé temporairement dans la 2e chambre une seconde section présidée par un conseiller à la cour assisté d'un autre conseiller et d'un mandarin indigène, désignés tous trois par le Premier Président. Cette section temporaire sera établie par arrêté du Gouverneur général après avis du Directeur de l'Administration judiciaire, chef de la Justice indigène au Tonkin, et sur la proposition du Premier Président de la Cour d'Appel.

La 2e chambre constitue en ce qui concerne la Justice indigène au Tonkin, la juridiction supérieure à laquelle ressortissent les appels et demandes en annulation qui peuvent être formés contre les jugements rendus par les tribunaux indigènes du Tonkin, tels qu'ils sont ou seront institués par le pouvoir compétent. Elle connaît également des demandes en révision formées contre les dits jugements ou les propres arrêts de cette chambre passés en force de chose jugée dans les cas prévus par l'art. 443 du Code d'Instruction criminelle modifié par la loi du 8 Juin 1895.

Le Premier Président peut présider la deuxième chambre et, dans cette chambre, une affaire quelconque s'il le juge utile.

La chambre des mises en accusation de la Cour d'Appel de Hanoi est présidée par le Premier Président ou par le président de chambre, ou par un conseiller avec l'assistance de deux conseillers.

Cette chambre connaît :

1° Des instructions relatives aux affaires qui sont de la compétence de la cour criminelle de Hanoi ;

2° Des affaires criminelles provenant des juridictions consulaires françaises du Yunnan (loi du 15 Juillet 1910) ;

3° Des oppositions formées aux ordonnances des juges d'instruction ;

4° Des demandes de réhabilitation.

La chambre des mises en accusation de la cour de Hanoi a les mêmes pouvoirs et se conforme aux mêmes textes que ceux déterminés ci-dessus pour celle de Saigon.

Pour le jugement des crimes commis par les justiciables des tribunaux consulaires du Yunnan, la cour sera composée du Premier Président et de quatre conseillers choisis parmi ceux n'ayant pas pris part à l'arrêt de renvoi, rendu par la chambre des mises en accusation.

La Cour d'Appel de Hanoi est composée d'un Premier Président, d'un président de chambre et de huit conseillers.

Les fonctions du ministère public sont remplies par un Procureur général assisté de deux avocats généraux et de deux substituts.

Le service du greffe est assuré par un greffier en chef et des commis-greffiers.

Chambre d'annulation commune aux deux Cours d'Appel. *(Modifiée par décret du 17 Juin 1921).* — Il y a pour toute l'Indochine une Chambre d'annulation qui connaît des pourvois formés contre les jugements rendus en dernier ressort, par les justices de paix ou les tribunaux statuant en matière de simple police ou par les mêmes tribunaux statuant en matière civile indigène.

La Chambre d'annulation siège à Saigon et est composée du Premier Président de la Cour de cette ville, *président*, et des quatre plus anciens conseillers de cette Cour présents à Saigon.

Les fonctions du ministère public sont remplies par le Procureur général près cette même Cour.

Le greffier en chef tient lui-même la plume.

Le Premier Président, le Procureur général et le greffier en chef ne doivent se faire remplacer qu'en cas de nécessité ou d'empêchement absolus.

Chacun des deux Procureurs généraux près les Cours de Saigon et de Hanoi pourra se pourvoir en annulation contre les jugements rendus, en matière de simple police ou ceux rendus en matière civile indigène dans les affaires où le ministère public aura été partie principale, par les tribunaux de son ressort.

Le délai de ce pourvoi sera d'un mois à compter du jour du prononcé du jugement ou du jour de l'expiration du délai d'opposition si le jugement a été rendu par défaut.

Le Procureur général pourra former son pourvoi au greffe de la Cour d'Appel en le faisant ensuite inscrire au greffe du tribunal qui aura rendu le jugement et notifier à l'intéressé.

Passé le délai d'un mois, et lorsque les jugements auront acquis l'autorité de la chose jugée, le Procureur général ne pourra plus se pourvoir que dans l'intérêt de la loi.

Quand le jugement aura été rendu par défaut, le délai du pourvoi courra, pour toutes les parties, du jour de l'expiration du délai pour former opposition, et le pourvoi formé pendant le délai de l'opposition ne sera pas recevable.

Les pourvois en annulation contre les jugements en matière de simple police restent soumis aux règles tracées par le titre 1er du décret du 25 Juin 1879 (art. 1 à 21) ; l'article 28 du décret du 17 Mai 1895, les articles 20 et 21 du décret du 19 Mai 1919 et les articles 172 et 173 du décret du 16 Février 1921;

Les jugements en dernier ressort rendus par les tribunaux français, statuant en matière civile indigène, peuvent être attaqués, pour violation de la loi ou coutumes locales, incompétence et excès de pouvoir, devant la Chambre d'annulation, dans les conditions, délais et formes déterminés par le décret du 17 Juin 1921 précité.

Lorsqu'une demande en annulation aura été rejetée, la partie qui l'aura formée ne pourra plus se pourvoir en annulation contre le même jugement sous quelque prétexte et par quelque moyen que ce soit.

Si le jugement est annulé, la Chambre d'annulation renverra la cause devant le tribunal le plus voisin de celui qui aura rendu la décision annulée, lequel devra se conformer à l'arrêt de la Chambre d'annulation sur le point de droit jugé par cette chambre.

Lorsque l'annulation sera prononcée pour incompétence, la Cour renverra les parties devant les juges qui doivent en connaître

Les arrêts rendus par la Chambre d'annulation, soit en matière de simple police, soit en matière civile indigène, ne peuvent pas être attaqués par la voie du recours en cassation devant la Cour de cassation.

Dispositions communes aux deux Cours d'Appel. — Le Premier Président établit au commencement de chaque semestre le roulement des conseillers dans les différentes chambres après avoir pris l'avis du président de chambre et du doyen des conseillers, et après avoir entendu le Procureur général.

Il établit dans les mêmes conditions le roulement pour les audiences de vacations, en fixant les jours et heures de ces vacations, qui seront portés à la connaissance des justiciables par voie d'insertion au *Journal officiel* et d'affiches à la porte du Palais.

Si, par suite de décès, de maladie ou de congé, il y a lieu de pourvoir à une vacance dans l'une des chambres, au cours du semestre, le Premier Président statue après avoir pris l'avis du Président de Chambre.

De même lorsque, en cas d'absence ou d'empêchement momentané de l'un ou de plusieurs de ses membres, une des chambres de la cour, ou une Cour criminelle, ne pourra se constituer pour le jugement des affaires inscrites au rôle de l'audience, le Premier Président pourra appeler pour compléter la Cour, un magistrat de première instance, en désignant de préférence le plus haut placé ou le plus ancien.

Le Premier Président peut, sur la demande d'un juge de paix à compétence étendue, d'un juge résidentiel, du juge unique d'un tribunal quelconque, qui serait empêché, ou voudrait s'abstenir pour des motifs légitimes, désigner un magistrat du siège de son ressort afin de le remplacer pour le jugement d'une ou de plusieurs affaires.

Il peut, dans toute l'étendue de son ressort, appeler un magistrat du siège à remplir momentanément ou par intérim des fonctions au siège d'un autre tribunal ou de la Cour, où une vacance viendrait à se produire.

Il peut, sur la demande du Procureur général, désigner un magistrat du siège pour remplir par intérim les fonctions du ministère public dans le même ressort. En suite de l'ordonnance de désignation, le magistrat est investi de la fonction intérimaire par simple décision du Procureur général.

Il peut aussi désigner un juge suppléant ou un juge pour aller remplir momentanément les fonctions de président ou juge dans un autre tribunal du même ressort, lorsque ce tribunal sera dans l'impossibilité de se constituer pour le jugement d'une ou de plusieurs affaires.

Aucune fonction ou mission extra-judiciaire ne pourra être confiée à un magistrat du siège que sur la désignation, l'avis ou la proposition du Premier Président.

Toutes les fonctions du ministère public sont spécialement et personnellement confiées au Procureur général. Les Avocats généraux et ses Substituts participent à son action.

Le Procureur général porte la parole aux assemblées générales et aux audiences solennelles et la porte aussi aux audiences des Chambres et des Cours criminelles quand il le juge convenable.

Les Avocats généraux sont plus spécialement chargés de porter la parole au nom du Procureur général, aux audiences civiles ou criminelles de la cour ; le Procureur général les attache à la Chambre à laquelle il croit leur service le plus utile.

Le Substitut est plus spécialement chargé sous la direction du Procureur général de l'examen et des rapports sur les mises en accusation ; il rédige les actes d'accusation et assiste le Procureur général dans toutes les parties du service intérieur

Les Avocats généraux et les Substituts peuvent être chargés de porter la parole aux audiences de police correctionnelle.

Dans les causes importantes et ardues, les Avocats généraux communiquent au Procureur général les conclusions qu'ils se proposent de donner ; ils feront aussi cette communication dans toutes les affaires dont le Procureur général voudra prendre connaissance.

Si le Procureur général et l'Avocat général ne sont pas d'accord, l'affaire sera rapportée par l'Avocat général à l'assemblée générale du Parquet et les conclusions seront prises à l'audience conformément à ce qui aura été arrêté par la majorité des voix.

En cas de partage, l'avis du Procureur général prévaudra et celui-ci pourra, lorsque son avis n'aura pas prévalu, porter lui-même la parole à l'audience et conclure d'après son opinion personnelle.

Le Procureur général exerce l'action de la justice criminelle dans toute l'étendue de son ressort.

Il veille au maintien de l'ordre dans tous les tribunaux, il a la surveillance de tous les officiers de police judiciaire et des officiers ministériels du ressort.

En matière civile, le ministère public est partie principale et agit d'office sous la direction du Procureur général dans les cas spécifiés par la loi.

Le Procureur général surveille l'exécution des lois, arrêtés et jugements. Il poursuit d'office cette exécution dans les dispositions qui intéressent l'ordre public.

Le Procureur général peut, dans le ressort, appeler un magistrat du Parquet d'un tribunal à un autre tribunal ou à la Cour, pour remplacer un magistrat du ministère public empêché ou en congé. Il peut aussi, sur la demande du Premier Président, mettre un magistrat du Parquet à la disposition de celui-ci pour remplir par intérim les fonctions du siège. Le magistrat désigné est investi par ordonnance du Président de la Cour qui visera la décision de mise à la disposition du Procureur général.

Il peut désigner un substitut ou un juge suppléant, si les besoins du service l'exigent, pour remplir momentanément les fonctions du ministère public près d'un tribunal, près d'une justice de paix à compétence étendue, ou d'un tribunal résidentiel, dans le cas où le ministère public doit se porter partie principale, ou même dans les cas où il jugera utile de faire prendre des conclusions orales dans une affaire déterminée.

Dans tous les cas de déplacement des magistrats dans le même ressort, les ordonnances du Premier Président ou les décisions du Procureur général leur sont réciproquement notifiées, inscrites sur un registre spécial du greffe de la Cour et du greffe du tribunal où le magistrat est appelé à remplir des fonctions provisoires ou intérimaires.

Ces ordonnances ou décisions sont immédiatement portées à la connaissance du Gouverneur général.

En cas de désaccord entre le Premier Président et le Procureur général sur la demande de passage d'un magistrat du siège au parquet ou réciproquement, le Gouverneur général sera saisi, tranchera le différend et opérera la mutation par arrêté s'il le juge utile au bon fonctionnement de la justice.

Dans le même ressort, le Procureur général nommera les greffiers intérimaires qui seront choisis parmi les commis-greffiers du grade le plus élevé.

Le Procureur général prendra l'avis du Premier Président dont les observations en cas de dissentiment seront soumises au Gouverneur général qui décidera en dernier ressort.

Les mutations de commis-greffiers dans le même ressort seront également opérées par le Procureur général après avis du Premier Président.

Le Procureur général procède d'office aux mutations des secrétaires du Parquet, interprètes et expéditionnaires européens ou indigènes.

En cas d'empêchement momentané du Premier Président, il est remplacé de droit, pour toutes les fonctions relevant de son titre à la présidence de sa chambre, par le président de chambre du ressort, qui est lui-même remplacé à la présidence de sa chambre par le doyen des conseillers s'il y a lieu. Celui-ci, s'il n'y a point de suppléant désigné pour la chambre dont il fait partie, est remplacé par un conseiller d'une autre chambre qui ne tiendrait pas audience le même jour, désigné par le Premier Président, à défaut par le président de chambre.

En cas de décès ou d'absence de la colonie, pour congé, mission ou autre cause, le Premier Président est remplacé de droit par le président de chambre du ressort dont il relève.

Dans ce cas, le président de chambre, appelé à l'intérim est remplacé de droit par le doyen des conseillers du ressort auquel il appartient.

En cas d'empêchement momentané du Procureur général, il est remplacé par le plus ancien des Avocats généraux du ressort.

En cas de décès ou d'absence hors de la colonie, pour congé ou autre cause, du Procureur général, son intérim est confié à l'Avocat général le plus ancien du ressort dont il relève.

Toutefois, le Gouverneur général pourra toujours, par arrêté, désigner l'intérimaire, s'il estime que l'intérim ne peut être confié au plus ancien.

Le Président de Chambre et les Avocats généraux d'une part, les Conseillers et les Substituts de l'autre, prennent rang par ordre d'ancienneté de leur nomination à la Cour. S'il y en a deux ou plusieurs nommés par décret du même jour, ils prennent rang par ordre d'ancienneté de services dans la magistrature.

Audiences solennelles et Assemblées générales. — L'audience solennelle dans chaque Cour est présidée par le Premier Président et, à son défaut seulement, par le Président de Chambre, assisté des quatre plus anciens conseillers de la Cour.

Le Procureur général occupe le banc du Ministère public, sauf empêchement.

La plume est tenue par le greffier en chef, sauf le cas d'empêchement.

La Cour tient audience solennelle dans tous les cas prévus par la loi.

Les audiences solennelles se tiennent à la Chambre que préside habituellement le Premier Président.

L'Assemblée générale se compose de tous les membres du siège et du parquet présents, titulaires ou intérimaires. Elle siège en la chambre du Conseil.

Elle est présidée par le Premier Président. Le Procureur général prend place en face de celui-ci, a la parole sur l'objet de la réunion. L'Assemblée est convoquée d'office par le Premier Président, ou sur la demande du Procureur général.

L'Assemblée générale peut être aussi convoquée à la demande du Gouverneur général pour donner son avis sur l'exécution des lois et règlements intéressant l'Administration de la Justice, sur les mesures d'ordre intérieur à prendre, sur les projets de lois, décrets ou arrêtés concernant le Service judiciaire.

Chaque année, il est rendu compte, en Assemblée générale, de l'Administration de la Justice pendant l'année précédente.

Chaque année également, l'Assemblée générale établit la liste des commis-greffiers stagiaires ou provisoires aptes à être admis dans le cadre des commis-greffiers après enquête sur leur moralité et examen justifiant de leur capacité professionnelle.

L'Assemblée générale donne son avis sur les demandes d'investiture des officiers ministériels (avocats-défenseurs, notaires, huissiers de tout le ressort).

En ce qui concerne les huissiers, l'admittatur de l'Assemblée générale est indispensable à leur investiture.

L'Assemblée générale connaît des affaires disciplinaires dans les cas et conditions prévus par les décrets ou les règlements sur l'exercice de la profession d'avocat-défenseur, notaire, huissier, ou tous les autres officiers ministériels. Lorsque la Cour est réunie pour statuer sur l'action disciplinaire dirigée contre un magistrat du siège, elle n'est composée que des seuls magistrats du siège de la Cour.

D'une façon générale, les Cours d'Appel de l'Indochine, leurs Premiers Présidents et les Procureurs généraux, sous réserves des dispositions spéciales mentionnées ci-dessus ont tous les pouvoirs des Premiers Présidents, des Procureurs généraux ainsi que des Cours d'Appel de la Métropole et observent les lois et règlements concernant l'ordre intérieur de ces dernières cours notamment le décret du 30 Mars 1808, la loi du 20 Avril 1810 et le décret du 6 Juillet 1810.

Les Premiers Présidents et les Procureurs généraux tiennent le même rang et ont les mêmes préséances.

Cours Criminelles. — A) *Pour Français et assimilés.* — Les crimes commis par des Français et assimilés soit seuls, soit de complicité avec des Annamites ou assimilés, dans tout le ressort de la Cour d'Appel de Saigon sont jugés par une Cour criminelle siégeant à Saigon.

Les mêmes crimes commis dans tout le ressort de la Cour d'Appel de Hanoi sont jugés par une Cour criminelle siégeant à Hanoi

Les cours criminelles sont composées :

1° Du Premier Président de la Cour d'Appel ou du président de Chambre ou d'un conseiller, *président.*

2° De deux conseillers.

Ces conseillers peuvent être remplacés par des magistrats de 1re instance, choisis parmi les magistrats du siège et de préférence parmi ceux du tribunal du chef-lieu de la Cour criminelle.

3° De quatre assesseurs français.

Il est établi à cet effet, dans chacun des ressorts des cours de Saigon et de Hanoi, une liste de 60 notables français résidant dans le ressort et qui sont appelés à faire partie de la Cour criminelle.

Ces listes sont dressées chaque année par une commission spéciale.

Les mêmes membres peuvent être indéfiniment portés sur les listes dressées chaque année

Nul ne peut être inscrit sur ces listes et remplir les fonctions d'assesseur, s'il n'est âgé de 30 ans accomplis, s'il ne jouit de ses droits civils et politiques ou s'il est membre de l'ordre judiciaire, ministre d'un culte quelconque ou militaire en activité de service des armées de terre ou de mer.

B) *Pour Annamites et assimilés.* — Dans le ressort de la Cour d'Appel de Saigon, les crimes commis par les Annamites et assimilés sont jugés par 5 cours criminelles siégeant à Saigon, Mytho, Vinhlong, Cantho et Pnom-Penh.

Ces cours criminelles sont composées :

1° Du Premier Président, ou du président de Chambre ou d'un conseiller, *président* ;

2° De deux conseillers qui peuvent être remplacés par deux magistrats de 1re instance ;

3° De deux assesseurs indigènes désignés par voie de tirage au sort, sur une liste de 20 notables indigènes établie pour chacun des ressorts de ces cours criminelles.

Pour la Cour criminelle de Pnompenh, les assesseurs sont cambodgiens.

Ces notables doivent être âgés de 35 ans au moins et domiciliés dans le ressort de la Cour criminelle. Ils sont choisis de préférence parmi les indigènes possédant une connaissance suffisante de la langue française.

Les mêmes noms peuvent être indéfiniment reportés sur les listes dressées chaque année.

Nul ne peut être inscrit sur ces listes s'il appartient à l'Administration judiciaire, s'il est ministre d'un culte, militaire en activité de service des armées de terre ou de mer ou s'il a encouru une condamnation qui, s'il était citoyen français, entraînerait pour lui privation de ses droits civils et politiques.

La Cour criminelle siège tous les trois mois dans chacun des ressorts sus-spécifiés ;

Elle peut tenir exceptionnellement séance dans une ville autre que celle où elle siège d'ordinaire, et tenir des sessions extraordinaires.

Les magistrats qui ont procédé à l'instruction ou qui ont fait partie de la Chambre d'accusation ne peuvent siéger à la Cour criminelle.

Commission criminelle du Tonkin. — Toutes les fois qu'un crime ou un délit intéressant la sécurité du Protectorat ou le développement de la colonisation française a été commis par un sujet annamite ou assimilé justiciable des tribunaux français, le Gouverneur général peut, par un arrêté, dessaisir la justice ordinaire et renvoyer l'affaire devant une Commission criminelle qui est composée et procède comme il est dit ci-après.

La Commission criminelle est composée d'un résident de 1re classe, *président*, du résident de la province, du procureur de la République du ressort où le crime a été commis et d'un capitaine nommé sur la désignation du Commandant supérieur des troupes. Elle est pourvue d'un greffier, qui est pris parmi les commis-greffiers de la Cour d'Appel. « Lorsque la commission criminelle se réunit en dehors du ressort des tribunaux de Hanoi et Haiphong, le procureur de la République est remplacé par un magistrat nommé sur la désignation du Procureur général Chef du Service judiciaire ». (*Décret du 14 Avril 1906*).

Le résident de 1re classe, le capitaine et le magistrat dont il est parlé à l'article précédent sont nommés, ainsi que le greffier, par le Gouverneur général, au commencement de chaque année.

La commission se réunit sur les lieux, sans délai. En attendant son arrivée, le résident de la province commence l'information sommaire. L'instruction est dirigée par le président de la commission. Chaque membre peut, toutefois, exiger l'audition des témoignages qu'il jugera utiles. Le greffier tient note des interrogatoires et de chaque déposition recueillie par la commission. Ces interrogatoires et dépositions sont relus aussitôt après avoir été reçus et sont signés par tous les membres de la commission, quand la majorité s'est mise d'accord sur la rédaction.

L'instruction est déclarée close à la majorité. L'accusé est prévenu qu'il a trois jours pour préparer sa défense.

Le quatrième jour après la clôture de l'instruction, la commission se réunit de nouveau. L'accusé est entendu ainsi que toute personne qui se présentera pour lui. Il peut, pendant les trois jours précédents, se faire communiquer à son conseil les pièces de l'instruction.

L'accusé entendu dans ses moyens de défense, la commission se retire. Le président met aux voix la question de culpabilité. Elle ne peut être résolue contre l'accusé qu'à la majorité. La commission délibère ensuite sur les circonstances atténuantes et l'application de la peine. Sa décision ne peut être prise sur ces divers points qu'à la majorité. Le vote, dans chacun de ces cas, a lieu au scrutin secret, si l'un des membres le demande.

La commission étant ensuite rentrée en séance, le président, en présence de l'accusé et de son conseil, donne lecture des textes appliqués et prononce, s'il y a lieu, la condamnation.

Il demande aussitôt à l'accusé s'il entend se pourvoir devant le Conseil du Protectorat, et l'arrêt, signé de tous les membres de la commission, doit faire mention de sa réponse.

Si la réponse de l'accusé est négative, la condamnation est exécutée dans les vingt-quatre heures à la diligence du résident de la province. Si le condamné déclare se pourvoir, l'arrêt et les pièces de l'instruction sont portés immédiatement par le greffier de la commission au Gouverneur général qui saisit, dans un délai maximum de dix jours, le Conseil du Protectorat.

Le Gouverneur général, sur l'avis conforme du Conseil du Protectorat, statue sur le pourvoi par un simple arrêté qui, en cas de rejet, pourra ordonner l'exécution immédiate.

Dans le cas où un texte de loi aurait été violé, l'arrêt de la Commission criminelle est cassé et l'affaire renvoyée devant une autre Commission criminelle nommée spécialement à cet effet et qui comprend un autre résident de 1re classe, *président*, le résident d'une autre province, le président du tribunal du ressort et un autre capitaine de l'armée.

JURIDICTIONS DU 1er DÉGRÉ : TRIBUNAUX DE 1re INSTANCE.— JUSTICES DE PAIX A COMPÉTENCE ÉTENDUE. — TRIBUNAUX RÉSIDENTIELS — TRIBUNAUX DE COMMERCE.

Dispositions générales. —Les tribunaux de 1re instance, les justices de paix à compétence étendue et les tribunaux résidentiels ou justices de paix à compétence étendue présidées par des administrateurs connaissent en premier et dernier ressort : 1o des actions personnelles et mobilières jusqu'à la valeur de 1.500 francs ou de 500 piastres ou de 1000 *gias* de paddy en principal (le poids du *gia* étant de 20 kilos) ; 2o des actions immobilières jusqu'à 60 francs ou 20 piastres ou 40 *gias* de paddy de revenu déterminé soit en rentes soit par prix de bail, soit, à défaut, par la déclaration concordante des parties, soit encore en ce qui concerne le revenu en *gias* de paddy, par certification des notables des villages de la situation de l'immeuble litigieux.

Ils connaissent, à charge d'appel, de toutes les autres actions.

Comme tribunaux correctionnels, les tribunaux de 1re instance, les justices de paix à compétence étendue et les tribunaux résidentiels connaissent de toutes les infractions dont la peine excède 5 jours d'emprisonnement et 15 francs d'amende, sauf dérogations prévues par les lois et décrets spéciaux dûment promulgués dans la colonie.

Les mêmes tribunaux connaissent en outre des appels formés contre les jugements rendus en premier ressort par les tribunaux de simple police lorsque ces tribunaux prononcent un emprisonnement, ou lorsque les amendes, restitutions ou autres réparations excèdent la somme de 5 francs outre les dépens — et toujours sous réserve des dérogations expresses contenues dans les lois et décrets régulièrement promulgués.

Lorsqu'il n'existe pas de justice de paix ou de tribunal de simple police dans l'arrondissement, le juge de 1re instance statue en premier et dernier ressort sur toutes les contestations civiles de la compétence des juges de paix de la Métropole et sur toute contravention de police,

En cas de nécessité, les ressorts territoriaux des tribunaux de 1re instance de toutes sortes pourront être modifiés par arrêtés du Gouverneur général.

Les présidents des tribunaux de 1re instance, les juges, lieutenants de juges, les juges de Paix à compétence étendue et les juges suppléants attachés à la juridiction peuvent tenir des audiences foraines dans l'étendue de leur circonscription.

Ils sont autorisés, dans ce cas spécial, à siéger sans l'assistance d'un représentant du ministère public ; mais ils doivent être assistés d'un greffier.

Les présidents des tribunaux de 1re instance, les juges de paix à compétence étendue et les juges résidentiels peuvent déléguer leurs pouvoirs de juges correctionnels à des administrateurs chefs de province ou délégués administratifs résidant à de grandes distances du siège du tribunal.

Cette délégation ne pourra être donnée qu'après avis conforme du Procureur général et dans des cas tout à fait exceptionnels.

Tribunaux 1re de instance. — Ces tribunaux sont constitués par un juge unique avec adjonction permanente d'un magistrat du ministère public.

Il y a 3 tribunaux de 1re classe : Saigon, Hanoi, Haiphong ; 5 de 2e classe : Mytho, Vinhlong, Cantho, Phnom-Penh et Tourane ; 7 de 3e classe : Baclieu, Bentré, Chaudoc, Longxuyen, Rachgia, Soctrang et Travinh.

Un procureur de la République exerce les fonctions de ministère public auprès de chacun de ces tribunaux. Les juges suppléants peuvent être appelés à exercer les fonctions de ministère public.

En dehors de la compétence fixée ci-dessus, les tribunaux de 1re instance procèdent d'office à l'instruction des affaires criminelles et correctionnelles intéressant les Européens et certaines catégories d'indigènes dans les pays de protectorat.

Justices de Paix à compétence étendue. — Les juges de paix à compétence étendue sont investis de toutes les attributions conférées aux présidents des tribunaux de 1re instance ; ils règlent eux-mêmes les ordres et contributions, font les enquêtes en matière civile, procèdent d'office à l'instruction des affaires criminelles et correctionnelles.

La présence du ministère public n'est pas obligatoire.

Le droit de se porter partie principale en matière civile dans le cas où il est dévolu par la loi au ministère public est réservé au Procureur général près la Cour d'Appel.

Le Procureur général procède par voie de requêtes et de conclusions écrites ; il peut même déléguer un magistrat du ressort pour remplir les fonctions de ministère public.

Le service du greffe est assuré par un greffier et s'il y a lieu par un ou plusieurs commis-greffiers.

Tribunaux résidentiels (1) : 1°) Au Tonkin, en Annam, au Laos et au Cambodge. — En dehors des territoires compris dans les ressorts des tribunaux de 1re instance ou justices de paix à compétence étendue, les résidents chefs de province sont investis des fonctions de juges de paix à compétence étendue.

Le ressort de chaque tribunal comprend le territoire de la province tel qu'il est déterminé par arrêté du Gouverneur général.

Organisation (2)

Chaque tribunal provincial se compose de l'administrateur (ou du commissaire du Gouvernement ou du commandant de cercle), chef de province, et d'un commis (3) faisant fonctions de greffier, de notaire et de commissaire-priseur.

---

(1) Ces tribunaux ne modifient en rien les dispositions concernant les juridictions indigènes instituées au Tonkin, en Annam, au Cambodge et au Laos pour le jugement des affaires civiles, commerciales, correctionnelles et criminelles intéressant exclusivement et respectivement les sujets Annamites, Cambodgiens ou Laotiens. La même observation s'applique au territoire de Kouang-tchéou-wan.

(2) Les paragraphes relatifs à l'organisation, à la compétence, aux fonctions de greffier-notaire, de commissaire-priseur etc., des tribunaux provinciaux sont extraits du *Recueil analytique* de M. Gabriel MICHEL.

(3) Toutefois, à la demande du Chef de l'Administration locale, les fonctions de greffier près ces mêmes tribunaux peuvent être conférées, par arrêté du G. G. pris sur la proposition du Directeur de l'Administration judiciaire, à un commis-greffier du Service judiciaire. (Décret du 11 Août 1923).

— Il n'y a pas lieu de se préoccuper de l'adjonction à ces tribunaux d'assesseurs pris parmi les notables français domiciliés dans la province. La présence d'un officier du ministère public n'étant pas obligatoire en Indochine devant les justices de paix à compétence étendue, il résulte, qu'en toutes matières, le chef de province-juge peut siéger et statuer avec la seule assistance du greffier.

Il n'y aura lieu de se préoccuper du concours du ministère public que lorsque le tribunal aura à connaître d'affaires concernant: 1o l'ordre public, l'État, le domaine, les communes, les établissements publics, les dons et les legs au profit d'œuvres bienfaisantes ; 2o l'état des personnes, les tutelles ; 3o les déclinatoires sur incompétence ; 4o les règlements de juges, les récusations et renvois pour parenté et alliance; 5o les prises à partie; 6o les causes de femmes non autorisées par leur mari ou autorisées, lorsqu'il s'agit de leur dot, alors qu'elles sont mariées sous le régime dotal ; 7o les causes de mineurs et généralement toutes celles où l'une des parties est défendue par un curateur ; 8o les causes concernant ou intéressant les personnes présumées absentes.

Le Procureur général devra alors être avisé de ces cas pour que, conformément aux prescriptions de l'art. 3 du décret du 1er Décembre 1902, il présente à la désignation du Gouverneur général l'agent de l'Administration chargé de recevoir communication des dossiers et adresser ses conclusions écrites au tribunal.

Les chefs de province siègent et prononcent leurs jugements en audience publique lorsqu'il s'agit d'affaires civiles, commerciales, correctionnelles et de simple police.

Ils procèdent dans leur cabinet, avec l'assistance de leur greffier, à l'instruction des affaires criminelles et correctionnelles. Ils agissent seuls, lorsqu'il s'agit de poursuivre l'information préliminaire d'une affaire criminelle ou correctionnelle. Enfin, c'est également dans leur cabinet qu'ils rédigent et signent leurs ordonnances.

En cas d'absence ou d'empêchement, le chef de la province est remplacé d'office par le fonctionnaire qui lui est adjoint sans qu'il soit besoin, à ce sujet, de désignation spéciale. Il suffit de faire mention à la suite du titre du fonctionnaire faisant fonctions de juge « qu'il siège ou procède en remplacement du chef de la province absent ou empêché ».

Mais le même fonctionnaire ne peut remplir simultanément les fonctions de juge et de greffier. *(Circulaire P. G., 11 février 1903).*

Compétence

La compétence du tribunal provincial comme justice de paix à compétence étendue s'étend : 1° à toutes les contestations civiles et commerciales entre les Européens, entre les sujets français (c'est-à-dire notamment entre Annamites de Cochinchine ou entre Annamites natifs ou domiciliés dans les villes de Hanoi, de Haiphong et de Tourane qui sont territoires français) ou dans lesquelles sera en cause une personne de cette catégorie; 2° aux délits et contraventions commis par les Européens ou assimilés, les étrangers et les individus originaires de la Cochinchine ou natifs ou domiciliés des territoires français de Hanoi, Haiphong et Tourane et aux mêmes infractions commises par des sujets annamites au préjudice d'Européens ou assimilés, d'étrangers, d'indigènes de la Cochinchine, de natifs ou domiciliés des villes de Hanoi, Haiphong et Tourane ou de complicité avec eux. Ils doivent également statuer sur toutes les contestations civiles et commerciales entre indigènes lorsque ceux-ci réclameront la juridiction française.

En matière criminelle, les chefs de province auront à instruire tous les crimes commis par les Européens, les étrangers ou assimilés, les indigènes de la Cochinchine, et les natifs ou domiciliés des villes de Hanoi, Haiphong et Tourane ou par des sujets annamites de complicité avec ceux-ci ou à leur préjudice.

En matière civile, leur compétence est celle des juridictions du 1er degré (voir ci-dessus).

En matière pénale, ils auront à juger en dernier ressort, toutes les infractions passibles d'un emprisonnement de 1 à 5 jours et d'une amende de 1 franc à 15 francs ou de l'une de ces deux peines seulement, qui sont qualifiées contraventions de police, et à charge d'appel, les infractions punies de 1 jour à 5 ans de prison et d'amende, ou seulement d'amende dont le maximum sera supérieur à 15 francs. Les infractions de cet ordre sont qualifiées délits par la loi. Toutes les infractions punies de peines supérieures devront être l'objet d'une information préliminaire, laquelle, au cas de survenance de charges, sera suivie d'une instruction complète. *(Circulaire P. G., 15 Février 1903).*

Fonctions de Greffier, de Notaire et de Commissaire-Priseur.

Les commis chargés, aux termes du décret du 1er Décembre 1902, des fonctions de greffiers, de notaires et de commissaires-priseurs dans les tribunaux provinciaux, n'ont pas à être désignés par une décision spéciale de l'autorité locale, le texte qui les investit contenant par lui-même une désignation suffisante. Leur prestation de serment devant le tribunal les habilitera suffisamment à l'exercice des fonctions qui leur sont dévolues. *(Circulaire P. G. et R. S. Annam, 7 Mars 1903).*

Remplacement du Chef de la province et du Greffier.

Lorsque le chef de la province est empêché pour une cause quelconque, le tribunal doit être composé de l'adjoint, employé ou agent, chargé de le remplacer en cas d'absence ou d'empêchement. A défaut de tout autre employé, la désignation d'un fonctionnaire de l'Administration pourra, le cas échéant, être demandée au Résident supérieur et du fait de sa désignation comme adjoint à l'administrateur, il pourra le remplacer comme juge et il suffit, dans ce cas, qu'il constate dans les actes et jugements établis par lui, qu'il procède par empêchement du résident, chef de la province.

Les fonctions de greffier dans ce même cas peuvent être remplies par un agent quelconque civil ou militaire ou un simple citoyen qui prête serment *ad hoc*. *(Circulaire P. G., 15 Avril 1907).*

Il demeure entendu, toutefois, qu'il ne peut s'agir que d'un remplacement momentané et que le chef de la province doit toujours être considéré comme le juge titulaire du tribunal de paix à compétence étendue, l'administrateur-adjoint n'étant, en fait, que le juge suppléant. *(Circulaire P. G., 19 Décembre 1903).*

2°) A KOUANG-TCHÉOU-WAN.— Antérieurement au décret du 9 Octobre 1915, la Justice était rendue en première instance, toutes les fois qu'un français, un étranger européen ou assimilé, un sujet protégé français était partie ou en cause, par l'Administrateur en chef du territoire.

Le développement et la complexité des affaires ont rendu nécessaire l'institution d'une justice de paix à compétence étendue confiée à un magistrat de carrière, siégeant à Fort-Bayard.

Le ressort de ce tribunal comprend tout le territoire.

Le personnel de la justice de paix de Fort-Bayard est composé d'un juge de paix et d'un greffier assisté, s'il y a lieu, de commis-greffiers. Les dispositions qui règlent, en Cochinchine, le traitement, le costume et la parité d'office des juges, juges-suppléants et greffiers de justices de paix à compétence étendue ainsi que le fonctionnement de ces tribunaux, la compétence, la législation et la procédure à observer, sont aussi applicables à la justice de paix de Fort-Bayard.

Le greffier de ce tribunal remplit dans son ressort les fonctions de notaire et de commissaire-priseur.

La juridiction française est seule compétente à Kouang-tchéou-wan toutes les fois qu'un français, un étranger européen ou assimilé, un sujet ou protégé français est partie ou en cause.

La 2e Chambre de la Cour d'Appel d'Hanoi connaît des appels de tous jugements rendus par le tribunal de paix à compétence étendue de Fort-Bayard.

Les jugements rendus en dernier ressort par le tribunal de paix à compétence étendue de Fort-Bayard peuvent être attaqués par la voie de l'annulation devant la Chambre de la Cour d'Appel de l'Indochine à Saigon, réunie en audience solennelle.

Les débats devant la Cour statuant en appel ou en annulation peuvent avoir lieu et l'arrêt être rendu hors la présence des parties.

La chambre des mises en accusation de la Cour d'Appel d'Hanoi, connaît des instructions relatives aux crimes commis à Kouang-tchéou wan par les français, étrangers et sujets français, de complicité avec eux ou à leur préjudice, des demandes en réhabilitation concernant les justiciables des tribunaux français et des oppositions formées aux ordonnances rendues par le juge d'instruction de Fort-Bayard.

Les crimes commis par les français, étrangers et sujets français de complicité avec eux ou à leur préjudice sont déférés à la Cour criminelle d'Hanoi.

Tribunaux de Commerce. — Dans les ressorts des tribunaux de 1re instance de Saigon, Hanoi et Haiphong, la juridiction commerciale est composée du président du tribunal civil, *président*, et de deux juges élus pour deux ans par l'ensemble des électeurs français de la Chambre de commerce suivant le mode adopté pour l'élection des membres français de cette compagnie.

Le président peut, en cas d'absence ou d'empêchement, être remplacé par le vice-président ou par un des juges du tribunal.

Egalement 4 juges-suppléants élus dans chaque ressort dans les mêmes formes et conditions que les juges consulaires sont chargés de remplacer ces derniers en cas d'absence ou d'empêchement.

Sont éligibles aux fonctions de juges et de juges suppléants les électeurs français à la Chambre de commerce âgés de 25 ans accomplis et domiciliés dans le ressort du tribunal. Leur mandat est gratuit et indéfiniment renouvelable.

Le ressort territorial de chacun des tribunaux de commerce de Saigon, Hanoi et Haiphong est le même que celui des tribunaux civils siégeant dans ces villes.

Dans les arrondissements judiciaires autres que ceux de Saigon, Hanoi et Haiphong, le président du tribunal de 1re instance, ou de la justice de paix à compétence étendue, connaît des matières commerciales conformément à l'article 640 du Code de commerce.

La compétence des tribunaux mixtes de commerce et des juridictions civiles statuant en matière commerciale est réglée par le livre IV, titre II (art. 631 et suivants) du Code de commerce.

Justices de Paix françaises. — Le décret du 16 Février 1921, tout en maintenant la justice de paix de Saigon, en crée également une dans chacune des villes de Hanoi et de Haiphong et stipule que les fonctions de juges de paix y seront remplies par un juge du tribunal de 1re instance.

Ces justices de Paix sont composées comme suit :

A Saigon : elle comporte un juge de paix ou un greffier et un ou plusieurs commis-greffiers.

A Hanoi et à Haiphong : elles comportent, comme nous l'avons dit plus haut, un juge et un commis-greffier du tribunal de 1re instance affectés à cette juridiction.

Au cas où les besoins du service l'exigeraient, un ou plusieurs autres commis-greffiers pourraient être adjoints à ce dernier.

La compétence et le fonctionnement de ces justices de paix sont déterminés conformément aux règles qui régissent les justices de paix de la Métropole, notamment au titre 1er de la loi du 12 Juillet 1905, promulguée dans la Colonie par arrêté du 14 Avril 1921.

Il en résulte que les jugements rendus en matière de simple police par les juges de paix peuvent être attaqués par voie de l'appel lorsqu'ils prononcent un emprisonnement, où lorsque les amendes, restitutions ou autres réparations civiles excédent la somme de cinq francs outre les dépens.

En cas d'appel d'un jugement de justice de paix, l'audience du tribunal devant lequel l'appel sera porté ne pourra être tenue que par le président ou le vice-président du tribunal.

Le ressort de la justice de paix de Saigon comprend les territoires des villes de Saigon et de Cholon ; celui de la justice de paix de Hanoi, le territoire de la ville de Hanoi ; celui de la justice de paix de Haiphong, le territoire de la ville de Haiphong.

La compétence de ces juges de paix s'étend à tous les justiciables français domiciliés ou résidant dans leur ressort.

En matière indigène, les fonctions tutélaires et gracieuses des juges de paix s'exercent dans la mesure compatible avec la loi indigène et notamment avec le décret du 3 Octobre 1883 et dans les cas et conditions à déterminer par arrêté du Gouverneur général.

Dans les provinces où siège soit un tribunal de 1re instance, soit un tribunal de paix à compétence étendue, soit un tribunal résidentiel, les présidents, les juges de paix à compétence étendue ou les résidents juges exercent les fonctions de juges de paix français et statuent en premier et dernier ressort sur toutes les affaires qui sont en France de la compétence des juges de paix, sous réserve de ce qui est stipulé pour les juges de paix indigènes en Cochinchine.

En dehors des ressorts des justices de paix de Saigon, de Hanoi et Haiphong, et des provinces siège d'un tribunal de 1re instance, d'une justice de paix à compétence étendue ou d'un tribunal résidentiel, les administrateurs chefs de province ou les délégués administratifs français remplissent les fonctions tutélaires, gracieuses et conciliatrices des juges de paix et jugent en premier ressort suivant les distinctions établies par la loi française, les contraventions de police commises par les justiciables français sous réserve de ce qui est stipulé pour les indigènes de la Cochinchine après l'institution de justices de paix indigènes.

Ils peuvent recevoir l'affirmation des procès-verbaux dressés par les agents des Douanes et Régies, les agents forestiers et tous autres dont les procès-verbaux sont soumis à l'affirmation du juge de paix.

Chaque administrateur ou délégué administratif doit donc adresser sa prestation de serment par écrit, accompagnée de la copie certifiée de l'arrêté ou de la décision l'investissant de la direction de la province ou de la délégation administrative.

Nous avons dit que ces fonctionnaires sont investis des attributions tutélaires des juges de paix. On entend par là : la composition, la convocation, la tenue et la délibération des conseils de famille ; les procédures d'adoption, de tutelle officieuse, d'émancipation, d'apposition et de levée des scellés.

Ils n'ont donc pas la compétence civile des juges de paix de la Métropole telle qu'elle a été fixée par le titre 1er de la loi du 12 Juillet 1905. De même, ils n'ont pas qualité pour statuer à l'égard des demandes en dommages-intérêts dont ils pourraient être subsidiairement saisis par la partie lésée, les actions de cette nature restant de la compétence exclusive des tribunaux de 1re instance ou des justices de paix à compétence étendue. *(Lettre du Procureur général au Gouverneur de la Cochinchine, 30 Décembre 1913).*

Ils doivent adresser régulièrement, le lundi de chaque semaine au Procureur général, la notice ou l'état des affaires jugées au cours de la semaine écoulée.

Au surplus, le décret du 28 Mai 1913, pour faciliter l'action des tribunaux de 1re instance, des juges de paix à compétence étendue et des tribunaux de résidence, habilite les chefs de province et les délégués administratifs chargés des attributions de juges de simple police, à procéder à des enquêtes en matières civile, commerciale et criminelle, par délégation des tribunaux, du parquet et des juges d'instruction.

Répression des infractions spéciales aux indigènes. — La recherche et la poursuite des infractions spéciales aux indigènes justiciables des tribunaux français ou autres asiatiques assimilés, non prévues et réprimées par le Code pénal, s'effectuent par les magistrats compétents, devant les tribunaux ordinaires ou devant les tribunaux résidentiels des pays de Protectorat.

Dans les provinces où il n'existe pas de tribunaux, les administrateurs connaissent exceptionnellement de ces contraventions spéciales. Ils statuent comme juges de simple police, d'après les formes et suivant la procédure en vigueur devant les justices de paix à compétence étendue.

Les infractions spéciales sont :

1° Propos calomnieux ou offensants tenus contre l'autorité française et propagation de nouvelles fausses ou mensongères de nature à troubler la tranquillité publique ;

2° Refus ou inexécution du service prescrit pour assurer l'ordre et la sécurité dans le village ;

3° Défaut d'obtempérer ou négligence d'obtempérer aux convocations des représentants de l'autorité publique, européens ou indigènes, qualifiés pour faire ces convocations ;

4° Asile, hospitalité ou emploi donné sans en aviser immédiatement l'autorité du lieu, soit à des Asiatiques étrangers au village, non porteurs de papiers réguliers, soit à tous autres individus non porteurs d'un récépissé d'impôt, soit à des vagabonds.

Sera puni, de la même peine que celui qui lui aura donné asile, l'individu non porteur de papiers réguliers ou d'un récépissé d'impôt ;

5° Départ d'une ville ou d'un village, pour changement de domicile, sans en avoir, au préalable, averti les autorités et payé l'impôt, et sans avoir fait viser par lesdites autorités les pièces d'identité ;

6° Négligence à faire viser lesdites pièces à l'arrivée dans la ville ou le village choisi comme nouveau domicile ;

7° Tapage, scandale, dispute et autres actes de désordre dans les villages et sur les marchés hors les cas prévus par l'article 479, § 8, du Code pénal ;

8° Omission de déclarer à la Justice les cadavres découverts dans les fleuves ou autres endroits ;

9° Refus ou négligence, hors les cas spécifiés par l'article 475, § 12, du Code pénal, de faire les travaux, le service, ou de prêter le secours requis par l'autorité administrative ou judiciaire ;

10° Achat de buffles, chevaux et bœufs sans exiger du vendeur la justification de son droit de propriété ou sans avoir tout au moins fait certifier la vente par les autorités ;

11° Défaut de faire immatriculer, dans les huit jours soit au village, soit à la résidence, les animaux achetés dans le pays où cette obligation a été édictée ;

12° Introduction la nuit, sans motif légitime, dans le domicile d'autrui ;

13° Cris, tam-tam ou bruits d'alarme sans nécessité reconnue ;

15° Retard non justifié dans le paiement de l'impôt, des amendes et, généralement, de toute somme due au village, à la province ou à la colonie.

Ces infractions sont punies en dernier ressort (2) d'une amende de 1 franc à 15 francs et d'un emprisonnement d'un jour à cinq jours, ou de l'une de ces deux peines seulement. En cas de récidive, la peine de l'emprisonnement sera toujours prononcée.

Nota. — Toutefois, en Cochinchine, les administrateurs chefs de province, en dehors de la circonscription territoriale de la Ville de Saigon, conservent provisoirement le droit d'appliquer par voie disciplinaire, aux Annamites non citoyens français et aux asiatiques assimilés, la peine de l'emprisonnement et celle de l'amende pour retard non justifié dans le paiement de l'impôt, des amendes et, généralement, de toute somme due au village, à la province ou à la colonie. La durée de l'emprisonnement ne pourra excéder 5 jours et le maximum de l'amende 15 francs.

Le paiement des amendes ainsi prononcées par les administrateurs pourra être poursuivi, en cas d'insolvabilité, par la voie de la contrainte par corps, sans toutefois que la durée de cette contrainte puisse excéder dix jours.

Les administrateurs inscriront, régulièrement et par ordre de date, sur un registre à souche, côté et paraphé par le Gouverneur, les décisions qu'ils auront prises. Un volant détaché du registre à souche et portant les indications nécessaires sera remis sur-le-champ à l'indigène puni.

14° *Délivrance ou usage d'une carte d'impôt personnel portant un autre nom que le sien* (1). — (Abrogé.)

---

(1) Cette infraction constitue désormais un délit, en vertu du décret du 31 Décembre 1912 déterminant les dispositions du Code pénal métropolitain applicables, par les juridictions françaises de l'Indochine, aux indigènes et asiatiques assimilés.

En effet, le paragraphe 2 de l'art. 154 du nouveau Code pénal prévoit un emprisonnement de 3 mois à 1 an contre tout individu qui aura fait usage d'une carte d'identité délivrée sous un autre nom que le sien. La personne qui aura délivré ou fait délivrer cette carte sera passible des mêmes peines.

En conséquence, les délinquants doivent être déférés devant la juridiction correctionnelle.

(2) Les jugements rendus en cette matière ne peuvent par suite être attaqués que par la voie de l'annulation.

Les administrateurs tiendront également, en la forme ordinaire, un registre d'exécution des peines.

Les décisions disciplinaires des administrateurs pourront être attaquées par la voie du recours devant le Gouverneur en Conseil Privé, quand elles prononceront un emprisonnement de plus de deux jours ou une amende de plus de 5 francs. Le recours produira un effet suspensif. L'intéressé sera toujours admis à présenter, soit en personne, soit par mémoire, sa défense devant le Gouverneur en Conseil Privé.

Pour être recevable, le recours devra être déclaré dans les bureaux de l'Inspection par le condamné dans un délai de deux jours francs après sa condamnation.

Copie de la décision attaquée et du recours dont elle est l'objet sera transmise sans délai, au Gouverneur.

Si le recours est fondé, le Gouverneur pourra substituer l'amende à l'emprisonnement, réduire et même supprimer la peine. Sa décision, notifiée à l'administrateur, devra être transcrite sur le registre des condamnations en marge de la décision infirmée. (*Décret du 6 Janvier 1903*).

Assistance judiciaire. — Un décret en date du 7 Avril 1911 a réglé les conditions et les formes dans lesquelles l'assistance judiciaire est accordée en Indochine.

En matière civile, elle peut être accordée, en tout état de cause, à toutes personnes ainsi qu'à tous établissements publics ou d'utilité publique, et aux associations privées ayant pour objet une œuvre d'assistance et jouissant de la personnalité civile lorsque, à raison de l'insuffisance de leurs ressources ces personnes, établissements ou associations se trouvent dans l'impossibilité d'exercer leurs droits en justice, soit en demandant, soit en défendant.

Elle est applicable : 1° à tous les litiges portés devant les tribunaux civils, les juges des référés, la chambre du conseil, les tribunaux de commerce, les juges de paix, les conseils du contentieux administratif et aux parties civiles devant les juridictions de répression et d'instruction ; 2° en dehors de tout litige, aux actes de juridiction gracieuse et actes conservatoires.

Elle s'étend de plein droit aux actes de procédure et d'exécution à opérer, en vertu des décisions en vue desquelles elle a été accordée ; elle peut, en outre, être accordée pour tous actes et procédures d'exécution à opérer en vertu de décisions obtenues sous le bénéfice de cette assistance ou de tous actes, même conventionnels, si les ressources de la partie qui poursuit l'exécution sont insuffisantes.

L'admission à l'assistance judiciaire est prononcée :

I. — Pour les instances qui doivent être portées devant les justices de paix, les tribunaux de simple police, les tribunaux civils et correctionnels, les tribunaux de commerce, les conseils du contentieux administratif, les cours criminelles, par deux bureaux établis à Saigon et Hanoi et composés :

1° Du procureur de la République ou de son substitut, *président ;*

2° D'un délégué du Gouverneur ou du Résident supérieur;

3° D'un délégué du chef du service de l'Enregistrement;

4° De deux habitants notables nommés chaque année par le Chef du Service judiciaire, *membres.*

II. — Pour les instances qui doivent être portées devant la Cour d'Appel, par deux bureaux établis à Saigon et à Hanoi et composés :

1° D'un avocat général ou substitut du Procureur général, désigné par le Chef du Service judiciaire, *président* ;

2° D'un délégué du Gouverneur ou du Résident supérieur ;

3° Du chef du service de l'Enregistrement ou de son délégué ;

4° De deux habitants notables nommés chaque année par le Chef du Service judiciaire, *membres.*

Lorsque l'assistance judiciaire est réclamée par un indigène, un asiatique ou un étranger, les habitants notables appelés à composer les bureaux d'assistance judiciaire, devront être de la nationalité du requérant.

Toute personne qui réclame l'assistance judiciaire doit adresser sa demande écrite sur papier libre ou verbale au procureur de la République ou au juge de paix à compétence étendue de son domicile ; elle y joint les pièces justificatives ci-après :

1° Un extrait du rôle de ses contributions ou un certificat du percepteur de son domicile constatant qu'elle n'est pas imposée ;

2° Une déclaration attestant qu'elle est, à cause de l'insuffisance de ses ressources dans l'impossibilité d'exercer ses droits en justice et contenant l'énumération détaillée de ses moyens d'existence quels qu'ils soient. Le réclamant européen ou assimilé affirme la sincérité de sa déclaration devant le maire de la commune de son domicile, et dans les centres où il n'existe pas de communes, devant l'administrateur chef de province ; le réclamant indigène ou asiatique étranger fait la même déclaration devant les notables du village de son domicile ou de sa résidence ou le chef de sa congrégation, et la soumet au visa du chef de la province. Ces différentes autorités donnent acte au bas de la déclaration de l'accomplissement de ces formalités.

Les décisions du bureau ne sont susceptibles d'aucun recours de la part des parties.

Néanmoins, le Procureur général intéressé après avoir pris communication de la décision d'un des bureaux établis à Saigon ou à Hanoi et des pièces à l'appui, peut, sans retarder l'instruction ou le jugement, déférer cette décision aux bureaux établis près la Cour d'Appel pour y être réformés s'il y a lieu.

Le bénéfice de l'assistance judiciaire peut être retiré en tout état de cause, devant toutes les juridictions, même après la fin des instances et procédures pour lesquelles elle a été accordée :

1° S'il survient à l'assisté des ressources reconnues suffisantes ;

2° S'il a surpris la décision du bureau par une déclaration frauduleuse ;

Le retrait de l'assistance judiciaire peut être demandé soit par le ministère public, soit par la partie adverse. Il peut être aussi prononcé d'office par le bureau ; dans tous les cas il doit être motivé. Il ne peut être prononcé qu'après que l'assisté a été entendu et mis en demeure de s'expliquer.

Si ce retrait a pour cause une déclaration frauduleuse de l'assisté relativement à son indigence, celui-ci peut, sur l'avis du bureau, être traduit devant le tribunal de police correctionnelle et condamné, indépendamment des droits et frais de toute nature dont il avait été dispensé, à une amende égale au montant total de ces droits sans que cette amende puisse être au-dessous de 100 francs et à un emprisonnement de huit jours à 6 mois. L'article 463 du Code pénal est applicable.

En matières criminelle et correctionnelle. — Il doit être pourvu à la défense des accusés devant les cours criminelles conformément aux dispositions combinées des articles 294 du Code d'instruction criminelle et 74 du décret du 17 Mai 1895, modifié s'il y a lieu par les décrets des 19 Mai 1919 et 16 Février 1921.

Les présidents des tribunaux correctionnels doivent désigner un défenseur d'office aux prévenus poursuivis à la requête du ministère public ou détenus préventivement, lorsqu'ils en feront la demande et que leur indigence sera constatée.

Les présidents des cours criminelles et les présidents des tribunaux correctionnels pourront ordonner l'assignation des témoins qui leur seront indiqués par l'accusé ou le prévenu indigent dans le cas où la déclaration de ces témoins serait jugée utile pour la découverte de la vérité.

Avocats-défenseurs. — Jusqu'en 1911, le nombre des avocats-défenseurs en Indochine était limité; le décret du 30 Avril 1911, reproduit *in extenso* ci-après, a supprimé cette limitation, mais a exigé, outre le diplôme de licencié en droit et un stage de deux ans, trois années d'exercice comme secrétaire d'avocat-défenseur.

Décret du 30 Avril 1911, réglementant la profession d'Avocat-défenseur en Indochine

Article premier. — En Indochine, les avocats-défenseurs ont seuls qualité pour plaider et conclure en toute matière devant la Cour d'Appel et les tribunaux français, ainsi que pour faire et signer tous actes nécessaires à l'instruction des causes civiles et commerciales et à l'exécution des jugements et arrêts. Toute partie peut, néanmoins, sans l'assistance d'officiers ministériels, plaider et postuler, soit pour elle-même, soit pour ses cohéritiers, co-associés et consorts, soit pour ses parents ou alliés en ligne ascendante, descendante ou collatérale jusqu'au second degré inclusivement. Les maris peuvent de même plaider ou postuler pour leur femme; les tuteurs et curateurs, pour leurs pupilles.

Devant la justice de paix de Saigon et devant les autres tribunaux, dans les affaires qui sont à Saigon de la compétence du juge de paix, les parties se présenteront en personne; il leur sera, néanmoins, loisible de se faire assister ou représenter par un mandataire, mais, dans ce dernier cas, en vertu seulement d'une autorisation spéciale du juge.

Art. 2. — Les avocats, justifiant de leur inscription aux tableaux dressés dans la Métropole ou les autres colonies françaises ou pays de Protectorat, pourront être autorisés, par le Chef du Service judiciaire, à plaider en Indochine dans une ou plusieurs affaires déterminées.

Art. 3. — Deux tableaux distincts seront établis, l'un, à Saigon, pour l'inscription des avocats-défenseurs de la Cochinchine et du Cambodge; l'autre, à Hanoi, pour l'inscription des avocats-défenseurs du Tonkin et de l'Annam.

Les avocats-défenseurs actuellement en exercice en Cochinchine et au Cambodge seront portés sur le tableau de Saigon, d'après la date de la nomination. Les avocats-défenseurs actuels de l'Annam et du Tonkin seront portés sur le tableau des avocats-défenseurs à Hanoi.

Le barreau spécial du Cambodge est supprimé.

Art. 4. — Les attributions énumérées à l'article 1er sont conférées, devant la section de la Cour d'Appel siégeant à Saigon et les tribunaux de la Cochinchine et du Cambodge, aux avocats-défenseurs inscrits au tableau de Saigon; les avocats-défenseurs inscrits au tableau de Hanoi exercent les mêmes attributions devant la troisième chambre de la Cour d'Appel et les tribunaux du Tonkin et de l'Annam (1).

Art. 5. — Pour pouvoir exercer comme avocat-défenseur et être inscrit en cette qualité aux tableaux de Saigon ou de Hanoi, qui seront dressés à cet effet par la première chambre de la Cour d'Appel à Saigon et la 3e chambre de la même cour à Hanoi (2), les conditions suivantes sont exigées:

1° Être citoyen français;

2° Être âgé de vingt-cinq ans accomplis;

(1) Comme nous l'avons vu plus haut, il y a actuellement en Indochine, deux Cours d'Appel.

(2) Modifié par suite de la nouvelle réorganisation judiciaire.

3° Être pourvu du diplômé de licencié en droit ;

4° Avoir été inscrit pendant deux ans à un barreau en France, en Algérie ou dans les colonies ou pays de Protectorat français, ou avoir rempli pendant deux ans des fonctions judiciaires ou administratives, ou, enfin, justifier de deux années de cléricature en France, en Algérie, dans les colonies ou dans les pays de Protectorat français ;

5° Avoir exercé pendant trois ans au moins comme secrétaire d'avocat-défenseur, avec résidence dans la colonie, ou avoir exercé pendant six ans au moins des fonctions judiciaires en Indochine ;

6° Justifier de sa moralité ;

7° Justifier du versement à la Caisse des dépôts et consignations d'une somme de 2.000 francs à titre de cautionnement.

Art. 6. — Celui qui demandera à être nommé avocat-défenseur présentera sa requête avec les pièces à l'appui au Procureur général, Chef du Service Judiciaire qui, après enquête et avis de la chambre de discipline et de la Cour d'Appel, transmettra le dossier avec son avis au Gouverneur général qui délivrera, s'il y a lieu, par arrêté contre-signé du Procureur général, Chef du Service judiciaire, une commission d'avocat-défenseur.

Art. 7. — Les avocats-défenseurs doivent résider dans le ressort des sections de la Cour d'Appel auxquelles ils sont attachés. Ils pourront s'absenter de l'Indochine sans autorisation, mais devront informer par écrit le Procureur général, Chef du Service judiciaire, de leur départ.

Après deux ans d'absence de la colonie et sauf justification d'un empêchement de force majeure ou de toute autre excuse légitime, les avocats-défenseurs seront, sur la proposition du Procureur général et après avis de la chambre de discipline et de la Cour d'Appel, déclarés démissionnaires par arrêté du Gouverneur général.

Art. 8. — *(Modifié par le décret du 18 Mars 1925).* — En cas d'absence ou d'empêchement, l'avocat défenseur pourra se faire remplacer par un secrétaire âgé de 22 ans au moins et réunissant les conditions énumérées aux nos 1, 3, 4 et 6 de l'article 5 du présent décret et agréé dans les formes prescrites pour la nomination des avocats-défenseurs.

Art. 9. — Les secrétaires d'avocats-défenseurs seront inscrits, suivant la date de leur nomination, sur un tableau spécial dressé par la Cour d'Appel à Saigon et à Hanoi.

Art. 10. — Les secrétaires d'avocats-défenseurs chargés de remplacer les titulaires absents ou empêchés, exerçant sous la responsabilité desdits titulaires et la garantie de leur cautionnement, sont dispensés du versement d'un cautionnement personnel.

Art. 11. — La discipline des avocats-défenseurs appartient au Procureur général, Chef du Service judiciaire. Il leur donne tout avertissement qu'il juge nécessaire et prononce contre eux après les avoir entendus, le rappel à l'ordre, la censure simple et la censure avec réprimande.

A l'égard des peines plus graves telles que la suspension, le remplacement et la destitution, le Procureur général fait, d'office ou sur la réclamation des parties, les propositions qu'il juge nécessaires après avoir pris l'avis de la chambre de discipline et de la Cour d'Appel qui entendent l'avocat-défenseur inculpé en ses moyens de défense. Le Gouverneur général statue par arrêté.

Le recours au Ministre des Colonies est ouvert contre les décisions du Gouverneur général prononçant la destitution.

La suspension sera provisoirement appliquée jusqu'à ce que le Ministre ait statué.

La suspension ne pourra être prononcée pour une période de plus d'une année.

Art. 12. — Si, à l'audience ou dans les écrits produits en justice, les avocats-défenseurs s'écartent du respect dû aux lois et aux autorités publiques ou manquent aux devoirs qui leur sont prescrits, les tribunaux peuvent, selon l'urgence des cas, d'office ou à la requête du ministère public, prononcer contre eux le rappel à l'ordre, la censure simple ou la censure avec réprimande.

Les décisions des tribunaux de première instance, des tribunaux de commerce et des justices de paix sont sujettes à appel devant la Cour.

Lorsque ces tribunaux estiment qu'il y a lieu à l'application d'une peine plus sévère, il est dressé procès-verbal des faits, lequel est sans délai transmis au Procureur général. L'avocat-défenseur inculpé est invité à donner des explications par écrit. Le Gouverneur général statue au vu des pièces et sur le rapport du Procureur général dressé après avis de la chambre de discipline et de la Cour d'Appel.

Art. 13. — Les peines disciplinaires prononcées en vertu du présent décret ne feront, en aucun cas, obstacle aux poursuites devant les tribunaux de répression s'il y a lieu.

Art. 14. — Il est interdit aux avocats-défenseurs, sous peine de destitution :

1° De se rendre directement ou indirectement adjudicataires des biens meubles et immeubles dont ils sont chargés de poursuivre la vente et de se rendre possesseurs de droits successoraux ou litigieux ;

2° De faire avec les parties des conventions aléatoires ou autres subordonnées à l'événement du procès ;

3° De s'associer entre eux pour l'exploitation de deux ou plusieurs offices distincts ou de prêter leur nom pour des actes de postulation illicite ;

4° D'exercer des fonctions publiques salariées ;

5° De rien dire ou publier, comme défenseur ou conseil, de contraire aux lois, décrets et règlements, aux bonnes mœurs, à la sûreté de l'Etat et à la paix publique ;

6° De s'écarter du respect dû aux tribunaux et aux autorités publiques ;

7° D'exercer toute autre profession et toute espèce de négoce ;

8° D'occuper les fonctions d'administrateur ou de membre du conseil d'administration de toute société industrielle ou commerciale, de directeur d'un journal ayant un caractère d'entreprise commerciale, de gérant de toute publication périodique ;

9° De percevoir d'autres droits ou honoraires que ceux prévus et fixés au tarif ;

10° D'exiger des honoraires des parties qu'ils sont chargés de défendre d'office.

Art. 15. — Avant d'entrer en fonctions, et dans les deux mois de la notification de leur nomination, à peine de déchéance, les avocats-défenseurs sont tenus de prêter, à l'audience de la Cour d'Appel à Saigon ou à Hanoi, le serment suivant :

« Je jure de ne rien dire ou publier, comme défenseur ou comme « conseil, de contraire aux lois, décrets, arrêtés et règlements obliga« toires dans la colonie, aux bonnes mœurs, à la sûreté de l'Etat et à « la paix publique, de ne jamais m'écarter du respect dû aux cours et « tribunaux et aux autorités publiques, et de ne plaider aucune cause « que je ne croirais pas juste en mon âme et conscience. »

Ils ne seront admis au serment qu'après avoir justifié du versement à la Caisse des dépôts et consignations du cautionnement exigible.

Art. 16. — Les tarifs des avocats-défenseurs actuellement existants peuvent être modifiés par arrêtés du Gouverneur général, sur la proposition du Procureur général.

Art. 17. — Les avocats-défenseurs n'ont pas la faculté de présenter de successeurs.

Tout traité pour la cession ou transmission de titres ou clientèles, à quelque moment qu'il apparaisse, et alors même qu'il n'aurait pas été suivi d'effet, entraînera la destitution de l'avocat-défenseur encore en exercice ou de son successeur, si la nomination avait suivi le traité.

Art. 18. — Les avocats-défenseurs se présentent en robe aux audiences ; ils plaident debout et découverts. Les licenciés en droit portent les insignes de leur grade : ils sont autorisés à se couvrir en plaidant, excepté lorsqu'ils lisent leurs conclusions.

Art. 19. — Le Procureur général peut désigner d'office des avocats-défenseurs pour plaider devant les tribunaux militaires, lorsque la demande lui en sera faite par le président de la juridiction saisie. Il désignera également, chaque fois qu'il sera utile, un avocat-défenseur pour défendre au civil les marins et les militaires absents.

Dans les cas ci-dessus et dans tous ceux où ils sont désignés par le juge, conformément aux lois et règlements, les avocats-défenseurs ne peuvent refuser leur ministère sans motifs légitimes et admis.

Art. 20.— Deux chambres de discipline sont créées : l'une, à Saigon, pour les avocats-défenseurs de la Cochinchine et du Cambodge ; l'autre, à Hanoi, pour les avocats-défenseurs du Tonkin et de l'Annam. Chacune de ces chambres est composée d'un président, de deux membres titulaires et de deux suppléants pris parmi les avocats-défenseurs, élus par eux, chaque année, au scrutin secret dans la première quinzaine de décembre.

Le Procureur général convoquera les avocats-défenseurs en assemblée générale au Palais de Justice à Saigon et à Hanoi pour l'élection de la chambre de discipline.

Les avocats-défenseurs qui ne résident pas à Saigon ou à Hanoi seront admis à voter par correspondance.

Si, au cours de l'année, le nombre des membres titulaires et suppléants de la chambre de discipline présents dans la colonie devient insuffisant, il sera immédiatement, sur les réquisitions du Procureur général, procédé à des élections pour compléter le nombre.

Art. 21. — Les contestations qui pourront s'élever sur les opérations du scrutin seront déférées au Procureur général qui prononcera en dernier ressort.

Art. 22. — Les attributions de la chambre de discipline sont :

1° De maintenir la discipline entre les avocats-défenseurs et de donner son avis dans les cas où elle est consultée par le Procureur général.

2° De prévenir ou concilier tous les différends entre avocats-défenseurs et entre ces derniers et les parties ; d'émettre son opinion sous forme de simple avis sur ces différends et sur les réparations civiles qui pourront en résulter ;

3° De former un bureau de consultations gratuites pour les indigents dont la chambre de discipline distribuera les affaires aux divers avocats-défenseurs pour les suivre quand il y aura lieu ;

4° De représenter les avocats-défenseurs collectivement sous le rapport de leurs droits et de leurs intérêts communs ; à cet égard, elle pourra ester en justice après délibération prise à l'unanimité de ses membres et sera représentée devant les tribunaux par son président.

Elle a, en outre, le droit de surveillance sur les avocats-défenseurs ; elle les avertit d'office et dénonce, s'il y a lieu, leurs manquements au Procureur général.

Art. 23. — Toutes les délibérations de la chambre de discipline sont immédiatement expédiées au Procureur général en copie certifiée par le président. L'impression de ces délibérations ne peut être ordonnée que par le Procureur général.

Art. 24. — L'honorariat pourra être conféré aux avocats-défenseurs démissionnaires après vingt ans d'exercice de leur profession.

Art. 25. — Sont abrogés tous décrets et arrêtés antérieurs relatifs à l'exercice de la profession d'avocat-défenseur en Indochine.

Nota. — Un décret en date du 17 Décembre 1921 interdit aux magistrats d'Indochine l'exercice de la profession d'avocat-défenseur, dans le ressort de la Cour à laquelle ils ont appartenu, pendant un délai de 3 ans à compter de l'acceptation de leur démission. La même interdiction s'applique aux administrateurs des Services civils de l'Indochine qui ne pourront être inscrits au barreau d'Hanoi, si, depuis moins de 3 ans, ils ont rempli des fonctions administratives dans le ressort de la Cour d'Hanoi, ou au barreau de la Cour de Saigon, si, depuis le même temps, ils ont rempli des fonctions administratives dans le ressort de cette Cour.

B) JUSTICE INDIGÈNE

En Cochinchine. — La justice indigène en Cochinchine (1) est exercée par des magistrats de race annamite appelés «juges de paix indigènes», dont les attributions, la compétence et le recrutement ont été déterminés par les arrêtés du Gouverneur général en date du 25 Juillet 1923 et du 7 Mars 1924, lesquels ont été pris en exécution du décret du 16 Février 1921.

Les caractéristiques de cette nouvelle institution sont les suivantes :

Il n'y a point de ministère public à côté des juges de paix indigènes, mais le Procureur général ou le procureur de la

---

(1) C'est dans un but d'uniformité que nous avons placé les tribunaux de justice de paix indigènes en Cochinchine sous la rubrique *Justice Indigène*.

En effet, la Cochinchine étant une Colonie, tous les habitants sont sujets français et par suite, justiciables, en principe, des seuls tribunaux français.

C'est le décret du 16 Février 1921 qui a prévu cette institution. Elle pourrait tout aussi bien être considérée comme une juridiction française puisqu'à sa tête se trouve un fonctionnaire indigène, il est vrai, mais faisant partie de l'*Administration française*, au même titre que les *Phu* et *Huyện*, chefs de poste administratif.

République près tribunal dans le ressort duquel se trouvera la justice de paix, peut leur envoyer des conclusions écrites.

Il n'y a pas d'huissiers; toutes les significations, notifications et tous actes d'exécution sont accomplis par les notables des villages.

L'assistance des avocats-défenseurs ou de mandataires quelconques n'est pas admise ; les parties doivent se présenter en personne ; elles ne peuvent se faire représenter que par des proches parents ; les mineurs sont représentés par leur tuteur ; les femmes mariées, par leur mari.

Les juges de paix indigènes n'ont juridiction que sur les Annamites et assimilés énumérés dans l'arrêté du Chef du pouvoir exécutif du 23 Août 1871. S'il y a en cause un Français ou assimilé, le juge français est seul compétent.

Ils sont désignés par le Gouverneur général, sur la proposition du Directeur de l'Administration judiciaire et après un concours, parmi : soit les doc-phu-su, phu et huyen de Cochinchine, les commis indigènes du Gouvernement ou des provinces de Cochinchine, les interprètes du Service judiciaire, comptant au moins vingt ans de services et originaires de Cochinchine ; soit les docteurs ou licenciés en droit et les élèves diplômés de l'Ecole de Droit et d'Administration originaires de Cochinchine et comptant au moins dix ans de services en Indochine.

Attributions de surveillance et de protection

Le juge de paix indigène est habilité à accomplir les actes suivants :

1° Il légalise les extraits des actes de l'état-civil indigène délivrés par les autorités communales, lorsque ces extraits seront destinés à être produits en justice ou devant une administration publique.

2° Il peut être chargé de procéder aux enquêtes nécessaires en vue d'opérer la rectification ou la reconstitution des actes de l'état-civil ou pour vérifier les actes de généalogie produits en justice ;

3° Il légalise les actes de généalogie, et fait toutes observations utiles à ceux qui les présentent lorsque la forme de ces actes lui paraît défectueuse ;

4° Il peut être chargé, soit par le procureur de la République, soit par l'administrateur, chef de province, de vérifier la façon dont sont tenus, dans les communes, les registres de l'état civil. Il peut réparer les omissions purement matérielles, telles que absence des signatures de l'officier de l'état-civil, des déclarants et témoins, qu'il est amené à constater, mais il ne doit, en aucun cas, provoquer une modification substantielle dans la rédaction des actes d'état-civil.

Il dresse procès-verbal des contraventions relevées au cours de ces vérifications et en donne communication au procureur de la République du ressort ;

5° Il peut être chargé de l'inventaire du mobilier et des titres de l'absent et de tous actes conservatoires des biens de celui-ci, quand il y aura déclaration d'absence ;

6° Lorsqu'un mineur est pourvu d'un tuteur par délibération du conseil de famille en vertu du titre X du décret du 3 Octobre 1883, le juge de paix doit, sur la demande du tuteur, procéder à l'inventaire des biens dans les dix jours de l'entrée en fonctions de ce dernier. Passé ce délai, le juge de paix peut procéder d'office à cet inventaire auquel seront appelés le tuteur, le truong-toc et le chef de canton ou le notable du village, président du conseil de famille ;

7° Il dresse tous actes de notoriété soit pour affirmer l'absence des parents dont le consentement au mariage est nécessaire si le jugement de déclaration d'absence ou celui qui ordonne l'enquête afin de constater l'absence n'ont pas encore été rendus, soit pour suppléer les actes de naissance ou de décès, lorsqu'il y aura impossibilité de produire ces actes.

Ces actes de notoriété seront établis sur la déclaration, après serment de dire la vérité, de quatre témoins désignés par les parties que le juge convoquera après s'être renseigné sur leur moralité auprès des autorités communales. Il sera assisté du greffier pour l'établissement de ces actes de notoriété ;

8° Il vise la délibération du conseil de famille appelé à donner son consentement au mariage d'un mineur, lorsqu'il n'existe aucun parent apte à donner ce consentement, et il peut provoquer la rectification de l'acte de délibération qui lui paraît défectueux ;

9° Il peut recevoir, assisté de son greffier, les déclarations d'adoption faites en conformité du titre VIII du décret du 3 Octobre 1883 et transmettre ces déclarations avec ses observations au procureur de la République, pour homologation par le tribunal ; puis il doit veiller à ce que la mention de l'adoption soit faite sur les registres de l'état-civil, conformément aux prescriptions du décret du 3 Octobre 1883.

Les déclarations d'adoption reçues par les officiers de l'état-civil lui seront adressées, pour être visées et transmises, comme il est dit ci-dessus, au procureur de la République ;

10° Il vise les délibérations du conseil de famille relatives à la nomination de tuteur, après avoir provoqué toutes rectifications utiles, si la délibération n'a pas été prise conformément au titre X du décret précité ;

11° Il reçoit, avec l'assistance de son greffier, les déclarations d'émancipation des mineurs. Celles qui auront été reçues par le chef de canton ou les notables de la commune, conformément au titre X du décret du 3 Octobre 1883, lui seront adressées pour être visées après vérification, et déposées aux archives du greffe ;

12° Il vise la délibération du conseil de famille autorisant le mineur émancipé à disposer de ses biens immobiliers, fait toutes remontrances jugées utiles sur les aliénations projetées et signale au procureur de la République, à toutes fins utiles, les aliénations qui lui paraissent contraires aux intérêts du mineur ;

13° Il vise de même les autorisations d'aliénation données au tuteur du mineur non émancipé par le truong-tôc de la famille, s'assure que le tuteur a été régulièrement investi, que celui qui donne l'autorisation est bien le truong-tôc, refuse au besoin le visa en attendant les instructions demandées par lui au procureur de la République.

14° D'une façon générale, et il doit surveiller l'administration des biens de mineurs pourvus de tuteurs autres que leurs parents ou ascendants, et peut provoquer la réunion du conseil de famille du mineur resté sans tuteur légal, en vue de la nomination de ce tuteur ;

15° Il fait prendre copie conforme par le greffier de toutes délibérations du conseil de famille concernant les mineurs et interdits, lesdites copies devant être classées, après le visa, aux archives du greffe et servir en cas de besoin. Le greffier pourra ensuite délivrer des expéditions de ces copies à toutes personnes intéressées ;

16° Il vise la délibération du conseil de famille provoquée par le tribunal en vue de l'interdiction d'un majeur et donne son avis sur l'opportunité de l'interdiction.

Il vise également la délibération du conseil de famille relative à la nomination du tuteur de l'interdit ;

17° Au décès de tout indigène qui n'aura pas laissé une veuve usufruitière, il doit, si l'un des héritiers majeurs ou le tuteur d'un mineur le demande, procéder à l'inventaire des meubles composant la succession même pendant la période de deuil, S'il y a une veuve usufruitière et qu'elle le demande, il procède au même inventaire ;

18° Il procède à toutes appositions de scellés, quand il en est requis par une partie intéressée, ou que le juge en aura ainsi ordonné ou que la loi l'y autorise expressément. Il procède à la levée des scellés dans les mêmes conditions ;

19° Il vise, après en avoir fait prendre copie conforme par le greffier, pour les archives du greffe, tout testament non fait par devant notaire, qui sera trouvé au décès du testateur ;

20° Il vise les délibérations de l'assemblée de la famille relatives à la destitution ou à la nomination d'administrateurs de biens cultuels, et donne tous avis utiles en vue de la régularisation de l'acte de délibération s'il y a lieu.

21° Le juge de paix veille tout particulièrement aux agissements des agents d'affaires ou pisteurs ; il signale aux autorités administratives et judiciaires tous actes répréhensibles, met les justiciables en garde contre les manœuvres de ces agents et doit interdire l'accès du greffe à tous ceux qui n'ont pas un intérêt personnel en cause.

Le juge de paix indigène peut être commis par le tribunal d'arrondissement ou par un autre juge de paix du même arrondissement, afin de recevoir le serment des experts, de procéder à des interrogatoires sur faits et articles, à des enquêtes ; dans ces différents cas, il sera assisté du greffier.

En matière d'enquête, il peut entendre sous serment, des témoins français ;

Il peut être chargé personnellement de visites des lieux et d'expertises ;

Il procède à l'ouverture des portes et à l'apposition des scellés, lorsqu'il en est requis par l'huissier chargé d'une saisie-exécution à l'encontre de débiteurs indigènes, signe le procès-verbal de l'huissier et établit, s'il y a lieu, un gérant à l'exploitation, en cas de saisie d'animaux ou d'ustensiles servant à l'exploitation des terres.

Il doit, s'il en est requis, assister l'huissier pour l'arrestation du débiteur astreint à la contrainte par corps, lorsqu'il y aura lieu à cette arrestation au domicile dudit débiteur.

Il peut autoriser les saisies-gageries, saisies-revendications, saisies sur débiteurs forains et saisies-arrêts ou oppositions, toutes les fois que les causes de ces saisies rentreront dans les limites de sa compétence et ce, conformément aux dispositions des articles 13 et 14 de la loi du 12 Juillet 1905, rendus applicables en la matière par l'article 101 du décret du 16 Février 1921 ;

Il peut être chargé, par délégation du président du tribunal de 1re instance ou du juge de paix à compétence étendue, de coter et parapher les registres de l'état-civil indigène ;

Il peut recevoir délégation afin de prendre connaissance des livres de commerce et de dresser procès-verbal de leur contenu conformément à l'art. 16 du Code de commerce (1) ;

Il peut, d'une façon générale, procéder sur délégation du tribunal de commerce, à tous actes conservatoires sur les biens possédés par des indigènes, même s'il y a des Français en cause.

L'énumération des actes visés ci-dessus et ressortissant de la fonction gracieuse ou tutélaire du juge de paix n'est pas limitative. Le juge de paix accomplit tous autres actes prescrits par les règlements légalement établis.

---

(1) Art. 16. C. C. — En cas que les livres dont la représentation est offerte, reprise ou ordonnée, soient dans des lieux éloignés du tribunal saisi de l'affaire, les juges peuvent adresser une commission rogatoire au tribunal de commerce du lieu, ou déléguer un juge de paix pour en prendre connaissance, dresser un procès-verbal du contenu et l'envoyer au tribunal saisi l'affaire.

Attributions de police judiciaire

Les juges de paix indigènes exercent la police judiciaire pour tous les crimes et délits commis par des indigènes même au préjudice des Français et assimilés, dans les conditions prévues par le Code d'instruction criminelle, tel qu'il est applicable dans la colonie (articles 99 à 104, du décret du 16 Février 1921).

Ils doivent informer immédiatement le Parquet de tous crimes ou délits qui leur seront dénoncés.

Ils font conduire immédiatement devant le procureur de la République tout individu arrêté en flagrant délit.

Dans tous les cas de flagrant délit, lorsque le fait sera de nature à entraîner une peine afflictive ou infamante, le juge de paix se transportera sur le lieu sans aucun retard pour y dresser les procès-verbaux nécessaires, à l'effet de constater le corps du délit, son état, l'état des lieux et pour recevoir les déclarations des personnes qui auraient été présentes ou qui auraient des renseignements à donner. Il donnera immédiatement avis de son transport au procureur de la République ou au juge de paix à compétence étendue.

Il pourra encore, en cas de crime flagrant, entendre les parents, voisins. ou domestiques présumés en état de donner des éclaircissements sur le fait; il recevra leur déclarations, les fera signer ou mentionnera leur refus de signer. Il pourra défendre que qui que ce soit sorte de la maison ou s'éloigne du lieu jusqu'après la clôture de son procès-verbal, sous les peines prévues par la loi. S'il s'agit d'une mort violente ou d'une mort dont la cause est suspecte, il se fera assister d'un médecin qui fera son rapport sur les causes de la mort et l'état du cadavre. Si, en raison de la nature et des circonstances du crime, la preuve peut vraisemblablement être acquise par les papiers ou autres pièces et effets en la possession du prévenu, il se transportera de suite à son domicile pour y faire la perquisition des objets qu'il jurera utiles à la manifestation de la vérité. Il saisira : 1° les armes et tout ce qu'il trouvera sur le lieu même du crime et qui paraîtra avoir servi ou avoir été destiné à commettre le crime ainsi que tout ce qui paraîtra en avoir été le produit, enfin, tout ce qui peut servir à la manifestation de la vérité ; 2° tous les effets ou papiers pouvant servir à conviction ou à décharge qu'il trouvera au domicile du prévenu. Il fera saisir les personnes contre qui il existerait des indices graves. Si le prévenu n'est pas présent, il décernera contre lui un mandat d'amener. Il interrogera sur-le-champ le prévenu amené devant lui. Il lui représentera les choses saisies et l'interrogera sur les circonstances qui les ont mises en sa possession, sur l'usage qu'il en a fait, sur les marques particulières et les traces quelconques qu'elles présentent. Il dressera procès-verbal de toutes ces opérations, le fera signer par le prévenu ou mentionnera son refus de signer. Les objets saisis seront clos et cachetés.

Il procèdera, en un mot, aux constatations et aux opérations indispensables pour éviter de laisser perdre les traces ou preuves du délit ou du crime, en se conformant aux prescriptions du Code d'instruction criminelle sur la police judiciaire. S'il y a plusieurs officiers de police judiciaire présents sur les lieux, le premier qui aura connu de l'affaire et aura commencé les opérations les continuera jusqu'à l'arrivée du procureur de la République ou du juge d'instruction. Si une perquisition est jugée nécessaire au domicile d'un Français ou assimilé, elle ne pourra être effectuée que par un officier de police judiciaire français ; en attendant l'arrivée de celui-ci, le juge de paix indigène fera établir à l'extérieur une étroite surveillance, et constatera tous les faits qui pourraient être utiles à l'information.

Le juge indigène procèdera à toutes enquêtes, toutes investigations, tous constats pour lesquels il aura reçu délégation expresse du procureur de la République, du juge d'instruction, du tribunal correctionnel, de la chambre correctionnelle de la Cour, de la chambre des mises en accusation ou du président de la Cour criminelle.

En cas d'exécution capitale dans une province qui n'est pas le siège d'un tribunal de 1re instance, le juge de paix indigène est habilité à recevoir les révélations que le condamné voudrait faire avant sa mort.

Le juge de paix est tenu, d'office ou sur l'avis qu'il en aura reçu, de se transporter au lieu privé où est détenu arbitrairement un individu, de le faire mettre en liberté ou, s'il est allégué que la détention est légale, d'en referer au Parquet.

Si la détention est opérée dans une prison ou tout autre lieu ayant un caractère officiel, il se bornera à en donner avis d'urgence au Parquet.

Il dressera, en tous cas, procès-verbal de ses opérations.

Il donne, sur réquisition du procureur de la République, son avis sur la conduite des condamnés en instance de réhabilitation.

Conciliation

Lorsque les parties, capables de transiger, jugeront à propos de recourir à la conciliation des juges de paix indigènes, comme les y autorise l'article 96 du décret du 16 Février 1921, le juge compétent sera en principe celui du domicile du défendeur, ou de l'un d'eux s'il y en a plusieurs. Néanmoins, les parties pourront comparaitre volontairement devant le juge de paix du domicile, soit du demandeur, soit du défendeur, pour tenter cette conciliation.

Le juge de paix doit faire les efforts les plus consciencieux pour concilier les parties, représenter à chacune d'elles les chances de gain ou de perte du procès, les frais et les ennuis qu'il entrainera eu égard à son importance, tâcher, en un mot, d'arriver à une transaction équitable.

Il se fera communiquer, au besoin, par le demandeur toutes les pièces qui serviront d'appui à sa demande, et par le défendeur, toutes celles par lesquelles il se propose de combattre la demande.

Les affaires qui doivent être jugées par le juge de paix ne seront pas soumises au préliminaire de conciliation, mais le juge, à la première audience où les parties comparaîtront, conseillera et tentera la conciliation, en évitant cependant de donner son opinion sur le fond du litige.

Compétence en matière civile

En matière civile, le juge de paix compétent est, sauf exceptions écrites dans la loi, celui du domicile du défendeur, et, s'il n'a pas de domicile connu, le juge de sa résidence.

S'il y a plusieurs défendeurs, le juge de paix du domicile, ou, à défaut, de la résidence de l'un des défendeurs, sera compétent, sauf dispositions contraires de la loi.

En matière civile, la compétence des juges de paix indigènes sera, conformément aux dispositions de l'article 101 du décret du 16 Février 1921, la même que celle des juges de paix français, c'est-à-dire qu'elle sera réglée, notamment, par les articles 2, 3, 7, 23, 24, 25, 26, 27 du Code de procédure civile, 1 à 17 de la loi du 12 Juillet 1905.

Le juge de paix indigène connaîtra, en matière civile, de toutes actions purement personnelles et mobilières en dernier ressort jusqu'à la valeur de trois cents francs (300fr.00) et, à charge d'appel, jusqu'à la valeur de six cents (600fr.00) ainsi que de toutes les autres actions énumérées et dans les mesures fixées au titre I de la loi du 12 Juillet 1905. Il connaîtra encore des actions possessoires conformément aux dispositions des articles 23 à 27 du Code de procédure civile.

Le juge de paix indigène connaîtra de toutes les contestations civiles prévues par les lois ou décrets spéciaux dont la connaissance est attribuée au juge de paix par lesdits lois ou décrets dûment promulgués dans la colonie, en tant que ces lois et décrets seront applicables aux indigènes et assimilés.

Il recevra le serment de tous les fonctionnaires indigènes, lorsqu'aux termes des règlements ce serment doit être reçu par le juge de paix.

Il pourra, en outre, sur délégation de la Cour ou du tribunal. recevoir le serment des fonctionnaires indigènes qui doivent prêter serment devant ces juridictions.

Affaires de simple police

Le juge de paix indigène connaîtra en premier ou en dernier ressort suivant les distinctions établies par l'article 172 du Code d'instruction criminelle (1) des contraventions

---

(1) Art. 172. — *Code d'Instruction criminelle.* — Les jugements rendus en matière de police pourront être attaqués par la voie de l'appel lorsqu'ils prononceront un emprisonnement, ou lorsque les amendes, restitutions et autres réparations civiles, excèderont la somme de 5 francs outre les dépens.

de simple police commises dans l'étendue du ressort de sa juridiction prévues par le Code pénal applicable aux indigènes et asiatiques assimilés modifié par décret du 31 Décembre 1912. Il connaîtra également de toutes les infractions prévues par les lois, décrets ou arrêtés spéciaux applicables en Cochinchine aux indigènes et assimilés et dont la connaissance est attribuée aux juges de paix (art. 102, décret du 16 Février 1921).

Il pourra être saisi de l'action civile en réparation du dommage causé par le fait constitutif de la contravention, suivant les prescriptions des articles 1 à 4 du Code d'instruction criminelle (1).

Voies de recours des jugements

A). — Matières civiles

Les appels des jugements rendus en premier ressort par les juges de paix sont jugés par les tribunaux de 1re instance.

Pour savoir si l'affaire est susceptible d'appel, il faut s'attacher au montant de la demande et non à la qualification que le juge de paix a pu donner à son jugement.

Les formes et délais de l'appel des jugements rendus en premier ressort par les juges de paix indigènes sont ceux déterminés par les articles 114 à 133 inclus de l'arrêté du 16 mars 1910 relatif à la procédure en matière civile indigène devant les tribunaux français de l'Indochine.

Les significations et notifications seront faites par les notables des villages à l'exclusion des huissiers.

Si l'exception d'incompétence a été soulevée devant le juge de paix, le jugement rendu par lui sur cette question est toujours susceptible d'appel, même s'il est intervenu à

---

(1) *Article premier*. — L'action pour l'application des peines n'appartient qu'aux fonctionnaires auxquels elle est confiée par la loi.

L'action en réparation du dommage causé par un crime, par un délit ou par une contravention peut être exercée par tous ceux qui ont souffert de ce dommage.

....

Art. 2. — L'action publique, pour l'application de la peine, s'éteint par la mort du prévenu.

....

l'occasion d'une affaire dont l'intérêt ne dépasse pas le taux du dernier ressort ; mais l'appel ne pourra être interjeté qu'après que le jugement sur le fond aura été rendu.

L'appel est suspensif et dévolutif.

B). — MATIÈRES DE SIMPLE POLICE

Les jugements rendus en matière de simple police pourront être attaqués par la voie de l'appel dans les conditions prévues aux articles 172 à 176 inclusivement et 178 du Code d'instruction criminelle, 52 et 131 du décret du 16 Février 1921. La notification des jugements par défaut sera faite comme en matière civile. Les dossiers seront établis et transmis de la même manière. L'appelant n'aura aucune amende à consigner ou à payer, à moins qu'il ne soit partie civile.

Des pourvois pourront être formés devant la chambre d'annulation contre les jugements rendus en dernier ressort par les juges de paix indigènes en matière civile et de simple police et contre les jugements rendus par les tribunaux de 1re instance sur appel des jugements des juges de paix indigènes en matière civile indigène, dans les conditions et suivant les formes prévues par les articles 17 et suivants du décret du 19 Mai 1919, 131 et 172 du décret du 16 Février 1921 et par le décret du 17 Juin 1921.

Le jugement des pourvois en annulation est réglé par le titre I du décret du 25 Juin 1879 et l'article 28 du décret du 17 Mai 1895 complété par décret du 23 Décembre 1906.

EXÉCUTION DES JUGEMENTS DE SIMPLE POLICE

Dès que le jugement portant condamnation sera devenu définitif soit qu'il émane du juge de paix, soit qu'il ait été rendu par le tribunal d'appel, le greffier en adressera un extrait à l'administrateur chef de la province du domicile du condamné, lequel poursuivra le recouvrement de l'amende et des frais, suivant le mode employé pour le recouvrement des amendes administratives, et recourra, au besoin, à la contrainte par corps.

Les amendes seront appliquées au profit de la commune où la contravention a été commise.

Un extrait du jugement portant condamnation à l'emprisonnement sera, de la même façon, délivré à l'administrateur chef de la province, qui sera chargé de veiller à l'exécution des peines d'emprisonnement. Les condamnés pourront être, soit dans l'intérieur de la prison provinciale, soit même en dehors, employés à des travaux ordinaires d'intérêt provincial.

En Annam. — La justice indigène en Annam est actuellement — et à quelque chose près — ce qu'elle était avant l'institution du Protectorat. Elle est rendue, à la base, soit par les autorités communales et cantonales et, en cas d'appel, par les tri-huyen, tri-châu et tri-phu, soit par des tribunaux composés de plusieurs mandarins, mais au sein desquels l'*án sát* ou *quan án* a la prépondérance.

Ces juges statuent suivant l'équité et conformément à la législation indigène encore actuellement en vigueur.

D'une manière générale, ils jugent en premier et dernier ressort les affaires de simple police, les affaires civiles, commerciales, correctionnelles et même criminelles.

Toutefois, les décisions emportant peine grave — telle que la condamnation à mort et les peines de travaux forcés — ne sont exécutoires qu'après révision du Ministère annamite de la justice, qui, sans constituer une juridiction d'appel, peut suspendre l'exécution ou même réformer le jugement intervenu.

Bien entendu, ces diverses juridictions sont incompétentes toutes les fois qu'un français, un européen, un protégé français ou asiatique étranger est partie au procès.

Les châtiments corporels — autres que la peine du rotin — prévus par l'ancienne législation indigène, sont formellement supprimés ; leur application est rigoureusement interdite soit comme moyen d'instruction soit comme pénalité.

Au Tonkin. — Hors des territoires des villes de Hanoi et de Haiphong, la justice indigène est administrée comme suit entre sujets annamites non justiciables des tribunaux français, en vertu des ordonnances royales des 2 Juillet 1920, 16 Juin et 23 Août 1921, rendues exécutoires par l'arrêté du Gouverneur général du 12 Décembre 1921.

Tribunaux du 1er degré de juridiction. — Dans chaque arrondissement (huyên, phu ou châu) il y a au moins un tribunal du 1er degré, composé d'un juge unique dont la fonction peut être remplie par le chef administratif de l'arrondissement (quan phu, quan huyên, quan châu) cumulativement avec ses fonctions propres.

La connaissance des contraventions de simple police est attribuée aux tribunaux du 1er degré dont les jugements, excepté ceux qui prononcent une peine d'emprisonnement, sont rendus en dernier ressort.

En matière correctionnelle et criminelle, les juges du 1er degré sont chargés de la recherche et de la poursuite de tous les crimes et délits commis par des indigènes dans le ressort de leur juridiction et de l'exécution des ordres des autorités supérieures relativement à tous les actes de police judiciaire en matière indigène.

En matière civile et commerciale, ils peuvent concilier les parties et l'acte de conciliation, signé des intéressés, des autorités locales et du juge, dûment transcrit sur les registres de la juridiction, vaudra acte authentique.

Ils connaissent sans appel jusqu'à la valeur de 30 piastres de toutes actions personnelles et mobilières, des demandes en résiliation de bail et location, des contestations relatives aux dommages faits aux champs et aux récoltes.

Ils doivent tenir au moins deux audiences publiques par semaine, et même tenir des audiences foraines dans des centres éloignés du chef-lieu.

Tribunaux du 2e degré de juridiction. — (*Modifié par ordonnance royale du 7 Juin 1923*). — Ces tribunaux sont présidés soit par l'administrateur chef de la circonscription ou par son adjoint en qualité de président suppléant, soit par un magistrat du Service judiciaire de l'Indochine détaché pour remplir cette fonction.

Il comprend, en outre, soit un juge appartenant au corps des mandarins judiciaires, soit le plus haut fonctionnaire indigène de la province (ou à son défaut, un juge suppléant désigné par le Gouverneur général sur la proposition du Résident supérieur).

Le président a voix prépondérante.

Dans les provinces les plus importantes, il sera adjoint au président du tribunal un juge appartenant au corps des mandarins judiciaires ou, à défaut, un fonctionnaire de l'administration indigène ayant au moins le grade de *Quan-án*, qui remplira, sous la direction du président, les fonctions de juge d'instruction ou de juge-enquêteur en matière civile.

Ce juge ne pourra, en aucun cas et sous aucun prétexte, participer aux délibérations du tribunal.

Les tribunaux provinciaux connaissent :

En premier et dernier ressort :

1° Des actions civiles et commerciales excédant 30 piastres et inférieures à 100 piastres.

2° Des actions immobilières dans lesquelles la valeur des fonds ou de l'immeuble ne dépasse pas 30 piastres.

3° Des appels des jugements du 1er degré en matière de contravention.

En premier ressort :

1° De toutes les actions civiles et commerciales excédant 100 piastres et des actions immobilières excédant 30 piastres.

2° Des actions dont la valeur est indéterminée.

3° Des actions quelle qu'en soit la valeur qui auront donné lieu à des jugements sur la compétence ou sur une question de culte.

4° Des actions intéressant l'état d'identité des personnes.

5° Des délits et des crimes.

TRIBUNAL DU 3e DEGRÉ DE JURIDICTION. — La juridiction spéciale d'appel siégeant à Hanoi est constituée par la 2e Chambre de la Cour d'Appel de cette ville, présidée par le président de Chambre avec l'assistance de deux mandarins annamites désignés par le gouvernement annamite au choix du Gouverneur général.

Elle connaît :

1° Des appels des jugements rendus en premier ressort par les tribunaux du 2e degré.

2° Des demandes en annulation formées contre les jugements des tribunaux des 1er et 2e degrés rendus en dernier ressort.

3° Des demandes en révision.

Devant la juridiction du 3e degré, les parties et les accusés pourront, en toutes matières, produire tous mémoires utiles et se faire assister par un avocat-défenseur.

Les arrêts pourront être déférés à la Cour de cassation, pour excès de pouvoir, dans les conditions prévues par la loi métropolitaine et notamment par la loi du 27 ventôse an VIII.

Au Cambodge. — Conformément aux dispositions de l'ordonnance royale du 14 Septembre 1922, la justice indigène au Cambodge est réorganisée de la manière suivante :

Elle est rendue, au nom du roi, par des justices de paix (Sala Lahouh) ; des tribunaux de 1re instance (Sala Dambaung) (dans les provinces) et Sala Lukhun (à Pnompenh) ; une juridiction d'appel (Sala Outor) ; une juridiction criminelle (Sala Okret) et une juridiction d'annulation (Sala Vinichhay.)

Les magistrats composant ces divers tribunaux ne peuvent valablement accomplir aucun acte juridictionnel ou d'instruction, sans être assistés d'un greffier.

Les jugements rendus sous réserve d'appel peuvent être portés devant la juridiction d'appel ; ceux rendus sans appel peuvent être portés devant la juridiction d'annulation.

Justices de Paix. — Il y a, en principe, une justice de paix par srok, à la tête de laquelle est placé soit un magistrat spécialement désigné, soit le fonctionnaire de l'ordre administratif chargé de l'administration du territoire (srok — ou même khand). Ce magistrat est toujours assisté d'un greffier.

En matière civile, il concilie les parties et juge sans appel les litiges dont le montant n'excède pas 100 piastres et, sous réserve d'appel, les litiges dont le montant est indéterminé ou supérieur à 100 piastres.

En matière pénale, la compétence de la justice de paix est limitée aux affaires de simple police — sans appel, si le jugement ne comporte qu'une condamnation à l'amende, sous réserve d'appel, si la peine de l'emprisonnement est prononcée.

En dehors de ses pouvoirs juridictionnels, le juge de paix est officier de police judiciaire. Il peut être également chargé, par d'autres juridictions, d'enquêtes ou perquisitions.

TRIBUNAUX DE 1re INSTANCE. — Il doit y avoir un tribunal de 1re instance par khet. Son ressort se confond avec les limites de la division administrative.

En matière civile, ces tribunaux jugent sans appel les litiges dont le montant est inférieur à 100 piastres et sous réserve d'appel les litiges d'une valeur indéterminée ou supérieure à 100 piastres (compétence exactement la même que celle des justices de paix).

En matière pénale, les tribunaux jugent sans appel les contraventions de simple police et, sous réserve d'appel, les infractions correctionnelles.

Ils sont tribunaux d'appel pour les jugements rendus par les justices de paix en simple police quand la condamnation prononcée comporte une peine d'emprisonnement.

Le tribunal de 1re instance est composé d'un président et d'un greffier — complété suivant l'importance et le nombre des affaires, — d'un ou plusieurs juges, chargés de l'instruction.

JURIDICTION D'APPEL. — Le siège de la juridiction d'appel est à Pnompenh. Sa compétence territoriale s'étend à tout le royaune

En matière civile, elle connaît des appels formés contre les jugements rendus sous réserve d'appel par les tribunaux de 1re instance et les justices de paix.

En matière pénale, elle connaît des appels formés contre les jugements rendus correctionnellement par les tribunaux de 1re instance.

Ses décisions ne peuvent être, en toutes matières, attaquées que par la voie du recours en annulation.

La juridiction d'appel est constituée par trois magistrats et un greffier.

JURIDICTION CRIMINELLE. — Le siège de la juridiction criminelle est à Pnompenh; mais, exceptionnellement, elle pourra être réunie au chef-lieu d'une circonscription résidentielle.

Elle connaît des infractions punies des peines criminelles. Ses décisions sont sans appel : elles ne peuvent être attaquées que par la voie du recours en annulation.

Elle siège tous les 3 mois et est constituée par 3 magistrats de la juridiction d'appel, dont un président et deux assesseurs, assistés d'un greffier.

Les assesseurs sont choisis parmi les Cambodgiens notables, lettrés, âgés de 40 ans révolus, n'exerçant aucune fonction publique, ayant l'exercice de tous les droits civils, civiques et politiques, et jouissant de l'estime et de la considération publiques.

Juridiction d'annulation. — Le siège de la juridiction d'annulation est également à Pnompenh.

En matière civile, elle connaît des pourvois formés contre :

1° Les jugements rendus sans appel par les tribunaux de 1re instance et les justices de paix ;

2° Les arrêts rendus par la juridiction d'appel.

En matière pénale, elle connaît des pourvois formés contre :

1° Les jugements rendus sans appel en matière de simple police par les justices de paix et les tribunaux de 1re instance ;

2° Les arrêts rendus en matière correctionnelle par la juridiction d'appel ;

3° Les décisions de la juridiction criminelle.

Elle statue en droit et non en fait.

Lorsqu'elle admet le pourvoi, elle annule la décision judiciaire entreprise. Elle peut alors renvoyer l'affaire ou la juger.

La juridiction d'annulation est constituée par trois magistrats, dont un président, et un greffier.

Contrôle du Protectorat sur la justice cambodgienne (1)

Les traités et conventions intervenus entre la France et le Cambodge ont admis que la justice au Cambodge continuera

(1) La notice relative à ce contrôle est extraite de l'ouvrage de M. Silvestre, *Le Cambodge administratif*.

à être rendue, à l'égard des sujets cambodgiens, au nom du Roi du Cambodge ; mais ils reconnaissent au Protectorat français un droit de contrôle sur tous les services de l'administration indigène sans excepter la justice. En fait et jusqu'à ces dernières années, ce contrôle du Protectorat n'avait pas encore été organisé d'une façon suffisamment stricte pour offrir toutes les garanties indispensables. Le Protectorat avait bien institué, en 1915, un emploi d'administrateur-délégué auprès du Ministre de la Justice pour lui servir de guide à l'occasion des affaires qui arrivent jusqu'aux tribunaux de la capitale ; mais il est apparu que cet organe de contrôle était insuffisant et ne permettait pas de suivre l'ensemble des affaires judiciaires du royaume. Le Protectorat a donc profité de la réorganisation judiciaire, qui vient d'être étudiée, pour obtenir de Sa Majesté, dans le corps même de l'ordonnance royale du 14 Septembre 1922, une délégation spéciale accordée au gouvernement français pour organiser ce contrôle sur des bases plus solides et de telle sorte qu'il puisse s'exercer, non seulement sur les tribunaux de la capitale, mais sur toutes les juridictions du royaume. Cette réglementation particulière a fait l'objet d'un arrêté du Résident supérieur en date du 19 Septembre 1922 approuvé par le Gouverneur général le 3 Octobre suivant.

Ce contrôle s'exerce par les résidents sur les justices de paix et les tribunaux de première instance ; par le délégué au Ministère de la Justice sur le tribunal de Pnompenh et la Cour d'appel ; par un conseiller juriste sur la Cour criminelle et la juridiction d'annulation. Ce sont ces divers fonctionnaires qui doivent, d'une façon permanente, suivre les affaires soumises aux tribunaux cambodgiens et veiller à l'application de la loi. Autrement dit, tandis qu'antérieurement, les magistrats n'étaient soumis, pour ainsi dire, à aucun contrôle, ils sont placés, depuis la réorganisation, sous une surveillance analogue à celle excercée sur les fonctionnaires de l'ordre administratif.

Contrôle des résidents. — Les résidents peuvent exiger des autorités judiciaires la communication des procédures en cours devant les juridictions érigées sur leur territoire, prendre connaissance des plaintes, des informations, des enquêtes, des expertises, des procédures criminelles à l'instruction, etc... Ils peuvent également, quand une infraction pénale parvient à leur connaissance, requérir l'ouverture d'une information ou exiger qu'il soit procédé aux mesures d'instruction qu'ils estiment opportunes pour la manifestation de la vérité.

Après chaque audience, les juges de paix et présidents de Sala Dambaung doivent adresser au Résident un état des affaires enrôlées en indiquant la date d'entrée de l'affaire, le nom des parties, la nature du procès et la solution donnée à l'affaire.

Lorsque le résident estime qu'une procédure est entachée d'erreurs ou d'illégalités, soit dans la conduite de l'affaire, soit dans le jugement, il la signale, aux fins d'appel ou de pourvoi en cassation, au ministère de la Justice par l'intermédiaire de l'administrateur-délégué. Ils doivent enfin, d'une façon permanente, exercer leur contrôle sur tout le personnel judiciaire de la circonscription, vérifier la tenue des greffes, des prisons etc... et noter chaque année tout le personnel attaché aux tribunaux.

Contrôle de l'administrateur-délégué à la Justice. — L'administrateur-délégué exerce, vis-à-vis du tribunal de 1re instance de Pnompenh (Sala Lukhun) et de la juridiction d'appel (Sala Outor), les mêmes attributions de contrôle conférées aux résidents à l'égard des Sala Dambaung et Sala Lahouh de leur circonscription.

Mais, de plus, l'ensemble du personnel judiciaire est placé sous son contrôle. D'accord avec le Ministre, l'administrateur-délégué veille au maintien de l'ordre et de la discipline, présente les projets d'ordonnances ou d'arrêtés ministériels portant nominations et mutations des magistrats ou des greffiers. Il note les membres du personnel judiciaire indigène en service dans les justices de paix, les tribunaux de 1re instance et de la juridiction d'appel. Il fait partie des commissions d'examen et de classement des fonctionnaires de l'ordre judiciaire.

Il centralise les propositions de grâce ou de réduction de peines concernant les condamnés des juridictions indigènes en vue de leur examen par la commission des grâces et soumet au Résident supérieur, avant transmission au Gouverneur général, les décisions comportant application de la peine capitale.

Son rôle implique particulièrement l'examen des dossiers d'affaires qui sont l'objet d'un pourvoi en appel. En général, tous les jugements rendus en 1re instance lui sont communiqués aux fins d'appel dans l'intérêt de la loi, par le Ministre de la Justice Enfin, il s'assure de la régularité des procédures criminelles qui lui sont transmises avant envoi à la chambre d'accusation.

Contrôle du conseiller juriste. — Les fonctions de conseiller juriste sont exercées au Cambodge par un magistrat français ayant le grade de conseiller à la Cour d'appel, mis hors cadres auprès du Protectorat pour apporter le concours de ses connaissances juridiques au Résident supérieur et au gouvernement cambodgien.

Il est chargé d'étudier et de préparer, d'accord avec le Résident supérieur, les textes législatifs ou réglementaires qui doivent être soumis au Conseil des Ministres et à la signature royale, de signaler les modifications qu'il serait utile d'apporter à la législation cambodgienne, de constater les lacunes de cette même législation, et, particulièrement, de diriger les travaux de révision des codes.

Il exerce un haut contrôle sur le fonctionnement de la justice dans l'ensemble du Cambodge et peut être chargé de tournées d'inspection et d'enquête dans les circonscriptions.

Il examine les dossiers des affaires qui sont l'objet d'un pourvoi en annulation ou en révision, réunit les documents juridiques nécessaires pour éclairer les juges et rédige des conclusions écrites, dans lesquelles il expose son avis sur l'affaire. Les arrêts rendus en dernier ressort par les juridictions inférieures doivent lui être communiqués pour lui permettre de signaler au Ministre de la Justice la nécessité de déférer à la juridiction d'annulation ceux de ces jugements où il constate une violation ou une fausse interprétation de la loi.

Il assure la régularité des débats devant le Sala-Okret· Après chaque session, il adresse au Résident supérieur un rapport lui rendant compte de la façon dont a fonctionné la juridiction criminelle en signalant les décisions qu'il serait opportun de frapper d'un pourvoi en annulation.

Il participe, avec voix consultative, aux délibérations de la juridiction d'annulation et, d'accord avec le président du Sala-Vinichhay, veille à la stricte application de la loi et à sa fidèle interprétation. Il concourt enfin au maintien de l'unité de jurisprudence.

Chaque année, le conseiller juriste rend compte au Résident supérieur de la marche générale du Service judiciaire en signalant ceux des magistrats dont il a eu l'occasion d'apprécier la valeur professionnelle ainsi que ceux dont, au contraire, il a constaté l'incapacité ou l'insuffisance. Il note les magistrats en service à la juridiction d'annulation et à la juridiction d'appel. Il préside les commissions d'examen ou de concours créés en vue de l'admission aux divers emplois judiciaires ; enfin, il préside la commission de classement pour l'avancement des fonctionnaires du Service judiciaire.

Le Protectorat s'est préoccupé aussi de fournir aux magistrats des documents dont ils peuvent s'inspirer pour leur formation juridique et pour les jugements qu'ils sont appelés à rendre. C'est dans ce but que le conseiller juriste est chargé de veiller à la conservation et au classement des arrêts rendus par la juridiction d'annulation, de façon à permettre dans l'avenir la publication d'un recueil dans lequel seront insérés les arrêts les plus importants, accompagnés de commentaires et d'explications, de même que les jugements des tribunaux inférieurs les plus remarquables qui auront mérité d'être donnés en modèles aux autres magistrats. (Silvestre, *Le Cambodge administratif*).

Au Laos. — Les dispositions relatives à la Justice indigène au Laos ont été modifiées par l'arrêté du Gouverneur général en date du 20 Novembre 1922 promulguant les codes dont l'ensemble forme un corps de législation à l'usage des juridictions indigènes de ce pays.

Elles comprennent :

1° Des tribunaux du 1er degré ;
2° Des tribunaux du 2e degré ;
3° Un tribunal supérieur d'appel et d'annulation.

Tribunaux du 1er degré. — Ces tribunaux composés d'un juge-président assisté de deux assesseurs et d'un greffier, tous indigènes, jugent, en premier ressort, en matière civile et commerciale lorsque l'objet du litige ne dépasse pas 50 piastres — en premier ressort seulement dans le cas contraire.

En matière pénale, ils sont juges de droit commun pour toutes les contraventions — mais ne jugent qu'en premier ressort seulement quand la peine d'emprisonnement est prononcée.

En matière correctionnelle, ils jugent toujours en premier ressort.

Tribunaux du 2e degré. — Ces tribunaux sont juges d'appel dans toutes les affaires jugées en premier ressort par les tribunaux du 1er degré.

Ils jugent également — mais en premier ressort seulement et en vertu d'un privilège de juridiction — en toutes matières, les causes où sont parties le roi de Luang-Prabang, les hauts dignitaires du royaume et certains fonctionnaires.

Ils sont constitués par l'administrateur chef de la province, *président* — et en cas d'empêchement par l'adjoint — assisté d'un assesseur indigène choisi parmi les Chaomuong ou les Oupahat en exercice dans la province, et d'un greffier.

Les tribunaux du 2e degré, spécialement constitués à cet effet, sont seuls compétents, en premier ressort, pour tous les faits qualifiés crimes. Dans ce cas, ils sont assistés d'un 2e assesseur indigène, à ce, spécialement désigné chaque année par le Résident supérieur.

Tribunal supérieur d'appel et d'annulation. — Ce tribunal est constitué :

1° Par un haut magistrat des Parquets généraux ou des Cours d'Appel de l'Indochine détaché au Laos, *président ;*

2° Par l'administrateur, directeur des Bureaux de la Résidence supérieure au Laos, *1er assesseur ;*

3° Par un haut fonctionnaire Laotien, *2e assesseur ;*

4° Par le chef du 2e bureau de la Résidence supérieure faisant fonctions de *greffier.*

Il connaît en cause d'appel tous les jugements rendus en premier ressort par les tribunaux du 2e degré et en cause d'annulation tous les jugements rendus en dernier ressort soit par les tribunaux du 1er degré, soit par ceux du 2e degré.

Ses décisions en toutes matières ne sont susceptibles d'aucun recours. Il juge sur pièces, néanmoins il lui est loisible d'entendre les parties ; il peut également ordonner toute mesure ou supplément d'instruction qui lui paraissent utiles.

A Kouang-tchéou-wan. — Le fonctionnement de la justice en matière indigène y a été réorganisé par l'arrêté du 5 Mars 1925.

Tout d'abord, les « Kong-koks » et les délégués chefs de poste, dans l'étendue de leurs circonscriptions respectives, règlent en conciliation, à la demande écrite des parties, les affaires de toute nature qui leur sont adressées.

Juridiction du 1er degré. — La justice est rendue au 1er degré par un juge chinois nommé dans les conditions qui seront indiquées ci-après :

Ce juge connaît en dernier ressort de toutes actions personnelles et mobilières jusqu'à la valeur de 100 piastres en principal et des actions immobilières jusqu'à 25 piastres de revenu annuel.

Toutes actions indéterminées ou excédant la valeur spécifiée ci-dessus sont jugées en premier ressort par le juge chinois du 1er degré.

Les appels sont portés devant le tribunal mixte dont il est question ci-après.

En matière de police, le juge du 1er degré connaît de toutes les contraventions ou délits entraînant la peine de l'amende et autres peines admises par les lois et coutumes locales ; mais il ne peut condamner à la prison.

Tribunal mixte. — Il est institué à Ford-Bayard un tribunal mixte composé d'un fonctionnaire appartenant au personnel en service sur le territoire, *président*, et de deux juges assesseurs indigènes pris parmi les notables les plus compétents.

Le tribunal mixte peut procéder à toutes mesures d'instruction à l'assistance d'un seul juge assesseur.

Le président, les assesseurs et le greffier du tribunal mixte sont désignés par l'Administrateur en chef du territoire.

Le tribunal mixte connaît de toutes les contraventions de police passibles d'emprisonnement et des infractions correctionnelles ou criminelles commises par les indigènes.

Il juge en appel les causes civiles dont a connu en premier ressort le juge du 1er degré.

Le ressort du tribunal mixte comprend le territoire entier de Kouang-tchéou-wan.

Commission de revision.—Tout jugement du tribunal mixte ne peut être exécuté qu'après avoir été approuvé par la commission siégeant au chef-lieu du territoire et composée de l'Administrateur en chef, *président*, du juge de paix à compétence étendue, de l'administrateur-adjoint de Tché-kam et de deux juges chinois, *membres*.

Cette commission peut, pour tous motifs de fait ou de droit, déclarer nul et non avenu ou réformer tout jugement du tribunal mixte soumis à son examen.

Dans ce cas, sa décision est substituée de plein droit au jugement ainsi annulé ou réformé.

La commission statue sur pièces ; elle entend les parties si elle le juge nécessaire ; mais ces dernières ne sont pas admises à se faire représenter devant elle.

Elle prescrit, s'il y a lieu, telles mesures d'information ou tels suppléments d'instruction qu'elle juge utiles.

Les décisions qu'elle rend sont définitives et exécutoires à la requête de l'Administrateur en chef du territoire de Kouang-tchéou-wan.

Tout jugement du tribunal mixte comportant condamnation à la peine capitale ne peut être exécuté qu'après l'exercice du droit de faire grâce appartenant au Président de la République.

Les deux juges chinois assesseurs de la commission de revision, les deux juges chinois assesseurs du tribunal mixte et le juge chinois du premier degré sont choisis par l'Administrateur en chef du territoire sur une liste de dix personnes notables élues tous les trois ans par les dix conseillers consultatifs et les vingt-quatre kong-koks.

Ils sont nommés par l'Administrateur en chef pour une période de trois ans et indéfiniment rééligibles.

Les juges chinois peuvent être révoqués par décision motivée de l'Administrateur en chef pour manquement aux devoirs de leur profession.

Les juridictions énumérées ci-dessus jugent suivant les lois, coutumes et règlements locaux.

Le fonctionnement de la justice indigène dans le territoire de Kouang-tchéou-wan est contrôlé par le Directeur de l'Administration judiciaire.

CHAPITRE IV

Services Militaires et Maritimes

I. — Services Militaires

Les Services militaires de l'Indochine sont sous les ordres directs d'un Général de division, qui prend le titre de Commandant supérieur des troupes du Groupe de l'Indochine.

Le Commandant supérieur a sous ses ordres immédiats un Général de division commandant la division d'Annam-Tonkin et un Général de brigade commandant la subdivision militaire territoriale de la Cochinchine et du Cambodge.

La division d'Annam-Tonkin comprend les 1ère et 2e brigades commandées chacune par un Général.

Ces deux brigades sont composées comme suit :

La 1ère : 1° d'un régiment d'infanterie coloniale ;
2° de deux régiments de tirailleurs tonkinois.

La 2e : 1° de deux régiments de tirailleurs tonkinois ;
2° de deux bataillons de la Légion étrangère.

La division d'Annam-Tonkin est, en outre, pourvue d'une direction et d'un régiment d'artillerie, d'une compagnie mixte d'ouvriers, d'une compagnie indigène de génie, d'une escadrille aéronautique.

La subdivision de Cochinchine-Cambodge qui forme la 3e brigade, également commandée par un Général, comprend :

1° Un régiment d'infanterie coloniale ;
2° Un régiment de tirailleurs annamites ;
3° Une direction et un régiment d'artillerie :
4° Un bataillon de tirailleurs cambodgiens ;
5° Une escadrille aéronautique.

La direction du Service de l'Intendance est confiée à un Intendant militaire qui prend le titre de Directeur du Service de l'Intendance des troupes du groupe de l'Indochine. Il a sous ses ordres deux sous-intendants chargés : le premier, de l'Annam-Tonkin ; le deuxième, de la Cochinchine-Cambodge.

Les attributions du Service de l'Intendance sont nombreuses et s'étendent à tout ce qui touche à l'administration des troupes : mobilisation, solde, revues, pensions, successions, vivres et fourrages, habillement, campement, éclairage, marchés, affaires domaniales, comptabilité-matières, etc...

Enfin le Service de Santé militaire de l'Indochine est dirigé par un Médecin-Inspecteur ayant un droit de contrôle et de haute surveillance sur tous les médecins, pharmaciens, infirmiers, ainsi que sur les hôpitaux, infirmeries et ambulances de l'Indochine.

Recrutement des Français — Les tableaux de recensement doivent être préparés, publiés et affichés, conformément aux dispositions des articles 10 et suivants de la Loi du 1er Avril 1923 sur l'organisation de l'Armée.

....

Art. 10. — Chaque année, pour la formation de la classe, les tableaux de recensement des jeunes gens ayant atteint ou devant atteindre l'âge de dix-neuf ans révolus au cours de l'année et domiciliés dans l'une des communes du canton, sont dressés par les maires dans les formes fixées à l'article 28 pour les listes de recrutement :

1° Sur la déclaration à laquelle sont tenus les jeunes gens, leurs parents ou leurs tuteurs ;

2° D'office, d'après les registres de l'état-civil et tous autres documents et renseignements.

Sont portés sur ces tableaux les jeunes gens qui sont Français en vertu du Code civil et des lois sur la nationalité.

Ces tableaux mentionnent la profession de chacun des jeunes gens inscrits.

Ils sont publiés et affichés dans chaque commune (1)

---

(1) En matière de recrutement français en Indochine sont assimilés:

1° *A des communes* : Les villes de Saigon, Hanoi, Haiphong, Cholon, Pnompenh et les provinces, résidences, territoires militaires et commissariats des divers pays de l'Union.

suivant les formes prescrites par les articles 63 et 64 du Code civil. Cette publication doit avoir lieu au plus tard le 1er Juin.

Dans le mois qui suit la publication des tableaux de recensement et jusqu'au 1er Juillet au plus tard, tout inscrit (à défaut, suppléé par un de ses parents ou une personne qualifiée) qui aurait à faire valoir des infirmités ou maladies pouvant le rendre impropre au service militaire, doit en faire la déclaration à la mairie de sa commune, en y joignant, pour constituer son dossier sanitaire, tous les certificats utiles. Il lui en est délivré récépissé.

Art. 11 — Les classes sont incorporées par moitié dans l'année suivant celle du recensement, savoir :

1° Au mois de Mai, les jeunes gens nés avant le 1er Juin de l'année de naissance du contingent ;

2° Au mois de Novembre, les jeunes gens nés à partir du 1er Juin de cette même année.

Art. 12. — Sont portés sur les tableaux de recensement de la classe dont la formation suit l'époque de leur majorité les jeunes gens qui, en vertu du Code civil et des lois sur la nationalité, sont Français, sauf faculté de répudier la nationalité française au cours de leur vingt-deuxième année, lorsqu'il n'aura pas été renoncé en leur nom, et pendant leur minorité, à l'exercice de cette faculté.

Toutefois, les jeunes gens visés au précédent alinéa qui, à partir de l'âge de dix-huit ans, déclarent avoir l'intention

---

Par suite, les fonctions assignées aux maires en matière de recrutement en France, sont dévolues aux maires ou administrateurs-maires et aux chefs de province, commandants de territoires et commissaires du Gouvernement.

2° *A des cantons :* Des groupes des villes et provinces fixés, dans chaque pays par l'autorité administrative, après entente avec l'autorité militaire territoriale.

3° *A des départements :* La Cochinchine, le Tonkin, l'Annam, le Cambodge, le Laos et le territoire de Kouang-tchéou-wan.

Par suite, les Chefs de ces pays exercent les attributions dévolues aux préfets. Toutefois, en ce qui concerne le Laos et Kouang-tchéou-wan, les affaires pourront être, le cas échéant, soumises au Conseil départemental séant à Hanoi.

de réclamer la nationalité française, sont portés sur les tableaux de recensement de leur classe d'âge.

Sont également portés sur les tableaux de recensement de leur classe d'âge les jeunes gens sans famille qui ont été recueillis et élevés dans des familles ou dans des écoles françaises depuis plus de huit ans et qui ont déclaré, à partir de l'âge de dix-huit ans, avoir l'intention de réclamer la nationalité française.

Art. 13. — Les individus devenus Français par voie de naturalisation, réintégration ou déclaration faite conformément aux lois ou à la suite d'un jugement, sont portés sur les tableaux de recensement de la 1re classe formée après leur changement de nationalité.

Les individus inscrits sur les tableaux de recensement en vertu du présent article ou de l'article précédent sont incorporés en même temps que la classe avec laquelle ils ont pris part aux opérations de recrutement. Ils sont tenus d'accomplir le même temps de service actif sans que, toutefois, cette obligation ait pour effet de les maintenir sous les drapeaux, en dehors des cas prévus aux articles 15, 40 et 45, au delà de leur trentième année révolue ; ils suivent ensuite le sort de leur classe d'âge.

Néanmoins, les individus Français ou devenus Français, qui ont servi, soit dans la légion étrangère, soit pendant la guerre de 1914-1919 dans les armées des puissances alliées ou associées, bénéficient d'une réduction de service actif égale au temps de service ainsi accompli par eux.

Ils suivent dans les réserves le sort de la classe à laquelle ils devraient appartenir d'après leur âge.

. . . .

Les jeunes gens résidant soit en Algérie, soit aux colonies, soit dans les pays de Protectorat, sont inscrits sur les tableaux de recensement du lieu de leur résidence.

Sur la justification de cette inscription, ils sont, dans ce cas, rayés des tableaux de recensement, où ils auraient pu être portés en France, par application des dispositions du présent article.

. . . .

Art. 16. — Si dans les tableaux de recensement des années précédentes, des jeunes gens ont été omis, ils sont inscrits sur les tableaux de recensement de la classe qui est appelée, à la découverte de l'omission, à moins qu'ils n'aient 49 ans accomplis à l'époque de la clôture des tableaux, et soumis à toutes les obligations qu'ils auraient eu à accomplir s'ils avaient été inscrits en temps utile.

Toutefois, ils sont libérés à titre définitif avec leur classe d'âge.

En temps de guerre, les omis, aussitôt qu'ils ont été découverts, sont ajoutés sur les tableaux de recensement de la dernière classe recensée, examinés, et, s'ils sont aptes, immédiatement incorporés.

....

Jeunes gens a inscrire sur les tableaux de recensement. — On doit inscrire sur les tableaux de recensement non pas les jeunes gens nés dans la circonscription, mais ceux qui y résident actuellement ou dont les parents y sont domiciliés. Ces tableaux comprendront les jeunes gens français de naissance âgés de dix-neuf ans révolus, les omis des classes antérieures, les individus devenus français par voie de naturalisation, réintégration ou déclaration.

....

Afin d'éviter que des jeunes gens soient inscrits dans deux cantons à la fois, les maires du lieu du domicile légal donnent avis de l'inscription, selon le cas :

1° Au maire de la commune où est né l'intéressé ;

2° Au maire de la commune où l'intéressé aurait eu précédemment sa résidence ou son domicile ;

3° Au maire de la commune où les parents auraient eu leur dernier domicile.

Comme on l'a vu plus haut, l'inscription sur les tableaux de recensement doit être faite sur la déclaration de l'intéressé, mais encore *d'office* d'après les registres de l'état-civil ou *tous autres documents et renseignements*.

Il appartient donc aux administrateurs et aux maires de rechercher les jeunes gens qui, ayant la qualité de Français, ont atteint l'âge de dix-neuf ans révolus ; et ceux qui, nés en France ou dans les Colonies françaises, seraient *omis* des classes précédentes.

Si dans les tableaux de recensement des années précédentes, des jeunes gens ont été omis, ils sont inscrits sur les tableaux de recensement de la classe qui est appelée après la découverte de l'omission, à moins qu'ils n'aient atteint *quarante-neuf ans* (1) à l'époque de la clôture des tableaux, et sont soumis à toutes les obligations qu'ils auraient eu à accomplir, s'ils avaient été inscrits en temps utile.

Le Conseil de revision statue sur les réclamations présentées, ainsi que sur les causes d'exemption au point de vue des aptitudes physiques.

Il y a lieu également de rechercher les sujets français venus en Indochine et provenant des diverses colonies françaises dans lesquelles ils ont été inscrits sur les tableaux de recensement, puis examinés par les conseils de revision opérant pour ces colonies, mais où ils n'ont pu accomplir leur service militaire par suite du manque de troupes françaises.

Ces derniers, lorsqu'ils viennent se fixer en Indochine, sont tenus, s'ils n'ont pas l'âge de trente ans, d'y accomplir leur service militaire ; ils sont incorporés dès leur arrivée dans la Colonie sur la présentation de leur livret individuel faisant connaître s'ils ont été déclarés bons pour le service armé ou auxiliaire (1).

Mais si, sciemment, ils ont attendu, depuis leur arrivée dans la Colonie, qu'ils aient atteint l'âge de trente ans, ou bien s'ils n'ont pu être retrouvés qu'après avoir atteint cet âge, ils rentrent dans la catégorie des *omis non excusés* et susceptibles, *jusqu'à l'âge de quarante-neuf ans*, d'être incorporés dans un corps français de la Colonie.

Recrutement des militaires indigènes. — Le recrutement des militaires indigènes est réglementé par le décret du 8 Avril 1923 qui fixe les principes généraux suivant lesquels il doit s'exécuter, laissant au Gouverneur général toute initiative pour en régler les modalités par arrêtés, en tenant compte des circonstances locales et, en particulier, des con-

(1) Article 16 de la loi du 1er Avril 1923.

ditions politiques et sociales des diverses races indochinoises.

Nous allons donc noter les dispositions générales du décret du 8 Avril 1923. Nous examinerons ensuite les conditions particulières du recrutement indigène au Tonkin et en Annam, en Cochinchine, dans le Haut-Tonkin et Laos et au Cambodge.

Dispositions Générales

Le recrutement des indigènes en Indochine s'opère par voie d'appels, d'engagements volontaires et de rengagements.

La durée du service actif des appelés est de quatre ans. Sur la propo ition du Général Commandant supérieur, le Gouverneur général fixe chaque année le contingent à appeler et sa répartition entre les divers pays de l'Union. Pour chacun de ces pays, il règle, par arrêté, le mode d'exécution du recrutement.

Dispositions particulières

1° **Au Tonkin et en Annam.** — Les conditions particulières du recrutement des militaires indigènes de race annamite, au Tonkin et en Annam, ont été fixées par l'arrêté du 4 Octobre 1923. Il s'opère :

1° Par appels, suivant la coutume annamite ;

2° Par engagements volontaires et par rengagements.

Les opérations de recrutement par voie d'appels ont lieu une fois par an, en principe, à partir du 1er Octobre.

Le contingent assigné à chaque commune est prélevé parmi les jeunes gens inscrits sur les listes des villages âgés de 22 ans au moins et de 28 ans au plus (âge annamite), de bonnes vie et mœurs qui ne sont pas soutiens de famille et qui présentent l'aptitude physique nécessaire. Les jeunes gens sont présentés à la commission en commençant par les moins âgés.

Les engagements et rengagements sont réglementés par le décret du 8 Avril 1923, titre III, chapitres I et II et par les articles 22 à 28 inclus de l'arrêté du 4 Octobre 1923.

2° **En Cochinchine**. — Les conditions particulières du recrutement des militaires indigènes en Cochinchine ont été fixées par l'arrêté du 23 Octobre 1923, modifié par celui du 30 Septembre 1924.

Il s'opère :

1° Par voie d'appels après désignation par le sort ;

2° Subsidiairement, par engagements et rengagements dans les conditions fixées par le décret du 8 Avril 1923 et par l'arrêté susvisé du 23 Octobre 1923.

Il y a lieu de souligner ici que c'est en Cochinchine seulement que se pratique ce mode de recrutement par voie de tirage au sort; les opérations en ont lieu au chef-lieu de chaque province et au besoin dans certains centres déterminés par l'administrateur, chef de province, en présence de l'administrateur ou de son délégué et des notables intéressés. Il est procédé à un tirage particulier pour chacune des communes ou groupement de communes.

Y participent tous les jeunes gens inscrits dans la commune et qui ont atteint l'âge de 22 ans avant le 1er Janvier de l'année de l'appel.

Sont dispensés du service militaire les jeunes gens appartenant aux catégories ci-après désignées :

1° Le chef de famille chargé du culte des ancêtres directs ou fils aîné par ordre de primogéniture, lorsque le chef de famille justifie, par la production d'un acte de naissance ou de notoriété, qu'il est septuagénaire, ou qu'il établit, au moyen d'un certificat médical délivré sur la réquisition de l'Administration, qu'il est atteint d'infirmités l'empêchant d'assurer le culte.

2° A titre de soutien indispensable de famille :

Le père de cinq enfants vivants au moment du tirage au sort ou de quatre enfants en cas de veuvage ;

Le frère aîné d'orphelins de père et mère ;

Le fils aîné d'une veuve ;

Le fils aîné d'un septuagénaire ;

Le fils aîné d'un inscrit justifiant dans les formes relatées, à l'alinéa précédent, de l'invalidité de son père;

Le fils aîné illégitime, seul soutien de sa mère, à condition toutefois que la reconnaissance par la mère soit antérieure de quatre années au moins au 1er Janvier de l'année de tirage au sort :

Sont également applicables aux dispensés, comme soutiens de famille, les dispositions insérées à l'alinéa précédent visant le droit éventuel de dispense du frère cadet ou du fils adoptif.

3° Le plus âgé de deux frères appelés à faire partie du même tirage au sort et désignés tous deux par le sort, si le plus jeune est reconnu propre au service;

4° Celui dont un frère sera au service comme appelé, engagé ou rengagé;

5° Celui dont un frère sera mort en activité de service ou aura été réformé ou admis à la retraite pour blessures reçues en service commandé ou infirmités contractées dans le service.

Ces deux derniers cas de dispense ne peuvent être invoqués que par l'un des deux frères.

6° Les jeunes gens possesseurs des diplômes ci-après, sous les réserves indiquées ci-dessous:

Diplômes de licencié ès-lettres, de licencié ès-sciences, de licencié et docteur en droit, de docteur en médecine. de pharmacien de première classe, diplômes délivrés aux élèves externes par l'école des Ponts et Chaussées, l'école supérieure des Mines, l'école des Mines de Saint-Etienne. l'école des Haras, l'Institut national agronomique, les écoles supérieures de commerce reconnues par l'Etat, l'école nationale des Beaux-Arts et l'école nationale des Arts décoratifs, à condition que les titulaires fassent partie de l'un des services de la Colonie et s'engagent à y servir pendant dix ans.

Sont également dispensés du service militaire :

Primo: Les instituteurs et professeurs en exercice pourvus des diplômes suivants :

a) Baccalauréat de l'enseignement secondaire métropolitain ;

b) Brevet de capacité, correspondant aux différentes séries de baccalauréat de l'enseignement secondaire local;

c) Diplôme de fin d'études supérieures ;

d) Diplôme de l'école de pédagogie;

e) Brevet supérieur;

f) Brevet élémentaire;

g) Brevet de l'enseignement primaire supérieur;

h) Diplôme de fin d'études complémentaires;

i) Brevet délivré par les écoles professionnelles de plein exercice de la colonie;

j) Certificat d'aptitude à l'enseignement du dessin et des arts indigènes, délivré par les écoles d'Art de Giadinh, Bienhoa, Thudaumot, à condition que les titulaires s'engagent à accomplir effectivement dix ans de service dans l'enseignement général ou professionnel.

Secundo : Les moniteurs en exercice pourvus du certificat d'études primaires, à condition de s'engager à servir pendant dix ans dans l'enseignement public en Indochine.

Tertio : Les infirmiers-vaccinateurs, diplômés de l'école pratique d'infirmiers de Cochinchine, en exercice, à condition qu'ils prennent l'engagement de servir dans le service de l'Assistance pendant une période de dix ans.

Quarto : Les fonctionnaires des divers services de la Colonie pourvus d'un diplôme des écoles supérieures de Hanôi, à condition qu'ils prennent l'engagement de servir l'Administration pendant dix ans.

Les listes des jeunes gens susceptibles d'être dispensés doivent être soumises aux chefs de province par les notables, en principe, au mois de Février. Ces listes ne sont définitivement arrêtées qu'après vérification par l'administrateur chef de province et son approbation après avis du conseil de province. A Saigon et dans la ville de Cholon, les demandes de dispense accompagnées des pièces nécessaires sont adressées aux maires (1).

(1) Les désignations ainsi faites par les conseils de notables doivent être, conformément aux prescriptions de l'art. 8 du décret du 28 Août 1908, « contrôlées et approuvées par l'administrateur, après

3° **Au Haut-Tonkin et au Laos.** — L'arrêté du 4 Décembre 1923 fixe les conditions particulières dans lesquelles s'opère dans le Haut-Tonkin et au Laos le recrutement des indigènes parmi les populations autres que la population annamite.

Les chinois et nungs du 1er territoire militaire ne sont pas soumis au recrutement par appels.

Les montagnards des 2e, 3e, 4e et 5e territoires militaires ne se recrutent que par engagements volontaires de 3 ans et par rengagements, à l'exclusion de tout recrutement par appels.

4° **Au Cambodge.** — Les conditions particulières du recrutement des militaires indigènes au Cambodge sont déterminées par l'arrêté du 14 Mai 1924.

Les tirailleurs cambodgiens sont recrutés en principe par voie d'engagements et de rengagements et éventuellement par voie d'appels.

Lorsqu'il y a lieu de procéder à un appel des recrues, le Gouverneur général, sur la proposition du Général Commandant supérieur, fixe leur nombre et le notifie à l'Administration du Protectorat 3 mois avant la date fixée pour l'incorporation.

La désignation des khands et la répartition des recrues sont faites conformément aux prescriptions de l'ordonnance royale du 7 Mars 1921.

Les engagements et rengagements sont acceptés dans les conditions du décret du 8 Avril 1923 et sous réserve des dispositions spéciales prévues à l'ordonnance royale du 7 Mars 1924.

---

avis du conseil de province ». Les administrateurs doivent vérifier et arrêter les listes des dispensés et celles concernant les insuffisants au point de vue physique, statuer sur les réclamations qui pourraient se produire et aviser les intéressés assez à temps pour que le contingent à présenter aux commissions de recrutement soit rendu en temps utile aux chefs-lieux de province. *(Circ. Gouv. Coch. 21 Juin 1909).*

Garde Indigène de l'Indochine

(Décret du 30 Juin 1915 et Arrêtés des 3 Septembre 1915 et 20 Juin 1921).

La Garde indigène de l'Indochine est une force de police relevant de l'autorité du Gouverneur général et des Chefs d'Administration locale, et placée sous les ordres directs des administrateurs chefs de province, en vue d'assurer la police intérieure, les escortes et convois, la garde des bâtiments administratifs européens et indigènes, la garde des prisonniers et la police des voies de communication.

Les fonctionnaires français de la Garde indigène peuvent, en outre, être appelés à prêter leur concours pour l'exécution des divers services publics dans la circonscription administrative où ils sont affectés.

La Garde indigène se compose d'un personnel européen et d'un personnel indigène.

Les cadres du personnel européen sont fixés par un arrêté du Gouverneur général.

Les effectifs du personnel indigène sont déterminés, chaque année, par le Gouverneur général en Conseil de Gouvernement de l'Indochine.

Les crédits nécessaires à l'entretien de la Garde indigène sont inscrits aux divers budgets locaux de l'Indochine.

Le personnel européen de la Garde indigène comprend :

Des inspecteurs principaux ;
Des inspecteurs de 1re, 2e et 3e classes ;
Des sous-inspecteurs de 1re, 2e et 3e classes ;
Des gardes principaux de 1re, 2e et 3e cl. et stagiaires.

Le personnel indigène comprend :

Des adjudants (pho quan) :
Des sergents de 1re et de 2e classes (doi) ;
Des caporaux de 1re et de 2e classes (cai) ;
Des gardes de 1re et de 2e classes (bêp et linh).

La Garde indigène est répartie en brigades à raison d'une brigade par province. Les brigades sont à effectifs variables suivant les nécessités du service et l'importance des provinces

La répartition entre les provinces des effectifs fixés, pour chacun des pays de l'Indochine, par le Gouverneur général, est faite par les Chefs d'Administration locale.

Le cadre européen normal d'une brigade est composé comme suit :

Un inspecteur, *commandant* ;

Des inspecteurs en sous ordre et un garde principal comptable, si l'importance de la brigade le comporte ;

Des gardes principaux à raison d'un garde principal par 55 hommes environ.

Le commandement des brigades est attribué, autant que possible, aux inspecteurs de 1re ou de 2e classe.

Chaque fraction de 55 hommes est, en principe, ainsi composée :

Sergents indigènes	2
Caporaux indigènes	4
Gardes indigènes de 1re classe	12
Gardes indigènes de 2e classe	37

Chaque brigade compte, en outre, un ou deux adjudants indigènes suivant son importance.

En cas de mobilisation, les brigades de Garde indigène peuvent se compléter par l'appel des réserves formées des anciens gardes en résidence dans le territoire de la province, et organisées par un arrêté du Gouverneur général.

En temps de paix, et sauf l'éventualité de mise à la disposition de l'autorité militaire, le personnel, tant européen qu'indigène de la Garde indigène, ne relève que de la juridiction civile.

Personnel européen

Les gardes principaux de 3e classe de la Garde indigène sont recrutés :

1o Pour la moitié des vacances : parmi les sous-officiers rengagés classés pour l'obtention d'un emploi civil (lois des 21 Mars 1905 et 7 Août 1913 sur le recrutement de l'armée, tableau E) et règlements d'administration publique des 26 Août 1909 et 7 Février 1914).

2° Pour l'autre moitié : parmi les anciens sous-officiers français des armées de terre et de mer en possession du brevet d'aptitude à l'emploi de chef de section et choisis, de préférence, parmi ceux qui peuvent justifier de la connaissance d'une des langues parlées en Indochine ou parmi ceux pourvus du grade d'officier de complément.

Les avancements en classe des gardes principaux sont faits dans la proportion de trois quarts au choix et de un quart à l'ancienneté. Les nominations des gardes principaux de 1re classe à l'emploi d'inspecteur de 3e classe, les avancements en classe des inspecteurs et les nominations des inspecteurs a l'emploi d'inspecteur principal sont faits exclusivement au choix.

Personnel indigène

Les gardes indigènes sont recrutés autant que possible sur place par les administrateurs, chefs de province, soit par voie d'appels suivant les coutumes locales, soit par engagements volontaires, soit par rengagements contractés pour une période de 1 an, au minimum.

Dans aucun cas, la proportion des rengagés dans chaque brigade ne peut être supérieure à 50 °/₀ de l'effectif réglementaire.

Il est établi dans chaque brigade un tableau annuel d'avancement du personnel indigène arrêté par l'administrateur, chef de province, après avis du commandant de brigade. Les nominations sont faites d'après ce tableau, sauf pour le grade d'adjudant, par l'administrateur, chef de province.

Les adjudants sont nommés par les Chefs d'Administration locale sur la proposition des administrateurs, chefs de province.

Passage de la Garde indigène sous le commandement de l'autorité militaire

La Garde indigène de l'Indochine est mise, en totalité ou en partie, à la disposition de l'autorité militaire dans les circonstances suivantes :

a) En cas de guerre ou de tension politique, dès la mobilisation des troupes régulières ou même avant cette mobilisation, en exécution de l'article 19 de la loi du 7 Juillet 1900 et de l'article 8 de la loi du 21 Mars 1905.

b) En cas de proclamation de l'état de siège faite en vertu de la loi du 9 Août 1849, de la loi du 3 Avril 1878, du décret du 21 Janvier 1888, de l'article 4 du décret du 11 Décembre 1895 et des articles 155 et 155bis du décret du 7 Octobre 1909 sur le service dans les places de guerre et les villes ouvertes rendus applicables aux colonies par le décret du 2 Août 1912.

c) En cas de troubles, de mouvements insurrectionnels ou de poursuites de malfaiteurs organisés en bandes armées, par décision du Gouverneur général, ou, s'il y a urgence et provisoirement, par l'autorité requérant les troupes.

La Garde indigène passe toujours en entier sous les ordres de l'autorité militaire :

1° En cas de mobilisation (exception faite dans ce cas pour la partie strictement indispensable pour assurer la police intérieure) ;

2° Pendant toute la durée de l'état de siège, lorsque ce dernier s'applique à toute l'étendue du territoire de l'Indochine.

Quand l'état de siège n'est que partiel, la partie de la Garde indigène stationnée sur le territoire où l'état de siège est déclaré passe sous le commandement de l'autorité militaire.

La Garde indigène ne peut, sauf le cas où le concours de l'armée régulière ne pourrait être obtenu en temps utile, être employée seule pour des opérations de police dont le but dépasserait la répression d'actes de brigandages isolés ; pour ces opérations, il sera fait appel aux troupes régulières par voie de réquisition ainsi qu'il est procédé lorsqu'il s'agit de poursuivre des groupements armés et organisés ; les fractions de Garde indigène coopérant avec ces troupes seront mises à la disposition de l'autorité militaire dans les conditions spécifiées ci-dessus.

Lorsque des forces de police coopéreront avec des troupes régulières, le commandement de l'ensemble des forces sera toujours confié à l'autorité militaire.

Le commandement d'une troupe mixte composée de troupes régulières et de Garde indigène est exercé conformément aux règles de commandement fixées par le décret du 2 Décembre 1913 sur le service des armées en campagne.

Le commandement de cette troupe mixte sera toujours confié à un officier de l'armée active, dont le grade devra être au moins égal à celui dont le commandant du détachement de Garde indigène a la correspondance ou l'assimilation dans les conditions déterminées ci-après.

Le commandant des troupes régulières appelées à intervenir recevra, par les soins de l'autorité provinciale, tous les renseignements de nature à lui faciliter l'accomplissement de sa tâche.

Le Gouverneur général prononce le retour, sous les ordres de l'autorité civile, des unités de la Garde indigène détachées dans les diverses éventualités énumérées ci-dessus, lorsqu'après avoir pris l'avis du Commandant supérieur des troupes, il juge, en dernier ressort, que ce retrait peut être effectué.

La mobilisation et la mise en activité des unités de la Garde indigène passant sous le commandement de l'autorité militaire sont opérées par les soins des administrateurs chefs de province, ou des maires, sous les ordres desquels elles se trouvent placées, d'après les indications données d'avance par le Commandant supérieur des troupes, qui détermine les lieux de formations de ces unités et donne aux chefs de chacune d'elles se mobilisant séparément, une consigne pour le cas de guerre, le cas de siège et le cas de troubles.

La répartition, en brigades et postes, des forces de police en temps de paix comprenant les contrôles nominatifs du personnel européen et numériques du personnel indigène est portée à la connaissance du Commandant supérieur des troupes par les Chefs d'Administration locale.

Dans les postes et places où résident des forces de police à côté des troupes régulières, la consigne d'alarme peut prévoir le concours des forces de police à la défense du poste ou de la place, sous l'autorité du commandant d'armes.

Une entente interviendra, s'il y a lieu, à ce sujet, entre le commandant d'armes et l'administrateur chef de province ou le maire (ou leur représentant).

A compter du jour où il est mis à la disposition de l'autorité militaire, le personnel de la Garde indigène fait partie intégrante de l'armée : les lois et règlements qui la régissent lui sont applicables ; il est justiciable des tribunaux militaires ; il a les mêmes obligations, les mêmes droits, honneurs et récompenses que le personnel de l'armée auquel il est assimilé ou dont il a la correspondance de grade ; il ne cesse pas toutefois d'avoir droit, dans cette situation, après avis de l'autorité militaire dont il dépend, aux distinctions spéciales qui peuvent être attribuées à la Garde indigène par les règlements locaux. Il a la même solde et les mêmes prestations, allocations et indemnités que le personnel de l'armée active auquel il est assimilé ou dont il a la correspondance de grade, sous la réserve qu'il ne pourra toucher moins que lorsqu'il est sous les ordres de l'autorité civile; la solde et les diverses prestations, allocations et indemnités continuent d'ailleurs à être payées sur les fonds des budgets de la colonie.

Au point de vue des pensions pour infirmités et blessures et des pensions de veuve, les fonctionnaires de la Garde indigène, les gradés du cadre indigène et les gardes jouissent de tous les droits attribués aux militaires auxquels ils sont assimilés dans l'armée active ou dont ils ont la correspondance de grade, sans toutefois que la pension ainsi déterminée puisse être inférieure à celle qu'ils auraient obtenue si cette pension avait été liquidée d'après les tarifs spéciaux de la Garde indigène ; ces pensions continuent d'ailleurs à être payées par la colonie dans les conditions fixées par un arrêté du Gouverneur général.

A partir du moment où le personnel de la Garde indigène passe sous les ordres de l'autorité militaire, aucune démission donnée par un agent de ce personnel ne peut être acceptée qu'après le consentement du Commandant supérieur des troupes.

Lorsque des fractions de la Garde indigène sont placées sous les ordres de l'autorité militaire, cette autorité a toute initiative quant aux conditions de commandement ou d'emploi de ces forces sous réserve de l'observation des règles de commandement mentionnées ci-dessus Elle les organise et en règle l'encadrement suivant les nécessités du service.

Les emplois dans les unités de la Garde indigène peuvent, pour des raisons de service, être occupés par des officiers ou des gradés de l'armée coloniale pendant le temps où la Garde indigène sera mise sous les ordres de l'autorité militaire. Les nominations à ces emplois seront faites par le Commandant supérieur des troupes qui pourra, à cet égard, déléguer tout ou partie de ses pouvoirs aux Généraux ou Officiers supérieurs sous ses ordres.

Ce personnel militaire sera placé hors cadres ; il aura, au point de vue solde, prestations, allocations, indemnités, le même traitement que le personnel de la Garde indigène dont il occupe momentanément l'emploi, lorsque ce traitement sera supérieur à celui qu'il avait dans les troupes coloniales.

Les correspondances de grade du personnel de l'armée ou du personnel de la Garde indigène, quand ce dernier se trouve placé sous le commandement de l'autorité militaire, sont les suivantes :

Personnel français :

Inspecteur principal........	*Capitaine de réserve.*
Inspecteur de 1re cl. pourvu ou non du grade de lieutenant de réserve........	*Lieutenant de réserve.*
Inspecteur de 2e classe.....	*Sous-lieutenant de réserve.*
— 3e classe.....	id
Garde principal de 1re classe.	*Adjudant de réserve.*
— 2e classe.	*Sergent-major de réserve.*
— 3e classe.	*Sergent de réserve.*

Personnel indigène

Adjudant..................	*Adjudant indigène de réserve.*
Sergent de 1re et 2e classe.	*Sergent indigène de réserve.*
Caporal de 1re et 2e classe.	*Caporal indigène de réserve.*
Garde de 1re classe.........	*Soldat indigène de réserve.*
Garde de 2e classe.........	id.

Les inspecteurs où gardes principaux pourvus, dans la réserve ou dans l'armée territoriale, d'un grade supérieur, à celui que leur confère la correspondance précédente auront l'assimilation de ce grade. Les mutations nécessaires seront ordonnées pour éviter de les placer sous les ordres d'inspecteurs ou de gardes principaux assimilés à un grade militaire inférieur.

Toutefois, ceux d'entre eux qui demanderont expressément à servir dans un corps de troupes régulières pourront être pourvus d'un emploi de leur grade dans lesdits corps et dans la limite des vacances.

Pour bénéficier des dispositions particulières ci-dessus les concernant, les inspecteurs ou gardes principaux, pourvus dans la réserve ou l'armée territoriale, d'un grade supérieur à celui que confère la correspondance devront, dans tous les cas, qu'ils servent dans la Garde indigène ou dans l'armée régulière, revêtir l'uniforme d'officier de réserve ou de territoriale.

Les demandes du personnel de la Garde indigène en vue de servir dans les troupes régulières, en cas de mobilisation, doivent être faites dès le temps de paix.

Le journal de mobilisation de chaque province approuvé par le Général, Commandant supérieur des troupes, doit prévoir en détail toutes les mesures à prendre pour organiser les brigades en vue de leur passage sous l'autorité militaire, ainsi que pour les doter des animaux et du matériel de toute nature qui leur sont indispensables pour prendre part à des opérations actives. Il prévoira également le concours de la Garde indigène à la préparation et à l'exécution de la mobilisation des troupes régulières.

La mobilisation de la Garde indigène entraîne des opérations qui sont communes à toutes les brigades et l'exécution de consignes fixées à l'avance particulièrement à chacune d'elles.

En temps de guerre, les chefs de province et les maires continueront à assurer la police intérieure dans les conditions précédemment fixées et avec les éléments de Garde indigène qui y sont spécialement affectés. Ils doivent informer les commandants territoriaux de tous les événements intéressant l'emploi de ces forces de police et la sécurité intérieure.

Lorsque le personnel de la Garde indigène est mis à la disposition de l'autorité militaire, il conserve son uniforme avec ses insignes de grade et de classe, sauf l'exception prévue ci-dessus.

L'habillement, l'équipement, le campement, l'armement, les munitions soit en service, soit en réserve et, d'une manière générale, tous les approvisionnements destinés à la Garde indigène sont conservés par l'Administration civile; l'Administration militaire pourvoit à ce renouvellement à charge de remboursement par le budget local intéressé, quand il lui est demandé par les Services civils.

Indépendamment des circonstances de guerre, de siège, de troubles ou d'alarmes, visées précédemment, dans lesquelles la Garde indigène doit ou peut être mise à la disposition de l'autorité militaire, des fractions militairement constituées de la Garde indigène peuvent être placées sous les ordres de l'autorité militaire, par décision du Gouverneur général, après avis du Chef d'Administration locale, sur la proposition du Commandant supérieur des troupes, en vue de prendre part à des manœuvres ou aux branle-bas de combat des places de guerre.

Garde civile locale de Cochinchine

La Garde civile locale de Cochinchine, réorganisée par l'arrêté du Gouverneur général du 15 Mai 1917, constitue un corps de police unique pour cette Colonie.

Les gardes civils sont chargés d'assurer, sous les ordres directs des administrateurs, chefs de province, la police intérieure, la répression des troubles, la recherche des malfaiteurs, les escortes et la garde des prisonniers.

Ils résident au chef-lieu de chaque province et ne peuvent être distraits de leur service de garde et de police, sous aucun prétexte ; ils peuvent être détachés dans les postes de l'intérieur.

La Garde civile locale ne doit, en aucun cas et sous aucun prétexte, s'immiscer dans la police communale dont les notables conservent seuls la direction et la responsabilité.

Les relations des chefs des postes détachés dans l'intérieur de la province avec les autorités communales devront toujours être nettement déterminées par des instructions écrites du chef de province.

La Garde civile locale qui assure avant tout la police générale, devra cependant prêter main-forte aux autorités communales toutes les fois qu'elle en sera requise

L'armement des gardes civils, *linh* et gradés, en service dans les postes détachés ou affectés à la garde de certains chantiers de prisonniers, sera composé de fusils transformés. Cependant les gradés peuvent être armés du révolver ou du pistolet automatique.

Un militaire de la gendarmerie, placé sous les ordres directs de l'administrateur chef de province, est exclusivement chargé de la Garde civile affectée à la circonscription. Il en est le chef militaire et ne peut être chargé d'aucun autre service.

Le recrutement des *linh* s'opère de préférence parmi les anciens militaires et marins titulaires du certificat de bonne conduite, âgés de 25 ans au plus, et possédant des services antérieurs, leur permettant de prétendre à une pension de retraite à 55 ans d'âge.

Le corps de la Garde civile locale comprend des *quan vê-huy*, des *quan* et des *pho-quan* de 1re et de 2e classe, des *dôi* de 1re et de 2e classe, des *cai* de 1re et de 2e classe, des *bêp* et des *linh*.

Linh-giang et Linh-co

Les *linh-giang* en Annam et les *linh-co* au Tonkin représentent les anciennes troupes provinciales. Ce sont, comme les gardes civils de Cochinchine, des forces de police mises à la disposition des autorités indigènes pour assurer l'ordre tant au chef-lieu que dans les postes établis au siège de chaque phu, huyên, ou châu et commandées par un gradé.

D'une manière générale, le recrutement de ces agents est effectué dans les mêmes conditions que pour les gardes indigènes en Annam-Tonkin, ou pour les gardes civils en Cochinchine.

II. — Services Maritimes

Tous les services de la Marine sont sous la direction d'un Officier supérieur ou Général qui prend le titre de Chef de la Division navale en Indochine, Commandant de la Marine en Indochine :

Ces services comprennent notamment :

I. — Le centre Marine Saigon qui comprend la Direction du Port de guerre et la Caserne des Marins.

II. — La Direction du service de l'Intendance maritime.

III. — Le Service de Santé maritime.

IV. — La Mission hydrographique.

V. — L'Arsenal de Saigon.

I. — *Centre Marine Saigon.* — La Direction du Port assure les mouvements des navires de guerre et prête au commerce local du personnel et du matériel dans les conditions fixées par les règlements.

II. — *Direction du Service de l'Intendance Maritime.* — L'Intendance Maritime à Saigon est chargée du ravitaillement général des bâtiments de guerre et des différents services en Extrême-Orient ainsi que de l'administration des services de la Marine en Indochine.

Elle assure également le paiement des primes de démobilisation au personnel envoyé en France, à son retour dans la Colonie.

III. — *Service de Santé maritime.* — Les divers membres du corps de Santé maritime assurent leur service tant à terre qu'à bord des divers bâtiments faisant partie de l'escadre d'Extrême-Orient.

IV. — *Mission hydrographique.* — La Mission hydrographique poursuit les travaux de levé des côtes et procède progressivement à la réfection des cartes maritimes de l'Indochine.

V. — *Arsenal de Saigon.* — L'Arsenal de la Marine est devenu, depuis le 1er Janvier 1923, l'Arsenal de Saigon dont la gestion financière constitue un budget annexe du budget général.

En dehors des travaux utiles et nécessaires à la Marine l'Arsenal exécute en cession tous les travaux qui lui sont demandés par les Administrations. Il fait aussi des cessions aux particuliers, mais ces derniers travaux ne sont exécutés qu'au vu d'un certificat de la Chambre de Commerce attestant que l'industrie locale n'offre pas les resources suffisantes pour mener à bien l'opération nécessaire. — (*Rapport au Conseil de Gouvernement, 1913*).

Inscrits maritimes

(LOI du 24 Décembre 1896).

Les *gens de mer* ou *inscrits maritimes* sont actuellement régis par la loi du 24 Décembre 1896.

On entend par *gens de mer* ou *inscrits maritimes* tous les Français ou naturalisés Français, dont la profession est la navigation ou la pêche maritime, à la condition que la navigation soit exercée à *titre professionnel,* c'est-à-dire comme moyen d'existence, soit sur la mer, soit dans les ports ou dans les rades, soit sur les étangs ou canaux salés compris dans le domaine public maritime, soit dans les fleuves, rivières et canaux jusqu'au point où remonte la marée et pour ceux où il n'y a pas de marée, jusqu'à l'endroit où les bâtiments peuvent remonter.

Ils sont inscrits (d'où leur nom) et les mouvements de leur navigation sont suivis sur des matricules tenues dans les bureaux de l'Inscription maritime du littoral.

N'est pas considérée comme navigation exercée à titre professionnel :

1° La navigation à bord des bâtiments de plaisance, sauf en ce qui concerne le personnel salarié antérieurement inscrit et affecté à la conduite de ces bâtiments ;

2° La navigation ayant pour objet l'exploitation de propriétés riveraines agricoles ou industrielles, lorsqu'elle ne constitue pas une industrie de transports ;

3° La navigation ayant uniquement pour but l'exploitation de parcelles concédées sur le domaine maritime (parcs, viviers, huitrières, moulières, etc.) ;

4° La navigation de ceux qui, non antérieurement inscrits, ne remplissent pas à bord un emploi relatif à la marche, à la conduite ou à l'entretien du bâtiment.

Classement des Inscrits — Formalités de l'Inscription. — Radiation des matricules.

Les inscrits maritimes sont divisés en trois catégories :

Inscrits provisoires ;
Inscrits définitifs ;
Inscrits hors de service.

Celui qui commence à exercer la navigation dans les conditions prévues ci-dessus doit se présenter devant le chef du service de l'Inscription maritime du port où il s'embarque, muni de son acte de naissance ou de toute pièce en tenant lieu. Il doit, en outre, s'il est mineur, être accompagné de son père ou de son tuteur, ou, à défaut, du juge de paix, et, en leur absence, produire la preuve de leur consentement à son inscription.

Il lui est donné connaissance des articles 4, 5, 11, 14, 15 et 19 de la loi du 24 Décembre 1896. Acte est pris de l'accomplissement de ces formalités sur un registre où l'intéressé et, éventuellement, son père ou tuteur ou le juge de paix, apposent leur signature. Si le père ou tuteur du déclarant mineur est absent, la pièce qui constate son consentement est jointe au registre.

Si le père ou tuteur ne sait signer, il est suppléé à sa signature par celle de deux témoins majeurs.

S'il sait lire et écrire, le déclarant est, après l'accomplissement de ces formalités, immatriculé comme *inscrit provisoire.* Toutefois, si, à l'âge de treize ans, il ne produit pas, soit un certificat d'études primaires, soit une attestation du maire établissant qu'il s'est conformé aux prescriptions de la loi sur l'instruction primaire obligatoire, il est rayé des matricules de l'Inscription maritime.

Celui qui, avant l'âge de treize ans, ne sait pas lire et écrire, ou celui qui, après cet âge, ne présente pas l'une des deux pièces indiquées ci-dessus, ne peut être inscrit ou réinscrit, ni exercer la navigation professionnelle, comme il est dit ci-dessus, avant l'âge de seize ans.

Lorsqu'il est âgé de dix-huit ans et qu'il a accompli, depuis l'âge de dix ans, dix-huit mois de navigation dans l'évaluation desquels est augmenté de moitié le temps passé au long cours, aux grandes pêches ou sur les bâtiments de l'Etat armés, autres que les pontons et les stationnaires, l'inscrit provisoire est immatriculé comme *inscrit définitif*, s'il est porté à nouveau, sur sa demande, au rôle d'équipage d'un navire de commerce français, ou s'il réclame son inscription définitive, en déclarant vouloir continuer la profession de marin.

Dans le second cas, la demande d'inscription définitive doit être faite au chef du service de l'Inscription maritime en France ou aux Colonies, ou à un consul de France à l'étranger. Il en est dressé procès-verbal par le fonctionnaire qui la reçoit.

Ce procès-verbal, qui lie l'intéressé, est signé par lui.

Le temps d'embarquement accompli à titre professionnel par un étranger sur les bâtiments français est compté pour l'inscription définitive de cet étranger devenu Français par naturalisation.

Tout inscrit définitif qui voudra, quel que soit son âge, renoncer à la navigation, sera rayé de l'Inscription maritime un an après le jour où il aura déclaré y renoncer, à la condition qu'il n'ait pas repris l'exercice de la navigation dans l'intervalle. Il ne jouira plus, dès lors, d'aucun des avantages attachés à cette inscription.

Toutefois, si la déclaration de renonciation a pour objet de permettre à un inscrit l'accès d'un corps organisé militairement ou d'un service public, l'autorité maritime décidera si elle doit avoir un effet immédiat.

Pendant l'année d'attente, le renonciataire n'est dispensé ni de la levée ni d'aucune des obligations militaires que comporte son état d'inscrit. Les dispositions pénales et juridictionnelles édictées par la loi de 1896 continuent à lui être applicables.

S'il se trouve au service de l'Etat au moment de l'échéance de l'année d'attente, il doit terminer la période de présence au pavillon à laquelle il était astreint en qualité d'inscrit.

Le délai d'un an d'attente est suspendu pendant le temps de guerre.

Tout individu inscrit, soit à titre provisoire, soit à titre définitif, qui, hors d'un cas de force majeure, restera trois années sans naviguer, sera rayé d'office des matricules de l'Inscription maritime.

La déclaration de renonciation est faite, par l'inscrit libre ou en congé, au chef du service de l'Inscription maritime ou à un consul et, par l'inscrit présent au service, au Conseil d'administration du corps ou équipage dont il fait partie.

Il en est pris acte, dans les bureaux d'Inscription maritime, sur un registre, et, hors de ces bureaux, au moyen d'un procès-verbal dressé par le Consul ou le Conseil d'administration.

Avis de la renonciation est donné au quartier de l'intéressé.

Sont immatriculés comme *inscrits hors de service* les inscrits ayant atteint l'âge de cinquante ans et ceux qui ont été réformés.

Service militaire

Le temps d'assujettissement des inscrits, déterminé par la loi de 1896, est divisé comme suit :

1° La période qui s'écoule depuis l'âge de dix-huit ans jusqu'au jour où commence la période obligatoire ;

2° Une période obligatoire, qui est de sept années à partir du jour, soit du premier envoi au service, soit de l'établissement de la situation de l'inscrit, par suite du fonctionnement de la levée permanente ;

3° Une période de réserve, qui comprend le temps d'assujettissement postérieur à la période obligatoire et pendant laquelle les inscrits ne peuvent être levés qu'en vertu d'un décret du Président de la République.

Etat spécial des inscrits

La profession de marin et l'industrie de la pêche, pratiquées par les inscrits dans les conditions et les limites prévues par la loi de 1896, comme le droit de vendre les produits par eux pêchés ou récoltés, ne comportent à leur charge ni droit de patente ni redevance personnelle d'aucune sorte.

Les inscrits ont droit, sur les fonds de la Caisse des Invalides de la Marine, à des pensions et secours dont la quotité et le mode de concession sont fixés par les actes organiques de cet établissement.

L'inscrit définitif qui n'est pas embarqué sur un navire français doit se tenir en mesure de répondre immédiatement à un ordre personnel ou général d'appel. Son absence du dernier lieu précis de résidence qu'il a signalée à cet effet, soit au chef du service de l'Inscription maritime ou au syndic des gens de mer, s'il se trouve dans la circonscription d'un quartier, soit au commandant de la gendarmerie s'il réside dans l'intérieur, soit enfin au Consul s'il est à l'étranger, ne le met pas à l'abri des pénalités applicables à l'inexécution dudit ordre.

Corps des Marins Indigènes

Le corps des marins indigènes de l'Indochine a été réorganisé par le décret du 31 Mai 1924 qui a fondu en un seul les 2 personnels distincts des marins indigènes d'une part, de Cochinchine, de l'autre, de l'Annam-Tonkin.

Leur recrutement s'opère :

1° Par engagements volontaires ;

2° Par rengagements ;

3° Par voie de conscription dans les provinces maritimes.

La durée des engagements est de 4, 5 ou 6 ans ; exceptionnellement, elle peut être de 3 ou même de 2 ans pour certains indochinois non astreints au service obligatoire.

Pour contracter des engagements, les indigènes doivent remplir les conditions ci-après :

a) Avoir 18 ans au moins et 25 ans au plus (âge français) ;
b) Posséder l'aptitude physique requise pour le service de la flotte ;
c) N'avoir subi aucune condamnation ;
d) Être de bonnes vie et mœurs.

Ces engagements sont reçus dans la forme administrative par les autorités désignées par le Ministre de la Marine.

Les marins indochinois présents sous les drapeaux ainsi que les anciens marins congédiés peuvent être admis à contracter des rengagements de 3 ans et exceptionnellement de 2 ans. Les rengagements sont renouvelables jusqu'à 15 ans de services et exceptionnellement jusqu'à 25 ans de services.

Tout marin indochinois est rayé des cadres à 50 ans d'âge.

Le recrutement des marins indochinois par voie d'appels n'a lieu qu'exceptionnellement. Dans ce cas, le Gouverneur général fixe la répartition du contingent à recruter dans les provinces maritimes et adresse aux administrateurs de ces provinces les ordres nécessaires en vue de l'exécution de ces appels.

Les appelés sont, après un premier examen médical, soumis au choix définitif d'une commission de recrutement militaire à laquelle est adjoint, pour la circonstance, un officier désigné par le Commandant de la Marine en Indochine.

La durée du service des marins indigènes est celle des indochinois appelés dans l'armée de terre. Cette durée est actuellement fixée à 4 ans par le décret du 8 Avril 1923.

Les marins indochinois sont également astreints à un service dans les réserves pendant un temps égal à la différence entre 15 ans et la durée de leur service effectif. — Pendant leur séjour dans les réserves, ils peuvent, sur la proposition du Commandant de la Marine, être appelés sous les drapeaux par simple arrêté du Gouverneur général.

CHAPITRE V

Services relevant du Gouvernement Général

Les services relevant du Gouvernement général sont ceux qui sont placés sous l'autorité directe du Gouverneur général.

Ils comprennent :

1° *Le Cabinet du Gouverneur général ;*
2° *La Direction des Finances ;*
3° *La Direction du Contrôle financier ;* (1)
4° *Le Service de la Justice ;* (1)
5° *Les Services militaires ;* (1)
6° *Les Services maritimes ;* (1)
7° *La Direction de l'Instruction publique ;*
8° *L'École française d'Extrême-Orient ;*
9° *La Direction des Affaires économiques ;*
10° *L'Inspection générale de l'Agriculture, de l'Élevage et des Forêts ;*
11° *Le Service de l'Enregistrement, des Domaines et du Timbre ;*
12° *Le Service des Douanes et Régies ;*
13° *Le Service des Travaux Publics ;*
14° *Le Service des Postes et Télégraphes ;*
15° *Le Service de la Trésorerie générale ;*
16° *Les Services sanitaires et médicaux ;*
17° *Les Services vétérinaires et zootechniques.*

Dispositions générales

Les chefs des services relevant directement du Gouvernement général exercent les attributions qui leur sont respectivement dévolues par les décrets et arrêtés relatifs à l'organisation et au fonctionnement des dits services.

---

(1) Ces 4 services ont fait l'objet d'études particulières aux chapitres II, III et IV.

Ils correspondent directement entre eux pour les questions concernant mutuellement leur service.

Ils préparent la correspondance de leur service soumise à la signature du Gouverneur général et adressée au Gouverneur de la Cochinchine, aux Résidents supérieurs du Tonkin, de l'Annam, du Cambodge et du Laos et à l'Administrateur en Chef de Kouang-tchéou-wan.

Ils dirigent le personnel placé sous leur autorité.

Ils nomment et révoquent, par délégation permanente du Gouverneur général et dans la limite des cadres fixés, les agents indigènes recevant une solde brute mensuelle inférieure ou égale à 60 piastres et les agents temporaires européens dont la solde mensuelle ne dépasse pas 100 piastres, sous réserve des visas prévus par le décret du 22 Mars 1907 et par l'arrêté portant organisation de la Direction des Finances.

Sous la même réserve, ils engagent les dépenses de matériel conformément aux règles générales de la comptabilité publique.

Toutefois, ils peuvent procéder, directement et sans visa préalable, à l'engagement des menues dépenses et de celles qui résultent de conventions verbales ou qui ont pour objet les frais de route et, d'une façon générale, les frais de transport de personnel et de matériel ne nécessitant pas la passation d'un marché spécial.

Ces chefs de service liquident les dépenses de toute nature afférentes à leur service soit directement, soit par leurs délégués.

Le paiement des dépenses, sauf celui des dépenses urgentes énumérées ci-dessous, est effectué soit au moyen de mandats budgétaires, soit à titre d'avances, à régulariser au moyen d'ordres de paiement, délivrés par l'ordonnateur ou par les ordonnateurs secondaires.

Les chefs de service préparent les demandes de fonds qui doivent servir à la répartition des crédits entre les ordonnateurs.

Les dépenses urgentes dont le paiement peut être effectué avant ordonnancement par les fonctionnaires et agents des divers services chargés d'une caisse sont limitées aux catégories suivantes :

1° Solde et accessoires de solde du personnel européen, indigène et subalterne, mais seulement :

a) dans les postes excentriques non desservis par un service régulier de transport ;

b) en cas de mutation ou de départ en congé dans le courant d'un mois, sauf au lieu de résidence de l'ordonnateur ;

2° Salaires des coolies journaliers ;

3° Taxes à témoins ;

4° Location de jonques, barques, sampans, charrettes, voitures, animaux de transport, mais seulement dans les localités où il y a impossibilité d'assurer le service au moyen d'un marché ;

5° Achats de combustibles et matières grasses pour les chaloupes en cours de route, quand l'approvisionnement constitué au départ vient à faire défaut ;

6° Achats de riz et poissons salés pour les équipes chargées de la construction des lignes télégraphiques dans les régions éloignées et pour les équipages des jonques ou chaloupes de surveillance de la Douane ;

7° Petites réparations aux bâtiments, au mobilier, au matériel et aux embarcations du service des Postes et Télégraphes et du service des Douanes et Régies ;

8° Menus achats effectués par les receveurs et chargés de bureaux des Postes et Télégraphes pour la réfection et l'entretien des lignes télégraphiques ;

9° Indemnités aux familles de coolies décédés à la suite de blessures ou de maladies contractées au cours de travaux exécutés pour le compte du budget général et des budgets annexes ;

10° Indemnités aux propriétaires pour pertes d'animaux employés sur les chantiers des mêmes travaux ;

11° Achat du sel fabriqué aux salines, au fur et à mesure de sa fabrication ;

12° Transport, hors marchés, des sels des entrepôts sur les divers magasins d'approvisionnement et de vente.

13° Dépenses diverses pour mise en bouteilles des alcools indigènes et vins de Chine ;

14° Transport, embarquement, débarquement et arrimage des alcools indigènes, alcools parfumés, alcools supérieurs et vins de Chine, lorsque ces alcools et vins sont transportés par voies ferrées ;

15° Dépenses diverses nécessitées par la mise en état et l'entretien des fûts et barriques vides servant au logement des alcools et vins de Chine ;

16° Menues dépenses dont le paiement ne peut être différé.

Les dépenses limitativement énumérées ci-dessus sont régularisées mensuellement, au vu des pièces justificatives, par mandats budgétaires émis par l'ordonnateur ou les ordonnateurs secondaires.

Les chefs des services liquidateurs préparent les états de développement des recettes et des dépenses de leur service.

Ces états, centralisés à la Direction des finances, servent à établir les comptes administratifs arrêtés par le Gouverneur général en Conseil de Gouvernement et approuvés par décrets dans les conditions prévues aux articles 4 et 5 du décret du 20 Octobre 1911, relatif à l'organisation budgétaire de l'Indochine.

Les chefs des services suivants exercent les attributions déterminées par les dispositions ci dessus :

Le Directeur des Finances ;
Le Directeur du Contrôle financier ;
Le Directeur de l'Administration judiciaire ;
L'Inspecteur général des Travaux publics ;
Le Directeur de l'Instruction publique ;
Le Directeur des Affaires économiques ;
L'Inspecteur général de l'Agriculture, de l'Elévage et des Forêts.
Le Directeur des Douanes et Régies ;
Le Trésorier général ;
Le Directeur des Postes et Télégraphes ;
Le Directeur de l'École française d'Extrême-Orient ;
Le Chef du Service géographique.

Ces Chefs de service peuvent déléguer à des fonctionnaires sous leurs ordres la liquidation des crédits employés en Cochinchine, au Cambodge, en Annam et au Laos.

Ces délégués doivent adresser à leur chef de service l'état de leurs besoins pour permettre l'établissement des demandes de fonds.

Cabinet du Gouverneur général. — L'organisation et les attributions du Cabinet et des Services du Gouvernement général ont été fixées en dernier lieu par arrêté du 4 Mai 1921 :

A) Cabinet. — Réception et ouverture de la correspondance et des télégrammes. — Chiffre. — Enregistrement général à l'arrivée et au départ. — Délivrance des ampliations des arrêtés et circulaires. — Centralisation des archives du Gouvernement général et des publications officielles et périodiques. — Préparation du *Journal Officiel*, du *Bulletin Officiel* et de l'Annuaire. — Affaires confidentielles et réservées. — Distinctions honorifiques. — Relations avec la presse. — Souscriptions diverses. — Demandes d'audience. — Réceptions officielles et cérémonies. — Dépenses politiques. — Secours. — Service intérieur.

B) Services : *1° Bureau Militaire.* — Centralisation de toutes les affaires militaires soumises à la signature du Gouverneur général et traitées avec le Général Commandant supérieur des Troupes, le Commandant de la Marine, le Commandant de la Division navale d'Extrême-Orient, l'Intendant des troupes coloniales et le Directeur général de la Santé militaire. — Justice militaire. — Haras, jumenteries, courses de chevaux, etc, etc.

2° Direction des Affaires politiques et de la Sûreté générale. — L'arrêté du 10 février 1922 a créé au Gouvernement général une Direction des Affaires politiques et de la Sûreté générale confiée à un Directeur.

Ce chef de service a, sous son autorité, les 3 bureaux du service des Affaires politiques et du service central de Renseignements et de Sûreté générale.

3° Service du Personnel. — Ce service comprend deux bureaux.

4° *Service de législation et d'administration.* — 2 bureaux :

1° Bureau : Législation générale, Périodiques et Bibliothèque ;

2° Bureau : Législation appliquée.

5° *Service du Contentieux et du Contrôle administratif.* — Ce service comprend également 2 bureaux :

1° Bureau : Contentieux ;

2° Bureau : Contrôle administratif.

Comité consultatif du Contentieux au Gouvernement général. — Un arrêté en date du 4 mai 1921 a réorganisé le Comité consultatif du Contentieux au Gouvernement général. Comme l'indique le rapport de présentation, ce Comité est un conseiller consultant collectif du Gouverneur général, sans attributions propres et n'intervenant que sur la demande expresse du Chef de la Colonie.

L'éventualité du renvoi au Comité consultatif de l'étude de certaines questions n'affecte en rien les attributions des chefs d'administration ou de service.

De même, les attributions du Comité et des tribunaux demeurent nettement séparées, de même qu'aucune confusion ne doit s'établir entre les pouvoirs du Chef supérieur de la Colonie et ceux du Comité dont les avis aideront simplement à trancher des cas douteux.

Ce Comité est ainsi composé :

Le Directeur de l'Administration judiciaire de l'Indochine, *Président ;*

Le chef du service du Contentieux et du Contrôle administratif au Gouvernement général ;

L'avocat du Gouvernement général ;

L'avocat de l'administration des Douanes et Régies ;

Le chef du service du Contentieux à l'Inspection générale des Travaux Publics ;

Le chef du service du Contentieux à la Direction des Douanes et Régies, *Membres.*

Le Comité ne peut être saisi que par le Gouverneur général. Ses séances ne sont pas publiques; les documents relevant de son secrétariat sont considérés comme d'ordre intérieur et strictement confidentiels.

Il donne son avis officieux sur toutes les questions de principe dont il est saisi par le Gouverneur général.

Les décisions du Gouverneur général saisissant le Comité sont notifiées au secrétaire qui les transmet au président. Celui-ci désigne un *membre-rapporteur.*

Le mémoire du rapporteur est remis au secrétariat qui, huit jours au moins avant la date fixée pour la réunion du Comité, en fait distribuer copie à chacun des membres.

Les questions soumises au Comité font l'objet d'une discussion en commun en conférence plénière.

Après clôture des débats, le Comité consultatif, la voix du président étant prépondérante en cas de partage, arrête, à la majorité des voix, la formule de l'avis qui sera donné au Gouverneur général.

Direction des Finances. — La Direction des Finances, créée par décret du 8 Décembre 1906, modifiée par des textes postérieurs, a, dans ses attributions, tout ce qui touche à la comptabilité de l'Indochine ainsi que le contrôle des budgets locaux et municipaux et la direction et la vérification des bureaux de l'Enregistrement, des Domaines, du Timbre, de la Curatelle, etc ..

Ce service a été réorganisé en dernier lieu par l'arrêté du 11 Février 1918.

Attributions du Directeur des Finances (1)

Par délégation permanente et spéciale et sous le contrôle et la responsabilité du Gouverneur général, le Directeur des

(1) Les Directeurs des Finances sont nommés par décret rendu sur la proposition du Ministre des Colonies, après avis du Ministre des Finances.

Ces fonctionnaires sont choisis parmi les Gouverneurs et les Résidents supérieurs, les agents supérieurs de l'Administration centrale des colonies ayant le grade de chef de bureau ou depuis 2 ans au moins, celui de sous-chef de bureau. parmi les administrateurs en chef des colonies, les administrateurs de 1re classe des Services civils de l'Indochine et les chefs de bureau hors classe des secrétariats généraux. ou parmi les inspecteurs des Finances. (Décret du 31 Décembre 1917).

Finances est chargé de la préparation et de l'exécution du budget général, du budget annexe des chemins de fer et des budgets de fonds d'emprunt, et il est seul ordonnateur de ces mêmes budgets.

Dans les mêmes conditions et par application de l'article 7 du décret du 20 Octobre 1911, portant réorganisation financière de l'Indochine, il peut déléguer les crédits de ces mêmes budgets aux ordonnateurs secondaires.

Il centralise et contrôle les opérations concernant le fonds de roulement, le fonds de réserve spécial des chemins de fer et le fonds spécial pour travaux et matériels des chemins de fer.

Il exerce également, par délégation permanente, les pouvoirs du Gouverneur général, en tant qu'ordonnateur secondaire du budget de l'Etat.

Il peut déléguer les crédits de ce budget aux sous-ordonnateurs énumérés dans l'arrêté du 26 Septembre 1913.

En tant qu'ordonnateur, le Directeur des Finances exerce une surveillance et un contrôle permanents sur l'engagement et la liquidation de toutes les dépenses qui sont imputables au budget général et aux budgets annexes du budget général, et qu'il ne peut engager et liquider lui-même.

A cet effet, tous les actes des chefs de service liquidateurs portant engagement d'une dépense, à la seule exception de ceux qui s'appliquent aux dépenses que les dits chefs de service sont autorisés, par l'arrêté du 26 Janvier 1912, à engager directement, doivent être soumis au préalable à l'examen et au visa du Directeur des Finances.

Tous projets d'arrêtés ou de décisions relatifs à l'organisation de services ou de personnel, à des promotions ou à des nominations dans un cadre, seront de même soumis au visa préalable du Directeur des Finances.

Le Directeur des Finances est autorisé à approuver, par délégation du Gouverneur général et sans l'intervention de la Commission permanente du Conseil de Gouvernement, les projets, plans, devis de travaux et fournitures, cahiers des charges, adjudications, marchés, acquisitions amiables de terrains, paiements d'indemnités pour dommages causés à la propriété privée, pour accidents, pertes, vols, lorsque la dépense qui en résulte, imputable au budget général, au budget annexe des chemins de fer ou aux fonds d'emprunt, est inférieure ou égale à 10.000 piastres ou 25.000 fr.

Le Directeur des Finances centralise tous les renseignements relatifs au contrôle des budgets locaux dont il suit la gestion.

Il est chargé de la surveillance des services financiers des municipalités.

Le Directeur des Finances est assisté, dans toutes les parties du service, par un sous-Directeur, à qui il peut déléguer une partie de ses attributions et notamment le mandatement des dépenses et qui remplit par intérim les fonctions de Directeur des Finances en cas d'absence ou d'empêchement du titulaire.

Le sous-Directeur des Finances est plus spécialement chargé de la comptabilité et assure l'exécution des détails du service.

ORGANISATION

La Direction des Finances de l'Indochine comprend un secrétariat dirigé par le sous-Directeur et quatre bureaux qui reçoivent les attributions suivantes :

Secrétariat

Ouverture et répartition entre les bureaux de la correspondance à l'arrivée. Portefeuille à la signature. Enregistrement de tous documents à l'arrivée et au départ. Questions de personnel intéressant la Direction des Finances. Affaires réservées.

1er Bureau

1re Section. — Examen de toutes affaires soumises à la signature du Gouverneur général et susceptibles de répercussion financière sur les finances indochinoises (arrêtés, décisions, lettres, marchés, baux, contrats, etc... Interprétation et application des règlements généraux sur le régime financier des colonies et les marchés tant de fournitures que de travaux. — Préparation du budget général et des budgets annexes.

2e *Section.* — Organisation financière et fiscale de l'Indochine (Impôts, Taxes). — Régime monétaire. — Rapatriement de fonds. — Relations avec la Banque de l'Indochine. — Trésorerie. — Opérations de trésorerie. — Compte frais de négociation et de change.

2e Bureau

Section unique. — Interprétation, application et élaboration, le cas échéant, des règlements généraux sur la solde, les accessoires de solde, les passages, les déplacements, les retraites, pensions et caisses de retraite, comptes d'assistance, secours, subventions, allocations diverses. — Contrôle de la préparation des budgets locaux. Comptes administratifs. — Situation des recettes et des dépenses. — Fonds de réserve et de prévoyance.

3e Bureau

Section unique. — Contrôle des engagements de dépenses et situation des dépenses engagées du budget général. — Liquidation des dépenses imputables sur les crédits directement administrés par la Direction des Finances. — Ordonnancement des dépenses du budget général. — Vérification des états de besoins fournis par les ordonnateurs secondaires. Délégation de crédits aux ordonnateurs secondaires. — Régularisation des transmissions de la Métropole. — Recettes du budget général. — Réintégration de crédits. — Comptes administratifs et rapports trimestriels au Département. — Comptabilité des fonds de réserve et de prévoyance.

4e Bureau

Section unique. — Emprunts. — Budgets annexes des Chemins de fer, des emprunts, de l'Arsenal de Saigon. — Contrôle de ces budgets. — Vérification des états de besoins fournis par les ordonnateurs secondaires. — Délégation de crédits à ces ordonnateurs secondaires. — Réintégations de crédits. — Centralisations et vérification des comptes-matières. — Relevé général de la fortune mobilière et immobilière de l'Indochine. — Contrôle de la préparation des budgets locaux.

— Situation des recettes et des dépenses, — Fonds de réserve et de prévoyance, — Municipalités.

Le sous-directeur des Finances est nommé par le Gouverneur général sur la proposition du directeur des Finances.

Le personnel affecté à la direction des Finances est réparti entre les divers bureaux par le directeur des Finances suivant les besoins du service. Il est choisi soit parmi les fonctionnaires faisant partie de l'Administration centrale des colonies mis à la disposition du Gouverneur général, soit parmi les fonctionnaires appartenant aux cadres coloniaux, généraux ou locaux.

Le service de l'Enregistrement, des Domaines et du Timbre est placé sous la direction et l'autorité du directeur des Finances qui exerce les attributions spéciales dévolues en France au directeur général de l'Enregistrement et qui représente le Domaine colonial.

A cet effet, le directeur des Finances est assisté d'un sous-directeur de l'Enregistrement, des Domaines et du Timbre.

Le sous-directeur assure, sous l'autorité du directeur des Finances, la direction du service de l'Enregistrement, des Domaines, du Timbre, des amendes et condamnations pécuniaires, du service hypothécaire, du service de la curatelle aux biens vacants et des successions du personnel colonial.

Il centralise toutes les opérations financières :

1° Des bureaux de l'Enregistrement de l'Indochine ;

2° Des comptables effectuant des recettes pour le compte du service de l'Enregistrement, des Domaines et du Timbre.

Il dresse, en fin de mois, d'année et d'exercice et remet au directeur des Finances, un bordereau récapitulatif des dites opérations.

Il veille à la régularité de la perception des droits.

Il autorise les restitutions de droits et amendes indûment perçus, lorsque ces restitutions sont inférieures à 400$00.

Il accorde, par délégation permanente, la remise des pénalités inférieures à 200 piastres.

Il exerce son contrôle dans toute l'Indochine sur les bureaux de l'Enregistrement et des Domaines, sur les conservations des hypothèques, les bureaux de la curatelle et les magasins du timbre.

Il a sous sa surveillance directe les fonctionnaires et agents préposés à ces services, propose leurs affectations et mutations, les note chaque année et fait des propositions pour leur avancement.

Il inspecte, en tant que de besoin, les divers bureaux du service.

Nota. — « Les décrets du 20 Octobre 1911 ayant fait reposer l'organisation administrative de l'Indochine sur les « principes de l'autonomie locale et de décentralisation administrative, il parut que c'était se conformer à l'esprit de « ces décrets que d'instituer les Chefs des Administrations « locales ordonnateurs secondaires du Budget général et de « ses annexes. Comme ordonnateurs secondaires du Budget « général, en effet, ces hauts fonctionnaires trouvaient normalement la possibilité de contrôler la nature et l'objet des « dépenses effectuées dans leur circonscription au compte « du budget général. En tout état de cause, d'ailleurs, cette « décentralisation de l'ordonnancement eût été nécessaire, « puisque les faits, se traduisant par des dépenses à la charge « du budget général et de ses annexes, se produisent sur un « grand nombre de points souvent séparés par des distances « considérables, et qu'il ne peut y avoir que des avantages, « au point de vue du contrôle du bon emploi des crédits, à « rapprocher l'ordonnateur du lieu où s'effectuent les dépenses. Enfin, il était indispensable que la Direction des Finances suivit désormais très attentivement les questions « relatives à la circulation monétaire, au change, aux mouvements de fonds entre la Métropole et la Colonie et à la « situation de la Trésorerie.

« Ce sont ces différentes réformes qui ont été réalisées par « les arrêtés du 26 Janvier 1912, complétées par celui du 19 « Novembre de la même année. Aux termes de ces actes, les « Chefs des Administrations locales ont été institués ordonnateurs secondaires du budget général et de ses budgets

« annexes. Les crédits sont délégués trimestriellement au vu « des états de besoins établis pour le trimestre suivant par « les chefs des services liquidateurs ou par leurs délégués, « états qui sont transmis par l'ordonnateur secondaire et « visés par lui. Il va de soi que les ordonnateurs secondaires « ne peuvent engager de dépenses que dans la limite des « crédits qui leur sont délégués. Ces crédits sont administrés « dans les mêmes conditions que les crédits des budgets « locaux, c'est à dire dans les conditions prévues par le « décret du 30 Décembre 1912, sur le régime financier des « Colonies et le décret du 22 Mars 1907, instituant un con- « trôleur financier. Tous les engagements de dépenses sont « soumis au visa de la Direction du Contrôle financier, qui « a un délégué dans chacune des Villes de Saigon, Pnom- « Penh, Hué et Vientiane. De plus, tout acte comportant un « engagement de dépense supérieur à 5.000 piastres ou « 12.500 francs doit être soumis à la signature du Gouver- « neur général et lorsque l'engagement est supérieur à « 8.000 piastres ou 20.000 francs, l'approbation est donnée « par le Gouverneur général en Commission permanente « du Conseil de Gouvernement. Les ordonnateurs secon- « daires doivent en outre soumettre au Gouverneur général « toutes les questions de principe soulevées par l'application « des textes réglementaires et dont la solution est suscep- « tible de faire jurisprudence.

....

....

« En définitive, le contrôle sur les engagements de dépen- « ses est double, puisqu'il est exercé, en ce qui concerne « les crédits délégués, par l'ordonnateur secondaire et par « le délégué du Contrôle financier et, en ce qui concerne « les crédits non délégués, par l'ordonnateur principal et « par le Directeur du Contrôle.

« Il rentre naturellement dans les attributions de la Di- « rection des Finances de préparer et de proposer au Gou- « verneur général les décisions à intervenir pour trancher « les questions de principe et fixer la jurisprudence, qu'il « s'agisse du budget général et de ses annexes ou des bud- « gets locaux. Elle est appelée à préparer les directions que « le Gouverneur général désire donner aux Chefs d'Admi-

« nistrations locales à l'occasion de l'établissement des pro-
« jets de budgets locaux ; elle procède à l'examen de ces
« projets et elle fait part au Gouverneur général des obser-
« vations que cet examen lui a suggérées ; elle suit et con-
« trôle la gestion de ces budgets. Enfin, elle se fait tenir au
« courant du mouvement des fonds et de la situation de la
» Trésorerie et veille attentivement aux répercussions que
« les mouvements du change peuvent avoir sur les finances
« de la Colonie.

« Ainsi la Direction des Finances est devenue, dans le
« domaine de sa compétence, l'organe de doctrine que le
« Gouverneur général désirait qu'elle fût et qui est indis-
« pensable au Chef de la Colonie pour exercer utilement
« la mission de haute direction et de contrôle qu'il a reçue
« de la Métropole ». — *(Extrait du Rapport au Conseil de
« Gouvernement, 1913.)*

Nota. — L'expérience a démontré que cette organisation présentait des inconvénients. Il a semblé préférable de rattacher à la Direction des Finances le bureau de la Résidence supérieure du Tonkin chargé des opérations du budget général ; et, d'autre part, le développement des opérations en Cochinchine rend nécessaire le rétablissement de la délégation de la Direction des Finances à Saigon.

Direction de l'Instruction publique. (*Décret du 2 Mai 1920*). — L'Instruction publique, en Indochine, est administrée, sous l'autorité du Gouverneur général, par un directeur. Le Directeur de l'Instruction publique a pour attributions :

1° De diriger et surveiller l'administration des établissements publics d'enseignement supérieur et d'enseignement secondaire et technique dans les pays de l'Union indochinoise ;

2° D'exercer sur les établissements d'enseignement secondaire libres le contrôle prévu par les lois et règlements ;

3° De contrôler, au point de vue technique et professionnel, les établissements d'enseignement primaire et professionnel publics dans les pays de l'Union indochinoise, ainsi que les écoles françaises entretenues ou subventionnées en Extrême-Orient par le budget de la Colonie ;

4° De proposer toutes les mesures d'ordre général propres à favoriser le dévelopement de l'instruction en Indochine.

Le Directeur de l'Instruction publique propose au Gouverneur général les candidats aux emplois de l'enseignement supérieur, de l'enseignement secondaire, et les candidats métropolitains aux emplois de l'enseignement primaire. Il est consulté sur la nomination des directeurs de l'enseignement primaire. Ces fonctionnaires relèvent de lui au point de vue technique et professionnel. Le Directeur de l'Instruction publique présente le tableau d'avancement des fonctionnaires des trois ordres de l'enseignement. Il présente avec ses propositions motivées, les comptes administratifs et les budgets des établissements d'enseignement supérieur et secondaire. Il préside le Conseil supérieur de l'Instruction publique d'Indochine. Il propose pour les distinctions honorifiques les membres de l'enseignement public ou libre. Il nomme les commissions d'examens autres que celles dont la nomination est réservée aux Chefs d'Administration locale de chaque pays de l'Union indochinoise. Il étudie toutes les questions se rapportant à l'enseignement public et au développement intellectuel de la population. Il présente au Gouverneur général les projets de règlement intéressant le statut du personnel enseignant, les programmes de constructions scolaires et les créations d'écoles intéressant le budget général, les modifications proposées soit au programme d'enseignement, soit à l'organisation des divers services des enseignements supérieur ou secondaire. Il donne son avis sur les projets de budget intéressant l'enseignement primaire dans chaque pays de l'Union indochinoise. Il adresse annuellement, sous couvert du Gouverneur général, au Ministre des Colonies, un rapport sur le fonctionnement du service de l'Instruction publique en Indochine.

Le Directeur de l'Instruction publique veille en outre à la stricte application des règlements qui concernent tant l'enseignement public que l'enseignement privé.

Il examine les titres des candidats français aux emplois de l'Enseignement et donne son avis au sujet de toutes les nominations ou engagements de ces candidats, ainsi que sur les mutations ou mises en congé qui sont à la signature du Chef de la Colonie.

Les mutations prononcées par les Chefs de l'Administration locale lui sont communiquées pour lui permettre d'exercer son contrôle sur l'enseignement primaire.

Il préside le travail des commissions d'avancement du personnel français de l'Enseignement, et, par lui-même ou par son délégué, celui des commissions d'avancement du personnel indigène du second degré,

Il donne son avis sur les projets de budget intéressant l'enseignement du 1er et du 2e degré dans chaque pays de l'Union indochinoise.

Il centralise tous les documents utiles concernant le service de l'Instruction publique tels que : rapports, statistiques, programmes, manuels, en même temps que les vœux émis au sein des diverses assemblées délibérantes ou consultatives sur des sujets intéressant l'Instruction publique.

Il exerce un contrôle direct sur les publications périodiques de caractère scolaire ou pédagogique, paraissant dans la Colonie et assure la publication du bulletin général de l'Instruction publique.

Le Directeur de l'Instruction publique est accrédité en permanence auprès des Chefs d'Administration locale et des chefs des services relevant du Gouverneur général pour l'étude de toutes les questions concernant l'Instruction publique qui nécessitent un échange de vues entre eux et le Gouverneur général. Il siège au Conseil de Gouvernement.

Le Directeur de l'Instruction publique est nommé par arrêté du Gouverneur général. Nul ne peut être nommé directeur, s'il n'est pourvu du grade de docteur (doctorat d'État) et s'il n'a au moins dix ans de services dans l'enseignement public.

Inspecteurs de l'Instruction Publique

Il y a trois postes d'inspecteurs de l'Instruction publique :

1° Un inspecteur adjoint au Directeur de l'Instruction publique ;

2° Un inspecteur pour les Lettres ;
3° Un inspecteur pour les Sciences.

Ces trois fonctionnaires sont placés sous l'autorité immédiate du Directeur.

L'inspecteur adjoint au Directeur de l'Instruction publique est désigné par le Gouverneur général sur la proposition du Directeur de l'Instruction publique et choisi parmi les inspecteurs d'Académie et les professeurs agrégés.

Si l'inspecteur adjoint au Directeur de l'Instruction publique appartient au cadre indochinois, il continue à percevoir sa solde de grade. Il peut toujours être relevé de ses fonctions par le Gouverneur général sur la proposition du Directeur de l'Instruction publique. Il reprend alors son rang normal dans son cadre d'origine. S'il n'appartient pas aux cadres indochinois, sa solde est déterminée au moment de sa nomination.

L'inspecteur adjoint au Directeur de l'Instruction publique perçoit un supplément de fonctions fixé à deux mille piastres.

Les inspecteurs des Lettres et des Sciences sont désignés par le Gouverneur général sur la proposition du Directeur de l'Instruction publique. Ils sont choisis parmi les professeurs de l'enseignement du 2e degré ayant au moins 2 ans de services effectifs dans la Colonie.

Ils continuent à toucher leur solde de grade et perçoivent un supplément de fonctions fixé à mille deux cents piastres par an. Ils peuvent être relevés de leurs fonctions par le Gouverneur général sur la proposition du Directeur de l'Instruction publique. Dans ce cas, ils reprennent leur place dans leur cadre d'origine.

Les inspecteurs de l'Instruction publique secondent le Directeur pour l'accomplissement de toutes les missions dont il est chargé.

Ils inspectent, par délégation du Directeur, tous les établissements du 1er et du 2e degré autres que les écoles normales et les établissements d'enseignement professionnel.

Les inspecteurs de l'Instruction publique ont droit aux indemnités réglementaires de déplacement. Ils sont classés pour les déplacements et passages et pour l'hospitalisation à la 1re catégorie B, du tableau annexé au décret du 3 Juillet 1897 modifié par le décret du 6 Janvier 1904 sur la matière.

L'inspection des écoles normales est assurée par le directeur de l'école supérieure de Pédagogie de l'Indochine.

L'inspection de l'enseignement professionnel et celle de l'enseignement du dessin sont assurées par des directeurs d'écoles techniques ou des professeurs désignés à cet effet par le Gouverneur général sur la proposition du Directeur de l'Instruction publique.

Pendant la durée de leur mission d'inspection, ces fonctionnaires auront droit aux indemnités réglementaires de déplacement. Par mesure transitoire, les inspecteurs de l'enseignement professionnel et du dessin en fonctions avant le décret du 2 Mai 1920. continueront à percevoir l'indemnité pour frais de représentation et de tournées de mille deux cents piastres qui leur était précédemment allouée.

Direction de l'Enseignement supérieur

La direction de l'enseignement supérieur centralise l'administration de tous les établissements dont l'ensemble est appelé à constituer : « L'Université indochinoise ».

Elle a pour mission de préparer la création, d'organiser le régime et d'élaborer les programmes des écoles supérieures qui seront successivement ouvertes en Indochine aux étudiants français et indigènes.

Le directeur de l'enseignement supérieur est nommé par le Gouverneur général ; il est choisi parmi les membres de l'enseignement supérieur de la Colonie ou de la Métropole, pourvus du titre de docteur, ayant accompli quinze années au moins de services dans l'enseignement public.

Le directeur de l'enseignement supérieur a, sous son autorité directe, tout le personnel des écoles supérieures de l'Indochine. Il veille au fonctionnement régulier de ces établissements. Il propose au Gouverneur général les mesures propres à assurer la bonne marche et le développement normal des services placés sous sa direction.

Conseil consultatif de l'Instruction publique

Il est institué auprès du Gouverneur général un Conseil consultatif de l'Instruction publique, pour l'éclairer de ses avis en ce qui concerne le règlement de toutes les questions intéressant le développement de l'Instruction publique en Indochine.

Il est ainsi composé sous la présidence du directeur de l'Instruction publique :

Cinq administrateurs des Services civils représentant chacun une des Administrations locales de la Colonie et désignés par le Gouverneur de la Cochinchine et par les Résidents supérieurs dans les autres pays ;

Le directeur de l'école française d'Extrême-Orient ;

Le proviseur du lycée d'Hanoi ;

Les deux inspecteurs (lettres et sciences) de l'Instruction publique ;

Les inspecteurs des écoles normales, de l'enseignement professionnel et du dessin ;

Six membres de l'enseignement dont 2 appartenant à l'enseignement supérieur ; 2 à l'enseignement du 2e degré ; 2 à l'enseignement du 1er degré ; tous désignés par le Directeur de l'Instruction publique.

Un membre du Conseil colonial de la Cochinchine désigné par cette Assemblée ;

Trois membres français appartenant à l'Agriculture, au Commerce ou à l'Industrie et désignés, un par les Chambres de Commerce et d'Agriculture de la Cochinchine et du Cambodge agissant d'un commun accord, un par la Chambre mixte de Commerce et d'Agriculture de l'Annam, un par les Chambres de Commerce et d'Agriculture du Tonkin, agissant d'un commun accord ;

Les ministres de l'Instruction publique des gouvernements protégés ;

Les membres indigènes du Conseil de Gouvernement ;

Les présidents des Chambres consultatives indigènes du Tonkin et de l'Annam ou leurs délégués, *membres ;*

Un fonctionnaire du secrétariat de la direction de l'Instruction publique, *secrétaire.*

Le Conseil consultatif est convoqué par arrêté du Gouverneur général sur la proposition du directeur de l'Instruction publique qui assure la conservation des archives du conseil et fait préparer par son secrétariat tous les documents qui doivent être soumis à son examen.

Le directeur de l'Instruction publique pourra toujours appeler à prendre part aux travaux du conseil, à titre consultatif, les personnes compétentes dont le concours lui paraîtra utile.

Etablissements d'enseignement supérieur

Les établissements d'enseignement supérieur dénommés « Ecoles supérieures » sont institués par arrêté du Gouverneur général pris sur la proposition du directeur de l'Instruction publique. Chaque école est dirigée par un directeur responsable de la bonne marche des études et des progrès des élèves. Les directeurs sont nommés par le Gouverneur général sur la proposition du Directeur de l'Instruction publique.

Les écoles supérieures reçoivent des élèves boursiers et des auditeurs libres.

A la fin de leurs études, les élèves de chaque école supérieure subissent un examen pour obtenir le « diplôme d'études supérieures » de leur spécialité. Ceux qui le subissent avec succès, reçoivent un diplôme signé par le Gouverneur général et contre-signé par le Directeur de l'Instruction publique.

Les écoles supérieures actuellement ouvertes sont :

L'école de Médecine et de Pharmacie ;
L'école Vétérinaire ;
L'école des Hautes études indochinoises ;
L'école d'Agriculture et de Sylviculture ;
L'école des Travaux publics ;
L'école supérieure de Pédagogie ;
L'école de Commerce d'Hanoi ;
L'école d'Application commerciale de Saigon ;
L'école des sciences appliquées.

Ecole de Médecine et de Pharmacie. — Cette école, dont le fonctionnement et la destination ont été modifiés par l'arrêté du Gouverneur général du 22 Avril 1924, a pour mission de former :

1° Des docteurs en médecine et des pharmaciens dans les conditions du décret du 30 Avril 1923 ;

2° Des médecins et des pharmaciens auxiliaires de l'Assistance médicale ;

3° Des aides médecins militaires ;

4° Des médecins auxiliaires chinois ;

5° Des sages-femmes indigènes.

La durée des études des élèves de la section de médecine est fixée à 4 années. Celle des élèves de la section de pharmacie est fixée à 3 années.

La durée des études de la section des sages-femmes indigènes est fixée à 3 années.

Ecole Vétérinaire. — Elle a pour mission de former des vétérinaires auxiliaires.

La durée des études est fixée à 4 années :

Les élèves diplômés sont nommés vétérinaires stagiaires par arrêté du Gouverneur général sur la proposition du directeur de l'enseignement supérieur et mis ensuite à la disposition des Chefs d'Administration locale.

Ecole des Hautes études indochinoises. — Cette école, qui remplace l'ancienne école de Droit et d'Administration, a pour mission de dispenser un enseignement supérieur juridique, administratif, historique et de culture générale. C'est parmi les étudiants ayant obtenu le diplôme des Hautes études indochinoises que seront recrutés les délégués administratifs et juges de paix en Cochinchine, les mandarins administratifs et judiciaires en Annam, au Tonkin, au Cambodge et au Laos.

Peuvent solliciter leur admission à cette école, les étudiants indochinois titulaires d'un des diplômes ci-après :

a) Baccalauréat de l'enseignement secondaire français ;

b) Diplôme de l'enseignement secondaire indochinois.

L'admission est prononcée par le directeur de l'école.

La durée des études est fixée à 3 années.

Les élèves ayant terminé leur 3e année d'études à l'école subissent un concours de sortie, dont le règlement et le programme sont fixés par le Directeur de l'Instruction publique.

Les candidats reçus avec succès à ce concours reçoivent le « Diplôme des Hautes études indochinoises » portant, pour chaque intéressé, l'indication de son classement dans la promotion.

A partir de 1927, les grades de début dans les cadres de l'administration indigène ou de la justice indigène du Tonkin, de l'Annam, du Cambodge et du Laos, doivent être attribués en premier lieu aux élèves diplômés de l'école des Hautes études, originaires respectivement de chacun de ces pays suivant leur ordre de classement ; il en sera de même pour le cadre des délégués administratifs et des juges de paix de Cochinchine et ce n'est qu'à défaut seulement des candidats de cette catégorie que le recrutement de ces mêmes cadres pourra continuer à s'effectuer dans les conditions prescrites par les règlements demeurés en vigueur.

Toutefois avant de pouvoir être affectés à un poste administratif ou judiciaire, les intéressés devront être maintenus pendant 5 ans au moins en service soit dans un bureau administratif, soit dans un bureau ou greffe judiciaire, pour y effectuer en qualité d'expectants le stage nécessaire à leur perfectionnement professionnel. (*Arrêté du 18 Septembre 1924*).

Ecole d'Agriculture et de Sylviculture. — Elle a pour but de former des agriculteurs et des forestiers susceptibles d'exploiter rationnellement le domaine agricole et les forêts indochinoises.

Le diplôme peut donner accès aux services agricoles et forestiers de l'Indochine.

La durée des études est fixée à 3 années : A la fin de la 3e année, les élèves subissent un examen de fin d'études.

Ecole des Travaux publics. — L'école des Travaux publics a pour mission de former des agents techniques indigènes pour le service des Travaux publics, le service du Cadastre et le Service géographique.

L'enseignement donné comprend trois années d'études.

Les élèves sont recrutés :

1° Parmi les candidats possédant un des diplômes prévus à l'article 3 de l'arrêté du 18 Septembre 1924 concernant le recrutement des élèves de l'Université ;

2° Parmi les candidats ne remplissant par cette condition et admis à un concours d'admission annuel.

En cas d'insuffisance des candidats de la première catégorie, le nombre des admissions par concours peut atteindre les deux tiers du nombre total des admissions prévu.

Les candidats pourvus du baccalauréat de l'enseignement secondaire franco-indigène ou de la 1re partie du baccalauréat métropolitain (série C et D) sont dispensés de la première année d'études et débutent en 2e année.

Le concours d'entrée est annuel. Il a lieu simultanément à Hanoi, Saigon, Hué et Pnompenh dans la deuxième quinzaine du mois d'Août.

Les épreuves du concours sont écrites et orales.

L'enseignement est distribué, en ce qui concerne le français, les mathématiques pures et les sciences physiques, par les professeurs de l'enseignement supérieur et pour les matières techniques, par des professeurs détachés et des chargés de cours choisis parmi les fonctionnaires qualifiés des divers services des Travaux publics, du Cadastre ou du Service géographique.

L'enseignement comporte, en 1re année, des études théoriques ; en 2e année, des compléments de mathématiques et des notions techniques; en 3e année, l'enseignement technique proprement dit et l'étude des spécialités.

A la fin des 2 premières années scolaires, les élèves subissent un examen de passage et un examen définitif à la fin de la 3e année.

Les élèves ayant obtenu une moyenne générale de 12 points reçoivent le diplôme supérieur de l'Université avec mention: «Ecole des Travaux publics» signé par le Gouverneur général et contresigné par le Directeur de l'Instruction publique et le directeur de l'école.

Leur nomination dans les services auxquels leur diplôme leur donne accès et leur affectation dans les divers pays de l'Union sont prononcées, autant que possible, suivant leur option et compte tenu de leur classement à la sortie de l'école.

École supérieure de Pédagogie. — L'école supérieure de Pédagogie, instituée par l'arrêté du 25 Décembre 1918, a pour mission de former des professeurs des deux sexes pour les écoles normales d'instituteurs indigènes et pour les écoles primaires supérieures franco-indigènes.

La durée des études est de trois années.

Les élèves sont répartis en deux sections : la section des sciences et la section des lettres. Certains cours sont communs aux deux sections.

L'éducation professionnelle se fait :

1° Par des exposés que devront faire les élèves sur des sujets tirés des diverses matières du programme. Ces exposés, faits en classe, seront critiqués par les professeurs ;

2° Par l'examen critique des méthodes, des procédés d'enseignement et des moyens d'éducation ;

3° Par des exercices pratiques dans les écoles d'application.

Les élèves de 3e année subissent, au terme de leurs études, un examen de sortie devant un Jury présidé par le directeur de l'école et composé de six examinateurs désignés chaque année par le Directeur de l'Instruction publique et choisi parmi les professeurs de l'enseignement supérieur et les professeurs de l'enseignement secondaire ou primaire supérieur.

Les élèves ayant subi avec succès l'ensemble des épreuves reçoivent le diplôme supérieur de l'Université avec mention : « Ecole supérieure de Pédagogie » signé par le Gouverneur général et contre signé par le Directeur de l'Instruction publique et le directeur de l'école.

La répartition des élèves diplômés dans les divers pays de l'Union et leur affectation dans les établissements auxquels leur donne accès leur diplôme sont faites compte tenu de leurs désiderata et de leur classement dans leur spécialité (lettres ou sciences) à l'examen de sortie.

Ecole de Commerce d'Hanoi. — Cette école, créée en 1920, a pour mission de former des secrétaires et employés de commerce ainsi que des agents commerciaux destinés à devenir les collaborateurs des chefs des grandes maisons.

L'organisation et les programmes de l'école ont été revisés par l'arrêté du 30 Septembre 1922 et une plus grande place a été faite à l'enseignement de la comptabilité, de l'emploi de la sténo-dactylographie et du français.

Ecole d'application commerciale de Saigon. — Cette école, organisée par l'arrêté du 30 Septembre 1922 est destinée à parfaire l'éducation commerciale des élèves diplômés de l'école de commerce d'Hanoi. Les élèves qui y sont admis effectuent un stage dans les plus importantes firmes de Saigon et passent ensuite un examen de sortie qui leur confère un diplôme.

Ecole des sciences appliquées. — L'école des sciences appliquées a été créée par un arrêté du Gouverneur général du 30 Octobre 1922. Elle a pour mission de former des techniciens indigènes spécialisés pour les industries privées et les administrations publiques de la colonie. Elle est appelée à comprendre des sections distinctes pour les spécialités suivantes : Travaux publics, Cadastre, Mines, Chimie et Électricité.

Les cours sont à la fois théoriques et pratiques. Ils comportent de multiples applications et sont complétés par de nombreuses visites de chantiers, d'usines et d'ouvrages d'arts existants.

Ecole française d'Extrême-Orient. *(Décret du 3 Avril 1920).* — L'école française d'Extrême-Orient est placée sous l'autorité immédiate du Gouverneur général de l'Indochine et sous le contrôle scientifique de l'Académie des Inscriptions et Belles-Lettres de l'Institut de France.

Elle a pour objet :

1° De travailler à l'exploration archéologique et philologique de la presqu'île indochinoise et de favoriser par tous les moyens la connaissance de son histoire, de ses monuments, de ses idiomes ;

2° D'assurer la conservation et l'entretien des monuments historiques de l'Indochine française.

3° De contribuer à l'étude érudite des régions et des civilisations voisines (Inde, Chine, Japon, Malaisie, etc.).

Elle est érigée depuis le 1er Janvier 1921 en établissement public doté de la personnalité civile.

L'école a pour chef un directeur nommé par décret pour 6 ans; son mandat est renouvelable;

Il est chargé :

1° D'accomplir tous les actes d'administration nécessaires au fonctionnement de l'école;

2° De présider et de prendre part lui-même aux recherches qui font l'objet de l'institution.

3° De diriger les publications et les autres services de l'école, notamment les bibliothèques, musées ou sections de musée placés sous son autorité ou son contrôle.

4° De proposer au Gouverneur général le classement et le déclassement des monuments historiques ainsi que les mesures destinées à en assurer la conservation; de prescrire et de surveiller l'exécution des travaux de dégagement, réparations, fouilles, etc. etc...

Le personnel comprend, outre le directeur, des membres permanents, des membres temporaires et des agents.

Les membres permanents ou temporaires doivent, tout en poursuivant leurs travaux personnels, coopérer à l'objet spécial de l'école.

Chaque année le directeur doit adresser au Gouverneur général un rapport détaillé sur les travaux de l'école, ses publications en cours ou projetées, l'activité des pensionnaires, et, généralement, sur tout ce qui intéresse les résultats et les progrès scientifiques de l'institution.

Correspondants. — Les personnes qui coopèrent, d'une manière effective au moyen de recherches, informations, dons ou autrement, aux travaux de l'école d'Extrême-Orient, peuvent recevoir le titre de « correspondants » de l'école.

Ce titre est conféré par le Gouverneur général, sur la proposition du directeur de l'école. Il peut être retiré dans la même forme.

Un certain nombre de correspondants français résidant dans la colonie, peuvent être choisis par le Gouverneur général, sur la proposition du directeur de l'école, pour exercer par délégation les pouvoirs conférés à celui-ci par l'article 22 de l'arrêté du 9 Mars 1900. Ils prennent le titre de correspondants-délégués de l'école française d'Extrême-Orient. Ils sont nommés pour 3 ans; leur mandat est renouvelable. Ils sont chargés de surveiller les immeubles et autres antiquités classés parmi les monuments historiques, de requérir des autorités locales la constatation des faits pouvant nuire à l'intégrité de ces monuments, de provoquer les mesures propres à assurer la conservation des monuments ou objets anciens nouvellement découverts.

Direction des Affaires économiques. — La Direction des Services économiques est devenue, par l'arrêté du 15 Avril 1924, la Direction des Affaires économiques. Elle comprend trois bureaux qui ont les attributions suivantes :

1er *Bureau.* — Législation et réglementation économiques ;

2e *Bureau.* — Statistiques, — Etudes, documentation et propagande économiques ;

3e *Bureau.* — Flotte indochinoise, — Marine marchande, — Photographie aérienne.

Le Service radiotélégraphique de l'Indochine est rattaché à la Direction des Affaires économiques.

Inspection générale de l'Agriculture, de l'Elevage et des Forêts. — Ce service, créé par l'arrêté du 15 Avril 1924, a les attributions suivantes :

1° Contrôle technique et professionnel des Services agricoles; étude des questions générales intéressant l'agriculture, l'élevage, la sériciculture, la pisciculture et les pêcheries en eau douce ;

2° Contrôle technique et professionnel des Services vétérinaires et zootechniques, étude des questions concernant les épizooties et l'amélioration de l'espèce chevaline ;

3° Contrôle des Services forestiers locaux, étude des questions concernant la mise en valeur du domaine forestier, le commerce des bois et la réglementation de la chasse.

L'Inspecteur général de l'Agriculture, de l'Elevage et des Forêts est chargé de réunir toute la documentation générale technique afférente à ses attributions. Il centralise les rapports et monographies des services locaux. Il prépare des instructions d'ordre technique à adresser aux Administrations locales.

Pour les matières énumérées au paragraphe 1er ci-dessus, il effectue par ordre du Gouverneur général, ou sur la demande des Gouverneur ou Résidents supérieurs, des inspections d'ordre technique.

Les Chefs des Gouvernements locaux sont toujours informés de ces inspections et de leur objet.

Les constatations effectuées par l'Inspecteur général et les propositions qu'il peut être amené à formuler font l'objet de rapports où sont consignées les observations du Gouverneur ou Résident supérieur, lorsque ces rapports sont destinés au Gouverneur général.

L'Inspecteur général de l'Agriculture, de l'Elevage et des Forêts est assisté :

1° D'un inspecteur des Services vétérinaires et zootechniques choisi parmi le personnel local vétérinaire, zootechnique et des épizooties, chargé personnellement du contrôle technique et professionnel des services vétérinaires et zootechniques et de l'étude des questions concernant les épizooties et l'amélioration de l'espèce chevaline ;

2° D'un inspecteur des Forêts, chargé personnellement du contrôle technique des Services forestiers locaux et de l'étude de toutes les questions concernant la mise en valeur du domaine forestier, le commerce des bois et la réglementation de la chasse.

Service de l'Enregistrement, des Domaines et du Timbre. — Ce service est assuré par des receveurs chargés de toutes les recettes, perceptions et attributions appartenant en France aux receveurs de l'Enregistrement et, en outre, du recouvrement des amendes et condamnations prononcées par les tribunaux français, des frais de justice y afférents, et des amendes administratives prononcées dans l'étendue de leur ressort.

Ils sont, en outre, chargés de la conservation des hypothèques, de la réception des réclamations préalables aux ventes publiques des meubles et de l'enregistrement des procès-verbaux y relatifs, de l'administration des successions et biens vacants, de la vente des timbres de greffe et du papier timbré.

Ils sont assujettis à un cautionnement en immeubles ou en rentes sur l'Etat.

Quatre arrêtés pris à la date du 13 Novembre 1900 fixent :

Le 1er, les conditions, droits, application des droits des actes régis par la loi française ;

Le 2e, les conditions, droits, application des droits des actes indigènes ;

Le 3e, l'établissement et la fixation des droits de timbre ;

Le 4e, l'établissement des droits d'hypothèque.

Ces arrêtés ont été modifiés par des textes subséquents, notamment par les arrêtés des 24 Octobre 1903 et 7 Juin 1907 (enregistrement des actes indigènes, timbres, enregistrement des actes régis par la loi française), du 15 Septembre 1904 (modifications au tarif des droits proportionnels et des timbres), du 17 Décembre 1906 (enregistrement des actes régis par la loi française et des actes indigènes, droits d'hypothèque). (Décrets des 29 Avril 1913 et 5 Janvier 1917), etc.

Service des Douanes et Régies. — Le service des Douanes et Régies est actuellement réglementé par le décret du 4 Décembre 1914, promulgué en Indochine le 25 Avril 1917, et par l'arrêté organique du Gouverneur général pris également à cette dernière date, et par celui du 20 Juin 1921.

Ce service a les attributions ci-après :

Perception des droits de douane à l'entrée et à la sortie ;

Perception des contributions indirectes inscrites au Budget général ;

Perception des recettes provenant de l'exploitation des monopoles institués dans la Colonie.

Il peut, en outre, être chargé de la perception des taxes diverses pour le compte des budgets locaux, des Municipalités et des Chambres de Commerce.

Il est dirigé par un Directeur qui est nommé par décret, rendu sur la proposition du Ministre des Colonies et placé sous l'autorité directe du Gouverneur général, et dans chacun des pays de l'Union, par des inspecteurs des Douanes et Régies qui prennent le titre de sous-directeur et sont désignés par arrêté du Gouverneur général, sur la proposition du Directeur des Douanes et Régies. Les sous-directeurs restent placés sous le haut contrôle des Chefs de l'Administration locale intéressés.

Il est assuré par un personnel local français dont le statut est fixé par les arrêtés précités et par un personnel indigène régi par des arrêtés spéciaux.

Le personnel local français des Douanes et Régies peut être complété par des agents détachés des cadres métropolitains des Contributions indirectes (1).

En conformité des dispositions de l'article 4 du décret du 20 Octobre 1911, portant fixation des pouvoirs du Gouverneur général, le statut du personnel métropolitain détaché en Indochine est réglé par l'autorité métropolitaine.

Les affectations et mutations du personnel des Douanes et Régies font l'objet de décisions spéciales du Directeur des Douanes et Régies qui sont immédiatement portées à la connaissance des Chefs de l'Administration locale intéressés.

Toutefois, la désignation des inspecteurs, contrôleurs principaux ou contrôleurs des Douanes et Régies appelés à remplir, pendant une période triennale, les fonctions de receveur-comptable dans les différents pays de l'Union, est faite par arrêté du Gouverneur général, pris sur la proposition du Directeur des Douanes et Régies.

Le personnel français des Douanes et Régies comporte les catégories suivantes :

---

(1) Ces fonctionnaires et agents sont considérés comme en mission pendant leur séjour en Indochine.

Ils continuent à faire partie des cadres de leur administration et à être soumis aux règlements généraux concernant leur avancement et leur situation. Ils sont placés sous l'autorité du Gouverneur général, mais les mesures touchant à un degré quelconque à leur situation administrative, telles que : avancement, révocation ou mise à la retraite, etc., sont prises par le Département des Finances sur la proposition du Gouverneur général, transmise par le Ministre des colonies. Ils sont admis dans le personnel des Douanes et Régies de l'Indochine avec le grade ou la classe correspondant à l'emploi dont ils sont titulaires dans la Métropole, d'après les indications du tableau annexé au décret du 4 Décembre 1914.

I. — *Personnel de l'Inspection et des Bureaux,* comprenant des inspecteurs, des contrôleurs principaux, des contrôleurs, des commis principaux et des commis.

II. — *Personnel des Brigades,* comprenant des brigadiers hors classe, des brigadiers et des sous-brigadiers.

III. — *Personnel de la Flottille et des Ateliers,* comprenant des capitaines, des lieutenants, des patrons, des mécaniciens principaux, des chefs-mécaniciens et des sous-chefs mécaniciens.

Les cadres du personnel des Douanes et Régies, ainsi que sa répartition entre les divers pays de l'Union, sont fixés par arrêtés du Gouverneur général pris sur la proposition du Directeur des Douanes et Régies.

Sauf les exceptions prévues par l'article 43 de la loi de Finances du 13 Avril 1898 et par l'article 13 du décret du 16 Septembre 1899, le personnel des Douanes et Régies demeure placé, pour les pensions de retraite, sous le régime de la Caisse locale des retraites instituée en Indochine par le décret du 5 Mai 1898 et actes subséquents.

Service des Travaux publics. — Ce service est régi par le décret du 9 Février 1916 et par les arrêtés du Gouverneur général du 16 Mai suivant et du 20 Juin 1921, fixant les détails de son fonctionnement et son statut.

Il a dans ses attributions :

Les études, la construction, l'entretien et l'amélioration des routes et chemins coloniaux, locaux et provinciaux régulièrement classés ; des bâtiments civils ; des digues et ouvrages pour l'irrigation et l'assainissement des terres ; des fleuves et rivières navigables et flottables ; des canaux et ports fluviaux ; des ports maritimes, hâvres et rades, sauf les ports de guerre ; des digues, quais, barrages et écluses des rivières canalisées ;

L'éclairage et le balisage des côtes et des rivières, la police des ports fluviaux et des voies maritimes ;

Les études, construction, entretien et exploitation des chemins de fer et des tramways ;

Le contrôle et la surveillance des mines, des carrières, des eaux minérales, des appareils à vapeur, etc. etc.

Le service est placé sous la haute autorité d'un Inspecteur général nommé par décret, sur la proposition du Ministre des Colonies et la présentation du Gouverneur général.

L'ensemble des services énumérés ci-dessus est groupé en circonscriptions territoriales comprenant les travaux exécutés sur le territoire d'un même pays de l'Union et sous l'autorité directe des Chefs d'Administration locale.

Ces circonscriptions sont chargées des études et travaux exécutés sur les fonds des budgets locaux et provinciaux ainsi que des études et travaux à effectuer sur les fonds du budget général pour lesquels les crédits ont été délégués par le Gouverneur général au Chef d'Administration locale.

Le personnel des Travaux publics comprend :

1° Un personnel *permanent* chargé, en principe, d'assurer le service permanent ou normal ;

2° Un personnel *détaché* des cadres métropolitains ou du cadre général des Travaux publics des Colonies ;

3° Un personnel *temporaire* destiné à compléter les précédents.

Il comprend, en outre, des journaliers et des agents indigènes permanents ou temporaires.

Nota. — Le cadre *auxiliaire* institué par le décret du 18 Janvier 1905, est supprimé par voie d'extinction. (Décret du 9 Février 1916).

Service des Postes et Télégraphes. — Le service des Postes et Télégraphes est dirigé, en Indochine, par un Directeur des Postes et Télégraphes placé sous l'autorité directe du Gouverneur général et, dans chacun des pays de l'Union, par des chefs de services locaux placés sous les ordres du Directeur des Postes et Télégraphes et relevant de l'autorité du Gouverneur en Cochinchine et des Résidents supérieurs dans les pays de Protectorat.

Il est assuré :

1° Par un personnel détaché de l'administration métropolitaine des Postes et Télégraphes ;

2° Par un personnel local français ;

3° Par un personnel indigène.

Ce personnel comprend des inspecteurs, des contrôleurs, des receveurs, des rédacteurs, des commis, des mécaniciens, des surveillants, des télégraphistes et des dames téléphonistes.

Chaque bureau de poste est géré par un receveur, européen ou indigène, assisté, dans les villes importantes, par un certain nombre de commis.

Ces services sont chargés, comme en France, du transport des lettres, journaux, échantillons, articles d'argent et colis postaux, de la transmission des télégrammes et des communications téléphoniques.

Service de la Trésorerie générale. — Le Service de la Trésorerie, primitivement autonome dans chacun des pays l'Union, a été unifié par le décret du 14 Juillet 1904, et placé sous les ordres d'un Trésorier général.

Le décret précité qui a reçu son application à partir du 1er Janvier 1906, organise le service de la manière suivante :

ORGANISATION DU SERVICE

Le personnel de la Trésorerie de l'Indochine se compose :

D'un Trésorier général en résidence à Hanoi ;

De quatre Trésoriers particuliers, en Cochinchine, au Cambodge, en Annam et au Laos ;

De payeurs ;

De commis principaux et de commis de Trésorerie

Le Trésorier général et le Trésorier particulier de la Cochinchine effectuent directement ou centralisent, chacun en ce qui le concerne, les opérations des services financiers métropolitains, y compris celui des articles d'argent. Ils sont préposés de la Caisse des dépôts et consignations et chargés des opérations de la Caisse des Invalides de la Marine.

Les mêmes opérations sont faites par le Trésorier particulier du Cambodge pour le compte du Trésorier particulier de la Cochinchine et par les Trésoriers particuliers de l'Annam et du Laos pour le compte du Trésorier général.

Le Trésorier général effectue ou centralise toutes les opérations des services financiers intéressant : 1° le budget général de l'Indochine ; 2° le budget local du Tonkin. Il tient à cet effet, en piastres, deux comptabilités distinctes et est justiciable, pour les mêmes opérations, de la Cour des comptes.

Les Trésoriers particuliers sont chargés respectivement d'effectuer directement ou de centraliser, sous leur responsabilité, les opérations des services locaux de la Cochinchine, du Cambodge, de l'Annam et du Laos. La comptabilité de ces opérations est tenue en piastres.

A cet égard, les comptables désignés au paragraphe précédent ont une gestion personnelle; ils sont justiciables de la Cour des comptes.

Ils effectuent pour le compte du Trésorier général les opérations concernant le budget général le l'Indochine.

Des préposés ou chefs de place sont chargés, sous la responsabilité du Trésorier général et des Trésoriers particuliers, d'assurer l'exécution des services financiers dans toute l'étendue du territoire de la Colonie.

Le siège et la circonscription des places sont déterminés par arrêté pris par les Ministres des Finances et des Colonies, sur la proposition du Gouverneur général.

Le Trésorier général, les Trésoriers particuliers et les préposés chefs de place sont tenus de fournir, comme garantie de leur gestion, un cautionnement dont le montant est déterminé par un arrêté du Ministre des Finances.

En cas de gestion intérimaire dans une place, le chef de service peut demander au Gouverneur général d'imposer un cautionnement à l'agent chargé de remplir l'intérim.

Organisation du personnel

La hiérarchie du personnel chargé, sous les ordres du Trésorier général et des Trésoriers particuliers du Service de Trésorerie de l'Indochine, soit dans les bureaux des Trésoriers, soit dans les places, est ainsi fixée :

Payeurs de 1re, 2e et 3e classe ;
Commis principaux de Trésorerie de 1re et 2e classe ;
Commis de Trésorerie de 1re, 2e et 3e classe.

Le nombre et la répartition par classe des agents de la Trésorerie de l'Indochine ont été fixés, au moment de la constitution des cadres, par un arrêté du Ministre des Finances et du Ministre des Colonies, sur la proposition du Gouverneur général.

Le Trésorier général est nommé par décret du Président de la République rendu sur la proposition du Ministre des Finances, après avis conforme du Ministre des Colonies.

Les Trésoriers particuliers et les payeurs sont nommés par arrêté du Ministre des Finances, après avis du Ministre des Colonies.

Les autres agents sont nommés par arrêté du Gouverneur général, sur la proposition du Trésorier général.

L'affectation des agents aux divers emplois est faite par le Gouverneur général sur la proposition du Trésorier général et, s'il y a lieu, après avis du Trésorier intéressé.

Un agent du grade de payeur remplit auprès du Trésorier général et de chacun des Trésoriers particuliers les fonctions de chef de comptabilité ou fondé de pouvoirs.

La gestion des places est confiée à des payeurs ou, pour des places de moindre importance, à des commis principaux.

Indépendamment du personnel titulaire, il peut être employé dans le Service de Trésorerie, suivant les besoins du service, des agents non commissionnés ou auxiliaires.

Services Sanitaires et Médicaux. *(Décret du 27 Juin 1914).* — Les Services sanitaires et médicaux de l'Indochine comprennent, en dehors des établissements hospitaliers du Service général, qui continuent à être régis par le décret du 4 Novembre 1903 :

1° L'assistance médicale, tant à domicile que dans les dispensaires, maternités et hôpitaux autres que ceux du Service général ;

2° La police sanitaire maritime et la protection de la santé publique, la vaccine mobile et la prophylaxie des maladies transmissibles ;

3° Les laboratoires autres que ceux qui relèvent de l'Institut Pasteur de Paris ;

4° Les établissements divers d'instruction médicale ; écoles de médecine indigène, de sages-femmes et d'infirmiers ;

5° Les postes médicaux, consulaires de la frontière de Chine et du Siam, entretenus par le Gouvernement général de l'Indochine ;

6° Le contrôle technique des établissements hospitaliers, asiles, dispensaires, léproseries, établissements sanitaires entretenus ou subventionnés par le budget général, les budgets locaux, provinciaux et municipaux ; le contrôle technique des établissements sanitaires non subventionnés, le contrôle et l'inspection des pharmacies européennes et sino-annamites, la surveillance médicale des écoles, des prisons et casernes, des chantiers de mines et de travaux publics, d'exploitations industrielles ou agricoles.

Il est institué, auprès du Gouverneur général et sous son autorité immédiate, une Inspection générale des Services sanitaires et médicaux de l'Indochine. Cette fonction est exercée par le Directeur du Service de Santé des troupes du groupe, qui prend le titre d'Inspecteur général des Services sanitaires et médicaux.

Cet Inspecteur général est chargé de surveiller la marche générale des Services sanitaires et médicaux de l'Indochine.

Il assiste le Gouverneur général dans l'étude et la mise en œuvre de toutes les questions ayant trait à l'hygiène et à la protection de la santé publique.

Dans chacun des pays de l'Union indochinoise, la direction et le contrôle des Services sanitaires et médicaux sont assurés, sous l'autorité du Chef de l'Administration locale, par un directeur local (Tonkin, Annam, Cochinchine et Cambodge) ou par un chef du Service de l'Assistance (Laos) qui en remplit les fonctions.

Les directeurs locaux de la Santé et le chef du service de l'Assistance au Laos sont nommés par le Gouverneur général après avis du Chef d'Administration locale intéressé et de l'Inspecteur général des Services sanitaires et médicaux.

En ce qui touche la police sanitaire maritime, les directeurs locaux de la Santé reçoivent la délégation de l'Inspecteur général, Directeur de la Santé, pour assurer, sous l'autorité du Chef de l'Administration locale, le bon fonctionnement de ce service, en conformité du décret du 16 Décembre 1909.

Les services d'assistance comprennent :

1° L'assistance médicale gratuite ;

2° Le service des établissements hospitaliers (hôpitaux, dispensaires, maternités, asiles d'aliénés, léproseries, etc.) ;

3° Les soins médicaux aux fonctionnaires et à leur famille, ainsi qu'à la population européenne ;

4° Le service de la police sanitaire, des épidémies, de l'hygiène, de la santé publique.

L'assistance médicale aux européens indigents et aux indigènes est gratuite.

Toutefois il pourra être institué, partout où besoin sera, un service d'hospitalisations et de consultations payantes facultatives pour les indigènes.

En dehors des cas d'urgence, les soins gratuits ne sont pas dûs à domicile aux européens indigents et aux indigènes.

Des arrêtés du Gouverneur général détermineront les conditions dans lesquelles les soins gratuits sont dûs aux fonctionnaires et à leur famille, à la population européenne indigente et fixeront le taux des honoraires que les médecins de l'Assistance pourront réclamer, dans les autres cas, aux européens et aux indigènes. *(Voir chapitre XII).*

Les Services sanitaires et médicaux de l'Assistance médicale de l'Indochine sont assurés :

1° Par des médecins civils appartenant au corps des médecins du Service de l'Assistance médicale en Indochine ;

2° Par des docteurs en médecine, médecins civils libres (1).

Toutefois, jusqu'à ce que le recrutement des médecins civils offre des ressources suffisantes pour permettre d'assurer normalement les besoins du Service de l'Assistance, il continuera à être fait appel à des officiers du corps de Santé des troupes coloniales, placés hors cadres dans les conditions déterminées par les décrets des 21 Juin 1906 et 7 Novembre 1911, réglant l'organisation et fixant les effectifs du corps de Santé des troupes coloniales ou par des officiers du corps de Santé du Service général et des corps de troupe.

(1) Chaque province est, en principe, dotée d'un médecin civil ou militaire chargé d'en assurer le service médical et sanitaire ; les attributions de ces médecins seront étudiées au chapitre XII.

Services vétérinaires et zootechniques. — L'Inspecteur général est chargé de surveiller la marche générale des services vétérinaires zootechniques et des épizooties dans chacune des parties de l'Indochine. Il assiste le Gouverneur général dans l'étude et la mise en œuvre de toutes les questions ayant trait à la police sanitaire des animaux et aux moyens tendant à la conservation et à l'amélioration des races d'animaux domestiques. Il contrôle tout le personnel placé sous ses ordres. Il est membre du Conseil de perfectionnement de l'élevage en Indochine (1).

(1) Pour plus amples détails voir chapitre XII.

CHAPITRE VI

RESPONSABILITÉ, ATTRIBUTIONS ET POUVOIRS DU GOUVERNEUR DE LA COCHINCHINE, DES RÉSIDENTS SUPÉRIEURS ET DE L'ADMINISTRATEUR EN CHEF DU TERRITOIRE DE KOUANG-TCHÉOU-WAN.

Dispositions générales. — Les divers pays composant le Gouvernement général de l'Indochine possèdent leur autonomie administrative dans les conditions déterminées par le décret du 20 Octobre 1911 et celles de l'arrêté du 13 Février 1899 qui n'ont pas été abrogées.

Ils sont administrés chacun, sous la haute autorité du Gouverneur général, par un Gouverneur en Cochinchine, par des Résidents supérieurs en Annam, au Tonkin, au Cambodge et au Laos, et par un Administrateur en chef dans le Territoire de Kouang-tchéou-wan. Ces hauts fonctionnaires sont placés sous les ordres directs du Gouverneur général qui peut leur déléguer, par décision spéciale et sous sa responsabilité, tout ou partie de ses pouvoirs, conformément à l'article 5 du décret du 20 Octobre 1911.

Par sa circulaire et ses instructions du 15 Avril 1924, le Gouverneur général a déterminé d'une manière précise les attributions et les pouvoirs propres des Chefs de Gouvernements locaux.

« La limite de mes prérogatives, qu'elles soient exercées personnellement, par moi ou par délégation, par mes chefs de services, détermine tout naturellement les attributions des Chefs de Gouvernements locaux. Ils exercent, au nom du Gouverneur général et sous son contrôle, l'autorité la plus complète sur le pays confié à leur direction. Ils sont responsables vis-à-vis de lui de la bonne marche des services d'administration générale et du maintien de l'ordre public.

Leur initiative pour règler les matières d'administration et de police non réservées à une autre autorité par des textes spéciaux, soit qu'il s'agisse de prescrire des mesures d'exécution, soit qu'il y ait lieu de suppléer à l'absence de réglementations préexistantes, est entière, sous la seule condition de rendre compte au Gouverneur général. Leurs arrêtés, en ces matières, sont sanctionnés par les peines prévues au décret du 6 Mars 1877.

Il leur appartient d'élaborer les règlements pour l'application des lois et des décrets, lorsque ceux-ci contiennent des dispositions n'en réservant pas expressément le pouvoir au Gouverneur général.

Enfin, ils peuvent toujours recevoir, par décision spéciale, une délégation des pouvoirs réglementaires du Gouverneur général.

Les Chefs des Gouvernements locaux possèdent donc un pouvoir propre de décision, qui est de la même essence que celui du Gouverneur général, bien que s'exerçant sur un champ plus restreint. Aucun autre de mes collaborateurs ne jouit de cette prérogative.

Bien plus, en conservant à chaque pays de l'Union une administration autonome et sa personnalité financière, les décrets de 1911, ont réservé aux Chefs des Gouvernements locaux des attributions extrêmement importantes et, du même coup, une initiative complète dans le domaine des mesures intéressant le développement des œuvres d'intérêt économique et d'intérêt social. C'est dans ce domaine de l'activité productrice de progrès humain, de l'aménagement des ressources locales et de leur emploi, que leur volonté apparaît prédominante et qu'il importe qu'elle soit appuyée d'une autorité réelle à l'égard des services, dont le concours leur est nécessaire. C'est pourquoi le législateur a tenu à spécifier que « Tout le personnel en service dans le territoire dont la haute direction leur est confiée est, sauf stipulation formelle contraire, mis à leur disposition et réparti par eux suivant les besoins du service ».

Ce personnel est donc placé dans une situation de complète subordination, tant administrative que disciplinaire, à l'égard des Chefs des Gouvernements locaux.

En dehors de quelques unités du personnel du Contrôle financier soumis à un régime spécial, la seule véritable exception à cette règle concerne la magistrature. Le personnel judiciaire de la colonie se trouve en effet, placé vis-à-vis du Gouvernement de la Cochinchine et des Résidents supérieurs dans une situation indépendante qui s'explique par le principe constitutionnel de la séparation des pouvoirs, mais qui n'exclut pas, toutefois, certains devoirs de déférence et de courtoisie réciproques. D'ailleurs, dans la mesure où il importait, pour le bien général, de faire naître des rapports directs de service entre l'autorité administrative et l'autorité judiciaire, le Gouverneur général a déjà usé de son action de contrôle sur le fonctionnement des Parquets, en invitant l'an passé les Procureurs généraux à donner à leurs subordonnés l'ordre de tenir les Chefs des Gouvernements locaux, et, le cas échéant, les chefs de province, au courant de toutes les affaires judiciaires susceptibles d'intéresser l'ordre public dans leurs circonscriptions respectives.

Les instructions spéciales qui accompagnent la présente circulaire précisent dans quelles conditions doit s'exercer, suivant les catégories d'agents, cette autorité personnelle des Chefs des Gouvernements locaux sur tous les fonctionnaires en service dans le territoire où s'exerce leur commandement. Je me bornerai à dire ici, que cette autorité, de la même nature que celle du Gouvernement général, ne saurait être contestée sous prétexte d'une distinction à établir entre des services généraux et des services locaux. Cette distinction est purement arbitraire car les prétendus services généraux groupent, en réalité, des personnels locaux qui ont été versés dans des cadres communs à l'Indochine entière, dans le seul but de mettre de l'ordre et de l'harmonie dans leurs statuts et de donner plus de souplesse au fonctionnement des divers rouages administratifs, en rendant les agents interchangeables de pays à pays suivant les besoins. La mesure ne saurait avoir pour résultat d'affaiblir l'autorité des Chefs de Gouvernements locaux sur certaines catégories de personnels, quand bien même un Directeur ou un Inspecteur général exercerait concurremment un contrôle administratif ou technique à leur égard.

Instructions spéciales. — I. — Affectations

Règles générales. — Le personnel de tous les services sans distinction, à l'exception des magistrats du siège et du ministère public, est exclusivement soumis, dans chaque pays de l'Union, à l'autorité du Gouverneur ou Résident supérieur.

Le personnel d'un même service est placé sous la direction administrative, technique et disciplinaire d'un chef local de service responsable vis-à-vis du Chef du Gouvernement local.

Les fonctionnaires et agents nouvellement nommés ou revenant de congé ou faisant l'objet d'une mutation sont mis par le Gouverneur général à la disposition des Chefs de Gouvernements locaux qui prononcent leur affectation sur la proposition du chef local de service.

Les chefs locaux de service sont désignés par le Gouverneur général sur la proposition concertée du Chef du Gouvernement local et du chef de service du Gouvernement général intéressé. Ils sont relevés de leurs fonctions dans la même forme sur la demande du Gouverneur ou Résident supérieur, après avis du chef de service du Gouvernement général.

RÈGLES PARTICULIÈRES. — *Inspecteurs des Affaires politiques et administratives. — Résidents et chefs de province.* — Les Inspecteurs des Affaires politiques et administratives, les administrateurs-résidents ou chefs de province continuent à être désignés par le Gouverneur général sur la proposition du Gouverneur ou Résident supérieur.

Ce mode de désignation est exceptionnellement maintenu dans le but de donner plus d'autorité à ces fonctionnaires et d'affirmer leur droit de contrôle et d'action disciplinaire sur le personnel de toutes catégories, y compris celui qui dépend du Gouvernement général.

Il reste, toutefois, bien entendu que les Inspecteurs des Affaires politiques et administratives comme les administrateurs-résidents ou chefs de province relèvent directement et exclusivement du Gouverneur ou Résident supérieur.

Douanes et Régies. — Le Directeur des Douanes et Régies, en vertu de l'arrêté n° 1457 du 15 Avril, répartit, par délégation permanente du Gouverneur général, le personnel entre les divers pays.

Les sous-directeurs sont désignés par le Gouverneur général sur la proposition concertée du Chef du Gouvernement local et du Directeur des Douanes et Régies.

Les inspecteurs, receveurs subordonnés et vérificateurs reçoivent directement leur affectation du Directeur des Douanes et Régies après adhésion du Chef du Gouvernement local.

Les affectations de tous les autres fonctionnaires et agents des Douanes et Régies sont prononcées par les sous-directeurs après approbation du Gouverneur ou Résident supérieur.

Relativement au personnel des Douanes et Régies, sont expressément maintenues toutes les dispositions des circulaires du 2 Octobre 1908 et du 25 Septembre 1916 qui ne sont pas contraires aux présentes instructions.

....

II. — Bulletins individüels de notes

Règles générales.— Mon arrêté nº 1459 du 15 Avril 1924 modifiant certaines dispositions de l'arrêté du 24 Octobre 1921 fixe, en cette matière, le principe général suivant : les notes individuelles sont établies annuellement sur un état signalétique unique portant successivement les appréciations du chef direct de l'intéressé, de l'administrateur-résident ou chef de province, du chef local de service, du Chef du Gouvernement local et du chef de service du Gouvernement général qualifié, conformément au modèle ci-joint.

Le nouveau texte ne prête à aucune ambiguité ; j'insisterai seulement sur ce fait que l'administrateur-résident ou chef de province a désormais qualité pour mettre son appréciation sur tout bulletin de notes du personnel en service dans sa circonscription. C'est là une conséquence naturelle du rôle de représentant direct de l'autorité du Gouverneur général et de celle du Gouverneur ou Résident supérieur qui incombe à ce fonctionnaire. Il doit se dispenser de juger de la valeur de l'intéressé au point de vue proprement technique et ses appréciations doivent figurer sur la page où le Gouverneur ou Résident supérieur apposera ultérieurement ses notes et ses propositions s'il y a lieu. Les notes techniques, qu'elles émanent du chef direct de l'intéressé, du chef local de service ou du chef de service du Gouvernement général, sont inscrites sur une page spéciale mais faisant un tout avec l'état signalétique, comme l'indique le modèle joint aux présentes instructions.

RÈGLES PARTICULIÈRES. — *Magistrats.* — Les Chefs des Gouvernements locaux n'ont pas à noter ni à proposer pour l'avancement les magistrats en exercice sur le territoire qu'ils administrent. Ce soin incombe, soit au Premier Président, soit au Procureur général, à l'exclusion du Directeur de l'Administration judiciaire qui n'est pas habilité à cet effet. Les notices des magistrats contenant mention des notes des Premiers Présidents ou Procureurs généraux sont transmises directement par leurs soins au Gouvernement général, sous le timbre de la Direction de l'Administration judiciaire. Ce service les présente au Gouverneur général, pour que celui-ci y inscrive son avis selon les prescriptions du décret du 5 Septembre 1923. Elles sont ensuite adressées au Département.

Travaux publics. — Pour le personnel des Travaux publics, il convient seulement de préciser que les fonctionnaires et agents de la régie des chemins de fer étant répartis entre 3 arrondissements, doivent être notés au point de vue administratif d'abord par le résident ou chef de province et ensuite par le Chef du pays de l'Union où ils ont leur résidence. C'est au chef de service placé à la tête de chaque arrondissement qu'il appartient de communiquer au Gouverneur ou Résident supérieur intéressé, les bulletins concernant ses agents.

Postes et Télégraphes et Services radiotélégraphiques. — Les règles générales qui figurent en tête des présentes instructions s'appliquent à tout le personnel français du cadre local des Postes et Télégraphes et du Service radiotélégraphique.

Elles souffrent une dérogation, en ce qui concerne le personnel des cadres métropolitains, détaché en service en Indochine. Pour celui-ci, les notes du résident ou chef de province et celles du Gouverneur ou Résident supérieur continueront, comme par le passé, à figurer sur des feuilles signalétiques indépendantes du bulletin de notes confidentielles, destiné à l'administration centrale à Paris. Les feuillets sont toujours adressés au Gouvernement général, en même temps que les bulletins, afin de permettre au Chef de la colonie de formuler son appréciation sur la manière de servir des intéressés.

Service de l'Enregistrement. — Les règles générales s'appliquent au personnel français du service de l'Enregistrement, du Domaine et du Timbre dans les mêmes conditions qu'au personnel des Postes et Télégraphes pour les fonctionnaires détachés des cadres métropolitains.

Trésoreries. — Les mêmes règles générales s'appliquent au personnel français du cadre local des Trésoreries, sauf les dérogations qui sont imposées par les dispositions du décret organisant le service de la Trésorerie de l'Indochine.

Pour le personnel dont la nomination est réservée au Ministre des Finances, il n'est apporté aucune modification aux règles actuellement suivies.

Les notes des autorités locales continuent à figurer, pour ces fonctionnaires, sur des feuillets indépendants du bulletin individuel qui doit être transmis au Département

La liste par classe et par ordre de mérite des agents proposés pour l'avancement est arrêtée par le Trésorier général selon les prescriptions de l'article 17 du décret du 20 Juillet 1904.

III. — Propositions pour l'avancement

Règles générales. — La nouvelle rédaction de l'article 2 de l'arrêté du 21 Octobre 1921 est suffisamment précise pour qu'il me soit utile d'insister sur son application. Le principe général est le suivant : le chef local de service établit la liste de proposition de son personnel qui est arrêtée définitivement par le Gouverneur ou Résident supérieur. Ce dernier peut modifier l'ordre de préférence, faire des additions ou des radiations mais, dans tous ces cas, il doit annexer à la liste un avis motivant explicitement ses décisions. Les listes ainsi arrêtées sont transmises au Gouvernement général et ne sont plus modifiées jusqu'au moment où elles sont soumises à la Commission du tableau.

Règles particulières. — Pour les services appartenant aux Administrations fiscales du budget général, pour le service de la Trésorerie générale, le Gouverneur ou Résident supérieur appose ses observations sur la liste de classement établie par le chef local de service, mais sans la modifier. C'est au chef de service du Gouvernement général qualifié qu'il appartient de l'arrêter avant de l'incorporer au travail d'ensemble qu'il soumet au Gouverneur général.

Pour le personnel relevant directement de l'Inspection générale des Travaux publics, tel que celui des Chemins de fer, la liste de classement établie par l'ingénieur, chef d'arrondissement, est revêtue des observations du Gouverneur ou Résident supérieur et arrêtée par l'Inspecteur général des Travaux publics dans la même forme que ci-dessus. »

....

Le Gouverneur de la Cochinchine, les Résidents supérieurs et l'Administrateur en chef du Territoire de Kouang-tchéou-wan, ont, sous leurs ordres directs, des administrateurs et des chefs de bureaux des Services civils placés soit à la tête des provinces ou résidences, soit à la tête des Bureaux de leur secrétariat. Les chefs de province sont, à leur tour, assistés par des administrateurs-adjoints et des rédacteurs des Services civils qui remplissent, suivant le cas, les fonctions d'adjoint, de délégué, de secrétaire de province ou de comptable. Les chefs de province en Cochinchine ont sous leur ordre des fonctionnaires indigènes du grade de doc-phu, phu et huyên.

Le Gouverneur de la Cochinchine, les Résidents supérieurs de l'Annam, du Tonkin, du Cambodge, du Laos, et l'Administrateur en chef du Territoire de Kouang-tchéou-wan correspondent seuls et directement avec le Gouverneur général, sauf les exceptions dûment autorisées par ce dernier. Ils assurent l'exécution des lois et décrets promulgués en Indochine, ainsi que des arrêtés pris par le Gouverneur général. Dans toute l'étendue de leur commandement, ils ont l'initiative des mesures d'Administration générale et de police (1);

---

(1) Les arrêtés pris en cette matière peuvent être sanctionnés non seulement par des peines de simple police, c.-à-d. par 15 francs d'amende et 5 jours de prison au maximum, mais encore, en vertu du décret du 6 Mars 1877, par des peines pécuniaires et corporelles excédant celles de droit commun. Dans ce cas, les règlements dans lesquels elles seront prévues, devront, dans un délai de 6 mois, passé lequel ils seront caducs, être convertis en décrets par le Chef de l'Etat.

ils en rendent compte au Gouverneur général. Tout le personnel en service dans le territoire dont la haute direction leur est confiée est, sauf stipulation contraire, mis à leur disposition et réparti par eux suivant les besoins du service.

Ils sont chargés de veiller au maintien de l'ordre public et peuvent requérir la force armée. Ils signalent au Gouverneur général tous les faits qui leur paraissent de nature à troubler l'ordre et rendent compte des mesures qu'ils ont cru devoir prendre (1).

En vertu des dispositions de la circulaire du Gouverneur général en date du 30 Janvier 1914, les Chefs d'Administrations locales ont délégation pour régler l'organisation du personnel des Services municipaux.

« En résumé, ils concentrent entre leurs mains les pouvoirs et les attributions qui, dans la Métropole, sont dévolus, suivant les cas, aux préfets et aux maires. » (ROUSSEAU).

Les Résidents supérieurs de l'Annam, du Tonkin, du Cambodge et du Laos exercent auprès des souverains et des autorités indigènes, et par délégation du Gouverneur général, les pouvoirs conférés aux Représentants de la République française par les traités et conventions (2).

Les Résidents supérieurs ayant les attributions consulaires, sont, à ce titre, investis du droit d'expulsion à l'égard de toute personne, à l'exception des sujets de l'Etat protégé, à quelque nationalité qu'elles appartiennent, et même des Français et des sujets français dépendant d'un autre protectorat de l'Indochine, les uns et les autres n'ayant pas perdu au regard de l'Etat protégé, leur qualité d'étrangers, sauf

---

(1) Un décret en date du 5 Octobre 1882 stipule que, dans le cas d'attentats, complots, rebellions, le Gouverneur de la Cochinchine peut, en Conseil Privé, imposer aux villages sur le territoire desquels des faits délictueux se sont produits, et aux congrégations ou communautés dont les membres y ont participé, une contribution spéciale destinée à assurer à l'Administration les moyens de réprimer les désordres et d'en prévenir le retour.

(2) C'est en vertu de cette délégation, rappelée par la circulaire du Gouverneur général en date du 9 Septembre 1922, que les Résidents supérieurs ont seuls qualité pour approuver et rendre exécutoires les ordonnances des souverains protégés. Il y a lieu d'excepter celles concernant l'établissement d'un impôt ou d'une taxe et celles que le Gouverneur général aurait cru devoir se réserver.

toutefois, à en référer, s'ils le jugent utile, au Gouverneur général dont ils sont les subordonnés. (Avis du Comité consultatif du contentieux des colonies du 4 Novembre 1918).

« Le rôle des Résidents supérieurs consistait, d'après les traités de 1884, à présider aux relations extérieures des pays auprès desquels ils étaient accrédités sans s'immiscer dans l'Administration locale des provinces, à diriger les douanes, les travaux publics et, en général, les services qui exigent une direction unique ou l'emploi d'agents européens. Il s'est, depuis, considérablement étendu. Peu à peu, le soin a été confié au Représentant de la France de gérer les finances du pays et de contrôler l'administration de la justice indigène en poursuivant la réalisation d'un programme de réformes consacré par les ordonnances de Thanh-Thai des 27 Septembre 1897 et du 15 Août 1898, et de Norodom en 1897.» (P. Breamer, *Indochine du nord.*)

Nota. — Comme le Gouverneur général, ces hauts fonctionnaires ne peuvent, pour quelque cause que ce soit, être ni actionnés, ni poursuivis dans la Colonie pendant l'exercice de leurs fonctions (1).

Gouverneur de la Cochinchine et Résidents supérieurs. — Le Gouverneur de la Cochinchine et les Résidents supérieurs ont la haute surveillance du personnel de tous les services, sans que l'exercice de ce droit puisse porter atteinte aux décrets ou arrêtés organiques en vigueur.

Ils ont une action directe sur le personnel des Services locaux. A l'exception des chefs de province qui sont désignés par le Gouverneur général sur la présentation du Gouverneur et de Résidents supérieurs, ceux-ci répartissent le personnel des Services locaux suivant les besoins du service.

Ils sont chargés de la discipline de ce personnel. Ils statuent eux-mêmes, par délégation permanente du Gouverneur général, toutes les fois que la peine encourue n'est pas supérieure à la suspension, auquel cas le Gouverneur général prononce dans les formes prescrites par les règlements.

(1) Voir ce qui a été dit au sujet des Gouverneurs des Colonies. *Chapitre I. — Responsabilité, attributions et pouvoirs du Gouverneur général.*

Le Gouverneur de la Cochinchine et les Résidents supérieurs nomment et révoquent, par délégation permanente, dans le personnel des Services locaux les agents temporaires européens dont la solde ne dépasse par 100 piastres par mois ainsi que les fonctionnaires et agents indigènes.

Ils préparent les budgets locaux et en assurent l'exécution lorsqu'ils sont devenus définitifs.

Ils autorisent, dans la limite des crédits prévus, les fournitures et travaux incombant aux budgets locaux.

Ils passent et rendent exécutoires les contrats concernant ces fournitures et ces travaux ainsi que les baux intéressant les Services locaux.

Ils passent les actes intéressant les domaines locaux et donnent les autorisations d'occuper le domaine public. Ils statuent sur les demandes en concession des terrains domaniaux ruraux d'une superficie inférieure à 1.000 hectares. Ils approuvent et rendent définitivement exécutoires les budgets régionaux (en Cochinchine), les budgets municipaux des villes érigées en municipalités ou en communes.

Leurs arrêtés ou décisions intéressant les finances, sont, toutefois, soumis, au préalable, au visa du Contrôle financier.

Ils ont qualité, par délégation permanente du Gouverneur général, en vertu de l'arrêté du 5 Avril 1916, pour passer les marchés de travaux ou de fournitures incombant au budget général ou à ses annexes, lorsque la dépense ne dépasse par 10.000 $ ou 25.000 frs ; pour approuver les procès-verbaux des adjudications de travaux ou de fournitures autorisées par le Gouverneur général et dont la dépense à la charge de ces mêmes budgets est supérieure aux sommes précitées, mais inférieures à 40.000 $ ou 100.000 frs ; mais, seulement, lorsque ces adjudications n'ont donné lieu ni à un incident au cours des séances de la commission d'adjudication, ni à une augmentation sur les crédits prévus.

Enfin, au point de vue judiciaire, les Chefs d'Administration locale ont les pouvoirs qu'ils tiennent, en vertu du décret du 21 Août 1917, de l'article 10 du Code d'Instruction criminelle et de leur assimilation aux préfets de la Métropole.

Administrateur en chef du Territoire de Kouang-tchéou-wan. — L'Administrateur en chef du Territoire de Kouang-tchéou-wan représente le Gouverneur général de l'Indochine. Il correspond directement avec lui et assure l'exécution de ses décisions. Il a l'initiative des mesures d'administration générale et de police. Il en rend compte au Gouverneur général. Il est chargé de veiller au maintien de l'ordre public. Il dispose de la Garde indigène et peut requérir la force armée. Il signale au Gouverneur général tous les faits qui paraissent de nature à troubler l'ordre et l'informe des mesures qu'il a cru devoir prendre pour y parer.

Il entretient avec les autorités chinoises voisines du Territoire les relations nécessaires pour assurer la police de la frontière.

Il a la haute surveillance du personnel de tous les services présents sur le Territoire.

Il nomme et révoque, par délégation permanente, les agents indigènes dont la solde est payée par le Budget du Territoire.

Conseils institués auprès des Chefs d'Administration locale

Nous avons dit plus haut que le Gouverneur de la Cochinchine était assisté d'un Conseil colonial et d'un Conseil Privé et que les Résidents supérieurs du Tonkin, de l'Annam et du Cambodge, à l'exception de celui du Laos, étaients assistés d'un Conseil de Protectorat. Le Conseil colonial, le Conseil Privé de Cochinchine et les Conseils de Protectorat des trois pays précités feront l'objet d'études particulières. En dehors de ces Conseils, tous ces pays de l'Union indochinoise, à l'exception de la Cochinchine, sont également dotés d'assemblées consultatives indigènes dont le rôle essentiel consiste à donner des avis aux Chefs d'Administration locale. Nous ne ferons mention que de la Chambre consultative du Tonkin et du Conseil consultatif de Kouang-tchéou-wan, étant entendu que les assemblées similaires des autres pays de protectorat sont, à quelque chose près, composées de la même manière et qu'elles ont des attributions analogues.

1° **Chambre consultative du Tonkin.** — La Chambre consultative indigène est appelée à donner son avis sur les questions d'ordre général susceptibles d'intéresser la population indigène.

Elle se compose :

1° De représentants de la population, élus à raison de un représentant pour 20.000 contribuables (inscrits, non inscrits, dispensés). Ces représentants sont nommés par un collège électoral comprenant :

a) Les chefs et sous-chefs de canton ;

b) Les anciens fonctionnaires retraités et les fonctionnaires de l'administration indigène ;

c) Les titulaires des grades de l'enseignement indigène, des diplômes de l'enseignement primaire supérieur, secondaire et supérieur français, du diplôme de fin d'études de l'enseignement franco-annamite ;

d) Les titulaires d'un grade de mandarinat ;

e) Les délégués des villages choisis dans les conditions déterminées par le Résident supérieur ;

f) Les anciens sous-officiers retraités de l'armée de terre et de mer et de la Garde indigène ;

g) Les secrétaires-interprètes et assimilés employés dans les divers services de l'Administration française.

2° De patentés annamites élus par les commerçants patentés à raison de : 1 représentant pour 200 à 500 patentés ; 2 représentants pour 501 à 2.000 patentés ; 3 représentants à partir de 2.001 patentés.

Les provinces ne comptant pas 200 patentés peuvent être réunies à la province voisine pour ne former avec elle qu'une seule circonscription électorale.

3° De fonctionnaires et notables de la haute et moyenne région, nommés par le Résident supérieur au Tonkin, sur la proposition des chefs des provinces intéressées et dans une proportion qui est déterminée par arrêté du Résident supérieur.

Nul n'est électeur s'il n'est âgé de 21 ans révolus.

La durée du mandat des membres de la Chambre consultative est de trois années. Ce mandat est indéfiniment renouvelable.

Sont inéligibles: les indigènes âgés de moins de trente ans, les militaires et gardes indigènes ainsi que les fonctionnaires indigènes du Protectorat, des services dépendant du Gouvernement général et les fonctionnaires de l'administration indigène.

Ne sont ni électeurs ni éligibles : les fonctionnaires et agents révoqués de leurs fonctions et les individus condamnés par les tribunaux français ou indigènes, à des peines entraînant l'indignité.

Les élections des notables et des patentés ont lieu sous la présidence des administrateurs chefs de province ou de leurs délégnés.

Toute contestation relative à ces élections est jugée administrativement en premier ressort et dans chaque province, par les administrateurs chefs de province, assistés des mandarins provinciaux. En cas de partage des voix, celle du chef de province est prépondérante.

Appel des décisions ainsi rendues pourra, dans le délai de un mois, à compter de la notification aux parties, être porté devant une commission administrative composée du Résident supérieur ou son délégué, assisté de deux hauts mandarins.

Le résultat définitif des élections est approuvé par le Gouverneur général.

Les membres de la Chambre consultative prennent le titre de *Thương-nghị-hội-viên* (商議會員) et reçoivent du Résident supérieur un certificat constatant leur élection.

La Chambre consultative se réunit chaque année à Hanoi, dans la dernière quinzaine de Juin, sur la convocation du Résident supérieur.

La durée de la session est de dix jours. Elle peut être prorogée.

La Chambre procède, dans sa première séance, à l'élection d'un bureau composé de sept membres, qui élit à son tour le président.

Les votes sont émis au scrutin secret.

La Chambre consultative est obligatoirement consultée sur le budget des recettes et sur les prévisions de dépenses inscrites aux titres III et IV du budget local (dépenses d'intérêt économique et d'intérêt social).

Elle est appelée à donner également son avis sur toutes les questions qui lui seront soumises par l'Administration, quinze jours avant l'ouverture de la session.

Ces questions sont posées par écrit, dans des notes rédigées en français, en quoc-ngu et en caractères chinois.

Les vœux que la Chambre pourra émettre sur toutes autres questions que celles indiquées à l'article précédent ne pourront être discutés qu'après avoir été communiqués, par l'intermédiaire du président, au Résident supérieur qui décidera, s'il y a lieu, d'inscrire l'examen de ces vœux à l'ordre du jour d'une des séances de la session.

Tous vœux politiques sont interdits.

La Chambre consultative indigène peut être dissoute par le Gouverneur général, sur la proposition motivée du Résident supérieur.

Des arrêtés du Résident supérieur approuvés par le Gouverneur général, règlent les dispositions de détail non prévues à l'arrêté de 1913, notamment en ce qui concerne l'organisation des circonscriptions électorales, la confection et la révision des listes, la convocation des électeurs, le mode de votation et le règlement intérieur de la Chambre consultative.

2° **Conseil consultatif indigène de Kouang-tchéou-wan.** — Ce conseil est constitué :

1° Par un représentant de la population chinoise de Fort-Bayard et par deux représentants de la population chinoise de Tchékam élus au scrutin secret par un collège électoral comprenant : les anciens fonctionnaires de l'Administration du territoire ayant quitté leurs fonctions pour toute raison autre qu'une mesure disciplinaires, les anciens sous officiers retraités de la garde indigène, les notables inscrits au registre de d'impôt foncier et les patentés des cinq premières classes.

2° Par des représentants de la population rurale à raison d'un représentant pour la délégation de Nao-tchéou, deux pour la délégation de Tang-hai, un pour la délégation de Tai-ping, un pour les délégations de Po-tao et de San-kawo, ces deux groupes de délégations ne formant chacun qu'une circonscription électorale.

Les représentants sont élus au scrutin secret par un collège électoral comprenant les kong-kocs, les chefs de villages et notables, les anciens fonctionnaires de l'Administration du territoire ayant quitté leurs fonctions pour cause autre qu'une mesure disciplinaire, les sous-officiers retraités de la garde indigène.

Les membres du conseil consultatif indigène sont nommés pour 4 ans. Ils sont indéfiniment rééligibles.

Sont éligibles, tous chinois nés ou domiciliés depuis au moins 10 ans dans le territoire, âgés de plus de 30 ans et n'ayant subi aucune condamnation pour crimes ou délits de droit commun ou pour crime politique.

Nota. — Les assemblées consultatives indigènes des autres pays de l'Union sont réglementées comme suit :

Celle du Cambodge, a été créée par l'ordonnance royale du 18 Mars 1913, modifiée par une seconde du 10 Juillet 1921. Elle se compose exclusivement de membres élus.

Celle de l'Annam, a été créée par l'ordonnance royale du 19 Avril 1920 complétée par des arrêtés du Résident supérieur des 24 Mai 1920, 29 Décembre 1922 et 27 Mars 1923.

Celle du Laos, a été créée par l'arrêté du Gouverneur général du 27 Avril 1923. En plus des membres élus, cette assemblée comprend des membres désignés par le Résident supérieur, à raison d'un chao-muong par province, et de deux délégués du roi de Luang-Prabang, pour ce royaume.

Inspection des Affaires politiques et administratives. — Par arrêté du 31 Décembre 1912, il a été institué, dans chacun des pays de l'Union, une Inspection des Affaires politiques et administratives, confiée à un administrateur de 1re classe des Services civils, désigné par le Gouverneur général.

Role et fonctionnement de l'Inspection

Rôle. — Cette institution est à la fois un organe de liaison et de contrôle. Par elle, le Gouverneur général et les Chefs des Administrations locales conservent le contact constant et direct avec le pays, recueillent une documentation qui complète heureusement celle déjà recueillie aux multiples échelons de la hiérarchie et peuvent se rendre compte de la valeur des directions et du résultat des méthodes prescrites ainsi que du zèle apporté par chacun dans l'exécution des ordres reçus.

Fonctionnement. — Le Gouverneur général, dans sa circulaire du 31 Décembre 1912, fait connaître les conditions dans lesquelles l'Inspection doit fonctionner. « Il est indispensable d'observer qu'elle doit être essentiellement indépendante et mobile et que, par suite, elle ne doit avoir la direction d'aucun service, ni la responsabilité d'aucune décision. »

Pratiquement, l'Inspection doit visiter, une fois par an, chacune des provinces ou résidences des pays de l'Union.

« Destinée, à constituer en même temps qu'un moyen de « contrôle aux mains du Gouverneur général, un organe de « liaison constante entre le Gouverneur général, les Gouver- « nements locaux et les provinces, l'Inspection reçoit des « informations et des directions à la fois du Chef de la « Colonie et des Chefs des Administrations locales. C'est « entre celles-ci et le Gouverneur général, à qui incombe la « haute direction du pays et la coordination des méthodes « et des efforts, qu'une liaison plus complète est tout d'abord « indispensable.

« A cet effet, au moment où il reçoit la charge d'une mis- « sion d'inspection dans tel ou tel pays de l'Union, l'Inspec- « teur prend les avis et les instructions du Gouverneur « général. Dans les bureaux ou services du Gouverneur « général, il étudie et examine les affaires qui sont en cours « ou en suspens dans la partie de l'Union où il va se rendre. « Muni de toutes les informations nécessaires, ayant requis, « par ce travail préalable, une vue d'ensemble de la situation « locale et une connaissance assez précise des points qui « devront retenir plus particulièrement son examen, il se

« présente au Chef de l'Administration locale. Il lui soumet « ses appréciations sur les affaires engagées dont il a eu « connaissance au Gouvernement général, prend ses avis « sur les solutions qu'elles semblent comporter ou les études « complémentaires qu'elles nécessitent, sollicite ses instruc« tions personnelles sur les points ou les questions que le « Chef d'Administration locale désire lui-même éclaircir, et, « avant de se rendre dans les provinces, complète au chef« lieu du pays, auprès des chefs de bureau ou des divers « services, toute la documentation qui peut lui être utile.

« Dans les provinces, après avoir pris contact avec les « autorités de la Résidence, l'Inspection vérifiera leurs ser« vices, leur gestion générale, les résultats de leur action sur « les populations ou les intérêts de la province ; ce contrôle « est essentiel, puisqu'il doit fournir aussi bien aux Chefs « d'Administration locale qu'au Gouverneur général, des « informations précises sur l'exécution de leurs instructions « et les effets qu'elles produisent au cœur même des provin« ces. Mais l'Inspection a une autre tâche qui n'est pas moins « importante et moins utile au point de vue pratique.

« Après avoir vérifié pour se rendre compte, elle s'effor« cera de hâter la solution des affaires pendantes, de rap« procher les points de vue du chef-lieu et de la province. « Je crois inutile de répéter que, pour remplir cette partie « de ses attributions, l'Inspecteur ne doit agir ni comme un « chef qui ordonne, ni comme un censeur qui blâme ou qui « loue ; ce n'est ni son droit, ni son rôle ; il doit agir comme « un conseil autorisé qui puise dans sa propre expérience « la suggestion des avis judicieux et des solutions pratiques.

« Enfin, de même que l'Inspection est venue dans la pro« vince ou la résidence avec une documentation recueillie « au chef-lieu de l'Administration locale, de même, elle doit « revenir à ce chef-lieu avec une documentation réunie dans « la province ou la résidence. Est-il besoin d'ajouter que cette « documentation ne doit pas être constituée uniquement par « le chef de la province, mais que les colons européens et « les populations indigènes doivent trouver auprès de l'Ins« pecteur le meilleur accueil. J'insiste sur ce dernier point. « L'Inspection des Affaires politiques et administratives ne

« reçoit, ni de vous, ni de moi, la moindre délégation de « pouvoirs ; mais elle doit se renseigner d'une manière com- « plète pour pouvoir nous renseigner. A son tour, elle doit « tout voir et tout entendre. Et c'est pourquoi elle doit sur- « tout parcourir l'intérieur des province, s'arrêter dans tous « les centres d'activité, les principaux villages, pénétrer aussi « profondément que possible la vie, le labeur, les sentiments « de la province.

« De retour au chef-lieu de la colonie ou du protectorat, « l'Inspecteur rédigera ses rapports dans lesquels il résu- « mera, pour le Gouverneur général et les Chefs des Admi- « nistrations locales, les résultats de son voyage. Ces rap- « ports doivent être sommaires et substantiels, précis et « pratiques. L'Inspection ne doit pas fonctionner comme « une mission d'études scientifiques. Qu'a-t-on fait ? et « comment a-t-on fait ? ou pourquoi n'a-t-on pas fait ? que « faut-il faire ? et comment faut-il faire ? Telles sont les « questions que l'Inspection doit se poser et auxquelles elle « doit répondre.

« Il va sans dire que l'Inspection peut, entre ses tournées « périodiques et régulières, être appelée à se rendre dans « une province où un évènement imprévu, un fait grave « nécessitent une enquête immédiate et approfondie, effec- « tuée par un fonctionnaire de haute valeur administrative « et de grade élevé ; ces missions sont évidemment excep- « tionnelles ; c'est par son action continue et constante que « l'institution doit porter ses fruits et affirmer son utilité ». *(Circulaire du Gouverneur général aux Chefs des Administrations locales, 31 Décembre 1912).*

CHAPITRE VII

Conseil Colonial

Dispositions générales. — Le Conseil colonial de la Cochinchine, institué par le décret du 8 Février 1880, modifié par plusieurs textes intervenus par la suite, est une assemblée mixte, qui, avant le décret du 9 Juin 1922, comprenait douze membres français et six membres indigènes. Ces derniers étaient désignés par les suffrages d'un collège restreint de notables.

M. le Gouverneur général Long, désireux d'accorder aux Annamites instruits une participation plus grande aux affaires de leur pays, a jugé qu'il y avait lieu de donner à la représentation des natifs, au sein de la première assemblée délibérante de la Colonie, une base électorale plus rationnelle et plus conforme aux tendances de notre politique coloniale actuelle qui tend à organiser progressivement la collaboration directe de l'élément indigène à la discussion des affaires publiques.

Le décret du 9 Juin 1922, élaboré dans cet ordre d'idées, réalise cet élargissement de la base du suffrage indigène en concédant, pour la première fois, le droit de vote à tous les Annamites de Cochinchine qui, par leur instruction, leur situation sociale, leur évolution morale, leur passé, leur compétence, sont capables d'apporter un suffrage autorisé. Il augmente, d'autre part, la représentation indigène au sein du Conseil colonial : le nombre des conseillers indigènes est, en effet, porté de 6 à 10. Il en est de même de la représentation française qui a 10 conseillers élus. Comme par le passé, deux membres français délégués et élus par la Chambre de Commerce de Saigon et deux membres français délégués et élus par la Chambre d'Agriculture de la Cochinchine continueront à siéger au Conseil colonial, soit, en tout, 14 sièges pour la représentation française. Par contre, les 2 délégués du Conseil privé disparaissent.

Le décret du 9 Juin 1922 comporte une innovation en ce qui concerne les indigènes, natifs de Cochinchine, et leurs descendants, admis à la qualité de citoyens français. Il leur est, en effet, accordé la faculté d'être inscrits sur la liste électorale indigène de la circonscription où ils ont leur domicile depuis un an au moins et où ils sont portés au rôle d'une des contributions directes imposées aux citoyens français, à la condition toutefois qu'ils aient fait la déclaration d'option pour l'électorat indigène dans les conditions fixées par un arrêté du Gouverneur général.

Dans ce cas, ils ne peuvent être concurremment électeurs au Conseil colonial dans le collège électoral français.

Composition.— Le Conseil colonial de la Cochinchine est donc composé comme suit :

10 Conseillers élus par le corps électoral français ;

2 Membres français délégués de la Chambre de commerce de Saigon et élus au sein de cette compagnie ;

2 Membres français délégués de la Chambre d'Agriculture de la Cochinchine et élus au sein de cette compagnie ;

10 Conseillers élus par le corps électoral indigène.

La durée du mandat des conseillers élus par le corps électoral indigène est de 4 ans. Ils sont indéfiniment rééligibles.

La durée du mandat des délégués des Chambres de Commerce et d'Agriculture est également fixée à 4 ans, sauf le cas où, par suite de non réélection ou pour toute autre cause, ils cessent de faire partie de la Chambre qui les a désignés : dans ce cas, le remplacement du délégué sortant devient obligatoire et il y est procédé avant toute nouvelle session du Conseil colonial.

2 Membres de la Chambre de Commerce et 2 membres de la Chambre d'Agriculture élus respectivement au sein de ces compagnies avant le 1er Janvier de chaque année remplacent, à titre de suppléants, les membres délégués titulaires de ces compagnies, en cas d'absence ou d'empêchement de ces derniers.

Au cas où plus de 2 conseillers élus français seraient, soit, empêchés d'assister aux séances d'une session ordinaire ou extraordinaire du Conseil colonial, soit, absents de la Colonie, le Gouverneur général pourra nommer, pour la durée de la session seulement et sur la présentation du Gouverneur de la Cochinchine, des conseillers suppléants. Ils seront choisis de préférence parmi d'anciens membres du Conseil colonial et, à défaut, parmi les personnalités françaises non fonctionnaires, jouissant d'une bonne notoriété.

En cas de mort, déchéance ou démission d'un conseiller élu, il sera pourvu à son remplacement dans un délai de trois mois au plus tard. Le mandat des conseillers élus dans ces conditions prendra fin à l'époque où serait terminé le mandat du conseiller remplacé.

Sera déclaré démissionnaire d'office, par arrêté du Gouverneur en Conseil privé, tout conseiller colonial qui, sans excuse légitime ou empêchement admis par le Conseil, n'aura pas assisté, au cours de son mandat, aux séances de deux sessions ordinaires, ou dont l'absence de la colonie se prolongera au delà d'une durée d'un an.

Tout conseiller élu qui, pour une cause survenue postérieurement à l'élection, se trouverait dans un des cas d'exclusion ou d'incompatibilité prévus par le décret, ou cesserait de remplir les conditions prescrites pour être éligible, sera déclaré d'office démissionnaire par arrêté du Gouverneur en Conseil privé, sur le vu des pièces justificatives et l'avis du procureur de la République de Saigon.

Le mandat des conseillers coloniaux est gratuit. Néanmoins, ils auront droit de recevoir, à titre de frais de déplacement, une indemnité dont le montant sera fixé par arrêté du Gouverneur général.

Le Conseil colonial peut être suspendu, dissous ou prorogé par un arrêté du Gouverneur général.

En cas de dissolution, il sera procédé, dans un délai de trois mois au plus tard, à de nouvelles élections.

Il en est rendu compte immédiatement au Ministre des Colonies.

Collèges électoraux. — Les membres français du Conseil colonial sont élus au scrutin secret par le suffrage universel et direct.

Sont électeurs : les citoyens français âgés de 21 ans, ayant la capacité électorale conformément aux lois en vigueur pour les élections législatives et ayant fixé leur résidence en Cochinchine, depuis un an (1), au jour prévu pour la clôture des listes électorales.

Toutefois, les indigènes natifs de Cochinchine et admis à la qualité de citoyens français ou leurs descendants, qui désireront user de la faculté qui est concédée par les dispositions précitées du décret, d'être inscrits sur les listes électorales indigènes, ne pourront être concurremment électeurs au Conseil colonial dans le collège électoral français.

Les listes électorales françaises seront dressées et revisées dans les mêmes formes que celles prescrites par les lois en vigueur pour les élections législatives.

Les époques d'ouverture et de revision de ces listes, celles de leur clôture et de leur publication sont fixées dans la colonie par des arrêtés du Gouverneur en Conseil privé.

Sont éligibles au titre de conseillers français, sauf les cas prévus ci-après, les électeurs portés sur les listes électorales françaises ou justifiant qu'ils devraient y être inscrits avant le jour de l'élection, âgés de 25 ans accomplis et domiciliés dans la colonie depuis deux ans au moins au jour de l'élection.

Les conseillers au titre de représentants du corps électoral indigène sont élus, dans chaque circonscription, par un collège composé, sauf les exceptions prévues ci-dessous, des indigènes sujets français, âgés de 25 ans révolus, au jour de la clôture des listes électorales, régulièrement inscrits, dans la commune de Cochinchine où ils ont leur attache légale, au rôle de l'impôt personnel, et qui rentrent en outre, dans une des catégories de censitaires ou de capacitaires ci-après énumérées :

1° Les propriétaires fonciers assujettis personnellement à l'impôt foncier pour une contribution égale ou supérieure à 20 piastres en principal ;

2° Les commerçants et industriels assujettis, depuis trois ans au moins, à une patente de hors classe ou des 6 premières classes ;

(1) Pour les élections législatives, le délai n'est que de six mois.

3° Les titulaires d'un diplôme de l'enseignement supérieur ou de l'enseignement secondaire de la Métropole ou de l'Indochine, ou d'un brevet de l'enseignement primaire supérieur ou complémentaire ;

4° Les membres élus des assemblées mixtes (Conseil municipal de Saigon, Chambres d'Agriculture et de Commerce), et les membres des conseils de province ;

5° Les fonctionnaires servant depuis cinq ans au moins en Cochinchine en qualité d'agents commissionnés des cadres supérieurs et secondaires des diverses administrations publiques de la colonie.

6° Les fonctionnaires des mêmes cadres que précédemment et admis à jouir d'une pension de retraite, les phu et huyên honoraires.

7° Les chefs, sous-chefs de canton, ban-biên et sung-biên en exercice, les notables en exercice de chaque commune, tels qu'ils sont énumérés dans les arrêtés locaux déterminant le fonctionnement de la commune annamite de Cochinchine, et ayant rempli les fonctions de notable pendant trois ans au moins en une ou plusieurs fois.

8° Les titulaires de la médaille militaire ou de la croix de guerre.

Peuvent, en outre, demander leur inscription sur la liste électorale de la circonscription, où ils ont leur domicile depuis un an au moins et où ils sont portés au rôle d'une des contributions directes imposées aux citoyens français, les indigènes natifs de Cochinchine et admis à la qualité de citoyens français ou leurs descendants, qui auront fait, au préalable, la déclaration d'option pour l'électorat indigène dans les conditions qui seront fixées par un arrêté du Gouverneur général.

Le mode d'établissement et de revision des listes électorales indigènes sera également fixé par arrêté du Gouverneur de la Cochinchine en Conseil privé.

Ne doivent pas être inscrits sur les listes électorales indigènes :

1° Les individus dont le casier judiciaire porte une condamnation à une peine criminelle ou à une peine correctionnelle, et ceux que les tribunaux jugeant correctionnellement, auront privé des droits de vote et d'élection par application des lois autorisant cette interdiction spéciale ;

2° Les fonctionnaires de tout ordre destitués en suite de jugements ou de décisions judiciaires ;

3° Les militaires en activité de service.

Sont éligibles, au titre de conseillers indigènes, dans leur circonscription respective, les électeurs valablement inscrits sur la liste électorale, âgés de 30 ans révolus au jour du scrutin et qui justifieront d'une suffisante connaissance de la langue française dans les conditions à déterminer par un arrêté du Gouverneur en Conseil privé.

Sont inéligibles, au Conseil colonial, aussi bien dans le collège électoral français que dans le collège électoral indigène :

a) Les fonctionnaires ou agents recevant un traitement d'activité quelconque de la métropole ou de la colonie ;

b) Les entrepreneurs à titre permanent de services ou de travaux publics rétribués sur le budget local de la Cochinchine ;

c) Les interdits.

Tout candidat, aussi bien dans le collège français que dans le collège indigène, doit, au cours de la période électorale et, au plus tard, le 10e jour avant celui du scrutin, déposer ou faire parvenir au siège du Gouvernement local une déclaration de candidature.

Cette déclaration sera signée par lui et dûment légalisée. Il en sera délivré récépissé.

Dans chaque circonscription, la liste des candidats ayant fait régulièrement leur déclaration de candidature sera affichée pendant les sept jours précédant le scrutin, à la porte des bureaux de vote.

Élections. — Les circonscriptions électorales, tant pour les membres citoyens français que pour les membres indigènes et le mode de répartition entre elles du nombre des conseillers coloniaux à élire pour chacune, seront déterminés par arrêté du Gouverneur en Conseil privé.

Dans les circonscriptions où il y aura plusieurs conseillers coloniaux de même catégorie à élire, le vote aura lieu au scrutin de liste.

Les collèges coloniaux sont convoqués par arrêté du Gouverneur en Conseil privé.

Cet arrêté fixe la date du scrutin, lequel aura toujours lieu un dimanche.

Un délai de vingt jours devra s'écouler entre la date de promulgation de l'arrêté de convocation des électeurs et celle du scrutin.

Le scrutin est ouvert à 7 heures et clos, le même jour, à 17 heures.

Un arrêté du Gouverneur en Conseil privé fixe le nombre et le siège des bureaux de vote pour chaque circonscription et désigne le président de chaque bureau.

Les opérations électorales s'effectuent suivant les règles édictées par les décrets des 3 Janvier et 11 Avril 1914, sauf les correctifs qui résultent du décret du 9 Juin 1922.

Le président de chaque bureau de vote est assisté par le plus âgé et le plus jeune des électeurs présents, ce dernier faisant fonctions de secrétaire.

Le résultat provisoire du scrutin est affiché à la porte de la section de vote.

Lorsqu'un second tour de scrutin sera nécessaire, il y sera procédé de droit le second dimanche après l'élection.

La commission qualifiée pour procéder, au siège du Gouvernement local, au recensement des votes, à la vérification des dépouillements et à la proclamation des résultats définitifs, sera composée :

a) En ce qui concerne l'élection des membres français : du président du tribunal de 1re instance de Saigon, ou à son défaut, du vice-président, d'un administrateur désigné par le Gouverneur et du juge de paix de Saigon ;

b) En ce qui concerne l'élection des membres indigènes : du directeur des bureaux du Gouvernement local, de deux magistrats appartenant aux tribunaux de 1re instance du ressort de la Cour d'appel de Cochinchine désignés par le Procureur général, de deux administrateurs des Services civils et deux fonctionnaires indigènes du grade de phu désignés par le Gouverneur.

Au premier tour du scrutin nul n'est élu s'il n'a réuni :

1° La majorité absolue des suffrages exprimés ;

2° Un nombre de suffrages égal au quart des électeurs inscrits dans le collège auquel il appartient.

Le nombre des suffrages exprimés s'obtient en déduisant du nombre des votants celui des bulletins blancs et nuls.

Lorsque le nombre des suffrages exprimés est un nombre impair, la majorité absolue s'obtient en prenant la moitié du nombre pair immédiatement au-dessous et en ajoutant le nombre un.

Au deuxième tour de scrutin, l'élection a lieu à la majorité relative, quel que soit le nombre des votants. Si plusieurs candidats obtiennent le même nombre de suffrages, le plus âgé sera proclamé élu (1).

Lors du dépouillement des votes, il ne sera pas tenu compte des bulletins portant les noms des personnes dont la déclaration n'a pas été faite dans le délai réglementaire.

Contentieux des élections.— Les instances en annulation des opérations électorales sont jugées par le Conseil du Contentieux siégeant à Saigon, sauf recours au Conseil d'État.

Elles sont introduites, instruites et jugées sans frais et dispensées de l'intermédiaire d'un avocat au Conseil d'État.

Les opérations électorales de chaque collège peuvent être arguées de nullité par tout électeur qui en fait régulièrement partie. Le délai pour introduire valablement l'instance est d'un mois à partir du jour de la proclamation des résultats.

Le Gouverneur de la Cochinchine peut également, dans le délai de trois mois, à dater de la réception des procès-verbaux, provoquer l'annulation de l'élection, s'il croit que les conditions et formalités légalement prescrites n'ont pas été remplies.

---

(1) Les Conseillers coloniaux élus et proclamés restent en fonctions jusqu'à ce qu'il ait été *définitivement* statué sur les recours auxquels leur élection à pu donner lieu. (*Décret du 14 Décembre 1923*).

Dans le cas où l'annulation de tout ou partie des élections a été prononcée, les électeurs intéressés sont de nouveau convoqués dans un délai qui ne peut excéder trois mois (1).

Sessions. — Le Conseil colonial se réunit, chaque année en session ordinaire, sur la convocation du Gouverneur et à une date fixée par ce dernier.

La durée de la session est de 20 jours. Toutefois, le Gouverneur peut la prolonger par un arrêté pris en Conseil privé.

Le Gouverneur peut également convoquer le Conseil colonial en session extraordinaire. L'arrêté pris en Conseil privé fixe l'ordre du jour et la durée de la session (2).

L'ouverture de chaque session est faite par le Gouverneur ou, à défaut, par son délégué.

A l'ouverture de la session ordinaire de l'année, le Conseil colonial, sous la présidence de son doyen d'âge, le plus jeune membre faisant fonctions de secrétaire, nomme dans son sein, au scrutin secret et à la majorité des voix, un président, deux vice-présidents et deux secrétaires.

Le président, un des vice-présidents et un des secrétaires sont choisis par l'assemblée parmi les élus des citoyens français. L'autre vice-président et l'autre secrétaire sont choisis, dans les mêmes conditions, parmi les élus du corps électoral indigène. En cas d'égalité de suffrages, l'élection est acquise au candidat le plus âgé.

Le Gouverneur, ou son délégué, a entrée au Conseil colonial et assiste, s'il le désire, aux délibérations. Il est entendu quand il le demande.

Les autres chefs d'administration et de service peuvent être autorisés par le Gouverneur à entrer au conseil, pour y être entendus sur les matières qui rentrent dans leurs attributions respectives.

Les séances du Conseil colonial sont publiques. Néanmoins sur la demande de trois membres, du président ou

---

(1) Bien entendu, cette disposition ne peut jouer qu'au regard des annulations définitives, le recours au Conseil d'État étant suspensif.

(2) Toute délibération prise par le Conseil colonial, en cours de session extraordinaire, et non inscrite à l'ordre du jour, est nulle et de nul effet.

du Gouverneur, le Conseil colonial, par assis ou levé, sans débat, décide qu'il se formera en comité secret.

Le président a seul la police de l'assemblée. Il peut faire expulser de l'audience ou arrêter tout individu qui trouble l'ordre.

En cas de crime ou délit, il en dresse procès-verbal et le procureur de la République en est immédiatement saisi.

Le Conseil colonial ne peut délibérer sans la présence effective de la moitié plus un de ses membres.

Si le quorum n'est pas atteint au jour fixé par l'arrêté de convocation, la session est renvoyée de plein droit au 3e jour qui suit, dimanches et jours fériés non compris.

Une convocation spéciale sera faite d'urgence par le Gouverneur. Les délibérations sont alors valables quel que soit le nombre des membres présents.

La durée légale de la session court à partir du jour fixé pour la seconde réunion. Lorsqu'en cours de session les membres présents ne forment pas la majorité, les délibérations sont renvoyées au surlendemain et alors elles sont valables, quel que soit le nombre des votants. Dans les deux cas, les noms des absents sont inscrits au procès-verbal.

Les délibérations ont lieu et sont rédigées en langue française.

Le Conseil colonial fait son règlement intérieur. Il règle l'ordre de ses délibérations. Il établit jour par jour un procès-verbal de ses séances.

Les procès-verbaux rédigés par les secrétaires sont signés par le président.

Une copie certifiée des délibérations prises en toutes matières par le Conseil colonial est adressée au Gouverneur par les soins du président de l'assemblée. Cette transmission doit s'effectuer dans le plus bref délai possible et au plus tard dans les 15 jours qui suivent la clôture de la session.

Tout acte ou toute délibération du Conseil colonial, relatifs à des objets qui ne sont pas légalement compris dans ses attributions sont nuls et de nul effet.

La nullité est prononcée par arrêté du Gouverneur en Conseil privé. Il en rend compte immédiatement au Gouverneur général.

Est nulle toute délibération, qu'elle qu'en soit l'objet, prise hors du temps des sessions, hors du lieu des séances.

Le Gouverneur, par arrêté pris en Conseil privé, déclare la réunion illégale, prononce la nullité des actes, prend toutes les mesures nécessaires pour que le Conseil colonial se sépare immédiatement et transmet son arrêté au procureur de la République, pour l'exécution des lois et l'application, s'il y a lieu, des peines déterminées par l'article 250 du Code pénal.

En cas de condamnation, les membres sont déclarés, par le jugement, exclus du conseil, et ne peuvent en faire partie, de nouveau, pendant les cinq années qui suivront la condamnation.

Toute délibération, tout vœu ayant trait à la politique sont interdits.

Attributions. - Le Gouverneur de la Cochinchine est chargé de l'instruction préalable des affaires qui intéressent la colonie, ainsi que de l'exécution des décisions du Conseil colonial et de la commission permanente de cette assemblée.

Le Conseil statue :

1° Sur l'acquisition, l'aliénation à titre gratuit ou de gré à gré, l'échange, le changement de destination et d'affectation, le mode de gestion des propriétés mobilières et immobilières de la colonie, quand ces propriétés ne sont pas affectées à un service public.

Il ne peut être accordé de concession gratuite ou de gré à gré de terrains domaniaux ruraux, d'une superficie excédant 300 hectares.

La vente aux enchères des biens domaniaux pourra avoir lieu sur la seule autorisation du Gouverneur en Conseil privé, lorsque la surperficie n'excédera pas 1.000 hectares, du Gouverneur général en Commission permanente du Conseil de Gouvernement et sur la proposition du Gouverneur de la Cochinchine, lorsque la surperficie excédera 1.000 hectares.

2° Sur les baux des biens donnés ou pris à ferme ou à loyer, quelle qu'en soit la durée ;

3° Sur les actions à intenter ou à soutenir au nom de la colonie, sauf les cas d'urgence, où le Gouverneur peut intenter une action ou y défendre sans délibération préalable du Conseil colonial et faire tous actes conservatoires ;

4° Sur les transactions qui concernent les droits de la colonie ;

5° Sur l'acceptation ou le refus des dons et legs faits à la colonie sans charges ni affectations immobilières, quand ces dons ne donnent pas lieu à réclamation ;

6° Sur le classement, la direction et le reclassement des routes ;

7° Sur les offres faites par les communes, par des associations ou par des particuliers pour concourir à la dépense des routes, chemins, canaux ou d'autres travaux à la charge de la colonie :

8° Sur la contribution de la colonie dans la dépense des travaux à exécuter par l'Etat et qui intéressent la colonie ;

9° Sur les projets, plans et devis des travaux exécutés sur les fonds de la colonie ;

10° Sur les assurances des propriétés mobilières et immobilières de la colonie ;

11° Sur les concessions à des associations, à des compagnies ou des particuliers, des travaux d'intérêt local.

Les délibérations sur ces matières sont définitives et deviennent exécutoires si, dans le délai de deux mois, à partir de la clôture de la session, le Gouverneur n'en a pas demandé l'annulation pour excès de pouvoir, pour violation des lois et des règlements ayant force de loi.

Cette annulation est prononcée par arrêté du Gouverneur général en Commission permanente du Conseil de Gouvernement.

Le Conseil délibère :

1° Sur le mode d'assiette, les tarifs et les règles de perception des contributions directes et toutes taxes à percevoir au profit de la colonie, autres que celles afférentes aux droits de douane et d'octroi de mer.

2° Sur l'acquisition, l'aliénation et le changement de destination des propriétés de la colonie affectées à un service public ;

3° Sur les conditions d'exploitation par la colonie des travaux destinés à un usage public et les tarifs à percevoir... :

Les délibérations prises par le Conseil colonial sur ces matières sont rendues exécutoires par arrêté du Gouverneur général, en Conseil de Gouvernement.

En cas de refus d'approbation par le Gouverneur général des délibérations du Conseil colonial sur les matières visées au paragraphe 1er, le Conseil colonial est appelé à en délibérer de nouveau. Jusqu'à l'approbation du Gouverneur général, la perception se fait sur les bases anciennes.

Le Conseil colonial délibère en outre :

1° Sur les emprunts à contracter par la colonie et les garanties pécuniaires à consentir ;

2° Sur l'acceptation ou le refus des dons et legs faits à la colonie avec charges ou affectations immobilières, ou donnant lieu à des réclamations.

Les délibérations prises sur ces matières sont approuvées par décret en Conseil d'Etat.

Le Conseil colonial donne son avis sur toutes les questions qui lui sont soumises par le Gouverneur.

Il doit être obligatoirement consulté sur les tarifs d'octroi de mer à établir sur les objets de toute nature et de toute provenance, sur les droits de douane auxquels peuvent être soumis certains produits étrangers par exception aux dispositions de l'art. 2 de la loi du 11 Janvier 1892 ; sur les exceptions demandées au tarif douanier de la Métropole et, d'une manière générale, sur toutes les questions douanières pour lesquelles il est appelé à émettre un avis en vertu des lois et règlements sur la matière.

Il doit être obligatoirement consulté, en outre, sur les changements proposés aux limites territoriales des arrondissements, des cantons et des communes ; sur la création, la suppression ou la transformation des établissements scolaires, des hôpitaux et formations sanitaires entretenus par le budget local, et, d'une façon générale, sur tous les objets intéressant le développement d'ensemble des œuvres d'enseignement et d'assistance sociale, sur le programme des grands travaux publics à exécuter en Cochinchine sur les crédits du budget général, et sur l'ordre d'urgence de ces travaux.

Vote du budget. — Le budget local de la Cochinchine est préparé par le Gouverneur, délibéré par le Conseil colonial dans les conditions déterminées ci-après, arrêté par le Gouverneur en Conseil privé et approuvé par le Gouverneur général en Conseil de Gouvernement.

Le Gouverneur a seul qualité pour proposer l'inscription et fixer les prévisions des recettes. L'initiative des dépenses lui appartient exclusivement.

Les dépenses sont classées en dépenses obligatoires et en dépenses facultatives.

Sont obligatoires :

1° Les dettes exigibles ;

2° Les frais de personnel de la Direction du Service local et les frais de fonctionnement de tous les services organisés par décret du Président de la République ou par arrêté du Gouverneur général ;

3° Les dépenses mises par décret à la charge du budget local.

Si le Conseil colonial omet ou refuse d'inscrire au budget un crédit suffisant pour le payement des dépenses obligatoires, le crédit nécessaire y est inscrit d'office par le Gouverneur en Conseil privé, qui y pourvoit par la réduction des dépenses facultatives.

Les dépenses facultatives, votées par le Conseil colonial, ne peuvent être changées ni modifiées, sauf dans le cas prévu par l'article précédent et à moins qu'elles n'excédent les ressources ordinaires de l'exercice après payement des dépenses obligatoires, déduction faite de tout prélèvement ordinaire sur la caisse de réserve et de toute subvention. Ces changements ou modifications sont opérés par le Gouverneur en Conseil privé.

Le Gouverneur est seul chargé de répartir les secours, indemnités, allocations, gratifications, subventions inscrits au budget de la colonie.

Aucun avantage direct ou indirect, sous quelque forme que ce soit, ne pourra être accordé par le Conseil colonial à un fonctionnaire ou à une catégorie de fonctionnaires autrement que sur la proposition de l'Administration. Tout vote du Conseil colonial émis contrairement à la disposition qui précède est nul et sans effet.

Si le Conseil ne se réunissait pas ou s'il se séparait avant d'avoir voté le budget, le Gouverneur l'établirait d'office en Conseil privé. pour le soumettre au Gouverneur général en Conseil de Gouvernement et, provisoirement, les taxes et contributions continueraient à être perçues conformément au tarif de l'exercice précédent.

Les crédits, qui pourraient être reconnus nécessaires après la fixation du budget, sont proposés par le Gouverneur, délibérés par le Conseil colonial, arrêtés par le Gouverneur et définitivement réglés par le Gouverneur général.

En cas d'urgence, et si le Conseil colonial ne peut être réuni en session extraordinaire, ces crédits sont proposés par le Gouverneur après avis du Conseil privé, approuvés par le Gouverneur général en Commission permanente du Conseil de Gouvernement et soumis au Conseil colonial dans sa plus prochaine session.

Les arrêtés par lesquels les crédits sont ouverts doivent indiquer les voies et moyens affectés au paiement des dépenses ainsi autorisées.

Les crédits ouverts en dehors du budget des dépenses de chaque exercice sont notifiés au Trésorier-payeur qui produit à la Cour des comptes, avec le budget local, la copie des arrêtés concernant ces crédits.

Le Gouverneur présente au Conseil colonial le compte de l'exercice expiré, dans la session ordinaire qui suit la clôture de l'exercice.

Les observations que l'examen de ce compte peut motiver sont adressées directement au Gouverneur par le président de l'assemblée. Une copie de ces observations est transmise à la Cour des comptes par l'intermédiaire du Gouverneur général et du Ministre des Colonies.

Commission permanente. — La Commission permanente, instituée par décret du 3 Novembre 1910, est maintenue par le nouveau décret.

Le Gouverneur ou son délégué, suivant le cas, exercent auprès de la Commission permanente les attributions dont ils sont investis à l'égard du Conseil colonial.

La Commission permanente est élue chaque année à la fin de la session ordinaire du Conseil.

Elle se compose de *cinq* membres au moins et *sept* au plus dont *deux* membres indigènes. *(Décret du 9 Juin 1922).*

Les membres de la Commission sont indéfiniment rééligibles.

Les fonctions de membres de la Commission permanente du Conseil colonial sont incompatibles avec celles de maire du chef-lieu de la Colonie et avec le mandat de député.

La Commission permanente est présidée par le plus âgé de ses membres français. Elle élit elle-même, dans son sein, son secrétaire. Les agents remplissant auprès de la Commission les fonctions de secrétaire-rédacteur sont délégués par le Gouverneur. La Commission permanente siège dans le local affecté au Conseil colonial et prend, sous l'approbation du Conseil et avec le concours du délégué de l'Administration, toutes les mesures nécessaires pour assurer son service.

La Commission permanente ne peut délibérer si la majorité de ses membres n'est présente.

Les décisions sont prises à la majorité absolue des voix.

En cas de partage, la voix du président est prépondérante.

Il est tenu procès-verbal des délibérations. Les procès-verbaux font mention des noms des membres présents.

La Commission permanente se réunit sur la convocation du Gouverneur. L'arrêté de convocation, pris en Conseil Privé, fixe la durée et l'objet de la session.

Tout membre de la Commission permanente, qui aura été absent pendant deux séances consécutives sans excuse légitime admise par la Commission, est réputé démissionnaire; il est pourvu à son remplacement à la prochaine session du Conseil colonial.

Les membres de la Commission permanente ne reçoivent ni traitement ni indemnité.

Le Gouverneur ou son représentant assistent aux séances de la Commission ; ils sont entendus quand ils le demandent.

Les chefs de service peuvent être autorisés par le Gouverneur à fournir verbalement et par écrit tous les renseignements qui leur seraient réclamés par la Commission coloniale sur les affaires placées dans ses attributions.

La Commission règle les affaires qui lui sont envoyées par le Conseil colonial dans la limite de la délégation qui lui est faite.

Elle donne son avis au Gouverneur sur toutes les questions qu'il lui soumet ou sur lesquelles il croit devoir appeler son attention dans l'intérêt de la colonie.

A l'ouverture de la session ordinaire du Conseil colonial, la Commission lui fait un rapport sur l'ensemble de ses travaux et lui soumet toutes les propositions qu'elle croit utiles.

En cas d'urgence ou de nécessité démontrée, la Commission, sur la proposition du Gouverneur ou de son délégué, peut modifier la répartition des crédits inscrits au budget pour les travaux publics, sous la réserve que le total des crédits ne subisse ni réduction ni augmentation.

La Commission peut charger un ou plusieurs de ses membres d'une mission relative à des objets compris dans ses attributions.

En cas de désaccord entre la Commission coloniale et l'Administration, l'affaire peut être renvoyée à la plus prochaine session du Conseil colonial, qui statuera définivement.

En cas de conflit entre la Commission coloniale et l'Administration, comme aussi dans le cas où la Commission aurait outre-passé ses attributions, le Conseil colonial sera immédiatement convoqué et statuera sur les faits qui lui auront été soumis.

Le Conseil colonial pourra, s'il le juge convenable, procéder, dès lors, à la nomination d'une nouvelle Commission coloniale.

CHAPITRE VIII

Conseil Privé et Conseils de Protectorat

Composition. — Le décret du 20 Octobre 1911, portant fixation des pouvoirs du Gouverneur de la Cochinchine et des Résidents supérieurs en Indochine, dispose, en son article 4, que ces hauts fonctionnaires, à l'exception du Résident supérieur au Laos, sont assistés respectivement d'un Conseil Privé ou de Protectorat composé de la manière suivante :

Le Gouverneur ou Résident supérieur, Président;

Le Directeur des Bureaux du Gouvernement ou de la Résidence supérieure;

Le Commandant des troupes stationnées dans la Colonie ou le Protectorat et, à défaut, un officier général ou supérieur ou un fonctionnaire militaire de même rang, désigné par le Général Commandant supérieur des troupes du groupe;

Le Procureur général du ressort (1) — *S'il s'agit des Conseils de Protectorat de l'Annam et du Cambodge, le Procureur général peut déléguer à sa place le procureur de la République de Tourane ou celui de Pnom-Penh;*

Le Chef du Service des Travaux publics;

Deux membres choisis parmi les citoyens français notables jouissant de leurs droits civils et politiques et désignés pour une période de deux années par le Gouverneur général, sur la présentation du Gouverneur ou du Résident supérieur intéressé;

Deux dignitaires ou notables indigènes sujets ou protégés français, désignés dans les mêmes conditions;

Le Chef de Cabinet du Gouverneur ou du Résident supérieur, Secrétaire-archiviste.

Deux citoyens français notables jouissant de leurs droits civils et politiques et deux notables indigènes sujets ou protégés français, seront en outre désignés, pour une période de deux années, par le Gouverneur général, sur la présentation

(1) En vertu de la nouvelle réglementation judiciaire.

du Gouverneur ou du Résident supérieur intéressé, à l'effet de remplacer éventuellement, comme suppléants, les membres titulaires de même ordre absents ou empêchés.

L'Inspecteur général des Colonies, chef de mission, et le Directeur du Contrôle financier ont le droit d'assister aux séances du Conseil Privé ou de Protectorat. Ils siègent en face du président. L'Inspecteur général peut se faire représenter par un des inspecteurs qui l'accompagnent.

Le Gouverneur ou le Résident supérieur peut appeler au Conseil, avec voix délibérative, les chefs des Services civils et militaires lorsqu'il est traité des affaires de leur compétence.

Le Conseil peut entendre, en outre, à titre consultatif, tous les fonctionnaires, agents ou autres personnes qui, par leurs connaissances spéciales, sont propres à l'éclairer.

En cas d'absence ou d'empêchement, les membres titulaires du Conseil Privé ou de Protectorat sont remplacés par les fonctionnaires, officiers, ou notables réglementairement appelés à les suppléer.

Les membres fonctionnaires intérimaires prennent rang après les membres fonctionnaires titulaires. La préséance entre les membres intérimaires se règle suivant leur grade, leur assimilation et leur ancienneté.

Les Conseils Privé et de Protectorat se réunissent sur la convocation du Gouverneur ou du Résident supérieur.

Attributions générales. — Les Conseils Privé ou de Protectorat sont obligatoirement consultés :

1° *Sur l'établissement des budgets et des comptes;*

2° *Sur le mode d'assiette, les règles de perception et la quotité des droits à percevoir ;*

3° *Sur la détermination des circonscriptions administratives;*

4° *Sur les aliénations temporaires ou définitives du domaine privé ou public.*

5° *Sur les marchés quelconques et sur les adjudications pour ouvrages et fournitures au-dessus de 20.000 francs.* (Décret du 17 Septembre 1919) ;

6° *Sur les expropriations pour cause d'utilité publique et sur les acquisitions d'immeubles.*

Et, d'une manière générale, sur toutes les matières pour lesquelles la consultation préalable du Conseil privé ou de Protectorat est prescrite par un décret ou un arrêté du Gouverneur général.

Les Conseils Privé ou de Protectorat peuvent, en outre, être appelés à donner leur avis sur toutes les questions intéressant la Colonie ou le Protectorat et qui sont soumises à leur examen par le Gouverneur et les Résidents supérieurs.

Les Conseils Privé ou de Protectorat sont également consultés obligatoirement dans deux cas :

1° *En matière de pourvoi contre une décision de la commission criminelle du Tonkin.*

2° *En matière de mesures disciplinaires à infliger à des magistrats du siège ou du parquet.*

L'avis du Conseil de Protectorat ou du Conseil Privé, suivant le cas, est donné au Gouverneur général lui-même et non au Résident supérieur ou Gouverneur.

Attributions en matière de remise ou modération de contributions directes ou taxes assimilées. — Avant le décret du 5 Août 1881 sur l'organisation et la compétence des Conseils du Contentieux administratif, le Conseil Privé avait compétence pour statuer sur *toutes* les réclamations des contribuables en matière de contributions directes. Depuis le décret précité, il y a lieu de faire une distinction entre ces réclamations.

En effet, les unes (*demandes en remise ou en modération*) continuent à être soumises au Conseil Privé (ou de Protectorat), tandis que les autres (*demandes en décharge ou en réduction*) relèvent désormais de la compétence des Conseils du Contentieux.

On entend par demande en décharge ou en réduction, une réclamation formulée par un contribuable contre le rôle lui-même, en se basant sur ce que l'un de ses articles est erroné et lèse un droit ; elle prend ce nom de demande en *décharge* ou en *réduction* suivant qu'elle tend à un dégrèvement *total* ou *partiel*, le contribuable prétendant qu'il ne devait pas être imposé ou qu'il l'a trop été.

La demande en remise ou en modération, elle, n'attaque pas le rôle ; elle est portée devant l'Administration en vue d'obtenir une *dispense de paiement de tout* ou *partie* d'une cotisation, pour des raisons particulières : elle n'est pas établie dans la forme contentieuse : elle est simplement adressée au Gouverneur qui statue par *voie gracieuse*, dans la limite des pouvoirs qui lui sont attribués, et après avis du Conseil Privé (ou de Protectorat).

Cette distinction résulte à la fois du texte et de l'esprit du décret du 5 Août 1881 qui a entendu laisser aux Gouverneurs, statuant en Conseil Privé, l'examen des demandes en remise ou en modération de contributions directes ou de taxes assimilées, et faire passer aux Conseils du Contentieux administratif l'examen des demandes en décharge ou en réduction.

Cette interprétation est explicitement reconnue et développée dans les Instructions du 27 Octobre 1881, adressées par le Ministre aux Gouverneurs des Colonies, pour l'exécution du décret du 5 Août de la même année.

On y lit, en effet, au sujet du chapitre VII qui traite des règles de procédures spéciales, notamment en matière de contributions directes..............................
....

« Aux colonies comme en France, il y a des impôts directs, c'est-à-dire des impôts qui frappent les contribuables en vertu de rôles nominatifs; les règles relatives à la confection du rôle, à sa mise à exécution, à son recouvrement, sont analogues à la législation métropolitaine.

Par suite, il importe d'établir aux colonies un Contentieux en matière de contributions directes, à l'exemple de celui qui existe en France, afin de donner aux contribuables de nos possessions d'outre-mer les mêmes garanties que le législateur a données aux contribuables de la Métropole.

En conséquence, toute réclamation émanée d'un contribuable qui se prétend lésé, toute revendication d'un droit qui aurait été méconnu par les agents chargés d'asseoir l'impôt ou de le percevoir, doit pouvoir faire l'objet d'un recours contentieux qui sera porté devant le tribunal administratif avec recours au Conseil d'Etat.

Cette mesure est d'autant plus équitable qu'aux colonies la compétence du Conseil du Contentieux s'étend à tout le Contentieux en général.

Ce Conseil serait donc de plein droit et depuis longtemps juge des contestations relatives aux contributions directes, si ces dernières ne lui avaient pas été expressément enlevées par les ordonnances organiques de 1825 et de 1827.

Le décret du 5 Août dernier contient donc les dispositions relatives à l'organisation du Contentieux des contributions directes aux colonies.

Les contribuables bénéficieront des améliorations introduites dans le mode de procéder devant le Conseil du Contentieux ; désormais, ils pourront réclamer devant des juges, en séance publique et avec le droit de se défendre à l'audience, s'ils se croient surtaxés ou indûment imposés.

L'organisation nouvelle de la procédure contentieuse devant les Conseils du Contentieux, au sujet de contributions directes, aura pour effet de mettre fin à la marche confuse suivie jusqu'ici en cette matière lorsqu'il s'élevait des réclamations de la part des contribuables.

Elle mettra un terme aux règles diverses successivement introduites à chacun des principaux changements de l'organisation coloniale.

Soumises en 1825 et 1827 aux Conseils Privés, les réclamations dont il s'agit finirent par être placées dans la compétence du Directeur de l'Intérieur, qui statuait seul sur la valeur du recours. C'est du reste, l'état actuel de la législation.

Un tel état de choses ne peut se prolonger et, pour ce motif, j'ai tenu à compléter les réformes introduites dans la procédure devant le Conseil du Contentieux, en investissant ce Conseil d'une compétence nouvelle, qui, en France, fait l'objet d'un grand nombre de réclamations devant les Conseils de préfecture.

Vous remarquerez, toutefois, que la compétence donnée au Conseil du Contentieux ne porte que sur les demandes en décharge ou en réduction, c'est-à-dire sur celles qui se fondent sur un droit lésé. Quant aux demandes en remise et en modération qui supposent un recours purement gracieux, elles continueront de vous être adressées, et vous aurez, comme par le passé, à apprécier les faits et à statuer suivant les circonstances comme il vous paraîtra équitable.

Le nouveau décret ne porte sur ce point aucune atteinte à vos droits ni à vos pouvoirs.

. . . .

Les règles inscrites dans les articles 100 à 104 sont empruntées aux lois du 21 Avril 1832 (articles 28 et 29), du 10 Juillet 1846 (article 6) et du 24 floréal, an VIII, qui régissent la matière dans la Métropole. En les reproduisant ici, j'ai tenu à bien déterminer quelles sont les prescriptions à suivre par les contribuables et l'Administration. Il est important que les intéressés aient sous les yeux les textes qui doivent être appliqués, sans être obligés de se référer à des lois dont les dispositions ne sont pas toutes applicables et qui, par suite, peuvent donner naissance à de fausses interprétations.

Les articles concernant le Contentieux des contributions directes comportent, d'ailleurs, par eux-mêmes, des développements suffisants pour qu'il soit inutile d'entrer dans de plus longues explications ».

Attributions en matière de dispenses de Mariage. — Quoiqu'il ne soit parlé nulle part, dans le décret précité du 20 Octobre 1911, des dispenses que, en vertu des décrets des 27 Janvier 1883, 29 Janvier 1890 et 10 Juin 1905, ces Conseils sont appelés à donner en vue de contracter mariage, les dispositions sur la matière, en vigueur au moment de la promulgation dudit décret du 20 Octobre 1911, n'ont nullement été abrogées et conservent, par suite, toute leur autorité.

Jusqu'en 1924, les dispenses, pour les Français résidant en Cochinchine, au Cambodge et au Laos, étaient accordées par le Conseil Privé de la Cochinchine ; pour ceux qui résidaient au Tonkin, en Annam et dans le Territoire de Kouang-tchéou-wan, par le Conseil de Protectorat du Tonkin.

. . . .

Un décret en date du 16 Avril 1924 a modifié cet état de choses. Dans un but de réduire les délais nécessités par l'examen des demandes de dispenses et de réaliser la rapidité de procédure recherchée par cette législation exceptionnelle, le décret précité stipule que les Conseils de Protectorat de l'Annam et du Cambodge, statueront respectivement, aux lieu et place du Conseil du Protectorat du Tonkin et du Conseil Privé de la Cochinchine, pour tous les Français résidant en Annam et au Cambodge, sur les demandes en dispenses en matière de mariage autorisées par les décrets des 27 Janvier 1883 et 29 Janvier 1890.

Le rapport à ces fins, prévu par l'article 121 du décret du 17 Mai 1895, sera présenté au Conseil du Protectorat de l'Annam par le procureur de la République de Tourane et au Conseil du Protectorat du Cambodge par le procureur de la République de Pnom-Penh.

Il résulte, de la combinaison de ces divers textes, que les dispenses pour les Français résidant au Laos restent soumises au Conseil Privé de la Cochinchine, et que celles, pour les Français résidant à Kouang-tchéou-wan, continueront à être accordées par le Conseil de Protectorat du Tonkin.

« D'autre part, ces Conseils n'interviennent plus, dans « la circonstance, en qualité de simples assemblées consul« tatives. Il y a lieu de se référer à ce sujet à la Circulaire « ministérielle du 14 Février 1883 où le Ministre commente « le décret du 27 Janvier 1883 (1), relatif au mariage des Fran-

---

(1) **Décret du 27 Janvier 1883**

Article premier. — Toute personne résidant en Cochinchine, qui voudra contracter mariage, sera dispensée, lorsque ses ascendants auront leur domicile en dehors de la Colonie, des obligations imposées par les articles 151, 152 et 153 du Code civil, relativement aux actes respectueux.

Art. 2. — Dans tous les cas prévus par les articles 148, 149, 150 et 160 du Code civil, lorsque les ascendants ou les membres du conseil de famille résideront hors de la colonie, il pourra être suppléé au consentement des ascendants, du conseil de famille ou du tuteur ad hoc, par l'autorisation du Conseil Privé de la Colonie.

Art. 3. — Le Conseil Privé pourra dispenser les futurs époux non originaires de la Colonie, de la production prescrite par l'article 70 du Code civil, de leur acte de naissance, pourvu que l'identité et l'âge paraissent suffisamment établis par des pièces de toute nature, ma-

« çais en Cochinchine, étendu à l'Annam, au Tonkin et au « Cambodge par le décret du 29 Janvier 1890. »

Le Ministre s'exprime ainsi :

« Je dois enfin appeler votre attention sur ce point que les « décisions prises par le Conseil Privé en matière de mariage « lient le Gouverneur. Plus est grande l'appréciation laissée « au Conseil, plus ses pouvoirs sont étendus, plus il importait « que ses décisions fussent prises à la majorité des membres « qui le composent et que le Gouverneur, après avoir exprimé « son avis comme membre du Conseil, fût lié par l'avis de la « majorité. Il ne saurait y avoir doute sur ce point. Vous « remarquerez en effet que ce n'est plus au Gouverneur sta- « tuant sur l'avis du Conseil privé, mais au Conseil lui-même, « que le décret du 27 Janvier dernier a conféré le pouvoir de « suppléer au consentement des ascendants et de dispenser « des publications en Europe, ainsi que de la production « des actes de l'Etat-civil.

« Plus loin, le Ministre indique que, dans l'espèce, le Con- « seil Privé est investi d'attributions spéciales qui justifient

---

tricules, actes de notoriété ou autres, dont le Conseil Privé appréciera la valeur et l'authenticité.

Art. 4. — Le Conseil Privé pourra également, lorsqu'il résultera des pièces produites, qu'il n'existe entre les futurs époux aucun empêchement provenant de la parenté ou de l'alliance, et qu'ils ne sont engagés ni l'un ni l'autre dans les liens d'un mariage antérieur, leur accorder dispenses des publications auxquelles il serait nécessaire de procéder en Europe, en conformité des articles 167 et 168 du Code civil.

Art. 5 — Dans les cas où l'un des futurs époux aurait antérieurement contracté mariage, s'il est établi par des documents produits que ce mariage a été dissous par la mort de l'autre conjoint, le Conseil Privé pourra dispenser le conjoint survivant de l'acte de décès dressé hors de la Colonie.

Art. 6. — Le Conseil Privé devra, dans sa délibération, mentionner les pièces et motiver sa décision.

Art. 7. — Le consentement au mariage et les dispenses de publication ou de production des actes authentiques accordés par le Conseil Privé resteront annexés aux actes de mariage pour tenir lieu des justifications exigées par le Code civil.

« la dérogation apportée aux règles qui régissent sa procé-« dure en temps habituel.

« En statuant sur ces matières délicates et qui touchent à « des intérêts exclusivement privés, il ne remplit plus les « fonctions d'une assemblée administrative ou politique con-« sultative destinée à éclairer les décisions du Gouverneur, « mais bien plutôt celles d'une juridiction spéciale destinée « à tenir lieu de conseil de famille à ceux de nos nationaux « qui se trouvent éloignés de leurs parents dans notre colonie « d'Extrême-Orient.

« Ainsi, nous ne nous trouvons plus en présence des Con-« seils Privé ou de Protectorat pris avec leur caractère et « leurs attributions habituelles, mais devant une assemblée « ayant des pouvoirs spéciaux et appelée non plus à donner « des avis administratifs ou financiers, mais à statuer sur « des matières intéressant l'état-civil des citoyens français.

« Dans ce domaine exceptionnel, des dispositions excep-« tionnelles également paraissent donc normales.

« Comme il y avait des intérêts privés importants à sauve-« garder et que, dans notre législation, le pouvoir judiciaire « apparaît comme le gardien naturel des intérêts privés, il a « été décidé, dès 1889, que le Chef du Service judiciaire pré-« parerait et présenterait les rapports sur les demandes en « dispenses et en autorisations de mariage (1). *(Décret du 19 « Juin 1889, article 107).* Cet article est tout-à-fait général « et ne comporte aucune distinction ni restriction.

« L'article 121 du décret du 17 Mai 1895, dit de même : « Le Procureur général prépare et présente les rapports sur « les demandes en dispenses et en autorisations de mariage ». « Là encore, le législateur n'énumère pas, il ne fait pas d'ex-« ception, il parle de toutes les demandes.

« Enfin, le décret du 8 Août 1898, réorganisant la Justice « en Indochine, stipule, dans son article 8, que le Procureur « général exerce, dans toute l'étendue du ressort de la cour « d'appel de l'Indochine, les fonctions qui lui sont attribués

(1) Par suite du décret du 19 Mai 1919, modifié et complété par celui du 16 Février 1921, ce n'est plus le Chef du Service judiciaire, mais les Procureurs généraux ou Procureurs de la République, suivant le cas, qui sont chargés de ces rapports.

« par le titre VI, du décret du 17 Mai 1895 (le titre où se trou-« ve l'article 121 précité). » *(Lettre du Gouverneur général de l'Indochine au Résident supérieur du Tonkin, 4 Avril 1912).*

En conséquence de ce qui précède et par suite de la nouvelle réorganisation judiciaire, pour le Tonkin et Kouang-tchéou-wan d'une part, et la Cochinchine et le Laos d'autre part, c'est le Procureur général près la cour d'appel de Hanoi ou de Saigon, suivant le cas, qui est chargé de présenter le rapport sur toutes les demandes en dispenses et en autorisations de mariage respectivement soumises soit au Conseil du Protectorat du Tonkin, soit au Conseil Privé de Cochinchine. Au contraire, ce rapport est, comme nous l'avons dit plus haut, présenté au Conseil de Protectorat de l'Annam par le procureur de la République de Tourane et au Conseil de Protectorat du Cambodge par le procureur de la République de Pnom-Penh.

Séances et forme des délibérations. — Le décret du 20 Octobre 1911, étant muet sur ces points, les dispositions du décret du 21 Août 1869 rendant applicables à la Cochinchine certains articles combinés des ordonnances des 9 Février 1827 et 22 Août 1833, promulguées par arrêté du 20 Novembre 1869 et relatives aux attributions des Conseils Privés aux Antilles, à leurs séances et à la forme de leurs délibérations, demeurent par suite encore en vigueur. Nous allons passer en revue ces principales dispositions qui sont également applicables aux Conseils de Protectorat, en vertu des divers textes qui les avaient institués.

Les membres du Conseil prêtent entre les mains du Gouverneur (1), lorsqu'ils siègent ou assistent pour la première fois au Conseil, le serment dont la formule suit : *(Modifié).*

« Je jure de garder et observer les lois, ordonnances et règlements en vigueur dans la Colonie, de tenir secrètes les délibérations du Conseil Privé (2), *et de n'être guidé dans l'exercice des fonctions que je suis appelé à remplir, que par ma conscience et le bien du service. »*

---

(1) Ou du Résident supérieur.

(2) Ou de Protectorat.

Le Conseil s'assemble au Gouvernement et dans un local spécialement affecté à ses séances.

Le Conseil ne peut délibérer, qu'autant que tous ses membres sont présents ou légalement remplacés.

Le Conseil a le droit de demander communication de toutes les pièces et documents relatifs à la comptabilité.

Il peut aussi demander que tous autres documents susceptibles de servir à former son opinion lui soient communiqués.

Dans ce dernier cas, le Gouverneur décide si la communication aura lieu; en cas de refus, mention en est faite au procès-verbal.

Le président, avant de fermer la discussion, consulte pour savoir s'il est suffisamment instruit. Le Conseil délibère à la pluralité des voix; en cas de partage, celle du Gouverneur est prépondérante. Les voix sont recueillies par le président et dans l'ordre inverse des rangs qu'occupent les membres du Conseil ; le Président vote le dernier.

Tout membre qui s'écarte des égards et du respect dûs au Conseil est rappelé à l'ordre par le président et mention en est faite au procès-verbal.

Le secrétaire-archiviste rédige le procès-verbal des séances. Il y consigne les avis motivés et les votes nominatifs. Il y insère même lorsqu'il en est requis, les opinions rédigées, séance tenante, par les membres du Conseil.

Le procès-verbal ne fait mention que de l'opinion de la majorité...

Le secrétaire-archiviste donne lecture, au commencement de chaque séance, du procès-verbal de la séance précédente.

Le procès-verbal, approuvé, est transcrit sur un registre coté et parafé par le Gouverneur et signé par tous les membres du Conseil.

Deux expéditions du procès-verbal de chaque séance, visées par le président et certifiées par le secrétaire-archiviste, sont adressées au Ministre, par l'intermédiaire du Gouverneur général.

Le secrétaire-archiviste a, dans ses attributions, la garde du sceau du Conseil, le dépôt de ses archives, la garde de sa bibliothèque et l'entretien du local destiné à ses séances.

Il est chargé de la convocation des membres du Conseil et des avis à leur donner, sur l'ordre du président, de la réunion de tous les documents nécessaires pour éclairer les délibérations et de tout ce qui est relatif à la rédaction, l'enregistrement et l'expédition des procès-verbaux.

Avant d'entrer en fonctions, le secrétaire-archiviste prête, entre les mains du Gouverneur en Conseil, le serment de tenir secrètes les délibérations du Conseil Privé (ou de Protectorat).

Il lui est interdit de donner, à d'autres personnes qu'aux membres du Conseil, communication des pièces et documents confiés à sa garde à moins d'un ordre écrit du Gouverneur.

. . . .

Le Conseil ne peut délibérer que sur les affaires qui lui sont présentées par le Gouverneur ou par son ordre.

Les projets d'ordonnances, d'arrêtés, de règlements et toutes autres affaires qu'il est facultatif au Gouverneur de proposer au Conseil, peuvent être retirés par lui lorsqu'il le juge convenable.

Aucune affaire de la compétence du Conseil ne doit être soustraite à sa compétence.

Les membres titulaires peuvent faire à ce sujet des réclamations : le Gouverneur les admet ou les rejette.

Tout membre titulaire peut également soumettre au Gouverneur en Conseil, les propositions ou observations qu'il juge utiles au bien du service ; le Gouverneur décide s'il en sera délibéré ; mention du tout est faite au procès verbal.

Ces Conseils ne peuvent correspondre avec aucune autorité.

Nota. — Il résulte des dispositions combinées des ordonnances des 9 Février 1827 et 22 Août 1833 — le décret du 20 Octobre 1911 étant encore muet sur ce point — que l'avis du Conseil Privé ou de Protectorat ne lie pas le Gouverneur ou le Résident supérieur. Ce n'est que, dans le cas où, comme nous l'avons vu plus haut, le Conseil statue en matière de dispenses de mariage, que le Gouverneur de la Cochinchine ou les Résidents supérieurs du Tonkin, de l'Annam et du Cambodge sont liés par l'avis de la majorité.

Au surplus, ce n'est même pas, dans ce cas, le Gouverneur ou le Résident supérieur qui décide — sur l'avis de la majorité — mais bien le Conseil lui-même, constitué en la circonstance en *juridiction spéciale*, suivant les termes mêmes de la circulaire ministérielle précitée.

CHAPITRE IX

Conseils du contentieux Administratif

Composition et dispositions générales.— Aux termes du décret du 5 Août 1881 sur l'organisation et la compétence des Conseils du Contentieux administratif à la Martinique, à la Guadeloupe et à la Réunion, rendu applicable à toutes les colonies par le décret du 7 Septembre 1881, promulgué en Indochine le 12 Décembre suivant, de ceux des 17 Septembre 1882, 21 Septembre 1894, 3 Février 1910 et 2 Septembre 1905, le Conseil Privé de la Cochinchine et le Conseil de Protectorat du Tonkin étaient constitués en Conseils du Contentieux administratif, par l'adjonction de deux magistrats...

Le décret du 16 Juin 1910 modifié par ceux des 6 Septembre 1921 et 9 Juin 1925 a complètement changé cet état de choses.

Il y a pour toute l'Indochine deux Conseils du Contentieux siégeant, l'un à Hanoi, l'autre à Saigon.

Le ressort de chacun de ces deux Conseils est le même que celui des cours d'appel siégeant dans ces villes tel qu'il est ou sera déterminé par les règlements en vigueur ou à intervenir. (Voir à ce sujet chapitre III. — (*Organisation judiciaire*).

Le règlement du Contentieux administratif de l'Etat et du Gouvernement général de l'Indochine est attribué au Conseil du Contentieux de Saigon ou au Conseil du Contentieux de Hanoi, suivant que les intérêts faisant l'objet du litige sont situés dans l'un ou l'autre de ces ressorts.

Les membres, à quelque titre que ce soit, des Conseils du Contentieux sont nommés pour une période de trois ans par arrêtés du Gouverneur général, après consultation des Chefs d'Administration locale intéressés et du Directeur de l'Administration judiciaire.

Les membres nommés postérieurement aux renouvellements triennaux le sont pour la période restant à courir jusqu'au prochain renouvellement intégral.

Chacun des deux Conseils est composé de :

Un magistrat du siège appartenant à la Cour d'Appel, *Président* ;

Deux administrateurs des Services civils, licenciés en droit, justifiant de dix années de service effectif en Indochine, *Conseillers* ;

Un administrateur des Services civils, *Commissaire du Gouvernement*, remplissant les mêmes conditions que les conseillers ;

Un fonctionnaire de l'ordre administratif ou un commis indigène, *Secrétaire du Conseil.*

Les fonctionnaires des Services civils ci-dessus désignés sont spécialement affectés aux Conseils du Contentieux et sont placés hors cadres pour la durée de cette affectation.

Un arrêté du Gouverneur général, pris en Conseil de Gouvernement, ou en Commission permanente du Conseil de Gouvernement, pourra nommer *Greffier du Conseil*, un commis indigène, gradué de l'Université de Hanoi.

Chacun des Conseils comprend également, comme suppléants appelés à remplacer les titulaires en cas d'empêchement momentané ou d'absence de courte durée :

Un magistrat du siège appartenant à la Cour d'Appel, suppléant désigné du président ;

Deux administrateurs appelés à siéger dans l'ordre du tableau, suppléants désignés des conseillers titulaires et astreints à la justification des mêmes titres ;

Un administrateur, suppléant désigné du commissaire du Gouvernement, licencié en droit ;

Un fonctionnaire des Services civils, licencié en droit, suppléant désigné du secrétaire.

Les fonctionnaires des Services civils, nommés suppléants participent éventuellement au fonctionnement du Conseil tout en assurant le service général dont ils sont chargés.

En cas de départ en congé ou d'absence présumée de longue durée du titulaire, le suppléant est appelé, dans l'ordre du tableau, à prendre possession du siège comme intérimaire. Les fonctionnaires des Services civils suppléants, admis à remplacer dans ces conditions les titulaires, sont mis hors cadres à compter du jour de leur installation.

Dans le cas où la simultanéité des absences présumées de longue durée le rendrait nécessaire, le Gouverneur général peut, sur le rapport motivé du président du Conseil du Contentieux, avis pris du Directeur de l'Administration judiciaire, pourvoir provisoirement aux nominations indispensables pour assurer le cours régulier des travaux de la juridiction administrative.

Des arrêtés du Gouverneur général pris sur la proposition du Directeur de l'Administration judiciaire réglent le nombre, la durée et la tenue des audiences, le fonctionnement du secrétariat, du greffe du Conseil, et, plus généralement, les détails d'exécution du décret du 6 Septembre 1921.

Des arrêtés du Gouverneur général, rendus sur les propositions du Secrétaire général et du Directeur de l'Administration judiciaire, déterminent les avantages matériels et prestations attachés aux différents emplois du Conseil du Contentieux. En ce qui concerne les administrateurs des Services civils, ces avantages ou prestations doivent être établis en corrélation avec les avantages dont ils jouiraient s'ils remplissaient les fonctions normales de leur grade dans l'intérieur de la colonie.

En conformité de ces dispositions, l'arrêté du Gouverneur général en date du 7 Février 1922, modifié par celui du 24 Juillet suivant, fixe comme suit les détails d'exécution du décret du 6 Septembre 1921 ainsi que les avantages matériels et prestations attachés aux différents emplois : Les membres du Conseil prennent rang dans l'ordre suivant : le magistrat de la Cour d'Appel, *Président*, les administrateurs, le Commissaire du Gouvernement. L'ordre de préséance des administrateurs est déterminé par leur classe ou leur ancienneté s'ils appartiennent à la même classe.

Des indemnités annuelles de fonctions payables par douzièmes sont allouées aux membres titulaires des Conseils du Contentieux.

Ces indemnités sont ainsi fixées :

Président........................	*1.200* $
Conseiller........................	*1.000*
Commissaire du Gouvernement...	*1.200*
Secrétaire........................	*600*

En cas d'absence d'un titulaire entraînant suppression de l'indemnité, dans les cas prévus à l'arrêté du 13 Février 1916 (article 36, paragraphe 2) le suppléant aura droit à cette indemnité de fonctions.

En cas d'empêchement du titulaire n'entraînant pas la suppression de l'indemnité de fonctions, le suppléant aura droit à une vacation de six piastres par heure d'audience, toute fraction supérieure à une demi-heure étant décomptée pour une heure, mais sans que le montant mensuel des vacations puisse dépasser le 1/12 de l'indemnité du titulaire.

Les suppléants sont appelés dans l'ordre du tableau à prendre possession du siège du titulaire.

Le Gouverneur général a, sur tous les membres du Conseil, des pouvoirs disciplinaires.

Attributions et compétence. — Les attributions et la compétence des Conseils du Contentieux sont fixées par les articles 160 de l'ordonnance du 21 Août 1825, sur le Gouvernement de la Réunion, et 176 de l'ordonnance du 9 Février 1827, sur le Gouvernement de la Martinique et de la Guadeloupe, à l'exception de celles qui sont mentionnées aux paragraphes I et XI desdits articles. Ces Conseils connaissent donc :

....
....

2° De toutes les contestations qui peuvent s'élever entre l'Administration et les entrepreneurs de fournitures ou de travaux publics, ou tous autres qui auraient passé des marchés avec le Gouvernement, concernant le sens ou l'exécution des clauses de leurs marchés ;

3° Des réclamations des particuliers qui se plaignent de torts et dommages, provenant du fait personnel desdits entrepreneurs, à l'occasion de marchés passés par ceux-ci avec le Gouvernement ;

4° Des demandes et contestations concernant les indemnités dues aux particuliers, à raison du dommage causé à leurs terrains pour extraction ou enlèvement des matériaux nécessaires à la confection des chemins, canaux et autres ouvrages publics ;

5° Des demandes en réunion de terrains au domaine,

lorsque les concessionnaires ou leurs ayants-droit n'ont pas rempli les clauses des concessions;

6° *(Abrogé en ce qui concerne l'Indochine par le décret du 12 Mars 1916)* (1).

7° Des contestations relatives à l'ouverture, la largeur, le redressement et l'entretien des routes *royales*, des chemins vicinaux, de ceux qui conduisent à l'eau, des chemins particuliers ou de communication aux villes, routes, chemins, rivières et autres lieux publics, comme aussi des contestations relatives aux servitudes pour l'usage de ces routes et de ces chemins;

8° Des contestations relatives à l'établissement des embarcadères, des ponts, bacs et passages sur les rivières et sur les bras de mer, ainsi que de celles qui ont rapport à la pêche sur les rivières et sur les étangs appartenant au domaine;

9° Des empiétements sur la réserve des cinquante pas géométriques et sur toute autre propriété publique (2).

10° Des demandes formées par les comptables en mainlevée de séquestre ou hypothèque établis à la diligence du contrôleur;

....

12° Des contestations élevées sur les demandes formées par le contrôleur colonial, dans les cas prévus par l'article 117, § 3, des ordonnances des 21 Août 1825 et 9 Février 1827;

13° En général, du Contentieux administratif (3).

---

(1) Voir (Chap. XV) le décret du 12 Mars 1916, relatif aux concessions de prises d'eau en Indochine, lequel enlève aux Conseils du Contentieux administratif de cette Colonie le soin d'examiner les demandes d'autorisations de ce genre.

(2) C'est en vertu de ces dispositions que les contraventions en matière de grande voirie sont soumises aux Conseils du Contentieux administratif des colonies. (Voir à ce sujet, chap. *XV.— Grande voirie)*.

(3) L'ordonnance du 9 Février 1827, qui avait placé le Contentieux administratif dans les attributions des Conseils Privés aux Colonies, avait donné, entr'autres pouvoirs à ces Conseils, le droit de régler les réclamations en matière de contributions directes. Ainsi que nous l'avons vu plus haut, en étudiant les Conseils Privé et de Protectorat, leur compétence en matière de contributions directes, depuis la création des Conseils du Contentieux administratif, est limitée aux demandes en remise ou modération, les demandes en décharge ou réduction devant être désormais soumises aux Conseils du Contentieux administratif.

Le Conseil du Contentieux est donc juge des contestations relatives au traitement des fonctionnaires coloniaux, à leurs émoluments accessoires et, généralement, à toutes les réclamations pécuniaires formées contre la colonie par ses agents, y compris les demandes d'indemnité pour révocation ou licenciement. (Conseil d'Etat : arrêts des 3 Mars 1876, 20 Juillet 1877, 24 Mai 1878, etc).

A signaler toutefois que les juridictions administratives coloniales ne sont pas compétentes en matière de Contentieux d'Etat. Par suite, les Conseils du Contentieux administratif des colonies sont incompétents pour connaître des actions tendant à faire déclarer l'Etat débiteur ou pécuniairement responsable des fautes de ses agents. (PENANT, 1906). Ils sont également incompétents pour statuer sur les recours pour excès de pouvoir formés contre les actes des diverses autorités administratives. Cette incompétence est d'ordre général. Les actions de ce genre doivent être portées directement devant le Conseil d'Etat, ainsi que nous le verrons ci-après. *(Lois des 7-14 Octobre 1790 et 24 Mai 1872).*

Contentieux de pleine juridiction et Contentieux de l'annulation. — Les actes de la puissance publique pouvant donner lieu à un recours contentieux sont de deux sortes, suivant qu'un droit a été lésé ou qu'au contraire un excès de pouvoir a été commis.

Dans le premier cas, l'action est portée (1) devant la juridiction du 1er degré (Conseil de préfecture en France, Conseil du Contentieux administratif en Indochine) et ensuite, s'il y a lieu, en appel, devant le Conseil d'Etat : C'est ce qu'on appelle *le Contentieux de pleine juridiction.*

Dans le second cas, le tribunal du 1er degré ne peut être saisi de l'action qui doit être portée *directement* devant le Conseil d'Etat : C'est *le Contentieux de l'annulation. (Loi du 24 Mai 1872, article 9).*

---

(1) Dans ce cas, le requérant n'est pas tenu de se pourvoir contre une décision préalable de l'autorité administrative. Dès lors, le délai de 3 mois prévu par le décret du 5 Août 1881 ne lui est pas opposable. Ce délai ne joue qu'en matière de contentieux de l'annulation (Arrêt C. E. du 9 Janvier 1924).

« Ce recours est ouvert contre tous les actes administratifs (1), sauf les exceptions énumérées ci-dessous; peu importe qu'ils émanent d'un fonctionnaire, comme le préfet, d'un corps délibérant, comme le Conseil de préfecture. Toutefois, ce recours doit être formé dans les 3 mois qui suivent l'acte incriminé (2) ; il est dispensé de l'intervention d'un avocat au Conseil d'Etat. (*Décret du 2 Novembre 1864*). »

Des exemples feront mieux saisir la différence qui existe entre ces deux sortes d'actes.

Les demandes en décharge ou en réduction, en matière de contributions directes, sont basées sur ce fait que le rôle est erroné et que par conséquent il lèse un droit : soit qu'elles tendent à un dégrèvement total (décharge) ou partiel (réduction), le contribuable prétendant que c'est à tort qu'il a été imposé ou qu'il l'a trop été.

Un droit ayant été lésé par un acte de la puissance publique (émission du rôle), l'intéressé peut s'adresser à la juridiction contentieuse du 1er degré et faire appel ensuite de la décision intervenue au Conseil d'Etat.

Lorsqu'au contraire, les actes de l'autorité administrative (Ministre, Préfet, Gouverneur, etc...) ne sont pas faits en conformité des règles et formalités exigées par les lois et règlements ou lorsque cette autorité excède ses pouvoirs, il y a lieu à recours ou pourvoi en annulation.

Ainsi, aux termes de l'article 25 du décret du 1er Décembre 1920, portant réorganisation du Corps des Administra-

---

(1) La question s'est souvent posée de savoir si un fonctionnaire de l'Etat peut être rendu pécuniairement responsable d'une faute par lui commise dans l'exercice et à l'occasion de ses fonctions.

Le Conseil d'Etat a toujours répondu par la négative : La haute assemblée vient encore de décider en effet, à l'occasion d'un procès récent, que réserve faite en ce qui concerne les *comptables publics*, les autres fonctionnaires, qu'on désigne sous le nom générique *d'Administrateurs*, ne sont pas, sauf texte formel et spécial, pécuniairement engagés vis-à-vis de l'Etat — ou des particuliers — par les actes de leurs fonctions.

Ils ne sont exposés à cet égard, en dehors de l'action pénale pour fautes lourdes, qu'aux peines disciplinaires que l'autorité supérieure peut leur infliger.

(2) Le point de départ du délai est la notification de la décision attaquée.

teurs des Services civils de l'Indochine, l'avancement de ces fonctionnaires est donné à ceux d'entre eux portés, au préalable, sur un tableau d'avancement dressé dans les conditions fixées par arrêté du Gouverneur général. Si un administrateur était promu à la classe supérieure sans avoir été porté à ce tableau ou bien, s'il y était porté bien que ne réunissant pas les conditions exigées, sa promotion pourrait être l'objet, de la part d'un seul ou de plusieurs de ses collègues, d'un pourvoi en annulation.

Toutefois, tous les actes de la puissance publique ne sont pas susceptibles d'être déférés à la juridiction contentieuse il faut excepter :

1° *Les actes contractuels.* — Pour ces actes, les tribunaux judiciaires sont compétents ; toutefois les marchés relatifs aux travaux publics, les marchés de fournitures, etc., sont de la compétence administrative.

2° *Les actes législatifs.* — Lors même qu'ils constituent des actes administratifs, parce qu'ils n'émanent pas d'une autorité administrative.

3° *Les actes réglementaires.* — On entend par là les actes administratifs accomplis en vertu d'une délégation générale et tacite, ou spéciale et expresse, du pouvoir législatif ; ils échappent, de ce fait, à tout contrôle judiciaire.

4° *Les actes judiciaires ou de police judiciaire.* — Même lorsqu'ils émanent d'agents administratifs, parce que ces actes ne sont pas accomplis dans l'exercice des fonctions administratives.

5° *Les actes de Gouvernement.* — « Ces actes y échappent aussi à cause de leur caractère politique et de la raison d'Etat qui les rend nécessaires. »

On pourrait encore considérer comme acte de Gouvernement le fait par un Gouverneur de ne pas approuver, par suite d'irrégularité, un marché de fournitures ou une adjudication aux enchères publiques, lorsque le cahier des charges prévoit que ce marché ou cette adjudication doit — pour être valable — être revêtu de l'approbation du Gouverneur.

On se rend facilement compte que, dans ce cas, l'acte du Gouverneur ne pourrait être l'objet d'un recours contentieux quelqu'il soit ; le Conseil d'Etat a d'ailleurs jugé dans ce sens. (*Arrêt du 19 Mai 1895*).

Formes et délais du recours (devant le Conseil d'Etat) en matière de contentieux d'annulation. — Nous avons dit que les recours contre les actes des autorités administratives pour excès de pouvoir (contentieux de l'annulation) sont portés *directement* devant le Conseil d'Etat. Le délai imparti, pour la présentation de ces recours, en ce qui concerne ceux émanant de l'Indochine, est celui de 3 mois fixé par l'article 11 du décret de 22 Juillet 1806, augmenté, conformément aux dispositions de l'article 13 dudit décret, du délai de distance fixé par l'article 73 du Code de procédure civile, dûment modifié par la loi du 13 Mars 1922 qui ramène de 8 à 5 mois ledit délai, soit en tout 8 mois; ce délai est doublé en cas de guerre maritime.

Certains auteurs (1) soutiennent que pour ces pourvois, le délai a été réduit à 2 mois par la loi du 13 Avril 1900. Mais M. Pénant, dans son *Recueil de Législation coloniale*, est d'avis que c'est toujours le décret du 22 Juillet 1806 qui détermine ce délai. La jurisprudence du Conseil d'Etat n'est elle-même pas très fixée sur ce point (2).

Quoiqu'il en soit, c'est donc un délai de 7 mois (et peut-être 8 mois) que l'on a, en temps de paix, en Indochine, pour se pourvoir au Conseil d'Etat contre une décision d'une autorité qui y ressortit, et ce, à dater du jour où cette décision a été notifiée à l'intéressé ou insérée dans une publication officielle. En cas de guerre maritime, le délai est de 12 mois (et de 13 mois si la loi du 13 Avril 1900 n'est pas applicable à l'Indochine.)

---

(1) Berthelemy, *Traité élémentaire de droit administratif.*

(2) Par deux arrêts du 14 Mai 1915 et du 23 Mars 1917, le Conseil d'Etat qui, par un arrêt du 1er Juin 1906, avait déclaré que l'art. 24 de la loi du 13 Avril 1900 n'était pas applicable à l'Indochine faute d'y avoir été promulgué, a reconnu au contraire que ce texte devait s'appliquer nécessairement aux Colonies sans avoir besoin d'y avoir été déclaré spécialement applicable.

Les recours en annulation sont déposés *directement* par les parties au secrétariat du Contentieux du Conseil d'Etat. Comme les requêtes introductives d'instance au Conseil du Contentieux administratif, ils doivent contenir les profession et domicile du demandeur, l'exposé des faits qui donnent lieu à la demande ; les moyens et conclusions ; l'énonciation des pièces qui y sont jointes. Ils doivent être établis sur papier timbré.

La communication du recours est faite par la voie administrative, sans ministère d'avocat et sans qu'il soit besoin d'une ordonnance de soit-communiqué ; le dossier est transmis au ministre compétent qui l'envoie au Gouverneur général. Celui-ci adresse la communication à l'autorité qui a signé l'acte attaqué en lui demandant des explications, rapports et pièces justificatives. Les parties intéressées à l'acte en question reçoivent également communication de la demande en annulation et sont invitées à fournir leurs défenses.

Les délais dans lesquels les réponses ou observations doivent être produites sont fixés, eu égard aux circonstances de l'affaire, par la section du Contentieux.

Formes et délais du recours en matière de contentieux de pleine juridiction. — Cette procédure a été fixée par les articles 6 et suivants du décret du 5 Avril 1881, promulgué le 12 Décembre 1881. Notre étude se bornera à *l'introduction des instances ordinaires, aux recours au Conseil d'Etat* et *aux procédures spéciales.*

A) Introduction des instances ordinaires. — *Art. 6.* — Les requêtes introductives d'instances, adressées au Conseil du Contentieux administratif et, en général, toutes les pièces concernant les affaires sur lesquelles ce Conseil est appelé à statuer, doivent être déposées au secrétariat du Conseil.

Ces requêtes sont inscrites à leur arrivée sur le registre d'ordre, qui doit être tenu par le secrétaire-archiviste ; elles sont, en outre, marquées, ainsi que les pièces qui y sont jointes, d'un timbre qui indique la date de l'arrivée.

Le secrétaire-archiviste doit délivrer aux parties qui en font la demande un certificat constatant l'arrivée au secrétariat de la réclamation et des différents mémoires.

Art. 7. — La requête introductive d'instance doit contenir : les profession et domicile du demandeur ; les nom et demeure du défendeur ; l'exposé des faits qui donnent lieu à la demande ; les moyens et les conclusions ; l'énonciation des pièces qui y sont jointes. Il y est fait élection de domicile dans le lieu de résidence du Conseil.

En cas de recours au Conseil du Contentieux contre la décision d'une autorité qui y ressortit, une expédition de la copie signifiée de cette décision est toujours jointe à la requête, sinon la dite requête ne peut être reçue.

Art. 8. — Les requêtes doivent être accompagnées de copies certifiées conformes par le requérant, destinées à être notifiées aux parties en cause.

Lorsque aucune copie n'est produite ou lorsque le nombre des copies n'est pas égal à celui des parties ayant un intérêt distinct, auxquelles le président du Conseil aurait ordonné la communication prévue par l'article 13, le demandeur est averti par le secrétaire-archiviste qu'il ne peut être donné suite à sa demande tant que les dites copies n'auront pas été produites.

Si la production n'est pas faite dans le délai d'un mois à partir de cet avertissement, le Conseil déclare la requête non avenue.

Art. 9. — Les parties peuvent faire signifier leur demande par exploit d'huissier. Dans ce cas, l'original de l'exploit est déposé au secrétariat. Si ce dépôt n'est pas fait dans le délai de huit jours à dater de la signification, l'exploit est périmé.

Les frais de la signification par huissier n'entrent pas en taxe.

Art. 10. — Lorsque l'Administration est demanderesse, le fonctionnaire chargé de soutenir l'action, conformément à l'article 2 du présent décret, introduit l'instance par un rapport adressé au Conseil et déposé au secrétariat avec les pièces à l'appui et les copies exigées par l'article 8.

Art. 11. — Le recours au Conseil du Contentieux contre une décision qui y ressortit n'est pas recevable après les délais suivants :

1° Si la décision a été rendue dans la colonie où le demandeur en recours demeure ou a élu domicile, le délai pour se pourvoir est de trois mois ;

2° Si le demandeur n'est pas domicilié dans la colonie où la décision a été rendue, les délais sont, en les augmentant de deux mois, ceux qui ont été fixés par les articles premiers des décrets des 21 et 22 Avril 1863, portant modification, pour la Martinique, la Guadeloupe et la Réunion, de divers délais en matière civile et commerciale. Ils sont doublés en cas de guerre maritime.

Ces délais courent du jour de la notification de la décision à personne ou à domicile, ou au domicile élu pour ceux demeurant dans la colonie ou qui y ont élu domicile, et, pour ceux demeurant hors de la colonie, du jour de la notification de la dite décision au Parquet du Procureur général lequel vise l'original et envoie la copie de la manière suivante :

Lorsque les correspondances entre la colonie d'origine et le pays de destination n'empruntent pas le territoire métropolitain, la copie est envoyée au Chef du Service judiciaire de la colonie destinataire, ou au consul résidant dans le pays étranger, lesquels la transmettent aux parties intéressées ;

Lorsque les correspondances empruntent le territoire métropolitain, la copie est envoyée au *Ministre des Colonies*, qui est chargé de la transmettre aux parties intéressées.

Le délai de trois mois court également contre le fonctionnaire chargé de soutenir l'action, à partir de la notification à lui faite de la décision par la partie.

Cette notification peut avoir lieu soit par exploit d'huissier, soit par le dépôt au secrétariat d'une expédition de la décision dont il est donné récépissé.

Art. 12. — Immédiatement après l'enregistrement au secrétariat des requêtes introductives d'instance, le président du Conseil désigne un rapporteur, auquel le dossier est remis dans les vingt-quatre heures.

....

....

Le rapporteur est chargé, sous l'autorité du président, de diriger l'instruction de l'affaire. Il propose les mesures et les actes d'instruction. Avant tout, il doit vérifier si les pièces, dont la production est nécessaire pour le jugement de l'affaire, sont jointes au dossier.

Art. 13. — Sur un exposé sommaire du rapporteur, le président ordonne la communication, aux parties intéressées, des requêtes introductives d'instance.

Il fixe, eu égard aux circonstances de l'affaire, le délai accordé aux parties pour fournir leurs défenses. Ce délai court du jour de la communication donnée au défendeur, à personne ou à domicile, s'il demeure dans la colonie, et au Parquet du Procureur général s'il demeure hors de la colonie et n'y a pas élu domicile.

L'arrêté de soit-communiqué rendu par le président est mis en marge de la requête, signé par le président et scellé du sceau du Conseil...

....

Art. 16. — Les parties ou leurs mandataires peuvent prendre connaissance au secrétariat, mais sans déplacement, des pièces de l'affaire.

Art. 17. — Les notifications à faire dans les instances engagées devant le Conseil du contentieux ont lieu dans la forme administrative.

Art. 18. — Les expéditions de la requête introductive d'instance, des mémoires qui y sont joints et de l'arrêté de soit-communiqué sont notifiées par le secrétaire-archiviste aux parties ou à leurs mandataires, dans le délai d'un mois, qui court de la date de l'arrêté de soit-communiqué.

Les notifications sont faites, savoir :

1° Celles aux fonctionnaires chargés de soutenir l'action, en leurs bureaux ;

2° Celles aux parties privées, à leur personne ou à leur domicile ou au domicile qu'elles sont tenues d'élire par leur demande primitive devant l'autorité administrative, auquel domicile élu sont également faites toutes autres notifications.

Si la partie réside hors du chef-lieu de la colonie, la notification est faite par l'intermédiaire du maire de la commune.

3° Celles aux parties privées qui résident hors de la colonie et qui n'y ont pas élu domicile, au Parquet du Procureur général de cette colonie.

....
....

Art. 20. — Les mémoires en défense sont déposés au secrétariat dans les conditions fixées par les articles 6, 7, 8 et 9 du présent décret, et dans les délais impartis par le président conformément à l'article 13.

Ils sont notifiés au domicile du demandeur ou à son domicile élu, dans la même forme que les requêtes introductives d'instance.

Les requêtes en défense doivent contenir élection de domicile dans la ville où siège le Conseil.

Art. 21. — Dans la quinzaine de la notification des mémoires en défense, le demandeur peut déposer un nouveau mémoire, et le défendeur peut déposer une réplique dans la quinzaine suivante.

Ces deux actes sont déposés et notifiés comme les mémoires en défense.

Il ne peut y avoir plus de deux requêtes entrant en taxe de la part de chaque partie, y compris la requête introductive d'instance.

Art. 22. — Les mises en cause ou les appels en garantie sont introduits ou notifiés dans la même forme que les demandes principales.

Art. 23. — Lorsque l'affaire soumise au Conseil est en état d'être jugée, ou lorsqu'il y a lieu d'ordonner des vérifications au moyen d'expertises, d'enquêtes ou autres mesures analogues, le rapporteur prépare un rapport et un projet de décision.

Le dossier, avec le rapport et le projet de décision, est remis au secrétaire-archiviste, qui le transmet immédiatement au commissaire du Gouvernement.

Art. 24. — Les audiences du Conseil du Contentieux sont publiques.

....
....

Art. 25. — Toute partie doit être avertie par une lettre d'avis adressée à son domicile ou à celui de son mandataire ou défenseur, lorsqu'elle en a désigné un, du jour où l'affaire sera appelée en audience publique. Cet avertissement est donné huit jours au moins avant l'audience.

Art. 26. — Après le rapport qui est fait sur chaque affaire par un des conseillers, les parties peuvent présenter, soit en personne, soit par mandataire, des observations orales à l'appui de leurs conclusions écrites.

Si les parties présentent des conclusions nouvelles, le Conseil ne peut les admettre sans ordonner un supplément d'instruction.

Le commissaire du Gouvernement donne ses conclusions sur toutes les affaires.

Art. 27. — Sont applicables à la tenue et à la police des audiences du Conseil et aux crimes et délits qui pourraient s'y commettre, les dispositions des articles 88 à 92 et 1036 du Code de procédure civile.

B) RECOURS AU CONSEIL D'ETAT (1). — *Art. 86.* — Les décisions du Conseil du Contentieux peuvent être attaquées devant le Conseil d'Etat. La partie qui veut se pourvoir est tenue d'en faire la déclaration (2) au secrétariat du Conseil du Contentieux, soit par elle-même, soit par un mandataire, dans les délais fixés par l'article 11 (3) et qui courent à dater de la notification, lorsqu'elles sont contradictoires, et de l'expiration du délai d'opposition, lorsqu'elles ont été rendues par défaut.

Art. 87. — Le délai court, dans tous les cas, contre l'Etat ou la Colonie, à partir de la date de la décision.

Art. 88 — La déclaration énonce sommairement les moyens du recours et est inscrite sur un registre particulier, par ordre de dates et de numéros.

Les déclarations de recours dans l'intérêt de l'Administration sont faites et signées par le fonctionnaire partie en cause dans l'instance.

Dans les huit jours de ladite déclaration, il en est délivré, par le secrétaire-archiviste, une expédition qui, dans la huitaine suivante, est notifiée selon les formes prescrites par les articles 17 à 19, ou signifiée par voie d'huissier au défendeur au recours à personne ou à domicile, s'il réside dans la Colonie et s'il y a élu domicile ; s'il réside hors de la Colonie et s'il n'y a pas élu domicile, la notification ou la signification est faite au Parquet du Procureur général.

Cette notification ou signification vaut sommation au défendeur au recours de constituer avocat du Conseil d'Etat.

Art. 89. — (Modifié par décret du 25 Janvier 1890). — Le défendeur au recours doit constituer avocat au Conseil d'Etat dans les délais

---

(1) Voir circulaires ministérielles des 22 Février 1884, 20 Mai 1887 et 1er Juillet 1898.

(2) Cette déclaration ne constitue pas un recours, elle doit être suivie, à peine de nullité de la procédure, d'une requête en recours.

(3) Ce texte n'est plus exact. Le délai est celui de 3 mois fixé par le décret du 22 Juillet 1806 (Art. 13), augmenté du délai de distance fixé par l'art. 73 du Code de procédure civile. (*Penant*).

suivants, qui courent du jour de la notification ou de la signification à lui faite par le demandeur, de sa déclaration en recours, savoir :

1° De trois mois, si le défendeur demeure dans la Colonie, en Europe ou en Algérie ;

2° De quatre mois, si le défendeur demeure dans les pays situés à l'Ouest du Cap de Bonne-Espérance et à l'Est du Cap Horn ;

3° De six mois, si le défendeur demeure à l'Est du Cap de Bonne-Espérance et à l'Ouest du Cap Horn.

Ces délais sont doublés, pour les pays d'outre-mer, en cas de guerre maritime.

L'avocat ainsi constitué est tenu d'en faire la déclaration au secrétariat du Conseil d'Etat.

Art. 90. — La requête en recours est déposée, à peine de déchéance, au secrétariat du Contentieux du Conseil d'Etat, dans les formes ordinaires et dans les délais fixés à l'article précédent, qui courront du jour de la signification de la déclaration du recours dans la Colonie (1).

Dans tous les cas, une expédition ou une copie signifiée de la décision attaquée, une expédition de la déclaration de recours et l'original de la signification, ou le récépissé de la notification de cette déclaration, sont joints à la requête en recours, à peine de nullité.

Art. 91. — L'arrêté de soit-communiqué obtenu par le demandeur est notifié dans les délais et au domicile ci-après indiqués, savoir :

1° Si le défendeur ne demeure pas en France et qu'il ait constitué avocat, il est notifié au domicile de cet avocat ;

2° Si le défendeur ne demeure pas en France et qu'il n'ait pas constitué d'avocat, il est notifié au secrétariat du Contentieux du Conseil d'Etat ; mais il ne peut être statué par défaut que quinze jours après l'expiration des délais accordés au défendeur par l'article 89 ci-dessus pour constituer avocat au Conseil d'Etat.

Les décisions par défaut sont notifiées au secrétariat du Contentieux du Conseil d'Etat; les oppositions sont formées dans les délais fixés à l'article 89. *(Décret du 25 Janvier 1890).*

3° Si le défendeur demeure en France, l'arrêté de soit-communiqué est notifié à l'avocat constitué ou, s'il n'y a pas d'avocat constitué, à personne ou à domicile, dans les deux mois, à compter de sa date, et, dans ce cas, les délais pour produire les défenses sont de quinze jours, si le défendeur demeure à Paris ou n'en est pas éloigné de plus de cinq myriamètres, et d'un mois, s'il demeure dans une autre partie de la France.

Art. 92. — Les dispositions du Code de procédure civile relatives à l'appel des jugements préparatoires et interlocutoires, sont applicables aux recours formés contre les décisions du Conseil du Contentieux.

---

(1) Le pourvoi au Conseil d'Etat comprend donc deux formalités bien distinctes : la déclaration de recours et la requête en recours. Elles sont exigées à peine d'irrecevabilité du pourvoi.

Art. 93 (1). — Le recours au Conseil d'Etat contre les décisions du Conseil du Contentieux a lieu sans frais et peut avoir lieu sans l'intervention d'un avocat au Conseil d'Etat en matière :

1° De contributions directes et de taxes assimilées à ces contributions pour le recouvrement ;

2° D'élections ;

3° De contraventions dont la répression appartient au Conseil du Contentieux.

Le recours doit être déposé, dans le délai de trois mois, soit au secrétariat du Contentieux du Conseil d'Etat, soit au secrétariat du Conseil du Contentieux de la Colonie.

Dans ce dernier cas, il est marqué d'un timbre qui indique la date de l'arrivée et il est transmis par le Gouverneur au secrétariat du Contentieux du Conseil d'Etat. Il en est délivré récépissé à la partie qui le demande.

C) Procédures spéciales. — Lorsqu'il s'agit de contraventions et de réclamations en matière de contributions directes (décharge ou réduction), il y a lieu de recourir à des procédures spéciales qui sont prévues au chapitre VII du décret du 5 Avril 1881 précité, chapitre que, vu son importance, nous reproduisons *in-extenso*, de l'art. 99 à l'art. 106 inclus.

Art. 99. — Lorsqu'il s'agit de contraventions (2), il est procédé comme il suit, à défaut de règles établies par des lois spéciales :

Dans les dix jours qui suivent la rédaction d'un procès-verbal de contravention et son affirmation, quand elle est exigée, le Gouverneur fait faire à l'inculpé notification de la copie du procès-verbal, ainsi que de l'affirmation, avec citation devant le Conseil du Contentieux, dans un délai qui ne peut pas être moindre d'un mois.

La notification et la citation sont faites dans la forme administrative.

La citation doit indiquer à l'inculpé qu'il est tenu de fournir ses défenses écrites dans le délai de quinzaine, à partir de la notification qui lui est faite.

La notification et la citation doivent être adressées au secrétariat du Conseil et y être enregistrées comme il est dit en l'article 6 (3).

Le président du Conseil du Contentieux ordonne, s'il y a lieu, la communication à l'Administration compétente du mémoire en défense produit par l'inculpé et la communication à l'inculpé de la réponse faite par l'Administration.

Art. 100 (4). — Tout contribuable qui se croit surtaxé peut adresser

---

(1) Voir circulaire ministérielle du 20 Mai 1897.
(2) Voir chapitre XV, au sujet des contraventions de grande voirie.
(3) Du décret du 5 Août 1881.
(4) Les dispositions de cet article doivent se combiner avec celles du décret du 30 Décembre 1912 sur le régime financier des Colonies.
(*Voir à ce sujet, Chapitre XVI*).

au Directeur de l'Intérieur, dans les trois mois qui suivent la publication des rôles dans chaque commune, sa demande en décharge ou en réduction. Il y joint la quittance des termes échus de sa cotisation, sans pouvoir, sous prétexte de réclamation, différer le paiement des termes qui viendront à échoir pendant les trois mois suivants.

Si, à l'expiration de ces trois mois, l'affaire n'a pas été définitivement jugée par le Conseil, le contribuable n'est plus tenu au paiement des termes suivants.

Tout contribuable a également trois mois pour réclamer contre son omission au rôle.

Art. 101. — Immédiatement après sa réception, la pétition est envoyée par le Directeur de l'Intérieur au contrôleur des Contributions qui vérifie les faits et donne son avis, après avoir pris celui du maire.

Le contrôleur transmet l'affaire au chef du service des Contributions, qui l'envoie à son tour au Directeur de l'Intérieur avec son avis

Si le Directeur de l'Intérieur est d'avis qu'il y a lieu d'admettre la demande, il fait son rapport et le Conseil statue.

Dans le cas contraire, le Directeur de l'Intérieur exprime les motifs de son opinion, puis il invite le réclamant à en prendre communication à ses bureaux et à faire connaître, dans les dix jours, s'il veut fournir de nouvelles observations ou recourir à la vérification par voie d'experts.

Art. 102 (1) — Si l'expertise est demandée, deux experts sont nommés : l'un par le Directeur de l'Intérieur ; l'autre par le réclamant, et il est procédé à la vérification dans les formes suivantes :

Les experts se rendent sur les lieux avec le contrôleur, et, en présence du maire et du réclamant ou de son fondé de pouvoir, ils vérifient les revenus, objets de la cote du réclamant et des autres cotes prises ou indiquées par celui-ci pour comparaison, dans le rôle des contributions de même nature dans la même commune.

Le contrôleur rédige un procès-verbal des dires des experts et y joint son avis. Le chef du Service des Contributions, après avoir

---

(1) Les dispositions de cet article ont été modifiées par l'article 16 de la loi de finances du 17 Juillet 1895, promulgué dans la Colonie le 3 Juin 1922. Cet article est ainsi conçu :

. . . .

Art. 16. — En matière soit de Contributions directes, soit de taxes assimilées aux contributions directes pour le recouvrement et dont l'assiette et la répartition sont confiées à l'administration des Contributions directes, toute expertise demandée par un contribuable en réclamation ou ordonnée d'office par le Conseil de Préfecture, est faite par 3 experts à moins que les parties ne consentent qu'il y soit procédé par un seul. Dans ce dernier cas, l'expert est nommé par le Conseil de Préfecture. Si l'expertise est confiée à 3 experts, l'un d'eux est nommé par ce Conseil et chacune des parties est appelée à nommer son expert. Les frais d'expertise sont supportés par la partie qui succombe. Ils peuvent, en raison des circonstances de l'affaire, être compensés en tout ou partie. Les dispositions contenues dans les 3 paragraphes qui précédent seront applicables à partir de la promulgation de la présente loi. L'article 29 de la loi du 21 Avril 1832 est modifié en ce qu'il a de contraire à ces dispositions. L'article 5 de la loi du 29 Décembre 1884 est abrogé.

. . . .

donné lui-même son avis, envoie le tout au Directeur de l'Intérieur, qui fait son rapport, e le Conseil statue.

Art. 103. — Les dispositions contenues aux deux articles précédent sont applicables aux réclamations relatives aux taxes qui sont assimilées aux contributions directes pour le recouvrement et dont l'assiette est confiée à l'Administration des Contributions *(directes)*.

Les réclamations relatives aux taxes assimilées, dont l'assiette ne serait pas confiée à cette Administration, sont instruites dans les formes établies par les articles 6 et 21 du présent décret (1).

Art. 104. — Dans les trois mois de la publication des rôles, les percepteurs des Contributions doivent, s'il y a lieu, former pour chacune des communes de leur perception, des états présentant, par nature des contributions, les côtes qui leur paraîtraient avoir été indûment imposées et adresser ces états au Directeur de l'Intérieur par l'intermédiaire du Trésorier-payeur général.

Les états dont il s'agit sont renvoyés au contrôleur des Contributions, qui vérifie les faits et les motifs allégués par le percepteur, donne son avis, après avoir pris celui du maire, et l'adresse avec les états au chef du Service des Contributions. Celui-ci transmet le tout, avec son avis, au Directeur de l'Intérieur, qui fait son rapport, et le Conseil statue.

Art. 105. — *(Cet article a été abrogé, pour l'Indochine, par le décret du 12 Mars 1916* (2).)

Art. 106. — Toutes les règles du présent décret (3) sont applicables aux articles du présent chapitre en tant qu'elles n'ont rien de contraire à ses dispositions spéciales.

---

(1) Décret du 5 Août 1881.

(2) L'article 105, réglementant les concessions de prises d'eau, laissait aux Conseils du Contentieux le soin d'accorder les autorisations de ce genre.

Mais il est apparu que les dispositions prévues par cet article étaient incomplètes et peu conformes au principe admis dans la Métropole, en vertu duquel les autorisations de voirie sont délivrées par l'autorité administrative.

C'est pour ce motif qu'a été pris le décret du 12 Mars 19:6 fixant, pour l'Indochine seulement, la réglementation des prises d'eau et abrogeant, par voie de conséquence, l'article 105 du décret du 5 Août 1881.

(Voir pour le décret du 12 Mars 1916, chapitre XV.)

(3) Décret du 5 Août 1881.

CHAPITRE X

Chambres de Commerce et d'Agriculture

Il y a en Indochine des Chambres de Commerce, des Chambres d'Agriculture et des Chambres consultatives mixtes de Commerce et d'Agriculture.

Notre étude se bornera aux Chambres de Commerce et aux Chambres d'Agriculture, étant entendu que les dispositions régissant leur composition, leur fonctionnement et leurs attributions sont analogues à celles qui réglementent les Chambres consultatives mixtes de Commerce et d'Agriculture.

I. — Chambres de Commerce

Organisation. — Les Chambres de Commerce de l'Indochine, qui ont été réorganisées par le décret du 27 Mai 1922, sont, auprès des pouvoirs publics de la colonie, les organes des intérêts commerciaux et industriels de leur circonscription. Elles sont des établissements publics.

Elles sont instituées par arrêté du Gouverneur général en Conseil de Gouvernement. L'arrêté d'institution détermine la circonscription de chaque Chambre de Commerce et en fixe la composition, sans que toutefois le nombre des membres titulaires puisse être inférieur à onze ni excéder vingt-et-un.

Elles comprennent des membres français et des membres indigènes.

Les Chambres de Commerce peuvent désigner, dans toute l'étendue de leur circonscription, des membres correspondants dont le nombre ne doit pas dépasser celui des membres de la Chambre elle-même. Les membres correspondants assistent aux séances de la Chambre avec voix consultative.

Les membres des Chambres de Commerce sont élus pour quatre ans; ils sont indéfiniment rééligibles; le renouvellement a lieu par moitié tous les deux ans; les membres sortant à la première élection partielle sont désignés par le sort.

Les membres français de chaque Chambre de Commerce sont élus au sein d'un collège composé de tous les commerçants et commerçantes français payant patente dans la circonscription.

Un arrêté réglementaire du Gouverneur général fixe les qualités et conditions requises pour l'exercice du droit de vote par les intéressés ou leurs représentants, l'époque et le mode d'établissement des listes nominatives des électeurs, le mode d'instruction des demandes en inscription ou en radiation postérieures à la clôture des listes électorales définitives, les conditions d'éligibilité, l'époque et le mode des élections, le règlement du contentieux des élections.

Les membres indigènes des Chambres de Commerce sont élus par un collège de commerçants et de commerçantes indigènes, dont la composition est fixée par le Gouverneur général, qui détermine également, par voie d'arrêté, toute la procédure des élections.

Les membres qui, pendant trois mois, se sont abstenus de se rendre aux convocations, sauf motif reconnu valable, seront déclarés démissionnaires par le Gouverneur général, sur l'avis de la Chambre.

Sont déclarés de plein droit démissionnaires les membres qui, pendant la durée de leur mandat, cessent de remplir les conditions d'éligibilité.

Pourront être déclarés démissionnaires par le Gouverneur général, sur l'avis de la Chambre, les membres qui n'auront pas pris leurs fonctions dans un délai de dix mois après leur élection ou qui, étant en congé, prolongeront leur absence de la Colonie au delà d'une année.

Lorsqu'une Chambre de Commerce se trouve par l'effet des vacances survenues pour une cause quelconque réduite aux trois quarts de ses membres, il est, dans le délai de deux mois à dater de la dernière vacance, procédé à des élections complémentaires. Toutefois, dans l'année qui précède le renouvellement partiel, les élections complémentaires sont reportées à l'époque de ce renouvellement à moins que la Chambre ait perdu la moitié de ses membres. Les membres nommés dans une élection complémentaire ne demeurent en fonctions que pendant la durée du mandat qui avait été confié à leurs prédécesseurs.

Les Chambres de Commerce nomment, parmi leurs membres :

Un président ;
Un vice-président ;
Un secrétaire ;
Un trésorier ou un secrétaire-trésorier.

Ces nominations sont faites à la majorité des voix des membres présents, à la première séance.

Le bureau est renouvelé après les élections partielles biennales. Les membres sortants sont rééligibles.

En cas de décès, de démission ou de déchéance d'un membre du bureau, dans l'intervalle des élections, il est immédiatement pourvu à la vacance.

Le Gouverneur de la Cochinchine et les Résidents supérieurs ont entrée aux Chambres de Commerce situées dans leur ressort et y ont voix consultative.

Les Chambres de Commerce ne peuvent délibérer que si le nombre des membres présents atteint la moitié de celui des membres en exercice. Les délibérations sont prises à la majorité absolue des votants En cas de partage, la voix du président est prépondérante.

En cas de mobilisation générale, ces assemblées délibèrent valablement après une seule convocation, lorsque la majorité de leurs membres en exercice et non mobilisés assistent à la séance.

Il devra être dressé procès-verbal de toutes les séances des Chambres de Commerce. Des copies, certifiées par le président et le secrétaire, en seront transmises au Gouverneur général, au Chef de l'Administration locale, au Directeur des Douanes et Régies, au Directeur des Services économiques, par l'intermédiaire des Chefs de l'Administration locale.

Les délibérations relatives à certains actes de gestion devront être présentées au Gouverneur général avant qu'il y ait eu commencement d'exécution.

Les fonctions de membres des Chambres de Commerce sont gratuites. Ils prennent rang, dans les cérémonies publiques, immédiatement après les membres des tribunaux de commerce. Le président de la Chambre vient immédiatement après celui du tribunal dans les cérémonies publiques, lorsque la convocation est individuelle.

Attributions. — Les Chambres de Commerce en Indochine ont pour attributions :

1° De donner au Gouvernement les avis et les renseignements qui leur sont demandés sur les questions industrielles et commerciales ;

2° De présenter leurs vues sur les moyens d'accroître la prospérité de l'industrie et du commerce ;

3° D'assurer sous réserve des autorisations prévues ci-après, l'exécution des travaux et l'administration des services nécessaires aux intérêts dont elles ont la garde.

L'avis des Chambres de Commerce doit être demandé :

1° Sur les règlements relatifs aux usages commerciaux ;

2° Sur la création, dans leur circonscription, de nouvelles Chambres de Commerce, de bourses de commerce, d'offices d'agents de change et de courtiers maritimes de tribunaux de commerce, de magasins généraux et de salles de vente publiques de marchandises neuves aux enchères et en gros ;

3° Sur les taxes destinées à rémunérer les services de transports concédés dans leur circonscription, par l'autorité publique ;

4° Sur toutes les matières déterminées par des lois ou des règlements spéciaux ;

5° Sur les tarifs de main-d'œuvre pour le travail dans les prisons.

Indépendamment des avis que le Gouvernement a toujours le droit de leur demander, les Chambres de Commerce peuvent en émettre de leur propre initiative :

Sur les changements projetés dans la législation commerciale, douanière et économique ;

Sur les tarifs de douane ;

Sur les tarifs et règlements des services de transports concédés par l'autorité publique, hors de leur ressort, mais intéressant leur circonscription ;

Sur les tarifs et règlements des établissements à l'usage du commerce, ouverts dans leur circonscription en vertu d'autorisation administrative.

Les Chambres de Commerce peuvent être autorisées à fonder et à administrer des établissements à l'usage du commerce, tels que : magasins généraux, salles des ventes publiques, entrepôts, bureaux de conditionnement et de titrage, expositions permanentes et musées commerciaux, écoles de commerce, écoles professionnelles, cours pour la propagation de connaissances commerciales et industrielles.

L'administration de ceux de ces établissements qui ont été fondés par l'initiative privée peut être remise aux Chambres de Commerce, d'après le vœu des souscripteurs ou donateurs. Cette administration peut leur être déléguée pour les établissements de même nature créés par le Gouvernement général ou les autorités locales.

Les autorisations sont, à cet effet, données aux Chambres de Commerce par le Gouverneur général, à moins que, eu égard à la nature de l'établissement, un décret ne soit nécessaire.

Sous la même réserve, les règlements et les tarifs maxima sont approuvés par le Gouverneur général ; les taxes et prix effectifs à percevoir sont homologués par les Chefs des Administrations locales après avis des services compétents.

Les Chambres de Commerce peuvent, avec l'autorisation du Gouverneur général en Conseil de Gouvernement, acquérir ou construire des bâtiments pour leur propre installation ou celle d'établisements à l'usage du commerce.

Les Chambres de Commerce peuvent, par arrêté du Gouverneur général pris en Conseil de Gouvernement après avis de l'Inspecteur général des Travaux publics, être déclarées concessionnaires de travaux publics, notamment de ceux qui intéressent les ports fluviaux et les voies navigables de leur circonscription ou les ports maritimes autres que celui de Saigon qui demeure régi par les dispositions du décret du 2 Janvier 1914.

Les Chambres de Commerce peuvent publier le compte-rendu de leurs séances ainsi que des bulletins contenant le cours des marchandises, le taux du change, et, généralement, tous les renseignements de nature à intéresser le commerce ou l'industrie de l'Indochine et de l'Extrême-Orient.

Les Chambres de Commerce correspondent avec le Gouverneur général sous le couvert des Chefs d'Administration locale.

Administration financière. — Il est pourvu aux dépenses ordinaires des Chambres de Commerce, au moyen d'une imposition additionnelle au principal de la contribution des patentes.

En cas d'insuffisance des recettes, il peut être alloué une subvention sur les fonds du budget local.

Les Chambres de Commerce peuvent être autorisées, par arrêté du Gouverneur général, pris en Conseil de Gouvernement contracter des emprunts en vue de subvenir ou de concourir aux dépenses de construction de bourses, de maisons consulaires, de lignes télégraphiques ou téléphoniques et aux dépenses de fondation des autres établissements mentionnés ci-dessus. Il est fait face au service des emprunts, ainsi qu'aux dépenses d'exploitation des établissements mentionnés plus haut au moyen des recettes fournies par ces établissements et, s'il y a lieu, de centièmes additionnels.

Les emprunts à contracter par les Chambres de Commerce, en vue de l'exécution de travaux publics et de l'établissement de services publics, notamment de ceux qui intéressent les ports maritimes ou fluviaux et les voies navigables de leur circonscription, sont autorisés par décret, sur la proposition du Gouverneur général en Conseil de Gouvernement.

Il est fait face au service de ces emprunts au moyen de l'excédent des recettes sur les dépenses d'exploitation, et, s'il y a lieu, au moyen de péages ou de droits établis dans les conditions prévues pour l'établissement des taxes du budget général de l'Indochine.

Les emprunts que les Chambres de Commerce sont admises à contracter, aux termes du décret organique peuvent être réalisés, soit avec publicité et concurrence, soit de gré à gré, soit par voie de souscription publique avec faculté d'émettre des obligations au porteur ou transmissibles par endossements, soit directement près de la Caisse des Dépôts et Consignations. Les contrats d'emprunts doivent toujours stipuler la faculté de remboursement par anticipation.

Indépendamment du budget ordinaire, les Chambres de Commerce établissent des budgets spéciaux pour les services qu'elles administrent. Dans les six premiers mois de chaque année, elles adressent avec les pièces de comptabilité, le compte-rendu des recettes et des dépenses de l'année précédente et le projet de budget des recettes et des dépenses de l'année suivante, au Chef de l'Administration locale, auquel il appartient d'approuver les budgets et les comptes dont il s'agit.

En dehors des justifications à joindre à l'appui de leurs comptes, les Chambres de Commerce adressent, chaque année, au Chef de l'Administration locale un tableau d'amortissement des emprunts qu'elles ont été autorisées à contracter.

Les Chambres de Commerce peuvent affecter tout ou partie des excédents de recettes, provenant de la gestion de leur service ordinaire, à la constitution d'un fonds de réserve, en vue de faire face aux dépenses urgentes et imprévues. Le montant de ce fonds de réserve, qui doit être mentionné dans les comptes et budget de ce service, à un article spécial, ne peut, en aucun cas, être supérieur à la moitié de la totalité des ressources annuelles dudit budget.

Sont abrogées toutes les dispositions contraires et notamment le décret du 25 Avril 1910.

Dispositions spéciales à la Chambre de Commerce de Saigon.— Le décret du 27 Mai 1922, réorganisant le statut des Chambres de Commerce de l'Indochine, prévoit en ses articles 2 et 5, qu'elles seront instituées par arrêté du Gouverneur général; que cet acte déterminera leur circonscription, et fixera leur composition ainsi que les règles et conditions relatives à la nomination de leurs membres.

L'arrêté du 9 Août 1922 a fixé ces modalités en ce qui concerne la Chambre de Commerce de Saigon; nous ne reproduirons que ce texte qui, à quelque chose près, pourrait s'appliquer aux Chambres de Commerce de Hanoi et de Haiphong ainsi qu'aux Chambres mixtes de Commerce et d'Agriculture actuellement existantes ou à créer.

Arrêté du 9 Août 1922.

Article premier. — Le ressort de la Chambre de Commerce de Saigon s'étend à tout le territoire de la Cochinchine.

Art. 2. — La Chambre de Commerce de Saigon comprendra 16 membres citoyens français et 4 membres annamites sujets français, élus au scrutin de liste suivant les règles énoncées par le présent arrêté.

Art. 3. — Doivent être portés sur la liste des électeurs consulaires français :

a) Les Français et Françaises se livrant au commerce ou à l'industrie, âgés de 21 ans au moins, et qui sont inscrits au rôle des patentes à leur nom personnel au 1er Janvier de l'année pour laquelle la liste est dressée.

b) Les directeurs et directrices français de tout comptoir, agence ou succursale assujetti au paiement d'une patente, d'une société ou d'un établissement de commerce ou d'industrie quelconque ; les courtiers experts et courtiers de marchandises.

Nul ne peut être inscrit plus d'une fois sur la même liste, ni à la fois sur plusieurs listes électorales consulaires en Indochine.

Les commerçants et commerçantes réunissant dans différentes circonscriptions consulaires de l'Indochine les conditions énumérées aux paragraphes *a* et *b* du présent article devront, au moment de l'établissement des listes électorales, opter pour celle de ces circonscriptions où ils désirent exercer personnellement leurs droits électoraux.

Art. 4. — Doivent être portés sur la liste des électeurs consulaires annamites :

a) Les commerçants et les commerçantes indigènes âgés de 25 ans, établis dans la circonscription depuis deux années, au moment de la clôture de la liste électorale, et inscrits à leur nom personnel pour une patente de 4e classe et au-dessus ;

b) Les directeurs et directrices de sociétés commerciales formées entre indigènes conformément à la loi française.

Les dispositions des deux derniers paragraphes de l'article précédent sont également applicables pour la formation de la liste électorale indigène.

Art. 5. — La liste électorale française et la liste électorale indigène sont dressées tous les ans du 1er au 15 Janvier à Saigon par une commission composée :

1° Du président et d'un juge du tribunal mixte de Commerce. Le juge du tribunal est désigné par le Procureur général ;

2° De deux membres français et d'un membre indigène de la Chambre de Commerce désignés par cette assemblée ;

3° D'un fonctionnaire désigné par le Chef de l'Administration locale.

Ces listes sont affichées au greffe du tribunal, à la Mairie et à la Chambre de Commerce au plus tard le 18 Janvier. Une copie en est transmise au Gouverneur de la Cochinchine, qui adresse télégraphiquement à chaque chef de province des extraits contenant les noms des électeurs domiciliés dans leur circonscription. Ces extraits sont affichés à la résidence au plus tard le 20 Janvier.

Pendant un délai de dix jours à compter de cet affichage, les réclamations sont adressées au président de la commission chargée d'établir les listes des électeurs, par l'intermédiaire de l'administrateur de la province qui fournit son avis motivé.

A l'expiration de ce délai de 10 jours, la commission statue sur les réclamations et arrête définitivement les listes. Les décisions de la commission immédiatement notifiées aux intéressés sont sans appel.

Art. 6. — Ne pourront être portés sur les listes électorales ni participer aux élections, s'ils y avaient été portés :

1° Les individus condamnés soit à des peines afflictives ou infamantes, soit à des peines correctionnelles pour des faits qualifiés crimes par la loi ou pour délits de vol, escroquerie, abus de confiance, usure, attentat aux mœurs, contrebande ou fraude ;

2° Les individus condamnés pour contravention aux lois sur les maisons de jeux, les loteries, les maisons de prêts sur gages ;

3° Les individus condamnés pour les délits prévus aux articles 413, 414, 419, 420, 421, 423, 430, paragraphe 2, du Code pénal, et aux articles 596 et 597 du Code de commerce ;

4° Les officiers ministériels destitués en vertu de jugements ou de décisions judiciaires ;

5° Les faillis non réhabilités et généralement tous ceux que l'article 15 du décret du 2 Février 1852 prive du droit de voter aux élections législatives métropolitaines.

Art. 7. — Chaque année, les nouvelles listes arrêtées par la commission sont adressées au Gouverneur de la Cochinchine, qui les fait publier au *Journal officiel de l'Indochine* et au *Bulletin administratif de la Cochinchine*. Elles sont affichées à la Mairie, à la Chambre de Commerce et au greffe du Tribunal mixte de Commerce.

Art. 8. — Tout électeur de la circonscription aura le droit, à toute époque, de demander la radiation, de la liste à laquelle il appartient, des électeurs qui se trouveraient dans un cas d'incapacité prévu par le présent arrêté. L'action sera portée, sans frais, devant le tribunal civil qui prononcera en la Chambre du Conseil. En appel, la Cour statuera en la même forme.

Tout électeur de la circonscription aura le droit de demander à toute époque de l'année la substitution, sur la liste électorale à laquelle il appartient, du nom de son fondé de pouvoirs au sien sur présentation des titres de celui-ci.

Si l'électeur était lui-même inscrit à titre de fondé de pouvoirs ou de directeur de société commerciale, la substitution en faveur de son remplaçant pourra être demandée soit par lui-même soit par le chef de maison ou par le siège social de la Société.

Les demandes de substitution sont instruites dans la même forme que les demandes de radiation et d'inscription prévues au paragraphe 1er du présent article.

Art. 9. — Les frais d'impression et d'affichage sont supportés par le budget local.

Art. 10. — Sont éligibles :

1° Les citoyens français inscrits sur la liste des électeurs français qui ont 25 ans accomplis ;

2° Les commerçants indigènes, inscrits sur la liste des électeurs, assujettis au paiement d'une patente hors classe ou des deux premières classes et qui ont 30 ans accomplis.

Toutefois, deux ou plusieurs personnes appartenant, à quelque titre que ce soit, à la même maison ou société ne pourront, en même temps, faire partie de la Chambre.

Art. 11. — L'assemblée des électeurs est convoquée par arrêté du Chef d'Administration locale qui désigne, en outre, le président de cette assemblée. Le président est, autant que possible, un des membres non sortants de la Chambre de Commerce.

Art. 12. — L'assemblée électorale se tient à Saigon.

Art. 13. — Les deux plus jeunes et les deux plus âgés, parmi les électeurs français présents à l'ouverture de la séance, remplissent les fonctions d'assesseurs. Trois membres du bureau doivent être présents pendant tout le cours des opérations. Le secrétaire est désigné par le président et les assesseurs.

Art. 14. — Pendant toute la durée des opérations, des copies certifiées conformes des listes électorales et une copie de l'arrêté du Chef d'Administration locale convoquant l'assemblée des électeurs restent déposées sur la table autour de laquelle siège le bureau.

Sur cette table sont disposées deux urnes scellées, l'une pour recevoir les suffrages des électeurs français, l'autre pour recevoir les suffrages des électeurs indigènes.

Art. 15. — Nul ne peut être admis à voter, s'il n'est inscrit sur une des deux listes et s'il ne présente sa carte d'électeur. En cas d'oubli ou de perte de sa carte, un électeur inscrit peut être admis à voter si son identité est certifiée par deux électeurs présents et reconnus par le bureau de vote. Mention en est portée au procès-verbal.

Art. 16. — Les électeurs qui votent directement apportent leur bulletin préparé : Le papier du bulletin doit être blanc et sans signe extérieur. L'électeur remet au président son bulletin fermé qui est immédiatement déposé dans l'urne à laquelle il est destiné.

Le vote de chaque électeur est constaté sur la liste de sa catégorie en marge de son nom, par la signature d'un des membres du bureau.

Art. 17. — Les électeurs français et annamites domiciliés ou résidant habituellement hors de la ville de Saigon ainsi que ceux habitant cette ville, empêchés par maladie et pouvant en justifier, sont admis à voter par correspondance.

L'électeur qui veut voter, dans ces conditions, doit mettre son bulletin de vote dans une première enveloppe cachetée, sans suscription, ni signe apparent. Le papier du bulletin doit être blanc et sans signe extérieur.

Ce premier pli est mis par l'électeur dans une seconde enveloppe, qui porte, avec sa signature et le lieu de son établissement commercial, la suscription suivante :

« *A Monsieur le Président du bureau de vote pour la Chambre de Commerce à Saigon* ».

Le pli, transmis en franchise par la poste, doit être expédié de manière à parvenir à destination, au plus tard, la veille du jour de l'élection.

Les plis sont conservés par le receveur des Postes pour être remis, au jour de l'élection, au Président du bureau de vote qui en délivre reçu.

Le bureau de vote, après s'être assuré par le rapprochement avec les listes électorales, que les électeurs dont les noms sont portés sur les enveloppes n'ont pas déjà pris part au scrutin, émarge leur nom, décachète l'enveloppe extérieure et dépose dans l'urne à laquelle elle est destinée celle qui contient le bulletin de vote.

Si l'expéditeur avait déjà pris part au scrutin, l'enveloppe extérieure serait annexée au procès-verbal sans avoir été ouverte.

Art. 18. — Le scrutin a lieu les jours et heures et dans le local fixés par l'arrêté du Gouverneur de la Cochinchine convoquant les électeurs. Le président prononce la clôture du scrutin, après laquelle aucun vote n'est reçu.

Art. 19. — Après la clôture, il est procédé au dépouillement de la manière suivante :

Le bureau désigne, parmi les personnes présentes, quatre scrutateurs adjoints aux assesseurs et les urnes sont ouvertes successivement ; le nombre des bulletins est vérifié au moyen des listes émargées par les scrutateurs.

Si ce nombre n'est pas égal à celui des votants, il en est fait mention au procès-verbal ; les bulletins blancs ou illisibles n'entrent pas en compte dans le résultat du dépouillement.

Art. 20. — Après le dépouillement, le président proclame le résultat du scrutin pour chacun des deux collèges.

S'il y a lieu de procéder à un nouveau tour de scrutin, l'assemblée des électeurs intéressés est *convoquée de droit 14 jours après le 1er tour.*

Art. 21. — Au premier tour de scrutin, nul n'est élu s'il n'a pas réuni la moitié plus un des suffrages exprimés et un nombre égal au quart du nombre des électeurs inscrits ; au 2e tour la majorité relative est suffisante.

Si plusieurs candidats obtiennent le même nombre de suffrages, l'élection est acquise au plus âgé.

Art. 22. — Le recensement général des votes étant terminé, le président du bureau de vote proclame le résultat de l'élection. Le procès-verbal est rédigé en triple original.

Le président transmet immédiatement les trois originaux au Chef de l'Administration locale, qui en adresse un au Gouverneur général et un au président de la Chambre de Commerce.

Art. 23. — Tout électeur a le droit d'arguer de nullité les opérations de l'assemblée dont il fait partie. Les réclamations devront être déposées, sous peine de nullité, dans les cinq jours qui suivront celui de l'élection, au secrétariat du Conseil du Contentieux à Saigon.

Le Gouverneur de la Cochinchine, s'il estime que les conditions et les formes légalement prescrites n'ont pas été remplies, peut également, dans le délai de 15 jours, à dater de la réception du procès-verbal de l'élection, déférer les opérations électorales au Conseil du Contentieux administratif.

Le Conseil du Contentieux administratif statue sauf recours au Conseil d'Etat. Il prononce sa décision dans un délai d'un mois à dater de l'enregistrement des pièces au secrétariat.

Faute par le Conseil d'avoir statué dans le délai ci-dessus fixé, la réclamation est considérée comme rejetée.

Art. 24. — Dans le cas où l'annulation de tout ou partie des élections est devenue définitive, l'assemblée des électeurs intéressés est convoquée à nouveau dans un délai qui ne peut excéder 3 mois.

II. — Chambres d'Agriculture

Les Chambres d'Agriculture en Indochine ont été réorganisées par un décret en date du 30 Avril 1925. — Ce nouveau texte réalise l'élargissement de la base du suffrage électoral français en concédant notamment pour la première fois le droit de vote aux Françaises se livrant à l'agriculture et stipule en outre que les membres annamites sont élus par un collège de propriétaires fonciers indigènes, hommes et femmes, tandis qu'ils étaient, aux termes de l'ancienne réglementation, choisis par le Chef de l'Administration locale.

L'arrêté d'application, pour la Cochinchine, des dispositions dudit décret, a été signé par le Gouverneur général à la date du 10 Juillet 1925.

1° Décret du 30 Avril 1925

Art. 1er. — Les Chambres d'Agriculture en Indochine sont, auprès des pouvoirs publics de la colonie, les organes consultatifs et professionnels des intérêts agricoles de leur circonscription.

Art. 2.— Les Chambres d'Agriculture sont des établissements publics.

Elles acceptent et refusent, sans autorisation de l'Administration supérieure, les dons et legs qui leur sont faits sans charges, conditions ni affectations immobilières.

Lorsque ces dons et legs sont grevés de charges, conditions et affectations hypothécaires, l'acceptation ou le refus est autorisé par arrêté du Chef de l'Administration locale.

Dans les cas où les dons et legs donnent lieu à des réclamations des familles, l'autorisation de les accepter est donnée par arrêté du Gouverneur général en Conseil de Gouvernement.

Les Chambres d'Agriculture peuvent, sans autorisation préalable, accepter provisoirement ou à titre conservatoire les dons et legs qui leur sont faits.

Les Chambres d'Agriculture ne peuvent faire aucun acte d'acquisition ou d'aliénation de biens immobiliers qu'après y avoir été autorisée par décision du Chef de l'Administration locale.

Art. 3. — Les Chambres d'Agriculture sont instituées par arrêté du Gouverneur général en Conseil de Gouvernement.

L'arrêté d'institution détermine la circonscription de chaque Chambre d'Agriculture et en fixe la composition sans que toutefois le nombre des membres titulaires puisse être inférieur à onze, ni excéder vingt-et-un.

Elles comprennent des membres français et des membres indigènes.

Art. 4.— Les membres des Chambres d'Agriculture sont élus pour quatre ans; ils sont indéfiniment rééligibles. Le renouvellement a lieu par moitié tous les deux ans; les membres sortant à la première élection partielle sont désignés par le sort.

Art. 5. — Les membres français de chaque Chambre d'Agriculture sont élus au sein d'un collège composé de tous les citoyens français et les françaises exploitant un domaine dans la circoncription. Un arrêté du Gouverneur général règlera la procédure des élections.

Art. 6. — Les membres indigènes des Chambres d'Agriculture sont élus par un collège formé de propriétaires ou usufruitiers d'exploitations rurales et dont la composition sera fixée par le Gouverneur général qui déterminera également toute la procédure des élections.

Art. 7. — Sont déclarés de plein droit démissionnaires les membres qui, pendant la durée de leur mandat, cessent de remplir les conditions d'éligibilité.

Pourront être déclarés démissionnaires par le Chef d'Administration locale, sur l'avis de la Chambre, les membres qui n'auront pas pris leurs fonctions dans un délai de dix mois après leur élection ou qui, étant en congé, prolongeront leur absence de la colonie au delà d'une année.

Art. 8. — Lorsqu'une Chambre d'Agriculture se trouve, par l'effet des vacances survenues pour une cause quelconque, réduite aux trois quarts de ses membres, il est, dans le délai de deux mois à dater de la dernière vacance, procédé à des élections complémentaires.

Toutefois, dans l'année qui précède le renouvellement partiel, les élections complémentaires sont reportées à l'époque de ce renouvellement, à moins que la Chambre n'ait perdu la moitié de ses membres.

Les membres nommés dans une élection complémentaire ne demeurent en fonctions que pendant la durée du mandat qui avait été confié à leurs prédécesseurs.

Art. 9. — Les Chambres d'Agriculture nomment parmi leurs membres :

Un président,
Un vice-président,
Un secrétaire et un trésorier.

Ces nominations sont faites à la majorité des voix des membres présents à la première séance.

Le bureau est renouvelé après les élections partielles biennales. Les membres sortants sont rééligibles.

En cas de décès, de démission ou de déchéance d'un membre du bureau, dans l'intervalle des élections, il est immédiatement pourvu à la vacance.

Art. 10. — Le Gouverneur de la Cochinchine et les résidents supérieurs ont entrée aux Chambres d'Agriculture situées dans leur ressort. Ils sont entendus chaque fois qu'ils le demandent. Ils peuvent s'y faire représenter ou assister par un fonctionnaire des Services agricoles spécialement désigné à cet effet.

Art. 11. — Les Chambres d'Agriculture se réunissent sur la convocation de leur président, toutes les fois que ce dernier en reconnaît l'utilité. Elles peuvent également être convoquées à la demande du Gouverneur ou du Résident supérieur.

Les Chambres d'Agriculture ne peuvent délibérer que si le nombre des membres présents atteint la moitié de celui des membres en exercice. Les délibérations sont prises à la majorité absolue des votants. En cas de partage, la voix du président est prépondérante.

Art. 12. — Le président représente l'assemblée dans tous les actes de la vie civile ; le vice-président exerce, lorsqu'il est empêché ou absent de la colonie, ses droits et prérogatives.

Art. 13. — Il devra être dressé procès-verbal de toutes les séances des Chambres d'Agriculture.

Art. 14. — Les fonctions des membres des Chambres d'Agriculture sont gratuites. Néanmoins, ceux qui habitent hors du siège de ces assemblées auront le droit de recevoir, à titre de frais de déplacement et de séjour, une indemnité journalière dont le montant sera fixé par arrêté du Chef de l'Administration locale. Les dépenses résultant de l'attribution de cette indemnité seront à la charge des budgets des Chambres.

Art. 15 —Les Chambres d'Agriculture en Indochine ont pour attributions :

1° De donner au Gouvernement tous les renseignements et avis qui leur sont demandés sur les questions intéressant l'agriculture ;

2° De transmettre aux pouvoirs publics leurs vœux sur toutes matières d'intérêt agricole ;

3° D'assurer l'administration des services qui leur auront été confiés dans les conditions de l'article 17 ci-après.

Art. 16. —L'avis des Chambres d'Agriculture doit être démandé :

1° Sur la création, dans leur circonscription, de nouvelles Chambres d'Agriculture ;

2° Sur toutes les matières pour lesquelles cet avis est exigé par les lois et règlements en vigueur.

Art. 17. — Les Chambres d'Agriculture peuvent être autorisées à fonder, administrer ou subventionner, dans leur circonscription, tous établissements, institutions ou services d'utilité agricole, toutes entreprises collectives d'intérêt agricole.

Les autorisations sont données aux Chambres d'Agriculture par le Gouverneur général, sur la proposition du Chef de l'Administration locale, à moins que, eu égard à la nature de l'établissement, un décret ne soit nécessaire.

Art. 18. — Les séances des Chambres d'Agriculture ne sont pas publiques, mais les Chambres pourront décider que leurs procès-verbaux seront publiés.

Art. 19. — Les Chambres d'Agriculture peuvent correspondre avec le Gouverneur général, sous le couvert des Chefs d'Administration locale.

Art. 20.— Le budget des Chambres d'Agriculture comprend :

1o Des recettes ordinaires ;

2o Des recettes extraordinaires ;

3o Des dépenses ordinaires ;

4o Des dépenses extraordinaires.

Les recettes ordinaires comprennent :

1o Les revenus et intérêts des biens, fonds et valeurs leur appartenant ;

2o Des revenus des dons et legs ;

3o Les taxes, droits et primes en rémunération des services qu'elles rendent ;

4o Le produit d'une imposition additionnelle au principal de l'impôt foncier ;

5o Les subventions budgétaires.

Les recettes extraordinaires comprennent :

1o Les capitaux provenant de l'aliénation des biens et valeurs ;

2o Les capitaux provenant des dons et legs ;

3o Les capitaux provenant des emprunts qu'elles sont autorisées à contracter ;

4o Toutes autres recettes accidentelles ou ayant un caractère exceptionnel.

Les dépenses ordinaires comprennent :

1o Les intérêts des emprunts ;

2o Les frais d'administration ;

3o Les subventions, allocations, encouragements aux diverses collectivités, œuvres et institutions s'occupant d'agriculture ;

4o Toutes autres dépenses ayant un caractère annuel et permanent.

Les dépenses extraordinaires comprennent :

1o L'emploi des capitaux provenant de l'aliénation des biens, fonds et valeurs ;

2o L'emploi des capitaux provenant des dons et legs ;

3o L'emploi des emprunts ;

4o Toutes autres dépenses d'un caractère accidentel ou temporaire.

Art. 21.— Les Chambres d'Agriculture peuvent être autorisées par arrêté du Gouverneur général, pris en Conseil de Gouvernement, à contracter des emprunts en vue de subvenir ou de concourir aux dépenses de construction ou de fondation des établissements mentionnés à l'article 17.

Il est fait face au service des emprunts, ainsi qu'aux dépenses d'exploitation et d'entretien de ces établissements, au moyen des recettes qu'ils fournissent et, s'il y a lieu, au moyen des autres ressources énumérées à l'article 20.

Art. 22. — Les emprunts que les Chambres d'Agriculture sont autorisées à contracter aux termes de l'article 21 peuvent être réalisés, soit avec publicité et concurrence, soit de gré à gré, soit par voie de souscription publique avec la faculté d'émettre des obligations au porteur ou transmissibles par endossement.

Art. 23. — Indépendamment du budget ordinaire, les Chambres d'Agriculture établissent des budgets spéciaux pour les services qu'elles administrent.

Sous réserve de l'application des dispositions de l'article 402 du décret du 30 décembre 1912 sur le régime financier des colonies, modifié par le décret du 15 août 1924, les budgets et les comptes des Chambres d'Agriculture sont soumis à l'approbation du Chef de l'Administration locale.

En dehors des justifications à joindre à l'appui de leurs comptes, les Chambres d'Agriculture adressent, chaque année, au Chef de l'Administration locale, un tableau d'amortissement des emprunts qu'elles ont été autorisées à contracter.

Les Chambres d'Agriculture peuvent affecter tout ou partie des excédents de recettes provenant de la gestion de leur service ordinaire à la constitution d'un fonds de réserve en vue de faire face aux dépenses urgentes et imprévues. Le montant de ce fonds de réserve, qui doit être mentionné dans les comptes et budgets de ce service, à un article spécial, ne peut, en aucun cas, être supérieur à la moitié de la totalité des ressources annuelles dudit budget.

Art. 24. — Des arrêtés du Gouverneur général détermineront les conditions d'application du présent décret.

2° Arrêté du 10 Juillet 1925

Article premier. — Le resort de la Chambre d'Agriculture de la Cochinchine s'étend à tout le territoire de cette colonie.

Art. 2. — La Chambre d'Agriculture de la Cochinchine comprend 12 membres citoyens français et 4 membres annamites sujets français, élus au scrutin de liste suivant les règles énoncées au présent arrêté.

Art. 3. — Doivent être portés sur les listes des électeurs français tous les Français et Françaises, âgés de 21 ans et jouissant de leurs droits civils et politiques, qui, depuis un an, au moins, au moment de la clôture de la liste électorale, sont établis dans la circonscription de cette Chambre et rentrent dans l'une des catégories ci-après :

1° Les propriétaires, concessionnaires, co-propriétaires ou usufruitiers de biens ruraux, ou associés d'une société en nom collectif ayant pour objet une exploitation agricole et propriétaire de biens ruraux.

2° Les colons se livrant à une exploitation agricole, en qualité de fermiers ou métayers d'un propriétaire ou concessionnaire, citoyen français ;

3° Le président du conseil d'administration et un administrateur délégué des sociétés anonymes, propriétaires ou concessionnaires de biens ruraux, ayant pour objet une exploitation agricole, constituées et ayant leur siège social en pays français ;

4° Les gérants d'une exploitation agricole appartenant à un citoyen français, ou d'une société agricole en commandite simple ou par actions constituée et ayant son siège en pays français.

Nul ne peut être inscrit plus d'une fois sur la même liste, ni, à la fois, sur plusieurs listes électorales en Indochine.

Les agriculteurs réunissant, dans différentes circonscriptions agricoles de l'Indochine, les conditions énumérées aux paragraphes 1, 2, 3 et 4, du présent article, doivent, au moment de l'établissement des listes électorales, opter pour celle de ces circonscriptions où ils désirent exercer personnellement leurs droits électoraux.

Art. 4. — Doivent être portés sur la liste des électeurs agricoles annamites, les propriétaires fonciers, hommes ou femmes, âgés de 25 ans révolus au jour de la clôture des listes électorales, assujettis, personnellement, à l'impôt foncier pour une contribution égale ou supérieure à cent piastres, en principal.

Art. 5. — La liste électorale française et la liste électorale indigène sont dressées tous les ans, du 1er au 15 Janvier, à Saigon, par une commission composée :

a) D'un administrateur des Services civils, désigné par le Gouverneur de la Cochinchine.................. *Président ;*

b) D'un magistrat, désigné par le premier président de la Cour d'appel de Saigon........................

c) De trois membres, dont un indigène, désignés par le Gouverneur de la Cochinchine parmi les membres non sortants de la Chambre d'Agriculture, ou, à défaut, parmi les agriculteurs notables............ } *Membres.*

Ces listes sont publiées au « Bulletin administratif de la Cochinchine ».

Pendant un délai de 20 jours, à dater du jour de l'arrivée du « Bulletin administratif » à la Mairie (pour Saigon et Cholon), ou aux chefs-lieux des provinces (pour les provinces), toute personne est admise à présenter, sous la forme d'une déclaration motivée, des demandes en addition ou en radiation.

Ces réclamations sont adressées à l'administrateur de la province où se trouve située l'exploitation; ce fonctionnaire les transmet, sans retard, avec son avis motivé, au président de la Commission chargée d'établir la liste des électeurs.

A l'expiration de ce délai de 20 jours, la commission statue sur les réclamations et arrête définitivement les listes. Les décisions de la commission, immédiatement notifiées aux intéressés, sont sans appel.

Art. 6. — Ne peuvent être portés sur les listes électorales, ni participer aux élections s'ils figurent sur lesdites listes :

1° Les individus condamnés, soit à des peines afflictives ou infamantes, soit à des peines correctionnelles, pour des faits qualifiés crimes par la loi, ou pour délits de vol, escroquerie, abus de confiance, usure, attentat aux mœurs, contrebande ou fraude ;

2° Les individus condamnés pour délits prévus aux articles 413, 414, 419, 420, 423, 430, paragraphe 2, du Code pénal, et aux articles 596 et 597 du Code de Commerce ;

3° Les officiers ministériels destitués en vertu de jugements ou de décisions judiciaires ;

4° Les faillis non réhabilités et, généralement, tous ceux que l'article 15 du décret du 2 Février 1852 prive du droit de voter aux élections législatives métropolitaines.

Art. 7. — Chaque année, les nouvelles listes, arrêtées par la commission, sont adressées au Gouverneur de la Cochinchine qui les fait publier au « Bulletin administratif de la Cochinchine ».

Art. 8. — Tout électeur de la circonscription a le droit, pendant le délai de publicité, de demander la radiation, de la liste à laquelle il appartient, des électeurs qui se trouveraient dans l'un des cas d'incapacité prévus par le présent arrêté. L'action sera portée devant la commission prévue à l'article 5, qui statue sans appel.

Tout électeur de la circonscription a le droit de demander, à toute époque de l'année, la substitution, sur la liste électorale à laquelle il appartient, du nom de son fondé de pouvoirs au sien, sur présentation des titres de celui-ci.

Si l'électeur est lui-même inscrit en qualité de fondé de pouvoirs ou de directeur de société agricole, la substitution, en faveur de son représentant, peut être demandée, soit par lui-même, soit par le chef de maison ou par le siège social de la société.

Les demandes de substitution sont instruites suivant la procédure tracée par l'article 5 pour les demandes en radiation et en inscription.

Art. 9. — Les frais d'impression et d'affichage sont supportés par le budget local de la Cochinchine.

Art. 10. — Sont éligibles :

1° Les citoyens français, et les françaises, inscrits sur la liste des électeurs français, âgés de *25 ans révolus* et comptant *plus de deux années de séjour effectif* en Cochinchine ;

2° Les agriculteurs indigènes, inscrits sur la liste des électeurs et âgés de *30 ans révolus*.

Toutefois, *deux ou plusieurs personnes* appartenant, à quelque titre que ce soit, à la même maison ou société, *ne peuvent faire, simultanément, partie* de la Chambre.

Art. 11. — L'assemblée des électeurs est convoquée par arrêté du Chef d'Administration locale qui désigne, en outre, les Présidents et le siège des bureaux de vote. Le président du bureau de vote de Saigon, est, autant que possible, un des membres non sortants de la Chambre d'Agriculture.

Tout candidat, aussi bien dans le collège français que dans le collège indigène, doit, au cours de la période électorale et, au plus tard, le dixième jour avant celui du scrutin, déposer, ou faire parvenir au Chef de l'Administration locale, une déclaration de candidature revêtue de sa signature dûment légalisée. La candidature ne sera agréée que si le candidat réunit les conditions d'âge et de temps de séjour colonial requises aux termes de l'art. 10 ci-dessus. Dans le cas contraire, le candidat sera avisé, par les soins du Gouverneur de la Cochinchine, que sa candidature n'est pas agréée. Lors du dépouillement des votes, il ne sera pas tenu compte dans les bulletins de vote, des noms de personnes dont la déclaration n'aura pas été agréée ou n'aura pas été faite dans le délai réglementaire.

La liste des candidats ayant fait régulièrement leur déclaration de candidature et réunissant les conditions d'éligibilité requises, sera affichée, pendant les sept jours précédant le scrutin, à la porte des bureaux de vote.

Les cartes d'électeurs, établies par l'autorité compétente, seront transmises par elle-même, aux maires des villes et aux administrateurs, chefs de province, qui en feront la remise à leurs destinataires.

Art. 12. — Les deux plus jeunes et les deux plus âgés, parmi les électeurs français et indigènes présents à l'ouverture de la séance, remplissent les fonctions d'assesseurs. Trois membres du bureau doivent être présents pendant tout le cours des opérations. Le secrétaire est désigné par le président et les assesseurs.

Art. 13. — Pendant toute la durée des opérations, des copies certifiées conformes des listes électorales et une copie de l'arrêté du Chef d'Administration locale convoquant l'assemblée des électeurs restent déposées sur la table autour de laquelle siège le bureau.

Sur cette table sont disposées deux urnes scellées, l'une pour recevoir les suffrages des électeurs français, l'autre pour recevoir les suffrages des électeurs indigènes.

Art. 14. — Nul ne peut être admis à voter, s'il n'est inscrit sur une des deux listes et s'il ne présente sa carte d'électeur. En cas d'oubli ou de perte de sa carte, un électeur inscrit peut être admis à voter si son identité est certifiée par deux électeurs présents et reconnue par le bureau de vote. Mention en est portée au procès-verbal.

Art. 15. — Les électeurs qui votent directement apportent leur bulletin dans une enveloppe ; cette enveloppe doit être sans signe extérieur, et l'électeur lui-même la dépose dans l'urne à laquelle elle est destinée.

Le vote de chaque électeur est constaté sur la liste de sa catégorie, en marge de son nom, par la signature d'un des membres du bureau.

Art. 16. — Les électeurs français, domiciliés ou résidant habituellement hors de la ville où siège le bureau de vote ainsi que ceux habitant cette ville, empêchés par maladie et pouvant en justifier, sont admis à voter par correspondance.

L'électeur qui veut voter dans ces conditions doit mettre son bulletin dans une première enveloppe cachetée sans suscription, ni signe apparent. Le papier du bulletin doit être blanc et sans signe extérieur.

Ce premier pli est mis par l'électeur dans une seconde enveloppe, qui porte avec sa signature et le lieu de son établissement agricole, la suscription suivante :

« *A Monsieur le Président du Bureau de vote pour la Chambre d'Agriculture de la Cochinchine, Saigon* ».

Le pli reçu en franchise par la poste doit être expédié de manière à parvenir à destination, au plus tard, la veille du jour de l'élection.

Les plis sont conservés par le receveur des Postes pour être remis au jour de l'élection, au président du bureau de vote qui en délivre reçu.

Le bureau de vote, après s'être assuré, par le rapprochement avec la liste électorale, que les électeurs dont les noms sont portés sur les enveloppes n'ont pas déjà pris part au scrutin, émarge leur nom, décachète l'enveloppe extérieure et dépose dans l'urne à laquelle elle est destinée celle qui contient le bulletin de vote.

Si l'expéditeur avait déjà pris part au scrutin, l'enveloppe extérieure serait annexée au procès-verbal, sans avoir été ouverte.

Art. 17. — Le scrutin a lieu les jour et heures et dans les locaux fixés par arrêté du Gouverneur de la Cochinchine convoquant les électeurs. Le président prononce la clôture du scrutin, après laquelle aucun vote n'est reçu.

Art. 18. — Après la clôture, il est procédé au dépouillement de la manière suivante :

Le bureau peut désigner, s'il le juge nécessaire, parmi les personnes présentes, quatre scrutateurs adjoints aux assesseurs et les urnes sont ouvertes successivement, le nombre d'enveloppes et de bulletins est vérifié, au moyen des listes émargées, par les scrutateurs.

Si le nombre n'est pas égal à celui des votants, il en est fait mention au procès-verbal, les bulletins blancs ou illisibles n'entrent pas en compte dans le résultat du dépouillement.

Art. 19. — Après le dépouillement, le président de chaque bureau dresse procès-verbal des élections, en triple expédition, et adresse télégraphiquement le résultat du scrutin, pour chacun des deux collèges, au président du bureau de vote de Saigon.

S'il y a lieu de procéder à un nouveau tour de scrutin, l'assemblée des électeurs intéressés est convoquée de droit 14 jours après le 1er tour.

Art. 20. — Au premier tour de scrutin nul n'est élu s'il n'a pas réuni la moitié plus un des suffrages exprimés et un nombre égal au quart du nombre des électeurs inscrits. Lorsque le nombre des suffrages exprimés est un nombre impair, la majorité absolue s'obtient en prenant la moitié du nombre pair immédiatement au-dessous et en ajoutant le nombre un.

Au 2e tour, la majorité relative est suffisante.

Si plusieurs candidats obtiennent le même nombre de suffrages, l'élection est acquise au plus âgé.

Art. 21. — Le recensement général des votes étant terminé, le président du bureau de vote de Saigon proclame le résultat provisoire des élections.

La commission qualifiée pour procéder, au siège du Gouvernement local, au recensement des votes, à la vérification des dépouillements et à la proclamation des résultats définitifs, sera composée de :

Un administrateur des Services civils....... *Président ;*
Un magistrat, à la désignation du premier président de la Cour d'appel de Saigon.... *Membre ;*
Un électeur français et un électeur indigène désignés par le Gouverneur............... *id.*
Un rédacteur des Services civils............ *Membre-rapporteur.*

Le président de la commission transmet immédiatement le procès-verbal et ses observations au Chef d'Administration locale qui en adresse copie au Gouverneur général et au président de la Chambre d'Agriculture.

Art. 22. — Tout électeur a le droit d'arguer de nullité les opérations de l'assemblée dont il fait partie. Les réclamations devront être déposées, sous peine de nullité, dans les quinze jours qui suivront celui de l'élection, au Secrétariat du Contentieux, à Saigon.

Le Gouverneur de la Cochinchine, s'il estime que les conditions et les formes prescrites n'ont pas été remplies, peut également, dans le délai de quinze jours, à dater de la réception du procès-verbal de l'élection, déférer les opérations électorales au Conseil du Contentieux administratif.

Le Conseil du Contentieux administratif statue, sauf recours au Conseil d'État ; il prononce sa décision dans un délai d'un mois à dater du dépôt des pièces au Secrétariat.

S'il intervient une décision ordonnant une preuve, le Conseil du Contentieux doit statuer définitivement dans le mois à partir de cette décision. Les délais ci-dessus ne commencent à courir que du jour où le jugement sur la question préjudicielle est devenu définitif.

Faute par le Conseil d'avoir statué dans le délai ci-dessus fixé, la réclamation est considérée comme rejetée.

Le Conseil du Contentieux est dessaisi et la partie intéressée peut porter sa réclamation devant le Conseil d'Etat.

Le recours au Conseil d'Etat est notifié dans les cinq jours au greffe du Conseil du Contentieux.

Art. 23. — Dans tous les cas où une réclamation formée implique la solution préjudicielle d'une question d'état, le Conseil du Contentieux administratif renvoie les parties à se pourvoir devant les juges compétents et la partie doit justifier de ces diligences dans le délai de quinzaine ; à défaut de cette justification, il sera passé outre et la décision du Conseil du Contentieux administratif devra intervenir dans le mois à partir de l'expiration du délai de quinzaine.

Art. 24. — Le recours au Conseil d'Etat contre la décision du Conseil du Contentieux administratif doit être déposé, dans le délai d'un mois, au greffe du Conseil du Contentieux. Ce délai court à compter de la notification de la décision.

Le pourvoi est jugé comme affaire urgente, et sans frais, et dispensé de timbre et du ministère d'avocat.

Art. 25. — (Modifié par arrêté du 10 Octobre 1925). — *Les membres de la Chambre d'Agriculture élus et proclamés restent en fonctions jusqu'à ce qu'il ait été définitivement statué sur les recours auxquels leur élection a pu donner lieu.*

Dans le cas où l'annulation de tout ou partie des élections est devenue définitive, l'assemblée des électeurs intéressés est convoquée, à nouveau, dans un délai qui ne peut excéder trois mois.

Prêts sur récoltes

Nous allons examiner séparément pour la Cochinchine, d'une part, et pour l'Annam et le Tonkin, de l'autre, les règles qui régissent les prêts sur récoltes.

1° En Cochinchine. — A) *Prêts aux indigènes* (arrêté du 21 Avril 1876, modifié par ceux des 21 Janvier 1886, 23 Janvier 1888, 17 Novembre 1896 et 11 Janvier 1897).

Article premier. — Dans toute l'étendue de la Cochinchine, les communes sont autorisées à contracter, au nom et pour le compte de ceux de leurs inscrits qui en feront la demande, des emprunts à la Banque de l'Indochine, dans les formes et conditions suivantes,

Art. 2. — (Modifié par arrêté du 23 Janvier 1888).

« Toute commune dont un ou plusieurs inscrits voudront jouir du bénéfice des prêts sur récoltes devra adresser, par l'intermédiaire de l'administrateur des affaires indigènes, une demande au directeur de la Banque de l'Indochine.

« Cette demande énoncera :

« 1° Les noms, prénoms et domicile de tous les propriétaires qui voudront contracter un emprunt à la Banque ;

« 2° La situation exacte des terres de chacun d'eux, leur contenance, la nature de la propriété ;

« 3° L'évaluation de la récolte pour chaque terre ou, si la demande a lieu avant que la récolte ne soit pendante, la moyenne des dernières années ;

« 4° La somme demandée par chacun des propriétaires et le total de toutes les sommes partielles exprimées en piastres.

« 5° L'engagement de rembourser le prêt total, qui sera fait par la Banque, le 15 Mai de chaque année, et ce, quelle que soit la date à laquelle les sommes auront été mises à la disposition des villages ».

Art. 3. — Cette demande, établie en triple expédition, sera scellée du cachet du village et signée par le maire et deux notables. Elle sera portée par ceux-ci, accompagnés de tous les emprunteurs partiels, à l'Inspection, où, après avoir été vérifiée, quant à ses énonciations et déclarations, elle sera enregistrée moyennant un droit fixe de un franc, qui sera dû par chacun des emprunteurs. Ces formalités remplies, une expédition sera adressée à la banque par l'entremise de la Direction de l'Intérieur : la seconde, rendue au village ; la troisième expédition restera à l'Inspection.

Les contrats deviennent définitifs après l'approbation du Directeur de l'Intérieur.

Art. 4. — L'Administration locale se rend, par le fait seul de l'enregistrement de la demande ci-dessus, enregistrement qui sera mentionné sur les trois expéditions et portera la signature et le cachet de l'administrateur, pécuniairement responsable, vis-à-vis de la banque, de l'emprunt total contracté par la commune.

Art. 5. — A la réception de la demande, le directeur de la Banque de l'Indochine enverra à la Direction un bon à payer de la somme représentant le montant du prêt, sur la caisse de l'administrateur qui aura reçu et enregistré la demande.

Ce bon à payer sera compris par l'administrateur dans son plus prochain versement au Trésor, qui sera immédiatement remboursé ou crédité du montant par la banque.

Art. 6. — Le montant des emprunts à faire par les communes, pour le compte de leurs inscrits, ne pourra dépasser le tiers de la valeur des récoltes pour chacune des terres engagées.

Art. 7. — *(Modifié par arrêté du 11 Janvier 1897).*

« Le taux annuel de l'intérêt à payer à la banque sera de 8 pour « 100 ; les intérêts courront à partir du jour de la remise des fonds « aux communes jusqu'à la date du remboursement ; mais une ristour- « ne de 2 pour 100 sera faite, par la banque, à l'Administration de la « colonie pour la couvrir de sa garantie ».

Art. 8. — Quinze jours avant les échéances des prêts, la Banque enverra aux administrateurs un état des sommes à recouvrer dans leur Inspection, et des avertissements destinés à rappeler ces échéances seront immédiatement adressés aux communes par les administrateurs.

Les notables feront les recouvrements sur les emprunteurs partiels et en porteront le montant total à la caisse de l'administrateur, qui leur donnera un reçu détaché de son registre à souches et portera cette somme en recette au titre : *Recette pour le compte de la Banque.*

Art. 9. - Un délai de rigueur de trente jours sera accordé. à partir de l'échéance, aux communes, pour l'apurement complet des rentrées.

Le lendemain de l'expiration de ce délai, les administrateurs devront envoyer au Directeur de l'Intérieur et à la banque le chiffre des sommes non recouvrées, et la banque en sera couverte par le Trésor, sur un ordre du Directeur de l'Intérieur.

Art. 10. — Toutes les contestations entre la banque et les communes seront jugées administrativement par le Gouverneur, en Conseil, sur le rapport des administrateurs des affaires indigènes.

Art. 11 — Toutes les contestations entre les communes et les emprunteurs partiels seront jugées administrativement par l'administrateur des affaires indigènes, dans les limites fixées par l'arrêté du 31 Décembre 1875.

Dans le cas où les emprunteurs ne seraient pas en mesure de payer à l'échéance, aux communes, le montant des avances à eux faites en capital et intérêts, et après un délai de rigueur de 15 jours, les notables seront autorisés, sur un simple ordre de l'administrateur, à faire vendre les récoltes des débiteurs, et, si les récoltes ne suffisent pas, le fonds lui-même, pour le prix en être affecté, en atténuation ou jusqu'à due concurrence, au paiement des sommes dues.

B) *Prêts aux Français* (arrêté du 12 Décembre 1893).

Article premier. — Des prêts sur récoltes pourront être consentis aux Français dans les mêmes conditions que ceux faits jusqu'ici aux indigènes, sous les modifications suivantes.

Art. 2. — Les demandes de prêt, libellées comme il est dit à l'article 2 de l'arrêté du 23 Janvier 1888, mais individuelles, seront adressées, sous le couvert de l'administrateur du lieu de la situation des biens et par l'intermédiaire de M. le Lieutenant-Gouverneur, à M. le directeur de la banque de l'Indochine,

Art.3.— Elles seront instruites avant transmission, par une commission composée de l'administrateur de l'arrondissement ou son délégué, d'un géomètre ou, à défaut, de l'agent des travaux publics de l'arrondissement et d'un fonctionnaire à la désignation du Lieutenant-Gouverneur.

Art. 4.— Ce rapport et la demande d'emprunt seront transmis en double expédition à M. le Lieutenant-Gouverneur et le prêt sera réalisé, s'il y a lieu, dans les conditions stipulées à l'arrêté du 21 Avril 1876.

Art. 5.— Conformément aux dispositions de l'article 6 de l'arrêté du 21 Avril 1876, le montant des prêts consentis aux colons français ne pourra, en aucun cas, dépasser le tiers de la valeur de la récolte estimée d'après les prévisions résultant des travaux faits et des cultures entreprises ou d'après la moyenne de la valeur des récoltes obtenues pendant les trois années précédentes.

2° En Annam et au Tonkin. — *(Arrêté du 25 Septembre 1898).*— La réglementation des prêts sur récoltes à consentir aux indigènes, en Annam et au Tonkin, est presque identique à celle qui a été édictée pour la Cochinchine. Nous ne signalerons donc que les modifications de détail qui ont été apportées, en ce qui concerne ces deux pays, au texte de l'arrêté du 21 Avril 1876 ci-dessus, lequel a été reproduit dans ses grandes lignes.

« Les prêts inférieurs ou égaux à 150 piastres sont, en exécution d'un arrêté du 25 Septembre 1898, autorisés par les résidents chefs de province, qui en fixent eux-mêmes le montant dans la limite du tiers de la valeur de la récolte devant servir de gage au prêt. Si le résident estime que le prêt doit être immédiatement consenti, il délivre à l'emprunteur une réquisition de paiement, sur la caisse du percepteur. Ce dernier paie, à présentation, cette réquisition entre les mains de l'emprunteur, en présence du maire et de deux notables du village. Mention du paiement est faite sur chacune des expéditions de la demande. Une des expéditions ainsi complétée est rendue au village. La réquisition émise par le chef de la province est conservée par le percepteur dans sa caisse pour être ultérieurement échangée contre le bon définitif émis par la banque de l'Indochine. Au Tonkin, les prêts de cette catégorie représentent environ 90 pour 100 de la totalité des prêts. »

. . . .

« En Annam et au Tonkin, les prêts sont consentis pour une période fixe de six mois. Ils peuvent être renouvelés pour une nouvelle période de six mois, si le chef de la province juge le renouvellement opportun. Une simple lettre de demande, revêtue de la signature de deux notables, est adressée au résident par l'emprunteur qui n'est pas tenu de venir lui-même au chef-lieu de la province. Les intérêts de chacune des deux périodes ne sont payables qu'à la fin de la seconde période, lors du remboursement. Avis de la prorogation du délai de remboursement est adressé par le chef de la province au Résident supérieur, qui le transmet à la banque de l'Indochine. » *(Circulaire du Gouverneur de la Cochinchine du 15 Juin 1901).*

Gardes champêtres

Des arrêtés divers ont autorisé les planteurs français du Tonkin, de la Cochinchine, de l'Annam et du Cambodge à recruter à leur frais des gardes champêtres européens ou indigènes.

En voici les dispositions principales communes :

Ces gardes ne pourront entrer en fonctions qu'après avoir été agréés par le chef de la province où ils seront employés et avoir prêté serment devant le tribunal de 1re instance ou le juge de paix de leur résidence.

Leur commission et l'acte de prestation de leur serment devront être enregistrés au greffe des tribunaux dans le ressort desquels ils devront exercer leurs fonctions.

Dans le cas de changement de résidence qui les placerait dans un autre ressort, en la même qualité, il n'y aurait pas lieu à une autre prestation de serment.

Les gardes champêtres devront être âgés de 25 ans au moins et, s'ils sont soumis à la juridiction des tribunaux français, produire, au chef de la province de leur résidence, un extrait de leur casier judiciaire et un certificat de bonnes vie et mœurs.

Les gardes champêtres peuvent être armés et équipés aux frais et sous la responsabilité du planteur qui les emploie.

Ils sont autorisés à porter une tenue, sous la condition que leur costume ne contiendra aucun des insignes adoptés dans l'armée, la garde indigène et le service des mandarins.

Les armes qui leur sont confiées doivent être enregistrées à la résidence et porter le numéro matricule sous lequel elles sont inscrites.

Les dispositions du Code d'instruction criminelle réglant les attributions des gardes champêtres des particuliers, en France, sont applicables aux gardes champêtres européens institués par les arrêtés précités.

Dans l'accomplissement de leur service, les gardes champêtres doivent porter sur la poitrine, d'une manière apparente, une plaque en métal sur laquelle sont gravés, outre leur nom ou leur numéro d'ordre, le nom et l'adresse du planteur qui les emploie.

Les gardes champêtres sont autorisés à racheter leurs journées de prestations dues en nature, au taux fixé par l'Administration, d'après les coutumes locales. A cet effet, leurs noms seront transmis à leur village d'origine par les soins des chefs de province dès qu'ils auront été agréés.

L'engagement qu'ils contracteront pourra atteindre une durée de trois ans.

Arrêté portant réglementation de la main-d'œuvre indigène en service dans les exploitations agricoles en Cochinchine.

(Du 13 Avril 1909)

DISPOSITIONS GÉNÉRALES

Article premier.— En Cochinchine, les exploitations agricoles comptant 80 engagés et plus, et d'une superficie d'au moins 400 hectares, pourront, à compter du 1er Janvier 1910, être organisées en village sur la demande du propriétaire.

Ces villages seront astreints aux mêmes obligations, jouiront des mêmes droits et avantages, et seront administrés dans les mêmes conditions que les autres communes annamites.

Toutefois, les autorités françaises et indigènes devront donner avis au propriétaire de l'exploitation ou à son représentant, des convocations et visites qu'elles auront à opérer ou à faire opérer sur sa propriété.

Les engagés seront inscrits aux rôles du village constitué sur le territoire de l'exploitation. Ces inscrits ne seront tenus de fournir au village ainsi constitué que les journées de garde et de veille. Ils devront y remplir les obligations édictées pour la constatation de l'état civil indigène et les charges militaires imposées aux Annamites. Ils devront, en outre, payer chaque année à la commune une imposition dont le quantum sera fixé par l'administrateur, après délibération du conseil des notables et avis du propriétaire de l'exploitation. Cette imposition représentera les centièmes communaux additionnels à l'impôt personnel auxquels sont tenus les inscrits des villages de plein exercice.

La carte spéciale ci-après indiquée tiendra lieu, aux engagés des exploitations agricoles constituées en communes, de la carte d'identité imposée aux inscrits des communes de plein exercice et aux Asiatiques soumis au régime de la congrégation.

Les notables des villages constitués sur les exploitations agricoles seront désignés par l'ensemble des engagés inscrits à l'exploitation. Ces notables jouiront des mêmes droits et seront tenus aux mêmes obligations que les notables des autres villages.

Les contributions ci-dessus prévues, représentatives des centièmes additionnels communaux ordinaires, seront perçues sur les engagés au profit du village autonome en la forme ordinaire et seront affectées aux diverses dépenses de l'administration communale.

Lors de la formation des villages des exploitations agricoles, le propriétaire devra attribuer à ces collectivités l'usufruit d'une terre dont la superficie sera fixée par l'administrateur, chef de province, mais qui, dans tous les cas, ne pourra être inférieure à un vingt-cinquième de la concession constituée en village. Le revenu de cette terre ainsi attribuée en jouissance à la commune de l'exploitation, sera versé à la caisse du village ainsi qu'il est procédé pour les produits des công-diên des villages de plein exercice.

Art. 2. — Les villages seront constitués sur les exploitations agricoles par arrêté du Lieutenant-Gouverneur de la Cochinchine après avis ou sauf ratification du Conseil colonial, sur la demande des propriétaires déposée avant le 30 Juin au Secrétariat du Gouverneur de la Cochinchine.

Au cas où un propriétaire, après avoir demandé la constitution d'un village sur son exploitation, voudrait y renoncer, cette renonciation devra être portée à la connaissance de l'Administration avant le 30 Juin et n'aura d'effet qu'à dater du 1er Janvier de l'année suivante.

Art. 3. — Lorsqu'une exploitation comptant plus de 80 engagés et une superficie de 400 hectares ne sera pas constituée en village, les engagés de cette exploitation devront acquitter leurs impôts au village dans lequel ils seront inscrits.

Art. 4. — Les exploitations agricoles, ne remplissant pas les conditions déterminées à l'article premier, seront rattachées à la commune de la situation de la propriété.

Toutefois, à compter du 1er Janvier 1910, les engagés des exploitations, non constituées en village, seront exempts de l'impôt de capitation, de l'impôt personnel, des prestations de toute nature, journées de travail, gardes, veilles, etc... et, généralement, de toutes les charges dues au village.

Ils devront, concurremment avec les autres inscrits du village, satisfaire aux obligations du recrutement militaire imposées à ce village, au prorata du nombre des engagés de la propriété, des autres inscrits du village et du nombre de tirailleurs à fournir par le village.

Art. 5. — Sont considérés comme engagés, les Annamites ou Asiatiques étrangers qui auront loué leurs services à un européen ou assimilé, en vue d'une exploitation agricole et quels que soient le mode de rémunération du travail fourni et les conditions dans lesquelles ce travail sera effectué.

Art. 6. — Ces engagés agricoles ne seront pas inscrits sur les rôles du village de la situation de la propriété, mais ils devront, obligatoirement, être portés sur les rôles du dernier village qu'ils auront habité avant de venir sur la propriété et dont ils représenteront la carte d'impôt à leur engagiste. Cette inscription sera faite avec mention de leur qualité d'engagé et désignation de leur résidence. Les engagés asiatiques étrangers seront inscrits sur les rôles de la congrégation de la province de leur résidence avec les mêmes mention et désignation.

Art. 7. — La déclaration de l'engagiste à l'administrateur ou aux maires de Saigon et de Cholon, sera accompagnée d'un exemplaire du contrat, sur papier timbré, passé entre lui et chaque engagé ou groupe d'engagés. Ce contrat, après avoir été transcrit gratuitement sur un registe *ad hoc*, sera rendu à l'engagiste avec mention de l'enregistrement.

Les contrats devront être passés en présence, soit de l'administrateur chef de province, de l'administrateur-maire, du maire ou de leur délégué, soit du chef du bureau de la colonisation dans les provinces où ces bureaux ont été installés, soit du huyên ou du phu de la circonscription, soit du chef ou du sous-chef du canton sur lequel est située la propriété, soit encore des trois notables instrumentaires du village de la situation de cette propriété.

Le contrat devra énoncer :

1° Les noms, prénoms, âge et filiation de l'engagé, l'indication de son dernier domicile, le numéro de sa carte d'impôt personnel, en un mot, tous les renseignements consignés sur sa dernière carte d'impôt ;

2° La nature de l'engagement (louage de service, à la journée, au mois ou à l'année, métayage, bail à loyer, etc...) ;

3° Sa durée ;

4° Les conditions principales de l'engagement et notamment le prix de la rémunération du travail de l'engagé ou du fermage des terres ;

5° La situation exacte de l'exploitation sur laquelle l'engagé doit servir.

Art. 8. — Sur la déclaration de l'engagiste, il sera délivré aux engagés, dans les chefs-lieux des provinces ou les mairies de Saigon ou de Cholon, et après le paiement préalable par l'engagiste de la taxe ci-après prévue, une carte spéciale, qui contiendra, avec leur signature ou leur *diêm-chi*, le nom du patron au service duquel ils sont engagés, l'indication de leur résidence ainsi que celle de leur dernier domicile, d'après les mentions de la dernière carte d'impôt.

Art. 9. — En cas de cessation de l'engagement ou de départ de l'engagé, pour quelque cause que ce soit, le patron est tenu d'en faire immédiatement la déclaration à l'administrateur de la province, au maire de la ville ou à leur délégué.

Art. 10. — L'engagé qui sera trouvé hors de l'exploitation, après une absence de plus de cinq jours, sans être porteur d'une autorisation du propriétaire de l'exploitation ou de son délégué, hors les cas de force majeure, sera assimilé aux indigènes et asiatiques non munis de leurs cartes d'impôt personnel ou de leurs cartes de séjour.

Art. 11. — Chaque propriétaire devra verser annuellement au Trésor une somme d'une piastre pour chaque engagé se trouvant sur la propriété et inscrit au 1er Janvier.

Les contrats devront être présentés à l'administrateur ou au maire avant le 15 Décembre.

Les engagés inscrits après le 1er Janvier ne pourront recevoir de carte d'engagé et jouir des avantages et exonérations attachés à cette qualité, que lorsqu'ils justifieront avoir préalablement acquitté leur impôt de l'année courante, racheté leurs prestations et payé leurs diverses taxes communales. La carte d'engagé leur sera alors délivrée gratuitement.

Art. 12. — L'officier de l'état-civil de la commune sur laquelle est située une propriété européenne non érigée en village, recevra les déclarations et dressera les actes de l'état-civil concernant les engagés habitant cette propriété et dénoncera aux autorités administratives et judiciaires compétentes les infractions commises à la législation en vigueur sur l'état-civil indigène.

Art. 13. — Les engagistes qui ne se conformeront pas aux dispositions du présent arrêté pourront, après un premier avertissement du Lieutenant-Gouverneur, être privés du droit d'en revendiquer le bénéfice. La durée de cette privation qui ne pourra être moindre d'un an, ni excéder trois ans, sera fixée par décision du Chef de l'Administration locale, après avis du Conseil Privé.

En cas de récidive dûment constatée par procès-verbal du chef de province, le propriétaire pourra, dans la même forme que ci-dessus, être déclaré déchu du droit de profiter des dispositions que lui confère le présent arrêté.

Art. 14.— L'arrêté du 5 Novembre 1896 et toutes autres dispositions contraires à celles du présent arrêté sont et demeurent abrogés.

Réglementation sur la main-d'œuvre agricole indigène et l'organisation d'une Inspection du travail en Cochinchine.

(Du 11 Novembre 1918)

I

DISPOSITIONS GÉNÉRALES

Article premier. — Sont considérés comme engagés dans les conditions de la présente réglementation, les indigènes originaires des divers pays de l'Indochine ou asiatiques étrangers qui, recrutés en Indochine ou dans leur pays d'origine, auront loué leurs services, par contrat écrit, au propriétaire d'une exploitation agricole moyennant un salaire.

Les contrats portant forme de fermage ou de métayage suivant les coutumes indigènes ne seront pas soumis à la présente réglementation et continueront à être régis comme précédemment.

Les engagistes et engagés sont astreints aux obligations du présent arrêté, la main-d'œuvre javanaise recrutée hors de l'Indochine restant soumise aux dispositions combinées des arrêtés des 8 mars 1910 et 20 mai 1913.

Les asiatiques étrangers en Indochine sont soumis au régime fixé pour les indigènes originaires de l'Indochine.

Art. 2. — Les contrats d'engagement des indigènes et asiatiques étrangers recrutés en Indochine seront établis sur le vu de la carte d'impôt personnel ou pièce d'identité en usage dans les pays d'où provient l'engagé, ou du contrat d'engagement arrivé à expiration.

Ils seront passés par le propriétaire de l'exploitation agricole ou son représentant dûment autorisé, en présence de l'administrateur ou du résident chef de province, maire ou de l'administrateur-maire ou de leurs délégués à cet effet.

Les propriétaires d'exploitation recrutant des engagés dans leur région pourront passer directement les contrats sur la plantation devant un délégué de l'Administration

Les contrats d'engagement seront établis en triple expédition et écrits en français et dans la langue du pays de l'engagé.

Pour les contrats passés en Cochinchine, les trois expéditions seront transmises, à la diligence de l'engagiste, dans un délai d'un mois à compter de la date de la passation de l'acte, au service de l'Identité et de l'Immigration, chargé de la tenue d'un contrôle général des engagés de la Cochinchine. Le chef de ce service, après enregistrement, adressera ces trois expéditions au chef de province du lieu de l'exploitation agricole qui les enregistrera sur la matricule provinciale. Ce dernier conservera une des expéditions et retournera les deux autres à l'engagiste qui, par lui-même ou son représentant, remettra une desdites expéditions à son engagé. Mention de la date de cette remise sera portée par l'engagiste sur l'expédition à lui destinée et sur celle délivrée à l'engagé.

Art. 3. — Le service de l'Immigration tiendra un contrôle de tous les engagés travaillant en Cochinchine. Au moins une fois par an, un agent de cette administration, après entente avec les chefs de province intéressés et les directeurs des plantations, se rendra, sur place pour prendre les empreintes digitales et établir une fiche individuelle concernant tous les engagés recrutés en Cochinchine depuis sa précédente opération.

Ces fiches seront conservées et classées par le service de l'Immigration.

Art. 4. — Tout indigène, au moment de passer un acte d'engagement, devra justifier, pour l'année en cours, de la possession de sa carte personnelle.

A compter de la date de l'engagement, il sera dispensé de toute prestation en nature ou rachetable.

Il sera également exempté de la taxe spéciale d'engagé de 1$20 pour l'année en cours.

Art. 5. — Les engagés seront, pour compter du 1er Janvier qui suivra leur engagement et pendant la durée de leur contrat, exempts de l'impôt personnel, des prestations de toute nature, des journées de travail, des gardes, des veilles, etc. etc... et, généralement, de toutes les charges dues à la colonie, à la province ou au village.

Au point de vue recrutement et obligations militaires, ils resteront soumis au régime en vigueur dans leur pays d'origine.

Art. 6. — Ils recevront aussitôt, s'ils ne l'ont déjà, et pour compter du 1er Janvier qui suivra leur engagement, un livret d'identité conforme au modèle réglementaire institué par l'arrêté du 9 Novembre 1918, contenant leurs nom, prénoms, domicile, la date et le lieu de leur naissance, leur filiation, leur état matrimonial, l'empreinte de leur pouce droit, leur photographie, leur signalement et leur situation militaire.

Durant leur engagement, ils verseront, chaque année, 1$20 soit 1$00 pour la taxe d'engagé et 0$20 pour le budget communal du lieu de l'exploitation, pour contribution aux dépenses du village (actes d'état-civil, frais d'administration générale, de police, etc...).

Ces sommes seront versées par l'engagiste à charge de remboursement par l'engagé.

Le paiement sera constaté chaque année par l'apposition d'un timbre portant « taxe 1918 payée » sur les feuilles réservées à cet effet dans le livret d'identité.

L'engagé dûment autorisé à s'absenter de l'exploitation devra toujours être porteur de son livret d'identité.

Art. 7. — Au moment de l'expiration, de la résiliation ou de l'annulation du contrat, si celui-ci a été passé en Cochinchine ou encore si l'engagé recruté hors de Cochinchine déclare vouloir y fixer sa résidence, ce livret d'identité, si le contrat a été passé postérieurement au 1er Juillet, sera valable pour toute l'année ; si, au contraire, il a été passé avant cette date, l'engagé sera inscrit au rôle supplémentaire et tenu au paiement de l'impôt personnel.

Art. 8. — L'âge minimum auquel les travailleurs peuvent être recrutés par contrat est fixé à 18 ans.

Art. 9. — La durée maximum du contrat ne pourra excéder 3 ans, avec faculté indéfinie de rengagement dans les mêmes conditions de durée.

Art. 10. — Les contrats d'engagement doivent obligatoirement contenir :

1° Les noms et prénoms des parties contractantes ;

2° La date et le lieu de la passation du contrat ;

3° L'âge, la filiation et le lieu de naissance de l'engagé ;

4° Le lieu d'exécution et la durée du contrat ;

5° Le nombre de jours de repos, avec indication de ceux qui donnent ou ne donnent pas droit aux salaires ;

6° Le nombre des heures de travail par journée, ainsi que la substitution éventuelle de la tâche à la journée ;

7° La quotité, le mode de détermination et le paiement des salaires ;

8° Le droit au logement, aux soins médicaux pour l'engagé et sa famille.

9° Le droit, le cas échéant, à tout ou partie de la nourriture ;

10° Le montant des avances faites, s'il y a lieu, et leur mode de remboursement ;

11° La clause, s'il y a lieu, relative au recrutement de l'engagé et de sa famille ;

12° La mention que lecture du contrat dans sa langue a été faite à l'engagé :

13° L'empreinte du pouce droit de l'engagé valant signature authentiquée ;

14° La photographie de l'engagé.

Art. 11. — Tout engagé a droit gratuitement pour lui et sa famille à un logement salubre, aux soins médicaux et aux médicaments.

L'eau potable et l'eau pour les soins hygiéniques devront leur être fournies en quantité suffisante.

Les locaux et installations divers destinés au logement des engagés ne peuvent être édifiés et mis en service qu'après autorisation donnée par écrit par l'Administration tant au point de vue du choix de leur emplacement que de leur construction et aménagement.

Si l'acte d'engagement prévoit la fourniture de la totalité de la nourriture, la ration quotidienne sera fixée d'un commun accord entre l'employeur et l'Administration, en tenant compte des circonstances locales.

Dans ce cas, l'employeur cédera au prix coûtant à l'engagé les rations supplémentaires que celui-ci pourrait désirer tant pour lui que pour les membres de sa famille autorisés à résider avec lui et non employés eux-mêmes sur l'exploitation.

Art. 12. — Les engagés devront tenir dans un état de propreté constant leurs logements, dépendances et cours y attenant.

Art. 13. — Les engagés exempts de travail seront placés dans une infirmerie isolée des logements, enclose d'une palissade et munie de cuisines et de latrines particulières. Cette infirmerie devra être constamment approvisionnée d'une quantité suffisante de médicaments européens les plus usuels.

Un infirmier diplômé sera attaché à cette infirmerie sous la direction d'un médecin européen ou d'un médecin auxiliaire de l'Assistance indigène.

Tous les engagés exempts de travail pour maladie ou en traitement dans les formations sanitaires des exploitations ont droit à la nourriture aux frais de l'employeur, sans répétition de la part de ce dernier.

Le nombre des repas ne pourra y être inférieur à trois par jour.

Les engagés gravement atteints seront, dans la mesure du possible, évacués sur l'hôpital.

Ceux dont l'affection constituerait un danger pour la santé publique seront isolés dans un local spécial distinct de l'infirmerie.

Tout cas épidémique sera immédiatement signalé au représentant de l'Administration.

Les engagistes doivent tenir chaque jour une liste nominative des engagés exempts de travail avec indication de la maladie.

Les plantations employant de la main-d'œuvre régionale de même que celles dont l'importance ou la situation ne nécessiteraient pas l'installation d'une infirmerie, pourront être dispensées de cette obligation, après avis de l'Administration.

Art. 14. — Tout engagé ayant droit au rapatriement, qui, au cours de son engagement, sera reconnu, après visite médicale, incapable d'exécuter son contrat, devra être rapatrié, ainsi que sa famille, aux frais de l'employeur. Le certificat medical sera exempté de la formalité du timbre.

Si la décision prise par le médecin traitant, n'est pas admise par l'une ou l'autre partie ou par l'Administration, le cas sera soumis au Directeur local de la Santé qui consignera son avis dans un rapport sur le vu duquel le tribunal statuera en dernier ressort.

Art. 15.— L'engagiste devra assurer, sur un terrain spécial affecté à cet usage, après agrément de l'Administration, une sépulture convenable à tout engagé mort à son service. Au cas où la mort surviendrait dans un hôpital ou une formation sanitaire, les frais d'inhumation seront à la charge de l'employeur. Ce dernier est également tenu au paiement des soins médicaux et d'inhumation, lorsque l'engagé hospitalisé, en cours de contrat, décédera pendant cette hospitalisation, postérieurement à la résiliation ou expiration dudit contrat.

Art. 16. — Le Gouverneur pourra, pour des raisons sanitaires, après examen sur les lieux par une commission à sa désignation, comprenant le Directeur de la Santé, au moins un membre du Conseil d'hygiène et deux médecins dont un à la désignation de l'exploitant, imposer l'exécution, sur toute exploitation agricole, de tous travaux et de toutes mesures intéressant l'hygiène générale et l'assainissement.

Des délais seront fixés pour l'exécution de ces travaux. En cas de non-exécution, l'Administration pourra les entreprendre elle-même, aux frais de l'exploitant.

Art. 17. — Les femmes engagées ne pourront être employées à des travaux au-dessus de leurs forces. Elles auront un mois de repos payé après accouchement.

A la fin de leur grossesse et pendant les deux premiers mois de l'allaitement, elles ne seront astreintes qu'à des travaux légers.

Art. 18. — Aucun engagé ne pourra, sans son consentement, être séparé de sa femme et de ses enfants ou de tout autre membre de sa famille qui aurait été autorisé à résider avec lui.

En cas de séparation non consentie, l'Administration pourra ordonner la réunion immédiate des membres d'une même famille.

Art. 19.— La durée de la journée de l'engagé ne pourra excéder 10 heures de travail effectif par 24 heures.

La journée de travail sera obligatoirement coupée par une méridienne de deux heures.

Dans le cas où, par suite de l'éloignement du chantier, les ouvriers sont obligés de prendre leur repas et leur repos sur place, des abris devront être construits les protégeant du soleil et de la pluie.

Dans le cas où les circonstances mettraient l'employeur dans la nécessité de demander, à titre exceptionnel, à ses engagés, des heures de travail supplémentaire, ces heures devront être payées moitié en plus du salaire ordinaire de l'heure.

Toutefois, les engagés seront astreints à une corvée gratuite de deux heures par semaine au maximum, pour le nettoyage de leurs logements, dépendances et cours y attenant.

Art. 20. — Lorsque, dans un contrat, il est stipulé que l'engagé peut être mis à la tâche, celle-ci pourra être imposée.

Toutefois, s'il y a réclamation de la part de l'engagé quant à l'étendue de la tâche exigée, le différend sera soumis à l'arbitrage de l'Administration.

Art. 21.— Lorsque le chômage de l'engagé ne sera pas justifié par des raisons de santé ou par une exemption régulière de l'engagiste, ou encore lorsque l'absence n'aura pas pour but de permettre à l'engagé de porter à l'Administration une plainte justifiée pour mauvais traitements, la durée du contrat pourra être prorogée d'office, au gré de l'employeur, d'une durée égale à celle de l'absence ou du chômage non justifié, et l'engagé n'aura droit ni à la nourriture, ni au salaire pendant ce chômage.

La durée cumulée des séjours de l'engagé à l'infirmerie ou à l'hôpital de moins de trente jours par an ne peut donner lieu à prorogation de contrat.

Si la durée de l'hospitalisation est égale ou supérieure à trente jours dans une même année, l'Administration, à la demande de l'employeur et après vérification des faits, fera mention sur le contrat et la matricule provinciale, de la période de temps perdue, qui donnera lieu à la prorogation de contrat pour une durée égale. Avis de cette mention sera transmis au service de l'Immigration. Le salaire sera dû pour toute la durée de cette prorogation.

Toutefois, cette disposition visant la prorogation de contrat n'est pas applicable si les engagés ont été blessés dans l'exercice de leur travail ou à l'occasion de leur travail. Dans ce cas, ils conservent tous leurs droits au salaire et à la nourriture, si elle est prévue au contrat pour eux et pour leur famille, si elle a été autorisée à résider avec eux. Dans tous autres cas, le salaire n'est dû.

Art. 22. — Dans le cas de chômage du fait de l'engagiste, la durée de ce chômage ne saurait donner lieu à la prorogation de la durée du contrat. L'engagé conservera le droit au salaire et à la nourriture si celle-ci est prévue au contrat.

Art. 23. — Dans le cas où l'exploitation ouvrirait ou ferait ouvrir un magasin sur la plantation, le prix des marchandises devra être affiché à l'intérieur, et à l'extérieur, en français et dans chacune des langues du pays d'origine des engagés employés sur la plantation.

Les européens ou indigènes ayant autorité sur le personnel ou les coolies, les membres de leur famille, ou salariés à leur service, ne pourront se livrer à un commerce quelconque avec les engagés travaillant sur l'exploitation.

II

Engagés recrutés en Indochine mais hors de la Cochinchine

Art. 24. — Tout propriétaire d'exploitation agricole de Cochinchine, désireux d'y introduire de la main-d'œuvre indigène originaire des autres pays de l'Union, doit, au préalable, en aviser les Chefs d'Administration locale du pays où la main-d'œuvre est recrutée et de celui dans lequel elle doit être importée. Ces déclarations, faites sur papier timbré, devront indiquer la situation de l'exploitation, sa superficie, la nature des cultures ou travaux entrepris et le nombre des engagés qui doivent être recrutés.

Les contrats seront passés, dans le pays d'origine, dans la forme indiquée par les articles 2 et suivants.

Art. 25. — Avant leur départ de leur pays d'origine, les engagés, après identification et sur le vu de leur photographie, seront astreints à une visite médicale individuelle à l'effet de constater leur aptitude physique au travail. Mention signée du médecin visiteur en sera faite sur le contrat.

Cette visite éliminatoire sera faite gratuitement par un médecin de l'Administration.

Art. 26. — A leur arrivée, les engagés pourront être reçus au dépôt de l'Immigration, sans responsabilité de la part de l'Administration qui les y nourrira aux frais de l'engagiste.

Ils seront photographiés et leurs empreintes digitales recueillies par le chef du service de l'Immigration et de l'Identité pour l'établissement de leur fiche individuelle.

L'engagiste remettra les contrats, établis en triple expédition, au chef du service de l'Immigration et de l'Identité, qui s'assurera de leur régularité, y recueillera les indications nécessaires pour la tenue de son contrôle des engagés. Il les adressera ensuite au chef de province intéressé ainsi qu'il est indiqué à l'article 2 ci-dessus.

III

Main-d'œuvre étrangère : Engagés recrutés en dehors de l'Indochine dans leur pays d'origine

Art. 27. — Les propriétaires des exploitations agricoles, désireux d'introduire en Cochinchine de la main-d'œuvre étrangère recrutée en dehors de l'Indochine, doivent en obtenir l'autorisation du Gouverneur de la Cochinchine.

Art. 28. — Les contrats d'engagement seront passés dans le pays d'origine des engagés, dans les formes prescrites par la réglementation de ce pays, par le propriétaire de l'exploitation agricole ou par son représentant dûment autorisé, sous réserve des conventions internationales.

Art. 29. — A leur débarquement dans la Colonie, ces engagés seront obligatoirement reçus au dépôt de l'Immigration et soumis aux formalités énumérées à l'article 26.

Art. 30. — La main-d'œuvre javanaise reste soumise aux dispositions combinées des arrêtés des 8 Mars 1910 et 20 Mai 1913.

IV

Salaires et avances

Art. 31. — Les salaires seront payés au moins une fois par mois et dans un délai de dix jours. Le contrat devra toujours spécifier si les jours de repos ou de fêtes donnent lieu aux salaires prévus. Les paiements devront être effectués en monnaie indochinoise.

Art. 32. — Les paiements seront faits en présence de l'engagiste ou de son représentant. Faute de quoi, si l'engagé conteste le paiement, celui-ci sera présumé non effectué, sauf preuve contraire incombant à l'engagiste.

Art. 33. — Pour le décompte des salaires dont la quotité est fixée par le contrat, soit au mois, soit à l'année, tout mois est considéré comme étant composé de 30 jours. Les journées d'exemption de travail et d'absence à déduire seront comptées pour leur nombre réel et jusqu'à concurrence de 30 jours seulement par mois. Si toutes les journées de « février » étaient à déduire, elles le seraient également pour 30 jours. Le nombre des journées donnant droit au salaire est multiplié par le salaire mensuel prévu au contrat et divisé par 30.

Art. 34. — Des avances en argent ou en nature peuvent être faites aux engagés, avant leur entrée en service ou au cours de leur engagement. En aucun cas, le total cumulé de ces avances ne pourra être supérieur à deux mois de salaire pour les engagés d'un an ou de deux ans, et à trois mois pour ceux de trois ans. Elles sont portées au débit de l'engagé.

Sont seules considérées comme avances en nature et portées comme telles au débit de l'engagé toutes les fournitures faites aux engagés en vivres en dehors des cas où l'employeur s'est engagé à fournir la nourriture, les vêtements ou objets divers de première nécessité.

Art. 35. — Chaque fois qu'un engagé aura été condamné à payer une somme quelconque à son employeur, la somme sera considérée comme avance et, comme telle, sera portée au débit de l'engagé.

Art. 36. — Tout acte d'engagement continuera à avoir son effet après son expiration, afin de permettre à l'engagé de rembourser, dans les délais maxima prévus à l'article 17, les avances à lui faites et non remboursées ou pour compléter toute période de temps qui aura été déduite de son temps de service stipulé au contrat.

Art. 37. — Le montant de ces avances sera remboursé mensuellement, sur les salaires, sans que les retenues puissent excéder le quart du salaire de l'engagé.

V

Comptabilité des engagistes. — Etats semestriels à fournir à l'Administration

Art. 38. — L'engagiste est tenu d'ouvrir un compte courant pour chaque engagé, sur lequel seront inscrits tous les faits influant sur la situation financière de l'engagé ou sur la durée de son contrat: exemptions de service, absences autorisées ou non autorisées, nombre de journées d'indisponibilité, en un mot, toutes les situations donnant lieu à suspension ou retenue de salaire et au remboursement de nourriture, s'il y a lieu.

Y seront également relatées les avances faites, et, au fur et à mesure qu'ils sont effectués, les paiements de toutes sortes faits à l'engagé ou pour son compte, ainsi que le montant du salaire acquis à chaque paiement. Ces mentions, sauf motifs dûment justifiés, devront être inscrites sur le compte courant dans les vingt jours qui suivront le dernier jour du mois auquel elles se rapportent.

Art. 39. — L'engagiste est tenu de délivrer à l'engagé un extrait de son compte courant quand celui-ci en fait la demande sans que l'engagé puisse exercer son droit plus d'une fois par mois.

Dans le cas de contestation, la réclamation sera portée devant le représentant de l'Administration, et à défaut par lui de concilier les parties, celles-ci auront à se pourvoir devant la juridiction compétente.

Art. 40. — Il est fait remise à l'engagé, dont le contrat est arrivé à expiration ou résilié, de son livret d'identité et de son contrat. Mention est faite, par l'engagiste et sous sa signature, sur ces documents, de la cessation des services (expiration, résiliation, etc...) et de la date à laquelle elle est intervenue.

La remise de ces documents est faite à l'engagé par l'engagiste ou son représentant. En cas d'infraction à cette règle, si l'engagé conteste la remise, celle-ci sera présumée non effectuée sauf preuve contraire incombant à l'engagiste.

Avis de tout décès, de tout délit d'abandon de l'exploitation, de toute résiliation ou expiration de contrat doit être donné par l'engagiste, dans un délai d'un mois, à l'Administration et au chef du service de l'Immigration et de l'Identité. Mention en est inscrite sur le contrôle de l'Immigration et la matricule provinciale.

Art. 41. — Modifié par arrêté du 27 Décembre 1923. — Au 30 Juin de chaque année, un relevé nominatif du compte-courant des engagés sera envoyé au représentant de l'Administration et au chef du service de l'Immigration. Ce relevé comprendra les noms de tous les engagés au service de l'exploitation à cette date. Sur cet état, devront figurer par catégorie : *a*) les engagés recrutés au cours de l'année ; *b*) ceux ayant renouvelé leur contrat.

Doit être également adressé au représentant de l'Administration et au service de l'Immigration, à la fin de chaque mois, un relevé des mutations survenues au cours de ce mois, comportant :

1° Les décès,

2° Les résiliations de contrat,

3° Les expirations de contrat,

4° Les renouvellements de contrat,
5° Les engagements nouveaux,
6° Les délits d'abandon de l'exploitation,
7° Les absents par suite d'arrestation opérée sur ou en dehors de la plantation.

VI

Rapatriement — Résiliation — Transfert et Renouvellement des contrats

Art. 42. — Les contrats d'engagement peuvent être résiliés :

1° Par consentement mutuel des parties. Ce consentement est constaté par l'autorité administrative du lieu de l'exploitation ayant qualité pour recevoir des actes d'engagement.

2° Pour incapacité physique de l'engagé constatée comme il est spécifié par l'article 14 ci-dessus et dans les conditions qui y sont fixées.

3° Sur la demande de l'engagiste, un mois après la disparition déclarée de l'engagé, sans préjudice des poursuites judiciaires que l'engagiste pourrait avoir à exercer.

4° Sur la demande expresse de l'une des parties lorsque l'autre est dans l'impossibilité dûment constatée d'en exécuter les clauses.

5° Par l'engagé ayant un contrat d'une durée égale ou supérieure à 2 ans, après 18 mois de service, en donnant 3 mois de préavis, en remboursant toutes les avances dues et, s'il y a lieu, ses frais de recrutement et de transport s'il a été recruté hors de Cochinchine.

Dans ce cas, l'engagé ne saurait exercer son droit au rapatriement s'il n'est prévu par son contrat.

L'engagé bénéficiant de cette clause ne sera pas admis à contracter un nouvel acte d'engagement en Cochinchine faisant suite, quel que soit l'engagiste, à l'acte ainsi résilié.

6° Sur la demande de l'engagiste, dans les cas dûment constatés par l'Inspection du travail, de mauvaise conduite, d'indiscipline, de mauvaise volonté ou d'actes susceptibles de jeter le trouble dans l'exploitation.

7° Sur la demande de l'engagiste, à la suite de la condamnation d'un engagé soit pour délit de droit commun, soit pour infraction aux dispositions du présent arrêté.

8° Sur la demande de l'une ou l'autre des parties, pour une cause légalement valable.

Le droit au rapatriement de l'engagé, s'il est stipulé au contrat, sera à la charge de l'engagiste dans tous les cas prévus aux paragraphes ci-dessus, sauf l'exception indiquée au paragraphe 5.

Si l'engagé refuse de bénéficier de son rapatriement au moment de sa sortie de la plantation, il pourra exercer ce droit dans la suite mais dans un délai de trois mois seulement.

Toutefois, le rapatriement, s'il est prévu au contrat, sera à la charge de l'engagiste pendant un délai d'un an à compter du jour de la sortie de l'engagé de la plantation, au cas où l'Administration se trouverait dans la nécessité, pour cause d'indigence ou par mesure de police, de prescrire le rapatriement des engagés libérés tombant sous le coup des paragraphes ci-dessus énumérés.

Art. 43. — L'expulsion (main-d'œuvre étrangère) ou le renvoi d'office dans son pays d'origine d'un engagé par les autorités administratives, ou la peine de l'interdiction de séjour dans les lieux où il devait servir, entraînent de plein droit l'annulation de tout contrat d'engagement.

Art. 44. — Lorsqu'un engagiste ou ses agents auront été condamnés pour mauvais traitements envers un engagé, le tribunal pourra prononcer la résiliation et l'annulation dudit contrat sans préjudice des dommages-intérêts qui pourront être accordés.

Art. 45. — Aucun transfert ne pourra être fait qu'avec le consentement de l'engagé et l'autorisation de l'Administration.

Art. 46. — Il est interdit à tout employeur de prendre à son service des engagés dont le contrat avec un autre employeur n'est pas encore expiré.

En cas d'infraction à cette règle, le dernier contrat intervenu doit être considéré de plein droit comme nul et sans valeur, sans préjudice de l'action qui pourrait être intentée par le premier engagiste et de l'application de l'article 64.

Art. 47. — Si, au moment de l'expiration de son contrat, un engagé se trouve débiteur, à un titre quelconque, envers son employeur soit à raison d'avances faites et non remboursées, soit pour toute autre cause ou encore s'il reste redevable d'une période de service complémentaire à laquelle il est astreint, son contrat sera prorogé de plein droit dans les mêmes conditions jusqu'à libération complète de ces dettes. Toutefois, cette prorogation de travail ne pourra excéder deux mois pour un contrat d'un an, quatre mois pour un contrat de deux ans et six mois pour un contrat de trois ans.

Art. 48. — Tout contrat d'engagement arrivant à expiration pourra être renouvelé, d'accord parties, 3 mois au plus avant la date de son expiration. Il sera passé devant les autorités ayant qualité pour recevoir les actes d'engagement.

Tout engagé libéré pourra entrer au service d'un autre employeur. De ce fait, le nouvel employeur sera substitué à l'ancien dans toutes les obligations envers l'engagé.

VII

Contrôle et visite des exploitations agricoles

Art. 49. — L'administrateur chef de la province ou son représentant doit s'assurer au moins une fois par an de l'exécution, dans sa circonscription, des règles édictées par le présent arrêté. Il peut procéder, en outre, à des visites de surveillance chaque fois qu'il le juge convenable, après en avoir avisé au préalable et par écrit l'employeur ou son représentant; à cet effet, il a le droit de pénétrer et de visiter tous les locaux où les engagés ont eux-mêmes accès, à l'exception de ceux spécialement affectés au logement de l'engagiste et de son représentant, de recevoir les réclamations des engagés et de se faire présenter toutes les pièces et documents intéressant ceux-ci à un degré quelconque.

Le chef de la province peut se faire accompagner ou faire accompagner son représentant soit d'un médecin, soit de tout agent technique des cadres administratifs dont la présence lui semblerait utile.

Tout ou partie de ces mêmes droits pourront être dévolus par le Gouverneur aux fonctionnaires des divers services, soit à titre temporaire, soit à titre permanent, avec mission soit spéciale, soit générale.

VIII

Inspection du travail

Art. 50. — Il est institué, dans la colonie, dans les conditions prévues à l'arrêté portant création auprès du Gouverneur général d'un service de Contrôle général du travail et de la colonisation, une Inspection du travail.

Art. 51. — L'Inspecteur du travail a pour principale mission d'assurer l'application de toute la réglementation concernant la main-d'œuvre.

Il est chargé d'étudier les questions intéressant la colonisation, la main-d'œuvre indigène et étrangère, les conditions du travail, etc...

Art. 52. — Il est tenu au courant, en même temps que le Gouverneur de la Cochinchine, des faits qui peuvent se produire sur une plantation et dont le chef de province rend compte. Le chef du service de l'Immigration et de l'Identité lui signale, par l'intermédiaire du Gouverneur, tous les faits intéressant la main-d'œuvre.

Art. 53. — L'Inspecteur du travail doit inspecter, environ une fois par an, les plantations, concessions ou exploitations agricoles qui se trouvent placées sous la présente réglementation.

Le Gouverneur peut, s'il le juge nécessaire, le charger d'inspecter les autres plantations, concessions ou exploitations.

Art. 54. — L'Inspecteur a les mêmes pouvoirs que l'administrateur prévus à l'article 49.

Chacune de ses inspections fait l'objet d'un procès-verbal établi en quadruple expédition dont une pour le Gouverneur, une pour le chef de province intéressé, une pour le planteur. La quatrième expédition est transmise au Procureur général lorsqu'il y a des sanctions judiciaires à prendre.

Art. 55. — Les infractions énumérées aux articles 61, 62, 63, 64, 65, 66, 67, 69 peuvent être l'objet d'une mise en demeure préalable qui sera donnée par le Gouverneur au directeur de la plantation, sur la proposition et après enquête de l'Inspecteur du travail.

Si, malgré la mise en demeure, l'Inspecteur constate que les choses sont restées en l'état, il propose alors au Gouverneur la ou les sanctions nécessaires qui sont infligées soit par le Gouverneur, soit par le tribunal auquel la quatrième expédition du procès-verbal est alors envoyée.

En cas de récidive, l'amende est appliquée sans mise en demeure.

Art. 56. — Les procès-verbaux de l'Inspecteur du travail font foi jusqu'à preuve contraire.

Art. 57. — L'Inspecteur du travail n'est qu'un agent de contrôle. Il ne peut, là où il est en inspection, donner aucun ordre direct. Il ne peut que constater et rendre compte au Gouverneur en proposant les sanctions nécessaires ou, en cas d'urgence ou de flagrant délit, saisir le chef de province ou le Parquet.

Il prévient, s'il y a lieu, l'administrateur, chef de province, lorsqu'il vient en inspection dans sa province.

IX

Réclamations

Art. 58. — Tout engagé a le droit de porter plainte au représentant de l'Administration, soit personnellement, soit par l'intermédiaire de son employeur. Dans le premier cas, toutefois, il doit notifier son intention à son employeur et dès que cette intention sera connue, l'employeur ou son représentant devra, dans les 48 heures, tout au moins par première correspondance, en aviser le représentant de l'Administration.

Celui-ci instruit l'affaire, procède au besoin à une enquête sur place, convoque, interroge toute personne au service de l'employeur qu'il croira devoir interroger pour les besoins de son enquête.

Il prendra toutes mesures utiles ou nécessaires, dans les limites de ses attributions, ou transmettra l'affaire au magistrat compétent.

Art. 59. — L'engagiste sera tenu d'autoriser l'engagé qui aura quelque plainte à formuler, à se rendre sans délai au siège du tribunal du ressort. Si, après information, la plainte est reconnue mensongère ou non fondée, l'engagé sera passible de dommages-intérêts arbitrés par le tribunal. Sur le vu de l'extrait du jugement le montant des dommages-intérêts ainsi accordés, sera porté au débit de l'engagé.

Art. 60. — Lorsqu'un engagé aura été condamné à une peine d'emprisonnement, l'engagiste devra être avisé, en temps utile, de la date de l'expiration de la peine, afin de prendre toutes mesures pour faciliter sa réintégration sur la plantation au jour de sa libération. Faute par l'employeur d'avoir fait prendre son engagé libéré, l'autorité administrative le fera ramener à l'employeur aux frais de ce dernier.

Les employeurs supporteront de même les frais de toute nature exposés par l'Administration à l'occasion de la recherche de leurs engagés prévenus d'infractions aux dispositions de la présente réglementation, ainsi que tous les frais afférents aux condamnations pénales qui pourront intervenir de ce chef. Les employeurs dans ce cas seront toujours constituées d'office partie civile dans les conditions prévues à l'article 227 du décret du 25 Novembre 1910.

X

PÉNALITÉS

Art. 61. — I. — *Engagés.* — Les infractions énumérées ci-après seront punies d'une amende de 1 à 15 francs, d'un emprisonnement de 1 à 5 jours, ou de l'une de ces deux peines seulement :

1° Réclamation non fondée, sauf le cas de bonne foi de l'engagé, ne tombant pas sous l'application de l'article 373 du Code pénal.

2° Absence de plus de 24 heures de l'exploitation non autorisée par l'engagiste et n'ayant pas pour objet de porter plainte au représentant de l'Administration ou au tribunal.

3° Infliction volontaire sur sa personne de plaies ou blessures entraînant une incapacité de travail.

4° Refus, sans excuse valable, d'obéir à un ordre légitime de l'engagiste ou de ses représentants ; détérioration volontaire aux immeubles de l'engagiste en dehors des cas prévus aux articles 434, 435, 436, 437, 451, 456, 458 du Code pénal ; les engagés qui exerceront de mauvais traitements aux animaux dont ils ont la garde seront punis conformément aux dispositions de l'article 1er de l'arrêté du 29 Avril 1908.

5° Obtention d'un emploi à l'aide de faux certificats au sujet de la moralité, de l'habileté et des qualités professionnelles, sans préjudice, s'il y a lieu, de l'application de l'article 162 du Code pénal ainsi que de l'article 405.

6° Tapage et scandale sur l'exploitation même en cas de réclamations justifiées.

7° Absence injustifiée du travail.

Les infractions ci-après énumérées seront punies d'une amende de 1 à 10 francs et d'un emprisonnement de 1 à 3 jours ou de l'une de ces deux peines seulement :

1° Refus par l'engagé de présenter son livret d'identité à toute réquisition de l'autorité.

2° Refus ou omission de se rendre à l'infirmerie de la plantation, à l'hôpital ; sortie de ces établissements sans autorisation régulière.

3° Omission, sans excuse valable, d'exécuter le travail.

4° Vente ou échange de rations fournies par l'employeur aux termes du contrat. La même peine est applicable à l'engagé qui achète ou échange.

La peine de l'emprisonnement sera toujours prononcée, en cas de récidive, dans les cas ci-dessus mentionnés.

Art. 62. — II.— *Engagistes.*— Les infractions ci-dessous énumérées seront punies de diverses peines d'amendes, à savoir :

1° Réclamation non fondée, sauf le cas de bonne foi, de l'engagiste ou de ses représentants et agents : 16 francs à 300 francs.

2° Refus ou omission, sans excuse valable, de laisser opérer par un engagé, ainsi qu'il est dit aux articles 58 et 59, le dépôt d'une réclamation ou plainte, ou de la transmettre au représentant de l'Administration ou au magistrat du ressort : 16 francs à 300 francs.

3° Refus de se conformer aux dispositions d'ordre administratif prévues au présent arrêté : 25 francs à 500 francs.

4° Non-délivrance des rations dues aux engagés aux termes de leur contrat : 16 francs à 500 francs.

5° Contrats d'engagement ou livrets d'identité fictifs établis à la suite d'accords frauduleux par l'engagiste, ses représentants ou ses agents, ou sur sa demande, trafic de ces engagements ou livrets en dehors de l'emploi effectif et permanent de la main-d'œuvre engagée. La nullité de l'engagement ainsi contracté devra toujours être prononcée : 25 francs à 500 francs, sans préjudice de l'annulation des contrats ainsi dolosivement conclus, laquelle sera poursuivie conformément au droit commun.

6° Refus de soumettre les contrats d'engagement ou renouvellements de contrats au visa de l'autorité administrative compétente : 25 francs à 500 francs.

7° Contrainte de l'engagé, par son engagiste, à une durée de travail ou à une tâche supérieure à celle légalement fixée : 25 francs à 500 francs.

8° Retenue faite sur le salaire de l'engagé sans motif valable : 25 francs à 500 francs.

9° Maintien, sans motif justifié, de l'engagé sur la plantation ou contre sa volonté, après l'expiration, la résiliation de l'acte d'engagement : 25 francs à 1.000 francs.

10° Emploi sur l'exploitation, à l'exclusion de ceux qui ne sont pas astreints au livret d'identité ou au paiement de l'impôt, de travailleurs n'ayant pas payé leur carte d'impôt à la date réglementaire ou dépourvus de tout papier d'identité : 50 francs à 2.000 francs.

Pour toutes les infractions énumérées ci-dessus, en cas de bonne foi de l'engagiste ou de ses représentants, la peine sera prononcée contre les employés qui seront reconnus responsables de l'infraction.

XI

Dispositions générales

Art. 63. — Toutes contraventions à la présente réglementation, autres que celles ci-dessus spécifiées, seront punies des peines portées à l'article 471 du Code pénal.

Il sera procédé, ainsi qu'il est dit ci-après, pour les poursuites contraventionnelles exercées en vertu de la présente réglementation, à l'exception toutefois des cas où les faits incriminés seraient passibles d'une peine d'emprisonnement, ou lorsque le contrevenant sera en état de récidive légale, dans les conditions prévues à l'article 483 du Code pénal.

L'agent qui aura constaté la contravention transmettra le procès-verbal qu'il en aura dressé au juge de simple police. Si celui-ci estime que le fait n'est pas établi ou ne constitue pas contravention, il mettra au bas du procès-verbal la mention « non lieu », sinon il qualifiera le fait succinctement en marge en indiquant le texte applicable et la pénalité encourue.

Un registre spécial tenu par le greffier reproduira l'ordonnance avec indication du nom, âge, profession, domicile des contrevenants ainsi que le nom de l'agent verbalisateur. L'ordonnance sera alors notifiée par cet agent au contrevenant avec invitation d'avoir à verser sans délai le montant de l'amende, si mieux il n'aime faire opposition à l'ordonnance.

Si l'amende est versée, elle sera reçue pour le compte de qui de droit au percepteur de la province qui en donnera quittance; mention de l'acquiescement et du paiement sera faite sur le registre dont il est parlé ci-dessus.

L'exécution volontaire ainsi faite de l'ordonnance n'entraînera aucun frais pour le contrevenant; mais, en cas de récidive, dans les conditions prévues par le Code pénal, cette première condamnation entrera en ligne de compte pour l'application des peines de la récidive.

Si le contrevenant veut faire opposition à l'ordonnance, l'agent chargé de la notification en fera mention sur l'original du tract qu'il devra retourner au juge. Le contrevenant sera alors convoqué, entendu et jugé suivant les formes ordinaires en simple police; s'il fait défaut, il ne pourra, dans aucun cas, faire opposition.

XII

Généralités

Art. 64.— Toute personne qui, sciemment, recrute des engagés déjà liés par un contrat; qui corrompt, détourne de son travail ou prend et garde à son service, ou donne asile ou cache un engagé lié par un contrat, est passible d'une amende de 50 à 2.000 francs et d'une peine de prison de 3 mois à 6 mois, ou de l'une de ces deux peines seulement. Le délinquant sera passible envers l'employeur de tous dommages-intérêts.

Art. 65.— Toute personne qui, par excitation, à l'aide de menaces, voies de fait, persuasion, manœuvres frauduleuses, dons ou promesses, cherche à amener un engagé à contrevenir aux dispositions du présent arrêté, sera, si les faits ne tombent pas sous le coup du Code pénal, punie des peines prévues à l'article précédent.

En cas de récidive, ces peines pourront être portées au double.

Tout indigène ou asiatique assimilé qui, ayant souscrit un contrat de travail au profit d'une exploitation agricole, abandonne au cours de son contrat, sans motif légitime et hors des cas prévus par le présent règlement, l'exploitation dont s'agit, soit individuellement, soit à la suite d'un plan concerté avec d'autres indigènes, sera puni des peines prévues à l'article 416 du Code pénal.

Art. 66.— Toute mutilation ou détérioration volontaire à des plants, arbustes, arbres et à leurs produits de toute nature, même n'entraînant pas la perte totale de l'arbre, ainsi que toutes dégradations ou dévastations de récoltes, seront également punies des peines portées à l'article 444 du Code pénal.

Art. 67.— Le délit d'abandon est constitué par le fait que l'engagé a quitté l'exploitation depuis plus de deux jours, sans cause légitime.

Ce délit sera puni d'une amende de 16 francs à 250 francs et d'une peine de prison de 6 jours à 3 mois, ou de l'une de ces deux peines seulement.

Art. 68.— Ne sont pas applicables, en ce qui concerne les engagés originaires de l'Indochine et les asiatiques étrangers recrutés en Indochine, ou hors de l'Indochine sous le régime de la présente réglementation, les arrêtés du 20 août 1899, rendus applicables par arrêté du 5 Février 1902, du 13 Avril 1909, à l'exception des articles 1er à 4 inclus autorisant les exploitations agricoles à s'organiser en villages, et l'arrêté du 8 Mars 1910. Les engagés javanais restent soumis aux dispositions combinées des arrêtés du 8 Mars et du 20 Mai 1913.

Art. 69.— Le présent règlement, en particulier, les articles concernant les droits et les obligations des engagés, devra être affiché en français, quôc-ngu et caractères, par les soins des directeurs des plantations, dans les principaux locaux habités par les engagés.

Art. 70.— Le Gouverneur de la Cochinchine et les Résidents supérieurs au Tonkin, au Cambodge, en Annam et au Laos sont chargés, chacun en ce qui le concerne, de l'exécution du présent règlement.

Art. 71.— Jusqu'à ce que la présente réglementation soit convertie en décret, toutes les pénalités qui y sont portées supérieures aux peines de simple police seront ramenées au maximum prévu dans l'échelle de ces peines.

CHAPITRE XI

Municipalités

Les villes de l'Indochine érigées en municipalités sont celles de Saigon, Hanoi, Haiphong, Cholon, Pnom-Penh, Tourane, Nam-Dinh, Dalat et Haiduong.

Les trois premières sont régies par le décret du 11 Juillet 1908, modifié par les décrets des 17 Décembre 1909, 16 Octobre 1914, 29 Avril 1915 et 19 Janvier 1916 ; les six autres, par des arrêtés spéciaux qui sont : celui du 27 Juin 1912 pour Cholon, celui du 7 Septembre 1915 pour Pnom-Penh, celui du 31 Juillet 1908 pour Tourane, celui du 31 Octobre 1920 pour Dalat, celui du 17 Octobre 1921 pour Nam-Dinh et celui du 12 Décembre 1923 pour Haiduong.

Nous allons donner, d'une part, la réglementation commune relative aux villes de Saigon, Hanoi, Haiphong et ensuite, l'organisation type d'une des six autres villes, étant entendu que cette organisation est sensiblement la même pour toutes, réserve faite des dispositions qui peuvent être particulières à chacune d'elles.

Organisation des municipalités de Saigon, Hanoi et Haiphong

Article premier. — Le corps municipal de chacune des villes de Saigon, Hanoi et Haiphong se compose d'un Conseil municipal, d'un maire et de deux adjoints.

TITRE PREMIER

Du Conseil municipal

CHAPITRE PREMIER

Formation du Conseil municipal

Art. 2. — Le Conseil municipal comprend douze (1) membres français ou naturalisés français et quatre membres annamites

(1) Pour Hanoi, ce nombre a été réduit à *huit*, par décret du 18 Août 1921.

Art. 3. — Les conseillers municipaux français sont élus, dans chaque ville, au suffrage universel et direct, par l'assemblée des électeurs français ou naturalisés français inscrits sur la liste électorale.

Sont électeurs, tous les Français ou naturalisés français, âgés de vingt-et-un ans accomplis et n'étant dans aucun cas d'incapacité prévu par les lois.

La liste électorale française comprend :

1° Tous les électeurs qui ont leur domicile réel dans la commune ou y habitent depuis six mois au moins ;

2° Ceux qui auront été inscrits au rôle de l'un des impôts directs, et s'ils ne résident pas dans la commune, auront déclaré vouloir y exercer leurs droits électoraux ; seront également inscrits, sur leur demande, aux termes du présent paragraphe, les membres de la famille des mêmes électeurs.

3° Ceux qui sont assujettis à une résidence obligatoire dans la commune en qualité de fonctionnaires publics.

Seront également inscrits les citoyens qui, ne remplissant pas les conditions d'âge et de résidence ci-dessus indiquées, lors de la formation de la liste électorale, les rempliront avant la clôture définitive.

L'absence de la commune résultant du service militaire ne portera aucune atteinte aux règles ci-dessus édictées pour l'inscription sur les listes électorales.

Art. 4. — Les conseillers municipaux annamites sont élus :

A Saigon, au suffrage universel et direct, par les électeurs annamites inscrits sur une liste électorale établie conformément aux dispositions des articles 3 et 7 du présent décret ; à Hanoi et à Haiphong, par les électeurs inscrits sur une liste électorale comprenant :

1° Sans condition de cens, les tu-tai, cu-nhon, tien-si, et les Annamites ayant obtenu un diplôme ou un brevet de l'enseignement français ou franco-annamite, âgés de vingt-et-un ans accomplis, domiciliés dans la ville depuis un an au moins, ou inscrits au rôle de l'impôt foncier, et les fonctionnaires et employés annamites, tant de l'Administration française que de l'Administration annamite, du grade de secrétaire ou lettré titulaire de 3e classe ou de tung-bat-pham et au-dessus, ayant au moins cinq ans de services dans leurs administrations respectives ;

2° Tous les propriétaires ou patentés annamites payant au moins 15 piastres de contributions directes, âgés de vingt-et-un ans accomplis, ayant leur domicile réel dans la ville depuis un an au moins et n'ayant subi aucune condamnation tant des tribunaux français que des tribunaux mixtes ou indigènes, pour les motifs visés par les articles 15 et 16 du décret du 2 Février 1852, ou pour rébellion, achat, vente illicite ou recel d'armes, contrebande et tromperie sur la qualité de la marchandise vendue.

Art. 5. — Les listes électorales françaises seront établies, revisées et publiées conformément aux dispositions des titres II et IV du décret organique du 2 Février 1852, et du titre 1er du décret réglementaire du 2 Février 1852, complétées par l'article 3 du présent décret et sous réserve des modifications ci-après :

Les époques d'ouverture et de révision de la liste électorale, celles de sa clôture et de sa publication sont fixées par un arrêté du Gouverneur général, sur avis des Chefs d'Administration locale.

La liste est dressée par une commission composée du maire, d'un délégué du Chef de l'Administration locale et d'un délégué du Conseil municipal.

Les réclamations seront jugées par la commission indiquée dans le paragraphe précédent, à laquelle seront adjoints deux autres délégués du Conseil municipal.

Art. 6. — L'appel des décisions de cette commission sera porté devant le juge de paix ou, à défaut de juge de paix, devant le tribunal de première instance.

La décision du juge de paix ou du tribunal de première instance est en dernier ressort.

Art. 7. — Des arrêtés du Chef de l'Administration locale, le Conseil privé ou de Protectorat entendu, fixeront, en se rapprochant autant que possible des règles édictées par le présent décret pour les listes électorales françaises, le mode d'établissement et de révision, les époques d'ouverture, de révision, de clôture et de publication des listes électorales annamites, ainsi que la procédure à suivre pour les réclamations auxquelles ces listes peuvent donner lieu.

Art. 8. — L'élection des conseillers municipaux a lieu au scrutin de liste pour toute la ville et par catégorie d'électeurs.

Le Chef de l'Administration locale peut, par arrêté spécial publié au moins huit jours à l'avance, diviser la ville en plusieurs bureaux de vote, qui concourront tous à l'élection des mêmes conseillers. Il est délivré à chaque électeur une carte électorale. Cette carte indique le lieu où doit siéger le bureau où l'électeur doit voter.

Art. 9. — Les collèges électoraux sont convoqués par arrêté du Chef de l'Administration locale. L'arrêté de convocation est publié quinze jours au moins avant l'élection qui doit avoir lieu un dimanche ou jour férié. Il fixe le local où le scrutin sera ouvert, ainsi que les heures auxquelles il doit être ouvert et fermé.

Art. 10. — Les bureaux de vote sont présidés par le maire, les adjoints, les conseillers municipaux dans l'ordre du tableau, et, en cas d'empêchement, par des électeurs désignés par le maire.

Art. 11. — Le président a seul la police de l'assemblée. Cette assemblée ne peut s'occuper d'autre objet que de l'élection qui lui est attribuée. Toute discussion, toute délibération lui sont interdites.

Art. 12. — Les deux plus âgés et les deux plus jeunes des électeurs présents à l'ouverture de la séance, sachant lire et écrire, remplissent les fonctions d'assesseurs. Le secrétaire est désigné par le président, et par les assesseurs. Dans les délibérations du bureau, il n'a que voix consultative. Trois membres du bureau au moins doivent être présents pendant tout le cours des opérations.

Art. 13. — Le scrutin ne dure qu'un jour.

Art. 14. — Le bureau juge provisoirement les difficultés qui s'élèvent sur les opérations de l'assemblée.

Les décisions sont motivées.

Toutes les réclamations et décisions sont insérées au procès-verbal, les pièces et les bulletins qui s'y rapportent y sont annexés, après avoir été paraphés par le bureau.

Art. 15. — Pendant toute la durée des opérations, une copie de la liste des électeurs, certifiée par le maire, contenant les noms, domicile, qualification de chacun des inscrits, reste déposée sur la table autour de laquelle siège le bureau.

Art. 16. — Nul ne peut être admis à voter s'il n'est inscrit sur cette liste.

Toutefois, seront admis à voter, quoique non inscrits, les électeurs porteurs d'une décision du juge de paix ordonnant leur inscription, ou d'un arrêt de la Cour de cassation annulant un jugement qui aurait prononcé leur radiation.

Art. 17. — Nul électeur ne peut entrer dans l'assemblée porteur d'armes quelconques.

Art. 18. — Les électeurs apportent leurs bulletins préparés en dehors de l'assemblée (1).

Le papier du bulletin doit être blanc et sans signe extérieur.

L'électeur remet au président son bulletin fermé (1).

Le président le dépose dans la boîte du scrutin (1), laquelle doit, avant le commencement du vote, avoir été fermée à deux serrures, et dont les clés restent, l'une, entre les mains du président, l'autre, entre les mains de l'assesseur le plus âgé.

Le vote de chaque électeur est constaté sur la liste, en marge de son nom, par la signature ou le paraphe avec initiales de l'un des membres du bureau.

Art. 19. — Le président doit constater au commencement de l'opération l'heure à laquelle le scrutin est ouvert.

Le scrutin ne peut être fermé qu'après avoir été ouvert pendant six heures au moins.

---

(1) Ces dispositions ont été modifiées par le décret du 3 Janvier 1914 sur le secret, la liberté et la sincérité du vote.

Le président constate l'heure à laquelle il déclare le scrutin clos : après cette déclaration, aucun vote ne peut être reçu.

Art. 20. — Après la clôture du scrutin, il est procédé au dépouillement de la manière suivante :

La boîte du scrutin est ouverte, et le nombre de bulletins vérifié.

Si ce nombre est plus grand ou moindre que celui des votants il en est fait mention au procès-verbal.

Le bureau désigne parmi les électeurs un certain nombre de scrutateurs.

Le président et les membres du bureau surveillent l'opération du dépouillement.

Ils peuvent y procéder eux-mêmes, s'il y a moins de trois cents votants.

Art. 21. — Les bulletins sont valables bien qu'ils portent plus ou moins de noms qu'il y a de conseillers à élire.

Les derniers noms inscrits au delà de ce nombre ne sont pas comptés.

Les bulletins des électeurs annamites peuvent être écrits en caractères chinois ou annamites.

Les bulletins blancs ou illisibles, ceux qui ne contiennent pas une indication suffisante ou dans lesquels les votants se font connaître, n'entrent pas en compte dans le résultat du dépouillement, mais ils sont annexés au procès-verbal.

Art. 22. — Immédiatement après le dépouillement, le président proclame le résultat du scrutin.

Le procès-verbal des opérations est dressé par le secrétaire ; il est signé par lui et les autres membres du bureau. Une copie également signée du secrétaire et des membres du bureau en est aussitôt envoyée au Chef de l'Administration locale, qui en constate la réception sur un registre et en donne récépissé.

Extrait en est immédiatement affiché par les soins du maire.

Les bulletins autres que ceux qui doivent être annexés au procès-verbal sont brûlés en présence des électeurs.

Art. 23. — Nul n'est élu au premier tour de scrutin s'il n'a réuni : 1° la majorité absolue des suffrages exprimés ; 2° un nombre de suffrages égal au quart de celui des électeurs inscrits. Au deuxième tour de scrutin, l'élection a lieu à la majorité relative, quelque soit le nombre des votants. Si plusieurs candidats obtiennent le même nombre de suffrages, l'élection est acquise au plus âgé.

En cas de deuxième tour de scrutin, l'assemblée est de droit convoquée pour le dimanche suivant. Le maire fait les publications nécessaires.

Art. 24. — Sont éligibles au Conseil municipal, sauf les restrictions portées à l'article suivant, tous les électeurs de la ville et les citoyens inscrits au rôle des contributions directes ou justifiant qu'ils devaient y être inscrits au 1er Janvier de l'année de l'élection, âgés de 25 ans accomplis. Toutefois, le nombre de conseillers qui ne résident pas dans la ville au moment de l'élection ne peut excéder le quart des membres du Conseil. S'il dépasse ce chiffre, la préférence est déterminée suivant les règles posées à l'article 40 du présent décret.

Sont éligibles comme conseillers annamites, les électeurs âgés de 27 ans accomplis et payant au moins 25 piastres de contributions directes, ne se trouvant dans aucun des cas d'incapacité ou d'incompatibilité prévus par le présent décret.

Art. 25. — Ne peuvent être membres du Conseil municipal :

1° Les membres du Conseil privé et des Conseils de Protectorat ;

2° Les fonctionnaires, employés ou agents de tout ordre et de toute catégorie, tant français qu'indigènes, rétribués sur les fonds du budget de l'Etat ou de l'un quelconque des budgets de l'Indochine ;

Toutefois, ne sont pas compris dans cette énumération ceux qui, xerçant une profession indépendante, ne reçoivent une rétribution qu'à raison des services qu'ils rendent à l'Administration dans l'exercice de cette profession.

Les fonctionnaires désignés au présent article qui seraient élus membres du Conseil municipal auront, à partir de la proclamation du résultat du scrutin, un délai de dix jours pour opter entre l'acceptation du mandat et la conservation de leur emploi. A défaut de déclaration adressée dans ce délai à leurs supérieurs hiérarchiques, ils seront reputés avoir opté pour la conservation dudit emploi ;

3° Les militaires ou employés des armées de terre et de mer en activité de service ;

4° Les ministres des divers cultes en exercice dans la ville ;

5° Les entrepreneurs des services municipaux ;

6° Les individus privés du droit électoral; ceux qui sont pourvus d'un conseil judiciaire ; les domestiques attachés à la personne ; les individus dispensés de subvenir aux charges communales ou ceux qui sont secourus par les bureaux de bienfaisance.

Art. 26. — Nul ne peut être membre de plusieurs conseils municipaux.

Un délai de 10 jours, à partir de la proclamation du résultat du scrutin, est accordé au conseiller municipal nommé dans plusieurs communes pour faire sa déclaration d'option. Cette déclaration est adressée au Chef de l'Administration locale intéressée.

Si, dans ce délai, le conseiller élu n'a pas fait connaître son option, il fait partie de droit du conseil de la ville où le nombre des électeurs est le moins élevé.

Les ascendants et les descendants, les frères et les alliés au même degré ne peuvent être simultanément membres du même Conseil municipal.

L'article 40 est applicable aux cas prévus par le paragraphe précédent.

Art. 27.— (Complété par le décret du 19 Janvier 1916). — Tout conseiller municipal qui, pour une cause survenue postérieurement à sa nomination, se trouve dans un des cas d'exclusion ou d'incompatibilité prévus par le présent décret, est immédiatement déclaré démissionnaire par le Chef de l'Administration locale, sauf réclamation au Conseil du Contentieux administratif dans les dix jours de la notification et sauf recours au Conseil d'État, conformément aux articles 29, 30 et 31 ci-après.

Toutefois, en cas de mobilisation générale, ces dispositions ne sont pas applicables au paragraphe 3 de l'article 25.

Art. 28.— Tout électeur et tout éligible a le droit d'arguer de nullité les opérations électorales de la ville.

Les réclamations doivent être consignées au procès-verbal, sinon être déposées, sous peine de nullité, dans les cinq jours qui suivent le jour de l'élection, au secrétariat de la mairie, ou, suivant le cas, au siège du Gouvernement de la Cochinchine ou de la Résidence supérieure du Tonkin. Elles sont immédiatement adressées au Chef de l'Administration locale et enregistrées par ses soins au greffe du Contentieux administratif.

Le Chef de l'Administration locale, s'il estime que les conditions et les formes légalement prescrites n'ont pas été remplies, peut également, dans le délai de quinzaine à dater de la réception du procès-verbal, déférer les opérations électorales au Conseil du Contentieux administratif.

Dans l'un et l'autre cas, le Chef de l'Administration locale donne immédiatement connaissance de la réclamation, par la voie administrative, aux conseillers dont l'élection est contestée, les prévenant qu'ils ont cinq jours pour tout délai, à l'effet de déposer leurs défenses au secrétariat de la mairie ou au siège du Gouvernement de la Cochinchine ou de la Résidence supérieure du Tonkin et de faire connaître s'ils entendent user du droit de présenter des observations orales.

Il est donné récépissé soit des réclamations, soit des défenses.

Art. 29. — Le Conseil du Contentieux administratif statue, sauf recours au Conseil d'Etat.

Il prononce sa décision dans le délai d'un mois à compter de l'enregistrement des pièces au greffe du Conseil du Contentieux administratif et le Chef de l'Administration locale la fait notifier dans la huitaine de sa date. En cas de renouvellement général, le délai est porté à deux mois.

S'il intervient une décision ordonnant une preuve, le Conseil du Contentieux administratif doit statuer définitivement dans le mois à partir de cette décision.

Les délais ci-dessus fixés ne commencent à courir, dans le cas prévu à l'article 30, que du jour où le jugement sur la question préjudicielle est devenu définitif.

Faute par le Conseil d'avoir statué dans les délais ci-dessus fixés, la réclamation est considérée comme rejetée. Le Conseil du contentieux administratif est dessaisi; le Chef de l'Administration locale en informe la partie intéressée, qui peut porter sa réclamation devant le Conseil d'Etat. Le recours est notifié dans les cinq jours, par le requérant, au Secrétariat du Gouvernement de la Cochinchine ou de la Résidence supérieure du Tonkin.

Art. 30. — Dans tous les cas où une réclamation formée en vertu du présent décret implique la solution préjudicielle d'une question d'état, le Conseil du Contentieux administratif renvoie les parties à se pourvoir devant les juges compétents, et la partie doit justifier de ces diligences dans le délai de quinzaine; à défaut de cette justification, il sera passé outre, et la décision du Conseil du Contentieux administratif devra intervenir dans le mois à partir de l'expiration du délai de quinzaine.

Art. 31. — Le recours au Conseil d'Etat contre la décision du Conseil du Contentieux administratif est ouvert soit au Chef de l'Administration locale, soit aux parties intéressées.

Il doit, à peine de nullité, être déposé, au Secrétariat du Gouvernement de la Cochinchine ou de la Résidence supérieure au Tonkin; dans le délai d'un mois qui court, à l'encontre du Lieutenant-Gouverneur ou du Résident supérieur, à partir de la décision, et à l'encontre des parties, à partir de la notification qui leur est faite.

Le Chef de l'Administration locale donne immédiatement, par la voie administrative, connaissance du recours aux parties intéressées, en les prévenant qu'elles ont quinze jours pour tout délai à l'effet de déposer leurs défenses au Secrétariat du Gouvernement ou de la Résidence supérieure.

Aussitôt ce nouveau délai expiré, le Chef de l'Administration locale transmet au Ministère des Colonies, qui les adresse au Conseil d'Etat, le recours, les défenses s'il y a lieu, le procès-verbal des opérations électorales, la liste qui a servi aux émargements, une expédition de l'arrêt attaqué et toutes les autres pièces visées dans le dit arrêt : il y joint son avis motivé.

Les délais pour la constitution d'un avocat et pour la communication au Ministère des Colonies sont de trois mois pour chacune des opérations.

Le pourvoi est jugé comme affaire urgente et sans frais et dispensé du timbre et du ministère de l'avocat.

Les conseillers municipaux élus et proclamés restent en fonctions jusqu'à ce qu'il ait été statué définitivement sur les recours auxquels leur élection a pu donner lieu. Dans le cas où l'annulation de tout ou partie de l'élection est devenue définitive, l'assemblée des électeurs est convoquée dans un délai qui ne peut excéder deux mois.

Art. 32. — Les conseillers municipaux sont nommés pour quatre ans et renouvelés intégralement le premier dimanche de mai, lors même qu'ils ont été élus dans l'intervalle.

Art. 33. — Quand il y aura au moins trois vacances de conseillers français ou de conseillers annamites, les manquants seront remplacés dans un délai de trois mois, après la déclaration de la dernière vacance.

Toutefois, dans les six mois qui précèdent le renouvellement intégral, les élections complémentaires ne sont obligatoires qu'au cas où le Conseil municipal aurait perdu plus de la moitié de ses membres.

Art. 34. — Le Conseil municipal peut être suspendu ou dissous par arrêté motivé du Gouverneur général publié au *Journal officiel* de la colonie.

S'il y a urgence, il peut être provisoirement suspendu par arrêté motivé du Chef de l'Administration locale, qui doit en rendre compte immédiatement au Gouverneur général.

Art. 35. — En cas de dissolution du Conseil municipal, de démission de la moitié au moins de ses membres en exercice ou lorsqu'un Conseil municipal ne peut être constitué, une commission spéciale, nommée par arrêté du Gouverneur général, en remplit les fonctions. Le nombre des membres de cette commission ne peut être inférieur à la moitié de celui des conseillers municipaux.

Dans le délai d'une année à dater de la dissolution ou de la démission, il est procédé à l'élection d'un nouveau Conseil municipal ; dès que celui-ci est reconstitué, les pouvoirs de la commission spéciale expirent de plein droit.

CHAPITRE II

Fonctionnement des Conseils Municipaux

Art. 36. — *(Modifié par le décret du 16 Octobre 1914).* — Les Conseils municipaux se réunissent en session ordinaire *chaque trimestre à des dates fixées par arrêté du Gouverneur de l'Indochine* (1).

La durée de chaque session est de quinze jours, hormis pour celle d'octobre, où est voté le budget et qui dure trente jours.

Les sessions peuvent être prolongées avec l'autorisation du Chef de l'Administration locale.

Art. 37. — Toute convocation du Conseil municipal est faite par le maire. Elle est mentionnée au registre des délibérations, affichée à la porte de la mairie et adressée par écrit, à domicile, aux membres

(1) Un arrêté du Gouverneur général de l'Indochine en date du 23 Juin 1915 fixe aux mois de Février, Mai, Août et Octobre, les 4 sessions ordinaires du Conseil municipal de la Ville de Saigon.

du Conseil, six jours francs au moins avant celui de la réunion. En cas d'urgence, le délai peut être abrégé par le Chef de l'Administration locale.

Art. 38. — Le Conseil municipal peut former, au cours de chaque session, des commissions chargées d'étudier les questions soumises au Conseil soit par l'Administration, soit par l'initiative de ses membres.

Elles sont convoquées par le maire, qui en est le président de droit, dans les huit jours qui suivent leur nomination ou à plus bref délai, sur la demande de la majorité des membres qui les composent. Dans cette première réunion, les commissions désignent un vice-président qui peut les convoquer et les présider, si le maire est absent ou empêché, et un rapporteur.

Les commissions peuvent tenir leurs séances dans l'intervalle des sessions.

Art. 39. — Le Chef de l'Administration locale prescrit d'office la convocation extraordinaire du Conseil municipal ou l'autorise, sur la demande du maire, toutes les fois que les intérêts de la ville l'exigent.

Le maire réunit le Conseil municipal en session extraordinaire chaque fois que la majorité des membres en exercice le demande. L'objet de la session doit être spécifié d'avance. Le maire devra, dans les vingt-quatre heures, demander l'autorisation au Chef de l'Administration locale.

Pour toutes les sessions extraordinaires, la convocation doit contenir l'indication des objets spéciaux et déterminés pour lesquels le Conseil doit s'assembler et le Conseil ne peut s'occuper que de ces objets.

Art. 40. — Les conseillers municipaux prennent rang dans l'ordre du tableau.

Au tableau, figurent, dans l'ordre, les conseillers français, les conseillers annamites.

Pour chaque catégorie de conseillers, l'ordre du tableau est déterminé, même quand il y a des sections électorales :

1° Par la date la plus ancienne des nominations ;

2° Entre conseillers élus le même jour, par le plus grand nombre de suffrages obtenus ;

3° Et, à égalité de voix, par la priorité d'âge.

Un double du tableau reste déposé dans les bureaux de la mairie et du Secrétariat du Gouvernement de la Cochinchine ou de la Résidence supérieure du Tonkin, où chacun peut en prendre communication ou copie.

Art. 41. — *(Complété par le décret du 10 Janvier 1916).* — Le Conseil municipal ne peut délibérer que lorsque la majorité de ses membres en exercice assiste à la séance.

Quand, après deux convocations successives, à trois jours au moins d'intervalle et dûment constatées, les conseillers municipaux ne se sont pas réunis en nombre suffisant, la délibération prise après la troisième convocation est valable, quel que soit le nombre des membres présents.

En cas de mobilisation générale, le Conseil municipal délibère valablement après une seule convocation lorsque la majorité de ses membres non mobilisés assiste à la séance.

Toutefois, lorsque du fait de la mobilisation, le Conseil est réduit au tiers de ses membres en exercice, les délibérations par lesquelles il statue définitivement ne sont exécutoires que si dans le délai d'un mois à partir du dépôt qui en est fait à la résidence du Chef d'Administration locale, celui-ci n'en a pas suspendu l'exécution par un arrêté motivé.

En cas d'urgence, le Chef de l'Administration locale peut en autoriser l'exécution immédiate.

Art. 42. — Les délibérations sont prises à la majorité absolue des votants. En cas de partage, sauf le cas de scrutin secret, la voix du président est prépondérante. Le vote a lieu au scrutin public sur la demande du quart des membres présents; les noms des votants, avec la désignation de leurs votes, sont insérés au procès-verbal.

Il est voté au scrutin secret toutes les fois que le tiers des membres présents le réclame, ou qu'il s'agit de procéder à une nomination ou présentation.

Dans ces derniers cas, après deux tours de scrutin secret, si aucun des candidats n'a obtenu la majorité absolue, il est procédé à un troisième tour de scrutin et l'élection a lieu à la majorité relativee; à égalité de voix, l'élection est acquise au plus âgé.

Art. 43. — Le maire, et à défaut, celui qui le remplace, préside le Conseil municipal.

Dans les séances où les comptes d'administration du maire sont débattus, le Conseil municipal élit son président.

Dans ce cas, le maire peut, même quand il ne serait plus en fonctions, assister à la discussion, mais il doit se retirer au moment du vote. Le président adresse directement la délibération au Chef de l'Administration locale.

Art. 44. — Au début de chaque session et pour sa durée, le Conseil municipal nomme au scrutin secret un de ses membres pour remplir les fonctions de secrétaire. Le secrétaire de la mairie peut lui être adjoint à cet effet et assister, avec l'autorisation du Conseil, aux séances, mais sans participer aux délibérations.

Art. 45. — Les séances du Conseil municipal sont publiques. Néanmoins, sur la demande de trois membres ou du maire, le Conseil municipal, par assis et levé, sans débats, décide s'il se formera en comité secret.

Art. 46. — Le maire a seul la police de l'assemblée. Il peut faire expulser de l'auditoire ou arrêter tout individu qui trouble l'ordre. En cas de crime ou de délit, il en dresse un procès-verbal et le Procureur de la République en est immédiatement saisi.

Art. 47 — Le compte-rendu de la séance est, dans la huitaine, affiché par extrait à la porte de la mairie.

Art. 48. — Les délibérations sont inscrites par ordre de date sur un registre côté et paraphé par le Chef de l'Administration locale ou son délégué.

Elles sont signées par tous les membres présents à la séance, ou mention est faite de la cause qui les a empêchés de signer.

Art. 49. — Tout habitant ou contribuable a le droit de demander communication sans déplacement, de prendre copie totale ou partielle des procès-verbaux du Conseil municipal, des budgets et des comptes de la ville, des arrêtés municipaux.

Chacun peut les publier sous sa responsabilité.

Art. 50. — *(Modifié par le décret du 17 Décembre 1909).* — Tout membre du Conseil municipal qui, sans motifs reconnus légitimes par le Conseil, a manqué à trois convocations successives, peut être, après avoir été admis à fournir ses explications, déclaré démissionnaire par le Chef de l'Administration locale, sauf recours, dans les dix jours de la notification, devant le Conseil du contentieux administratif.

Toutefois, les dispositions du paragraphe qui précède ne seront pas applicables aux conseillers municipaux qui auront quitté la Cochinchine ou le Tonkin, suivant le cas, après en avoir donné avis au Conseil.

« *Néanmoins, tout conseiller qui restera absent de la Cochinchine ou du Tonkin plus de 18 mois sera, après ce délai, déclaré démissionnaire suivant la procédure fixée par le premier alinéa du présent article.* »

Les démissions sont adressées au Chef de l'Administration locale ; elles sont définitives à partir de l'accusé de réception par celui-ci, et, à défaut de cet accusé de réception, un mois, après un nouvel envoi de la démission constaté par lettre recommandée.

CHAPITRE III

Attributions des Conseils Municipaux

Art. 51. — Le Conseil municipal règle par ses délibérations les affaires de la ville. Il donne son avis toutes les fois que cet avis est requis par les lois et règlements ou qu'il est demandé par l'Administration supérieure. Il émet des vœux sur tous les objets d'intérêt municipal. Il nomme chaque année une commission qui donne son avis sur les rôles de l'impôt foncier et des patentes établis par le contrôleur des Contributions directes.

Art. 52.— Expédition de toutes délibérations est adressée dans la huitaine par le maire au Chef de l'Administration locale, qui en constate la réception sur un registre et en délivre immédiatement récépissé.

Art. 53.— (Modifié par le décret du 29 Avril 1915).— Sont nulles de plein droit :

1° Les délibérations d'un Conseil portant sur un objet étranger à ses attributions ou prises hors de sa réunion légale.

2° Les délibérations prises en violation des lois, décrets ou arrêtés en vigueur en Indochine.

La nullité de droit est déclarée par le Chef de l'Administration locale en *Conseil privé pour la Cochinchine et en Conseil de Protectorat pour le Tonkin.* Elle peut être prononcée par le Chef de l'Administration locale, et proposée ou opposée par les parties intéressées, à toute époque.

Art. 54.— Sont annulables les délibérations auxquelles auraient pris part des membres du Conseil, intéressés soit en leur nom personnel, soit comme mandataires, à l'affaire qui en fait l'objet.

Art. 55.— (Modifié par le décret du 29 Avril 1915).— Dans ce cas, l'annulation est prononcée par le Chef de l'Administration locale en *Conseil privé pour la Cochinchine et en Conseil de Protectorat pour le Tonkin.*

Elle peut être provoquée d'office par le Chef de l'Administration locale, dans un délai de trente jours à partir du dépôt du procès-verbal de la délibération, au siège du Gouvernement de la Cochinchine ou de la Résidence supérieure du Tonkin.

Elle peut aussi être demandée par toute personne intéressée et par tout contribuable de la ville.

Dans ce dernier cas, la demande en annulation doit être déposée, à peine de déchéance, au siège de l'Administration locale, dans un délai de quinze jours à partir de l'affichage à la porte de la mairie.

Il en est donné récépissé.

Le Chef de l'Administration locale statuera dans le délai d'un mois.

Passé le délai de quinze jours, sans qu'aucune demande ait été produite, le Chef de l'Administration locale peut déclarer qu'il ne s'oppose pas à la délibération.

Art. 56. — Le Conseil municipal et, en dehors du Conseil, toute partie intéressée, peut se pourvoir contre l'arrêté du Chef de l'Administration locale devant le Conseil d'État. Le pourvoi est introduit et jugé dans les formes du recours pour excès de pouvoir.

Art. 57. — Ne sont exécutoires qu'après avoir été approuvées par le Chef de l'Administration locale les délibérations portant sur les objets suivants ;

1° Les conditions des baux dont la durée dépasse cinq ans;

2° Les aliénations et échanges des propriétés communales;

3° Les acquisitions d'immeubles, les constructions nouvelles, les reconstructions entières ou partielles, quel qu'en soit le prix; les projets, plans et devis de grosses réparations et d'entretien, quand la dépense totalisée avec les dépenses de même nature pendant l'exercice courant dépasse cinq mille piastres ;

4° Les transactions ;

5° Le changement d'affectation d'une propriété de la ville déjà affectée à un service municipal ou public ;

6° Le classement, le déclassement, le redressement ou le prolongement, l'élargissement, la suppression, la dénomination des rues et places publiques, la création et la suppression des promenades, squares ou jardins publics, champs de foire, de tir ou de courses, l'établissement des plans d'alignement et de nivellement des voies publiques municipales, les modifications aux plans d'alignement adoptés ;

7° L'acceptation des dons et legs faits à la ville sous réserve des dispositions prévues aux articles 85 et suivants du présent décret ;

8° Le budget de la ville ;

9° Les crédits supplémentaires ;

10° L'établissement, la suppression ou les changements des foires et marchés ;

11° La création d'emplois rétribués, même temporaires.

Les délibérations qui ne sont pas soumises à l'approbation du Chef de l'Administration locale ne deviendront néanmoins exécutoires qu'un mois après que le dépôt en aura été fait à la résidence du Chef de l'Administration locale. Celui-ci pourra, par un arrêté, abréger ce délai.

Art. 58. — Ne sont exécutoires qu'après avoir été approuvées, par le Gouverneur général, — sans préjudice des attributions conférées aux Conseils locaux par les règlements en vigueur et les dispositions de l'article 78 de la loi de finances du 13 Avril 1898, — les délibérations créant, supprimant ou modifiant les taxes, fermages, monopoles, redevances de toute nature, établissant des contributions extraordinaires ou décidant des emprunts ou des prêts et celles concernant la dénomination des rues et places publiques.

Art. 59. — Le Conseil municipal est toujours appelé à donner son avis sur les objets suivants :

1° Les projets d'alignement et de nivellement de grande voirie dans l'intérieur de la ville ;

2° La création de bureaux de bienfaisance ;

3° L'acceptation des dons et legs faits aux établissements de charité et de bienfaisance, les autorisations d'emprunter, d'acquérir, d'échanger, d'aliéner, de plaider ou de transiger, demandées par ces mêmes établissements, les budgets et les comptes de ces établissements, lorsqu'ils reçoivent des secours sur les fonds du budget municipal ;

4° Le mode d'assiette, les tarifs et les règlements de perception de l'octroi de mer;

5° Enfin, tous les objets sur lesquels le Conseil municipal est appelé, par les lois et règlements, à donner son avis, ou sera consulté par l'Administration supérieure.

Lorsque le Conseil municipal, à ce régulièrement requis et convoqué, refuse ou néglige de donner son avis, il peut être passé outre.

Art. 60. — Le Conseil municipal délibère sur les comptes d'administration qui lui sont annuellement présentés par le maire, conformément à l'article 107 du présent décret; il entend, débat et arrête les comptes de deniers des receveurs, sauf règlement définitif par le Chef de l'Administration locale.

Art. 61. — Il est interdit à tout Conseil municipal soit de publier des proclamations ou adresses, soit d'émettre des vœux politiques ou relatifs à des questions d'Administration générale.

La nullité des actes et des délibérations prises en violation de cet article sera prononcée dans les formes indiquées par l'article 55 du présent décret. En outre, le Conseil municipal pourra être suspendu ou dissous.

TITRE II

Du maire et des adjoints

Art. 62. — Le maire et les adjoints à Saigon, les adjoints à Hanoi et à Haiphong sont élus parmi les membres du Conseil municipal.

A Hanoi et à Haiphong, les fonctions de maire sont exercées par un inspecteur ou administrateur des Services civils de l'Indochine.

L'inspecteur ou administrateur-maire est nommé pour une période de trois ans, sur la proposition du Résident supérieur du Tonkin.

Art. 63. — Les fonctions de maire, adjoints, conseillers municipaux sont gratuites. Elles donnent seulement droit au remboursement des frais que nécessite l'exécution des mandats spéciaux.

Le Conseil municipal de Saigon peut voter, sur les ressources ordinaires de la ville, des indemnités au maire pour frais de représentation.

La solde de grade de l'inspecteur ou administrateur-maire lui est payée sur les fonds du budget municipal.

Des frais de représentation, dont la quotité est fixée par arrêté du Gouverneur général, lui sont alloués sur le même budget.

Art. 64. — Le Conseil municipal élit, à Saigon, le maire et les adjoints, et, à Hanoi et Haiphong, les adjoints, parmi ses membres, au scrutin secret et à la majorité absolue. Si, après deux tours de scrutin, aucun candidat n'a obtenu la majorité absolue, il est procédé à un troisième tour de scrutin et l'élection a lieu à la majorité relative. En cas d'égalité de suffrages, le plus âgé est déclaré élu.

Les nominations sont notifiées immédiatement au Chef de l'Administration locale et rendues publiques dans les 24 heures de leur date, par voie d'affiche à la porte de la mairie.

L'élection du maire et des adjoints peut être arguée de nullité dans les conditions, formes et délais prescrits pour les réclamations contre les élections du Conseil municipal.

Lorsque l'élection est annulée ou que, pour toute autre cause, le maire ou les adjoints ont cessé leurs fonctions, le Conseil est convoqué pour procéder au remplacement dans le délai de quinzaine.

Art. 65. — Le maire de Saigon et les adjoints dans les trois villes, peuvent être suspendus par arrêté du Chef de l'Administration locale pour un temps qui ne pourra excéder trois mois.

Ils ne peuvent être révoqués que par un arrêté du Gouverneur général.

La révocation comporte de plein droit l'inéligibilité aux fonctions de maire et à celles d'adjoints pendant une année à dater de l'arrêté de révocation, à moins qu'il ne soit procédé auparavant au renouvellement général des conseillers municipaux.

En cas de suspension ou de révocation du maire ou d'un adjoint, le Gouverneur général devra immédiatement rendre compte de sa décision au Ministre des Colonies.

Art. 66. — A Saigon, le maire, et dans les trois villes, les adjoints, sont nommés pour la même durée que le Conseil municipal.

Ils continuent l'exercice de leurs fonctions, sauf les dispositions des articles 35 et 36 du présent décret, jusqu'à l'installation de leurs successeurs.

Toutefois, en cas de renouvellement intégral, les fonctions de maire et d'adjoints sont, à partir de l'installation du nouveau Conseil jusqu'à l'élection du maire à Saigon et des adjoints à Hanoi et à Haiphong, exercées par les conseillers municipaux dans l'ordre du tableau.

Art. 67. — Le maire est seul chargé de l'administration, mais il peut déléguer par arrêté, sous sa surveillance et sa responsabilité, à un ou plusieurs adjoints, et, en cas d'absence ou d'empêchement des adjoints, à des membres du Conseil municipal, les fonctions d'officier de l'État-civil et les charger des visas, des certifications et de la surveillance de la police. En cas d'absence ou d'empêchement, il est remplacé par le premier adjoint ou à défaut de celui-ci, par le second et, à défaut, par un conseiller désigné par le conseil ou, sinon, pris dans l'ordre du tableau.

Art. 68. — Dans le cas où les intérêts du maire se trouvent en opposition avec ceux de la ville, le Conseil municipal désigne un autre de ses membres pour représenter la ville, soit en justice, soit dans les contrats.

Art. 69. — Dans le cas où le maire refuserait ou négligerait de faire un des actes qui lui sont prescrits par la loi, le Chef de l'Administration locale peut y procéder d'office par un délégué spécial, sans préjudice des mesures disciplinaires contre le maire, lorsqu'il est fonctionnaire.

Art. 70. — Le maire nomme à tous les emplois communaux pour lesquels les lois, décrets ou arrêtés du Gouverneur général ne fixent pas un droit spécial de nomination.

Il suspend et révoque les titulaires de ces emplois.

Il peut faire assermenter et commissionner les agents nommés par lui, mais à la condition qu'ils soient agréés par le Chef de l'Administration locale.

Art. 71. — Lorsque le maire procède à une adjudication publique pour le compte de la ville, il est assisté de deux membres du Conseil municipal désignés d'avance par le conseil ou, à défaut de cette désignation, appelés dans l'ordre du tableau. Le receveur municipal est appelé à toutes les adjudications. Toutes les difficultés qui peuvent s'élever sur les opérations préparatoires de l'adjudication sont résolues séance tenante par le maire et les deux assistants, à la majorité des voix, sauf les recours de droit.

Art. 72. — Le maire est chargé, sous le contrôle du Conseil municipal et la surveillance de l'Administration supérieure :

1° De conserver et d'administrer les propriétés de la ville et de faire en conséquence tous actes conservatoires de ses droits ;

2° De gérer les revenus, de surveiller les établissements municipaux et la comptabilité municipale ;

3° De préparer et proposer le budget et ordonner les dépenses ;

4° De diriger les travaux municipaux ;

5° De pourvoir aux mesures relatives à la voirie municipale ;

6° De souscrire les marchés, de passer les baux des biens et les adjudications des travaux municipaux dans les formes établies par les lois et règlements ;

7° De passer dans les mêmes formes les actes de vente, échanges, partages, acceptation des dons et legs, acquisitions, transactions, lorsque ces actes ont été autorisés conformément au présent décret ;

8° Et, d'une manière générale, d'exécuter les décisions du Conseil municipal.

Art. 73. — Le maire est chargé, sous la surveillance de l'Administration supérieure, de la police municipale et de l'exécution des actes de l'autorité supérieure qui y sont relatifs.

Art. 74. — Le maire est chargé, sous l'autorité de l'Administration supérieure :

1° De la publication et de l'exécution des lois et règlements ;

2° De l'exécution des mesures de sûreté générale ;

3° Des fonctions spéciales qui lui sont attribuées par les lois.

Art. 75.— Le maire ou, à son défaut, le Chef de l'Administration locale, pourvoit d'urgence à ce que toute personne décédée soit ensevelie et inhumée décemment, sans distinction de culte ni de croyance.

Art. 76.— Le maire prend des arrêtés à l'effet :

1° D'ordonner les mesures locales sur les objets confiés par les lois à sa vigilance et à son autorité ;

2° De publier à nouveau les lois et règlements de police et de rappeler les citoyens à leur observation.

Art. 77. — Les arrêtés pris par le maire sont immédiatement adressés au Chef de l'Administration locale.

Celui-ci peut les annuler ou en suspendre l'exécution.

Ceux de ces arrêtés qui portent règlement permanent ne sont exécutoires qu'un mois après la remise de l'ampliation constatée par les récépissés délivrés par le Chef de l'Administration locale.

Néanmoins, en cas d'urgence, celui-ci peut en autoriser l'exécution immédiate.

Art. 78.— Les arrêtés du maire ne sont obligatoires qu'après avoir été portés à la connaissance des intéressés, par voie de publications et d'affiches, faites en français et en caractères chinois ou en quôc-ngu, toutes les fois qu'ils contiennent des dispositions générales et, dans les autres cas, par voie de notification individuelle.

La publication est constatée par une déclaration certifiée par le maire.

La notification est établie par le récépissé de la partie intéressée ou, à son défaut, par l'original de la notification conservé dans les archives de la mairie.

Les arrêtés, actes de publication et de notification sont inscrits à leur date sur le registre de la mairie.

Art. 79.— La police municipale a pour objet d'assurer le bon ordre, la sûreté et la salubrité publiques.

Elle comprend notamment :

1° Tout ce qui intéresse la sûreté et la commodité du passage dans les rues, quais, places et voies publiques, ce qui comprend le nettoiement, l'éclairage, l'enlèvement des encombrements, la démolition ou la réparation des édifices menaçant ruine, l'interdiction de ne rien exposer aux fenêtres et aux autres parties des édifices, qui puisse nuire par sa chute, ou celle de ne rien jeter qui puisse endommager les passants ou causer des exhalaisons nuisibles ;

2° Le soin de réprimer les atteintes à la tranquillité publique, telles que les rixes et disputes accompagnées d'ameutement dans les rues, le tumulte excité dans les lieux d'assemblée publique, les attroupements, les bruits et rassemblements nocturnes qui troublent le repos des habitants, et tous actes de nature à compromettre la tranquillité publique ;

3º Le maintien du bon ordre dans les endroits où il se fait de grands rassemblements d'hommes, tels que les foires, marchés, réjouissances, cérémonies, spectacles, jeux, cafés, églises et autres lieux publics ;

4º Le mode de transport des personnes décédées, les inhumations et exhumations, le maintien du bon ordre et de la décence dans les cimetières, sans qu'il soit permis d'établir des distinctions ou des prescriptions particulières à raison des croyances ou du culte du défunt ou des circonstances qui ont accompagné sa mort ;

5º L'inspection sur la fidélité du débit des denrées qui se vendent au poids ou à la mesure et sur la salubrité des comestibles exposés en vente ;

6º Le soin de prévenir, par des précautions convenables, et celui de faire cesser, par la distribution des secours nécessaires, les accidents et les fléaux calamiteux, tels que les incendies, les inondations, les maladies épidémiques ou contagieuses, les épizooties, en provoquant, s'il y a lieu, l'intervention de l'Administration supérieure ;

7º Le soin de prendre provisoirement les mesures nécessaires, contre les aliénés dont l'état pourrait compromettre la morale publique, la sécurité des personnes ou la conservation des propriétés ;

8º Le soin d'obvier ou de remédier aux événements fâcheux qui pourraient être occasionnés par la divagation des animaux malfaisants ou féroces.

Art. 80.— (Modifié par décret du 31 Août 1922). — Le maire a la police des routes coloniales et des voies de communication, dans l'intérieur des agglomérations, mais seulement en ce qui touche à la circulation sur les dites voies.

Il peut, moyennant le paiement de droits fixés par un tarif dûment établi, sous les réserves imposées par l'article 7 de la loi du 11 frimaire an VII, donner des permis de stationnement ou de dépôt temporaire sur la voie publique, sur les rivières, ports et quais fluviaux et autres lieux publics, *excepté dans les limites de la circonscription des ports qui auront être érigés en établissements publics.*

Les alignements individuels, les autorisations de bâtir, les autres permissions de voirie sont délivrés par l'autorité compétente, après que le maire aura donné son avis, dans le cas où il ne lui appartient pas de les délivrer lui-même.

Les permissions de voirie à titre précaire ou essentiellement révocable sur les voies publiques qui sont placées dans les attributions du maire et ayant pour objet, notamment l'établissement dans le sol de la voie publique des canalisations destinées au passage ou à la conduite soit de l'eau, soit de gaz, peuvent, en cas de refus du maire, non justifié, par l'intérêt général, être accordées par le Chef de l'Administration locale.

Art. 81.— Les pouvoirs qui appartiennent au maire en vertu de l'article 74 ne font pas obstacle au droit du Chef de l'Administration locale de prendre, pour toutes les communes de sa circonscription administrative ou pour plusieurs d'entre elles, et dans tous les cas où il n'y aurait pas été pourvu par les autorités municipales, toutes mesures relatives au maintien de la salubrité, de la sûreté et de la tranquillité publiques.

Ce droit ne pourra être exercé par le Chef de l'Administration locale à l'égard d'une seule commune qu'après une mise en demeure au maire restée sans résultat.

Art. 82.— L'organisation du personnel chargé d'assurer le fonctionnement des services municipaux est réglée par le Gouverneur général, sur la proposition du Chef de l'Administration locale. Si un Conseil municipal n'allouait pas les fonds exigés pour la dépense ou n'allouait qu'une somme insuffisante, l'allocation nécessaire serait inscrite par arrêté du Chef de l'Administration locale.

TITRE III

De l'Administration Municipale

CHAPITRE PREMIER

Des biens et travaux

Art. 83.— La vente des biens mobiliers et immobiliers des villes, autres que ceux servant à usage public, peut être autorisée sur la demande de tout créancier porteur de titre exécutoire, par un arrêté du Gouverneur général qui détermine les formes de la vente.

Art. 84.— Les délibérations du Conseil municipal ayant pour objet l'acceptation des dons et legs, lorsqu'il y a des charges ou conditions, sont exécutoires sur l'arrêté du Chef de l'Administration locale pris en Conseil privé ou en Conseil du Protectorat.

S'il y a réclamation des prétendants-droit à la succession, quelles que soient la quotité et la nature de la donation ou du legs, l'autorisation ne peut être accordée que par arrêté du Gouverneur général, pris en Commission permanente du Conseil supérieur de l'Indochine.

Si une donation ou un legs ont été faits à un hameau ou portion de la ville, qui n'est pas à l'état de section ayant la personnalité civile, les habitants de ce hameau ou portion de la ville appartenant à toutes les catégories d'électeurs seront appelés à élire en commun une commission de cinq membres composée de trois Européens, deux Annamites ou Chinois, qui délibérera sur l'acceptation de la libéralité. Si ce quartier n'avait pas au moins vingt électeurs de toute catégorie, la commission serait nommée par le maire. Dans tous les cas, l'autorisation d'accepter ne pourra être accordée que par arrêté du Chef de l'Administration locale, après avis du Conseil municipal et le Conseil privé ou de Protectorat entendu.

Art. 85. — Lorsque la délibération porte refus de dons ou legs, le Chef de l'Administration locale peut, en Conseil privé ou en Conseil de Protectorat, et par un arrêté motivé, inviter le Conseil municipal à revenir sur sa première délibération. Le refus n'est définitif que si, par une seconde délibération, le Conseil municipal déclare y persister.

Si le don ou le legs a été fait à une section de la ville et que le Conseil municipal soit d'avis de refuser la libéralité, il sera procédé comme il est dit au paragraphe 3 de l'article 84.

Art. 86. — Le maire peut toujours, à titre conservatoire, accepter les dons ou legs et former avant l'autorisation toute demande de délivrance.

L'arrêté du Gouverneur général ou du Chef de l'Administration locale ou la délibération du Conseil municipal qui intervient ultérieurement ont effet du jour de cette acceptation.

Art. 87. — Aucune construction nouvelle ou reconstruction ne peut être faite que sur la production des plans et devis approuvés par le Conseil municipal, sauf les exceptions prévues par les lois spéciales. Les plans et devis sont, en outre, approuvés par le Chef de l'Administration locale.

Le Chef de l'Administration locale approuve également toutes les adjudications de travaux, les marchés de gré à gré supérieurs à mille piastres. Les concessions à titre exclusif des grands services municipaux sont soumises à l'approbation du Gouverneur général.

CHAPITRE II

Des Actions judiciaires

Art. 88. — La ville ne peut ester en justice sans être autorisée par le Chef de l'Administration locale sauf les cas prévus par les articles 89 et 110 du présent décret.

Après tout jugement intervenu, la ville ne peut se pourvoir devant un autre degré de juridiction qu'en vertu d'une nouvelle autorisation du Chef de l'Administration locale.

Dans le cas prévu par les deux paragraphes précédents, la décision du Chef de l'Administration locale doit être rendue dans les deux mois à compter du jour de la demande en autorisation. A défaut de décision rendue dans le dit délai, la ville est autorisée à plaider.

Tout contribuable de la ville a le droit d'exercer, à ses frais et risques, avec autorisation du Chef de l'Administration locale, les actions qu'il croit appartenir à la ville et que celle-ci, préalablement appelée à en délibérer, a refusé ou négligé d'exercer. La ville est mise en cause et la décision qui intervient a effet à son égard.

Art. 89. — Le maire peut toujours, sans autorisation préalable, faire tous actes conservatoires ou interruptifs des déchéances. Il peut, sans autre autorisation, interjeter appel de tout jugement et se pourvoir en cassation, mais il ne peut ni suivre sur son appel, ni suivre sur le pourvoi, qu'en vertu d'une nouvelle délibération du Conseil municipal et d'une nouvelle autorisation du Chef de l'Administration locale.

Art. 90. — Aucune action judiciaire autre que les actions possessoires ne peut, à peine de nullité, être intentée contre la ville qu'autant que le demandeur a, préalablement, adressé au Chef de l'Administration locale un mémoire exposant l'objet et les motifs de sa réclamation. Il lui en est donné récépissé. L'action ne peut être portée devant les tribunaux que deux mois après la date du récépissé. La présentation du mémoire interrompt toute prescription ou déchéance, si elle est suivie d'une demande en justice dans les trois mois.

Art. 91. — Le Chef de l'Administration locale adresse immédiatement le mémoire au maire avec l'invitation de convoquer le Conseil municipal dans le plus bref délai pour en délibérer. La délibération du Conseil municipal est transmise au Chef de l'Administration locale, qui décide si la ville doit être autorisée à ester en justice. La décision du Chef de l'Administration locale doit être rendue dans un délai de deux mois à dater du dépôt du mémoire.

Art. 92. — Toute décision du Chef de l'Administration locale portant refus d'autorisation doit être motivée. La ville ou le contribuable auquel l'autorisation a été refusée peut se pourvoir devant le Gouverneur général ; le pourvoi doit, à peine de déchéance, être formé dans le délai de deux mois à dater de la notification de la décision du Chef de l'Administration locale. Il doit être statué sur le pourvoi dans le délai de deux mois à partir de son dépôt au Gouvernement général.

Art. 93. — En cas de pourvoi de la ville contre la décision du Chef de l'Administration locale, le demandeur peut néanmoins introduire l'action, mais l'instance est suspendue jusqu'à ce qu'il ait été statué par le Gouverneur général ou jusqu'à l'expiration du délai dans lequel le Gouverneur général doit statuer.

A défaut de décision rendue dans les délais ci-dessus impartis, la ville est autorisée à ester en justice; mais après tout jugement intervenu et en cas d'appel ou de pourvoi en cassation, il doit être procédé comme il est dit à l'article 88 (1).

---

(1) Les chapitres III et IV du titre 3 du présent décret, relatifs au budget municipal et à la comptabilité municipale, seront reproduits au chapitre XVI.

Organisation de la Municipalité de Cholon

L'Administration de la ville de Cholon est confiée à une Commission municipale, composée comme suit ;

Un administrateur des Services civils, Président ;

Trois citoyens français notables désignés, pour une période de trois ans renouvelable, par le Gouverneur de la Cochinchine, sur une liste de dix noms présentée par la Chambre de Commerce de Saigon et pris, autant que possible, parmi ceux qui dirigent une industrie ou un commerce à Cholon ,

Quatre membres annamites élus ;

Trois membres chinois désignés par le Gouverneur de la Cochinchiue et choisis sur une liste présentée par les congrégations chinoises.

Un conseiller de chaque nationalité, désigné par le Gouverneur de la Cochinchine, sur la proposition du président de la commission municipale, remplit les fonctions d'adjoint.

La durée du mandat d'adjoint est la même que celle de membre de la commission municipale.

Un administrateur des Services civils est chargé du secrétariat de la mairie.

Les fonctions de membre de la commission municipale, y compris les fonctions d'adjoint, sont gratuites. Elles donnent seulement droit au remboursement des frais que nécessite l'exécution des mandats spéciaux.

Sont électeurs des conseillers annamites :

1° Les indigènes âgés de 21 ans, inscrits sur les rôles de l'impôt personnel de la ville de Cholon ou le contrôle des réservistes,ou qui ne sont exempts de l'inscription au rôle d'impôt personnel qu'en raison de leur âge ou de leurs infirmités, justifiant du paiement d'un total annuel de contributions directes ou taxes assimilées égal ou supérieur à 15 piastres ;

2° Sans condition de cens, les indigènes domiciliés à Cholon, pourvus des diplômes ou certificats prévus à l'article 2 de l'arrêté du 4 Octobre 1910 pour les dispenses du service militaire, et les fonctionnaires et employés annamites de l'Administration française commissionnés et rétribués par une solde mensuelle égale ou supérieure à 25 piastres.

Ne peuvent être électeurs, les Annamites ayant été condamnés par les Tribunaux français pour les motifs visés par les articles 15 et 16 du décret du 2 Février 1852 ou pour rebellion, achat, vente illicite ou recel d'armes, contrebande et tromperie sur la marchandise vendue.

Le Gouverneur de la Cochinchine, le Conseil privé entendu, fixe le mode d'établissement et de revision, les époques d'ouverture, de revision de clôture et de publication des listes électorales, ainsi que la procédure à suivre pour les réclamations auxquelles ces listes pourront donner lieu.

Sont éligibles :

Les Annamites inscrits sur les listes électorales âgés de 27 ans au moins et payant au minimum 80 piastres de contributions directes ou taxes assimilées. Si le nombre des indigènes éligibles de cette catégorie est inférieur à 40, il est dressé une liste des 40 indigènes les plus imposés parmi lesquels les électeurs choisiront leurs délégués.

L'élection des membres annamites de la commission municipale a lieu au scrutin de liste pour toute la ville.

Le Gouverneur peut, par arrêté spécial publié au moins 8 jours à l'avance, diviser la ville en plusieurs bureaux de vote. Il est délivré à chaque électeur une carte électorale. Cette carte indique le bureau où l'électeur doit voter.

Ne peuvent être nommés ou élus membres de la commission municipale :

1° Les fonctionnaires, employés et agents de tout ordre et de toute catégorie, tant français qu'indigènes, rétribués sur les fonds du budget de l'Etat ou de l'un quelconque des budgets de l'Indochine. Les personnes comprises dans la catégorie ci-dessus qui seraient élues auront un délai de 10 jours pour opter entre le mandat électif et leur emploi administratif :

2° Les Conseillers municipaux de la ville de Saigon ;

3° Les militaires ou employés des armées de terre et de mer en activité de service ;

4° Les entrepreneurs ou fournisseurs permanents des services municipaux ;

5° Les individus privés du droit électoral ou qui sont pourvus d'un conseil judiciaire ;

6° Les parents au degré de père, de fils, de frères et les alliés au même degré.

Les membres annamites de la commission municipale sont élus et les membres chinois nommés pour trois ans ; ils peuvent respectivement être réélus ou renommés à l'expiration de leur mandat.

En cas de vacance dans l'intervalle des élections triennales, il est procédé au remplacement quand le nombre des membres se trouve réduit de moitié. Le mandat des membres de la commission municipale est renouvelé tous les trois ans, même pour les membres qui ont été élus pendant cette période.

En cas de dissolution de la commission municipale, de démission de la moitié au moins de ses membres, ou lorsque la commission municipale ne peut être constituée, une commission spéciale nommée par arrêté du Gouverneur en remplit les fonctions. Le nombre des membres de cette commission ne peut être inférieur à la moitié de celui des membres de la commission municipale.

Dans le délai maximum d'une année, à dater de la dissolution ou de la démission, il est procédé à la nomination d'une nouvelle commission municipale. Dès que celle-ci est reconstituée, les pouvoirs de la commission spéciale expirent de plein droit.

La commission municipale *donne son avis* sur :

1° Les projets de classement, d'alignement et de nivellement de grande voirie dans l'intérieur de la ville ;

2° La création et l'organisation des œuvres d'assistance ;

3° Les budgets et comptes des hospices, hôpitaux et autres établissements de charité et de bienfaisance ; les autorisations d'acquérir, d'aliéner, d'emprunter, d'échanger, de plaider ou de transiger, demandées par les mêmes établissements ; l'acceptation des dons et legs qui leur sont faits ;

4° Les changements à apporter à la circonscription territoriale de la ville ;

5° Tous les objets sur lesquels les Conseils municipaux sont appelés à donner leur avis par les lois et règlements et ceux sur lesquels ils sont consultés par le Gouverneur.

Lorsque la commission municipale, à ce régulièrement requise et convoquée, refuse ou néglige de donner son avis, il peut être passé outre.

La commission municipale *délibère* sur les objets suivants.

1° Le budget de la commune et, en général, toutes les recettes et dépenses soit ordinaires, soit extraordinaires, les crédits supplémentaires et les emprunts ;

2° Les règles de perception de tous les revenus communaux.

3° Les acquisitions, aliénations et échanges des propriétés communales, leur affectation aux différents services publics et, en général, tout ce qui concerne l'entretien et l'amélioration de ces propriétés ;

4° Les conditions des baux à ferme ou à loyer excédant 5 ans, ainsi que celles des baux des biens pris à loyer par la commune ;

5° L'ouverture des rues et places publiques et les projets d'alignement de voirie municipale ;

6° L'acceptation des dons et legs fait à la ville et aux établissements publics situés sur le territoire de la ville ;

7° Les actions judiciaires et les transactions ;

8° Les compte d'administration qui lui sont présentés annuellement par le président de la commission municipale et compte de gestion du comptable ;

9° Et tous les autres objets soumis par les lois et règlements métropolitains à la délibération des Conseils municipaux.

Les délibérations prises sur les objets énoncés à l'article précédent sont adressées au Gouverneur et sont exécutoires sur l'approbation qui en est donnée.

L'administrateur, président de la commission municipale, est chargé, sous la surveillance de l'Administration supérieure, de la police municipale, de la police rurale et de la voirie municipale et de pourvoir à l'exécution des actes de l'Autorité supérieure qui y sont relatifs.

NOTA. — Les membres indigènes des Commissions municipales des villes de Tourane, Pnom-Penh, Namdinh, Dalat et Haiduong sont désignés par arrêtés du Résident supérieur intéressé.

CHAPITRE XII

Services locaux

Dispositions générales

L'arrêté du 20 Juin 1921, pris en exécution des deux décrets en date du 21 Septembre 1920, a profondément modifié la réglementation en vigueur à cette dernière date et il en résulte que la définition et la liste des Services locaux sont complètement modifiées par le nouveau texte. On était convenu, en effet, d'entendre par «Services locaux» ceux qui dépendaient directement, en Cochinchine, du Gouverneur, en Annam, au Tonkin, au Cambodge et au Laos, des Résidents supérieurs, et dont la dépense était à la charge des budgets locaux; tandis que les «Services généraux»— (Douanes et Régies, Justice, etc.)—dépendaient de chefs de service relevant directement du Gouvernement général et étaient payés sur les fonds du même budget.

En vertu de l'arrêté du 20 Juin 1921, la distinction entre les Services généraux et les Services locaux de l'Indochine est basée, en principe, sur ce fait, que les premiers sont créés et organisés par des décrets du Président de la République, tandis que les seconds le sont par des arrêtés du Gouverneur général.

Toutefois, cette règle ne doit pas être prise trop à la lettre: en effet, les administrateurs des Services civils, qui, créés et organisés par décret, ne devraient pas être considérés comme Services locaux, sont pourtant, dans les divers pays de l'Union, sous la dépendance directe des Gouverneur et Résidents supérieurs et payés sur les fonds des budgets locaux. Par contre, le Service des Douanes et Régies, par exemple, quoique considéré désormais comme Service local, continue à dépendre du Gouvernement général qui supporte, sur son budget propre, les dépenses de son fonctionnement.

Nous tiendrons donc compte de ces remarques dans l'étude que nous allons faire des divers services.

Les Services locaux, créés ou réorganisés par arrêté du 20 Juin 1921, sont :

Le Service de l'Agriculture ;
Le Service des Archives et Bibliothèques ;
Le Service de l'Assistance médicale ;
Le Service du Cadastre et de la Topographie ;
Le Service de Chimie ;
Le Service des Commis-greffiers ;
Le Service du Contrôle financier ;
Le Service des Contributions directes ;
Le Service des Douanes et régies ;
Le Service de l'Enregistrement, des Domaines et du Timbre ;
Le Service des Forêts ;
Le Service de la Garde indigène ;
Le Service de l'Immigration ;
Le Service de l'Instruction publique ;
Le Service des Interprètes du Service judiciaire ;
Le Service de la Marine { *Flottille ;* *Inscription maritime ;*
Le Service des Mines — Géologie ;
Le Service des Observatoires ;
Le Service de la Police... { *Police de Sûreté ;* *Police urbaine ;* *Secrétariat des polices ;*
Le Service des Postes et Télégraphes ;
Le Service de la Radio-télégraphie ;
Le Service des secrétaires des Parquets ;
Le Service pénitentiaire ;
Le Service des Travaux publics .... { *Ponts et chaussées,* *Bâtiments civils ;* *Navigation ;* *Chemins de fer ;*
Le Service vétérinaire.

Nous étudierons séparément, mais d'une manière sommaire, la plupart de ces services (1).

(1) Un certain nombre d'entre eux ont fait l'objet d'études dans de précédents chapitres.

Règles communes applicables aux fonctionnaires des Services locaux de l'Indochine.

Sont considérés commes fonctionnaires des Services locaux de l'Indochine tous ceux qui, appartenant à un corps organisé par arrêté du Gouverneur général, occupent un emploi permanent conduisant à pension dans un des Services publics de la Colonie. Bien entendu, il ne s'agit que des fonctionnaires français.

La hiérarchie, la solde des fonctionnaires français ainsi que leur classement au point de vue des indemnités de route et de séjour, des voyages à l'étranger et du traitement dans les hôpitaux, sont fixés par des arrêtés spéciaux.

Le Gouverneur général nomme et avance tous les fonctionnaires des Services locaux.

Ceux-ci sont placés, pour les pensions, sous le régime de la caisse locale de retraites, sauf la dérogation prévue par le décret du 7 Février 1917, déterminant le régime des pensions des agents provenant des polices municipales de l'Indochine.

Ces dispositions, toutefois, ne sont pas applicables à ceux des fonctionnaires actuellement en service qui sont soumis au régime des pensions métropolitaines.

En cas de suppression d'emploi, les licenciements s'opérent en commençant par les agents les plus anciens ayant acquis des droits à pension, puis par les agents ayant le moins de services. Ces derniers peuvent, s'ils en expriment le désir, soit être affectés, à égalité de solde, à un autre service s'ils remplissent les conditions requises pour l'entrée dans ce service, soit être placés en disponibilité sans traitement prévue par les règlements sur la solde. Dans ce cas, ils sont réintégrés dès qu'il se produit une vacance dans leur emploi.

Les agents, mis en disponibilité par suite de suppression d'emploi, peuvent prétendre à l'indemnité de licenciement.

Recrutement

Nul ne peut être agréé dans un des cadres de fonctionnaires des Services locaux de l'Indochine qu'après avoir justifié :

1° Qu'il est Français, âgé de 20 ans révolus :

2° En ce qui concerne le personnel masculin, qu'il a satisfait à la loi sur le recrutement de l'armée ;

3° Qu'il est âgé de 30 ans au plus, à moins d'avoir des services antérieurs à l'Etat ou à la Colonie lui permettant d'obtenir une pension de retraite pour ancienneté, à 55 ans d'âge, sur la Caisse locale des retraites ;

4° Qu'il est de bonnes vie et mœurs et que son casier judiciaire ne comporte aucune condamnation ;

5° Qu'il est physiquement apte au service pour lequel il postule ;

6° Qu'il a satisfait soit à un concours, soit à un examen ou qu'il justifie des diplômes ou des titres déterminés par les règlements particuliers à chacun des cadres.

(Complété ainsi par arrêté du 8 Novembre 1921). — « Peu-« vent également être nommés dans les différents services « de l'Indochine les Alsaciens ou Lorrains titulaires d'un « diplôme assimilé aux diplômes français, prévus par les « statuts particuliers des différents corps, et qui ont été « réintégrés dans la nationalité française ou ont obtenu « cette nationalité ».

Les permutations entre certains cadres métropolitains et coloniaux pourront être autorisées par les règlements particuliers ; mais pour pouvoir être admis, par permutation dans les corps locaux de l'Indochine, les fonctionnaires métropolitains ou coloniaux doivent justifier :

1° Qu'ils pourront prétendre, à 55 ans, à une pension pour ancienneté sur la Caisse locale des retraites ;

2° Qu'ils sont reconnus, dans les conditions déterminées par les règlements spéciaux à chaque service, physiquement aptes à l'emploi postulé ;

4° Que la différence entre les traitements des permutants n'excède pas 2.000 francs.

Les fonctionnaires nommés par permutation prennent rang à la fin de la liste d'ancienneté dans leur classe.

Les concours et examens pour l'admission à chaque corps de fonctionnaires auront lieu aux mêmes dates dans les grands centres tant de la colonie que de la Métropole. Les candidats, pour être admis à s'y présenter, devront avoir obtenu l'autorisation du Gouverneur général.

Stage

L'admission à un emploi de début ne peut être prononcée définitivement qu'après un stage probatoire qui peut être suivi d'un examen pratique lorsque le règlement particulier du corps le prévoit.

Cependant dans un certain nombre de cas limitativement prévus dans les règlements particuliers, pourront être nommés à l'emploi de début, sans être astreints au stage, les candidats, reçus à l'examen lorsqu'il en est prévu un pour le corps intéressé, qui appartenaient déjà à un corps de fonctionnaires de la colonie et avaient satisfait au stage dans ce corps.

Le temps de service effectué, avant leur admission dans le cadre, par les agents recrutés par contrat comme stagiaires, pourra être imputé sur la durée du stage réglementaire.

Les candidats agréés sont nommés au grade de stagiaires.

Le traitement des stagiaires n'est pas passible de retenues pour la retraite.

Toutefois après leur admission définitive, les intéressés devront faire valider pour la retraite leur période de stage, en opérant dans le délai d'une année des versements équivalents aux retenues qu'ils auraient dû subir sur ledit traitement.

Les candidats qui possèderont des diplômes ou des titres supérieurs à ceux qui sont requis pour l'admission dans un corps, pourront, dans les conditions fixées par les règlements particuliers à ce corps, être dispensés du grade de stagiaire et nommés à un emploi autre que celui de début.

La durée du stage sera de un an au moins et de deux ans au plus. La titularisation des stagiaires ne pourra être prononcée que sur la proposition du chef de service intéressé et après avis d'une commission instituée à cet effet. Tout stagiaire pourra être, dans les mêmes conditions, licencié en cours de stage.

Dans les trois mois qui suivront l'expiration de la deuxième année de stage, les stagiaires devront être, après avis de la commission dont il a été question plus haut, titularisés ou licenciés.

Par mesure exceptionnelle, la durée du stage des fonctionnaires de l'enseignement du 1er degré pourra être portée à trois ans.

Cependant les stagiaires qui n'auront pas satisfait effectivement à la loi militaire ne pourront être titularisés qu'un an après la libération de leur classe.

Les fonctionnaires nouvellement nommés, dans les conditions prévues ci-dessus, qui n'auraient pas témoigné d'une aptitude générale suffisante ou dont la manière de servir aurait été jugée défectueuse, peuvent être, au cours de leurs deux premières années de service, licenciés par arrêté du Gouverneur général pris sur la proposition des Chefs d'Administration ou de service intéressés, après avis d'une commission spéciale instituée au Gouvernement général.

Les stagiaires et fonctionnaires licenciés par application des dispositions précédentes ont droit à l'indemnité de licenciement prévue par l'arrêté sur la solde et les accessoires de solde.

Avancement

Nul ne peut être promu à une classe ou à un grade supérieur qu'à l'ancienneté ou à la suite d'un concours d'une inscription au tableau d'avancement ou d'une décision spéciale et motivée du Gouverneur général publiée au *Journal Officiel* de la colonie, dans les cas spécialement prévus par les statuts particuliers.

Nul ne peut, dans le même grade, être promu qu'à la classe immédiatement supérieure ou, s'il change de grade, à la dernière classe du grade supérieur.

Le temps de service minimum dans une classe pour obtenir un avancement à la classe supérieure est de deux ans, dont un an de services effectifs dans la colonie ou en Extrême-Orient, sauf les dérogations qui pourront être prévues par les règlements particuliers.

Le temps de service accompli dans certains postes insalubres ou dangereux, déterminés par arrêté du Gouverneur général, est compté pour moitié en sus, au point de vue des droits à l'avancement. Ce temps supplémentaire est ajouté en fin d'année à la durée effective des services des intéressés et déterminera leur nouveau rang sur la liste d'ancienneté.

Les avancements en grade et en classe des fonctionnaires des Services locaux ont lieu au choix ou à l'ancienneté ou à la suite d'un concours. Ils sont prononcés par arrêtés du Gouverneur général.

« Pour être promu au choix au grade ou à la classe supé-
« rieure, les fonctionnaires des services organisés par arrêté
« du Gouverneur général devront, outre les obligations
« spéciales qui leur ont imposées par les règlements parti-
« culiers à chaque corps, être l'objet d'une inscription sur
« un tableau d'avancement régulièrement établi à la fin de
« chaque année par une commission de classement dont
« la composition, à moins de dispositions contraires résul-
« tant d'un décret, est la suivante :

1°) Le Gouverneur général ou son délégué ;

2°) Le chef du service ou son délégué pour le personnel des services relevant directement du Gouvernement général;

L'Inspecteur général des Travaux Publics pour le personnel des circonscriptions territoriales :

L'Inspecteur des Services sanitaires et médicaux pour le personnel de l'Assistance médicale ;

Le Directeur de l'Administration judiciaire pour le personnel des commis-greffiers, des interprètes du Service judiciaire, des secrétaires des Parquets ;

L'Inspecteur général de l'Agriculture, de l'Elevage, du Service forestier et du Service vétérinaire et des Epizooties;

Le chef du service de la Sûreté générale du Gouvernement général pour le personnel des polices urbaines, de la police de Sûreté et de l'Identité ;

Un administrateur pour le personnel des autres services;

3°) Un représentant du personnel intéressé appartenant

au grade et à la classe les plus élevés pour lesquels des inscriptions sont prévues (1).

Si les circonstances rendent impossible la constitution de la commission telle qu'elle est prévue, sa composition est déterminée par décision spéciale et motivée du Gouverneur général.

Le tableau est valable seulement pour l'année au titre de laquelle il est établi. Les candidats y sont inscrits par ordre de préférence, les nominations étant faites dans cet ordre, sauf peine disciplinaire entraînant radiation, et les inscriptions ne peuvent dépasser une proportion déterminée de la classe ou du grade à pourvoir. Un arrêté du Gouverneur général détermine le fonctionnement de la commission (2).

Dans le cas où il n'aura pas été possible de promouvoir tous les candidats inscrits au tableau établi pour l'année, les intéressés conserveront le bénéfice de leur inscription et devront figurer en tête du tableau de l'année suivante, à moins que la commission administrative n'en décide autrement sur rapport motivé du chef de service intéressé.

Si, dans le courant de l'année, les circonstances l'exigent, la commission de classement pourra être réunie par décision du Gouverneur général pour établir un tableau supplémentaire.

Lorsque, conformément aux arrêtés organiques, les avancements en grade sont accordés à la suite d'un concours, les promotions des fonctionnaires admis au concours auront lieu, sans inscription préalable au tableau d'avancement, dans l'ordre d'admission.

Pour être admis à se présenter à un examen professionnel ou à un concours, les candidats devront y avoir été préalablement autorisés par le Gouverneur général.

L'avancement au choix sera accordé par le Gouverneur général sur la proposition du chef de service sans inscrip-

---

(1) Le Gouverneur général ou le Secrétaire général exerce de droit la présidence de la commission. En leur absence, le président est désigné par le Gouverneur général.

(2) Voir ci-après l'arrêté du 24 Octobre 1921 réglant le fonctionnement de cette commission.

tion au tableau d'avancement pour les fonctionnaires appartenant à un corps comptant moins de dix unités.

Discipline

Tout fonctionnaire est responsable vis-à-vis de l'Autorité supérieure des actes de sa fonction : en cas de faute, il peut être frappé des peines disciplinaires suivantes :

1° Le blâme avec inscription au dossier ;
2° Le déplacement disciplinaire ;
3° Le retard dans l'avancement d'une durée déterminée ou la radiation du tableau d'avancement ;
4° La rétrogradation de 1 ou 2 classes entraînant, le cas échéant, la rétrogradation de grade ;
5° La révocation.

Les deux premières peines sont prononcées par le chef de service compétent ou le Gouverneur général.

Le retard dans l'avancement d'une durée déterminée, la radiation du tableau d'avancement, la rétrogradation, la révocation sont prononcés par le Gouverneur général, sur le rapport du chef de service intéressé et la proposition d'un Conseil de discipline composé de trois fonctionnaires. Le premier, qui sera obligatoirement président du Conseil de discipline, sera désigné par le Gouverneur général. Le deuxième, à qui seront confiées les fonctions de rapporteur sera désigné par le chef de service intéressé ou le Chef d'Administration locale. Le troisième sera un représentant du personnel en cause d'un grade supérieur ou du même grade que l'intéressé mais plus ancien.

Les membres du Conseil de discipline seront nommés par arrêté du Gouverneur général.

L'autorité administrative ne peut aggraver la peine proposée par le Conseil de discipline.

Ne peut siéger dans ce Conseil, le fonctionnaire sur le rapport ou la plainte duquel les poursuites disciplinaires ont été décidées ou qui a pu, antérieurement, proposer de semblables mesures contre le fonctionnaire intéressé.

Les formes suivant lesquelles les affaires seront instruites devant les Conseils de discipline sont déterminées par des instructions du Chef de la colonie.

Aucune peine disciplinaire ne peut être prononcée sans que le fonctionnaire intéressé ait été appelé à prendre connaissance de son dossier conformément aux dispositions de l'article 65 de la loi du 22 Avril 1905 (1) et à présenter ses justifications écrites. En cas de renvoi du fonctionnaire devant un Conseil de discipline, cette communication doit précéder la réunion du Conseil.

Si, pour une instance disciplinaire, les circonstances rendent impossible la constitution du Conseil telle qu'elle vient d'être prévue, sa composition est déterminée, par décision spéciale et motivée du Gouverneur général.

Dans le cas où les faits incriminés ne se sont pas passés en Indochine, le Ministre fixe le lieu de la réunion du Conseil, en détermine la composition et en désigne les membres.

Le fonctionnaire rétrogradé prend rang dans sa nouvelle classe du jour de la décision qui le frappe, et ne peut être inscrit au tableau d'avancement qu'après avoir rempli dans cette classe les conditions requises pour être avancé, sans qu'il puisse être tenu compte du temps qu'il y aurait antérieurement passé.

Dans les cas graves et urgents, si l'intérêt du service l'exige, le fonctionnaire peut être suspendu, jusqu'à décision du Conseil de discipline, par le Gouverneur général, le chef de service ou les agents de direction ou de contrôle délégués à cet effet.

Cette mesure n'entraîne aucune diminution de solde. Le Conseil de discipline devra être réuni dans le délai d'un mois, sauf dans le cas de force majeure ou si le fonctionnaire en cause est l'objet d'une information judiciaire.

Aucun fonctionnaire ne peut, en dehors du cas d'excuse légitime, cesser son service avant d'avoir obtenu l'agrément de l'Autorité supérieure.

Toute infraction à cette règle peut donner lieu à l'application des peines disciplinaires prévues par le présent texte.

En cas de cessation concertée ou simultanée du service, les fonctionnaires coupables peuvent être frappés sans l'intervention des juridictions disciplinaires.

---

(1) Voir chapitre XXIII les textes relatifs à l'application de cette loi.

Arrêté du Gouverneur général réglementant le mode d'établissement des tableaux d'avancement du personnel des différents services de l'Indochine.

(Du 24 Octobre 1921)

« *Article premier.— (Modifié par arrêté du 15 Avril 1924).*— Avant le « 1er Septembre de chaque année, les notes des fonctionnaires « appartenant à des cadres organisés par arrêtés du Gouverneur « général de l'Indochine, sont établies sur un état signalétique unique « portant successivement les appréciations du chef direct de l'inté- « ressé auprès duquel celui-ci est en service depuis plus de trois « mois, du résident ou chef de province, du chef local de service, du « Gouverneur ou Résident supérieur et du chef de service du Gou- « vernement général qualifié.

« *Art. 2 (Modifié).* — Les états signalétiques ainsi établis sont ensuite « adressés au Gouverneur général, en double expédition.

« Ils sont accompagnés d'une liste de classement pour l'avancement, « par ordre de préférence et sans cote chiffrée, établie par le chef « local de service.

« Cette liste, revêtue des observations et propositions du Gouver- « neur ou Résident supérieur, est arrêtée par lui.

« S'il n'existe pas de chef local de service, la liste de classement est « établie et arrêtée directement par le Gouverneur ou Résident « supérieur.

« Par dérogation aux règles ci-dessus, pour les services fiscaux du « Gouvernement général et pour le service de Trésorerie générale, « le Gouverneur ou Résident supérieur appose seulement ses obser- « vations sur la liste de classement sans apporter aucune modifi- « cation. Cette liste est alors arrêtée par le chef du service du Gou- « vernement général qui la transmet au Gouverneur général.

« La même règle est applicable au personnel des circonscriptions « spéciales dépendant directement de l'Inspection générale des « Travaux publics avec cette différence que la liste de classement « est établie, dans ce cas, par l'Ingénieur en chef de chaque circons- « cription ».

Art. 3.— Le personnel détaché de son cadre d'origine sera noté et, s'il y a lieu, proposé pour l'avancement par le service à la disposition duquel il aura été détaché. Ces notes et propositions seront ensuite soumises au Secrétaire général du Gouvernement général qui donnera également ses notes et confirmera, le cas échéant, les propositions d'avancement formulées par les services.

Art. 4.— (Abrogé par arrêté du 15 Avril 1924).

Art. **5.— Suivant les vacances des personnels des divers services, il est dressé annuellement un tableau d'avancement et, s'il y a lieu**

exceptionnellement, un tableau supplémentaire. Ces tableaux ne sont valables que pour l'année dont ils portent le chiffre.

Le nombre des inscriptions est fixé chaque année par le Gouverneur général en tenant compte des vacances existantes au moment de l'établissement du tableau et de celles à prévoir dans le courant de l'année pour laquelle est dressé ce tableau. Le nombre des vacances existantes et des vacances probables pourra, dans certains cas, être majoré mais sans que cette majoration puisse dépasser la proportion d'un tiers.

Dans le cas où il n'aura pas été possible de promouvoir tous les candidats inscrits au tableau pour l'année, les intéressés conserveront le bénéfice de leur inscription et devront figurer en tête du tableau de l'année suivante, à moins que la commission n'en décide autrement sur rapport motivé du chef d'administration ou de service intéressé.

Art. 6.— Pour pouvoir être inscrits au tableau d'avancement, les fonctionnaires des services généraux ou locaux de l'Indochine doivent:

1° Avoir été l'objet d'une proposition d'avancement, approuvée par le Gouverneur général ou son délégué ;

2° Satisfaire, au moment de la réunion de la commission administrative, aux obligations spéciales prévues par leur statut pour la promotion aux différents grades ou classes ;

3° Réunir, au 1er Janvier qui suivra l'établissement du tableau ou si ce tableau est dressé en cours d'année, au 1er du mois qui suivra son établissement, les conditions réglementaires d'ancienneté et de séjour effectif dans la colonie.

Le temps passé en service ou en mission en France, en vertu d'une décision du Ministre des colonies ou du Gouverneur général, entre en compte au point de vue de l'avancement, comme le temps passé en Indochine, mais seulement jusqu'à concurrence de la moitié de sa durée et pour l'obtention d'un seul avancement.

Par contre, sont assimilés au point de vue de l'avancement, aux services rendus en Indochine, les séjours accomplis en service par le personnel de l'Indochine dans les postes diplomatiques ou consulaires en Extrême-Orient.

Art. 7. — Dans la semaine qui précède la réunion de la commission et pendant toute la durée de ses opérations, les calepins des fonctionnaires proposés pour l'avancement sont mis sur place, au siège de la commission, à la disposition des membres de cette commission. Les relevés nominatifs des candidats proposés établis par ordre de préférence sont également remis à la commission ainsi qu'une liste d'ancienneté de grade de ces fonctionnaires afin de lui permettre d'examiner en toute connaissance de cause la candidature des intéressés.

Art. 8. — L'ancienneté de grade comprend le temps de service dans la classe ou dans le grade arrêté à la fin de l'année, majoré pour la moitié de sa durée, du temps de service accompli depuis le dernier avancement dans les postes insalubres ou dangereux, arrêté au 1er du mois où commencent les travaux du tableau.

Les majorations suivantes seront en outre accordées :

1° Aux fonctionnaires mobilisés ayant servi aux armées avant le 11 Novembre 1918 :

a) Séjour dans la zone des armées (front) par période entière de 6 mois : 6 mois de majoration.

b) Blessures — pour chaque blessure : 6 mois.

c) Citations ou décorations (Légion d'Honneur, Médaille militaire, Croix de guerre) — pour chaque citation et décoration : 6 mois.

Toutefois, dans tous les cas où la citation aura comporté d'office l'attribution de la décoration, il ne sera décompté qu'une seule majoration de 6 mois pour la citation et la décoration.

Ces diverses majorations peuvent se cumuler, cependant elles ne pourront être attribuées aux fonctionnaires en ayant déjà bénéficié pour une précédente inscription au tableau qu'autant qu'elles concerneront des séjours dans la zone des armées, des blessures, des citations ou décorations postérieurs à cette inscription. Elles ne pourront non plus être accordées à des fonctionnaires qui, à l'occasion de leur nomination dans l'un des cadres de l'Indochine, auraient déjà bénéficié de points supplémentaires comme anciens combattants ou mobilisés.

2° Aux fonctionnaires titulaires de brevets de langues indigènes :

1er Degré........................... 3 mois
2e Degré........................... 6 mois
Caractères chinois.................. 6 mois

Ces majorations ne pourront en aucun cas se cumuler, c'est-à-dire qu'aucun fonctionnaire ne pourra jamais se voir décompter plus de six mois pour brevets de langues indigènes et de caractères chinois.

Les majorations pour séjour dans les postes insalubres ou dangereux entreront seules en ligne de compte à l'exclusion des majorations de guerre et de langues indigènes, pour abaisser le temps minimum prévu pour rendre possible un avancement au choix, mais sous la réserve expresse que les fonctionnaires intéressés auront accompli intégralement à la colonie ou en Extrême-Orient la période de présence effective obligatoire.

Art. 9. — Dans des cas exceptionnels dont elle sera juge, la commission aura le droit d'évoquer les titres des fonctionnaires non proposés et, lorsqu'elle estimera qu'ils doivent être retenus, de les inscrire au tableau.

Art. 10. — La commission établit, jusqu'à concurrence du chiffre des inscriptions prévues, la liste des fonctionnaires qui sont inscrits au tableau d'avancement. Le tableau ainsi dressé est arrêté par le Gouverneur général et publié au *Journal officiel* par grade et classe en suivant l'ordre de mérite fixé par la commission.

Art. 11. — Sont abrogées toutes dispositions antérieures contraires au présent arrêté.

Services de l'Agriculture. — Dans chaque pays de l'Union, ces services ont à leur tête un inspecteur qui prend le titre de chef des Services agricoles locaux.

Il a dans ses attributions: l'inspection de l'agriculture et de la sériciculture; les stations de culture expérimentales; les jardins d'essai, pépinières et plantations diverses; les magnaneries modèles et les grainages de vers à soie; les ateliers du travail de la soie; les écoles pratiques de l'agriculture et l'enseignement de l'agriculture aux adultes; les concours agricoles; les renseignements relatifs aux intérêts économiques et sociaux de l'agriculture; les recherches et missions techniques.

Les services agricoles comprennent des inspecteurs en chef, des inspecteurs, des sous-inspecteurs, des agents principaux et des agents stagiaires.

Les agents stagiaires sont choisis parmi les anciens élèves diplômés de l'école coloniale d'Agriculture de Tunis, de l'école nationale d'Horticulture de Versailles, possédant en outre le certificat d'études de l'école supérieure d'Agriculture coloniale ou, à défaut, ayant accompli un stage de 18 mois dans un des établissements scientifiques agricoles de la Colonie.

Les sous-inspecteurs stagiaires sont choisis soit parmi les anciens élèves diplômés de l'Institut national agronomique (ingénieurs agronomes) ou des écoles nationales d'Agriculture (ingénieurs agricoles), soit parmi les licenciés ès-sciences possédant le certificat d'Agriculture des universités nationales.

Les ingénieurs agronomes et les ingénieurs agricoles possédant le certificat d'une des écoles ou sections d'application dépendant du Ministère de l'Agriculture ou le diplôme de l'école d'Agriculture coloniale sont dispensés de stage et admis directement les premiers, à la 2e classe et les seconds, à la 3e classe du grade de sous-inspecteur.

Ceux qui justifient qu'ils ont rempli pendant 2 ans au moins un emploi soit dans un service de l'Etat ou des Colonies, soit dans une institution agricole subventionnée par l'Etat ou entretenue avec son concours, peuvent être admis dans le cadre à des grades et classes supérieurs d'un ou de deux échelons à ceux qui résulteraient de l'application de l'article précédent, en étant dispensés, s'il y a lieu, du passage pour l'emploi de stagiaire.

Ce surclassement leur est attribué sur l'avis d'une commission spéciale nommé par le Gouverneur général qui tiendra compte de la nature et de la durée de leurs services antérieurs.

Un tiers des emplois de sous-inspecteur de 3e classe est réservé aux agents principaux. Les avancements leur seront accordés un quart à l'ancienneté et trois quarts au choix.

Les avancements du personel ont lieu exclusivement au choix, sauf l'exception ci-dessus et pour les emplois de sous-inspecteur de 2e et 3e classe qui sont accordés, un quart à l'ancienneté et trois quarts au choix.

Services des Archives et Bibliothèques.— Ces services sont assurés :

1° Par des fonctionnaires recrutés directement;

2° Par des fonctionnaires détachés d'autres services de l'Indochine.

Ils comprennent des conservateurs hors classe, 1re, 2e et 3e classe — des archivistes-bibliothécaires de 1re, 2e et 3e classe et stagiaires.

Les archivistes-bibliothécaires sont recrutés :

a) Parmi les candidats anciens élèves de l'école des Chartes pourvus du diplôme d'archiviste-paléographe ;

b) Parmi les candidats titulaires d'une licence ès-lettres ou du doctorat en droit.

L'avancement du personnel est essentiellement au choix.

Services de l'Assistance médicale.— Ces services sont assurés :

1° Par des médecins civils appartenant au corps des médecins de l'Assistance médicale en Indochine ;

2° Par des médecins civils (docteurs en médecine) non fonctionnaires.

Toutefois jusqu'à ce que le recrutement des médecins civils offre des ressources suffisantes pour permettre d'assurer normalement les besoins du service de l'Assistance, il continuera à être fait appel à des officiers du corps de santé des Troupes coloniales ou à des officiers du corps de santé du service général et des corps de Troupes.

Ils comprennent des médecins principaux, des médecins de 1re, 2e, 3e, 4e, 5e classe et des stagiaires.

Aux termes de l'article 17 de l'arrêté du 30 Juin 1905, qui a institué en Indochine un service permanent d'assistance médicale, le personnel de ces services relève, au point de vue administratif, de l'autorité du Gouverneur et, par conséquent, de celle de l'administrateur chef de province, qui est son seul représentant dans l'intérieur.

Le médecin de l'Assistance relève, en outre, pour tout ce qui concerne la partie technique de son service, du directeur local de la Santé, représentant dans la Colonie le Médecin-Inspecteur, Directeur général. Il adresse directement à ce chef de service les rapports médicaux concernant le fonctionnement de l'Assistance de la circonscription à laquelle il est affecté, ainsi que toutes communications d'ordre technique intéressant l'hygiène et la santé publique.

Les déplacements et les tournées du médecin sont réglés par l'administrateur, qui peut également autoriser ce fonctionnaire à quitter momentanément le territoire de la province. Dans ce cas, l'administrateur doit prévenir le Gouverneur de l'autorisation donnée.

Les médecins de l'Assistance doivent assurer :

A) *Les soins médicaux aux fonctionnaires et à leurs familles et, en tant que de besoin, à la population européenne et indigène ;*

B) *Le service des établissements hospitaliers entretenus sur les fonds du budget général, des budgets locaux, provinciaux et municipaux :*

C) *Le service de la police sanitaire, des épidémies, de l'hygiène et de la santé publique.*

Ils peuvent, en outre, être requis par les officiers de justice et de police judiciaire, pour pratiquer des expertises médico-légales; leurs attributions sont alors déterminées par les décrets du 17 Août 1897 et du 12 Août 1905, sur l'exercice de la médecine.

Nous allons examiner plus en détail dans quelles conditions les médecins de l'Assistance doivent donner leurs soins et assurer les divers services sanitaires dans l'étendue de la circonscription où ils sont affectés, en vertu des dispositions de l'arrêté du 10 Janvier 1916.

A). — Soins médicaux aux Fonctionnaires et a leurs Familles, aux Européens et aux Indigènes.

1° Soins médicaux aux fonctionnaires et à leurs familles. — Les soins gratuits à domicile sont dûs aux fonctionnaires européens et à leurs familles pendant 8 jours francs, à compter du moment où le médecin est appelé pour la première fois. Si les soins doivent se prolonger au delà de cette limite ou si l'état du malade exige l'hospitalisation, il appartient au médecin de conseiller celle-ci, et, dans le cas où le fonctionnaire refuse d'aller à l'hôpital, d'en aviser l'administrateur chef de province ou de territoire, et le chef de service du fonctionnaire.

A partir du 9e jour, le fonctionnaire et sa famille cessent d'avoir droit aux soins gratuits à domicile, à moins que le médecin n'estime que l'évacuation sur une formation sanitaire ne puisse se faire sans danger, auquel cas les soins gratuits sont continués jusqu'à guérison.

Si les fonctionnaires ou les membres de leurs familles désirent continuer à recevoir les soins du médecin de l'Assistance ou des services extérieurs, ce dernier, dans la limite du temps dont il dispose, est tenu de les traiter, en se conformant pour l'évaluation de ses honoraires, aux prescriptions de l'arrêté du 10 Janvier 1916.

Les soins à domicile sont dûs dans les mêmes conditions même quand le malade habite en dehors du périmètre (1) de la localité où le médecin exerce ses fonctions. — Toutefois il appartient au médecin, une fois son diagnostic établi, de juger si, en raison des autres obligations de son service, il peut donner au malade, à domicile, les soins suffisants. Dans le cas où il ne pense pas pouvoir visiter le malade aussi souvent que l'exige son état, il prescrit, après en avoir rendu compte à l'administrateur chef de province ou de territoire et au chef de service, son envoi dans un établissement hospitalier.

Lorsque le malade ne peut être évacué ou s'il désire être traité à domicile au delà des 8 jours francs réglementaires, les honoraires dûs au médecin dans ces deux cas, seront fixés en conformité des prescriptions de l'arrêté précité.

Les mandarins en fonctions et leurs familles et les fonctionnaires indigènes ayant rang de mandarin et leurs familles ont droit aux soins gratuits à domicile dans les mêmes conditions que les fonctionnaires européens.

2° *Soins médicaux aux européens et à leurs familles.* — N'ont droit à la gratuité de ces soins que les européens munis par les autorités compétentes d'un certificat d'indigence.

3° *Soins médicaux aux indigènes.* — Des consultations gratuites pour tous les indigènes sans distinction ont lieu journellement, dans chaque centre d'assistance, dans un local déterminé d'entente entre l'administrateur chef de province ou de territoire et le médecin.

L'heure de ces consultations sera obligatoirement différente de celle de la consultation gratuite prévue pour les Européens.

4° *Services médicaux dans les établissements publics.* — Le service médical des divers établissements publics : écoles, prisons, etc., est assuré suivant les indications de l'autorité administrative, soit à la consultation des indigènes, soit à une heure fixe dans une salle de ces établissements.

(1) Le périmètre comprend l'ensemble des endroits où le médecin peut, avec les moyens de locomotion les plus rapides dont il dispose, se rendre au domicile du malade et en revenir en une heure de temps.

B). — Service des établissements hospitaliers

Les médecins de l'Assistance assurent le service médical des hôpitaux, maternités, dispensaires, léproseries et autres établissements ressortissant à l'Assistance.

Ils ont la direction et la responsabilité du service, sous l'autorité du chef de la province, et sous le contrôle technique du Directeur général de la Santé, Directeur de l'Assistance.

C). — Police sanitaire. — Hygiène publique

Les médecins de l'Assistance concourent aux divers services publics relatifs à la police sanitaire maritime ou terrestre et à la protection de la santé publique.

Conformément aux dispositions en vigueur, ils constatent les décès, font aux autorités les déclarations obligatoires des maladies épidémiques, contrôlent les denrées des marchés, éventuellement, les viandes des abattoirs, et proposent toutes les mesures de désinfection, d'isolement et de prophylaxie qu'ils croient utiles.

Pour tout ce qui concerne la police sanitaire et la protection de la santé publique, ils sont placés sous le contrôle immédiat du Directeur général de la Santé et des directeurs locaux, auxquels ils doivent rendre compte, sans retard et par les voies les plus rapides, des maladies transmissibles observées, de la marche des épidémies et de tous les faits intéressant l'hygiène et la santé publique.

Domicile de secours. — Deux arrêtés du Gouverneur général en date du 3 Mai 1910 ont déterminé dans quelles conditions doivent être supportées, en Indochine, les dépenses d'assistance médicale, de rapatriement, etc.., occasionnées soit par les indigents européens ou assimilés, soit par les indigents asiatiques sujets ou protégés français.

A). — Indigents européens ou assimilés

Article premier. — Les dépenses d'assistance : assistance médicale, rapatriement, etc... occasionnées par les indigents européens ou assimilés dans les différents pays de l'Indochine, sont supportées par le budget de l'unité administrative, province ou service local, indiqué par le domicile de secours, à l'exclusion de la commune, à moins que celle-ci ne soit constituée en municipalité.

Art. 2. — Le domicile de secours s'acquiert :

1° Par une résidence habituelle d'une année, cette période courue postérieurement à la majorité ou à l'émancipation ;

2° Par la filiation. — L'enfant a le domicile de secours de son père. Si le père est inconnu ou décédé, il a celui de sa mère ou, à défaut de celle-ci, de l'ascendant, parent ou personne quelconque avec lequel il vit habituellement. En cas de séparation de corps ou de divorce des parents, l'enfant a le domicile de secours de celui auquel il a été confié et, en cas de séparation de fait, de celui qui l'a pris avec lui ; s'il y a doute, le domicile du père l'emporte, même du vivant des père et mère ; si l'enfant a été recueilli, à titre définitif, par une autre personne, il acquiert, au bout de six mois, le domicile de secours de celle-ci :

3° Par le mariage. — La femme, du jour de son mariage, acquiert le domicile de secours de son mari. Les veuves, les femmes séparées de corps, les divorcées, conservent le domicile de secours qu'elles avaient antérieurement à la dissolution du mariage ou à la séparation, jusqu'au jour où elles en ont acquis un autre par une résidence habituelle de six mois, conformément au paragraphe premier. Il en est de même des femmes séparées de fait, mais dans ce cas, la femme ne peut acquérir de domicile de secours distinct de celui de son mari qu'autant qu'elle a rompu toutes relations avec celui-ci depuis six mois au moins et qu'il ne pourvoit, dans aucune mesure, à ses besoins.

Pour les cas non prévus au présent article, le domicile de secours est le lieu de la naissance, jusqu'à l'époque de la majorité ou de l'émancipation.

Art. 3. — Le domicile de secours se perd :

1° Par une absence ininterrompue d'une année, postérieurement à l'époque de la majorité ou de l'émancipation ;

2° Par l'acquisition d'un autre domicile de secours.

Si l'absence est occasionnée par des circonstances excluant toute liberté de choix, par un traitement dans un établissement hospitalier situé en dehors du lieu habituel de résidence du malade, ce délai d'un an ne commence à courir que du jour où ces circonstances n'existent plus.

Art. 4. — A défaut de domicile de secours communal, les frais d'assistance incombent à la province dans laquelle l'indigent aura acquis son domicile de secours. Quand l'indigent n'a ni domicile de secours provincial, ni domicile de secours communal, les frais d'assistance incombent au service local, sauf tout recours possible contre le pays d'où provient l'assisté.

Art. 5. — Les communes, les provinces et les pays de l'Union Indochinoise peuvent toujours exercer leurs recours, s'il y a lieu, soit entre elles, soit contre toute personne ou société tenue à l'assistance de l'indigent.

B). — Indigents asiatiques sujets ou protégés français

Article premier. — Les dépenses d'assistance : assistance médicale, rapatriement, etc... occasionnées par les indigents asiatiques sujets ou protégés français, dans les différents pays de l'Indochine, sont supportées par la commune où l'indigent a son domicile de secours.

Art. 2. — Les hommes assujettis au paiement de l'impôt personnel ont leur domicile de secours dans la commune où ils sont inscrits.

Les femmes mariées ont le domicile de secours de leur mari.

Les enfants ont le domicile de secours de leurs parents.

Les vieillards au-dessus de 60 ans et les femmes non mariées ou veuves ont leur domicile de secours au lieu de leur dernière résidence ; il en est de même des hommes valides soumis à l'impôt qui ne justifieraient pas de leur inscription régulière dans un village, à moins que ces indigents ne soient originaires d'un autre pays de l'Indochine que celui où ils sont rencontrés, auquel cas ils sont assistés aux frais du budget local de leur pays d'origine.

Art. 3. — Les avances faites par le budget local de ce pays de l'Indochine pour le compte d'un indigent ayant son domicile de secours dans un autre pays de l'Union Indochinoise, seront remboursées directement par le budget local de ce dernier pays, sauf son recours contre la commune qui doit supporter définitivement la dépense.

Service du Cadastre et de la Topographie. — Ce service est chargé, sous l'autorité du Gouverneur de la Cochinchine et des Résidents supérieurs, et sous la direction des chefs de services locaux, de l'exécution de travaux de topographie et d'arpentage intéressant le territoire de la colonie et, notamment, de l'établissement de la conservation et de la mise à jour des plans et matrices cadastrales, y compris les cadastres urbains qui sont sous la dépendance et le contrôle technique des services locaux du Cadastre.

Le service du Cadastre et de la Topographie peut, en outre, mais à titre exceptionnel, entreprendre des travaux pour les particuliers, moyennant des rétributions dont le tarif est établi par arrêté du Gouverneur général.

Les attributions et le fonctionnement des services locaux du Cadastre et de la Topographie sont réglés par des arrêtés des Chefs d'Administration locale approuvés par le Gouverneur général.

Les géomètres principaux et les vérificateurs sont responsables vis-à-vis de l'Administration de l'exactitude des plans qu'ils ont produits ou vérifiés.

Les géomètres et les vérificateurs, dont les travaux auront été reconnus inexacts seront tenus de les refaire dans le plus bref délai, sans pouvoir prétendre à aucune indemnité, pas plus à celle de déplacement qu'à celle de travail sur le terrain ou qu'au remboursement des frais des transports personnels et des matériels et celà sans préjudice des sanctions disciplinaires que peut encore provoquer le rapport du chef de service au Chef de l'Administration locale.

Toutefois, la responsabilité des vérificateurs est limitée aux seules parties des plans sur lesquelles a porté leur vérification. Dans le cas où la contre-vérification par le chef de service serait rendue nécessaire, les frais de toute nature occasionnés par cette mission seraient à la charge de l'opérateur au cas où ces travaux seraient reconnus inexacts.

Le service du Cadastre et de la Topographie est assuré par un personnel français comprenant des vérificateurs en chef, des vérificateurs, des géomètres principaux et par un personnel indigène régi par des arrêtés spéciaux.

La direction en est confiée, dans chaque pays de l'Union, à un fonctionnaire du grade de vérificateur en chef ou de vérificateur.

Service de l'Enseignement. — Les services locaux de l'Enseignement sont placés sous l'autorité du Gouverneur en Cochinchine et des Résidents supérieurs dans les autres pays de l'Union et dirigés, dans chaque pays, par un fonctionnaire des services de l'Enseignement locaux ou métropolitains désigné, dans les conditions prévues par l'arrêté concernant les lettres de service, par le Gouverneur général sur la proposition des Chefs d'Administration locale. Ils sont assurés par un personnel français dont le statut est fixé par l'arrêté du 20 Juin 1921 et par un personnel indigène régi par des arrêtés spéciaux.

Le personnel français de l'Enseignement peut être complété par des agents détachés des cadres métropolitains.

Les attributions et le fonctionnement des services locaux de l'Enseignement sont réglés par arrêtés du Gouverneur général rendus sur la proposition des Chefs d'Administration locale.

Les affectations et mutations du personnel entre les services locaux font l'objet d'arrêtés spéciaux du Gouverneur général pris après avis des Chefs d'Administration locale.

Le Gouverneur de la Cochinchine et les Résidents supérieurs répartissent le personnel mis à leur disposition suivant les besoins du service.

Le personnel français de l'Enseignement de l'Indochine comporte les catégories suivantes, sans préjudice du personnel, nécessaire aux enseignements spéciaux, qui pourrait être ultérieurement organisé :

1° Personnel des professeurs de l'enseignement secondaire ou primaire supérieur.

2° Personnel des professeurs de l'enseignement primaire ;

3° Personnel des institutrices et des institutrices auxiliaires.

Le personnel de l'enseignement secondaire ou primaire supérieur comprend des professeurs principaux et professeurs qui peuvent être chargés soit des fonctions de directeur des lycées, collèges, écoles primaires supérieures, écoles normales de la colonie, soit des fonctions de professeur dans les dits établissements français ou franco-indigènes.

Les dames professeurs peuvent être chargées soit des fonctions de directrice des institutions et écoles primaires supérieures de jeunes filles françaises et des écoles normales d'institutrices indigènes, soit des fonctions de professeur dans les cours primaires supérieurs et normaux des institutions et écoles supérieures de jeunes filles.

A défaut de personnel de l'enseignement secondaire et primaire supérieur, les postes qui lui sont, en principe, réservés pourront être provisoirement confiés à des fonctionnaires du personnel de l'enseignement primaire.

Le personnel de l'enseignement primaire comprend des professeurs principaux et professeurs qui peuvent être chargés, soit des fonctions de directeur des écoles primaires françaises et franco-indigènes, soit des fonctions de professeur dans les dits établissements et dans les classes élémentaires des lycées, collèges, écoles primaires supérieures et écoles normales, soit des fonctions de secrétaire des directions locales et de la direction générale à Hanoi. Ils peuvent, également, être appelés à servir dans les écoles françaises d'Extrême-Orient à la charge du budget général de l'Indochine.

Les professeurs de l'enseignement primaire peuvent être chargés des fonctions de surveillant d'internat dans les collèges ou lycées.

Le personnel des institutrices peut être chargé soit d'assurer la direction et le professorat des écoles primaires françaises ou franco-indigènes, soit d'occuper les emplois d'économe et de surveillante d'internat.

Les institutrices auxiliaires peuvent être chargées des fonctions de directrice des écoles élémentaires franco-indigènes, d'institutrice suppléante dans les écoles primaires françaises, d'institutrice dans les écoles franco-indigènes de filles ou de surveillante d'internat.

. . . .

Les cadres du personnel de l'Enseignement ainsi que sa répartition entre les divers pays de l'Union sont fixés par arrêté du Gouverneur général sur la proposition des Chefs d'Administration locale.

Le personnel de l'Enseignement est placé, pour les pensions de retraite, sous le régime de la Caisse locale de retraites instituée en Indochine par le décret du 5 Mai 1898 réorganisée par celui du 1er Mars 1923.

Services de la Police. — La police de l'Indochine, réorganisée et fusionnée en un seul corps par décret du 7 Février 1917, est répartie en 3 services distincts par l'arrêté du 20 Juin 1921 :

a) *Police de la Sûreté ;*
b) *Police urbaine ;*
c) *Secrétariat des Polices.*

A) Police de la Sureté. — Sous réserve des dispositions spéciales applicables au personnel en raison de son affectation particulière aux services urbains, tout le personnel de la police de l'Indochine est placé, dans chaque pays de l'Union, sous les ordres d'un « chef de la Sûreté » désigné par le Gourverneur général sur la proposition du Chef de l'Administration locale intéressée et l'avis conforme du chef du service central de Renseignements et de Sûreté générale.

Dans chaque pays de l'Union, le chef de la Sûreté relève directement du Chef de l'Administration locale.

A défaut de fonctionnaires de la Police du grade de chef de Sûreté, les fonctions de ce grade peuvent être exercées, à titre provisoire, par certaines catégories de fonctionnaires ayant subi avec succès les épreuves d'un examen dont le programme est fixé par le Gouverneur général.

Dans certains postes, des « chefs de Sûreté adjoints » suppléent, en cas d'empêchement, le chef de Sûreté dans la direction du service et assurent la coordination des sections d'archives et de recherches, de la centralisation et des postes provinciaux de la Police de Sûreté.

Dans chaque pays de l'Union, le service de la Sûreté est divisé en sections spécialisées d'archives et de recherches. — Certains postes de l'intérieur pourront être pourvus de fonctionnaires de la Police de Sûreté. — Ces sections et ces postes sont dirigés par des commissaires spéciaux de la Police de Sûreté.

Quelle que soit leur origine, les chefs de la Sûreté, les chefs de la Sûreté adjoints, les chefs de sections ou de postes sont investis de toutes les attributions des commissaires de police.

La Police de Sûreté a deux sortes d'attributions :

1° *Comme police préventive*, elle concourt avec tous les autres organes de police au maintien du bon ordre et de la tranquillité publique. Elle est plus particulièrement chargée du contrôle permanent des étrangers ; il lui incombe spécialement de rechercher et de surveiller les agissements de toute nature tendant à troubler ou à compromettre la sécurité du régime politique. Elle procède enfin à toutes les enquêtes que lui prescrit l'Autorité administrative en vue de s'assurer du respect des lois et des règlements en vigueur.

2° *Comme police répressive*, elle est préposée à la recherche de tous crimes et délits et chargée d'en provoquer ou d'en faciliter la répression.

Dans chaque pays de l'Union, elle est placée sous les ordres d'un chef de la Sûreté, qui est investi de toutes les attributions des commissaires de police sur le territoire du pays auquel il est attaché.

Nota. — Il est institué au Gouvernement général un « Service central de Renseignements et de Sûreté générale » ayant pour attributions :

1° La recherche et la centralisation de tous renseignements utiles intéressant la sûreté intérieure et extérieure de l'Union indochinoise ;

2° La formation et le contrôle technique des divers organes de police et d'information politique de la colonie en vue d'assurer l'unité de méthode et la coordination des efforts dans le travail des recherches comme dans l'utilisation et le classement des renseignements obtenus.

B) Police urbaine. — Comme son nom l'indique, la police urbaine est chargée de maintenir l'ordre dans les villes, de tenir la main à ce que les règlements d'hygiène y soient respectés, de veiller également à ce que les mesures de surveillance à l'égard des femmes qui se livrent à la prostitution soient observées, en un mot, de la bonne tenue du centre urbain au point de vue matériel et moral.

Ce service est placé sous les ordres d'un commissaire de police, lequel dépend directement du maire ou de l'administrateur de la circonscription où il est en service, nonobstant sa qualité d'officier de police judiciaire. Lorsqu'il y a, dans une même ville, plusieurs commissaires de police, ils sont placés sous l'autorité de l'un d'eux qui porte le titre de « commissaire central » et qui est d'une classe plus élevée que les autres.

Au point de vue de l'entraînement et de l'instruction technique, le personnel de la Police de l'Indochine détaché aux services urbains est contrôlé par le chef de la Sûreté locale qui fait connaître son avis, en fin de chaque année, au maire ou à l'administrateur de la circonscription, par notes spéciales reproduites au bulletin individuel de chacun des intéressés.

Dans l'exécution générale du service et de façon constante, les commissaires chefs de service urbain collaborent avec le chef de la Sûreté locale sous les formes prescrites par les instructions du Gouverneur général.

C) Secrétariat des Polices. — Ce personnel comprend des secrétaires hors classe, des secrétaires principaux, des secrétaires de 1re, 2e et 3e classe et des secrétaires stagiaires.

Les secrétaires stagiaires sont recrutés parmi les candidats ayant satisfait à un concours dont le programme est déterminé par arrêté du Gouverneur général ou qui sont titulaires du diplôme de baccalauréat de l'enseignement secondaire.

Service vétérinaire. — (*Arrêtés des 23 Décembre 1913 et 20 Juin 1921*). — Le personnel du Service vétérinaire, zootechnique et des épizooties est assuré par un personnel français dont le statut est fixé par les arrêtés des 23 Décembre 1913 et 20 Juin 1921 et par un personnel indigène régi par des arrêtés spéciaux.

Le personnel français comprend des vétérinaires principaux inspecteurs, des vétérinaires-inspecteurs de 1re, 2e, 3e, 4e et 5e classe et des vétérinaires stagiaires.

Ce service a pour mission de concourir, dans chacun des pays de l'Union, à l'application des lois, arrêtés et règlements sur la police sanitaire des animaux, et, en général, à l'étude de tous les moyens tendant à la conservation et à l'amélioration des races d'animaux domestiques.

Il peut être, en outre, chargé, suivant les besoins, de la surveillance et de la direction des établissements zootechniques et d'élevage, des jumenteries, haras et dépôts d'étalons ou de reproducteurs, de l'inspection des animaux et viandes de boucherie, de l'inspection de tous les établissements, tels que ports, marchés, abattoirs, foires, ainsi que du matériel de transport ou de dépôt servant au bétail et aux denrées ou produits en dérivant.

Le Service vétérinaire, zootechnique et des épizooties est placé, sous l'autorité du Gouverneur en Cochinchine, et des Résidents supérieurs dans les autres pays de l'Union.

Ce service est dirigé, dans chaque pays de l'Union, par un vétérinaire-inspecteur des épizooties qui prend le titre de chef du service local vétérinaire, zootechnique et des épizooties.

Il est choisi parmi les vétérinaires-inspecteurs en service et nommé par arrêté du Gouverneur général, sur la proposition du Chef d'Administration locale intéressé.

Le chef du Service vétérinaire, zootechnique et des épizooties local peut être chargé de la direction du secteur dont relève le chef-lieu de chacun des pays de l'Union.

Le vétérinaire-inspecteur, chef de service, a pour mission de veiller au bon fonctionnement des services vétérinaires et des épizooties ; de centraliser les rapports des vétérinaires-inspecteurs chefs de secteurs, ainsi que tous les renseignements concernant les services zootechniques et des épizooties ; de proposer à l'autorité administrative locale toutes les mesures sanitaires prévues par les lois et règlements en vigueur en cas de maladie épizootique ; de donner son avis sur toutes les questions qui lui sont soumises concernant la police sanitaire des animaux et les mesures d'hygiène générale. Il peut être chargé par le Chef d'Administration locale de tournées ou de missions dans l'intérieur du pays afin de vérifier l'état sanitaire des animaux dans tous les établissements publics. Il signale, suivant le cas, les infractions aux lois et règlements sur la police sanitaire qu'il a pu constater au cours de ses tournées, ainsi que les mauvaises conditions d'hygiène pouvant constituer un danger pour les habitants ou les animaux.

Il adresse, à la fin de chaque mois, au Gouverneur ou Résident supérieur, un état des maladies contagieuses constatées pendant le mois et des opérations relatives au contrôle des viandes, à l'examen des animaux exportés ou importés, à la tenue des foires, marchés, abattoirs et clos d'équarrissage. Il adresse, à la fin de chaque année, aux mêmes autorités, un état statistique des faits intéressant la police sanitaire des animaux, les entreprises zootechniques, l'inspection des viandes, foires et marchés ; cet état est accompagné de ses observations personnelles sur les faits constatés, sur la marche du service et les améliorations qu'il peut comporter.

Chacun des pays de l'Union est divisé en secteurs vétérinaires, à la tête desquels se trouvent placés des vétérinaires-inspecteurs, pouvant avoir, sous leurs ordres, un ou plusieurs vétérinaires indigènes et être assistés d'aides-vaccinateurs.

Ils sont choisis, dans chaque pays de l'Union, parmi les vétérinaires-inspecteurs titulaires et les vétérinaires inspecteurs stagiaires affectés à ce pays et nommés par arrêté du Chef de l'Administration locale.

Ils sont chargés d'assurer, dans leur secteur, et sous le contrôle des autorités administratives provinciales, l'application des règlements sanitaires concernant la police des animaux ; ils doivent rendre compte à l'administrateur chef de la province et au vétérinaire inspecteur, chef de service, de tous les cas de maladies contagieuses qu'ils constatent dans leur secteur, et faire toutes propositions utiles pour enrayer la marche de l'épizootie. Dès qu'ils en reçoivent l'avis, ils doivent se transporter sur les lieux pour procéder à la visite des animaux malades ou suspects et effectuer les autopsies de ceux ayant succombé. Ils assurent la surveillance des étables, pâtures, marchés déclarés infectés et doivent provoquer toutes les mesures administratives que comporte la situation. Après la disparition de la maladie, ils font procéder, sous leur surveillance, à toutes les opérations de désinfection prescrites par les règlements et proposent, ensuite, s'il y a lieu, à l'autorité administrative provinciale, la levée de la déclaration d'infection.

Ils exercent également la surveillance des établissements d'élevage de l'Administration ou subventionnés par elle, tels que : stations d'étalons, jumenteries, etc... et, en général, tous établissements affectés à l'élevage et à l'industrie du bétail.

Ils sont à la disposition des administrateurs chefs de province pour effectuer des tournées d'inspection en dehors des époques où sont signalées les épizooties. Au cours de ces tournées, ils visitent les animaux élevés ou entretenus sur les concessions des colons ou propriétés indigènes et fournissent aux propriétaires tous renseignements utiles sur les questions zootechniques ou ressortissant à l'hygiène et à l'élevage des animaux. Les colons et indigènes qui désireraient recevoir cette visite adresseront leur demande à la résidence.

Ils donnent gratuitement leurs soins aux animaux appartenant aux services administratifs et doivent procéder à la visite de ces animaux dès qu'ils en sont requis par les administrateurs chefs de province.

Ils doivent également procéder à la visite sanitaire des abattoirs publics, des parcs quarantenaires, des marchés et emplacements où stationnent les bestiaux ainsi que des clos d'équarrissage qui se trouvent dans les provinces comprises dans leur secteur.

A la fin de chaque mois, ils adressent aux administrateurs chefs de province intéressés et au vétérinaire-inspecteur, chef de service, un état faisant ressortir les cas de maladies contagieuses constatés, les mesures prises, les résultats obtenus. Ils consignent, également, sur cet état, les observations qu'ils croient devoir présenter en ce qui touche à la police sanitaire, à l'hygiène générale et à la santé du bétail.

A la fin de chaque année, ils adressent aux mêmes autorités un rapport détaillé sur l'ensemble de leurs opérations, la marche et le fonctionnement du service, ainsi que sur les modifications et améliorations qu'ils estiment nécessaire d'y apporter.

Dans les villes où il existe un Service vétérinaire, des vétérinaires-inspecteurs peuvent être placés hors cadres et mis en service détaché à la disposition des municipalités intéressées par arrêté du Chef de l'Administration locale, dans les conditions fixées à l'article 13 du décret du 5 Mai 1898, modifié par les décrets du 6 Décembre 1905 et du 19 Juin 1913.

Le vétérinaire, chargé de ce service, doit consigner sur un registre spécial les opérations de son service, les résultats de l'inspection des denrées alimentaires, ainsi que tout ce qui touche à l'hygiène générale et à la police sanitaire des animaux.

Il doit signaler, sans retard, à l'administrateur-maire et au vétérinaire-inspecteur, chef de service, les cas de maladies contagieuses constatés sur les animaux amenés aux abattoirs ainsi que sur les foires ou marchés.

A la fin de chaque mois et de chaque année, il est tenu d'adresser à l'administrateur-maire et au vétérinaire-inspecteur, chef de service, les mêmes rapports que les vétérinaires-inspecteurs, chefs de secteurs.

En cas d'apparition d'un ou de plusieurs foyers d'épizootie dans un pays de l'Indochine, le Gouverneur général peut faire appel, sur la proposition du Chef d'Administration locale intéressé, au concours des vétérinaires des autres pays.

Dans un même pays, le Chef d'Administration locale peut appeler à servir, hors de leur secteur, des vétérinaires chefs de secteurs, soit par suite de l'absence d'un vétérinaire chef de secteur, soit par la nécessité de le seconder.

Les affectations et mutations de personnel entre les divers services locaux font l'objet d'arrêtés spéciaux du Gouverneur général pris après avis ou sur le rapport des Chefs d'Administration locale.

Services forestiers. — (*Décret du 12 Mars 1913, et arrêtés du 20 Juin 1921 et du 19 Septembre 1924*). — Par décret du 12 Mars 1913, le poste de chef du Service forestier de l'Indochine a été supprimé.

Les Services forestiers locaux de l'Indochine sont placés sous l'autorité du Gouverneur en Cochinchine et des Résidents supérieurs dans les autres pays de l'Indochine, et dirigés dans chaque pays par un conservateur, ou à défaut de conservateur par un inspecteur (1) qui prend le titre de chef de service et est désigné par le Gouverneur général sur la proposition des Chefs d'Administration locale. Ils sont assurés par un personnel européen dont le statut est fixé par l'arrêté du 19 Septembre 1924 et par un personnel indigène régi par des arrêtés spéciaux.

Le personnel européen des Forêts de l'Indochine peut être complété par des agents détachés du cadre métropolitain des Eaux et Forêts dans les conditions prévues par le décret et l'arrêté ministériel du 30 Juillet 1905 ou de tout acte rendu dans la même forme qui les modifierait.

Nota. — Il est institué auprès du Gouverneur général de l'Indochine, un bureau technique des Eaux et Forêts chargé de l'étude de toutes les questions concernant la mise en valeur du domaine forestier et du contrôle de la gestion forestière des services locaux.

Les attributions et le fonctionnement des Services forestiers locaux de l'Indochine sont régis par des arrêtés des Chefs d'Administration locale approuvés par le Gouverneur général.

Avant d'entrer en fonctions, les gardes principaux et gardes généraux des Forêts de l'Indochine sont tenus de prêter serment devant le tribunal civil dans le ressort duquel ils sont appelés à servir. Ce serment les habilite à exercer leurs fonctions dans le ressort de tout autre tribunal de la colonie.

Il doit être prêté à nouveau par tout agent qui change de grade.

Les conservateurs et les inspecteurs prêtent serment devant la Cour d'appel de l'Indochine.

Le serment du personnel des Forêts est enregistré, sans frais, au greffe de la juridiction qui l'a reçu. Mention de sa prestation est faite par le greffier de la dite juridiction sur la commission de l'intéressé.

(1) Ou un inspecteur-adjoint.

Outre le personnel des Forêts, peuvent avoir qualité pour constater en Indochine des délits et contraventions en matière forestière et dresser procès-verbal :

1° Les délégués des chefs de province ;

2° Les agents des Douanes et Régies ;

3° Les inspecteurs principaux, inspecteurs et gardes principaux de la Garde indigène et tous officiers de police judiciaire.

La désignation de ces fonctionnaires est faite, le cas échéant, par les Chefs d'Administration locale.

Les fonctionnaires et agents des Forêts de l'Indochine ne doivent avoir, à aucun titre, un intérêt personnel dans l'exploitation ou le commerce des bois de la colonie, ni dans aucune industrie utilisant les produits forestiers comme matière principale.

L'inobservation de cette règle rend l'agent coupable passible de sanctions disciplinaires.

Les gardes principaux stagiaires sont recrutés :

1° Pour les trois quarts des vacances, parmi les anciens militaires pensionnés pour infirmités de guerre, en exécution de la loi du 30 Janvier 1923 ou, à défaut, parmi les anciens militaires classés en vertu des lois des 21 Mars 1905, 8 Août 1913 et 1er Avril 1923.

2° Pour le dernier quart, parmi les candidats ayant subi avec succès les épreuves d'un examen, dont les conditions et le programme sont fixés par arrêté du Gouverneur général.

Nul ne peut être admis à prendre part aux épreuves de l'examen prévu à l'article précédent s'il ne justifie :

1° Qu'il est français ou naturalisé français ;

2° Qu'il est âgé de 30 ans au plus, ou qu'il compte des services antérieurs qui permettent d'obtenir une pension de retraite pour ancienneté à 55 ans d'âge ;

3° Qu'il a satisfait aux obligations de la loi sur le recrutement de l'armée ;

4° Qu'il est physiquement apte à remplir un service actif en Indochine ;

5° Qu'il est de bonnes vie et mœurs et que son casier judiciaire ne comporte aucune condamnation.

La durée du stage imposé aux gardes principaux stagiaires est de deux ans. Ce stage commence du jour de l'arrivée des intéressés à Saigon. Il commence du jour de leur nomination pour ceux recrutés en Indochine. A la fin de cette période, ils sont, par décision du Gouverneur général, sur la proposition du Gouverneur ou du Résident supérieur intéressé, suivant le cas, titularisés ou licenciés.

La décision de titularisation ou de licenciement doit être prise par le Gouverneur général au cours des trois mois qui suivent l'expiration du stage.

Service de l'Inscription maritime. — Le Service de l'Inscription maritime est encore en période d'organisation.

Ses attributions sont nombreuses et complexes. Il possède, en effet, aux termes de la loi du 23 Février 1912, toutes les attributions qui sont dévolues en France au service métropolitain ; son rôle de police et de surveillance de la navigation s'étend à tous les navires métropolitains et coloniaux et même étrangers, en vertu de la loi du 17 Avril 1907, sur la sécurité de la navigation, et du décret du 22 Décembre 1911, concernant le statut de la marine marchande aux colonies.

Ce rôle s'exerce principalement dans la recherche des garanties de navigabilité, de sécurité de chargement, des moyens de sauvetage, de protection contre l'incendie et les voies d'eau, et lorsqu'un accident d'une certaine gravité s'est produit avant l'arrivée ou pendant le séjour d'un navire dans un port de la colonie, il appartient au service de l'Inscription maritime d'examiner les causes de cet accident et de prescrire les réparations à faire pour assurer un bon état de navigabilité du navire.

En plus de cette action de police et de surveillance des navires de mer de toutes catégories et de toute nationalité, qui représentent, pour un port comme Saigon, un mouvement annuel de 2.670 entrées ou sorties, la juridiction de l'Inscription maritime s'exerce sur tous les équipages et personnes embarquées à bord des navires de commerce français : l'Inscription maritime intervient non seulement au point de vue de la répression disciplinaire des délits et crimes commis à bord, dont l'instruction préalable doit être faite par ce service avant d'être transmise aux tribunaux compétents, mais aussi au point de vue des faits d'état-civil, naissances, décès, disparitions, ainsi que pour les inhumations, successions, etc.

Enfin, ce service est, en outre, chargé de l'administration des hommes faisant partie des équipages des navires français, qu'ils soient inscrits maritimes ou non, pendant toute la durée de leur embarquement ; ces marins ressortissent soit aux Caisses des Etablissements des Invalides (caisse des Prises, des Gens de mer, des Invalides), pour les transferts d'argent, le paiement des pensions, des secours ; soit aux Caisses de Prévoyance, pour les indemnités de perte d'effets, les retraites d'infirmité par accident, les allocations journalières mensuelles ou semestrielles d'invalidité ; qu'il s'agisse, dans les deux cas, des intéressés directs ou de leurs veuves, ascendants ou ayants-droit.

Toutes les dépenses de ce service ont été mises à la charge de la colonie.

Néanmoins, par suite de la mise en vigueur du statut de la marine marchande coloniale, on peut prévoir, en atténuation des dépenses de ce service, des recettes, tant pour les visites extraordinaires de partance ou de permis de navigation des navires coloniaux, que pour l'embarquement du personnel français, indigène, sujet ou protégé français non inscrit maritime, qui pourra être appelé désormais à remplacer le personnel inscrit maritime pour la constitution des états-majors et de certaines parties de l'équipage.

Le décret du 22 Décembre 1911 a, en effet, permis d'acquérir dans la colonie, tant pour le personnel du pont que pour celui des machines, des brevets dont l'équivalence avec les brevets métropolitains a été reconnue. Il y a dans cette disposition, la solution du problème du recrutement du personnel professionnel qui préoccupe tant les armateurs en Indochine et paralyse beaucoup leurs efforts, à la condition que la colonie se préoccupe des moyens d'assurer l'instruction de ce personnel. *(Extrait du Livre Vert de la Cochinchine, 1913).*

Il y a actuellement trois bureaux de l'Inscription maritime en Indochine : à Saigon, Haiphong et Tourane.

Service de l'Immigration. — Ce service a pour mission de constater tous les mouvements des Asiatiques étrangers, soit qu'ils entrent dans la colonie ou en sortent, soit qu'ils voyagent simplement dans les divers pays de l'Union indochinoise. Il est chargé de dresser le signalement de chaque immigrant par une méthode particulière ; d'établir, comme nous le verrons ci-après, les rôles d'impôt d'immatriculation et d'assurer l'application des règlements spéciaux aux Asiatiques étrangers, dans les divers pays de l'Union. Pour assurer la surveillance nécessaire, ce service dispose d'un corps de contrôleurs européens et indigènes.

En Cochinchine, le service de l'Immigration est chargé également du contrôle de la main-d'œuvre agricole dans les conditions prévues par l'arrêté du 11 Novembre 1918.

Il comprend des chefs de section, des commis principaux, des commis, des surveillants et des surveillants stagiaires.

Il y a, en outre, un certain nombre de surveillants et agents indigènes qui secondent les fonctionnaires français énumérés ci-dessus.

Services pénitentiaires — Tout le personnel européen préposé exclusivement à la garde et aux écritures des établissements affectés à l'exécution des peines privatives de la liberté appartient à un cadre unique que relève, au point de vue administratif, des Chefs d'Administration locale. Ce personnel prend le nom de « Personnel des services pénitentiaires de l'Indochine ».

Il assure le service des prisons, maison centrales et pénitenciers. Il peut être affecté à d'autres établissements pénitentiaires ou prisons à créer ou existants et est reparti dans chaque pays de l'Union, suiavnt les besoins du service, par les Chefs d'Administration locale.

Dans les villes où existent des prisons centrales, ce personnel est placé sous les ordres et sous l'autorité disciplinaire d'un fonctionnaire des Services civils Directeur de la prison. Hors de ces villes, il est placé sous les ordres et l'autorité disciplinaire des administrateurs-maires, des administrateurs chefs de province ou des commandants de Territoire.

Les prisons dont l'importance ne justifie pas l'affectation d'un personnel spécial peuvent être dirigées et surveillées par un fonctionnaire de la province, par la garde indigène ou un gendarme.

Ce personnel comprend :

Des gardiens principaux;

Des gardiens et des gardiens stagiaires;

Des greffiers-comptables;

Des commis-greffiers.

Les emplois de gardien stagiaire sont réservés aux anciens militaires classés et, à défaut, aux anciens sous-officiers et aux candidats ayant effectivement satisfait à la loi sur le recrutement de l'armée, sans exemption ni réforme, admis à la suite d'un examen.

CHAPITRE XIII

ADMINISTRATION PROVINCIALE

Historique

Cochinchine.— Le premier texte relatif à l'administration provinciale fut l'arrêté du Gouverneur de la Cochinchine, pris en 1862, après le traité du 5 Juin, passé entre l'Empereur des Français et le Roi d'Annam, et aux termes duquel les trois provinces annamites de Giadinh, Bienhoa et Mytho, ainsi que l'île de Poulo-Condore, étaient cédées définitivement et en toute souveraineté à la France. Cet arrêté organisait en provinces ces trois circonscriptions et délimitait leur territoire au point de vue administratif.

L'organisation administrative du pays se poursuivit activement de 1862 à 1867. Mais Tu-Duc qui ne voyait pas sans mécontentement les progrès de l'occupation française, rompant bientôt le traité de 1862 qui reconnaissait la domination de la France sur une partie de la Basse-Cochinchine, recommença ses intrigues et fomenta dans nos possessions une formidable insurrection.

C'est alors qu'une armée sous la conduite de l'Amiral de Lagrandière, Gouverneur de la Cochinchine et Commandant en chef des troupes, s'avança hardiment vers les provinces de l'Ouest où s'étaient concentrées les forces ennemies, et s'empara successivement, après de brillants faits d'armes de ses soldats, des citadelles de Vinhlong, Chaudoc et Hatien, les 20, 22 et 24 Juin 1867.

La conquête de ces trois importantes provinces marquait la consécration définitive de l'occupation française en Cochinchine ; mais il fallut songer de nouveau à continuer l'œuvre d'organisation administrative déjà commencée. A cet effet, intervint le 20 Juillet 1867 une décision du Gouverneur de Lagrandière, aux termes de laquelle les trois provinces de Vinhlong, Chaudoc et Hatien étaient réunies au territoire de l'Empire à dater du 15 Août suivant.

Le nombre des provinces ou « inspections » de la Cochinchine, qui était primitivement de 6, fut, après des remaniements administratifs, de 18 en 1871 et de 28 en 1877. Par la suite, ces circonscriptions prirent le nom « d'arrondissements », à la tête desquels se trouvait un administrateur des affaires indigènes.

Annam et Tonkin.— C'est en vertu du traité passé le 6 Juin 1884 entre la France et l'Annam, que des résidents et des résidents-adjoints furent placés dans les chefs-lieux où leur présence était jugée utile, les fonctionnaires indigènes continuant à gouverner et à administrer les provinces sous leur contrôle (1).

Cambodge. — Pour le Cambodge, c'est le traité passé le 17 Juin de la même année qui détermina dans quelles conditions les résidents et résidents-adjoints, nommés par le Gouvernement français, et préposés au maintien de l'ordre public et au contrôle des autorités locales, seraient placés dans les chefs-lieux de province et dans tous les points où leur présence serait jugée nécessaire.

Laos.— L'installation de commissaires du Gouvernement au Laos résulte du traité du 3 Octobre 1893, intervenu entre la France et le Siam et aux termes duquel le Gouvernement Siamois renonçait à toute prétention sur l'ensemble des territoires de la rive gauche du Mékong et sur les îles du fleuve.

....

Ainsi donc, il y avait des arrondissements (en Cochinchine) dirigés par un administrateur des affaires indigènes, des résidences (au Tonkin, en Annam et au Cambodge) à la tête desquelles se trouvait un résident de France. Enfin,

---

(1) Ce traité établit un Protectorat plus étroit au Tonkin qu'en Annam ; d'autre part, comme les fonctionnaires indigènes au Tonkin dépendaient du « Kinh-luoc » dont les pouvoirs ont été dévolus au Résident supérieur, il en résulte que tous les fonctionnaires indigènes du Tonkin sont soumis à l'autorité *directe* du Résident supérieur. Les résidents au Tonkin administrent les provinces *avec le concours des mandarins indigènes* — tandis qu'en Annam, ce sont les mandarins indigènes qui administrent *sous le contrôle des résidents français.*

au Laos, les commissariats étaient gérés par un fonctionnaire portant le titre de commissaire du Gouvernement. Ce n'est qu'à la suite de l'arrêté du Gouverneur général en date du 20 Décembre 1899, s'appliquant à toutes les divisions administratives de l'Indochine, que le nom de « province » fut adopté.

L'Administration provinciale n'est pas la même dans les cinq pays qui composent l'Indochine ; nous allons donc l'étudier séparément pour la Cochinchine et pour les pays de Protectorat.

Administration provinciale en Cochinchine.

En Cochinchine, comme d'ailleurs dans toute l'Indochine, l'Administration provinciale est, en vertu du décret du 4 Mai 1881 et des textes subséquents, confiée à un administrateur des Services civils, représentant du pouvoir exécutif ; ce fonctionnaire est chargé, sous la haute autorité du Gouverneur, de la direction politique et administrative, de la surveillance de tous les services civils et financiers (1) et de l'Administration cantonale et communale ; il est conservateur de la propriété foncière, en outre, il remplit les fonctions d'officier de l'Etat-civil pour les Européens et exerce, d'une manière générale, les attributions des maires de la Métropole.

Avant le décret du 21 Août 1917, il exerçait également les attributions spécifiées à l'art. 10 du Code d'instruction criminelle et il lui appartenait spécialement d'intervenir directement en cas de rebellion ou de troubles graves pouvant compromettre la sécurité générale. Le décret précité a modifié cet état de choses : Ces attributions sont désormais

---

(1) Le chef de province a désormais qualité pour mettre son appréciation sur tout bulletin de note du personnel, en service dans sa circonscription. C'est là une conséquence naturelle du rôle de représentant direct de l'autorité du Gouverneur général et de celle du Gouverneur ou Résident supérieur qui incombe à ce fonctionnaire. Il doit se dispenser de juger de la valeur de l'intéressé au point de vue proprement technique et ses appéciations doivent figurer sur la page où le Gouverneur ou Résident supérieur apposera ultérieurement ses notes et ses propositions s'il y a lieu.

exercées par le Gouverneur de la Cochinchine et les Résidents supérieurs, (voir ci-dessous le rapport au Président de la République à ce sujet) (1). D'autre part, ce même décret institue l'administrateur, chef de province, officier de police judiciaire, auxiliaire du procureur de la République, conformément aux dispositions de l'article 9 du Code d'instruction criminelle. Cette dernière mesure a été édictée pour donner à l'administrateur, responsable de la sécurité intérieure de la province qu'il dirige, un droit *parallèle* à celui du procureur de la République et lui permettre de pouvoir, en cas de flagrant délit, émeutes, troubles, requérir la force publique, procéder immédiatement aux premières constatations et ordonner les mesures nécessaires, tant que le Parquet n'est pas présent sur les lieux. Dès l'arrivée du procureur de la République ou du juge d'instruction, l'administrateur, chef de province, doit leur remettre immédiatement les renseignements obtenus, car c'est à ces magistrats qu'il appartient alors de diriger l'information.

Il va sans dire cependant que même au chef-lieu de l'arrondissement judiciaire, l'administrateur conserve la police

---

(1) Monsieur le Président,

Des difficultés se sont élevées en Indochine, relativement à l'application de l'article 10 du code d'instruction criminelle qui permet au préfet de police à Paris et aux préfets des départements de procéder ou de faire procéder, par les officiers de police judiciaire, à des actes d'instruction.

Ces difficultés s'expliquent si l'on considère qu'il n'y a pas identité entre les attributions générales des préfets des départements français et celles respectivement conférées aux chefs des administrations locales de l'Indochine (Gouverneur de la Cochinchine et Résidents supérieurs) et aux administrateurs.

Afin d'éviter que des divergences d'interprétation puissent mettre obstacle à l'accomplissement de mesures indispensables au maintien de l'ordre, j'ai, conformément aux suggestions de M. le Gouverneur général de l'Indochine, préparé le projet de décret ci-joint qui assimile le Gouverneur de la Cochinchine et les Résidents supérieurs en Indochine aux préfets, en ce qui concerne l'application de l'article 10 du code d'instruction criminelle, et qui confère aux administrateurs, chefs de province en Indochine, la qualité d'officiers de police judiciaire, auxiliaires du procureur de la République.

D'accord avec M. le Garde des Sceaux, Ministre de la Justice, j'ai l'honneur de soumettre ce projet de décret à votre haute sanction.

exclusive de la localité, et qu'il a tout pouvoir, en cas de flagrant délit, pour faire arrêter les perturbateurs de l'ordre public; mais il ne peut, en dehors de la constatation matérielle des faits qui ont motivé l'arrestation immédiate des délinquants, se livrer à aucune mesure d'instruction. Il doit faire conduire sur le champ ou dans les 24 heures au plus tard les prévenus au procureur de la République, et lui transmettre en même temps le procès-verbal qui a été dressé contre eux — (*Circulaire du Gouverneur de la Cochinchine du 30 Janvier 1883.*)

Comme nous l'avons dit plus haut, en traitant de la Justice, en dehors des ressorts des justices de paix de Saigon, de Hanoi et Haïphong, et des provinces siège d'un tribunal de 1re instance, d'une justice de paix à compétence étendue ou d'un tribunal résidentiel, les administrateurs chefs de province ou les délégués administratifs français remplissent les fonctions tutélaires, gracieuses et conciliatrices des juges de paix et jugent en premier ressort suivant les distinctions établies par la loi française, les contraventions de police commises par les justiciables français sous réserve de ce qui est stipulé pour les indigènes de la Cochinchine après l'institution de justices de paix indigènes.

En outre, dans les provinces des pays de protectorat, non comprises dans le ressort d'un tribunal de première instance ou d'une justice de paix à compétence étendue occupé par un magistrat du Service judiciaire, les administrateurs-résidents remplissent les fonctions de juges de paix à compétence étendue et de présidents des tribunaux résidentiels. (*Voir page 78*).

L'administrateur est assisté, surtout dans les provinces importantes, d'un fonctionnaire des Services civils qui prend le titre d'administrateur-adjoint et qui le remplace en cas d'absence, ainsi que d'un secrétaire de province et d'un comptable, ce dernier étant plus spécialement chargé de la comptabilité de la province.

Enfin, l'administrateur a également sous ses ordres directs les délégués européens et les chefs de poste administratif indigènes qui administrent leur circonscription sous sa direction et son contrôle.

Nota. — L'arrêté du Gouverneur général en date du 24 Décembre 1913 stipule qu'en Indochine, hors des villes érigées en municipalités, en cas d'absence ou d'empêchement des administrateurs et délégués administratifs civils et militaires chargés des fonctions d'officier de l'état-civil pour les Européens, leur adjoint, ou à défaut, le commis détaché au service de la province ou de la délégation, appelé à remplacer le chef de la province ou le délégué dans ses fonctions administratives, continuera à le remplacer dans les fonctions d'officier de l'état-civil.

L'adjoint ou commis devra toutefois mentionner, dans tous les actes de l'état-civil dressés par lui, qu'il remplace l'officier de l'état-civil titulaire absent ou empêché.

Administration provinciale dans les pays de Protectorat

Annam.— L'Administration provinciale en Annam est, en principe, et ainsi que cela résulte des traités, confiée à des fonctionnaires indigènes qui exercent leurs pouvoirs sous les ordres des autorités indigènes de la capitale et sous le contrôle du résident français. Chaque province a à sa tête un *Tổng-đốc* (gouverneur général) ou un *Tuần-phủ* (gouverneur particulier).

« Ordinairement, sous le gouvernement annamite, deux provinces se groupaient ainsi : la plus importante avait un gouverneur général qui l'administrait, et qui, de plus, avait un droit de haute surveillance sur la province voisine administrée par un simple gouverneur particulier ». (Père Louvet.— *La Cochinchine religieuse).*

Le Tổng-đốc a, comme auxiliaires, un chef de service administratif (*quan-bố*), un chef de service judiciaire (*quan-án* ou *án-sát*), et un commandant militaire (*lãnh-binh*).

La province est divisée en plusieurs départements ayant à leur tête un mandarin appelé *Tri-phủ* (préfet) ; ces circonscriptions se subdivisent à leur tour en arrondissements administrés par un dignitaire appelé *Tri-huyện* (sous-préfet).

Dans leur ressort respectif, les *Tri-phu* et les *Tri-huyện* ont un rôle d'administration et de surveillance.

L'arrondissement comprend plusieurs cantons, ayant chacun pour les diriger, comme en Cochinchine, un chef de canton *(cai-tổng)* assisté d'un ou de deux sous-chefs de canton (*phó-tổng*). Enfin, le canton est formé, comme en France, par la réunion d'un certain nombre de communes.

Cambodge.— L'Administration provinciale du Cambodge est analogue à celle de l'Annam. Chaque résidence comprend un certain nombre de provinces cambodgiennes *(srok)* dirigées chacune par un gouverneur cambodgien (*chaufai srok*) et est administrée par un administrateur des Services civils qui prend le titre d'administrateur-résident.

Un ensemble de *srok* constituent un *khet* ou circonscription dont les limites sont les mêmes que celles des circonscriptions résidentielles et à la tête desquelles se trouve, depuis l'ordonnance royale du 11 Décembre 1921, un gouverneur indigène appelé *Chaufai khet.* L'installation au chef-lieu de chaque résidence d'un gouverneur indigène fait disparaître les inconvénients maintes fois signalés de l'ancienne organisation des circonscriptions résidentielles et résultant de l'absence de tout organe de liaison entre le représentant du Protectorat et les fonctionnaires indigènes placés à la tête de chacune des divisions de la circonscription. Désormais le résident de France a auprès de lui une autorité indigène responsable, chargée d'assurer la transmission et l'exécution de ses ordres et instructions.

Ces fonctions de *Chaufai khet* doivent être confiées à des gouverneurs de grade élevé, d'une expérience éprouvée et choisis parmi ceux qui offrent les meilleures garanties de moralité, d'expérience et d'activité.

Les formations administratives indigènes dans les provinces sont, en partant de la base, le *khum (*ou commune ou village*)*, le khand, le srok et le khet.

Les villages sont dirigés par des *mesrocs* ou *mékhums* (maires) secondés par des *chumtops* (adjoints) et assistés d'un conseil communal, dont les membres (*kromchummuns,*) sont élus au scrutin secret par les électeurs de chacun des khums ou agglomérations comptant plus de 50 habitants, composant la commune.

Le conseil communal, qui doit se réunir obligatoirement tous les trois mois et aussi souvent qu'il sera nécessaire entre temps, concourt à la direction des affaires du khum, ainsi qu'à une police efficace tendant à la répression des actes de brigandage par l'imposition aux inscrits de services de garde ou de ronde de jour et de nuit.

Ce sont les habitants qui élisent parmi eux le mekhum ou mesroc, obligatoirement de nationalité cambodgienne, et un nombre d'adjoints (ou chumtups) proportionné à l'importance du khum ; ces agents sont les officiers de l'état-civil cambodgien.

Les mandats sont confiés pour 4 ans ; ils ne peuvent être ratifiés que si les élus savent lire et écrire et n'ont subi aucune condamnation correctionnelle ou criminelle.

Le mekhum est, comme nous l'avons dit, chargé de la direction et de l'exécution de tous les services du khum. Il est remplacé, en cas d'empêchement, par le premier adjoint, à qui incombe en temps ordinaire, le recouvrement des impôts, le contrôle permanent de la caisse du village et la tenue du registre des délibérations du conseil du khum. Le deuxième adjoint est spécialement chargé de la police et des réquisitions.

Les fonctions des mesrocs sont gratuites, mais, comme collecteurs de l'impôt, ils touchent une part des sommes perçues qui est répartie entre eux et leurs chumtups.

Les mesrocs sont chargés, en outre, de trancher les litiges de minime importance.

Les khums, groupés en nombre variable, suivant leur situation et leur importance respective, forment des khands ou cantons.

Ces centres administratifs sont dirigés par des fonctionnaires appelés *chaufai-khand*.

Dans son ressort, le chaufai-khand, assure la publication des ordonnances, arrêtés et règlements en vigueur, la transmission des ordres et instructions de l'Administration supérieure et veille à leur exécution ; il veille au maintien de la sécurité publique dans le territoire du khand et, à cet effet, est chargé des fonctions d'officier de police judiciaire ; il est chargé du contrôle de l'établissement des rôles et de la perception des impôts ; il surveille et contrôle le fonctionnement des khums et des budgets des khums.

Un fonctionnaire peut lui être adjoint en qualité de *balat-khand*.

Les khands, en nombre variable, sont réunis pour former des divisions administratives appelées *sroks*. Comme nous l'avons dit précédemment chaque srok est placé sous la direction d'un fonctionnaire du grade supérieur de l'ordre administratif qui prend le titre de *chaufai-srok* et dont l'autorité s'étend à tous les khands qui constituent le srok.

Dans son ressort, le chaufai-srok veille à la publication et à l'exécution des ordonnances, arrêtés et règlements en vigueur ; il assure la police dans le territoire du srok ; il surveille et contrôle le fonctionnement des khand et dirige l'action administrative du chaufai-khand sous ses ordres.

Le chaufai-srok est assisté d'un ou plusieurs fonctionnaires nommés balat-sroks ou balat-khands.

Enfin, comme on l'a vu plus haut, l'ensemble des sroks constituent un *khet* ou circonscription dont les limites sont les mêmes que celles des circonscriptions résidentielles et à la tête duquel se trouve un *chaufai khet* relevant directement du résident chef de circonscription.

Tonkin. — L'Administration des provinces du Tonkin est assurée, avec le concours et sous le contrôle de l'administrateur-résident de France, par un personnel réparti en 4 catégories :

1° Mandarins provinciaux (quan-tinh);

2° Mandarins judiciaires (quan-tham-phan) ;

3° Mandarins chefs de circonscription (phu, huyên, châu);

4° Agents des bureaux.

Dans certaines circonscriptions de population autre qu'annamite, les fonctions dévolues aux mandarins chefs de circonscription sont exercées de préférence par des agents de race autochtone.

Il n'est rien changé aux coutumes locales dans les régions où les Tri-chau sont désignés par voie d'élection.

Les nominations, promotions et mutations des mandarins provinciaux, des mandarins chefs de circonscription et des agents des bureaux sont prononcées par le Résident supérieur. Toutefois, les nominations et les promotions des mandarins du cadre supérieur devront être soumises à l'approbation du Gouverneur général.

Mandarins provinciaux. — La hiérarchie des mandarins provinciaux comporte six classes correspondant aux dénominations d'emplois ci-après:

1° Tông-dôc de 1re classe;
2° Tông-dôc de 2e classe;
3° Tuân-phu de 1re classe;
4° Tuân-phu de 2e classe;
5° An-sat de 1re classe;
6° An-sat de 2e classe.

Les mandarins provinciaux ont pour attribution principale de seconder dans ses fonctions l'administrateur-résident de France. Ils peuvent recevoir délégation du chef de la province pour régler certaines questions d'ordre administratif. Ils exercent, en outre, à defaut des mandarins judiciaires, les fonctions judiciaires dans les conditions et formes prévues dans les Codes Annamites.

Les mandarins provinciaux occupant les postes de tông-dôc ou de tuân-phu ou les an-sat dans les provinces non pourvues d'un tong-dôc ou tuân phu, surveillent les mandarins chefs de circonscription et les autorités communales et cantonales Il doivent, dans ce but, accomplir des tournées d'inspection aussi fréquentes que possible. Ils proposent à l'administrateur-résident de France les mesures qui leur paraissent opportunes pour assurer le bien être des habitants et la marche régulière des services d'intérêt local. Ils contresignent les brevets de nomination des autorités cantonales et communales.

Les bulletins individuels de notes du personnel administratif indigène de la province leur sont communiqués pour qu'ils y mentionnent leur appréciation sur la manière de servir des intéressés. Ils peuvent adresser à l'administrateur-résident de France des propositions pour l'octroi des distinctions honorifiques décernées par le gouvernement annamite.

Mandarins judiciaires. — Le corps des mandarins judiciaires comprend :

Des juges principaux hors classe.

Des juges principaux de 1re, 2e et 3e classe.

Des juges de 1re, 2e et 3e classe.

Des juges auxiliaires.

Des juges stagiaires.

Les attributions des mandarins judiciaires sont déterminées par les articles 12 et 13 du code d'organisation des juridictions annamites du Tonkin.

Les conseillers indigènes à la Cour d'Appel de Hanoi (2e Chambre) sont choisis exclusivement parmi les juges principaux hors classe et les juges principaux de 1re classe. Ils ont droit au titre de *tong doc ham.*

Les mandarins judiciaires relèvent directement de l'autorité de l'administrateur-résident de France et correspondent directement avec lui.

Les emplois de juge stagiaire sont attribués aux jeunes gens originaires du Tonkin, pourvus d'un diplôme de doctorat ou de la licence en droit acquis dans une Faculté en France sans dispense d'aucune sorte.

La durée du stage est de 18 mois au moins et de deux ans au plus. La titularisation est prononcée sur la proposition du chef de province intéressé et après avis du Directeur de l'Administration judiciaire, chef de la Justice indigène au Tonkin.

Ces fonctionnaires doivent en outre pour être titularisés justifier dans un délai maximum de deux ans, d'une connaissance suffisante des caractères chinois employés dans les actes civils.

Mandarins chefs de circonscription. — La hiérarchie des mandarins chefs de circonscription comporte 5 classes correspondant aux dénominations d'emplois ci-après :

1re classe — Tri-phu de 1re classe ;

2e classe — Tri-phu de 2e classe ;

3e classe — Tri-huyên ou Tri-chau de 1re classe ;
4e classe — Tri huyên ou Tri-chau de 2e classe ;
5e classe — Tri-huyên ou Tri-chau de 3e classe.

Les mandarins chefs de circonscription relèvent directement de l'autorité de l'administrateur-résident de France et correspondent directement avec ce dernier. Leur affectation est prononcée par arrêté du Résident supérieur. Ils assurent, dans la circonscription à la tête de laquelle ils sont placés, le respect des lois et règlements et l'exécution des ordres de l'Autorité supérieure. Ils sont responsables du bon ordre public qu'ils maintiennent, le cas échéant, par les moyens de police mis à leur disposition.

Ils exercent en outre les fonctions de juge du 1er degré dans les conditions qui sont stipulées par les Codes en vigueur.

Les tri-huyên chefs de circonscription sont recrutés exclusivement par voie de concours, sauf les cas expressément prévus par les arrêtés en vigueur.

Les emplois de tri-phu sont attribués aux tri-huyên de 1re classe comptant au moins deux ans de services effectifs dans leur classe.

Nota. — Dans les circonscriptions de la haute ou moyenne région tonkinoise (chau), la hiérarchie des mandarins chefs de circonscription comporte 5 classes correspondant aux dénominations ci-après :

1re classe : Chanh-tri-chau de 1re classe ;
2e classe : Chanh-tri-chau de 2e classe ;
3e classe : Tri chau de 1re classe ;
4e classe : Tri-chau de 2e classe ;
5e classe : Tri-chau de 3e classe ;

Le grade et l'emploi de tri-chau de 3e classe sont attribués:

1° De préférence, aux candidats de race autochtone qui auraient obtenu le diplôme de l'école de Droit et d'Administration de l'Indochine âgés de 25 ans au moins.

2° A défaut de ces candidats :

a) aux bang-ta et chau-uy comptant au moins 5 ans de services et aux autorités locales indigènes, chefs de canton, quan-lang, etc...

b) aux secrétaires des diverses administrations du Tonkin remplissant certaines conditions.

c) aux agents des bureaux des mandarins du grade de thua-phai de 1re classe.

Cette règlementation est en quelque sorte la consécration d'un état de choses existant depuis longues années, ainsi qu'on peut s'en rendre-compte par l'extrait ci-après rapporté.

« A la tête du châu se trouve un fonctionnaire *thô* qui porte le titre de *tri-châu* ou *quan-châu*. C'est le chef nominal, aux yeux de l'Administration française, de toute la circonscription de Van-châu ; c'est le chef incontesté de tous les Thô qui l'habitent. Il exerce seul son autorité depuis que l'emploi de bang-ta a été supprimé à Nghia-lô. Ses fonctions sont à peu près les mêmes que celles du tri-huyen dans les provinces du Delta. Mais il existe une différence essentielle entre ce mandarin annamite et le tri-châu; c'est que, tandis que le tri-huyên est nommé par le Résident supérieur, sur la proposition du chef de la province, le tri-châu, au contraire, occupe un emploi héréditaire et le rôle de l'Administration française doit se borner à donner l'investiture au candidat désigné par la coutume thô pour succéder à son proche parent, le tri-châu décédé ou désireux de résilier ses fonctions. De même, et bien qu'elle puisse infliger au tri-châu une punition disciplinaire telle qu'une suspension de solde, l'Autorité française ne saurait, à moins de motifs très graves, révoquer ce fonctionnaire aussi facilement qu'un tri-huyên : une telle mesure risquerait, en effet, de susciter une vive agitation parmi la population thô, habituée de tout temps à être administrée par des chefs issus de la même famille. Notons enfin que le tri-châu, de même que tous les chefs indigènes qui n'appartiennent pas à la race annamite, fait très peu de cas des grades du mandarinat ; le brevet d'investiture qui lui est donné par la Résidence supérieure lui suffit.

« Immédiatement au-dessous du tri-châu se trouve le *châu-uy* qui est non seulement son second, mais aussi son successeur éventuel. Il appartient donc toujours à la même famille que le tri-châu : le plus souvent, c'est l'aîné des fils du frère cadet de ce dernier. Collaborateur immédiat du tri-châu, il jouit comme lui d'une grande influence dans le pays.

« Le tri-châu et le châu-uy sont assistés dans leurs fonctions par un conseiller thô qui porte le titre de *phong-châu* et par trois secrétaires, dont un *dê-lai*, un *thông-lai* et un *tho-lai*. Comme leur titre l'indique, ces trois scribes sont des Annamites, les Thô étant presque tous illettrés et incapables d'occuper un emploi de bureau ». (*Extrait de l'Annnaire général de l'Indochine 1909*).

Agents des Bureaux. — La hiérarchie des agents des bureaux comporte sept grades. Ils sont désignés par le terme général de *thua-phai* « scribes » pour les 5 derniers grades et par ceux de *thông-phan* de 1re et 2e classe pour les deux grades supérieurs. Dans un même service aucune subordination ne doit exister entre les thua-phai proprement dits, chacun de ces agents ne relevant que de l'autorité du chef de service ou de bureau. Les cadres de ce personnel sont fixés par arrêté du Résident supérieur.

Les agents des bureaux assurent l'expédition du travail dans les bureaux des mandarins provinciaux et dans ceux des mandarins chefs de circonscription, sous réserve des règles particulières prévues aux codes en vigueur pour les fonctions de greffier des tribunaux du 1er et du 2e degrés.

A titre exceptionnel, les thông-phan ou les thua-phai de 1re classe peuvent être appelés à exercer intérimairement les fonctions de chef de poste administratif.

Les emplois de chef de bureau sont réservés aux agents ayant le grade de thông-phan.

Laos. — Au Laos, comme au Tonkin, du reste, les commissaires du Gouvernement ou les administrateurs-résidents, exercent d'une manière plus directe qu'en Annam et au Cambodge le contrôle de l'administration indigène. (*Voir à ce sujet le chapitre suivant.*)

Les grandes circonscriptions administratives indigènes, ou *muong*, sont administrées par un *chao-muong*, un *oupahat*, son adjoint, un à trois *phou-xouei* et un à cinq *samien*. Cependant, pour certaines circonscriptions particulièrement importantes, le Résident supérieur au Laos peut augmenter de trois le nombre des phou-xouei et de un celui des samien, qui constituent le personnel du tribunal du 1er degré.

Le chao-muong est le chef responsable de tous les services administratifs et judiciaires de sa circonscription. Il correspond seul avec le commissaire du Gouvernement, ne reçoit d'ordre que de lui (ou de son délégué) et ne doit compte qu'à lui de leur exécution.

L'oupahat et les phou-xouei sont chargés sous les ordres du chao-muong :

1° De l'établissement, du contrôle et de la tenue des rôles d'impôt ;

2° Du recouvrement des impôts ;

3° De l'exécution de tous les ordres concernant les prestations et les travaux de toute nature.

Ces services sont répartis entre eux par décision prise par l'administrateur de la province, après avis du chao-muong. Le chao-muong peut, de plus, les charger d'autres travaux concernant l'administration de la circonscription.

Le chao-muong est, de droit, président du tribunal indigène de sa circonscription, sans qu'il soit besoin pour lui, d'une désignation spéciale. Le président suppléant, les juges et le greffier sont choisis parmi les fonctionnaires placés sous ses ordres. Ils sont nommés par décision du commissaire du Gouvernement.

Les circonscriptions peu importantes, ou *kong*, comprenant, en principe, moins de mille inscrits, sont administrées par un *nai-kong* assisté exceptionnellement d'un phou-xouei et d'un ou deux secrétaires. Ces circonscriptions sont, autant que possible, rattachées à un muong voisin au point de vue judiciaire. De plus, les administrateurs des provinces règlent par décision, pour chaque kong, dans quelle mesure cette circonscription est rattachée administrativement au muong dont elle dépend au point de vue judiciaire. Le nai-kong peut n'être qu'un simple délégué du chao-muong dont il dépend.

Conseils institués auprès des Chefs de province

Les chefs de province : administrateurs, résidents, commissaires du Gouvernement, sont assistés d'assemblées indigènes qui sont : pour la Cochinchine, les conseils de province ; pour le Tonkin, l'Annam, le Cambodge et le Laos, des conseils provinciaux de notables indigènes.

I. — Conseils de Province de Cochinchine. — Il existe dans chaque province un conseil de province.

FORMATION DU CONSEIL DE PROVINCE.

Chaque canton élit un membre du conseil ; dans les provinces qui comptent moins de dix cantons et plus de cinq, les cantons les plus populeux élisent deux conseillers au scrutin de liste, de manière que le nombre des membres du conseil ne soit pas inférieur à dix.

Dans les provinces de moins de cinq cantons, les cantons les plus populeux élisent trois conseillers au scrutin de liste.

Un arrêté du Gouverneur, pris en Conseil privé, déterminera les cantons où une élection double et triple devra être faite.

L'élection est faite au chef-lieu de canton, par les notables en exercice de chaque commune, sur les listes dressées par les administrateurs.

(*Décret du 12 Novembre 1903*). — « Sont éligibles, les indigènes inscrits habitant le canton, n'ayant subi aucune « condamnation à une peine criminelle ou bien à une peine « correctionnelle pour rebellion, piraterie ou vol.

« Toutefois, nul ne peut être élu s'il n'est âgé de trente « ans révolus et s'il n'a rempli pendant deux ans, au moins, « des fonctions de notable ».

Ne peuvent être élus membres du conseil, les fonctionnaires recevant un traitement sur les budgets de l'Etat, de la colonie ou de la province.

Nul ne peut être membre de plusieurs conseils de province.

Les collèges électoraux sont convoqués par le Gouverneur.

Il doit y avoir un délai de vingt jours au moins entre la date de l'arrivée de la convocation et la date de l'élection.

Le scrutin est ouvert à huit heures du matin et clos le même jour à quatre heures du soir. Le bureau est présidé par le chef ou sous-chef de canton assisté de quatre notables.

Le dépouillement a lieu immédiatement et le résultat du vote est proclamé.

Lorsqu'un second tour de scrutin est nécessaire, il y est procédé de droit huit jours après sans autre convocation.

Nul n'est élu membre du conseil de province au premier tour du scrutin s'il n'a réuni:

1° La majorité du nombre des suffrages exprimés;

2° Un nombre de suffrages égal au quart de celui des notables.

Au second tour, l'élection a lieu à la majorité relative, quel que soit le nombre des votants. Si plusieurs candidats obtiennent le même nombre de suffrages, l'élection est acquise au plus âgé.

(Décret du 22 Octobre 1898, modifié par celui du 11 Juin 1915).— « Les élections peuvent être arguées de nullité par « les électeurs du canton; les réclamations doivent être dé- « posées dans les cinq jours de l'élection au chef-lieu de « l'arrondissement, si elles ne sont pas inscrites au procès- « verbal.

« Le Lieutenant-Gouverneur peut également, dans le délai « d'un mois à dater de la réception du procès-verbal, « déférer les opérations électorales au Conseil du Conten- « tieux administratif, pour inobservation des conditions et « des formes légalement prescrites ».

(Décret du 11 Juin 1915).— « Le Conseil du Contentieux « administratif juge en premier ressort (1). »

---

(1) Aux termes de l'art. 12 du décret du 5 Mars 1889 (modifié le 22 Octobre 1898) le Conseil du Contentieux administratif jugeait en premier et dernier ressort toutes les réclamations concernant les élections provinciales; mais il est apparu que cette disposition était illégale.

Le Conseil d'État a estimé en effet qu'il résulte de l'article 9 de la loi du 24 Mai 1872, réorganisant cette haute assemblée, qu'il lui appartenait de statuer souverainement sur les recours en matière contentieuse administrative et que, notamment, les décisions rendues aux Colonies par les Conseils du Contentieux administratif, lorsqu'elles n'ont pas été soustraites par la loi à l'application du dit article 9, peuvent toujours être portées en appel devant lui.

En conséquence, le décret du 11 Juin 1915 a décidé que le Conseil du Contentieux administratif ne pouvait juger qu'en premier ressort les réclamations concernant les élections provinciales.

Les conseillers de province sont nommés pour quatre années ; tous les deux ans, ils sont renouvelés pour moitié et indéfiniment rééligibles.

En cas de vacance par mort, démission ou toute autre cause, les électeurs devront être réunis dans le délai de trois mois.

L'administrateur fait de droit partie du conseil de province : il en a la présidence.

Sessions des Conseils de province

Les conseils de province ont chaque année deux sessions ordinaires : l'une en Août, l'autre en Février.

La durée des sessions est de huit jours.

A la session d'Août, les conseils de province votent le budget primitif pour l'exercice suivant, déterminent les travaux qui doivent être entrepris dans le cours de cet exercice, en préparent les projets et devis, produisent les demandes de subventions au Conseil colonial et émettent enfin les vœux intéressant la province.

Au cours de la session de Février, les assemblées régionales sont appelées à examiner le compte-rendu de l'ordonnateur pour l'exercice antérieur et à voter le budget rectificatif de l'exercice en cours. *(Budget complémentaire).*

Les conseils de province peuvent être réunis extraordinairement et la durée de leur session prolongée par arrêté du Gouverneur, pris en Conseil privé.

Les séances ne sont pas publiques.

Le conseil de province ne peut délibérer si la moitié plus un des membres dont il doit être composé n'est présente.

Les votes sont recueillis au scrutin secret toutes les fois que quatre membres le demandent.

Le résultat des scrutins publics énonçant le nom des votants est reproduit au procès-verbal.

Les procès-verbaux des séances sont rédigés en quôc-ngu et en français. Un secrétaire européen et un secrétaire annamite, pris en dehors du conseil, sont chargés de ce soin. Les procès-verbaux sont arrêtés au commencement de chaque séance et signés par le président et les secrétaires. Ils contiennent les rapports, les noms des membres qui ont pris part à la discussion et l'analyse de leurs opinions.

Attributions des Conseils de province

Le conseil de province n'a que voix délibérative, mais aucune mesure touchant les intérêts propres de la province ne peut être prise sans qu'elle ait, au préalable, été votée par le conseil.

Toutes les délibérations sont soumises à l'approbation du Gouverneur en Conseil privé.

Le conseil donne son avis sur le classement des voies coloniales, sur les changements proposés à la circonscription du territoire de la province, des cantons et des communes, sur le classement par catégories des villages pour la taxe des rizières, sur toutes les questions relatives à l'assiette de l'impôt. Il vote le budget provincial.

Tous vœux politiques sont interdits. Néanmoins, le conseil peut émettre des vœux sur toutes les questions économiques et d'administration générale.

Les chefs de service des Administrations publiques dans la province devront fournir les renseignements qui leur seront réclamés par le conseil sur les questions intéressant la province.

L'administrateur accepte ou refuse, avec l'autorisation du Gouverneur en Conseil privé et en vertu de la délibération du conseil de province, les dons et legs faits à la province quand il n'y a pas de réclamation des familles. Il peut toujours, avec l'autorisation du Gouverneur, accepter, à titre conservatoire, les dons et legs.

L'administrateur intente les actions et défend toute action intentée contre la province, avec l'autorisation du Gouverneur en Conseil privé et en vertu des délibérations du conseil. Il fait tous actes conservatoires et interruptifs de déchéance. Suivant les délibérations du conseil, il passe les contrats au nom de la province.

Aucune action judiciaire, autre que les actions possessoires, ne peut, à peine de nullité, être intentée contre une province qu'autant que le demandeur a, préalablement, adressé à l'administrateur un mémoire exposant l'objet et les motifs de sa réclamation. Il lui en est donné récépissé.

L'action ne peut être portée devant les tribunaux que deux mois après la date du récépissé, sans préjudice des actes conservatoires. La remise du mémoire interrompt la prescription si elle est suivie d'une demande en justice dans le délai de trois mois.

Au commencement de chaque session, l'administrateur présente un rapport sur les affaires qui doivent être soumises au conseil pendant la session; ce rapport est écrit en français et en quôc-ngu. *(Décret du 5 Mars 1889).*

II. — Conseils provinciaux de notables du Tonkin. — Il est créé, dans chaque province ou territoire militaire du Tonkin, un conseil provincial de notables indigènes.

Dans les provinces peuplées d'Asiatiques de race annamite, les conseillers sont nommés à l'élection à raison de un conseiller dans chaque phu ou huyên comprenant sept cantons ou moins de sept cantons; de deux conseillers dans chaque phu ou huyên comprenant plus de sept cantons.

Les conseillers provinciaux sont élus par un collège comprenant:

Les chefs et sous-chefs de canton;
Les tiên-chi et thu-chi;
Les ly-truong;
Les anciens chefs et sous-chefs de canton.

Ne peuvent pas être portés sur la liste électorale, ceux qui auront subi, soit devant les tribunaux français, soit devant les juridictions indigènes, des condamnations entraînant l'indignité.

Ne peuvent être élus conseillers provinciaux, les indigènes âgés de moins de 30 ans, les fonctionnaires en activité recevant un traitement payé sur les fonds du budget général ou du budget local, les anciens fonctionnaires révoqués, les individus condamnés par les tribunaux français ou les tribunaux indigènes ainsi qu'il est spécifié ci-dessus.

Les conseillers provinciaux ne peuvent être élus que parmi les indigènes ayant leur domicile dans la province ou parmi ceux qui y paient l'impôt foncier.

Nul ne peut être élu membre de plusieurs conseils provinciaux.

Toutes les contestations relatives aux élections sont jugées en premier ressort, par les résidents chefs de province, assistés des mandarins provinciaux et, en appel, par le Résident supérieur.

La durée du mandat des conseillers provinciaux est de trois ans. Il est indéfiniment renouvelable.

Dans les provinces ou territoires peuplés d'Asiatiques autres que ceux de race annamite, les membres des conseils provinciaux pourront être désignés par le Résident supérieur sur la proposition du chef de province ou du commandant de territoire, dans la proportion de un conseiller par phu, huyên ou châu.

Les conseils provinciaux sont obligatoirement consultés:

1° Sur les propositions adressées par les chefs de province et les commandants de territoire, au Résident supérieur et concernant les titres III et IV du budget local (dépenses d'intérêt économique et social);

2° Sur les changements proposés au territoire des circonscriptions: phu, huyên, châu, cantons, communes;

3° Sur les travaux d'entretien et de construction de routes, digues et canaux.

Ils peuvent être consultés par l'Administration sur toutes les questions intéressant la province ou le territoire.

Tous vœux politiques sont interdits. Néanmoins, le conseil peut émettre des vœux sur toutes les questions économiques et d'Administration générale.

Les conseils provinciaux sont présidés par les résidents chefs de province et, dans les territoires militaires, par les commandants de ces territoires.

Chaque année, les conseils provinciaux sont réunis obligatoirement en session ordinaire au début du mois de Mai, sur la convocation du chef de province ou du commandant de territoire.

Ils peuvent également être convoqués, après autorisation du Résident supérieur, en sessions extraordinaires.

L'entrée de la salle de réunion de ses assemblées est interdite au public.

Le conseil peut se faire assister de secrétaires et d'interprètes.

À l'issue de chaque séance, il est dressé un procès-verbal des délibérations dont une copie sera adressée au Résident supérieur dans un délai maximum de quinze jours après la clôture de la session.

La durée des sessions des conseils provinciaux ne peut excéder huit jours.

Les conseils provinciaux peuvent être dissous, sur la proposition des chefs de province ou des commandants de territoire, par arrêté du Résident supérieur qui devra immédiatement rendre compte au Gouverneur général des motifs de cette mesure.

Les membres des conseils provinciaux prennent le titre de *hôi-viên* (會員) et reçoivent, du chef de la province ou du commandant du territoire, un certificat constatant leur élection.

Des conseils interprovinciaux, formés par la réunion des conseils de plusieurs provinces, peuvent être réunis, sur la convocation du Résident supérieur, sous la présidence d'un administrateur de 1re classe, assisté des chefs des provinces intéressées, à l'effet d'étudier des questions d'intérêt commun.

III. — Conseils provinciaux indigènes de l'Annam, du Cambodge et du Laos. — Les règles qui fixent la composition, le fonctionnement, les attributions de ces conseils sont, à quelque chose près, les mêmes que celles qui ont été édictées pour le Tonkin.

A signaler toutefois que pour l'Annam, les conseils provinciaux de notables nomment un vice-président qui est le chef indigène de la province.

Pour le Cambodge, ces conseils reprennent le nom de *Conseil de résidence,* nom qui leur avait été donné lors de leur première création le 27 Août 1903.

Pour le Laos, chaque conseil provincial se compose :

a) Des *chao-muongs* de tous les muongs de la province et des *oupahats*, adjoints aux chao-muongs, membres de droit.

b) De deux notabilités de chaque muong, désignées annuellement par décision du chef de province approuvée par le Résident supérieur et choisies parmi les Laotiens ou assimilés, anciens fonctionnaires ou personnes influentes.

c) Pour la province de Vientiane, de trois notables annamites non fonctionnaires, résidant dans la province depuis au moins cinq ans et désignés annuellement dans la même forme que les notables laotiens.

Le conseil provincial n'a que voix consultative. Sa compétence embrasse l'examen de toutes les questions d'intérêt économique et social intéressant la province qui lui sont soumises, notamment le programme des Travaux publics à établir pour l'année suivante.

Il donne son avis et peut émettre des vœux sur les changements proposés au territoire de la province ou de ses subdivisions, sur les questions relatives à l'assiette de l'impôt, à l'Administration générale, aux questions d'intérêt économique et social, à l'exclusion de tous vœux politiques.

CHAPITRE XIV

ADMINISTRATION INDIGÈNE

L'Administration indigène revêt des modalités différentes dans les divers pays de l'Union indochinoise. Réduite presque à sa plus simple expression en Cochinchine, elle est, par exemple, encore dominante en Annam. En effet, l'Empereur y est, en principe, souverain absolu ; et les provinces, telles qu'elles sont constituées, sont gérées par des mandarins soumis toutefois au contrôle du résident français.

Il y a donc lieu d'étudier l'Administration indigène propre, à chacun des pays constituant l'Indochine.

COCHINCHINE

L'Administration indigène de la Cochinchine, telle qu'elle existait sous le Gouvernement annamite, n'a, à proprement parler, conservé son caractère originel que dans le canton et la commune, à la tête desquels se trouvent respectivement un chef de canton, (assisté d'un ou plusieurs sous-chefs ou bàng-biên) et un conseil de notables.

Il y a des fonctionnaires indigènes (dôc-phu-su, phu huyên et secrétaires) dans les provinces ; mais ceux-ci placés à la tête des postes administratifs ou employés dans les bureaux des Inspections, concourent, tout comme les délégués européens ou les rédacteurs des Services civils, à l'Administration française. Les chefs de poste administratif indigènes, intermédiaires entre l'administrateur chef de province et les autorités cantonales et communales, peuvent donc être assimilés à des délégués, puisqu'ils ont, à peu près, les mêmes attributions; mais celles-ci sont moins étendues.

Postes administratifs indigènes. — Dôc-phu-su, phu et huyên chefs de poste. — Nous avons dit plus haut que des fonctionnaires indigènes du grade de dôc-phu-su, phu et huyên étaient placés à la tête des postes administratifs. Cette institution est de date relativement récente puisque les premiers postes administratifs n'ont été créés, à titre d'essai, dans la province de Rachgia, qu'en 1908.

Les résultats ayant été satisfaisants, et la partie honnête de la population ayant accueilli favorablement cette tentative d'administration indigène, la mesure a été peu à peu généralisée, et, à l'heure actuelle, toutes les provinces de Cochinchine sont divisées en circonscriptions ou postes administratifs, composés de deux ou plusieurs cantons et dirigés par des doc phu-su, phu ou huyên.

Par leur action constante sur la population et le contrôle incessant qu'ils exercent sur les autorités cantonales et communales, ces fonctionnaires indigènes sont des auxiliaires précieux pour l'Administration française.

Leurs attributions sont nombreuses et variées : nous allons les passer en revue.

Au point de vue administratif. — Le chef de poste est chargé de veiller, avec le concours des autorités cantonales et communales, à ce que l'ordre et la tranquillité publique soient assurés dans le territoire dont ils ont la direction. Il organise, d'accord avec les chefs et sous-chefs de canton et avec les notables, le service de police et de ronde. Il signale à l'administrateur, chef de province, toutes les négligences constatées et le tient au courant de tout événement de quelque importance.

Au point de vue judiciaire. — Le chef de poste administratif est l'auxiliaire direct du Parquet dont il reçoit les instructions. En cas de crime, il doit procéder sur l'heure, toujours avec le concours des notables du village sur le territoire duquel il opère, aux arrestations, tout en ayant soin de prévenir sans retard le parquet et l'administrateur.

Au point de vue des fraudes en matière de contributions indirectes. — Le chef de poste doit aider les agents des Douanes et Régies dans leur mission et leur faciliter les perquisitions qu'ils croient devoir faire.

Surveillance des conseils de notables. — Le chef de poste, aidé des autorités cantonales, doit veiller à ce que les notables remplissent convenablement leurs fonctions et se conforment notamment aux dispositions de l'arrêté du 27 Août 1904.

Lorsqu'il y a lieu de renouveler totalement ou partiellement les conseils de notables, le phu ou huyên veille avec les chefs et sous-chefs de canton à ce que les notables nommés remplissent bien les conditions d'âge, de fortune, de moralité etc.., exigées par les règlements et la coutume, et d'accord avec les autorités cantonales, soumet à l'administrateur les observations que ces nominations lui auraient suggérées.

Le chef de poste signale au chef de province les manquements à leurs devoirs commis par les chefs, sous-chefs de canton et par les notables.

Recouvrement des impôts. — Le chef de poste administratif doit exercer une surveillance constante sur la régularité de la perception opérée par le maire et les autres notables et veiller à ce que les sommes recouvrées soient versées au Trésor, le plus souvent possible. Il devra, à cet effet, se faire présenter, en présence du conseil des notables, les livres de comptabilité et les quittanciers du village, et procéder, toujours en présence dudit conseil, à de fréquentes vérifications de caisses.

Surveillance et vérification des budgets communaux. — Le chef de poste administratif doit veiller à l'établissement des budgets communaux des villages dépendant de sa circonscription, leur marche en cours d'exercice, et en vérifier les recettes et les dépenses en présence du conseil des notables. Il transmet, avec son avis à l'administrateur, chef de province, toutes les demandes d'emploi des crédits prévus qui lui sont présentées par les notables.

Toute vérification de caisse et d'écritures comptables doit faire l'objet d'un procès-verbal signé par lui et les membres du conseil. Le délégué ne doit cependant, dans aucun cas, se constituer comptable d'une somme quelconque appartenant aux communes, ni se transformer en agent de paiement, le maniement des fonds communaux devant rester entièrement et exclusivement aux notables à ce habilités par l'arrêté du 27 Août 1904.

Aucune décision, en matière de budgets communaux, ne peut être prise par lui directement. Il doit se borner à aviser le chef de province de ses constatations.

Il veille au bon entretien des maisons communes, des pagodes, des écoles cantonales et communales, des routes communales, des ponts établis sur ces routes, et signale au chef de province les constructions nouvelles qui lui paraîtraient utiles.

Vérification des rôles et des dia-bô et surveillance des registres de l'état-civil tenus par les villages. — Le chef de poste est chargé de vérifier, en présence du conseil des notables, l'établissement des rôles des villages et des dia-bô. Il contrôle également la tenue des registres de l'état-civil et signale à l'administrateur et au Parquet toutes les irrégularités commises par les officiers de l'état-civil.

Surveillance des travaux de prestations. — Chaque année, quand ont lieu, dans le territoire du poste administratif, les travaux de prestations — tels que curage, creusement de canaux, construction de routes, etc., — le chef de poste surveille ces travaux, s'assure de leur bonne exécution et rend compte de ses constatations à l'administrateur, dans un rapport spécial qu'il adresse après l'exécution de chaque travail.

Il adresse à l'administrateur, avec son avis, les demandes de travaux neufs présentées par les autorités cantonales et communales.

Inspection des écoles cantonales et communales. — Le chef de poste doit visiter les écoles cantonales et communales de sa circonscription, s'assurer que les instituteurs font bien leur service, leur donner des conseils et signaler à l'administrateur la façon dont ces écoles sont tenues.

Règlement des affaires courantes. — Le chef de poste est chargé du règlement des affaires courantes survenues entre les habitants et qui ne nécessitent pas l'intervention du délégué européen ou de l'administrateur, chef de province. Il règle à l'amiable les petites contestations entre les habitants que le chef de canton n'aurait pu solutionner ; il accorde les autorisations de fêtes rituelles ou de cérémonies du culte familial.

Affaires importantes. — Chaque fois que le chef de poste est saisi d'une affaire importante qu'il ne lui appartient pas de trancher, il la transmet avec son avis au délégué ou à l'administrateur, chef de province.

Enquêtes. — Le chef de poste s'occupe sur place des enquêtes administratives qui lui sont confiées par le délégué ou par l'administrateur chef de province.

Il s'acquitte également des enquêtes judiciaires pour lesquelles il aura été commis par le Tribunal.

Vérification des amendes infligées par les notables en vertu de l'arrêté du 27 Août 1904. — Le chef de poste doit se faire présenter tous les mois par tous les villages de sa circonscription le relevé des amendes et des punitions infligées par le conseil des notables durant le mois.

Personnellement, il n'a aucun pouvoir pour infliger des amendes aux notables fautifs; il doit laisser ce soin au conseil.

En somme, les attributions des chefs de poste administratif ne diffèrent guère de celles des délégués européens; d'ailleurs, en créant cette institution, le Gouvernement n'a eu en vue que d'associer plus étroitement ces fonctionnaires indigènes à l'Administration française de la colonie, dont ils deviennent en quelque sorte les représentants, sous la haute direction du chef de province ou du délégué.

Canton. — Chefs et sous-chefs de canton, sung-biên et bang-biên. — Le canton est une circonscription territoriale formée par le groupement d'un certain nombre de villages et à la tête de laquelle se trouve un chef de canton, assisté d'un ou plusieurs sous-chefs ou bang-biên, qui le secondent dans sa mission consistant à défendre les intérêts de l'agrégation cantonale auprès de l'Administration et d'assurer l'exécution des ordres administratifs. Son devoir est d'assurer le maintien de l'ordre, d'organiser avec les notables les services de police et de ronde et de tenir le chef de province au courant de tout événement de quelque importance. Il doit aussi presser la rentrée des deniers dûs au Trésor, surveiller la marche des budgets communaux, vérifier les caisses communales, diriger la confection des rôles et des dia-bô, inspecter les écoles cantonales et communales; en un mot, ses attributions sont multiples et, comme pour le chef de poste administratif indigène sous les ordres duquel il est immédiatement placé, rien de ce qui se passe dans son canton ne doit lui être étranger.

Il est le conciliateur naturel de toutes les affaires civiles qui n'ont pu s'arranger devant les notables ou les chefs de famille. (Schreiner, *Institutions annamites*).

Il a le pouvoir de régler en conciliation dans l'étendue du ressort soumis à sa surveillance, les affaires qui sont exposées soit de vive voix, soit par écrit. (Outrey, *Recueil de législation cantonale et communale*).

Le chef de canton, saisi d'une affaire de crime ou de délit, reçoit la plainte des personnes atteintes par ce crime ou délit, procède rapidement à une enquête sommaire, puis la transmet à l'administrateur ou au procureur de la République, en faisant conduire devant lui les plaignants et les coupables. Il joint à son rapport les pièces à conviction. (Outrey).

Les chefs de canton qui ne préviendraient pas immédiatement des moindres tentatives de désordre faites sur leur territoire, seraient inexorablement condamnés comme complices des coupables. (Outrey et *C. D. I., 8 Novembre 1875*).

Nota. — « On a diversement défini en français le rôle du chef de canton : les uns ont voulu l'assimiler à un juge de paix (Villard) sans tenir suffisamment compte de ses attributions administratives; d'autres en ont fait un administrateur du canton, une sorte de fonctionnaire adjoint au huyên. Ni l'une ni l'autre de ces deux interprétations, ne sont satisfaisantes : le chef de canton n'est pas un administrateur, il n'est pas un juge non plus, encore qu'il puisse être appelé à juger certaines espèces de délits, à tenter des conciliations, à faire des enquêtes d'ordre judiciaire et qu'il ait aussi, d'autre part, à contrôler la situation financière des villages, à veiller sur la rentrée des impôts, à donner son avis sur les prévisions des budgets communaux ou sur des projets soumis par les villages à l'administration provinciale.

En cherchant parmi les mots français qui nous ont paru le mieux préciser les fonctions du chef de canton, nous emploierions volontiers le mot *Syndic* et nous dirions qu'un chef de canton est le syndic de la population groupée sous son autorité. Il est, en effet, leur représentant auprès de l'administrateur de la province, il répond d'eux et, à ce point de vue, Outrey et Mossy nous rappellent qu'une circulaire du

8 Novembre 1875 édicte des poursuites inexorables contre les chefs de canton qui ne préviendraient pas l'Autorité supérieure des moindres tentatives de désordre faites sur leur territoire. D'autre part, il est l'arbitre naturel des gens du canton dans leurs litiges.

Voici d'ailleurs comment LURO, à qui il faut toujours se référer lorsque l'on veut dire ou écrire quelque chose de certain sur les Hommes et les Choses de ce pays, nous définit la mission du chef de canton :

« Avec les chefs de canton, nous rompons avec le monde « des fonctionnaires, employés de l'Etat. Nous sommes en « présence des représentants de la population.

« La mission du chef de canton était de défendre les inté- « rêts de l'agrégation cantonale auprès de l'Administration « et aussi d'assurer l'exécution des ordres administratifs, la « répartition des impôts et des dégrèvements, de presser « la rentrée des deniers dûs au Trésor. Son devoir était « d'exciter la police communale et de maintenir la tranquil- « lité, en faisant saisir les malfaiteurs par les villages négli- « gents qui les supportaient sur leur territoire.

« Le chef de canton, homme considérable par sa fortune, « son influence, était, en même temps, le conciliateur natu- « rel des affaires civiles que n'avaient pu concilier les chefs « de famille ou les villages. Il disait aux parties le droit « suivant l'équité naturelle et la coutume. »

Autrefois, les chefs de canton étaient choisis par les villages qui se rassemblaient, pour l'élection, où ils voulaient, soit au chef-lieu d'arrondissement, soit dans une des communes du canton. Le jour de l'élection était indiqué par le *quan huyên* conformément aux ordres reçus de l'Administration supérieure.

Suivant la coutume, chaque village déléguait pour cette élection, le maire et un notable, quelquefois deux. L'élection ne se faisait pas par vote, à la majorité, comme chez nous ; c'était un simple choix sur lequel on était tombé d'accord après discussion. Les électeurs, leur choix fixé, dressaient une requête demandant la nomination de la personne élue.

Généralement, pour pouvoir être chef de canton, il fallait avoir rempli la charge de maire, plus rarement celle d'autre notable de sa commune. Le nombre d'années passées dans ces emplois n'avait d'ailleurs rien de fixe : un an pouvait suffire.

Une autre condition d'éligibilité était de n'avoir subi aucune condamnation et d'avoir rempli, sans reproche grave, les fonctions municipales. Aussi toute élection, avant d'être approuvée des autorités provinciales était remise pour vérification du casier judiciaire chez le *Quan-an* et ensuite au *Phong-hô* du Quan-bô qui s'assurait que l'élu avait fait le service des impôts sans reproche grave. Le chef de canton élu l'était pour un temps indéfini. Il fallait une plainte motivée des communes, suivie de condamnation, ou un manquement grave aux devoirs ou une démission volontaire ou un empêchement quelconque du titulaire pour amener une nouvelle élection.

On suivait la même procédure pour l'élection et la nomination des sous-chefs de canton.

On ne saurait trop admirer cette institution des chefs de canton qui, chez les Annamites, joue un rôle de tout premier plan dans le maintien du pacte social. Chez nous, dans notre régime parlementaire, les populations règlent, vérifient et contrôlent l'Administration par le moyen de leurs délégués, que nous nommons députés ou sénateurs. L'Administration a la très lourde tâche de veiller sur tout et à tout. Ici les populations, par le moyen de leurs délégués, qui sont les chefs de canton, épargnent à l'Administration la partie la plus délicate et la plus pénible de l'œuvre sociale : le maintien de l'ordre et la rentrée de l'impôt.

Nous avons conservé jusqu'à ces dernières années, avec de très légères modifications, l'ancien mode de recrutement de nos chefs et sous-chefs de canton : mais de déplorables abus sont venus vicier les élections. Des maquignons électoraux, placés dans la coulisse, ont trop souvent acheté les suffrages des délégués des villages, qu'on grisait depuis la veille et qu'on conduisait le lendemain à l'urne dans un état d'hébétude complet. On pouvait alors remettre aux pauvres délégués le bulletin qu'on voulait.

L'Administration, en sa qualité de tutrice morale des populations indigènes, ne pouvait continuer à tolérer de pareils scandales et l'on a quelque peu modifié l'ancien état de choses, en subordonnant le choix des sous-chefs de canton à un examen probatoire de capacité [1], complété par une cote de moralité, attribuée par l'administrateur intéressé. La consultation des villages par les administrateurs a été maintenue; mais sous une forme qui ne laisse place ni aux intrigues, ni aux marchandages. Quant aux conditions de stage municipal et d'honorabilité des candidats, elles ont été faites plus sévères encore qu'autrefois. Nous estimons donc que, quoi que l'on puisse objecter, le régime actuel du choix des chefs et sous-chefs de canton, tout en répondant au sens traditionnel de l'institution, donne à l'Administration supérieure toutes les garanties dont elle a besoin ». (Extrait de la *Gazette de Cochinchine 1917.*)

Les sung-biện pho-tông et bang-biện pho-tông sont, en Cochinchine, les auxiliaires des chefs et sous-chefs des cantons auxquels ils sont affectés. A ce titre, ils doivent seconder les chefs et sous-chefs de canton dans l'exercice de leurs fonctions.

Ils peuvent en outre être chargés par intérim des fonctions de sous-chef de canton.

Les bang-biện pho-tong et sung-biện pho-tong sont nommés par l'administrateur, chef de province, dans les cantons où il paraît nécessaire de créer un emploi de ce genre. Ils sont choisis parmi les notables ou anciens notables des villages de la circonscription intéressée, ayant exercé ces fonctions pendant quatre ans, dont deux années comme maire. Leur nomination est approuvée par le Gouverneur.

Les fonctions de bang-biện pho-tong et sung-biện pho-tong sont gratuites. Ces agents peuvent toutefois recevoir, sur les budgets régionaux, les indemnités de déplacement prévues pour les sous-chefs de canton. Il peut également leur être alloué, sur les mêmes budgets, une indemnité pour un tunggia. (*Arrêté du Lieutenant-Gouverneur du 13 Juin 1910*).

(1) Cet examen probatoire de capacité n'est plus exigé depuis l'arrêté du Gouverneur général du 6 Septembre 1918.

Arrêté fixant le mode de nomination des chefs et sous-chefs de canton en Cochinchine.

(Du 6 Septembre 1918).

Article premier. — Les sous-chefs de canton sont nommés par le Gouverneur de la Cochinchine sur la proposition des administrateurs, chefs de province.

Art. 2. — Ils sont choisis sur une liste de trois notables désignés dans une consultation électorale à laquelle prennent part:

1° Les membres des conseils de notables en exercice dans les villages du canton intéressé;

2° Les anciens membres de ces mêmes conseils;

3° Les indigènes propriétaires fonciers, commerçants ou exerçant toute autre profession ou industrie, établis dans le canton, âgés de 25 ans au moins, et ayant préalablement justifié que la quotité annuelle de leurs impositions atteint en principal le chiffre global minimum, de 100$00;

4° Les indigènes diplômés de l'un des établissements d'enseignement supérieur de la Métropole ou de l'Indochine, ou pourvus d'un baccalauréat métropolitain ou local ou d'un brevet d'école professionnelle du 2e degré, âgés de 25 ans au moins et domiciliés depuis un an dans le canton.

5° Les indigènes non compris dans les catégories précédentes, qui remplissent les conditions prévues à l'article 5 ci-après pour briguer l'emploi de sous-chef de canton.

Art. 3. — Chaque village dresse la liste de chacune des catégories d'électeurs désignés à l'article 2: les listes ainsi formées sont affichées pendant huit jours, à la maison commune où les intéressés peuvent en prendre connaissance, et formuler leurs réclamations, sous forme de demandes écrites et motivées, d'inscription ou de radiation, déposées entre les mains de l'un des trois notables instrumentaires, lequel doit délivrer un récépissé indiquant le nom du réclamant et la date du dépôt de la requête.

A l'expiration du délai d'affichage, le conseil des notables délibère sur les demandes d'inscription ou de radiation d'électeurs, signe les listes électorales en les certifiant exactes et complètes, et les remet au chef de canton en y joignant les réclamations et les procès-verbaux des délibérations y relatives.

Les listes électorales de tous les villages, ainsi que les dossiers des réclamations qui y sont annexés sont transmis par le chef de canton, avec ses observations personnelles, au chef de la province qui statue en dernier ressort, sur les demandes en radiation ou inscription d'électeurs, et arrête définitivement lesdites listes.

En cas de vacances simultanées des fonctions de chef et de sous-chef de canton dans un même canton, les listes dressées par les conseils de notables sont adressées directement par eux au chef de la province.

Une liste récapitulative, unique, est ensuite établie, sur laquelle sont inscrits, en premier lieu, les notables en exercice de tous les villages du canton intéressé, puis, les anciens notables et, enfin, les électeurs des autres catégories ; cette liste est arrêtée et close par l'administrateur chef de province.

Art. 4. — Chaque candidat aux fonctions de sous-chef de canton doit présenter à l'administrateur chef de province, une déclaration de candidature accompagnée d'un extrait de son casier judiciaire, d'un état succinct de sa situation de fortune et des pièces établissant qu'il remplit les conditions requises pour être nommé sous-chef de canton. Cette déclaration est certifiée exacte par le conseil des notables du village où le candidat est domicilié.

Art. 5.—(Modifié par arrêté du 7 Mars 1923).— Peuvent être candidats aux fonctions de sous-chef de canton :

1° Les membres, anciens ou en exercice, d'un conseil des notables résidant dans le canton intéressé et ayant exercé les fonctions de grand notable pendant six ans dont deux comme maire. Toutefois une seule année d'exercice des fonctions de maire sera seulement exigée des notables qui auront été appelés à remplir les dites fonctions avant la mise en vigueur de l'arrêté du 27 Août 1904 ;

2° Les conseillers de province, anciens ou en fonctions, bang-biên pho-tong ou sung-biên pho-tong, ayant exercé pendant deux ans ces fonctions dans le canton même où ils posent leur candidature et y ayant fixé effectivement leur résidence ;

3° Les indigènes, anciens fonctionnaires d'une administration publique en Indochine, ayant accompli au moins douze années de service et ayant fixé effectivement leur résidence dans le canton.

Les candidats doivent être âgés de 35 ans au moins et n'avoir jamais subi de condamnation à une peine criminelle ou correctionnelle, ni avoir été l'objet d'une révocation.

Art. 6. — (Modifié).— La parenté ou l'alliance jusqu'au 4e degré avec le chef, le sous-chef, le bang-biên ou le sung-biên en exercice est une cause d'exclusion des fonctions de sous-chef ou de chef de canton. L'exclusion de la liste des candidats pour ce motif est prononcée par une décision motivée du chef de province.

Art. 7.— L'administrateur, chef de province, vérifie l'exactitude des renseignements contenus dans les déclarations de candidatures, établit la liste des candidats réunissant les conditions prévues à l'article 5 et la transmet au Gouverneur, accompagnée de ses observations, s'il y a lieu. Le Gouverneur arrête la liste définitive des candidats agréés, sans qu'en aucun cas les candidats évincés puissent formuler de recours ou de réclamation et fixe la date de la consultation par un arrêté dont une ampliation est adressée avec la dite liste, à l'administrateur, chef de province.

Art. 8. — La liste définitive des candidats, ainsi que l'arrêté fixant la date de la consultation électorale sont portés à la connaissance des électeurs par leur affichage dans les bureaux de l'administrateur et à la maison commune de chacun des villages du canton intéressé.

Art. 9. — La consultation a lieu au siège de l'Administration provinciale (1).

Il est remis aux électeurs des bulletins en blanc, d'un papier et d'un format uniformes ; chaque électeur inscrit sur un bulletin trois noms parmi ceux des candidats.

Tout bulletin contenant un nom ne figurant pas sur la liste définitive des candidats éligibles sera considéré comme nul en ce qui concerne ce nom.

Art. 10. — Le bureau chargé de procéder à la consultation est composé de l'administrateur, président, ou de son délégué, qui est toujours un fonctionnaire européen, assisté de quatre électeurs, appartenant à des villages différents et pris parmi ceux sachant lire et écrire le quoc-ngu, deux d'entre eux au moins, devant connaître, au surplus, les caractères chinois. Lorsque cette dernière condition ne peut être remplie, le bureau de vote peut se faire assister d'un interprète désigné par le chef de province.

Le secrétaire est le plus jeune des électeurs connaissant le quôc-ngu.

Art. 11. — Aussitôt après la constitution du bureau, il est procédé à l'appel des électeurs, en suivant l'ordre de la liste récapitulative prévue à l'article 3.

Chaque électeur remet son bulletin plié au président du bureau qui le dépose dans l'urne.

Le dépouillement est fait immédiatement et le nombre de voix obtenu par chaque candidat est aussitôt proclamé.

Art. 12. — Ces opérations sont consignées dans un procès-verbal qui est adressé au Gouverneur dix jours après la consultation, avec

---

(1) Ce texte ne doit pas être interprété comme signifiant que la consultation doit avoir lieu obligatoirement au chef-lieu de la province. Une pareille interprétation présenterait des inconvénients pour certaines circonscriptions de grande étendue, où les indigènes habitant des villages très éloignés du chef-lieu devraient faire un voyage long et coûteux pour assister à la consultation.

Dans tous les cas où cela vous paraîtra nécessaire, soit pour ne pas astreindre les notables indigènes à une perte de temps appréciable et à des dérangements onéreux, soit pour d'autres raisons d'ordre politique ou économique, vous pourrez faire procéder à la consultation électorale dans la délégation ou le centre administratif dont dépendent les cantons appelés à élire un chef ou sous-chef.

Il reste bien entendu que, pour donner au vote toutes les garanties de sincérité désirable, cette opération se fera toujours sous votre présidence ou sous la présidence de l'administrateur-adjoint. *(Circulaire du Gouverneur de la Cochinchine aux administrateurs chefs de province).*

les propositions motivées de l'administrateur. Ce procès-verbal doit être accompagné des réclamations auxquelles la consultation a pu donner lieu et qui doivent être déposées entre les mains de l'administrateur dans un délai de cinq jours.

Art. 13.— Le candidat dont l'élection a été approuvée par le Gouverneur est nommé sous-chef de canton de 2e classe conformément aux prévisions du tableau annexé à l'article 2 de l'arrêté du 14 Décembre 1905.

Les sous-chefs de canton de 2e classe peuvent être nommés à la 1re classe après deux ans de service.

Art. 14. — Lorsqu'une vacance de chef de canton se produit, le sous-chef en fonctions est, en principe, appelé à le remplacer.

Toutefois, si l'emploi de sous-chef est également vacant, ou si le sous-chef est jugé incapable d'exercer la charge de chef de canton, il est procédé à une consultation électorale dans les conditions prévues au présent arrêté, pour la nomination des sous-chefs de canton.

L'inaptitude du sous-chef de canton aux fonctions de chef de canton doit être constatée par un rapport spécial de l'administrateur, chef de province, au Gouverneur qui apprécie, en dernier ressort, les raisons invoquées pour démontrer l'incapacité de l'intéressé. Le sous-chef de canton reconnu inapte dans ces conditions, ne figure pas sur la liste définitive des candidats à la consultation électorale ouverte dans sa circonscription en vue de l'élection d'un chef de canton.

Art. 15.— Les chefs et sous-chefs de canton moïs continueront à être nommés par le Gouverneur sur la proposition de l'administrateur, après simple consultation des notables des villages de leur canton.

Art. 16. — Les dispositions des arrêtés et circulaires actuellement en vigueur, contraires à celles du présent arrêté, sont abrogées.

Commune et conseil des notables. — Ainsi que le rappelle l'article 1er de l'arrêté du 27 Août 1904, que nous donnons in-extenso ci-après, la commune annamite est la base de l'organisation administrative indigène. Elle est régie par un conseil de notables. C'est sur elle que reposent en définitive tous les Services administratifs, judiciaires, financiers et militaires du Gouvernement. C'est une personne morale, possédant un patrimoine, et ayant des droits et des devoirs(1).

---

(1) « Dans tous les pays, la commune est un organisme naturel reconnu et consacré par la loi, mais non créé par elle. La commune a existé de tout temps et elle se rencontre partout. Nos communes françaises actuelles ne sont pas autre chose que les paroisses de l'ancien régime. La commune existe chez les Annamites, chez les Malgaches, chez les Kabyles aussi bien que chez les Européens. La

L'arrêté du 27 Août 1904 fixe — pour la Cochinchine, — les règles de l'organisation communale : composition du conseil des notables, leurs fonctions, leurs pouvoirs, leurs obligations — domaine communal — obligations et responsabilités de la commune, etc. etc.

Nous nous bornerons donc à dire, après un historique succinct, comment se fondent les communes, quels sont les mots qui les désignent, et les noms qu'on leur donne.

HISTORIQUE. — « Les communes annamites, dans les six provinces du Sud, sont d'origine toute récente ; aussi peut-on en connaître assez exactement le mode de formation primitive, bien différent de l'organisation systématique qui fut, s'il faut en croire les rites des Châu, celle de la commune chinoise dans la haute antiquité. Dès avant les premières guerres qui amenèrent la conquête des provinces cambodgiennes de l'est et du sud, des vagabonds annamites étaient venus se fixer au milieu des Cambodgiens, qui n'osaient s'opposer à cet envahissement.

A la suite des premières annexions, ils furent graduellement renforcés par des exilés et des fugitifs. Ils occupaient sans doute les bords des cours d'eau, les points les plus propres à la défense et à la culture, et formaient ainsi, dans ce qui devait être plus tard les provinces de Bienhoa et de Giadinh, le noyau des futures communes.

La population annamite était cependant très-peu dense ; aussi la cour d'Annam pourvut-elle bientôt à la colonisation du pays au moyen d'une de ces transportations en masse si fréquentes dans l'histoire de l'Asie. « Il fut ordonné de « réunir et de lever les gens du peuple, surtout parmi les « vagabonds, depuis la province de Quang-binh, au-dessus de « Hué, jusqu'au Binh-thuân, et de les transporter comme « colons dans ces nouvelles provinces. On put alors fonder

---

commune, dit M. de Tocqueville, est la seule association qui soit si bien dans la nature que partout où il y a des hommes réunis, il se forme de soi-même une commune. La société communale existe donc chez tous les peuples quels que soient leurs usages et leurs lois ; c'est l'homme qui fait les royaumes et crée les républiques ; la commune paraît sortir directement des mains de Dieu. » (Extrait de *La Vie Départementale et Communale*).

« des villages, des bourgs, des hameaux dont on fixa les limi-« tes. Les terres labourables étant exactement cadastrées, « l'assiette de l'impôt fut établie tant sur les immeubles que sur « les personnes elles-mêmes (1699)...... On réunit dans le « principe, pour coloniser le pays, les habitants dans les trois « grands sièges administratifs. On fut alors extrêmement « facile et coulant sur la façon de gouverner le peuple. Le « but principal étant de faire cultiver et d'attacher au sol, « il fut permis aux habitants de Giadinh d'empiéter sur le « territoire de Bienhoa, et réciproquement. On laissa les « nouveaux colons libres de leurs mouvements et travailler « la terre là où il leur convenait le plus. Le peuple eut donc « l'entière liberté de défricher ce que bon lui semblait et « d'établir ses demeures et ses nouvelles rizières en fondant « ses villages au lieu choisi par lui-même ; les lots de terre « étant choisis, il suffisait d'en exprimer le désir au man-« darin pour en devenir propriétaire. On ne mesurait pas le « terrain quand on le concédait ; on ne prenait pas davan-« tage en note s'il était de bonne ou de mauvaise nature « (1780).» (*Gia-dinh-thung-chi*, p. 9, 18, 19).

Cet extrait du *Gia-dinh-thung-chi* montre bien de quelle manière les immigrants, exilés, transportés, ou fugitifs, se groupèrent dans leur nouvelle patrie pendant tout le cours du XVIIIe siècle. Ce fut sans doute par impuissance, autant que par politique, que les fonctionnaires annamites laissèrent au peuple cette liberté d'allures. Vers la fin du XVIIIe siècle, la population des six provinces devait être déjà relativement assez dense, à en juger par les ressources qu'y trouva Gia-long dans sa lutte contre les Tay-son ; aussi les choses commencèrent-elles à prendre un cours plus régulier.

Les anciens territoires se subdivisèrent de plus en plus, à mesure qu'un groupe nouveau faisait aux autorités provinciales une demande de défrichement, souvent précédée sans doute par une occupation plus ou moins longue. Les concessions de terrains étaient faites, après enquête, par le gouverneur de la province. Chaque village ainsi fondé comprenait une certaine quantité de terres incultes restant la propriété de l'Etat, et destinées à permettre l'accroissement de la population rurale. C'est ainsi que se sont établies peu à peu les deux mille quatre cents communes qui se partagent aujourd'hui nos six provinces (1).» (LANDES, *La Commune annamite*).

FONDATION DES COMMUNES.— «Les demandes de création de nouvelles communes sont faites aux administrateurs, qui les instruisent, fixent les nouvelles limites, établissent le rôle qui servira de base à la perception de l'impôt personnel et de l'impôt foncier et transmettent la demande au Directeur de l'Intérieur, qui la présente à l'approbation du Gouverneur en Conseil privé.

La condition essentielle de la création d'une commune est aujourd'hui, comme autrefois, l'existence d'un certain nombre d'individus s'engageant à payer l'impôt foncier et à supporter toutes les charges imposées aux inscrits.» (LANDES, *ibid.*)

MOTS QUI DÉSIGNENT LA COMMUNE.— «La commune, en annamite, *làng*, est désignée en chinois sous les noms de *thôn* ou de *xã*. L'on fait, dans l'Annam, une distinction entre ces deux mots, qui est basée sur l'étendue du territoire.

Le *xã* est plus grand que le *thôn*. Le nom de *xã* est donné au village parce qu'il est un territoire protégé par un esprit particulier. Le caractère *xã* désigne en effet l'esprit ou les esprits de la terre à qui sont dédiées les pagodes, et fait des sacrifices dans tous les villages. » (LANDES, *ibid.*)

NOMS DES COMMUNES.— Comme on le sait, la Cochinchine actuelle faisait autrefois partie du royaume Khmer et ce n'est qu'à partir de 1720 qu'elle fut rattachée, sinon en droit, du moins en fait, à l'Empire d'Annam. « Le flot envahissant et colonisateur des Sino-Annamites (2) submerge les populations

---

(1) C'est le roi Minh-Mang qui, en 1720, organisa la Cochinchine en 6 provinces, divisées en 2 groupes : celui de l'Est, comprenant les 3 provinces de Bienhoa, Giadinh (Saigon) et Dinhtuong (Mytho); celui de l'Ouest comprenant également les 3 provinces de Longho (Vinhlong); Angiang (Chaudoc) et Cancao (Hatien)—Quand M. Landes parle des six provinces du Sud, il fait allusion à cette division et ces termes s'appliquent à la Cochinchine actuelle, avec ses 20 provinces.

(2) Allusion à l'établissement en Cochinchine, en même temps que de nombreux Annamites, de quelques milliers de soldats chinois, conduits par des généraux des troupes impériales des Ming qui, désireux de fuir la domination mandchoue, étaient venus s'installer dans les provinces de Bienhoa et de Mytho.

primitives des bords du Donnai et refoule jusqu'aux frontières actuelles du Cambodge, le peuple déchu qui porta autrefois le nom glorieux de Khmer. Durant le XVIIe et le XVIIIe siècles et la première partie du XIXe, le peuple Sino-Annamite prend lentement possession des territoires de Basse-Cochinchine et s'installe aux côtés du cambodgien timide. Souvent même le Khmer abandonne la place et c'est ainsi qu'à la fin du XVIIIe siècle trois peuples principaux se disputent inégalement les vallées du Mékong inférieur : le Khmer, l'Annamite et le Chinois. » (BRIFFAUT, *La Cité Annamite*).

Il n'y a donc rien d'étonnant à ce que dans les noms donnés aux communes, on retrouve les vestiges de l'ancienne occupation cambodgienne, et même chinoise.

D'une manière générale, les noms des communes annamites sont formés de 2 caractères exprimant une devise, une invocation ou un fait particulier — « La cité de *Chau-thanh* est la cité du bonheur ; celle de *Hung-thanh* est la prospérité naissante ; *Tan-lich* est la beauté nouvelle ; *Dai-ngai*, la grande amitié ; *Nhu-gia* est la famille des lettres ; *Chau-thoi* est le bonheur florissant ; *Phu-loc*, richesse et sérénité ; *Gia-dinh* est la tranquillité parfaite, et *Tan-huong*, le parfum nouveau.

....

Aujourd'hui encore, *Probité et Concorde*, *Beauté et Bonheur*, *Richesse et Vertu*, *Prospérité naissante*, des cités annamites, sont tout simplement pour l'habitant cambodgien, le *Ruisseau des pamplemousses*, les *Tamariniers d'eau*, la *Jarre de bronze*, la *Mare des dattiers* ou le *Jardin aux pommes roses*.

Quelques villages annamites de Cochinchine, de fondation récente, d'ailleurs, car ils datent presque tous de la conquête française, portent le nom déformé de l'ancienne agglomération cambodgienne; ces villages n'ont pas été reconnus par l'Empereur ou autorisés par lui; ils n'ont point reçu de lui un nom philosophique ; leurs habitants se sont donc inspirés des événements et ont d'habitude accepté l'ancienne dénomination en la déformant selon leur linguistique différente ; *Camau* n'est autre que *Ray-choeu-khmau*, le ruisseau de l'arbre noir ; *Tai-sum* est vraiment *Soai-chrum*, le groupe des manguiers ; *Kê-sach* est le *Ksach*, les sables.

Bai-xau, le célèbre marché de la province de Soctrang, est le Bau-chau des Cambodgiens, le riz mal cuit : On raconte qu'un jour, alors que le pays était couvert de forêts et de marécages, des pêcheurs cambodgiens, d'aucuns disent le roi, débarquèrent à l'endroit où s'élève aujourd'hui la pagode et se mirent à faire cuire le riz au bord du marais ; à peine l'eau commençait-elle à bouillir qu'un caïman sortit la tête au-dessus des eaux dormantes, et mit en fuite tout le monde. Au retour, la marmite était renversée, et le riz mal cuit.

Mytho (1), la Belle-Herbe, en chinois, dérive en réalité, prétend-on, de *Mi-sar*, la fille blanche.

Bentré, le débarcadère en bambous, est l'ancien *Soc-tre*, des Cambodgiens, ou pays des bambous

Travinh ou *Trá-vang* est la déformation de *Prae-prabang*, ou étang de Bouddha.

Toutes ces cités sont, en effet, d'origine cambodgienne, qu'elles aient été abandonnées par les Khmers au moment de la conquête de la Basse-Cochinchine par les Annamites ou, plutôt, qu'elles aient peu à peu subi l'infiltration des Sino-Annamites.

Cependant certaines cités tirent leur nom de faits tout particuliers ; elles sont en nombre assez restreint, je crois.

Hatien (le Mang-Kham des Khmers, ou territoire fleuri) est le Génie du fleuve (selon la croyance annamite qu'un génie bienfaisant se promène dans les eaux du fleuve voisin).

Tân-qui (à Bentré) s'appelle ainsi en mémoire du nouveau retour des habitants de ces contrées après les guerres.

Long-dinh (près Mytho) est le Dragon de Paix ; et *Hàm-luong* est la mâchoire du Dragon, en vertu de la superstition que les dragons qui vivent sous terre portent bonheur, lorsqu'on installe un village ou une maison au-dessus de leur tête.

Chaudoc et la montagne de Chau-sap (ou Nui-sap) empruntent le nom de la femme du mandarin Nguyên-thoai-

(1) Ceci s'explique ainsi : les Chinois, incapables de représenter à l'aide de leurs signes euphoniques le *mi-sar* des Cambodgiens, ont choisi les signes *My-tho*, dont la prononciation diffère peu d'ailleurs, pourvu toutefois qu'on prononce correctement le mot « Mytho ».

ngoc-Hau, lequel fonda Chaudoc et fertilisa la contrée environnante. » (BRIFFAUT, *ibid.).*

Arrêté portant réorganisation de la commune annamite et du conseil des notables en Cochinchine.

(Du 27 Août 1904).

TITRE PREMIER

COMPOSITION DU CONSEIL DES NOTABLES. — HIÉRARCHIE. — MODE DE RECRUTEMENT ET D'AVANCEMENT. — DISTINCTIONS HONORIFIQUES.

Article. 1er.—La commune annamite, base de l'organisation administrative indigène de la Cochinchine, est régie par un conseil de grands notables.

Chacun de ces conseils doit comprendre au moins les membres suivants énumérés dans l'ordre hiérarchique :

Huong-ca	*Président ;*
Huong-chu............................	*Vice-Président ;*
Huong-su	*Membre ;*
Huong-truong.........................	—
Huong-chanh..........................	—
Huong-giao...........................	—
Huong-quan...........................	—
Thu-bô...............................	—
Huong-thân	—
Xa-truong............................	—
Huong-Hào............................	—

Immédiatement après eux, vient le Chanh-luc-bô qui, par l'importance de ses attributions, est rangé parmi les grands notables, mais ne siège pas au conseil.

Quant aux autres notables (grands notables et petits notables), ils conservent le titre, le rang, les prérogatives et restent soumis aux obligations que leur reconnaît la coutume; leur nombre et leurs attributions varient suivant les besoins du village et son importance.

Art. 2. — La liste complète des notables de chaque commune sera déposée et tenue à jour à la maison commune et dans les bureaux de l'administrateur, chef de province.

Art. 3. — Les notables sont choisis, autant que possible, parmi les propriétaire fonciers de la commune ou les habitants les plus aisés.

Art. 4. — Nul ne peut prendre rang dans la hiérarchie sans avoir passé par les grades inférieurs. Pour être nommé Huong-hào, il faut avoir rempli au moins pendant un an, l'emploi de petit notable et être âgé d'au moins vingt-quatre ans.

Les vacances qui surviennent dans le conseil continueront à être comblées, en la forme imposée par la coutume, par le choix des notables présents(1). En cas de contestation, celles-ci sont réglées en dernier ressort, par l'administrateur, chef de province (2).

Art. 5. — La durée maximum de service dans chaque grade est fixée à deux ans, avec faculté pour le titulaire de conserver son grade sans limite.

Art. 6. — Une circulaire du Lieutenant-Gouverneur règlera les conditions d'aptitude pour les notables aux diverses distinctions honorifiques qui pourront être attribuées en raison de leurs services dans la commune.

TITRE II

Fonctions et responsabilités des notables. — Leurs rapports avec les différents services.

Art. 7. — Les grands notables ont les attributions suivantes :

1° Le Huong-ca préside le conseil des notables ;

2° Le Huong-chu remplace, en cas d'absence, le Huong-ca dans la présidence du conseil des notables.

3° Le Huong-ca, le Huong-chu, le Huong-su et le Huong-truong ont la haute direction sur les autres notables et veillent à ce que ces derniers remplissent convenablement leurs fonctions, suivant la règle traditionnelle ; ils administrent les biens communaux ; ils établissent le budget communal, en surveillent les dépenses et les recettes et sont gardiens de la caisse communale (3).

4° Le Huong-chanh conseille le Thôn-truong ou Xa-truong, le Huong-thân et le Huong-hào et veille à ce qu'ils s'acquittent convenablement de leurs fonctions. Il est chargé de règler à l'amiable et sous forme

---

(1) L'arrêté de 1904 a ainsi consacré l'ancienne coutume que l'on définit comme suit : « Les notables se recrutent eux-mêmes ».

(2) C'est en vertu des dispositions du décret du 4 Mai 1881, sur l'organisation des affaires indigènes en Cochinchine, que l'administrateur chef de province a qualité pour approuver les nominations des notables. Ce n'est qu'après cette approbation que les notables nommés sont investis officiellement de leurs fonctions. De ce même texte, combiné avec l'arrêté du 27 Août 1904 découle le droit pour l'administrateur chef de province de prononcer la suspension et la révocation des notables ainsi que la dissolution des conseils.

(3) En qualité de gardiens de la caisse communale, le Huong-ca, le Huong-chu, le Huong-su et le Huong-truong sont *immédiatement* et *directement* responsables de la gestion des fonds communaux, qu'il s'agisse d'impôts ou de recettes communales. On peut même dire que le Huong-ca a, à ce point de vue, une triple responsabilité :

1° En sa qualité de président du conseil des notables, qui lui donne un droit de regard et de contrôle sur toutes les affaires ;

2° En sa qualité de gardien de la caisse communale, qui lui donne l'obligation de surveiller, avec ses trois collègues, la bonne gestion et la conservation des fonds existant dans cette caisse ;

3° En sa qualité de notable, à raison de la responsabilité *collective* des membres du conseil qui, suivant une jurisprudence constante, doivent couvrir tous les déficits constatés dans la caisse communale et quelles qu'en soient les causes, sauf recours entre eux, si la responsabilité personnelle d'un ou plusieurs notables est engagée.

de transaction, les contestations de minime importance qui surviennent entre les habitants du village.

5° Le Huong-giao est chargé de l'instruction et de la direction des jeunes notables. Il leur apprend quels sont leurs devoirs dans la commune.

6° Le Huong-quan est le chef de la police administrative et judiciaire du village, le principal auxiliaire du procureur de la République, et, à ce titre, il est chargé de la recherche des crimes et délits. Il a la surveillance des voies terrestres et fluviales, des chemins de fer, des ponts, des lignes télégraphiques. Il est secondé dans cette tâche par le Huong-thân, le Xa-truong, le Huong-hào et commande aux Huong-tuân, Cai-tuân, Cai-thi, Cai-thôn, Trum et Truong qui ont les attributions d'agents de police.

7° Le Thu-bô est chargé de la conservation des rôles, du Dia-bô et des archives du village; il tient le registre des recettes et des dépenses; il est gardien du mobilier et du matériel de la commune;

8° Le Huong-thân est le premier des trois notables exécutifs;

9° Le Xa-truong ou Thôn-truong sert particulièrement d'intermédiaire entre l'Administration et la commune. Il garde le cachet du village, ainsi que les instructions de l'Administration et s'occupe spécialement du recouvrement des impôts et de leur versement à la perception;

10° Le Huong-hào est le chef de la police communale, il est chargé de l'exécution des règlements de voirie. Il remplit les fonctions d'huissier, en ce sens qu'il est chargé spécialement de la remise des citations et notifications de Justice;

11° Le Huong-thân, Xa-truong ou Thôn-truong et le Huong-hào sont les trois notables exécutifs; ils assurent collectivement le bon ordre, la sûreté et la salubrité publiques. Ils sont chargés des relations entre l'Administration et le village, de la perception de l'impôt, de la réunion des prestataires, de l'exécution des lois, règlements et jugements, des décisions de l'Administration et du conseil des notables, de l'établissement des rôles d'impôts et de tous les documents réclamés par l'autorité supérieure, de la certification des actes et de la surveillance des forêts. Ils sont enfin les auxiliaires du Huong-quan, pour la police administrative et judiciaire, procèdent ensemble aux ventes ordonnées par autorité de Justice, donnent aux actes l'authenticité (1), quand ils en sont requis et ont, sous leurs ordres, les Pho-xa, Pho-ly, Ly-truong, Biên-lai, Cai-thôn, les Trum et Truong

L'authenticité ne peut être donnée aux actes qu'avec le concours des trois notables : Huong-thân, Xa-truong et Huong-hào. Le Huong-thân et le Huong-hao empêchés pourront être remplacés par d'autres notables du conseil, mais la présence du Xa-truong, dépositaire du cachet du village, est toujours nécessaire;

---

(1) Les notables qui certifient un acte de vente doivent s'assurer de la sincérité des déclarations contenues dans l'acte touchant la propriété de l'immeuble vendu, car ils en sont responsables vis-à-vis de l'acquéreur, mais ils ne sont pas responsables, par contre, de l'exécution des engagements passés devant eux. *(Cour d'Appel de Saigon — Arrêts des 20 Décembre 1880 et 20 Septembre 1883).*

12° Le Chanh-luc-bô, seul ou assisté du Pho-luc-bô, est chargé de tenir les registres de l'état-civil du village.

Art. 8. — Les membres du conseil des notables ne pourront être convoqués pour le service du chef-lieu que sur un ordre écrit de l'administrateur, chef de province, et individuellement par les magistrats.

Les autres fonctionnaires qui auront besoin du concours des représentants d'un village, devront s'adresser à l'administrateur sans préjudice du droit de réquisition, sur place, que peuvent tenir de la loi ou des règlements, les différentes administrations ou services publics.

Au chef-lieu, les demandes de réquisitions sont adressées à l'administrateur.

Art. 9. — La responsabilité pécuniaire et collective des notables et habitants de la commune est limitée aux cas suivants :

1° Rentrée des impôts (1) ;

2° Recrutement ;

3° Dégâts aux tramways et chemins de fer, aux lignes télégraphiques-téléphoniques, aux écluses ou vannages, aux conduites d'eau ;

4° Dégâts commis dans les bois et forêts, lorsque la commune jouit des avantages accordés aux villages forestiers ;

5° Fraudes en matières d'alcool et d'opium.

L'administration intéressée devra établir, à la charge du village, les faits, soit de connivence, soit de négligence.

Dans chaque circonstance où la responsabilité des autorités de la commune semblera engagée, le sous-directeur des Douanes devra se concerter, avant tout acte de poursuite, avec le chef de la province dont dépendra le village. Si une entente ne parvient pas à s'établir entre les deux services, la question sera obligatoirement soumise au Lieutenant-Gouverneur et, en cas de nouveau désaccord, au Gouverneur général qui décidera s'il y a lieu d'ouvrir des poursuites contre les autorités communales en cause.

Le tout, sauf dispositions contraires résultant des lois et décrets en vigueur.

La commune est responsable des amendes infligées ou dommages-intérêts prononcés, dans les cas prévus aux paragraphes 3, 4, 5, par l'autorité supérieure ou les tribunaux. Une circulaire du Lieutenant-Gouverneur fixera les conditions de répartition entre les notables et les habitants.

---

(1) La commune est responsable envers l'Administration de la collection et du versement de l'impôt. Elle doit couvrir tous les déficits quelles que soient leurs causes, sans qu'il y ait lieu de rechercher s'ils proviennent de faits délictueux ou d'une mauvaise gestion.

La responsabilité qui découle de ces principes est absolue. Elle engage les nouveaux notables en exercice qui doivent compte à l'Administration des impôts perçus et peuvent même être recherchés, bien qu'en fait la dette dont ils portent le poids incombe aux notables qui étaient en fonctions au moment où le déficit s'est produit.

Il appartient néanmoins aux notables sus-désignés de poursuivre sur l'auteur des déficits et les notables sortants responsables, le remboursement du montant de ces déficits. *(Cour d'Appel de Saigon — Arrêt du 26 Novembre 1903).*

TITRE III

Pouvoirs disciplinaires du conseil des notables et de ses membres. — Suspension et révocation des notables.

Art. 10. — Les notables en exercice ont les droits résultant de leurs pouvoirs, c'est-à-dire qu'ils peuvent détenir à la maison commune pendant la durée nécessaire à une information officieuse et sommaire, jusqu'à l'envoi au parquet du dossier et de l'inculpé. Dans tous les cas la détention de ce dernier à la maison commune devra être aussi courte que possible.

Art. 11. — Ils peuvent infliger des jours de garde supplémentaires à la maison commune aux habitants qui auront refusé de se soumettre aux obligations imposées par la coutume et l'Administration, et tendant à assurer la police et les divers services du village, sans que le nombre de ces journées de garde supplémentaires puisse dépasser trois jours.

Ces jours de garde, ainsi que ceux qui incombent normalement aux habitants, peuvent être rachetés au profit du village au taux ordinaire du rachat de la journée de prestation.

Art. 12.— Ils peuvent consigner à la maison commune les habitants surpris en état d'ivresse ou causant du désordre ou du scandale dans le village, mais jamais pendant plus de vingt-quatre heures.

Art. 13. — *(Modifié par arrêté du 21 Novembre 1919).* — Les notables qui manqueront aux devoirs qui leur sont imposés par l'usage et la tradition, ainsi qu'à leurs obligations à l'égard des grands notables, pourront être punis par le conseil des notables d'une amende de 0$15 à 3 piastres perçue au profit de la commune.

En cas de négligence persistante, le conseil des notables pourra proposer au chef de la province, la suspension ou la révocation du notable insoumis.

Tout notable révoqué ou qui viendrait à être condamné à une peine d'emprisonnement, ne pourra plus faire partie du conseil des notables.

Tout notable qui sera placé sous le coup d'un mandat de Justice sera suspendu provisoirement de ses fonctions.

Un relevé des amendes et des punitions infligées en vertu des articles 11, 12 et 13 sera adressé, deux fois par mois à l'administrateur, avec les motifs qui les auront provoquées.

TITRE IV

Obligations des conseils de notables en matière de biens communaux. — Procédure pour autoriser les villages a ester en justice

« *Art. 14.— (Modifié par arrêté du 31 Octobre 1916).*— Les biens de toute « nature appartenant aux villages, et, notamment, les biens « *Công* « *diên* » proprement dits, les biens « *Công thô* », et ceux qui étaient « inscrits, autrefois sous le titre de « *Bôn thôn diên* » et « *Bôn thôn thô* »

« pourront être affermés par les soins des conseils des notables pour « trois ou six ou neuf années.

« *Art. 15.— (Modifié par arrêté du 31 Octobre 1916).* — Les actes de « location dressés en conformité des prescriptions de l'article précédent « ne seront valables dans aucune de leurs parties qu'après avoir reçu « le visa de l'administrateur, chef de province. Cependant les actes « de location, excédant une durée de trois années, seront soumis à « l'autorisation préalable du Gouverneur en Conseil privé. »

Art. 16.— Aucune aliénation, même à réméré, des biens fonciers de toute nature des villages, ne pourra avoir lieu qu'en vertu d'une autorisation préalable du Lieutenant-Gouverneur et à la suite d'un rapport de l'administrateur, indiquant les motifs de l'aliénation. L'acte d'aliénation, par voie amiable ou aux enchères, ne deviendra définitif qu'après son approbation par le Lieutenant-Gouverneur.

Art. 17. — Il est interdit aux notables d'emprunter aucune somme pour le compte des villages, autrement qu'en vertu d'une délibération authentique du conseil des notables, approuvée par l'administrateur, ou, si la somme est supérieure à 300 $, par le Lieutenant-Gouverneur.

Toute location, vente ou emprunt même revêtu du cachet du village qui aurait été fait contrairement aux prescriptions du présent arrêté, n'engagerait pas le village, mais seulement les notables qui pourraient l'avoir signé, pris comme particuliers.

Art. 18. — Aucun village ne pourra ester en justice sans y avoir été autorisé par l'administrateur.

Après tout jugement intervenu, le village ne pourra se pourvoir devant un autre degré de juridiction qu'en vertu d'une nouvelle autorisation de l'administrateur.

Art. 19. — Le village auquel l'autorisation aura été refusée, pourra se pourvoir devant le Lieutenant-Gouverneur en Conseil privé. Le pourvoi devra, à peine de déchéance, avoir lieu dans le délai de trois mois, à dater de la notification de la décision de l'administrateur.

Art. 20. — Quiconque voudra intenter une action contre un village sera tenu d'adresser préalablement à l'administrateur un mémoire exposant l'objet et les motifs de sa réclamation. Il lui en sera donné récépissé. La présentation du mémoire interrompra toute prescription ou déchéance. Aussitôt, après sa réception, l'administrateur transmettra le mémoire au conseil des notables pour en délibérer.

Art. 21. — La délibération du conseil des notables sera, dans tous les cas, transmise, dans un délai de 15 jours, à l'administrateur, qui décidera si la commune doit être autorisée à ester en justice.

La décision de l'administrateur devra être rendue dans le délai de 2 mois, à partir de la date du récépissé énoncé en l'article précédent.

Art. 22.— Toute décision de l'administrateur portant refus d'autorisation devra être motivée.

En cas de refus d'autorisation, le maire pourra, en vertu d'une délibération du conseil des notables, se pourvoir devant le Lieutenant-Gouverneur en Conseil privé. Le pourvoi devra indiquer aussi exactement que possible, l'objet du litige et comporter l'avis de l'administrateur, chargé de le transmettre.

Il devra être statué sur le pourvoi dans le délai de 2 mois. à compter du jour de son enregistrement au secrétariat du Conseil privé.

Art. 23. — L'action ne pourra être intentée qu'après la décision de l'administrateur et, à défaut de décision dans le délai fixé par l'article 21, qu'après l'expiration de ce délai.

En cas de pourvoi contre la décision de l'administrateur, l'instance sera suspendue jusqu'à ce qu'il ait été statué sur le pourvoi et, à défaut de décision dans le délai fixé par l'article précédent, jusqu'à l'expiration de ce délai.

En aucun cas, la commune ne pourra défendre à l'action qu'autant qu'elle y aura été expressément autorisée.

Art. 24.— Le Xa-truong peut, toutefois, sans autorisation préalable, intenter toute action possessoire ou y défendre et faire tous autres actes conservatoires ou interruptifs de déchéance.

Il peut, sans autre autorisation, interjeter appel de tous jugements et se pourvoir en cassation, mais il ne peut ni suivre sur son appel, ni suivre sur le pourvoi qu'en vertu d'une nouvelle autorisation.

Art. 25. — Toute transaction consentie par le village ne pourra être exécutée qu'après l'homologation par arrêté du Gouverneur en Conseil privé.

TITRE V

Déplacements et indemnités. — Dispositions générales

Art. 26. — Tout notable appelé en service hors de sa résidence par une administration française dans les conditions indiquées à l'article 8 ci-dessus, a droit à des indemnités de déplacement.

Les notables seront classés à la quatrième catégorie du tableau annexé à l'arrêté du 22 février 1902 qui fixe les indemnités de séjour et de route à accorder aux agents indigènes.

Art. 27. — Ces indemnités sont imputables au budget de l'administration qui aura convoqué le notable et ne seront payées que sur la présentation de la pièce de convocation.

Art. 28. — Les frais de déplacement nécessités par le recouvrement des impôts, l'exécution des prestations et les divers services du village, les frais de conduite au parquet des individus inculpés de crimes ou délits commis sur le territoire de la commune, constituent des dépenses obligatoires pour les budgets communaux.

Art. 29. — Le présent arrêté sera affiché dans tous les villages de la Cochinchine en français, en quôc-ngu et en caractères chinois ; il sera affiché en caractères cambodgiens dans les villages habités par des indigènes du Cambodge.

Art. 30. — Toutes les dispositions contraires sont abrogées.

TONKIN

Administration indigène. — Jusqu'en 1897, le Tonkin était administré, concurremment et sous le haut contrôle du Résident supérieur, par un kinh-luoc ou vice-roi, représentant de l'Empereur d'Annam.

Cette fonction avait été créée par l'Empereur Tuduc, par l'ordonnance royale du 10 Juin 1886, faisant délégation au kinh-luoc de pouvoirs royaux. « *Considérant*, disait cette ordonnance, *l'intérêt d'avoir une bonne administration et d'obtenir une prompte expédition des affaires, il est nécessaire de nommer au Tonkin un haut mandarin qui, résidant à Hanoi, représentera le Gouvernement annamite et exercera les pouvoirs les plus étendus. Mais le kinh-luoc devra porter à la connaissance de la Cour les décisions qu'il aura prises* ».

Aux termes de l'article 7 du traité du 6 Juin 1884 et de l'article 2 de l'arrêté du 1er Avril 1892 déterminant les attributions des Résidents supérieurs, le contrôle des actes du kinh-luoc était exercé par le Gouverneur général et par le Résident supérieur du Tonkin.

Un arrêté du Gouverneur général, en date du 13 Août 1897, a approuvé et rendu exécutoire l'ordonnance royale du 26 Juillet précédent supprimant les fonctions de kinh-luoc.

Ses attributions ont été entièrement dévolues au Résident supérieur du Tonkin qui demeure seul chargé de l'administration du pays, sous la haute autorité du Gouverneur général.

En conséquence, l'administration indigène y est soumise, d'une manière plus étroite qu'au Cambodge et en Annam, au contrôle de l'Administration française. Quoique les *tong-doc*, *tuân-phu* et *an-sat* continuent à assurer la marche des affaires provinciales, le résident n'en est pas moins le chef incontesté de l'Administration, et son contrôle direct s'étend sur tous les fonctionnaires indigènes.

L'organisation cantonale et communale est, à quelque chose près, identique à celle de la Cochinchine, étudiée plus haut.

Les chefs et sous-chefs de canton et les autorités communales éclairent les indigènes sur leurs droits et leurs devoirs et règlent en conciliation, dans l'étendue du ressort soumis à leur surveillance, les affaires qui leurs sont exposées : les parties ont toutefois le droit de porter leurs différends directement devant le tribunal compétent.

Si ces autorités parviennent à décider les parties à se concilier, procès-verbal en est dressé en présence des parties qui signeront le procès-verbal avec le chef ou sous-chef de canton ou les notables intéressés.

Les villages constitués en communes sont administrés par un conseil communal dont les membres désignés sous le nom de *toc-bien* sont au nombre de 4 au moins et de 20 au plus.

Ne peuvent être élus toc-bien que les hommes âgés de 25 ans au moins, possédant des biens dans le village et n'ayant jamais été condamnés à une peine privative d'un quelconque des droits civiques énumérés par l'article 29 du code pénal annamite.

Sont électeurs, tous les hommes âgés de 18 ans au moins et n'ayant jamais été condamnés à une peine privative de l'un des droits civiques inscrits à l'article 29 du code pénal annamite sous les numéros 1 et 5.

Le conseil communal est renouvelé en bloc tous les 3 ans, mais les toc-bien sont indéfiniment rééligibles.

Pour combler chaque vacance qui se produit dans l'intervalle des élections par suite de démission, révocation ou décès, le conseil communal présente, à l'agrément du résident, un remplaçant élu dans le groupement auquel appartient le représentant défaillant.

Le conseil choisit dans son sein un président qui prend le titre de *chanh-huong-hoi* et un vice-président qui prend celui de *pho-huong-hoi*.

Le *ly-truong* ou maire, sert d'intermédiaire entre l'administration et la commune. Il a aussi les mêmes attributions que le xa truong et le huong-quan dans les communes annamites de Cochinchine.

Il y a également des *ky-lao* ou vieillards, anciens notables que l'on consulte et que l'on invite à assister à certaines réunions.

Les chefs et sous-chefs de canton sont choisis par les villages, l'Administration se réservant le droit de confirmer ou de rejeter le choix exprimé. Au surplus, leurs attributions sont sensiblement les mêmes que celles des chefs et sous-chefs de canton de Cochinchine.

ANNAM

L'Empereur, le Conseil des ministres, les autorités annamites. — Ainsi que nous l'avons dit plus haut, l'Administration indigène est encore dominante en Annam. L'Empereur qui est, en principe, souverain absolu, est assisté :

1° De ministères chargés des affaires intéressant l'administration du royaume.

2° D'un conseil (ancien *Comat*) dont la composition primitive a été modifiée. Autrefois, il comprenait les « *4 Colonnes de l'Empire* » et des secrétaires. Actuellement, il est composé des ministres et présidé par le Résident supérieur.

3° D'un conseil de censure, nommé par l'Empereur, chargé de contrôler la gestion des fonctionnaires annamites et de veiller à l'observation des lois et règlements en vigueur.

Deux ordonnances, prises par l'Empereur Thanh-Thai, le 27 Septembre 1897 et le 15 Août 1898, ont consacré le principe des réformes de l'organisation administrative indigène.

Les ministres composant le gouvernement annamite sont au nombre de 7. Ce sont les ministres de l'Intérieur, des Finances, de la Guerre, des Rites, de la Justice, des Travaux publics et de l'Instruction publique. Chaque ministre est assisté de trois mandarins supérieurs et de plusieurs mandarins subalternes.

Les 3 mandarins supérieurs sont :

1° le thanh-tri ;
2° le chef de bureau de droite ;
3° le chef de bureau de gauche.

Le thanh-tri est chargé, sous le contrôle du ministre intéressé :

1° De la préparation et de l'expédition des affaires ;
2° De la distribution du travail ;

3° De la correction des rapports ;

4° De la police générale des bureaux ;

5° Du contrôle du personnel et des registres indispensables pour l'inscription des affaires reçues ou celles qui sont réglées et de celles en instance.

Le chef de bureau de droite est chargé d'étudier toutes les questions ayant trait aux provinces du Nord de la capitale et du Tonkin ; l'autre, en sa qualité de chef de bureau de gauche, a à étudier toutes les questions ayant trait aux provinces du Sud, de Hué à la frontière de Cochinchine, et des affaires de l'extérieur. Ces deux chefs de bureau sont responsables vis-à-vis du thanh-tri, comme le thanh-tri l'est lui-même vis-à-vis du ministre.

Toutes les questions importantes sont directement soumises au conseil par le ministre intéressé: elles sont discutées en séance et transmises ensuite à l'Empereur ; mais les décisions prises ne deviennent exécutoires qu'après approbation du Résident supérieur ou, suivant le cas, du Gouverneur général.

A la suite de la mort de S. M. Khai-Dinh, survenue le 6 Novembre 1925, une proclamation faite par le gouvernement protecteur et le gouvernement protégé a notifié au peuple annamite :

1° La reconnaissance, en qualité de souverain du royaume, du prince Vinh-Thuy, fils de sa Majesté Khai-Dinh.

2° L'institution d'une sorte de constitution résultant de la Convention signée le 6 novembre 1925 par le gouvernement annamite et le gouvernement français (voir ci-après le texte de ce document).

« D'après cette convention, le souverain d'Annam délègue au Résident supérieur, par l'intermédiaire de la Chambre des représentants du peuple, partie de ses pouvoirs : Première étape vers l'organisation d'une monarchie constitutionnelle dans laquelle le Roi règne mais ne gouverne pas.

Des accords intervenus résulte une organisation qui, dès aujourd'hui, met en harmonie les termes de la convention avec la situation créée du fait de la minorité du prince héritier.

Il n'a pas été créé de conseil de régence mais il a été institué un régent. S. E. Ton-that-Han, ancien Président du Conseil Van-Minh, membre de la famille royale, a été désigné pour remplir cette haute fonction.

Le régent, représentant temporaire de l'autorité impériale, est dépositaire et gardien des pouvoirs royaux.

Il est responsable des insignes impériaux. Représentant l'autorité royale, seul il commande et ordonne dans la Cité interdite.

Il exerce par délégation les attributions conférées à Sa Majesté par le paragraphe 1er de la convention du 6 Novembre.

Le Cômât, organe exécutif, conserve sa composition et sa constitution. Son fonctionnement est désormais défini par les termes de la convention.

Enfin la Chambre consultative se transforme « en Chambre des Représentants du peuple », pouvant être saisie des questions d'ordre général intéressant l'Empire, questions auxquelles elle pourra donner désormais des solutions qui, si elles sont acceptées par le Représentant de la nation protectrice, pourront immédiatement être mises en vigueur et avoir force de loi par arrêtés du Résident supérieur pris en conseil des Ministres.

....

Pour n'être point parfaite, cette convention crée l'instrument actuellement nécessaire à l'évolution présente de l'Annam.

Dès aujourd'hui sont créées deux commissions : l'une dite des économies, l'autre d'organisation administrative, qui auront pour objet d'adapter à la constitution nouvelle les règles parfois archaïques qui régissent encore l'administration indigène et l'organisation financière du Gouvernement annamite proprement dit. » *(Circulaire du Résident supérieur de l'Annam.)*

Convention
du 6 Novembre 1925.

Les deux Gouvernements tenant compte de l'évolution du peuple annamite et désireux de satisfaire ses aspirations en ce qui concerne une participation plus active dans la gestion des affaires publiques se sont mis d'accord pour régler leurs rapports par une constitution nouvelle.

Cette constitution fait intervenir dans la discussion des grandes questions qui intéressent le pays, la Chambre des Représentants du Peuple (nouvelle dénomination de la Chambre consultative indigène) qu'elle associe plus étroitement à l'élaboration des actes d'administration dont la mise en vigueur est prononcée par le Représentant du Protectorat d'accord avec le Conseil des Ministres.

En ce qui concerne le Tonkin où ces principes ont déjà commencé à recevoir leur application, aucune modification n'est apportée, pour le moment, dans les rapports du Protectorat du Tonkin avec le Gouvernement annamite.

Considérant l'évolution de tous les Etats modernes ;

Considérant les modifications que la situation économique et sociale du pays d'Annam imposent à l'organisation administrative du Protectorat ;

Considérant la multiplicité des affaires qui ne permet pas au Souverain d'intervenir personnellement dans l'Administration quotidienne du pays, tout en continuant à assurer l'exécution du premier de ses devoirs qui reste la célébration des rites d'où dépend l'ordre et la paix du royaume, principe déjà posé par l'ordonnance royale du 3 Juin 1886 ;

Considérant la minorité du Roi ;

Considérant que les intérêts de la France et ceux de l'Annam sont intimement liés ; qu'ils sont solidaires les uns des autres et que, par suite il est indispensable d'assurer complètement la communauté de vues et d'action de laquelle dépend la bonne administration du pays ;

Considérant qu'il importe de donner à là marche des affaires plus de célérité et une plus grande unité de direction ;

Considérant les idées qui guidèrent sa Majesté dans le Gouvernement du pays, et le vœu des populations comme celui de la Cour, tendant à conserver les principes de morale qui régissent les rapports des sujets et du Souverain et des sujets entre eux ; afin, d'autre part, de suivre l'esprit de la constitution orale du Royaume d'Annam et de se conformer aux prescriptions rituelles qui font régner le Souverain ayant reçu mandat du ciel, mais qui donne délégation aux Ministres du soin de gouverner et d'administrer l'Empire ;

Entre les représentants de l'empire d'Annam, soussignés agissant au nom de Sa Majesté ; et le Gouverneur général de l'Indochine, dépositaire des pouvoirs de la République ou en cas d'absence, son délégué, le Résident supérieur, agissant en son nom ;

Il a été convenu ce qui suit ;

Art. 1er.—Seuls les règlements concernant les rites ou les règles constitutionnelles du Royaume feront l'objet d'ordonnances royales. L'intervention directe du Souverain reste entière pour l'exercice du droit de grâce et pour l'attribution des grades posthumes et des brevets de génie aux villages de l'Annam et du Tonkin. Les distinctions honorifiques, les grades de Diên-ham, les titres de Cung-ham et les cinq titres de noblesse seront conférés par Sa Majesté à ses sujets, conformément aux dispositions de l'article 5 de l'ordonnance royale du 7 Juin 1923.

Toutes les autres questions concernant la justice et l'administration du royaume, l'organisation des services, le recrutement et la nomination des fonctionnaires annamites de tous les degrés sont réglées par arrêtés des représentants du Protectorat. Toutefois, en Annam, les arrêtés du Résident supérieur seront pris en Conseil des Ministres, après avis obligatoire de ceux-ci.

Toutefois étant donné l'évolution actuelle du pays, le gouvernement annamite juge le moment opportun de faire participer le peuple à la gestion des affaires de l'État. C'est pourquoi, le Résident supérieur en Annam reçoit la délégation permanente de Sa Majesté pour prendre, sur toutes grandes réformes jugées utiles, l'avis de la « Chambre des représentants du peuple », première étape vers une participation plus effective de la population aux affaires publiques. Ces réformes seront applicables par voie d'arrêtés après avis conforme de cette assemblée.

Les arrêtés pris par les Représentants du Protectorat auront force obligatoire dans chacun des pays où s'exerce leur autorité.

La nomination et la révocation des Ministres sera faite par le Roi, après accord intervenu avec le Résident supérieur en Annam et adhésion du Gouverneur général.

Art. 2.— Les dépenses relatives à l'Administration civile et militaire du Gouvernement annamite seront incorporées au budget local de l'Annam.

La liste civile du Souverain et de la famille royale, les dépenses du Service des Rites et celles qui concernent les Palais et Tombeaux formeront un budget spécial à la disposition du Souverain et dont la gérance sera confiée au Ministre des Finances.

Art. 3.— Le Conseil des ministres sera présidé par le Résident supérieur en Annam ; en cas d'absence ou d'empêchement, il devra se faire représenter.

Art. 4.— La présente convention entre en exécution à la date de sa signature.

Fait à Hué, le six novembre mil neuf cent vingt-cinq.

CAMBODGE

Le Roi, le Conseil des Ministres, les fonctionnaires Cambodgiens. — En vertu de la convention du 17 Juin 1884, par laquelle le Cambodge a été placé sous le Protectorat de la France, le Roi du Cambodge continue, comme par le passé, à gouverner ses Etats et à diriger leur administration, sauf les restrictions qui résultent de cette convention et des textes postérieurs.

Le Roi est assisté d'un conseil des ministres présidé par le Résident supérieur et composé des cinq ministres : de l'Intérieur, du Palais, de la Justice (1), de la Guerre et de la Marine. Ces ministres sont assistés de 5 suppléants et d'un secrétaire-archiviste.

Le conseil des ministres « a pour mission la haute surveillance de l'exécution des lois ainsi que l'étude des réformes et modifications dont elles pourraient devenir susceptibles ; il juge, en outre, tous les conflits qui peuvent naître du fonctionnement de l'Administration indigène. Ses délibérations ont lieu hors de la présence du roi, auquel il soumet ensuite les mesures reconnues opportunes et utiles au pays. »

---

(1) Par ordonnance du 4 Septembre 1915, le Roi du Cambodge a accepté, sur la suggestion du Résident supérieur, la création d'un emploi de délégué français auprès du ministère de la Justice.

Il n'a pas été dans les intentions de l'Administration française, en créant cet emploi nouveau, de porter atteinte à une prérogative à laquelle le gouvernement royal se montre très attaché et à laisser un fonctionnaire français superposer, pour ainsi dire, ses décisions à celles des juges indigènes devant lesquels sont évoqués les litiges entre Cambodgiens. Le rôle de la délégation près du ministère de la Justice consisté uniquement à exercer un contrôle permanent sur les cours et les tribunaux indigènes de la capitale et des provinces, à vérifier, d'accord avec le ministre de la Justice, la légalité des jugements rendus, à veiller à une rapide distribution de la Justice et, enfin, à exercer sa surveillance personnelle et sur les lieux de détention et sur l'emploi normal de la main-d'œuvre pénale.

Au point de vue théorique, le délégué assure l'interprétation des nouveaux codes cambodgiens avec lesquels les magistrats ne sont pas encore suffisamment familiarisés et signale à l'examen de la commission des Codes les modifications dont la pratique permet de reconnaître la nécessité ou les lacunes qu'il conviendrait de combler. — *(Extrait du Rapport au Conseil de Gouvernement, 1916).*

Au point de vue de l'administration indigène, le Cambodge est divisé en autant de provinces que de résidences dont la direction est confiée à un haut fonctionnaire du cadre supérieur de l'ordre administratif, appelé Chaufaikhet. Comme nous l'avons vu plus haut, le khet comprend un certain nombre de srok et de khand. Les gouverneurs cambodgiens, qui continuent à les administrer, relèvent des ministres et ont, à leur tour, sous leurs ordres, un certain nombre de fonctionnaires chargés de l'administration proprement dite, de la police et de la justice indigène.

L'administration indigène du Cambodge est assurée par deux personnels distincts :

1° Personnel dénommé « *Krom Rothabal* » ou personnel de l'ordre administratif, qui comprend les fonctionnaires de l'administration centrale des ministères et de l'administration provinciale des khêt, des srok et des khands. Il assure l'administration générale, la direction de la police rurale, la perception et le contrôle des impôts indigènes, la tenue des archives, etc... dans la capitale, sous l'autorité du conseil des ministres et dans les provinces, sous le contrôle des résidents chefs de circonscription. Ce personnel se divise en trois cadres : le cadre supérieur, le cadre secondaire et le cadre subalterne.

2° Personnel dénommé « *Krom Tralakar* » ou personnel de l'ordre judiciaire, qui comprend les magistrats des tribunaux supérieurs de Phnom-Penh et de Battambang ; les juges des tribunaux de 1re instance de la capitale et des provinces ainsi que les greffiers et huissiers près les cours et tribunaux du royaume. Il est placé sous l'autorité du ministre de la Justice dans les tribunaux de la capitale. Ce personnel ne comprend que deux cadres: 1° les magistrats ; 2° les greffiers et les commis-greffiers.

Toutefois, l'établissement et la perception des impôts, les Douanes, les Contributions indirectes, les Travaux publics et, en général, les services qui exigent une direction unique ou l'emploi d'ingénieurs ou d'agents européens, échappent à l'administration indigène.

LAOS

Administration indigène. — Nous avons dit précédemment que les grandes circonscriptions administratives indigènes, ou *muong*, sont administrées par un *chaomuong*, un *oupahat* ; son adjoint, un à trois *phou-xouei* et un à cinq *samien*, que le chao-muong est le chef responsable de tous les services administratifs et judiciaires de sa circonscription. Nous avons dit également quelles étaient les attributions de ses subordonnés directs.

Tous ces fonctionnaires de l'administration indigène du Laos sont nommés par arrêté du Résident supérieur, sur la proposition des administrateurs des provinces, et, pour le Royaume de Luang-Prabang, sous réserve des stipulations prévues par la convention du 24 avril 1917 (1).

L'honorariat du grade peut être accordé aux fonctionnaires de l'administration indigène, retraités ou démissionnaires.

Cette distinction est conférée par arrêté du Résident supérieur au Laos sur la proposition de l'administrateur de

(1) La nomination, par le Résident supérieur, des fonctionnaires de l'administration indigène des Muongs constitue une innovation : jusqu'à ces derniers temps, en effet, les hauts dignitaires des Muongs, c.-à-d. le Chao-muong et ses trois adjoints, l'Oupahat, le Latsavong et le Latsabout, étaient élus par les chefs des villages et les chefs de groupes, sans qu'il y ait jamais d'exception à cette règle.

« Ces quatre dignitaires sont toujours choisis parmi les nobles, et pour leur élection toute la population (nobles, fonctionnaires et peuple) est nécessairement consultée. Tous les chefs de groupes, tous les chefs de village sont convoqués au chef-lieu et tous prennent part à l'élection. Le nom du candidat qui a réuni le plus grand nombre des suffrages est présenté au Commissaire du Gouvernement qui se réserve le droit d'agréer et de consacrer le choix des électeurs si le candidat lui semble digne de remplir les fonctions pour lesquelles il est proposé, ou d'en appeler à une nouvelle consultation si le candidat ne peut être agréé par lui. L'élu n'est mis en possession de ses titres et prérogatives qu'après avoir reçu l'investiture que seul peut donner le pouvoir protecteur.

En général, le candidat présenté par les électeurs a été choisi parmi ceux que l'on sait devoir être agréés par la puissance protectrice et en principe le choix porte presque toujours, à moins d'indignité, sur le fils ou l'un des membres de la famille du dignitaire décédé. » (*Extrait de la Notice sur le Laos français*).

la province où l'intéressé était en service. Pour les fonctionnaires du Royaume de Luang-Prabang, l'avis préalable du Roi est obligatoire.

Les fonctionnaires honoraires prennent rang, dans les cérémonies publiques, à la place qui leur était conférée par leur grade d'activité. Les assesseurs des tribunaux provinciaux et du tribunal supérieur sont plus spécialement choisis parmi les fonctionnaires indigènes honoraires.

« La province comprend un ensemble de villages administrés chacun par un *pho-ban* (père du village) et réunis en cantons dirigés par un *tasseng*. Pho-ban et tasseng sont aidés par deux adjoints (le *thao-phai* ou *kom-nam* et le *cha*) et conseillés par les anciens. La police du village, la gestion de ses biens, la justice pour les petits délits ou petits litiges, sont de leur compétence. » (*Annuaire général de l'Indochine.*)

Nota. — Une partie du Laos est encore soumise à l'influence de souverains indigènes ; mais leur autorité est plus nominale que réelle. Seul, le roi de Luang-Prabang est reconnu en quelque sorte d'une manière officielle. Il est assisté d'un conseil appelé *Hosanam-Luong* — ou Conseil du Roi — qui délibère sur les ordonnances à prendre. Ces ordonnances, obligatoirement visées par le Commissaire du Gouvernement à Luang-Prabang, sont rendues exécutoires par le Résident supérieur.

KOUANG-TCHÉOU-WAN

Administration indigène. — L'administration indigène du territoire de Kouang-tchéou-wan ne se manifeste que dans le *kong-hu* ou conseil des notables, qui administre la commune, gère ses finances et assure la police sous le contrôle de l'Administration française. Ce conseil est responsable du maintien de l'ordre et de la sécurité des habitants sur tout le territoire de la commune.

« Le chef du kong-hu, intermédiaire autorisé entre les autorités françaises et la population indigène, doit prévenir ces autorités des troubles qui se seraient produits ou qui menaceraient de se produire. Il doit, s'il est nécessaire, demander le concours de la Garde indigène pour préserver la commune de tout danger venant de l'extérieur, pour maintenir et rétablir l'ordre à l'intérieur. »

Traités passés entre la France et l'Annam et le Cambodge

Pour se rendre compte des conditions dans lesquelles fonctionne l'administration indigène dans les pays de protectorat tout ou moins, c'est-à-dire, en Annam, au Tonkin et au Cambodge, il y a lieu de se référer aux traités passés entre la France et les souverains de ces pays.

a) **Traités avec l'Annam.** — Le premier acte intervenu entre la France et l'Annam, est le traité d'alliance offensive et défensive conclu à Versailles le 28 Novembre 1787 entre le Roi Louis XVI et le Roi Nguyen-Anh (Gialong).

Après l'expédition franco-espagnole en Cochinchine en 1859, un nouveau traité, passé le 5 Juin 1862, entre l'Empereur Napoléon III et la Reine Isabelle d'Espagne, d'une part, et le Roi d'Annam Tuduc, d'autre part, reconnaissait la domination de la France sur les provinces de l'est de la Basse-Cochinchine et sur les îles de Poulo-Condore.

Nous ne citerons que pour mémoire le traité du 15 Mars 1874 qui, comme le dit M. A. SCHREINER, « nous laissait toutes les charges, tous les inconvénients d'un régime de protectorat sans en avoir le moindre avantage, et ceci, non point parce que les Annamites nous trompaient, mais parce que nous n'avions pas pris les précautions indispensables»(1).

Aussi, en présence de la politique cauteleuse du roi d'Annam et de ses mandarins qui ne cessaient de fomenter des troubles et de nous créer des difficultés au Tonkin comme en Cochinchine, le Gouvernement français envoya un ultimatum à la suite duquel intervint, le 6 Juin 1884, un nouveau traité réglant définitivement les rapports de l'Annam avec la France.

---

(1) *Abrégé de l'Histoire d'Annam*, 2e édition.

Traité entre la France et l'Annam

(6 Juin 1884)

Article premier. — L'Annam reconnaît et accepte le Protectorat de la France.

La France représentera l'Annam dans toutes ses relations extérieures.

Les Annamites à l'étranger seront placés sous la protection de la France.

Art. 2. — Une force militaire française occupera Thuan-an d'une façon permanente. Tous les forts et ouvrages militaires de la rivière de Hué seront rasés.

Art. 3. — Les fonctionnaires annamites, depuis la frontière de la Cochinchine jusqu'à la frontière de la province de Ninh-binh, continueront à administrer les provinces comprises dans ces limites, sauf en ce qui concerne les Douanes, les Travaux publics, et, en général, les services qui exigent une direction unique ou l'emploi d'ingénieurs ou d'agents européens.

Art. 4. — Dans les limites ci-dessus indiquées, le gouvernement annamite déclarera ouverts au commerce de toutes les nations, outre le port de Quinhon, ceux de Tourane et de Xuanday. D'autres ports pourront être ultérieurement ouverts après une entente préalable. Le Gouvernement français y entretiendra des agents placés sous les ordres de son résident à Hué.

Art. 5. — Un Résident général, représentant du Gouvernement français, présidera aux relations extérieures de l'Annam, et assurera l'exercice régulier du Protectorat, sans s'immiscer dans l'Administration locale des provinces comprises dans les limites fixées par l'article 3.

Il résidera dans la citadelle de Hué, avec une escorte militaire.

Le Résident général aura droit d'audience privée et personnelle auprès de Sa Majesté le Roi d'Annam.

Art. 6. — Au Tonkin, des résidents ou résidents-adjoints seront placés par le Gouvernement de la République dans les chefs-lieux où leur présence sera jugée utile. Ils seront sous les ordres du Résident général.

Ils habiteront dans la citadelle et, en tout cas, dans l'enceinte même réservée aux mandarins ; il leur sera donné, s'il y a lieu, une escorte française ou indigène.

Art. 7.— Les résidents éviteront de s'occuper des détails de l'administration intérieure des provinces. Les fonctionnaires indigènes de tout ordre continueront à gouverner et à administrer sous leur contrôle ; mais ils devront être révoqués sur la demande des autorités françaises.

Art. 8. — Les fonctionnaires et employés français de toute catégorie ne communiqueront avec les autorités annamites que par l'intermédiaires des résidents.

Art. 9.— Une ligne télégraphique sera établie de Saigon à Hanoi et exploitée par des employés français.

Une partie des taxes sera attribuée au gouvernement annamite qui concédera, en retour, le terrain nécessaire aux stations.

Art. 10.— En Annam et au Tonkin, les étrangers de toute nationalité seront placés sous la juridiction française.

L'autorité française statuera sur les contestations, de quelque nature qu'elles soient, qui s'élèveront entre Annamites et étrangers, de même qu'entre étrangers.

Art. 11. — Dans l'Annam proprement dit, les quan-bô percevront l'impôt ancien sous le contrôle des fonctionnaires français, et pour le compte de la cour de Hué.

Au Tonkin, les résidents centraliseront avec le concours des quan-bô le service du même impôt, dont ils surveilleront la perception et l'emploi. Une commission, composée de commissaires français et annamites, déterminera les sommes qui devront être affectées aux diverses branches de l'administration et aux services publics. Le reliquat sera versé dans les caisses de la cour de Hué.

Art. 12. — Dans tout le royaume, les douanes réorganisées, seront entièrement confiées à des administrateurs français ; il n'y aura que des douanes maritimes et de frontières placées partout où le besoin s'en fera sentir.

Aucune réclamation ne sera admise en matière de douanes, au sujet des mesures prises jusqu'à ce jour par les autorités militaires.

Les lois et règlements concernant les contributions indirectes, le régime et le tarif des douanes, et le régime sanitaire de la Cochinchine, seront applicables aux territoires de l'Annam et du Tonkin.

Art. 13. — Les citoyens ou protégés français pourront, dans toute l'étendue du Tonkin et dans les ports ouverts de l'Annam, circuler librement, faire le commerce, acquérir des biens, meubles et immeubles et en disposer. Sa Majesté le Roi d'Annam confirme expressément les garanties stipulées par le traité du 15 Mars 1874 en faveur des missionnaires et des chrétiens.

Art. 14. — Les personnes qui voudront voyager dans l'intérieur de l'Annam ne pourront en obtenir l'autorisation que par l'intermédiaire du Résident général à Hué ou du Gouverneur de la Cochinchine.

Ces autorités leur délivreront des passeports qui seront présentés au visa du gouvernement annamite.

Art. 15. — La France s'engage à garantir désormais l'intégrité des Etats de Sa Majesté le Roi d'Annam, à défendre ce souverain contre les rebellions du dedans.

A cet effet, l'Autorité française pourra faire occuper militairement sur le territoire de l'Annam et du Tonkin, les points qu'elle jugera nécessaires pour assurer l'exercice du Protectorat.

Art. 16. — Sa Majesté le Roi d'Annam continuera, comme par le passé, à diriger l'Administration intérieure de ses Etats, sauf les restrictions qui résultent de la présente convention.

Art. 17. — Les dettes actuelles de l'Annam vis-à-vis de la France seront acquittées au moyen de paiements dont le mode sera ultérieurement déterminé. Sa Majesté le Roi d'Annam s'interdit de contracter aucun emprunt à l'étranger sans l'autorisation du Gouvernement français.

Art. 18. — Des conférences ultérieures régleront les limites des ports ouverts et des concessions françaises dans chacun de ces ports, l'établissement des phares sur les côtes de l'Annam et du Tonkin, le régime et l'exploitation des mines, le régime monétaire, la quotité à attribuer au gouvernement annamite sur le produit des douanes, des régies, des taxes télégraphiques et autres revenus non visés dans l'article 11 du présent traité.

La présente convention sera soumise à l'approbation du Gouvernement de la République française et de Sa Majesté le Roi d'Annam, et les ratifications en seront échangées aussitôt que possible.

Art. 19. — Le présent traité remplacera les conventions des 15 Mars, 31 Août et 23 Novembre 1874.

b) **Traités avec le Cambodge.** — Pour le Cambodge, le traité du 11 Août 1863, intervenu entre le Gouverneur de la Cochinchine et le Roi Norodom, déterminait les conditions auxquelles l'Empereur des Français consentait à transformer ses droits de suzeraineté sur le Royaume du Cambodge en un protectorat. En effet, la France, de par la conquête de la Cochinchine dont dépendait le Cambodge, était substituée à l'Annam dans ses droits de suzeraineté sur ce pays.

Mais les événements qui se déroulèrent par la suite, les prétentions du Siam sur le Royaume du Cambodge, le soulèvement de Pu-Kambô, l'attitude incertaine de Norodom, engagèrent le Gouvernement à imposer un traité apportant plus de restrictions aux prérogatives du souverain du Cambodge.

C'est la convention du 17 Juin 1884 qui instituait, sur de nouvelles bases, le régime du Protectorat.

Convention entre la France et le Cambodge

(17 Juin 1884).

Article premier. — S. M. le Roi du Cambodge accepte toutes les réformes administratives, judiciaires, financières et commerciales, auxquelles le Gouvernement de la République Française jugera, à l'avenir, utile de procéder pour faciliter l'accomplissement de son Protectorat.

Art. 2. — S. M. le Roi du Cambodge continuera, comme par le passé, à gouverner ses Etats et à diriger leur administration, sauf les restrictions qui résultent de la présente convention.

Art. 3. — Les fonctionnaires cambodgiens continueront, sous le contrôle des Autorités françaises, à administrer les provinces sauf en ce qui concerne l'établissement et la perception des impôts, les douanes, les contributions indirectes, les travaux publics, et, en général, les services qui exigent une direction unique ou l'emploi d'ingénieurs ou d'agents européens.

Art. 4. — Des résidents ou des résidents-adjoints nommés par le Gouvernement français et préposés au maintien de l'ordre public et au contrôle des autorités locales, seront placés dans les chefs-lieux de province et dans tous les points où leur présence sera jugée nécessaire.

Ils seront sous les ordres du résident chargé, aux termes de l'article 2 du traité du 11 août 1863, d'assurer, sous la haute autorité du Gouverneur de la Cochinchine, l'exercice régulier du Protectorat, et qui prendra le titre de Résident général.

Art. 5. — Le Résident général aura droit d'audience privée et personnelle auprès de S. M. le Roi du Cambodge.

Art. 6. — Les dépenses d'administration du Royaume et celles du Protectorat seront à la charge du Cambodge.

Art. 7. — Un arrangement spécial interviendra après l'établissement définitif du budget du Royaume pour fixer la liste civile du Roi et les dotations des princes de la famille royale.

La liste civile du Roi est provisoirement fixée à trois cent mille piastres; la dotation des princes est provisoirement fixée à vingt-cinq mille piastres, dont la répartition sera arrêtée suivant accord entre S. M. le Roi du Cambodge et le Gouverneur de la Cochinchine.

S. M. le Roi du Cambodge s'interdit de contracter aucun emprunt sans l'autorisation du Gouvernement de la République.

Art. 8. — L'esclavage est aboli sur tout le territoire du Cambodge.

Art. 9. — Le sol du Royaume, jusqu'à ce jour propriété exclusive de la Couronne, cessera d'être inaliénable. Il sera procédé, par les autorités françaises et cambodgiennes, à la constitution de la propriété au Cambodge.

Les chrétientés et les pagodes conserveront en toute propriété les terrains qu'elles occupent actuellement.

Art. 10. — La ville de Pnom-Penh sera administrée par une commission municipale composée . . . .

Art. 11. — La présente convention dont, en cas de contestation et conformément aux usages diplomatiques, le texte français seul fera foi, confirme et complète le traité du 11 Août 1863, les ordonnances royales et les conventions passées entre les deux gouvernements en ce qu'ils n'ont pas de contraire aux dispositions qui précèdent.

Traités passés entre la France et la Chine, le Japon, le Siam et l'Angleterre

Il peut être également intéressant de connaître sur quelles bases sont arrêtées les relations politiques que l'Indochine entretient actuellement avec les divers pays avoisinants: Chine, Japon, Siam et possessions anglaises. En conséquence, nous donnons ci-après les textes des traités et conventions intervenus à ce sujet (1).

a) Traités avec la Chine.

1° Traité du 9 Juin 1885

Article premier. — La France s'engage à rétablir et à maintenir l'ordre dans les provinces de l'Annam qui confinent à l'empire chinois. A cet effet, elle prendra les mesures nécessaires pour disperser ou expulser les bandes de pillards et gens sans aveu qui compromettent la tranquillité publique, et pour empêcher qu'elles ne se reforment. Toutefois, les troupes françaises ne pourront, dans aucun cas, franchir la frontière qui sépare le Tonkin de la Chine, frontière que la France promet de respecter et de garantir contre toute agression.

De son côté, la Chine s'engage à disperser ou à expulser les bandes qui se réfugieraient dans ses provinces limitrophes du Tonkin, et à disperser celles qui chercheraient à se former sur son territoire pour aller porter le trouble parmi les populations placées sous la protection de la France; et en considération des garanties qui lui sont données quant à la sécurité de sa frontière, elle s'interdit pareillement d'envoyer des troupes au Tonkin.

(1) Cette question figure au programme de la 4e épreuve de l'examen d'aptitude pour le grade d'administrateur-adjoint de 3e classe.

Les hautes parties contractantes fixeront, par une convention spéciale, les conditions dans lesquelles s'effectuera l'extradition des malfaiteurs entre la Chine et l'Annam.

Les Chinois, colons ou anciens soldats, qui vivent paisiblement en Annam, en se livrant à l'agriculture, à l'industrie ou au commerce et dont la conduite ne donnera lieu à aucun reproche, jouiront pour leurs personnes et pour leurs biens, de la même sécurité que les protégés français.

Art. 2. — La Chine, décidée à ne rien faire qui puisse compromettre l'œuvre de pacification entreprise par la France, s'engage à respecter, dans le présent et dans l'avenir, les traités, conventions et arrangements, directement intervenus ou à intervenir entre la France et l'Annam.

En ce qui concerne les rapports entre la Chine et l'Annam, il est entendu qu'ils seront de nature à ne point porter atteinte à la dignité de l'empire chinois, et à ne donner lieu à aucune violation du présent traité.

Art. 3. — Dans un délai de six mois à partir de la signature du présent traité, des commissaires désignés par les hautes parties contractantes se rendront sur les lieux reconnaître la frontière entre la Chine et le Tonkin. Ils poseront, partout où besoin sera, des bornes destinées à rendre apparente la ligne de démarcation. Dans le cas où ils ne pourraient se mettre d'accord sur l'emplacement de ces bornes ou sur les rectifications de détail qu'il pourrait y avoir lieu d'apporter à la frontière actuelle du Tonkin, dans l'intérêt commun des deux pays, ils en référeraient à leurs gouvernements respectifs.

Art. 4. — Lorsque la frontière aura été reconnue, les Français ou protégés français et les habitants étrangers du Tonkin, qui voudront la franchir pour se rendre en Chine, ne pourront le faire qu'après s'être munis préalablement de passeports délivrés par les autorités chinoises de la frontière, sur la demande des autorités françaises.

Pour les sujets chinois, il suffira d'une autorisation délivrée par les autorités impériales de la frontière.

Les sujets chinois, qui voudront se rendre de Chine au Tonkin, par la voie de terre, devront être munis de passeports réguliers délivrés par les autorités impériales.

Art. 5. — Le commerce d'importation et d'exportation sera permis aux négociants français ou protégés français et aux négociants chinois, par la frontière de terre, entre la Chine et le Tonkin.

Il devra se faire toutefois par certains points qui seront déterminés ultérieurement et dont le choix, ainsi que le nombre seront en rapport avec la direction comme avec l'importance du trafic entre les deux pays. Il sera tenu compte, à cet égard, des règlements en vigueur dans l'intérieur de l'empire chinois.

En tout état de cause, deux de ces points seront désignés sur la frontière chinoise : l'un, au-dessus de Lao-kay, l'autre, au-delà de Lang-son. Les commerçants français pourront s'y fixer dans les mêmes conditions et avec les mêmes avantages que dans les ports ouverts au commerce étranger. Le gouvernement de S. M. l'Empereur de Chine y installera des douanes, et le Gouvernement de la République pourra y entretenir des consuls dont les privilèges et les attributions seront identiques à ceux des agents de même ordre dans les ports ouverts.

De son côté, S. M. l'Empereur de Chine pourra, d'accord avec le Gouvernement français, nommer des consuls dans les principales villes du Tonkin.

Art. 6. — Un règlement spécial annexé au présent traité, précisera les conditions dans lesquelles s'effectuera le commerce par terre entre le Tonkin et les provinces chinoises du Yun-nan, du Kouang-si et du Kouang-tong. Ce règlement sera élaboré par des commissaires qui seront nommés par les hautes parties contractantes dans un délai de trois mois, après la signature du présent traité.

Les marchandises faisant l'objet de ce commerce seront soumises à l'entrée et à la sortie, entre le Tonkin et les provinces du Yun-nan et du Kouang-si, à des droits inférieurs à ceux que stipule le tarif actuel du commerce étranger. Toutefois le tarif réduit ne sera pas appliqué aux marchandises transportées par la frontière terrestre entre le Tonkin et le Kouang-tong, et n'aura pas d'effet dans les ports déjà ouverts par les traités.

Le commerce des armes, engins, approvisionnements et munitions de guerre de toute espèce, sera soumis aux lois et règlements édictés par chacun des Etats contractants sur son territoire.

L'exportation et l'importation de l'opium seront réglées par des dispositions spéciales, qui figureront dans le règlement commercial sus-mentionné.

Le commerce de mer entre la Chine et l'Annam sera également l'objet d'un règlement particulier. Provisoirement, il ne sera innové en rien à la pratique actuelle.

Art. 7. — En vue de développer dans les conditions les plus avantageuses les relations de commerce et de bon voisinage que le présent traité a pour objet de rétablir entre la France et la Chine, le Gouvernement de la République construira des routes au Tonkin et y encouragera la construction des chemins de fer.

Lorsque, de son côté, la Chine aura décidé de construire des voies ferrées, il est entendu qu'elle s'adressera à l'industrie française, et le Gouvernement de la République lui donnera toutes les facilités pour se procurer en France le personnel dont elle aura besoin. Il est entendu aussi que cette clause ne peut être considérée comme constituant un privilège exclusif en faveur de la France.

Art. 8. — Les stipulations commerciales du présent traité et les règlements à intervenir pourront être revisés après un intervalle de dix ans révolus à partir du jour de l'échange des ratifications du présent traité. Mais, au cas où, six mois avant le terme, ni l'une ni l'autre des hautes parties contractantes n'aurait manifesté le désir de procéder à la révision, les stipulations commerciales resteraient en vigueur pour un nouveau terme de dix ans et ainsi de suite.

Art. 9. — Dès que le présent traité aura été signé, les forces françaises recevront l'ordre de se retirer de Kelung et de cesser la visite, etc., en haute mer. Dans le délai d'un mois après la signature du présent, traité l'île de Formose et les Pescadores seront entièrement évacuées par les troupes françaises.

Art. 10. — Les dispositions des anciens traités, accords et conventions entre la France et la Chine, non modifiés par le présent traité, restent en pleine vigueur.

2° Convention commerciale du 25 Avril 1886 (1)

....

Art. 4. — Les Chinois auront le droit de posséder des terrains, d'élever des constructions, d'ouvrir des maisons de commerce et d'avoir des magasins dans tout l'Annam. Ils obtiendront pour leurs personnes, leurs familles et leurs biens, protection et sécurité à l'égal des sujets de la nation européenne la plus favorisée et, comme ces derniers, ils ne pourront être l'objet d'un mauvais traitement. Les correspondances officielles et privées, les télégrammes des fonctionnaires et commerçants chinois seront transmis sans difficulté par les Administrations postales et télégraphiques françaises (1).

....

3° Convention additionnelle du 26 Juin 1887

....

Art. 7. — Il est entendu que la France jouira de plein droit et sans qu'il soit besoin de négociations, de tous les privilèges et immunités de quelque nature qu'ils soient et de tous les avantages commerciaux qui pourraient être accordés dans la suite à la nation la plus favorisée par des traités ou conventions ayant pour objet le règlement des rapports politiques ou commerciaux entre la Chine et les pays situés au Nord et au Sud-Ouest de l'Empire chinois.

....

---

(1) Une loi du 30 Novembre 1888 a approuvé la dite convention ; mais si cette loi et cette convention ont été promulguées en France par le décret du 19 Octobre 1896, elle ne l'ont pas été en Indochine. Or, il est de jurisprudence constante que les lois et décrets ne sont exécutoires dans les colonies qu'après y avoir été promulgués. *(Penant, Recueil général de jurisprudence).*

En conséquence, le Chinois en Indochine ne pouvant exciper de la convention du 25 Avril 1886 en vertu de laquelle ils sont, sous le rapport de la juridiction en matières criminelle, fiscale ou autre, placés dans les mêmes conditions que les sujets de la nation la plus favorisée, l'arrêté du chef du pouvoir exécutif du 23 Août 1871 qui les range parmi les *Asiatiques* reste toujours en vigueur à leur égard. *(Cour de cassation, arrêt du 30 Janvier 1913).*

4° Traité du 10 Avril 1898

Le Gouvernement Chinois :

1° Accorde à la France de construire un chemin de fer au Yunnan ;

2° Cède à bail pour 99 ans, la baie de Kouang-tchéou-wan, avec le droit d'y créer une station navale et un dépôt de charbon ;

3° S'engage à ne jamais aliéner l'île d'Hainan, ni les provinces limitrophes du Tonkin (Kouang-tong, Yunnan), et à nommer un Français au poste de Directeur des Postes impériales.

Ce traité était accompagné de la déclaration suivante :

« Le Gouvernement chinois, en raison de son amitié pour la France, a donné à bail pour quatre-vingt-dix-neuf ans Kouang-tchéou-wan au gouvernement français pour y établir une station navale avec dépôt de charbon ; il reste cependant entendu que cette location n'affectera pas les droits de souveraineté de la Chine sur les territoires cédés.

« Les habitants conserveront la jouissance de leurs propriétés ; ils pourront continuer à habiter le territoire loué et vaquer à leurs travaux et occupations, sous la protection de la France, aussi longtemps qu'ils se montreront respectueux de ses lois et de ses règlements. La France payera un prix équitable aux propriétaires indigènes pour les terrains qu'elle désirera acquérir.

« La France pourra élever des fortifications, faire tenir garnison à des troupes ou prendre toute autre mesure défensive dans le terrain loué. Elle pourra construire des phares, placer des bouées et signaux utiles à la navigation sur le territoire loué, le long des îles et des côtes, et, d'une manière générale, prendre toutes les mesures et adopter toutes les dispositions propres à assurer la liberté et la sécurité de la navigation.

« Les navires à vapeur de la Chine, ainsi que les navires des puissances en relations diplomatiques et commerciales avec elle, seront traités dans le territoire loué comme dans les ports ouverts de Chine.

« La France pourra promulguer tous les règlements qu'elle voudra dans l'administration du territoire et du port et notamment percevoir des droits de phare et de tonnage destinés à couvrir les frais de construction et d'entretien des feux, balises et signaux, mais lesdits règlements et droits seront appliqués impartialement aux navires de toutes nationalités.

« Si des cas d'extradition se présentent, ils seront traités d'après les stipulations des conventions existantes de la France et de la Chine, notamment celles qui règlent les rapports de voisinage entre la Chine et le Tonkin. »

b) Traités avec le Japon.

1° Traité du 4 Août 1896

Article premier. — Il y aura réciproquement pleine et entière liberté de commerce et de navigation entre les Etats et possessions des deux hautes parties contractantes.

Les Français au Japon et les Japonais en France jouiront de la plus complète et constante protection pour leurs personnes et leurs propriétés.

Ils pourront réciproquement dans toute l'étendue des Etats et possessions respectifs, voyager, résider et se livrer à l'exercice de leurs professions, acquérir, posséder et transmettre par succession, par testament, donation ou de toute autre manière que ce soit, des biens, valeurs et effets mobiliers de toutes sortes; ils jouiront à cet effet des mêmes privilèges, libertés et droits que les nationaux ou les ressortissants de la nation la plus favorisée, sans pouvoir être tenus à acquitter des impôts ou taxes autres ou plus élevés.

Ils auront un libre accès auprès des tribunaux de justice, tant pour réclamer que pour défendre leurs droits en toute instance et à tous les degrés de juridiction établis par les lois. Ils seront libres de choisir et d'employer dans toutes les circonstances les légistes, avoués, avocats et agents de toutes classes qu'ils jugeraient à propos, et jouiront sous ce rapport des mêmes droits et privilèges que ceux qui sont ou seront accordés aux nationaux.

Art. 2. — Les ressortissants de chacune des deux hautes parties contractantes jouiront dans toute l'étendue des Etats et possessions de l'autre partie contractante, d'une entière liberté de conscience et pourront, en se conformant aux lois, ordonnances et règlements du pays, élever et posséder des églises, se livrer à l'exercice public ou privé de leur culte; ils jouiront aussi, sous les mêmes conditions, du droit d'être inhumés suivant leurs coutumes religieuses dans des cimetières convenablement situés, lesquels seront établis dans le cas où il n'en existerait point et seront soigneusement entretenus.

Art. 3. — Les Français au Japon et les Japonais en France ne seront contraints, sous aucun prétexte, à subir des charges ou à payer des taxes, impôts, contributions ou patentes sous quelque dénomination que ce soit, autres ou plus élevés que ceux qui sont ou seront perçus sur les nationaux ou les ressortissants de la nation la plus favorisée.

Ils ne seront astreints à aucun service obligatoire, soit dans les armées de terre ou de mer, soit dans les gardes ou milices nationales. Ils seront exempts de toutes contributions imposées en lieu et place du service personnel, de tous emprunts forcés et de toute autre conribution extraordinaire de quelque nature que ce soit.

Art. 4. — Les ressortissants de chacune des hautes parties contractantes pourront en quelque lieu que ce soit des Etats et possessions de l'autre partie, exercer toute espèce d'industrie ou de métier, faire le commerce tant en gros qu'en détail de tous produits, objets fabriqués ou manufacturés, de tous articles de commerce licite soit, en personne, soit par leurs agents, seuls ou en entrant en société commerciale avec des étrangers et avec des nationaux; ils pourront y posséder, louer, même par bail emphythéotique, et occuper les maisons et boutiques qui leur seront nécessaires, louer des terres, les prendre à bail emphythéotique, à l'effet d'y résider et d'y exercer leur profession ; le tout en se conformant, comme les nationaux eux-mêmes et les ressortissants de la nation la plus favorisée, aux lois et règlements des pays respectifs.

Il est entendu qu'en tout ce qui concerne l'agriculture et le droit de propriété sur les biens immobiliers, les Français au Japon et les Japonais en France jouiront du même traitement que les citoyens ou sujets de la nation la plus favorisée.

Art. 5. — Les Français au Japon et les Japonais en France auront pleine liberté d'entrer avec leurs navires et leurs cargaisons dans tous les ports, mouillages et rivières de leurs territoires respectifs qui sont ou pourront être ouverts au commerce extérieur et jouiront, en matière de commerce et de navigation, du même traitement que les nationaux et ressortissants de la nation la plus favorisée, sans avoir à payer aucun impôt, taxe ou droit de quelque nature ou sous quelque dénomination que ce soit, perçus au nom et au profit du gouvernement, de fonctionnaires publics, de particuliers, de corporations ou établissements quelconques, autres ou plus élevés que ceux imposés aux nationaux ou aux ressortissants de la nation la plus favorisée, le tout en se conformant aux lois, ordonnances et règlements des pays respectifs.

....

Art. 19. — Chacune des hautes parties contractantes pourra nommer des consuls généraux, consuls, vice-consuls et agents consulaires dans tous les ports, villes et places de l'autre partie. Ces agents et les consuls suppléants, chanceliers et secrétaires attachés à leur poste exerceront, en toute liberté, leurs fonctions et attributions et jouiront, à charge de réciprocité, de tous les privilèges, exemptions et immunités, ainsi que des pouvoirs qui sont ou seront accordés aux officiers consulaires de la nation la plus favorisée.

....

Art. 21. — Le Gouvernement de la République française donne, en ce qui le concerne, son adhésion à l'arrangement suivant :

Les divers quartiers étrangers qui existent au Japon seront incorporés aux communes respectives du Japon et feront, dès lors, partie du système municipal du Japon.

Les autorités japonaises compétentes assumeront, en conséquence, toutes les obligations et tous les devoirs municipaux qui résultent de ce nouvel état de choses, et les fonds et biens municipaux qui pourraient appartenir à ces quartiers seront, de plein droit, transférés auxdites autorités japonaises.

Art. 23. — A la date de la mise en vigueur du présent traité, seront abrogés le traité du 9 Octobre 1858, la convention du 25 Juin 1866 et, en général, tous les arrangements conclus entre les hautes parties contractantes antérieurement à cette date. En conséquence, la juridiction française au Japon, et les privilèges, exemptions ou immunités dont les Français jouiraient en matière juridictionnelle seront supprimés de plein droit, et sans qu'il soit besoin de notification, du jour de la mise en vigueur du présent traité, et les Français seront dès lors soumis à la juridiction des tribunaux japonais.

....

2° Convention du 10 Juin 1907

Les deux Gouvernements de la France et du Japon se réservant d'engager des pourparlers en vue de la conclusion d'une convention de commerce en ce qui concerne les relations entre le Japon et l'Indochine française, conviennent de ce qui suit :

Le traitement de la nation la plus favorisée sera accordé aux fonctionnaires et sujets du Japon dans l'Indochine française pour tout ce qui concerne leurs personnes et la protection de leurs biens ; ce même traitement sera appliqué aux sujets et protégés de l'Indochine française dans l'Empire du Japon et cela jusqu'à l'expiration du traité de commerce et de navigation signé entre la France et le Japon le 4 Août 1896.

3° Convention du 19 Août 1911

L'article 19 de cette convention est ainsi conçu :

« Les dispositions de la présente convention sont applicables à l'Algérie. Elles pourront être ultérieurement étendues en tout ou partie aux colonies, possessions françaises et pays de protectorat par une déclaration concertée entre les deux gouvernements.

Il est entendu, en outre, que la présente convention est applicable à toutes les colonies et possessions du Japon. »

En exécution de cette clause, le Gouvernement français a déclaré au Gouvernement japonais qu'il entendait appliquer la convention aux colonies françaises sauf à l'Indochine. En attendant que cette colonie puisse être comprise dans l'application de cette convention, les dispositions de la convention du 10 Juin 1907 continueront à être en vigueur.

Les marchandises japonaises importées en Indochine sont, en conséquence, soumises aux droits du tarif général, et les marchandises originaires de l'Indochine sont, de leur côté, assujetties aux taxes inscrites au tarif national japonais.

c) Traités avec le Siam.

1° Traité du 15 Juillet 1867

Article premier. — S. M. le Roi de Siam reconnaît solennellement le Protectorat de S. M. l'Empereur des Français sur le Cambodge.

Art. 2. — Le traité conclu au mois de Décembre 1863, entre les royaumes de Siam et du Cambodge, est déclaré nul et non avenu, sans qu'il soit possible au Gouvernement de Siam de l'invoquer à l'avenir et en aucune circonstance.

Art. 3. — S. M. le Roi de Siam renonce, pour lui et ses successeurs à tout tribut, présent ou autre marque de vassalité de la part du Cambodge.

De son côté, S. M. l'Empereur des Français s'engage à ne point s'emparer de ce royaume pour l'incorporer à ses possessions de Cochinchine.

Art. 4. — (1) Les provinces de Battambang et d'Ang-kor (Naklon-Siemrap) resteront au royaume de Siam. Leurs frontières, ainsi que celles des autres provinces siamoises limitrophes du Cambodge, telles qu'elles sont reconnues de nos jours de part et d'autre, seront, dans le plus bref délai, déterminées exactement à l'aide de poteaux ou autres marques, par une commission d'officiers siamois et cambodgiens, en présence et avec le concours d'officiers français désignés par le Gouverneur de la Cochinchine.

La délimitation opérée, il en sera dressé une carte exacte par les officiers français.

Art. 5. — Les Siamois s'abstiendront de tout empiétement sur le territoire du Cambodge et les Cambodgiens s'abstiendront également de tout empiétement sur le territoire siamois.

Toutefois les habitants des deux pays auront la liberté de circuler, de faire le commerce et de résider pacifiquement sur les territoires respectifs.

Si des sujets siamois se rendent coupables de quelques délits ou crimes sur le territoire du Cambodge, ils seront jugés et punis, avec justice, par le Gouvernement du Cambodge et suivant les lois de ce pays ; si des sujets cambodgiens se rendent coupables de délits ou crimes sur le territoire siamois, ils seront également jugés et punis, avec justice, par le Gouvernement siamois, suivant les lois du Siam.

Art. 6. — Les bâtiments sous pavillon français pourront naviguer librement dans les parties du fleuve Mékong et de la mer intérieure qui touchent aux possessions siamoises. Le Gouvernement de S. M. le Roi de Siam mettra à la disposition des autorités de Saigon le nombre de passeports qu'elles jugeront nécessaire, pour être délivrés, après avoir été signés et apostillés par lesdites autorités, aux sujets français qui voudront se rendre dans ces parages. Sur le territoire siamois, ceux-ci devront se conformer en tout aux stipulations du traité de 1856 entre la France et le Siam. Le passeport ci-dessus mentionné tiendra lieu, en cas de relâche, de la passe exigée par l'article 7 dudit traité, et donnera aux porteurs, en cas d'urgence, le droit d'adresser directement leurs réclamations aux autorités siamoises.

Art. 7. — Le Gouvernement français s'engage à faire observer par le Cambodge les stipulations qui précèdent.

---

(1) Abrogé par le traité du 23 mars 1907.

Art. 8. — Le présent traité ayant été rédigé en français et en siamois, et les deux versions ayant la même portée et le même sens, le texte français sera officiel et fera foi, sous tous les rapports, aussi bien que le texte siamois.

2° Acte additionnel du 14 Juillet 1870

§ 1er. — Les Rois de Siam et du Cambodge renoncent réciproquement, pour eux et leurs successeurs, aux droits de propriété exclusive qu'ils revendiquent chacun sur le Grand-Lac ou portion du Grand-Lac limitrophe des deux pays.

En conséquence, il ne sera prélevé aucun droit ou impôt sur les Cambodgiens, les Cochinchinois, sujets français, ni sur les Siamois, se livrant à la pêche dans les bateaux, soit du côté du Cambodge, soit du côté du Siam.

§ 2. — Les Cambodgiens, les Cochinchinois, sujets français, les Siamois qui établiront des hangars ou autres constructions de ce genre, pour sécher ou fumer le poisson sur les rives du Grand-Lac, pendant la saison des eaux basses, soit sur le rivage lui-même, soit en les avançant assez loin dans le lac pour y trouver une profondeur d'eau qui permette aux bateaux d'y aborder sans échouer, devront payer aux Gouvernements du Siam et du Cambodge, selon qu'ils seront sur l'un ou l'autre de ces territoires, un droit de huit et demi pour cent sur la valeur du poisson à exporter. Cet impôt sera payé en argent ou en nature, c'est-à-dire en poissons de la même espèce que ceux qui seront exportés.

Mais les hangars ou autres constructions de ce genre établis sur les îles ou les hauts fonds situés dans le lac, et qui sont séparés de la côte par un chenal plus profond, c'est-à-dire qui ne touchent pas au littoral, et établis soit par des Cambodgiens, des Cochinchinois, sujets français, et des Siamois, ne seront sujets à aucun droit.

Les deux pays conservent seulement la faculté de percevoir des droits sur les produits de la pêche qui passent du Grand-Lac sur leur territoire respectif.

§ 3. — Tous canaux divergeant du Grand-Lac ou mer Intérieure, soit du côté du Siam, soit du côté du Cambodge, et que certains fonctionnaires sont chargés d'entretenir, seront sujets au régime suivant, c'est-à-dire que quiconque voudra pêcher dans les eaux desdits canaux devra s'entendre avec leur surveillant relativement au paiement à effectuer, soit en espèces, soit en poissons, de ce qui aura été convenu entre les deux parties.

§ 4. — Les autorités des territoires où sont situés ces canaux prélèveront les taxes qui leur conviendront sur les pêcheurs des nationalités différentes.

Il ne sera prélevé aucun droit dans les eaux des ruisseaux et des canaux qui servent de frontières entre le Cambodge et les provinces qui appartiennent au Gouvernement siamois.

Mais les Cambodgiens, les Cochinchinois, sujets français, et les Siamois qui établiront des hangars ou autres constructions de ce genre, devront payer une taxe de huit et demi pour cent aux Gouvernements ou autorités du Cambodge et du Siam, selon qu'ils seront sur l'un ou l'autre de ces territoires. Cet impôt sera payé soit en argent, soit en poissons de la même espèce que ceux exportés.

Il est bien entendu que l'une des rives du Prek-kompong-prak forme la ligne frontière de la province siamoise de Battambang, et la rive opposée, celle du royaume du Cambodge, de même qu'une des rives du Prek-kompong-cham forme la ligne frontière de la province siamoise d'Ang-kor, et la rive opposée, celle du Cambodge.

§ 5. — Dans le cas où des modifications au présent article additionnel paraîtraient désirables, elles ne pourraient se faire qu'après l'espace de douze années révolues et qu'après que l'une ou l'autre des parties contractantes aurait manifesté, une année à l'avance, son intention dans ce but.

§ 6. — Le présent article additionnel au traité du 15 juillet 1867 a été rédigé en français et en siamois, les deux versions ayant la même teneur et le même sens.

Complément du deuxième paragraphe de l'article additionnel.

Les plénipotentiaires de France et de Siam sont convenus, d'un commun accord, et avant la signature de l'article additionnel ci-dessus, d'ajouter au deuxième paragraphe de cet acte la condition ci-après qui aura la même force et la même valeur que tous les autres dispositions précédemment insérées dans le but de détruire d'avance toutes les objections :

« Dans tous les cas, toute pêcherie éloignée du rivage, toujours découvert par les eaux, de plus de sept mètres, n'aura pas à payer le droit d'exportation. »

3° Traité du 3 Octobre 1893

Article premier. — Le Gouvernement siamois renonce à toute prétention sur l'ensemble des territoires de la rive gauche du Mékong et sur les îles du fleuve.

Art. 2. — Le Gouvernement siamois s'interdit d'entretenir ou de faire circuler des embarcations ou des bâtiments armés sur les eaux du Grand-Lac, du Mékong et de leurs affluents situés dans les limites visées à l'article suivant.

Art. 3. — Le Gouvernement siamois ne construira aucun poste fortifié ou établissement militaire dans les provinces de Battambang et de Siem Réap et dans un rayon de 25 kilomètres sur la rive droite du Mékong (1).

Art. 4. — Dans les zones visées par l'article 3, la police sera exercée, selon l'usage, par les autorités locales avec les contingents

(1) Ces articles ont été abrogés par les traités de 1904 et de 1907.

strictement nécessaires. Il n'y sera entretenu aucune force armée régulière ou irrégulière (1).

Art. 5. — Le Gouvernement siamois s'engage à ouvrir dans un délai de six mois des négociations avec le Gouvernement français, en vue du règlement du régime douanier et commercial des territoires visés à l'article 3, et de la révision du traité de 1856. Jusqu'à conclusion de cet accord, il ne sera pas établi des droits de douane dans la zone visée à l'article 3. La réciprocité continuera à être accordée par le Gouvernement français aux produits de la dite zone (1).

Art. 6. — Le développement de la navigation du Mékong pouvant rendre nécessaires sur la rive droite certains travaux ou l'établissement de relais de batellerie et de dépôts de bois et de charbon, le Gouvernement siamois s'engage à donner, sur la demande du Gouvernement français, toutes les facilités nécessaires à cet effet.

Art. 7. — Les citoyens, sujets ou ressortissants français pourront librement circuler et commercer dans les territoires visés à l'article 3 munis d'une passe délivrée par les autorités françaises. La réciprocité sera accordée aux habitants desdites zones (1).

Art. 8. — Le Gouvernement français se réserve d'établir des consuls où il jugera convenable dans l'intérêt de ses ressortissants, et notamment à Korat et à Muong-nan.

Art. 9. — En cas de difficultés d'interprétation, le texte français fera seul foi.

ANNEXE

....

Art. 6. — Le Gouvernement français continuera à occuper Chantaboun jusqu'à l'exécution des stipulations de la présente convention, et notamment jusqu'à complète évacuation et pacification tant de la rive gauche que des zones visées à l'article 3 du traité en date de ce jour.

4° Traité du 7 Octobre 1902

Nous ne le citerons que pour mémoire car, n'ayant pas été ratifié par le Parlement, il est devenu caduc le 31 Mars 1903.

5° Traité du 13 Février 1904

Article premier. — La frontière entre le Siam et le Cambodge part, sur la rive gauche du Grand-Lac, de l'embouchure de la rivière Stung-Roluos ; elle suit le parallèle de ce point dans la direction de l'Est jusqu'à la rencontre de la rivière Prék-kompong-cham, puis

---

(1) Ces articles ont été abrogés par les traités de 1904 et de 1907.

remontant vers le Nord, elle se confond avec le méridien de ce point de rencontre jusqu'à la chaîne de montagnes Pnom-dang-rek. De là, elle suit la ligne de partage des eaux entre les bassins du Nam-sen et du Mékong, d'une part, et du Nam-moun d'autre part, et réjoint la chaîne Pnom-padang dont elle suit la crête vers l'Est jusqu'au Mékong. En amont de ce point, le Mékong reste la frontière du royaume de Siam, conformément à l'article 1er du traité du 3 Octobre 1893 (1).

Art. 2. — Quant à la frontière entre le Luang-prabang, rive droite, et les provinces de Muong-phichai et Muong-nan, elle part du Mékong à son confluent avec le Nam-huong et suivant le thalweg de cette rivière jusqu'à son confluent avec le Nam-hong, remontant ensuite le cours dudit Nam-hong, elle atteint la ligne de partage des eaux entre les bassins du Mékong et celui de la Ménan en un point situé près de Pou-dène-dine. A partir de ce point elle remonte vers le Nord, suivant la ligne de faîte entre les deux bassins jusqu'aux sources de la rivière Nam-kop dont elle suit le cours jusqu'à sa rencontre avec le Mékong.

Art. 3. — Il sera procédé à la délimitation des frontières entre le royaume de Siam et les territoires formant l'Indochine francaise. Cette délimitation sera effectuée par des commissions mixtes composées d'officiers nommés par les deux pays contractants. Le travail portera sur la frontière déterminée par les articles 1 et 2, ainsi que sur la région comprise entre le Grand-Lac et la mer (1).

En vue de faciliter les travaux des commissions et en vue d'éviter toute possibilité de difficulté dans la délimitation de la région comprise entre le Grand-Lac et la mer, les deux Gouvernements se mettront d'accord, avant la nomination des commissions mixtes, pour fixer les points principaux de la délimitation dans cette région, notamment le point où la frontière atteindra la mer.

Les commissions mixtes seront nommées et commenceront leurs travaux dans les quatre mois après la ratification de la présente convention.

Art. 4. — Le gouvernement siamois renonce à toute prérogative de suzeraineté sur la rive droite du Mékong (2).

Les bateaux de commerce et les trains de bois appartenant à des Siamois auront le droit de naviguer librement sur la partie du Mékong traversant le territoire du Luang-Prabang.

Art. 5. — Aussitôt que l'accord prévu par l'article 3, paragraphe 2, et relatif à la délimitation de la frontière entre le Grand-Lac et la mer aura été établi ; aussitôt qu'il sera officiellement notifié aux autorités françaises que les territoires résultant de cet accord et les territoires situés à l'Est de la frontière, telle qu'elle est indiquée aux articles 1 et 2 du présent traité, se trouvent à leur disposition,

(1) Articles abrogés par le traité de 1907.
(2) Dans la partie traversant le territoire de Luang-Prabang.

les troupes françaises qui occupent provisoirement Chantaboun, en vertu de la convention du 3 Octobre 1893, quitteront cette ville.

Art. 6. — Les dispositions de l'article 4 du traité du 3 Octobre 1893 seront remplacées par celles qui suivent :

S. M. le Roi de Siam prend l'engagement que les troupes qu'elle enverra ou entretiendra dans tout le bassin siamois du Mékong seront toujours des troupes de nationalité siamoise, commandées par des officiers de cette nationalité. Il n'est fait exception à cette règle qu'en faveur de la gendarmerie siamoise, actuellement commandée par des officiers Danois. Dans le cas où le Gouvernement siamois voudrait substituer à ces officiers des officiers étrangers appartenant à une autre nationalité, il devrait s'entendre au préalable avec le Gouvernement français.

En ce qui concerne les provinces de Siemreap, de Battambang et de Sisophon, le Gouvernement siamois s'engage à n'y entretenir que les contingents de police nécessaires pour le maintien de l'ordre. Ces contingents seront recrutés exclusivement sur place parmi les indigènes.

Art. 7. — A l'avenir, dans la partie siamoise du bassin du Mékong, le Gouvernement royal, s'il désire exécuter des ports, canaux, chemins de fer (notamment des chemins de fer destinés à relier la capitale à un point quelconque de ce bassin), se mettra d'accord avec le Gouvernement français, dans le cas où ces travaux ne pourraient être exécutés exclusivement par un personnel et avec des capitaux siamois. Il en serait naturellement de même pour l'exploitation desdites entreprises.

En ce qui concerne l'usage des ports, canaux, chemins de fer, aussi bien dans la partie siamoise du bassin du Mékong que dans le reste du royaume, il est entendu qu'aucun droit différentiel ne pourra être établi contrairement au principe de l'égalité commerciale inscrite dans les traités signés par le Siam.

Art. 8. — En exécution de l'article 6 du traité du 3 Octobre 1893, des terrains d'une superficie à déterminer seront concédés par le Gouvernement siamois au Gouvernement de la République aux points suivants situés sur la rive droite du Mékong :

Xieng-khan, Nong-khay, Muong-Saniabouri, embouchure du Nam-khan (rive droite ou rive gauche), Bang-mouk-dahan, Kem-marat et embouchure du Nam-moun (rive droite ou rive gauche).

Les deux Gouvernements s'entendront pour dégager le cours du Nam-moun, entre son confluent avec le Mékong et Phimoun, des obstacles qui gênent la navigation. Dans le cas où ces travaux seraient reconnus inexécutables ou trop coûteux, les deux Gouvernements se concerteraient pour l'établissement d'une voie terrestre de communication entre Phimoun et le Mékong.

Ils s'entendront également pour établir entre Bassac et la frontière du Luang-Prabang, telle qu'elle résulte de l'article 2 du présent traité, les lignes ferrées qui seraient reconnues nécessaires pour suppléer au défaut de navigabilité du Mékong.

Art. 9. — Dès à présent, il est convenu que les deux Gouvernements faciliteront l'établissement d'une voie ferrée reliant Pnom-Penh à Battambang. La construction et l'exploitation seront faites soit par les Gouvernements eux-mêmes chacun d'eux se chargeant de la partie qui est sur son territoire, soit par une compagnie franco-siamoise agréée par les deux Gouvernements.

Les deux Gouvernements sont d'accord sur la nécessité de faire des travaux pour améliorer le cours de la rivière de Battambang entre le Grand-Lac et cette ville. A cet effet, le Gouvernement français est prêt à mettre à la disposition du Gouvernement siamois les agents techniques dont celui-ci pourrait avoir besoin tant en vue de l'exécution que de l'entretien desdits travaux.

Art. 10. — Le Gouvernement de Sa Majesté Siamoise accepte les listes des protégés français telles qu'elles existent actuellement, à l'exception des individus dont il serait reconnu, de part et d'autre, que l'inscription a été indûment obtenue. Copie de ces listes sera communiquée aux autorités siamoises par les autorités françaises.

Les descendants des protégés ainsi maintenus sous la juridiction française n'auront plus le droit de réclamer leur inscription, s'ils ne rentrent pas dans la catégorie des personnes visées à l'article suivant de la présente convention.

Art. 11. — Les personnes d'origine asiatique nées sur un territoire soumis à la domination directe ou placé sous le Protectorat de la France, sauf celles qui ont fixé leur résidence au Siam avant l'époque où le territoire dont elles sont originaires a été placé sous cette domination ou sous ce Protectorat, auront droit à la protection française.

La protection française sera accordée aux enfants de ces personnes, mais ne s'étendra pas à leurs petits-enfants.

Art. 12 (1). — En ce qui concerne la juridiction à laquelle seront désormais soumis, sans aucune exception, tous les Français et protégés français au Siam, les deux Gouvernements conviennent de substituer aux dispositions existantes les dispositions suivantes :

1° En matière pénale, les Français ou protégés français ne seront justiciables que de l'autorité judiciaire française ;

2° En matière civile, tout procès intenté par un Siamois contre un Français ou protégé français sera porté devant le tribunal consulaire français.

Tout procès, dans lequel, le défendeur sera siamois, sera porté devant la Cour siamoise des causes étrangères instituée à Bangkok.

(1) Modifié par les traités de 1907 et de 1925.

Par exception, dans les provinces de Xieng-mai, Lakhon, Lampoun et Nan, tous les procès civils et criminels intéressant les ressortissants français seront portés devant la Cour internationale siamoise.

Mais il est entendu que dans tous ces procès, le Consul de France aura le droit d'assister aux audiences ou de s'y faire représenter par un délégué dûment autorisé et de formuler toutes observations qui lui sembleront convenables dans l'intérêt de la justice.

Au cas où le défendeur serait français ou protégé français, le Consul de France pourra, à tout moment au cours de la procédure, s'il le juge opportun et moyennant une réquisition écrite, évoquer l'affaire en cause.

Celle-ci sera alors transférée au tribunal consulaire français, qui sera, à partir de ce moment, seul compétent et auquel les autorités siamoises seront tenues de prêter le concours de leurs bons offices.

Les appels des jugements rendus tant par la Cour des causes étrangères que par la Cour internationale, pour les quatre provinces sus-mentionnées, seront portés devant la Cour d'appel de Bangkok.

Art. 13. — En ce qui concerne, pour l'avenir, l'admission à la protection française des asiatiques qui ne sont pas nés sur un territoire soumis à l'autorité directe ou au Protectorat de la France, ou qui ne se trouvent pas légalement naturalisés, le Gouvernement de la République jouira de droits égaux à ceux que le Siam accorderait à toute autre puissance.

Art. 14. — Les dispositions des anciens traités, accords et conventions entre la France et le Siam, non modifiées par la présente convention, restent en pleine vigueur.

Art. 15. — En cas de difficulté d'interprétation de la présente convention, rédigée en français et en siamois, le texte français fera seul foi.

Art. 16. — La présente convention sera ratifiée dans un délai de quatre mois à partir du jour de la signature, ou plus tôt si faire se peut.

6° Traité du 23 Mars 1907

Article premier. — Le Gouvernement siamois cède à la France les territoires de Battambang, Siemréap et Sisophon dont les frontières sont définies par la clause I du protocole de délimitation ci-annexé (1).

Art. 2. — Le Gouvernement français cède au Siam les territoires de Dan-saï et de Kratt, dont les frontières sont définies par les clauses

(1) En vertu de ce traité, le Siam a cédé à la France la région de l'ancien royaume de Luang-Prabang situé sur la rive droite du Mékong entre l'embouchure de la Nam-Huong et de la Nam-Kop d'une part, et, d'autre part, entre la source de la Nam-Huong et celle de la Nam-Kop, en suivant la ligne de faîte des bassins de la Mê-nam et du Mékong.

I et II dudit protocole, ainsi que toutes les îles situées au sud du cap Lemling, jusques et y compris Koh-Kut.

Art. 3. — La remise de ces territoires aura lieu, de part et d'autre, dans un délai de vingt jours après la date à laquelle le présent traité aura été ratifié.

Art. 4. — Une commission mixte, composée d'officiers et de fonctionnaires français et siamois, sera nommée par les deux pays contractants, dans un délai de quatre mois après la ratification du présent traité, et chargée de délimiter les nouvelles frontières. Elle commencera ses travaux dès que la saison le permettra et les poursuivra en se conformant au protocole de délimitation annexé au présent traité.

Art. 5. — Tous les Asiatiques sujets et protégés francais, qui, par application de l'article 11 de la convention du 13 Février 1904, se feront inscrire dans les consulats de France au Siam après la signature du présent traité, seront justiciables des tribunaux siamois ordinaires.

La juridiction des cours internationales siamoises, dont l'institution est prévue par l'article 12 de la convention du 13 Février 1904, sera, dans les conditions énoncées au protocole de juridiction ci-annexé, étendue dans tout le royaume de Siam, aux Asiatiques sujets et protégés français visés par les articles 10 et 11 de la même convention, et actuellement inscrits dans les consulats de France au Siam.

Ce régime prendra fin et la compétence des cours internationales sera transférée aux tribunaux siamois ordinaires, après la promulgation et la mise en vigueur des codes siamois (code pénal, codes civil et commercial, codes de procédure, loi d'organisation judiciaire).

Art. 6. — Les Asiatiques sujets et protégés français jouiront, dans toute l'étendue du royaume de Siam, des droits et prérogatives dont bénéficient les nationaux du pays, notamment des droits de propriété, de libre résidence et de libre circulation.

Ils seront soumis aux impôts et prestations ordinaires.

Ils seront exempts du service militaire et ne seront pas assujettis aux réquisitions et taxes extraordinaires.

Art. 7. — Les dispositions des anciens traités, accords et conventions entre la France et le Siam, non modifiés par le présent traité, restent en pleine vigueur.

Art. 8. — En cas de difficulté d'interprétation du présent traité rédigé en français et en siamois, le texte français fera seul foi.

7° Traité du 14 février 1925 (1)

« Un traité d'amitié, de commerce et de navigation, réglant de « façon nouvelle les relations générales des deux pays, et deux pro-

(1) La notice relative à ce traité a été extraite de l'ouvrage de M. Cucherousset « Quelques Informations sur le Siam ».

« tocoles y annexés ont été signés à Paris, le 14 février 1925 par M. « Herriot, au nom de la France, et par le prince Charoon, repré- « sentant de S. M. le Roi de Siam.

« Au traité conclu à Bangkok le 15 août 1856, sur le modèle de ce « que la France faisait accepter à cette époque par d'autres gouver- « nements d'Extrême-Asie, a été substitué un traité du type occiden- « tal et conforme aux principes du droit international contemporain.

« Les conditions d'établissement faites aux nationaux des deux « pays tendent à s'égaliser. Si les Français au Siam voient s'amoin- « drir, et s'ils doivent perdre bientôt complètement leur privilège « juridictionnel, ils acquièrent, par contre (article 3), le droit de « propriété immobilière sur tout le territoire du royaume.

« Parmi les articles consacrés au commerce et à la navigation, la « clause la plus marquante est celle de l'article 15. La France y recon- « naît en principe l'autonomie du Siam en matière douanière comme « en matière fiscale. Le Siam, toutefois, ne pourra effectivement user « de sa liberté douanière à l'endroit de la France que lorsque toutes « les autres puissances fondées à se réclamer d'accords antérieurs « auront consenti la même concession, sans exiger en retour des « avantages particuliers. Le tarif actuel sera alors remplacé par un « tarif nouveau, qu'établira une convention douanière, que les deux « gouvernements se déclarent prêts à négocier dès que l'un d'eux en « fera la demande.

« Toutes les clauses ordinaires touchant l'établissement, le commer- « ce et la navigation ont été rajeunies ; elles reproduisent plus ou « moins exactement les stipulations correspondantes des traités qui « lient actuellement la France avec les pays d'Europe et d'Amérique.

1. — Protocole concernant la Juridiction applicable aux ressortissants Français au Siam

« Le statut juridictionnel des sujets et protégés français d'origine « asiatique, fixé par les accords du 23 mars 1907, est en principe « maintenu. Quant aux citoyens français, enlevés à la justice consu- « laire, comme les sujets britanniques l'ont été par le traité anglo- « siamois de 1909, ils deviennent justiciables des cours interna- « tionales, jusqu'à la date où les codes siamois seront tous entrés « en vigueur. Après cette date, tandis que nos sujets et protégés asia- « tiques seront désormais, en vertu des accords de 1907, soumis sans « condition au droit commun, nos citoyens ne tomberont sous la juri- « diction des tribunaux siamois ordinaires que sous réserve de « l'exercice par nos agents diplomatiques et consulaires, pendant une « période de cinq années, d'un droit d'évocation, toutes les fois que « l'exercice de ce droit sera jugé opportun dans l'intérêt de la justice. »

« Au profit de nos citoyens, tant qu'ils seront soumis à la juridic- « tion des cours internationales, nous avons obtenu des garanties « spéciales, relativement à la participation des conseillers judiciaires

« étrangers au jugement des procès qui les intéresseraient, et en ce « qui concerne les affaires qui naîtraient pour eux dans les provinces « en dehors de la capitale ».

II. — Convention spéciale a l'Indochine française

« Le second protocole amorce la négociation de la convention « spéciale à l'Indochine française et des arrangements complémen- « taires, qui doivent établir sur des bases plus solides les rapports, « du Siam avec notre colonie.

« Cette convention appliquera à l'Indochine les dispositions du « nouveau traité, avec les changements ou tempéraments néces- « saires. Elle réglera en principe les questions et difficultés qui sont « en suspens entre les deux pays. Elle fera tomber certaines servi- « tudes résultant pour le Siam de la lettre des anciens traités ou de « leur interprétation plus ou moins tendancieuse, notamment celle « qui, depuis 1893, s'attachait au régime du Mékong dans la partie où « ce fleuve sert de frontière. Elle créera sur ce point l'organe mixte « dès lors indispensable : la Commission franco-siamoise du Mékong.

« Pour le reste, elle reprendra et complètera l'œuvre des négocia- « teurs de 1893, 1904 et 1907, qui eurent surtout à procéder à des « règlements territoriaux. Il s'agit d'organiser sous tous ses aspects le « voisinage de ces états : police, justice, douanes, transit, navigation « maritime et fluviale, chemins de fer, routes, transports aériens, « postes et télégraphes, service de T. S. F., etc.

d) Traités avec l'Angleterre.

1° Traité du 15 Janvier 1896

Article premier. — Les deux Gouvernements de France et d'Angleterre s'engagent mutuellement à ne faire pénétrer dans aucun cas et sous aucun prétexte, sans le consentement l'une de l'autre, leurs forces dans la région comprenant les bassins des rivières Petchabouri, Mê-nam, Mékong et Bang-pakong (rivière de Pétrin) et leurs affluents respectifs, ainsi que le littoral qui s'étend depuis Muong-Bantabang jusqu'à Muong-Pasé, les bassins des rivières sur lesquelles sont situés ces deux villages et les bassins des autres rivières dont les embouchures sont incluses dans cette partie du littoral et comprenant aussi le territoire situé au N. du bassin du Mê-nam et le territoire situé entre la frontière anglo-siamoise, le fleuve Mékong et la limite orientale du bassin du Mê-ping. Ils s'engagent en outre à n'acquérir dans cette région aucun privilège ou avantage particulier dont le bénéfice ne soit pas commun à la France et à la Grande-Bretagne, à leurs nationaux et ressortissants ou qui ne soit pas accessible sur le pied de l'égalité.

Ces stipulations toutefois ne seront pas interprétées comme dérogeant aux clauses spéciales du traité du 3 Octobre 1893 entre la

France et le Siam s'appliquant à une zone de 25 kilomètres sur la rive droite du Mékong et à la navigation du fleuve.

Art. 2. — Rien dans la clause qui précède ne mettra obstacle à une action dont les deux puissances pourraient convenir et qu'elles jugeraient nécessaires pour maintenir l'indépendance du royaume du Siam ; mais elle s'engagent à n'entrer dans aucun arrangement séparé qui permette à une tierce puissance de faire ce qu'elles s'interdisent réciproquement par la présente déclaration.

Art. 3. — A partir de l'embouchure de la Nam-huong et en remontant vers le nord jusqu'à la frontière chinoise, le thalweg du Mékong formera la limite des possessions ou des sphères d'influence de la France et de la Grande-Bretagne. Il est convenu que les nationaux ou ressortissants d'un pays, n'exerceront aucune juridiction ni aucune autorité quelconque dans les possessions des sphères d'influence de l'autre pays.

Dans la partie du fleuve dont il s'agit, la police des îles séparées de la rive britannique par un bras du dit fleuve appartiendra aux autorités françaises tant que cette séparation existera. L'exercice du droit de pêche sera commun aux habitants des deux rives.

....

....

....

2° Convention du 8 Avril 1904

La convention du 15 Janvier 1896 a été confirmée par la convention signée à Londres le 8 Avril 1904 et qui a donné une solution aux questions coloniales en suspens entre les deux puissances.

....

....

1. Siam. — Le Gouvernement de sa Majesté Britannique et le Gouvernement de la République française maintiennent les articles 1 et 2 de la déclaration signée à Londres le 15 Janvier 1896, par le marquis de Salisbury, principal secrétaire d'Etat pour les affaires étrangères de sa Majesté Britannique à cette époque et le baron de Courcel, ambassadeur de la République française près sa Majesté Britannique à cette époque.

Toutefois, en vue de compléter ces dispositions, ils déclarent d'un commun accord, que l'influence de la Grande-Bretagne sera reconnue par la France sur les territoires situés à l'ouest du bassin de la Ménam, et celle de la France sera reconnue par la Grande-Bretagne sur les territoires situés à l'est de la même région, toutes les possessions siamoises à l'est et au sud-est de la zone susvisée et les îles adjacentes relevant ainsi de l'influence française et, d'autre part, toutes les possessions siamoises à l'ouest de cette zone et du golfe de Siam, y compris la péninsule Malaise et les îles adjacentes, relevant de l'influence anglaise.

Les deux parties contractantes, écartant d'ailleurs toute idée d'annexion d'aucun territoire siamois, et résolues à s'abstenir de tout acte qui irait à l'encontre des dispositions des traités existants, conviennent que, sous cette réserve et en regard de l'un et de l'autre, l'action respective des deux Gouvernements s'exercera librement sur chacune des deux sphères d'influence ainsi définies.

CHAPITRE XV

Le Domaine

Domaine public. — Le domaine public dont la réglementation en Indochine a été fixée par l'arrêté du Gouverneur général, en date du 15 Janvier 1903, se compose de l'ensemble des choses qui ont pour destination d'être asservies à l'usage ou à la protection de tous et sur lesquelles la puissance publique exerce sa souveraineté.

Il comprend essentiellement :

1° Les chemins, routes, rues et leurs dépendances :

2° Les chemins de fer et autres voies ferrées et leurs dépendances ;

3° Les fleuves et rivières navigables ou flottables, dans les limites déterminées par la hauteur des eaux coulant à pleins bords avant de déborder, les lacs et étangs communiquant avec les fleuves et rivières navigables ou flottables dans les mêmes limites, les canaux de navigation, les ports fluviaux, digues, quais, barrages et écluses des rivières canalisées ; les épis destinés à améliorer le mouillage ou à protéger les rives contre les corrosions des eaux ;

4° Les ports maritimes, hâvres et rades ;

5° Les rivages de la mer jusqu'à la limite des plus hautes marées et les étangs salés qui communiquent directement avec elle ;

6° Les portes, murs, fossés, remparts des places de guerre, forteresses et batteries, avec leurs dépendances ;

7° Les lignes télégraphiques et téléphoniques ;

Il est fait réserve, sur les bords des fleuves et rivières navigables ou flottables, des lacs et étangs communiquant avec ces fleuves et rivières et des canaux, d'un chemin de halage d'une largeur de 10 mètres.

Il est fait également réserve, le long du rivage de la mer, d'une zone de 81 mètres, dite *des cinquante pas géométriques.*

Le domaine public est inaliénable et imprescriptible.

Les droits privés de propriété, d'usufruit et d'usage pouvant exister sur les zones réservées de 10 et 81 mètres, sont reconnus et maintenus à la condition toutefois d'avoir été acquis légalement et antérieurement à la promulgation de l'arrêté du 22 Décembre 1899, le tout sans préjudice, pour l'Administration, du droit d'expropriation pour cause d'utilité publique.

Les tribunaux de droit commun restent seuls juges des contestations qui pourront s'élever relativement aux droits précités.

L'administration, la conservation et l'entretien du domaine public appartiennent, sous la haute direction du Gouverneur général :

1° Aux chefs des Administrations locales, et aux chefs de province, avec le concours du service des Travaux publics, en ce qui concerne les parties du Domaine énumérées aux paragraphes 1 et 3 spécifiés ci-dessus, et, en ce qui concerne particulièrement les chemins de fer, avec le concours de l'Ingénieur chef de l'Exploitation, ou l'Ingénieur chef du service du contrôle, suivant le cas.

2° A l'autorité militaire, conformément aux lois, décrets et règlements en vigueur, pour les établissements qui font l'objet du paragraphe 6 spécifié ci-dessus.

3° Au service de la Marine, pour les ports militaires, leurs rades et arsenaux ;

4° Au service des Postes et des Télégraphes pour les lignes télégraphiques et téléphoniques.

La police du domaine public est faite suivant les dispositions des règlements particuliers à chaque nature de biens constituant ce domaine.

En cas de doute ou de contestation sur les limites du domaine public, il est statué par arrêté du Chef de l'Administration locale, pris sur l'avis de l'Ingénieur en chef des Travaux publics, sauf recours au Conseil du Contentieux administratif.

Les portions du domaine public devenues inutiles peuvent être déclassées par arrêté du Gouverneur général en Commission permanente du Conseil de Gouvernement.

Lorsqu'il s'agit du domaine public militaire, les déclassements doivent être, au préalable, autorisés par le Ministre des colonies, et les portions déclassées rentrent dans le domaine de l'Etat.

Les produits industriels du domaine public, tels que ceux provenant des chemins de fer ou tramways, des lignes télégraphiques ou téléphoniques et des concessions temporaires, profitent au budget général, sans préjudice des droits qui reviennent aux communes.

Les produits naturels du domaine public, tels que ceux provenant de la vente d'herbages, de la location des pêcheries et des redevances pour extraction de pierres, sables ou amendements marins, profitent aux budgets locaux.

Les profits du domaine public militaire appartiennent au budget de l'Etat.

Le Chef de l'Administration locale accorde les autorisations d'occuper le domaine public et d'y édifier des établissements quelconques, suivant les conditions ci-après déterminées.

Les demandes d'occupation temporaire du domaine public sont rédigées sur papier timbré et adressées à l'Ingénieur en chef des Travaux publics. Elles doivent indiquer l'objet et la durée de l'occupation.

Lorsqu'une demande est susceptible d'être accueillie, l'Ingénieur en chef fait souscrire par le pétitionnaire une soumission de payer au domaine une redevance dont il indique le montant, et transmet le dossier au Chef de l'Administration locale avec un projet d'arrêté accordant l'autorisation.

Ampliation de l'arrêté est remise au service des Travaux publics, qui est chargé de surveiller l'exécution des conditions auxquelles l'occupation est subordonnée.

Deux ampliations et l'original de la soumission sont adressés au receveur des Domaines chargé du recouvrement de la redevance. L'une de ces ampliations est remise à la partie, après avoir été timbrée à ses frais. La soumission est enregistrée, dans le délai de vingt jours, à compter de la notification à la partie, de l'arrêté d'autorisation, sous peine d'un droit en sus.

La date de la notification est mentionnée sur les ampliations par le Chef de l'Administration locale.

Si la redevance n'excède 40 piastres par an, elle est payable par année ; si elle excède 40 piastres par an, elle est payable par semestre.

Tout terme de la redevance est payable d'avance.

A défaut de paiement d'un terme de la redevance, le recouvrement en est poursuivi par voie de contrainte administrative.

La contrainte est décernée par le receveur des Domaines et rendue exécutoire par le Chef de l'Administration locale.

L'instance est suivie et jugée comme en matière de droits d'enregistrement.

L'autorisation d'occupation est accordée à titre précaire; elle est révocable, sans indemnité, au gré de l'Administration.

La révocation est encourue notamment en cas de retard dans le paiement de la redevance ou d'inexécution des conditions, sans préjudice des poursuites pour les délits qui auraient pu être commis.

Elle est prononcée par arrêté du Chef de l'Administration locale.

Tout terme de la redevance acquitté avant le retrait de l'autorisation demeure définitivement acquis au Trésor, quand même il serait afférent à une période postérieure au retrait.

En cas d'abandon volontaire ou de retrait d'autorisation, le concessionnaire ne peut réclamer aucune indemnité pour les améliorations ou installations qu'il a pu faire sur le domaine public.

Les dispositions des articles ci-dessus relatives aux demandes d'occupation temporaire du domaine public sont applicables aux extractions de pierres calcaires, sables, coquilles et amendements marins.

Domaine de l'Etat. — Le Domaine de l'Etat en Indochine comprend les arsenaux, casernes, manutentions, hôpitaux, magasins, prisons, poudreries, manufactures d'armes, champs de manœuvre, champs de tir et, généralement, tous établissements militaires ne concourant pas matériellement et directement à la défense du territoire.

Son administration est soumise aux règlements ministériels,

Les produits dont il est susceptible profitent au budget métropolitain.

Domaine privé de l'Indochine ou Domaine colonial. — Le Domaine privé de l'Indochine ou Domaine colonial comprend :

1° Les immeubles qui sont occupés par le Gouvernement général et les Services généraux et ceux qui ont été ou seront acquis, pour son compte, soit à titre gratuit, soit à titre onéreux, aux frais du budget général ;

2° Les biens des personnes qui décèdent sans héritiers ou dont les successions sont abandonnées :

3° Les épaves maritimes, fluviales et terrestres ;

4° Les objets déposés dans les greffes des tribunaux, dans les lazarets et dans les bureaux de Douane ; les colis confiés aux entrepreneurs de roulage ou de messageries ; les sommes versées dans les caisses des agents des Postes et les valeurs déposées ou trouvées dans les boîtes et guichets des bureaux de poste, lorsque ces objets, sommes et valeurs ne sont pas réclamés par les ayants-droit dans les délais réglementaires ;

5° Les objets et valeurs dont la confiscation est prononcée par les tribunaux.

Le Secrétaire général de l'Indochine représente le Domaine colonial. A ce titre, il stipule et s'engage dans les actes et dans les instances intéressant ledit Domaine.

Les aliénations et les échanges des immeubles du Domaine colonial ne peuvent avoir lieu qu'en vertu d'un arrêté du Gouverneur général pris en Commission permanente du Conseil de Gouvernement.

Les chefs des Services généraux passent, par délégation du Secrétaire général de l'Indochine, les actes d'acquisition des immeubles dont le prix est payable sur les crédits qu'ils administrent.

Les actes d'acquisition sont dressés en double original ; ils ne deviennent définitifs qu'après avoir été approuvés par le Gouverneur général en Commission permanente du Conseil de Gouvernement.

Après les formalités d'enregistrement et de transcription, l'un des originaux est remis au vendeur, l'autre est déposé aux archives du chef du service des Domaines qui en délivre toutes expéditions utiles.

Lors de la transcription hypothécaire, le conservateur ne fait d'office l'inscription du privilège du vendeur que s'il en est expressément requis par une clause de l'acte.

Il n'est pas procédé à la purge des hypothèques légales lorsque le prix de l'acquisition n'est pas supérieur à 250 piastres ou 500 francs.

Il n'y est pas procédé, quel que soit le prix de l'acquisition, lorsque le vendeur et les précédents propriétaires sont des Asiatiques soumis à la loi indigène.

Domaine Local. — Dans chacun des pays de l'Union indochinoise, le Domaine local comprend :

1° Les immeubles occupés par les Services locaux et ceux qui ont été ou seront acquis pour son compte, soit à titre gratuit, soit à titre onéreux, aux frais du budget local ;

2° Les terrains vacants et sans maîtres (1) ;

3° Les bois et forêts, sous réserve des droits de propriété et d'usage régulièrement acquis ;

4° Les lais et relais de la mer, les îlots et atterrissements qui se forment dans le lit des fleuves et rivières navigables ou flottables.

Les bois et forêts restent soumis aux règlements généraux relatifs à leur exploitation et à leur conservation, mais leurs produits profitent au budget local.

Le Chef de l'Administration locale représente le Domaine local. A ce titre, il stipule et s'engage dans les actes et dans les instances intéressant ledit Domaine.

La procédure des aliénations et des concessions des immeubles dépendant du Domaine local qui était régie par les règlements particuliers existant dans chaque pays de l'Union indochinoise, antérieurement à l'arrêté du 27 Décembre 1913, est actuellement tracée tant par les dispositions

(1) En vertu du décret du 21 Juillet 1925, non encore promulgué au moment de l'impression de cet ouvrage (Février 1926), les terrains vacants et sans maître en Cochinchine font désormais partie du Domaine de l'Etat, mais leurs produits profitent au Budget local de cette colonie.

de ce dernier acte que par celles des arrêtés d'application pris en conformité de l'article 49 dudit arrêté. (1)

Les règlements maintenus ou remis en vigueur par l'article précédent ne peuvent être modifiés que par arrêtés du Gouverneur général pris en Commission permanente du Conseil de Gouvernement.

Les actes d'acquisition des immeubles, dont le prix est payé par le budget local, sont définitifs par l'approbation du Chef de l'Administration locale, en Conseil privé, ou en Conseil de Protectorat.

Ces actes sont établis en double original. Après les formalités d'enregistrement et de transcription, l'un des originaux est remis au vendeur; l'autre, déposé aux archives du Conseil Privé ou du Conseil de Protectorat.

Les baux des immeubles dépendant du Domaine local sont établis en double original.

Les baux de gré à gré deviennent définitifs par l'approbation du Chef de l'Administration locale en Conseil Privé ou en Conseil de Protectorat.

Les baux par adjudication ont lieu suivant la procédure tracée, en ce qui concerne les ventes, par l'arrêté du 22 Août 1882.

Le locataire ne peut prétendre à aucune indemnité ou diminution du prix pour stérilité, inondation et autres cas fortuits prévus ou imprévus.

Les loyers sont payables, par semestre et d'avance, à la caisse du receveur des Domaines ou du percepteur, suivant la situation des biens.

Le recouvrement du prix est poursuivi par voie de contrainte administrative.

La contrainte est décernée par le receveur des Domaines ou par le chef de province, et rendue exécutoire par le Chef de l'Administration locale.

L'instance est instruite et jugée comme en matière de droits d'enregistrement.

En cas de non-paiement des sommes dues par le preneur ou locataire, dans les 15 jours qui suivent la signification de la contrainte, la résiliation du bail peut être prononcée

(1) Voir ci-après pages 461 et suivantes.

par arrêté du Chef de l'Administration locale en Conseil Privé ou en Conseil de Protectorat.

En tout ce qui n'est pas contraire aux dispositions qui précèdent, les baux sont soumis aux règles du Code civil et les tribunaux ordinaires sont compétents pour connaître des contestations auxquelles ils peuvent donner lieu.

Aliénations domaniales locales. — Jusqu'au 27 Décembre 1913, des arrêtés spéciaux déterminaient les conditions dans lesquelles s'effectuaient les aliénations des terrains du domaine local dans les divers pays de l'Union.

Un arrêté du Gouverneur général, pris à cette date, abroge tous les arrêtés antérieurs en la matière et fixe, d'une manière uniforme pour toute l'Indochine, les conditions d'aliénation des terrains urbains ou ruraux. Toutefois, ainsi qu'il est prévu à l'art. 49 dudit arrêté, les conditions d'application doivent être fixées dans chaque pays de l'Union par des arrêtés des Chefs d'Administration locale, soumis à l'approbation du Gouverneur général. Nous donnons ci-après l'arrêté fixant ces conditions pour la Cochinchine.

L'arrêté du 27 Décembre 1913 étant très important, nous le reproduisons *in extenso*, avec les modifications qui y ont été apportées par les arrêtés des 8 Mai, 26 Novembre 1918 et 31 Octobre 1924.

Le Gouverneur général de l'Indochine,

Vu les décrets du 20 Octobre 1911, portant fixation des pouvoirs du Gouverneur Général et organisation administrative et financière de l'Indochine ;

Vu l'arrêté du 22 Août 1882, sur les aliénations domaniales en Cochinchine ;

Vu l'arrêté du 13 Mai 1885, sur les aliénations des terrains domaniaux urbains en Cochinchine ;

Vu la convention du 27 Juin 1887, sur les aliénations domaniales au Cambodge ;

Vu les instructions du 3 Mars 1888, sur la vente des terrains domaniaux urbains au Tonkin ;

Vu l'arrêté du 19 Mars 1888, sur les aliénations domaniales à Saigon, Cholon et dans la banlieue de Saigon ;

Vu l'arrêté du 7 Juillet 1888, sur les concessions domaniales au Tonkin en faveur des indigènes et des asiatiques étrangers ;

Vu l'arrêté du 23 Février 1889, sur les aliénations domaniales à Hanoi et à Haiphong ;

Vu l'arrêté du 21 Mai 1889, sur les aliénations domaniales à Tourane ;

Vu l'arrêté du 16 Octobre 1889, sur les concessions domaniales en Cochinchine dépassant 10 hectares ;

Vu l'arrêté du 4 Août 1890, sur les aliénations domaniales à Tourane ;

Vu l'arrêté du 15 Octobre 1890, modifiant l'arrêté du 16 Octobre 1889, sur les concessions domaniales en Cochinchine dépassant 10 hectares ;

Vu l'acte additionnel du 1er Avril 1891, à la convention du 27 Juin 1887, sur les aliénations domaniales au Cambodge ;

Vu l'arrêté du 6 Novembre 1891, sur les concessions domaniales en Cochinchine ne dépassant pas 10 hectares ;

Vu l'acte additionnel du 15 Février 1893, à la convention du 27 Juin 1887, sur les aliénations domaniales au Cambodge ;

Vu l'arrêté du 10 Mai 1893, sur la concession de terrains domaniaux bordant les cours d'eau en Cochinchine ;

Vu l'arrêté du 4 Janvier 1894, sur le paiement de l'impôt foncier par les concessionnaires de terrains domaniaux en Cochinchine ;

Vu l'arrêté du 27 Janvier 1896, sur les droits et obligations des héritiers, représentants ou ayants-droit des concessionnaires de terrains domaniaux en Cochinchine ;

Vu l'arrêté du 18 Août 1896, sur les concessions de terrains ruraux en faveur des Français au Tonkin ;

Vu l'arrêté du 18 Décembre 1896, sur la vente des terrains domaniaux urbains au Tonkin ;

Vu l'arrêté du 23 Mars 1897, sur les concessions domaniales en faveur des Européens et assimilés en Cochinchine ;

Vu l'arrêté du 28 Avril 1899, sur les concessions rurales en faveur des Français en Annam ;

Vu l'arrêté du 26 Août 1899, sur les concessions de terrains ruraux en faveur des Français au Cambodge ;

Vu l'arrêté du 28 Janvier 1900, sur l'aliénation aux Français de terrains domaniaux urbains à Phnompenh ;

Vu l'arrêté du 18 Février 1902, sur la mise en possession des terrains domaniaux concédés en Cochinchine ;

Vu l'arrêté du 3 Juillet 1903, agrandissant le périmètre de la ville de Hué et fixant le mode d'aliénation des terrains englobés ;

Vu l'arrêté du 2 Février 1904, modifiant celui du 18 Août 1896, sur les concessions de terrains ruraux en faveur des Français au Tonkin ;

Vu l'arrêté du 29 Août 1904 modifiant l'article 3 de l'arrêté du 18 Août 1896, sur les concessions domaniales au Tonkin ;

Vu l'arrêté du 16 Août 1906, réglementant les concessions de terrains ruraux libres appartenant aux Français au Laos ;

Vu l'arrêté du 2 Octobre 1906, relatif à l'aliénation des terrains domaniaux urbains au Laos ;

Vu l'arrêté du 25 Avril 1907, complétant l'article 6 de l'arrêté du 2 Octobre 1906 précédent ;

Vu l'arrêté du 6 Juillet 1908, modifiant l'arrêté du 16 Août 1906 réglementant les concessions de terrains ruraux libres appartenant aux Français au Laos ;

Vu l'arrêté du 13 Octobre 1910, sur les aliénations de terrains destinés à la culture du caoutchouc en Cochinchine ;

Vu l'arrêté du 18 Novembre 1910, réglementant le régime des concessions à accorder aux indigènes au Tonkin ;

Vu l'arrêté du 7 Mars 1911, sur les conditions d'aliénations des immeubles compris dans la dotation immobilière des centres urbains de l'Annam ;

La Commission permanente du Conseil de Gouvernement de l'Indochine entendue,

ARRÊTE :

Article premier. — (Modifié et complété par l'arrêté du 31 Octobre 1924). — Les terres du domaine privé en Indochine peuvent faire l'objet de concessions urbaines ou rurales.

Ces concessions sont faites, sous réserve des conventions diplomatiques en vigueur, aux conditions spécifiées dans le présent arrêté.

« Ne peuvent être admis comme acquéreurs d'immeubles domaniaux, soit à titre onéreux, soit à titre gratuit, que les Français d'origine, les naturalisés français, les sujets et protégés français jouissant de leurs droits civils.

Préalablement à l'adjudication ou à la concession, le soumissionnaire ou le demandeur en concession doit signer une déclaration portant qu'il remplit les conditions ci-dessus.

Les concessions définitives accordées, conformément aux dispositions du présent arrêté et des réglementations qui le compléteront, ne pourront faire l'objet d'aliénations ou de dispositions, à titre gratuit ou à titre onéreux, au profit d'étrangers, sans l'autorisation préalable et formelle de l'autorité concédante.

Toute transmission de propriété effectuée contrairement aux dispositions ci-dessus sera nulle et entraînera le retour au Domaine de l'immeuble, libre de tous droits réels constitués depuis l'acte de concession illicite ».

Concessions de terrains urbains

Art. 2. — Les terrains urbains sont ceux qui sont compris dans le périmètre d'une ville ou d'un centre urbain délimité ou alloti par les autorités compétentes.

Il ne peut être concédé de terrain urbain que dans les périmètres allotis.

Art. 3. — Le lotissement des villes ou des centres urbains est effectué à la diligence des maires ou des administrateurs ou résidents, chefs de province, et donne lieu à l'établissement d'un plan qui détermine les formes et dimensions des lots, rues, avenues et places publiques et indique les lots réservés pour les besoins des services publics.

Le plan de lotissement est approuvé, en Cochinchine, par le Gouverneur, et dans les autres pays de l'Union, par le Résident supérieur. Par la même décision, le Chef d'Administration locale décide la date à laquelle pourra avoir lieu la mise en vente.

Art. 4. — Les lots de terrains urbains ne sont concédés qu'à titre onéreux.

La concession se fait par voie d'adjudication aux enchères publiques aux clauses et conditions d'un cahier des charges établi par le Chef de l'Administration locale. Ce cahier des charges contient notamment les indications nécessaires touchant la mise à prix minimum, le délai de mise en valeur, l'étendue minimum de surface à occuper et, s'il y a lieu, les conditions de construction.

Art. 5. — Les terrains figurant au plan de lotissement seront mis aux enchères publiques au fur et à mesure des demandes, par les soins d'une commission dont la composition sera fixée par le Chef de l'Administration locale.

La commission sera juge de tous les incidents de l'adjudication.

Le plan de lotissement, dûment approuvé, sera tenu, à la disposition du public, aux bureaux de la mairie ou au chef-lieu de la province et aux bureaux du Gouvernement de la Cochinchine ou de la Résidence supérieure, dans les autres pays de l'Union.

Art. 6. — Dès qu'une demande sera parvenue à l'autorité compétente, des placards annonçant la mise en adjudication seront apposés à la porte des bureaux de la mairie ou du chef-lieu de la province et sur les terrains demandés, faisant connaître les jour et heure de l'adjudication.

Celle-ci aura lieu quinze jours au plus tôt et un mois au plus tard après l'apposition des placards.

Art. 7. — Le montant minimum des enchères sera déterminé par le Chef d'Administration locale d'après la valeur du lot mis en vente.

Art. 8. — S'il ne se produit aucune enchère sur la mise à prix, l'adjudication sera prononcée de droit au profit de la personne qui en aura fait la demande et moyennant cette mise à prix.

Art. 9. — Tout adjudicataire, achetant pour le compte d'autrui, devra en faire la déclaration avant la clôture du procès-verbal; il devra justifier:

1° D'une procuration dûment légalisée, qui sera déposée sur le bureau après avoir été certifiée par le mandataire;

2° De la solvabilité du mandant.

Il sera tenu personnellement d'effectuer le versement du prix d'adjudication ainsi que le paiement des frais supplémentaires engagés.

Art. 10. — L'adjudication ne sera valable qu'après avoir été approuvée par le Gouverneur de la Cochinchine ou par le Résident supérieur dans les autres pays de l'Union.

Il sera délivré à l'adjudicataire une copie du procès-verbal d'adjudication n'emportant d'autre prérogative que celle du droit de jouissance.

Ce droit ne deviendra effectif que lorsque l'approbation du Chef d'Administration locale sera intervenue.

Toutefois, par mesure transitoire, l'adjudicataire pourra exercer le droit de jouissance sur son lot dès qu'il aura acquitté le prix d'adjudication et les frais accessoires dans les conditions stipulées à l'article 14 ci-après.

Art. 11. — Tout adjudicataire est censé bien connaître le lot qu'il aura obtenu et le prendra dans l'état où il se trouve le jour de l'adjudication.

Les adjudications seront faites sans garantie de mesure ni de contenance, sur la désignation des tenants et aboutissants et il ne pourra être exercé aucun recours en indemnité, réduction ou augmentation de prix quelle que soit la différence, en plus ou en moins dans les mesures et consistance

Art. 12. — L'adjudicataire supportera tous impôts et contributions établis et qui pourraient être établis dans l'avenir sur la propriété foncière en Indochine.

Il sera également tenu de se conformer, sans aucun recours, aux nivellements et alignements qui lui seront donnés par l'autorité compétente ainsi qu'aux lois et règlements de police concernant la voirie, la salubrité, le service des eaux.

Art. 13. — La colonie ou le Protectorat ne prend aucun engagement en ce qui concerne l'ouverture ou l'entretien des routes, chemins, rues et autres voies publiques représentées ou non sur le plan de lotissement et entend rester étrangère, en tant que cédante, à tous les frais que pourra occasionner l'exécution des travaux de voirie.

Art. 14. — L'adjudicataire devra verser le montant intégral du prix de l'adjudication dans les conditions fixées par les arrêtés à intervenir en vertu de l'article 49 ci-après.

L'adjudicataire devra payer, en sus de ce prix et en même temps, les frais d'affiche et de vente et, d'une manière générale, tous frais quels qu'ils soient, avancés par les budgets intéressés ou prévus par les règlements en vigueur, tels qu'ils sont portés à la connaissance du public par le cahier des charges accompagnant la mise aux enchères.

Art. 15. –(Modifié par arrêté du 8 Mai 1918).— L'adjudicataire devra, dans le délai maximum et dans les conditions fixées par le cahier des charges, clôturer les terrains vendus, y édifier des constructions ou y effectuer tels travaux d'aménagement qu'il aura été convenu.

L'exécution desdites obligations sera constatée sur la demande de l'intéressé, par une commission dont la composition sera fixée par le Chef de l'Administration locale. Cette commission dressera un procès-verbal de ses opérations qui sera transmis, aux fins utiles, au Chef de l'Administration locale.

Art. 16.— A défaut de paiement dans le délai prévu à l'art. 14, après mise en demeure comportant un nouveau délai d'un mois, l'adjudication sera résiliée de plein droit et le terrain fera retour au domaine ; les mesures de droit pourront être engagées contre l'adjudicataire défaillant.

Art. 17. — En cas d'inexécution, dans les délais requis, des autres charges et conditions de l'adjudication, cette inexécution étant constatée par procès-verbal de la commission prévue à l'article 15, l'adjudicataire sera déchu de ses droits. Toutefois, la déchéance ne sera prononcée qu'après une mise en demeure comportant au profit de l'adjudicataire, un nouveau délai de six mois pour s'acquitter des charges et conditions susvisées. L'adjudicataire déchu obtiendra la restitution du prix, défalcation faite du dixième qui sera retenu à titre de dommages et intérêts.

Art. 18. — Les adjudicataires devront faire élection de domicile dans la ville ou au chef-lieu de la province où est situé l'immeuble. Faute par eux de ce faire, tous actes et communications leur seront valablement signifiés a la mairie ou dans les bureaux du chef de la province.

Art. 19.— L'attribution en pleine propriété du lot adjugé n'a lieu qu'après l'exécution de toutes les clauses et conditions prévues au cahier des charges.

Le Gouverneur de la Cochinchine en Conseil Privé, les Résidents supérieurs au Tonkin, en Annam et au Cambodge en Conseil de Protectorat, et le Résident supérieur au Laos délivrent le titre définitif de propriété.

Art. 20. — Par exception au paragraphe 4 de l'article 2, dans les centres urbains où il n'aura pas été procédé au lotissement, le Chef d'Administration locale peut délivrer, sur la proposition de l'administrateur, chef de province, à tout particulier offrant les garanties nécessaires qui en fait la demande, un permis autorisant l'occupation immédiate d'un terrain aux risques et périls du demandeur.

Le permis porte indication de la surface à occuper et du montant de la redevance à acquitter.

Il ne peut être accordé, dans les conditions sus-énoncées, à un même particulier plus d'un permis d'occuper dans chaque localité.

En cas de lotissement ultérieur, le bénéficiaire du permis obtient, par privilège spécial, concession du lot sur lequel il est établi, au prix minimum fixé par le cahier des charges et sous réserve de se conformer aux clauses et conditions de cet acte.

Concessions de terrains ruraux

Art. 21.— Les terrains domaniaux ruraux peuvent être concédés en vue de la création d'établissements ou exploitations agricoles, d'entreprises d'élevage ou d'entreprises industrielles.

Les forêts dont la conservation aura été jugée nécessaire par les services compétents restent soumises aux règlements qui leur sont spéciaux.

Art. 22.— *(Modifié)*.— Les terrains domaniaux ruraux ne sont concédés en principe qu'à titre onéreux.

La concession se fait par voie d'adjudication aux enchères publiques aux clauses et conditions d'un cahier des charges établi par le Chef d'Administration locale.

Toutefois, des terrains domaniaux ruraux d'une étendue égale ou inférieure à 300 hectares pourront être concédés gratuitement dans les conditions déterminées par les Chefs d'Administration locale.

Les arrêtés à intervenir pour spécifier ces conditions devront être approuvés par le Gouverneur général.

Les membres d'une même famille (femmes et enfants) ne peuvent prétendre à concession distincte de celle du chef de famille.

Le concessionnaire d'un terrain à titre gratuit, quelle que soit la superficie, ne pourra obtenir une nouvelle concession à titre gratuit que lorsqu'il aura mis en valeur les quatre cinquièmes au moins de la première concession.

Dans tous les cas, cette deuxième concession sera la dernière.

Art. 23. — *(Modifié).* — Les concessions n'excédant pas 1000 hectares sont attribuées, suivant les pays, par le Gouverneur de la Cochinchine en Conseil Privé, les Résidents supérieurs au Tonkin, en Annam et au Cambodge en Conseil de Protectorat, ou le Résident supérieur au Laos. Les concessions supérieures à 1000 hectares ne peuvent être accordées que par un arrêté du Gouverneur général en Conseil de Gouvernement, avec cahier des charges spécial.

Art. 24. — Les concessions rurales ne comprennent que la surface du sol. Sont réservés : 1° les voies de communication existant au moment de la concession traversant ou bornant les terrains concédés, ainsi que l'accès aux tombeaux, pagodes, édifices du culte ou monuments historiques, tels que ces lieux sont déterminés, par arrêtés des autorités locales et toutes servitudes légales ; 2° les objets précieux ou antiques susceptibles d'exister dans les concessions ; 3° les mamelons, rochers ou carrières de matériaux de construction dont l'Administration estimerait la réserve utile en vue d'une extraction de matériaux pour travaux d'utilité publique. Les carrières de matériaux de construction non réservées sont comprises dans les concessions, étant bien entendu qu'elles doivent, le cas échéant, être exploitées dans les conditions des règlements en vigueur sur la matière.

Art. 25. — Les concessions mesurant une superficie supérieure à 10 hectares et traversées ou bornées par des cours d'eau navigables ou flottables ou des voies de communication ne peuvent avoir, sur ces voies ou cours d'eau, un développement excédant le quart de leur périmètre total.

Art. 26. — Toute personne désirant une concession rurale adresse à l'administrateur ou résident, chef de la province où sont situés les terrains, une demande indiquant ses nom, prénoms et qualités, ses lieu et date de naissance ainsi que son domicile.

Celle-ci doit être accompagnée, en outre, d'un croquis indiquant la situation, la contenance approximative, les limites générales de la concession et préciser le genre d'exploitation projetée.

Les demandes agréées sont rendues publiques, tant par l'insertion aux diverses publications officielles que par des affiches rédigées en français et en langues du pays et apposées au chef-lieu de la colonie ou du Protectorat, au chef-lieu de la province dans laquelle la concession est située, au lieu de la situation des biens et dans les villages limitrophes.

Si, avant l'expiration des délais de publication et d'affichage, une opposition est formulée à une demande, il est statué par le Chef de l'Administration locale.

Les délais dans lesquels peuvent être formées les oppositions, leur mode d'instruction et le délai dans lequel il est situé par le Chef d'Administration locale sont fixés par des arrêtés du Gouverneur de Cochinchine ou des Résidents supérieurs approuvés par le Gouverneur général.

Art. 27. — Le demandeur en concession est tenu de faire élection de domicile au chef-lieu de la province où sont situés les terrains. Faute par lui de ce faire, tous actes et communications lui sont valablement signifiés dans les bureaux du chef de la province.

Art. 28. — Il est procédé à l'adjudication par les soins d'une commission dont la composition sera déterminée par le Chef de l'Administration locale

La commission sera juge de tous les incidents de l'adjudication.

Les jour et heure de l'adjudication sont fixés par des placards rédigés en français et en langues du pays et apposés à la porte des bureaux du chef-lieu de la province où sont situés les terrains.

Art. 29. — *(Modifié).* — Le montant minimum des enchères sera déterminé par les autorités locales d'après la valeur du terrain mis en adjudication.

S'il ne se produit aucune enchère sur la mise à prix, l'adjudication sera prononcée de droit au profit de la personne qui aura fait la demande et moyennant cette mise à prix.

Dans le cas où tout ou partie du terrain adjugé serait occupé de bonne foi par d'autres personnes que l'adjudicataire, celui-ci sera tenu de rembourser toutes les dépenses faites à quelque titre que ce soit pour assurer la mise en valeur des parties occupées.

L'évaluation en sera faite à dire d'experts.

En cas de refus ou de contestation par le ou les occupants, la question sera résolue par les voies de droit.

Art. 30. — Les prescriptions de l'article 29 ci-dessus seront applicables chaque fois que se présentera un adjudicataire achetant pour le compte d'autrui.

Art. 31. — L'adjudication ne sera valable qu'après avoir été approuvée par le Gouverneur de Cochinchine ou par les Résidents supérieurs dans les autres pays de l'Union.

Art. 32. — A la suite de l'approbation de l'adjudication, le concessionnaire reçoit un titre provisoire qui ne pourra être transformé en titre définitif qu'après l'exécution de toutes les obligations fixées au présent arrêté et des clauses et conditions prévues par le cahier des charges.

Art. 33. — Les frais nécessités par la vérification des travaux d'abornement des concessions rurales sont à la charge des concessionnaires qui doivent déposer à cet effet, en même temps que la demande de concession, une provision dont la quotité sera fixée par des arrêtés des Chefs d'Administration locale.

Art. 34. — Le prix de vente est payé la moitié comptant au moment de la délivrance du titre provisoire au concessionnaire, le surplus en deux termes égaux d'année en année à compter de la date de l'adjudication. Le concessionnaire peut se libérer par anticipation. Cependant, si le prix de vente est inférieur à cent piastres, il devra être versé intégralement avant la délivrance du titre.

Le concessionnaire devra payer en sus de ce prix et en même temps que le premier versement comptant ci-dessus visé, les frais d'affichage et de vente et, d'une manière générale, tous frais quels qu'ils soient, avancés par les services locaux ou prévus par les règlements en vigueur.

Art. 35. — L'immeuble concédé reste, jusqu'à parfait paiement du prix de vente, spécialement affecté et hypothéqué à la sûreté des droits de la Colonie ou du Protectorat. A cet effet, l'inscription de son privilège sera requise au bureau des hypothèques dans les 45 jours de l'adjudication, conformément à l'article 5 de la loi du 23 Mars 1855, sans préjudice du droit de déchéance.

L'inscription aura lieu, sans avance de droits ni de salaires, sur la production d'un bordereau : les frais seront ultérieurement recouvrés sur l'acquéreur.

Art. 36. — *(Modifié).* — En cas de retard dans le paiement du prix de vente, les autorités locales ont la faculté d'en poursuivre le paiement par voie de contrainte administrative et par toutes autres voies légales ou de provoquer la déchéance de l'acquéreur. La déchéance pourra être prononcée contre l'acquéreur qui n'aura pas satisfait à la contrainte décernée pour le paiement du prix dans les quinze jours de sa signification.

La déchéance est prononcée, suivant que la superficie de la concession excède ou n'excède pas 1000 hectares, par le Gouverneur général en Conseil de Gouvernement, le Gouverneur de la Cochinchine en Conseil Privé, les Résidents supérieurs au Tonkin, en Annam et au Cambodge en Conseil de protectorat, ou le Résident supérieur au Laos.

Art. 37. — Le concessionnaire déchu sera tenu de payer, à titre de dommages-intérêts, une amende égale au 10e du prix de vente s'il n'a fait encore aucun paiement, au 20e s'il a déjà soldé une partie du prix ; il est, en outre, obligé à la restitution des fruits dont la valeur est fixée à 12 % par an du prix d'adjudication.

Art. 38. — S'il résulte, des décomptes à établir par suite de la déchéance, que le concessionnaire est débiteur envers le Trésor, il sera contraint au paiement par toutes les voies de droit. Les sommes versées par lui sont, dans tous les cas, irrévocablement acquises au Domaine.

Art. 39. — *(Modifié).* — Les baux consentis par le concessionnaire déchu ne pourront être opposés au Domaine ; il en sera de même des ventes et des constitutions de droits réels qu'il aura pu consentir. Cependant le nouvel acquéreur pourra, avec l'autorisation expresse de l'autorité qui a accordé la concession provisoire, se substituer à son vendeur déchu en se conformant aux charges, clauses et conditions qui avaient été imposées à ce dernier.

Art. 40. — *(Modifié).* — Le concessionnaire est tenu de mettre en valeur le lot adjugé ou concédé. Le délai maximum et les conditions de la mise en valeur sont fixés dans les cahiers des charges ou les arrêtés de concession provisoire suivant la nature des terrains et des exploitations entreprises, par les Chefs d'Administration locale, après avis du chef du service local de l'Agriculture.

A titre exceptionnel, le concessionnaire peut obtenir des délais complémentaires, soit pour commencer les travaux d'exploitation, soit pour achever la mise en valeur dans le cas où les retards constatés ne lui seraient pas imputables.

Art. 41. — *(Modifié).* — Faute par le concessionnaire de se conformer à l'obligation de la mise en valeur telle qu'elle résulte du cahier des charges, l'annulation totale ou partielle de la concession peut être prononcée, après mise en demeure préalable, par arrêté du Gouverneur général en Conseil de Gouvernement, par le Gouverneur de la Cochinchine en Conseil Privé, par les Résidents supérieurs au Tonkin, en Annam et au Cambodge, en Conseil de Protectorat ou le Résident supérieur au Laos, suivant que la concession excède ou n'excède pas 1.000 hectares.

L'annulation entraîne la restitution du prix afférent à la partie qui fait retour au Domaine, défalcation faite du dixième qui sera retenu à titre de dommages et intérêts.

Art. 42. — *(Modifié).* — La constatation de l'état de la concession en vue, soit de la délivrance du titre définitif de propriété, soit du retrait total ou partiel de la concession, est effectuée par une commission dont la composition est fixée par le Chef de l'Administration locale. Cette commission dresse un procès-verbal de ses opérations qui est transmis au Chef de l'Administration pour décision.

La réunion de la commission de constat peut être demandée :

1° Par le concessionnaire qui doit, au préalable, dans les mois qui suivront la date d'expiration des délais de mise en valeur, fournir un plan des parcelles cultivées. Faute par lui de fournir ce plan, l'Administration pourra le faire lever d'office à ses frais, et assurera le recouvrement du montant de la dépense engagée par l'émission d'un ordre de recette dans les conditions des articles 193 et suivants du décret du 30 Décembre 1912, sur le régime financier des colonies,

Seules la mise en demeure adressée par le concessionnaire à l'Administration d'avoir à faire constater l'état de mise en culture et l'exécution des formalités qui lui incombent ouvrent au colon des droits pour se prévaloir de l'état de ses cultures à la date de sa demande.

2o Par l'Administration, qui peut, si elle le juge bon, les délais de mise en valeur étant expirés, faire procéder d'office à l'ouverture des opérations. Dans ce cas, elle notifie sa décision au concessionnaire qu'elle invite à fournir son plan et à désigner ses représentants à l'expertise. Si, dans le délai de trois mois, à partir de la notification, le concessionnaire n'a pas satisfait à l'une ou l'autre de ces obligations, il est passé outre et le plan est levé d'office dans les conditions ci -dessus.

Art. 43. — Un titre définitif de propriété est remis au concessionnaire après qu'il a exécuté ses obligations, notamment celles relatives au paiement du prix et à la mise en valeur.

Art. 44. — Les concessions rurales sont données sous la réserve expresse des droits des tiers et sans garantie de contenance ; en cas de recours, la Colonie ou le Protectorat n'est tenu à aucune indemnité.

Art. 45. — Les autorités locales se réservent le droit de reprendre à une époque quelconque le libre usage des terrains qui seraient nécessaires aux besoins des services de l'Etat ou de la Colonie et à tous les travaux d'utilité publique qu'elles jugeraient convenable d'exécuter ou de faire exécuter par les concessionnaires de ces services publics.

Cette reprise aura lieu : 1o si les terrains ne sont pas mis en exploitation, moyennant la restitution de la partie du prix afférente à la superficie reprise; 2o s'il s'agit des terrains bâtis ou mis en exploitation, moyennant une indemnité à fixer de concert avec le concessionnaire ; en cas de désaccord, il sera statué par le tribunal compétent; l'expertise sera obligatoire si elle est demandée par l'une des parties et il y sera procédé dans les formes prévues par les articles 302 et suivants du code de procédure civile.

Art. 46. — Tout titre définitif de concession est inscrit sur un registre spécial tenu par le receveur des Domaines et est soumis à la formalité de l'Enregistrement.

Les frais de timbre, de l'enregistrement et de tous actes relatifs à la concession, sont supportés par les concessionnaires.

Art. 47. — En cas de décès du concessionnaire, ses héritiers lui sont substitués de plein droit, sur la production de titres authentiques constatant les droits des requérants à la succession.

Art. 48. — Toutes les contestations relatives à l'acte de concession et qui s'élèvent entre les concessionnaires et les autorités locales sont soumises à la juridiction administrative.

Art. 49. — Les conditions d'application du présent arrêté seront fixées dans chaque pays de l'Union par des arrêtés des Chefs d'Administration locale soumis à l'approbation du Gouverneur général.

Art. 50.— Les dispositions du présent arrêté ne seront applicables qu'aux demandes de concession qui seront formées postérieurement à sa promulgation.

Art. 51.— Le Gouverneur de Cochinchine, les Résidents supérieurs au Tonkin, en Annam, au Cambodge et au Laos sont chargés de l'exécution du présent arrêté qui abroge les arrêtés antérieurs en la matière.

Nota. — La Cour de Cassation, tranchant une fois pour toutes une question souvent controversée, mais non douteuse à notre avis, a décidé que la juridiction administrative est seule compétente en ce qui concerne les litiges relatifs à une concession avant que celle-ci ait été accordée à titre définitif.— Elle a déclaré, en effet, qu'il y aurait violation du principe de la séparation des pouvoirs par un tribunal qui retiendrait la connaissance d'une contestation intervenue entre deux concessionnaires au sujet de droits à eux cédés sur une concession provisoire. Les tribunaux ordinaires ne peuvent interpréter que la concession *définitive* en toute propriété ; par contre, les concessions provisoires faites par une colonie de territoires dépendant de son domaine ont et conservent, pendant toute leur durée, un caractère administratif, et ressortissent par suite exclusivement à la juridiction administrative.

Arrêté fixant les conditions d'application, en Cochinchine, de l'arrêté du 27 Décembre 1913

(Du 11 Novembre 1914)

Article premier. — Les conditions d'application en Cochinchine de l'arrêté du 27 Décembre 1913, relatif aux concessions urbaines ou rurales du Domaine privé en Indochine, sont déterminées comme suit :

CONCESSIONS DE TERRAINS URBAINS

Art. 2.— Le cahier des charges prévu à l'article 4 de l'arrêté du 27 Décembre 1913 devra être établi en double original et revêtu de l'approbation du Gouverneur en Conseil privé.

Art. 3.— Le plan de lotissement prévu à l'article 4 de l'arrêté du 27 Décembre 1913 sera également déposé dans la maison commune du centre urbain intéressé.

Art. 4.— Une commission composée comme suit :

Pour les provinces:

L'administrateur ou son délégué, *président :*
Un géomètre ou, à défaut, l'agent-voyer de la province, *membre;*
Un fonctionnaire indigène, à la désignation de l'administrateur, *membre.*

Pour les villes de Saigon et de Cholon:

Un administrateur des Services civils, à la désignation du Gouverneur, *président;*

Le contrôleur des Contributions directes, *membre;*
Un géomètre, à la désignation du chef du service du Cadastre, *membre.*

sera chargée d'examiner toutes les demandes de vente, de fixer les mises à prix, de déterminer les clauses et conditions particulières à insérer au cahier des charges à soumettre à l'approbation du Gouverneur en Conseil privé. Elle fonctionnera, en outre, comme commission d'adjudication prévue à l'article 5 de l'arrêté du 27 Décembre 1913.

Art. 5 — L'adjudication aura lieu aux enchères publiques et à l'extinction des feux. Elle ne pourra être prononcée qu'autant que trois feux auront été allumés et se seront éteints sans qu'il ait été fait une nouvelle enchère.

Art. 6.— Toutes les personnes qui désireront prendre part à l'adjudication devront consigner sur le bureau le quart de la mise à prix, lorsque cette mise à prix dépassera 100$00.

Les sommes déposées seront restituées aussitôt après l'adjudication aux personnes qui n'ont pas été déclarées adjudicataires.

Art. 7.— L'affichage, prévu à l'article 6 de l'arrêté du 27 Décembre 1913, sera fait par les soins des autorités provinciales dans les provinces et par les soins du bureau compétent du Gouvernement pour les villes de Saigon et de Cholon.

Il devra, en outre, être effectué dans les maisons communes des villages intéressés.

Art. 8.— Les ventes auront lieu, en principe, à la fin de chaque trimestre, tant dans les provinces que dans les villes de Saigon et de Cholon.

Art. 9.— Toute personne qui demandera la mise en vente d'un terrain urbain, s'engagera, par cela même, à acquérir ce terrain, s'il ne se produit aucune enchère, moyennant la mise à prix fixée par l'Administration, qui aura été préalablement portée à sa connaissance.

Art. 10.— La faculté de déclarer ami ou command doit être réservée par l'acte même et ne peut être exercée que par l'adjudicataire direct au profit d'un seul individu. Nul ne peut être command s'il ne réunit les qualités requises pour être adjudicataire direct. Si le command n'est pas accepté, l'adjudication restera pour le compte de l'adjudicataire. La déclaration de l'adjudicataire et l'acceptation du command auront lieu simultanément par acte passé dans les trois jours de l'adjudication devant le fonctionnaire qui aura présidé à la vente. Il sera fait en double original, pour être annexé au procès-verbal d'adjudication. Il ne sera pas dû de droit proportionnel pour l'enregistrement de la déclaration de command lorsqu'elle aura été enregistrée ou notifiée au receveur de l'Enregistrement dans les trois jours de l'adjudication, s'il s'agit d'immeubles situés dans le ressort du tribunal civil de Saigon, et dans les 15 jours, s'il s'agit d'immeubles situés en dehors de cette juridiction ; la taxe d'enregistrement de command, au cas où elle serait exigible, est à la charge de l'adjudicataire.

Art. 11.— L'adjudicataire et le command, s'il en est déclaré, sont tenus de faire : le premier, dans l'acte d'adjudication, le second, dans l'acte d'acceptation de la déclaration passé à son profit, élection de domicile dans la ville ou la province où se trouve l'immeuble vendu.

Faute de ce faire, tous actes postérieurs seront valablement signifiés dans les mairies, pour les villes de Saigon et de Cholon, et dans les bureaux de l'administrateur, pour les provinces et, en outre, dans les maisons communes des centres urbains intéressés.

Art. 12.— Le procès-verbal d'adjudication, établi en double original à la suite du cahier des charges, est signé sur-le-champ par les membres de la commission et par l'adjudicataire ou son fondé de pouvoirs. En l'absence de ces derniers ou s'ils ne veulent ou ne peuvent signer, il en sera fait mention au procès-verbal.

Art. 13.— Dans les vingt jours de l'adjudication, s'il s'agit d'immeubles situés dans le ressort du tribunal civil de Saigon, et dans les 40 jours, s'il s'agit d'immeubles situés en dehors de cette juridiction, les bureaux du Gouvernement ou de l'administrateur de la province adresseront l'acte d'adjudication et ses annexes au receveur de l'Enregistrement. Avant de procéder à la formalité, le receveur liquidera les droits et en fera connaître le montant à l'acquéreur, qui devra aussitôt effectuer le versement des sommes dues. Le droit à percevoir est fixé à 5, 50 °/₀. *(Arrêté du 14 Novembre 1912).*

Si la caisse du percepteur ou de tout autre comptable a été désignée pour percevoir le montant des droits à percevoir, ce fonctionnaire devra, sans retard, donner avis du versement au receveur de l'Enregistrement au moyen d'un bordereau.

Art. 14.— Un des originaux du cahier des charges et du procès-verbal de l'adjudication sera, après approbation, s'il y a lieu, du Gouverneur en Conseil privé, remis à l'adjudicataire après enregistrement et lui servira de titre provisoire ; l'autre sera déposé aux archives du Conseil privé. Il sera établi trois expéditions du cahier des charges et du procès-verbal, l'une pour les archives du bureau du Gouvernement compétent, la seconde pour le représentant du Domaine local dans la province, la troisième pour être jointe à la pièce comptable établissant la recette.

Art. 15.— Le prix de vente est payé la moitié comptant au moment de la délivrance du titre provisoire à l'acquéreur, le surplus en deux termes égaux, d'année en année, à compter de la date de la vente. L'acquéreur peut se libérer par anticipation. Cependant si le prix d'adjudication est inférieur à 100$, il devra être versé intégralement avant la délivrance du titre. Après paiement intégral du prix, le cautionnement déposé est remboursé à l'ayant-droit.

Art. 16.— L'immeuble vendu reste, jusqu'à parfait paiement du prix de vente, spécialement affecté et hypothéqué à la sûreté des droits de la colonie. A cet effet, l'Administration requerra l'inscription de son privilège au bureau des hypothèques dans les 45 jours de l'acte d'aliénation, conformément à l'art. 5 de la loi du 23 Mars 1855, sans préjudice du droit de déchéance.

L'inscription aura lieu sans avance ni de droits, ni de salaires, sur la production d'un bordereau ; les frais seront ultérieurement recouvrés sur l'acquéreur.

Art. 17.— La commission prévue aux articles 15 et 17 de l'arrêté du 27 Décembre 1913, sera composée comme suit:

Pour les provinces:

L'administrateur chef de province ou son délégué, *président* ;
L'agent-voyer provincial, *membre ;*
Un fonctionnaire, à la désignation du chef de province, *membre.*

Pour les villes de Saigon et de Cholon :

Le contrôleur des Contributions directes, *président ;*
L'agent-voyer de la ville, *membre;*
Un géomètre, à la désignation du chef du service du Cadastre, *membre.*

Art. 18.— La résiliation, prévue à l'article 16, et la déchéance prévue à l'article 17 de l'arrêté du 27 Décembre 1913, seront prononcées par le Gouverneur sous forme d'arrêté pris en Conseil privé.

Art. 19.— L'acquéreur dont le contrat aura été résilié sera tenu de payer, à titre de dommages et intérêts, une amende égale au 1/10e du prix de vente, s'il n'a fait encore aucun paiement, et au 1/20e, s'il en a déjà soldé une partie ; il est, en outre, obligé à la restitution des fruits dont la valeur est fixée à 12 % par an du prix d'adjudication.

Art. 20. — S'il résulte des décomptes à établir que le concessionnaire est débiteur envers le Trésor, il sera contraint au paiement par toutes voies de droit. Les sommes versées par lui sont, dans tous les cas, irrévocablement acquises au Domaine.

Art. 21. — Les baux consentis par l'acquéreur déchu ne pourront être opposés au Domaine ; il en sera de même des ventes qu'il pourrait consentir. Cependant le nouvel acquéreur aura la faculté de se substituer à son vendeur déchu en se conformant aux charges, clauses et conditions de la vente. La même faculté sera laissée au locataire qui pourra justifier de la production d'un bail dûment enregistré.

Art. 22. — Le titre définitif de propriété prévu à l'article 19 de l'arrêté du 27 Décembre 1913 consistera en un arrêté pris par le Gouverneur en Conseil privé.

Art. 23.— L'acquéreur de tout terrain domanial sera tenu de payer, à compter du 1er Janvier qui suivra l'adjudication, l'impôt foncier afférent à la zone à laquelle appartient le terrain acheté.

CONCESSIONS DE TERRAINS RURAUX

1.— Concessions gratuites

(Terrains égaux ou inférieurs à 300 hectares) (1)

Art. 24.— Toute demande de concession gratuite de terrains domaniaux ruraux devra être adressée sur papier timbré à l'administrateur chef de la province, dans laquelle se trouvent lesdits terrains.

La demande devra indiquer clairement la situation, la contenance approximative et les abornements du terrain demandé.

Elle sera accompagnée d'un croquis figuratif du terrain.

Art. 25.— Il sera ouvert dans chaque province un registre à souches destiné à l'enregistrement des demandes de concessions gratuites. Le volant sera détaché du talon et remis au concessionnaire après signature par l'administrateur.

Art. 26.— Pour les concessions égales ou inférieures à 10 hectares, il sera ouvert un deuxième registre à souches comprenant deux volants, le 1er, portant autorisation de culture, le 2e, portant concession définitive après la mise en valeur dûment constatée.

Art. 27.— Pour les terrains de 10 hectares et au-dessous, les autorisations de culture sont accordées par les chefs de province.

Les concessions sont accordées :

1o Dans les villages cadastrés :

a) — à titre définitif, par arrêté du Gouverneur ;

b) — à titre provisoire, par décision du chef de province. La concession provisoire doit être transformée en concession définitive dans le plus bref délai possible ;

2o Dans les villages non cadastrés ;

Par les chefs de province, à titre définitif.

Art. 28.— Toute demande de concession gratuite supérieure à 10 hectares devra être accompagnée d'une quittance constatant le versement des frais d'enquête administrative. Ces frais sont uniformément fixés à 0 $ 20 par hectare.

Art. 29. — Toute demande de concession gratuite devra être affichée pendant deux mois par les soins de l'Administration provinciale.

1o Sur le terrain demandé ;

2o A la maison commune du village sur le territoire duquel se trouve le terrain demandé ;

3o A la porte des bureaux de l'administrateur de la province.

---

(1) Par arrêté du 26 Novembre 1918, l'étendue des terrains ruraux pouvant être concédés gratuitement a été portée de 50 à 300 hectares.

Il ne sera pas fait de publication au *Bulletin administratif* de la colonie.

Art. 30. — Le terrain demandé en concession doit être délimité par le demandeur à l'aide de bornes placées aux différents angles de la parcelle. La commission, prévue à l'article 31 du présent arrêté, vérifie l'exactitude de ce bornage et ordonne le déplacement des bornes, lorsque les protestations reconnues fondées donnent lieu de modifier les limites primitivement fixées par le demandeur.

Art. 31. — A l'issue du délai d'affichage, la demande sera transmise avec le rapport des autorités indigènes et les protestations des tiers, s'il y en a, à une commission spéciale dite commission d'enquête administrative composée comme suit :

L'administrateur chef de la province ou son délégué, *président* ;

Le chef ou le sous-chef de canton du lieu, *membre* ;

Deux notables du village sur le territoire duquel se trouve le terrain demandé, *membres*.

Si le terrain est situé dans une région forestière, un agent du Service forestier sera adjoint à la commission. Le demandeur, les propriétaires riverains et les occupants, s'il y en a, seront dûment convoqués et devront signer le procès-verbal en y formulant toutes les observations et réserves qu'ils jugeront utiles.

Art. 32. — Le demandeur, informé par l'administrateur des conclusions de la commission d'enquête, devra, s'il accepte, établir à ses frais le plan du terrain qu'il sollicite, accompagné d'un procès-verbal de reconnaissance et d'abornement.

Ce plan sera déposé au service du Cadastre pour être soumis à la vérification ; 4 copies en seront faites par les soins de ce service.

Art. 33. — Dans les villages où le bornage est en cours d'exécution, la commission de bornage, prévue à l'article 7 de l'arrêté du 8 Décembre 1911, instruira toutes les demandes de concessions gratuites en instance, aux lieu et place de la commission d'enquête précitée.

Art. 34. — Pour les demandes de terrains situés dans les communes non cadastrées, le dossier définitivement constitué devra comprendre :

1° Une demande sur papier timbré ;

2° La quittance constatant le versement des frais d'enquête ;

3° Le plan du terrain demandé en 4 expéditions ;

4° Le procès-verbal de reconnaissance et d'abornement ;

5° Un exemplaire de l'affiche ;

6° Le rapport des autorités communales ;

7° Le rapport du chef ou sous-chef de canton ou délégué du poste administratif ;

8° Les protestations, réclamations de toute nature émanant des tiers, s'il y a lieu ;

9° Le rapport de la commission d'enquête administrative;

10° Le rapport de l'administrateur chef de la province.

Ce dossier sera transmis au Gouverneur en vue de la décision à prendre.

Pour les demandes de terrains situés dans les communes cadastrées, le dossier comprendra les pièces suivantes :

1° Demandes sur papier timbré ;

2° Extrait certifié conforme du procès-verbal de bornage, s'il existe un procès-verbal ;

3° Un plan en double expédition de chaque lot.

Pour les concessions supérieures à 10 hectares, l'administrateur de la province intéressée devra joindre à ce dossier un rapport portant tous les renseignements utiles au sujet du terrain demandé et de la suite à donner à la demande.

Art. 35. — Les terrains occupés par les indigènes au moment de la présentation des demandes ne peuvent être concédés à des tiers. Ceux qui auront été l'objet de travaux d'assèchement ou autres effectués aux frais des services régionaux ou des villages ne pourront être aliénés qu'à titre onéreux.

Art. 36. — Les concessionnaires de terrains d'une superficie égale ou inférieure à 10 hectares, auront un délai de 3 ans, pour la mise en culture des immeubles concédés.

Les concessionnaires de terrains d'une superficie supérieure à 10 hectares jusqu'à 300 hectares (1), auront un délai de 5 ans, pour la mise en valeur des immeubles concédés.

Art. 37.— A l'expiration de la 3e année, pour les concessions de terrains d'une superficie égale ou inférieure à 10 hectares et de la 5e année, pour les concessions de terrains d'une superficie supérieure à 10 hectares jusqu'à 300 hectares (1), une commission administrative composée comme suit :

L'administrateur chef de la province ou son délégué, *président ;*

Un géomètre ou, à défaut, l'agent-voyer de la province, *membre* :

Le chef ou sous-chef de canton, *membre;*

Deux notables du village intéressé, *membres*,

sera chargée de vérifier l'accomplissement définitif des conditions stipulées à l'article précédent. Suivant les conclusions du rapport de cette commission, le retour au Domaine de tout ou partie du terrain concédé, sera prononcé par arrêté du Gouverneur en Conseil privé.

Art. 38.— Les terrains concédés à titre provisoire ne pourront être hypothéqués ni aliénés d'aucune façon par les concessionnaires, tant que le titre définitif de propriété n'aura pas été délivré et ce, sous peine de retour de la concession à la colonie.

---

(1) 300 hectares depuis l'arrêté du 26 Novembre 1918.

Art. 39.— Les concessionnaires seront tenus d'acquitter l'impôt foncier sur l'intégralité du terrain à eux concédé, à partir du 1er Janvier qui suivra la délivrance du titre définitif de propriété.

Art. 40.— Lorsque les terrains d'une superficie égale ou inférieure à 300 hectares (1), sollicités en concession, seront entièrement mis en culture par le demandeur lors du dépôt de sa demande et qu'il ne s'élèvera aucune contestation quant à l'attribution de propriété, le titre définitif de concession pourra être accordé immédiatement et l'impôt sera exigible à partir du 1er Janvier qui suivra la délivrance du titre. Il en sera de même si la concession est entièrement mise en culture avant l'expiration des délais exigés.

Art. 41.— Les concessions contenant des parties boisées restent soumises, pour ce qui concerne celles-ci, aux redevances et règles d'exploitation fixées par la circulaire du 18 Janvier 1913.

Art. 42.— Les héritiers, représentants ou ayants-droit, présents dans la colonie au moment du décès du concessionnaire, devront faire connaître, dans un délai de trois mois, à partir de cette date, s'ils acceptent la concession sous les conditions prévues par les textes en vigueur. Ce délai sera de six mois pour les héritiers absents de la colonie.

Art. 43.— Lorsque le décès aura lieu hors de la colonie, tous les héritiers ou ayants-droit sans distinction, auront un délai de six mois pour se conformer aux prescriptions de l'article précédent.

Art. 44.— Toute abstention à cet égard sera considérée comme une renonciation pure et simple au bénéfice de la concession, qui n'aura pas encore donné lieu à la délivrance d'un titre définitif de propriété après l'accomplisement des conditions prévues.

Art. 45.— Les héritiers, représentants ou ayants-droit qui ne seront pas dans la colonie au moment du décès et qui revendiqueront le droit à la concession seront soumis néanmoins aux mêmes obligations que le concessionnaire lui-même, notamment pour la mise en culture et le paiement des impôts.

Art. 46.— Le retour au Domaine de la totalité du terrain concédé, par suite de renonciation ou pour cause d'inexécution des conditions, s'effectuera sans aucune indemnité, pour quelque motif que ce soit.

Art. 47. — Les substitutions aux droits des concessionnaires pourront être accordées par les autorités qui auront accordé les concessions. Les tiers qui seront substitués dans les droits des premiers concessionnaires seront tenus aux mêmes obligations que ces derniers.

II. — Concessions a titre onéreux

Art. 48.— Les délais prévus à l'article 26 de l'arrêté du 27 Décembre 1913 sont fixés comme suit :

(1) 300 hectares depuis l'arrêté du 26 Novembre 1918.

Toute demande de vente aux enchères publiques sera affichée pendant deux mois par les soins de l'Administration locale :

1o Sur le terrain dont la vente est demandée ;

2o A la maison commune du village sur le territoire duquel se trouve le terrain demandé ; aux maisons communes des villages limitrophes ;

3o A la porte des bureaux de l'administrateur, chef de province ;

4o Dans les bureaux du Gouvernement de la Cochinchine.

En outre, des publications seront faites au *Bulletin administratif* de la colonie et au *Moniteur des provinces* pendant le même délai de deux mois.

Art. 49. — A l'issue des délais d'enquête et d'affichage, une commission sera chargée d'examiner la demande, de recueillir auprès des tiers toutes les protestations qui pourraient être faites et de procéder à une enquête sur les lieux.

Cette commission sera composée comme suit :

L'administrateur, chef de province ou son délégué, *président*.

Un géomètre du Cadastre, *membre* ;

Le chef de canton et 2 notables de la région intéressée, *membres*.

Au cas où les terrains seraient couverts de forêts, un agent du Service forestier devra être adjoint à la commission.

Cette commission proposera une mise à prix pour le terrain dont la vente est demandée et fixera l'estimation des frais de levé.

Art. 50. — Le demandeur devra alors fournir un levé régulier du terrain demandé lequel sera transmis, pour vérification, au service du Cadastre.

Art. 51. — L'élection de domicile prévue à l'article 27 de l'arrêté du 27 Décembre 1913, pourra être faite également à Saigon.

Art. 52. — Le dossier de la demande définitivement constitué sera transmis au Gouverneur accompagné d'un rapport de l'administrateur et d'un projet de cahier des charges.

Art. 53. — Après approbation du cahier des charges par le Gouverneur en Conseil privé, la mise à prix ayant été définitivement fixée, le chef du Service local de l'agriculture ayant été consulté et le délai maximum dans lequel l'acquéreur sera tenu de mettre en valeur le lot adjugé ayant été arrêté, le dossier de la vente sera renvoyé à l'administrateur, chef de province, aux fins d'adjudication.

Art. 54. — La commission d'adjudication prévue à l'article 28 de l'arrêté du 27 Décembre 1913, sera composée comme suit :

L'administrateur, chef de province ou son délégué, *président* ;

Un géomètre ou, à défaut, l'agent-voyer de la province, *membre ;*

Un fonctionnaire indigène, à la désignation de l'administrateur, *membre* ;

Art. 55. — Les placards, rédigés en français et en langues du pays, prévus à l'article 28 de l'arrêté du 27 Décembre 1913, fixant le jour et l'heure de l'adjudication, qui doivent être apposés à la porte des bureaux de l'administrateur, le seront, en outre :

1° A la maison commune du village sur le territoire duquel se trouve le terrain demandé ;

2° Aux maisons communes des villages limitrophes ;

3° Dans les bureaux du Gouvernement à Saigon.

De plus, des publications seront faites au *Bulletin administratif* de la colonie, au *Moniteur des provinces* et au *Bulletin de la Chambre d'Agriculture* de Cochinchine.

La vente aura lieu 15 jours, au plus tôt, et un mois, au plus tard, après les publications et l'apposition des placards.

Aussitôt que cette date aura été fixée, le demandeur en sera avisé par les soins de l'administrateur, chef de province.

Art. 56. — Les prescriptions des art. 5, 6, 7, 8, 9, 10, 11, 12, 13 et 14 du présent arrêté sont applicables aux ventes aux enchères des terrains domaniaux ruraux.

Art. 57. — La provision à déposer par le pétitionnaire en même temps que sa demande, prévue à l'art. 33 de l'arrêté du 27 Décembre 1913, sera déterminée dans chaque cas.

Art. 58. — La commission de constat, prévue à l'article 42 de l'arrêté du 27 Décembre 1913, est composée comme suit :

L'administrateur, chef de province ou son délégué, *président ;*

Un géomètre ou, à défaut, l'agent-voyer de la province, *membre ;*

Un fonctionnaire indigène, à la désignation du chef de province, *membre.*

Art. 59. — Le titre définitif de propriété pour les terrains d'une superficie de 300 hectares [1] à 500 hectares consistera en un arrêté pris par le Gouverneur en Conseil privé.

Art. 60. — Les acquéreurs sont tenus d'acquitter l'impôt foncier sur l'intégralité du terrain à l'issue du délai fixé pour la mise en valeur dans le cahier des charges, conformément aux dispositions de l'article 40 de l'arrêté du 27 Décembre 1913.

Art. 61. — L'adjudicataire, au cas où il ne serait pas le demandeur, devra payer le prix du plan calculé d'après l'estimation de la commission.

Art. 62. — Le délai uniforme pour la mise en valeur du terrain concédé est fixé à cinq ans.

(1) 300 hectares depuis l'arrêté du 26 novembre 1918.

Art. 63. — Les concessions contenant des parties boisées restent soumises, pour ce qui concerne celles-ci, aux redevances et règles d'exploitation fixées par la circulaire du 18 Janvier 1913.

DISPOSITIONS PARTICULIÈRES

I. — Terrains destinés a la culture du caoutchouc

Art. 64. — L'aliénation à titre gratuit ou onéreux des terrains destinés à la culture du caoutchouc est faite sous la condition essentielle de leur mise en culture.

L'acquéreur devra, chaque année, complanter en arbres à caoutchouc, pour les concessions jusqu'à 500 hectares, la dixième partie du terrain aliéné, de façon que la moitié du lot soit complètement mise en valeur au bout de cinq ans. Chaque hectare devra recevoir au minimum 120 arbres. Pour le surplus du terrain, l'acquéreur sera libre de le laisser en friche, de le transformer en rizières, en pâturages ou de le consacrer à d'autres cultures. Mais il n'acquerra la propriété incommutable du lot tout entier que lorsque la moitié de sa superficie aura été complantée en arbres à caoutchouc, ainsi qu'il a été exposé plus haut.

Art. 65. — Une commission administrative sera chargée, chaque année, vers le mois de Novembre, de vérifier pour toute la Cochinchine, l'accomplissement de ces conditions. L'acquéreur devra lui donner toutes facilités pour son enquête.

Art. 66. — En cas d'inexécution des clauses et conditions prévues à l'article 64 et sur le vu du procès-verbal de la commission précitée, le retour au Domaine pour la partie non cultivée sera prononcé, dans les formes prévues à l'article 36 de l'arrêté du 27 Décembre 1913, déduction faite d'une parcelle égale à la superficie des terrains cultivés.

L'acquéreur aura le droit de choisir cette parcelle à contiguité de celles qu'il a mises en culture et de celles sur lesquelles il a fait des aménagements.

Au cas où une partie du terrain revenant au Domaine aurait reçu des aménagements, il ne pourra prétendre à aucune indemnité de ce chef.

S'il y a eu vente aux enchères, le prix versé pour les terrains qui feront retour au Domaine lui sera remboursé, défalcation faite du 1/10e qui sera retenu à titre de dommages et intérêts.

Art. 67. — Une décision du Gouverneur pourra autoriser l'acquéreur à substituer aux arbres à caoutchouc d'autres essences arborescentes ou cultures diverses.

Art. 68. — Dès la septième année qui suivra la vente ou la concession, un dixième de la superficie totale du lot aliéné sera soumis à l'impôt de la première classe des cultures diverses.

Cette contribution s'augmentera d'un dixième pour chaque année qui suivra la dixième année : après la dixième année, cet impôt sera dû pour toute la surface complantée en arbres à caoutchouc, c'est-à-dire au moins pour la moitié du terrain aliéné.

L'autre moitié du lot sera soumise en entier, dès la septième année, à la taxe afférente à la 3e classe des cultures diverses, déduction faite d'une superficie égale au dixième du lot total qui sera exemptée d'impôt.

Art. 69. — L'impôt dû dès la septième année ne sera exigible qu'à partir de la huitième année et sera payable, dès lors, en trois termes égaux et annuels.

II. — TERRAINS DOMANIAUX COMPRENANT DES FOSSES A POISSONS, MARES OU VIVIERS

Art. 70. — Les terrains sur lesquels existent des fosses à poissons, mares ou viviers, pourront être aliénés, soit à titre gratuit, soit à titre onéreux ; toutefois l'acquéreur sera tenu de verser au village de la situation des terrains, une indemnité équivalente au produit des cinq dernières années d'affermage. Le prix sera fixé par la commission administrative prévue aux articles 49 et 54.

Art. 71.— Le présent arrêté abroge tous les arrêtés locaux antérieurs sur les aliénations domaniales.

Grande voirie

Dispositions Générales. — C'est l'arrêté du 3 Juillet 1912, qui a fixé la consistance de la grande voirie en Indochine ; en vertu de ce texte, en font partie.

1° Les routes régulièrement classées dans les termes de l'arrêté du 23 Décembre 1907, avec leurs prolongements urbains, ponts, fossés, accotements et dépendances ;

2° Les fleuves, rivières, canaux de navigation : les lacs et étangs communiquant directement avec eux ; les ports fluviaux, digues, quais, barrages, écluses, épis et leurs dépendances ;

3° Les ports maritimes, hâvres et rades et leurs dépendances ;

4° Les chemins de fer et tramways construits, exploités ou concédés par la colonie et leurs dépendances.

L'arrêté du 3 Juillet 1912 prévoyait que des textes ultérieurs détermineraient le régime applicable à ces différentes dépendances de la grande voirie ; deux arrêtés en date du même jour fixent ce régime en ce qui concerne le paragraphe 4 (chemins de fer et tramways — passages à niveau).

En ce qui concerne les routes, le Gouverneur général a décidé, par arrêté du 18 Juin 1918, que le classement en serait effectué conformément aux règles suivantes :

Les routes sont réparties en 4 catégories :

1° Les routes coloniales ;
2° Les routes locales ;
3° Les routes provinciales ;
4° Les routes communales.

Les routes coloniales ont un caractère d'intérêt général pour l'Indochine. Elles sont construites et entretenues, en principe, aux frais du budget général. Leur classement est prononcé par le Gouverneur général en Conseil de Gouvernement ou en Commission permanente de ce Conseil.

Les routes locales ont un caractère d'intérêt local pour chaque pays de l'Union. Elles sont construites et entretenues, en principe, aux frais des budgets locaux. En Cochinchine, cependant, la construction et l'entretien des routes interprovinciales ou chemins vicinaux de grande communication qui seraient classées comme routes locales restent à la charge des budgets provinciaux par application du décret du 5 Mars 1889.

Les routes locales sont classées, en Cochinchine, par le Conseil colonial après consultation des conseils de province, Dans les autres pays de l'Union, elles sont classées par le Gouverneur général sur la proposition des Chefs d'Administration locale en Conseil.

Les routes provinciales et les routes communales sont classées en Cochinchine par le Gouverneur en Conseil privé.

Les Conseils de province sont préalablement consultés pour les routes provinciales qui sont construites et entretenues, en principe, par les budgets d'arrondissement ; les conseils de province et les conseils de notables sont consultés également pour les routes communales qui sont construites et entretenues, en principe, par les budgets communaux.

Le classement ci-dessus ne comprend pas les rues des villes constituées en municipalités, sauf pour les tronçons ou traverses faisant partie des routes précédentes, lesquels sont entretenus par les budgets dont ils dépendent.

Les trois premières catégories seules constituent la grande voirie; la quatrième est du ressort de la petite voirie.

Compétence.— «Si aucun texte ne décide précisément que le Conseil du Contentieux administratif exercera, dans la Colonie, les attributions des Conseils de Préfecture dans la Métropole (1), il n'en est pas moins certain, cependant, en fait, qu'aux termes du décret du 5 Août 1881, se référant aux ordonnances des 21 Août 1825 et 9 Février 1827, il est chargé, en général, du contentieux administratif et, par conséquent, est appelé à réprimer les contraventions qui relèvent de la grande voirie, dont connaît en France la juridiction contentieuse que constituent les Conseils de Préfecture ». *(Journal Judiciaire Indochine 1913.)*

On peut ajouter, pour être plus précis, que les dites ordonnances donnent aux Conseils du contentieux administratif des Colonies cette compétence puisqu'elles décident (art. 160 et 176, § 9) que ces tribunaux connaissent « des empiète-

---

(1) Ces attributions sont fixées par la loi du 29 floréal, an X :

Article premier. — Les contraventions en matière de grande voirie, telles qu'anticipations, dépôts de fumiers ou d'autres objets, et toutes espèces de détériorations commises sur les grandes routes, sur les arbres qui les bordent, sur les fossés, ouvrages d'art et matériaux destinés à leur entretien, sur les canaux, fleuves et rivières navigables, leurs chemins de halage, francs bords, fossés et ouvrages d'art, seront constatées, réprimées et poursuivies par voie administrative.

Art. 2. — Les contraventions seront constatées, concurremment par les maires ou adjoints, les ingénieurs des ponts et chaussées, leurs conducteurs, les agents de la navigation, les commissaires de police, et par la gendarmerie..

Art. 3. — Les procès-verbaux sur les contraventions seront adressés au sous-préfet, qui ordonnera par provision, et sauf le recours au préfet, ce que de droit pour faire cesser les dommages.

Art. 4. — Il sera statué définitivement en conseil de préfecture : les arrêts seront exécutés sans visa ni mandatement des tribunaux, nonobstant et sauf tout recours ; et les individus condamnés seront contraints par l'envoi de garnisaires et saisie de meubles, en vertu desdits arrêts, qui seront exécutoires et emporteront hypothèque.

ments sur la réserve des cinquante pas géométriques et *sur toute autre propriété publique,* » ce qui constitue évidemment la grande voirie.

D'ailleurs, cette compétence a été expréssement reconnue par les deux arrêtés du 3 Juillet 1912, portant répression des infractions intéressant : le premier, la police des voies ferrées ; le deuxième, l'établissement des passages à niveau.

Nous voyons, en effet, que, par application de l'article 2 de la loi du 15 Janvier 1845, les contraventions à certaines prohibitions intéressant la conservation ou l'intégrité de la voie, de ses aménagements et dépendances, c'est-à-dire en matière de grande voirie, sont poursuivies devant le Conseil du Contentieux administratif et punies des peines prévues à l'article 11 de ladite loi, ainsi conçu :

Art. 11. — Les contraventions aux dispositions du présent titre seront constatées, poursuivies et réprimées comme en matière de grande voirie.

La compétence des Conseils du Contentieux administratif en matière de grande voirie ne fait donc aucun doute et, par analogie avec les Conseils de Préfecture de la Métropole, ces tribunaux peuvent être considérés conme juridiction de droit commun en cette matière.

Contraventions.— Comme en France, les riverains des voies publiques (routes, rues, etc.) ou du Domaine public (fleuves, canaux, rades, etc.), sont tenus à certaines obligations (1); l'inobservation de ces dernières, tant par ces riverains que par des tiers, constitue des contraventions de voirie.

Ces obligations consistent d'une manière générale et notamment :

1° Dans celle de demander et d'obtenir l'alignement et l'autorisation de l'Administration avant d'entreprendre, rétablir ou réparer aucune construction située ou rejoignant la voie publique ou le domaine public ;

2° Dans celle de ne pas anticiper sur la voie publique ou le domaine public ;

(1) C'est ce que l'on est convenu d'appeler « *Servitudes de voirie.* »

3° Dans celle de recevoir les eaux qui découlent des voies publiques,

4° Dans diverses sujétions imposées par des arrêtés locaux (1).

En ce qui concerne les voies ferrées, les contraventions ont été nettement spécifiées par l'article 1er de l'arrêté du 3 Juillet 1912 sur la police des chemins de fer et par l'article 4, paragraphe 2, de celui en date du même jour sur l'établissement des passages à niveau, ainsi conçus :

Art. 1er. — Par application de l'article 2 de la loi du 15 Juillet 1845, il est notamment défendu :

1° D'empiéter sur les emprises et dépendances des chemins de fer et des tramways ;

2° De dégrader la voie et ses dépendances, les ponts, les tunnels et tous ouvrages d'art qui peuvent s'y trouver ; de porter une atteinte quelconque à leur intégrité ou à leur solidité.

3° De détruire ou dégrader les clôtures, barrières, talus, bâtiments et autres dépendances des chemins de fer et tramways.

Art. IV, paragraphe II. — Ils (les usagers) sont également responsables, quelle que soit la catégorie du passage, de tous dommages et dégradations causés par eux directement ou indirectement à la voie ferrée et à ses dépendances.

Les contraventions à ces dispositions ainsi que celles qui viendraient à être commises, en ce qui concerne spécialement les chemins de fer, en violation des articles 4, 5, 6, 7, 8, 9 et 10 de la loi du 15 Juillet 1845, modifiée par celle du 20 Mars 1897, sont constatées, poursuivies et réprimées comme il est dit à l'art. 4 de l'arrêté du 3 Juillet 1912, dont le texte suit :

---

(1) Il y a lieu de faire remarquer toutefois que, pour pouvoir statuer en matière de répression, le Conseil du Contentieux doit s'appuyer sur des dispositons légales nettement spécifiées. Il est donc de toute nécessité, à notre avis, que les contraventions soient prévues par un texte formel applicable dans la colonie. Cette obligation résulte de l'article 73, paragraphe 3, du décret du 5 Août 1881, ainsi conçu : « Lorsque le conseil statue en matière de répression, les dispositions législatives doivent être textuellement rapportées dans le jugement. »

Art. 4. — Les contraventions prévues à l'article 1er du présent arrêté ainsi que toutes autres pouvant découler de la loi du 15 Juillet 1845 et intéressant la conservation ou l'intégrité de la voie ferrée, de ses aménagements et dépendances, seront poursuivies devant les Conseil du Contentieux administratif et punies des peines portées à l'article 11 de ladite loi.

Ces peines sont une amende de 16 à 300 francs (1) sans préjudice, s'il y a lieu, des peines portées au Code pénal et au titre III de la loi de 1845. Les contrevenants seront en outre condamnés à supprimer, dans le délai déterminé par l'arrêt du conseil, les excavations, couvertures, meules ou dépôts faits contrairement aux dispositions précédentes.

A défaut par eux de satisfaire à cette injonction dans le délai fixé, la suppression aura lieu d'office et le montant de la dépense sera recouvré contre eux par voie de contrainte comme en matière de contributions publiques.

En ce qui concerne les cours d'eau, un arrêté du Gouverneur général en date du 12 Mai 1913 a défendu :

D'établir sans autorisation sur les fleuves et rivières, cours d'eau et leurs dépendances, des barrages ou obstacles quelconques au libre écoulement de l'eau ; de pratiquer sans autorisation des prises d'eau ;

De faire, sans autorisation, des plantations, dans le lit des cours d'eau, d'y extraire des matériaux, d'y jeter des immondices ou substances quelconques de nature à contaminer l'eau ;

De porter atteinte, d'une façon quelconque, aux ouvrages ou installations existant sur les rivières ou cours d'eau, leurs rives et dépendances, ou les jouxtant, non plus qu'aux écluses, barrages, épis, quais et digues ; de faire, dans ces dernières, des coupures ou des rigoles et de pratiquer des fouilles ou excavations à moins de 50 mètres de leur pied extérieur.

Les infractions à ces prohibitions, constatées par des procès-verbaux dûment affirmés, dressés par les agents de la force publique et par des fonctionnaires assermentés du ser-

(1) Cette pénalité, d'ordre général pour les contraventions de grande voirie, a été fixée par la loi du 23 Mars 1842.

vice des Travaux publics, doivent être poursuivies devant les tribunaux de droit commun et punies des peines de simple police.

Ces tribunaux pourront, de plus, prononcer de justes dommages-intérêts comprenant tant la réparation du préjudice et de toutes les conséquences de la contravention que le prix de la remise des lieux en leur état primitif.

Comme il s'agit de contraventions de grande voirie, il n'est pas douteux que les « tribunaux de droit commun » en cette matière, sont, ici, les Conseils du contentieux administratif, comme le sont les Conseils de préfecture en France par suite des dispositions de la loi du 29 Floréal, an X. Pour les colonies, en effet, les ordonnances des 21 Août 1825 et 9 Février 1827 décident, comme nous l'avons dit plus haut, que les Conseils du contentieux administratif connaissent « des empiétements sur la réserve des cinquante pas géométriques et sur toute autre propriété publique. »

Ces termes ayant une portée générale, il s'ensuit que cette compétence s'étend à toutes les dépendances du domaine public. « D'autre part, l'expression « empiétements » employée par les ordonnances de 1825 et 1827 doit être prise dans un sens large. Elle ne comprend pas seulement, les usurpations et anticipations, c'est-à-dire les entreprises telles que constructions, plantations d'arbres, fouilles, dépôts de matériaux, etc.., elles visent aussi les détériorations et dégradations et, d'une manière générale, tous les faits qui portent atteinte soit à l'intégrité ou à la conservation du domaine public, soit à son affectation exclusive aux usages auxquels il est destiné. » (Boyer. *Les Conseils du contentieux administratif des Colonies*).

Nota. — Pour la petite voirie, le tribunal de simple police est généralement compétent en matière répressive. Mais, c'est, comme pour la grande voirie, le Conseil du Contentieux administratif qui est compétent en matière contentieuse.

Réglementation des concessions de prises d'eau en Indochine

(Décret du 12 Mars 1916)

Article premier. — En Indochine, les concessions de prises d'eau sont soumises à la réglementation suivante.

Art. 2. — Une demande d'autorisation doit être adressée au Chef de l'Administration locale et mentionner d'une manière précise :

1° La nature et l'objet de l'ouvrage ;

2° Les nom et point du cours d'eau où il doit être établi ;

3° Les ouvrages établis en aval et en amont ou la constatation qu'il n'en existe pas :

4° La durée pour laquelle l'autorisation est sollicitée.

La demande devra, en outre, être accompagnée du projet d'ensemble, en triple expédition, de l'ouvrage et de ses annexes.

Art. 3. — Cette demande, dès qu'elle est régulière en la forme, est publiée au *Journal officiel de l'Indochine* et affichée aux chefs-lieux du pays et de la province intéressés.

Elle est déposée durant six semaines dans les bureaux de l'Administration locale, à la disposition du public qui peut formuler par écrit toutes observations qu'elle peut motiver.

Ce délai de six semaines court de la date d'affichage au chef-lieu du pays, constatée par procès-verbal, ou de l'affichage au chef-lieu de la province si le signataire y est domicilié.

Art. 4. — A l'expiration du délai stipulé à l'article précédent, le dossier est transmis au chef du service local des Travaux publics, lequel fait procéder à l'instruction technique de la demande.

L'agent chargé de l'instruction, après avis donné au moins cinq jours à l'avance, au chef de la province, au pétitionnaire et aux réclamants ou à leurs mandataires, procède à la visite des lieux en leur présence ou eux dûment convoqués. Il vérifie l'exactitude des pièces produites, recueille tous renseignements techniques ou administratifs qu'il estime nécessaires, entend et consigne les réclamations des intéressés, ainsi que les réponses qui peuvent être faites à ces réclamations et recherche les solutions pouvant sauvegarder l'intérêt public en donnant satisfaction aux intérêts privés. Il dresse de ses opérations un rapport dans lequel il consigne notamment avec l'exposé de l'affaire, l'état des lieux et les repères adoptés, les dires des parties, les observations et tous renseignements d'étiage, des détails sur le niveau du cours d'eau, l'utilité ou l'opportunité d'ouvrages annexes, et qu'il détermine par des conclusions motivées.

Art. 5. — Le chef du service local des Travaux publics transmet ensuite le dossier complet avec son avis personnel et ses propositions au Gouverneur ou au Résident supérieur qui statue par un arrêté auquel, si l'autorisation est accordée, est joint un cahier des charges. Cette autorisation n'est d'ailleurs définitive qu'après approbation par le Gouverneur général tant de l'arrêté que du cahier des charges y annexé.

Art. 6. — L'arrêté énumère les caractéristiques fondamentales de l'autorisation accordée : Bénéficiaire, nature, situation et durée, réserves des droits des tiers, conditions auxquelles elle est subordonnée, etc....

Le cahier des charges précise les conditions particulières auxquelles le concessionnaire est astreint au point de vue technique, tels que débit maximum de l'eau à dériver pendant la période d'étiage, niveau maximum, points de prise et de restitution d'eau, mesures de sécurité et d'hygiène, délais d'achèvement, chiffre de la redevance annuelle, etc...

Cette redevance annuelle est, d'ailleurs, indépendante de celles qui peuvent être exigibles en raison des occupations temporaires de terrains domaniaux nécessitées par les installations.

Art. 7. — L'autorisation est personnelle ; elle ne peut être cédée ou transmise à des tiers autres que les héritiers naturels du permissionnaire qu'en vertu d'une autorisation donnée en la même forme que l'autorisation primitive.

Elle peut toujours dans les mêmes formes, être renouvelée pour une nouvelle période à fixer. Le refus par l'Administration d'accorder le renouvellement ne peut d'ailleurs motiver aucune indemnité.

Art. 8. — Lorsque les travaux seront terminés et au plus tard à l'expiration du délai fixé pour l'achèvement, il sera procédé à une vérification contradictoire des travaux exécutés, par le délégué du chef du service local des Travaux publics, dans les conditions fixées au deuxième alinéa de l'article 4 ci-dessus pour la visite des lieux. Il sera dressé de cette vérification un procès-verbal qui indiquera si les travaux sont conformes aux conditions de l'autorisation, et signalera, s'il y a lieu, les points sur lesquels ils s'en écarteraient.

Art. 9. — Les frais d'instruction sur place des demandes d'autorisation sont, que l'autorisation soit accordée ou refusée, à la charge du permissionnaire. Il en est de même des frais de récolement des travaux. Ces frais sont recouvrés dans les mêmes formes et avec les mêmes garanties qu'en matière de contributions directes.

Art. 10. — L'autorisation est toujours, et alors même que cette clause serait omise, accordée sous réserve des droits des tiers. Elle est précaire et révocable à toute époque par un arrêté du Chef de l'Administration locale pris sur la proposition du chef du service local des Travaux publics et approuvé par le Gouverneur général :

1o Si un motif d'intérêt public, jugé suffisant par l'Administration en nécessite le retrait ;

2o Pour inexécution, sauf le cas de force majeure, des conditions stipulées à l'arrêté d'autorisation ou au cahier des charges notamment et sans qu'il soit observé de mise en demeure et par une seule échéance du terme, pour dépassement des délais d'exécution ou pour non paiement des redevances stipulées.

Le retrait de l'autorisation ne pourra motiver de demande d'indemnité que dans le cas prévu au no 1 ci-dessus et cette indemnité ne pourra porter que sur la valeur matérielle et industrielle au jour de la révocation de l'autorisation, des bâtiments, installations et établissements. Elle sera fixée de concert entre l'Administration locale et le bénéficiaire ; en cas de désaccord, il sera statué par le tribunal compétent et l'expertise sera obligatoire si elle est réclamée par l'une des parties.

Art. 11. — L'article 105 du décret du 5 Août 1881 est abrogé en ce qui concerne la colonie de l'Indochine.

Nota. — Les infractions aux dispositions de ce décret n'étaient sanctionnées que par des peines de simple police. L'expérience ayant démontré que ces sanctions étaient insuffisantes, un décret en date du **16 Juillet 1919**, les a modifiées, ainsi qu'il suit :

Les mesures de police relatives au droit sur les concessions de prises d'eau sont prises en vertu d'arrêtés du Gouverneur général qui pourra déléguer cette attribution aux Chefs des Administrations locales lorsqu'il y aura lieu d'édicter des dispositions spéciales pour les différents pays de l'Indochine.

Les infractions à ces arrêtés seront poursuivies devant les tribunaux de droit commun et punies d'une amende de 16 à 1.000 francs et d'un emprisonnement de six à quinze jours ou de l'une de ces deux peines seulement. L'article 463 du Code pénal sera applicable.

Réglementation de la démolition des immeubles menaçant ruine

(Décret du 12 Décembre 1919)

Article premier. — En Indochine, les administrateurs, chefs de province, et les résidents-maires peuvent prescrire la réparation ou la démolition des murs, bâtiments ou édifices quelconques, lorsqu'ils menacent ruine et qu'ils pourraient, par leur effondrement, compromettre la sécurité

Art. 2. — Dans les cas prévus à l'article 1er la décision prescrivant la réparation ou la démolition du bâtiment menaçant ruine n'est exécutoire qu'après approbation du Chef de l'Administration locale.

Elle est notifiée, selon le cas par l'administrateur, chef de province, ou le résident-maire, au propriétaire, avec sommation d'avoir à effectuer les travaux dans un délai déterminé, et s'il conteste le péril, de faire commettre un expert chargé de procéder contradictoirement avec un expert nommé par le chef de province ou le résident maire intéressé et au jour fixé par la décision, à la constatation de l'état du bâtiment et de dresser rapport.

Si, au jour indiqué, le propriétaire n'a point fait cesser le péril et s'il n'a pas cru devoir désigner un expert, il sera passé outre et procédé à la visite par l'expert, seul nommé par l'Administration.

La décision et les rapports du ou des experts sont transmis, dans le plus bref délai, par l'administrateur ou le résident-maire intéressé, au Chef d'Administration locale. Dans le délai de huit jours suivant la réception, ce dernier, s'il y a désaccord entre les deux experts, désigne un homme de l'art pour procéder à la même opération. Dans le cas d'une constatation unique, il peut ordonner également telles vérifications qu'il croit nécessaires.

Après avoir recueilli l'avis tant de l'administrateur ou du résident-maire que du propriétaire lui-même, le Chef d'Administration locale statue, en Conseil privé ou de Protectorat, sur le litige de l'expertise, fixe, s'il y a lieu, le délai pour l'exécution des travaux ou pour la démolition ; il peut autoriser l'administrateur ou le résident-maire à y faire procéder d'office et aux frais du propriétaire, si cette exécution n'a point eu lieu à l'époque prescrite.

Notification de la décision ainsi prise est faite par la voie administrative au propriétaire de l'immeuble qui peut se pourvoir contre la décision devant le Conseil du Contentieux administratif.

Art. 3. — En cas de péril imminent, l'administrateur ou le résident-maire, après avertissement adressé au propriétaire, nomme un homme de l'art, qui est chargé d'examiner l'état des bâtiments dans les vingt-quatre heures qui suivent sa nomination. Si le rapport de cet expert constate l'urgence ou le péril grave et imminent, l'administrateur ou le résident-maire ordonne les mesures provisoires nécessaires pour garantir la sécurité. Dans le cas où ces mesures n'auraient point été exécutées dans le délai imparti par la sommation, l'administrateur ou le résident-maire a le droit de faire exécuter d'office et aux frais du propriétaire les mesures indispensables. Il est ensuite procédé conformément aux dispositions édictées dans l'article précédent.

Art. 4. — Lorsqu'à défaut du propriétaire, l'administrateur ou le résident-maire a dû prescrire l'exécution des travaux ainsi qu'il a été prévu aux articles 2 et 3, le montant des frais est avancé par le budget local ou municipal ; il est recouvré comme en matière de contributions directes.

Art. 5. — La réglementation édictée par le présent décret n'est pas applicable aux maisons en bois et en paillotes, dont la démolition peut être effectuée sans expertise préalable.

Réglementation de l'expropriation pour cause d'utilité publique

Les règles et formes relatives à l'expropriation pour cause d'utilité publique en Indochine ont été fixées par le décret du 18 Avril 1918, modifié par celui du 8 Mai 1921.

Elle s'opère par autorité de justice : 1° en Cochinchine, au Laos, dans les concessions françaises de Hanoi, Haiphong et Tourane, et dans le territoire de Kouang-tchéou-wan ; 2° en

Annam, au Tonkin et au Cambodge, pour les biens possédés par les Européens ou assimilés et les Asiatiques étrangers.

Les tribunaux ne peuvent prononcer l'expropriation qu'autant que l'utilité publique en a été constatée et déclarée dans les formes ci-après et consistant :

1° dans l'acte : loi, décret ou arrêté qui autorise les opérations projetées et en déclare expressément l'utilité publique ;

2° dans l'arrêté du Gouverneur général désignant les localités ou territoires sur lesquels les opérations doivent avoir lieu ;

Toutefois cet arrêté ne sera pris que si la loi, le décret ou l'arrêté prévus ci-dessus ne désignent pas les dits localités ou territoires ;

3° Dans l'arrêté ultérieur de cessibilité par lequel le Chef de l'Administration locale détermine les propriétés particulières auxquelles l'expropriation est applicable.

Les propositions et les arrêtés du Gouverneur de la Cochinchine et des Résidents supérieurs au Tonkin, en Annam et au Cambodge, doivent être formulés ou pris après avis du Conseil privé ou de Protectorat.

L'utilité de l'expropriation peut être déclarée non seulement pour les superficies comprises dans le périmètre des ouvrages publics projetés, mais encore pour toutes celles qui seront reconnues nécessaires pour assurer à ces ouvrages leur pleine valeur immédiate ou d'avenir.

L'arrêté déclaratif de l'utilité publique est précédé d'une enquête administrative. Les plans, devis et avant-projets doivent rester déposés pendant 20 jours dans les mairies ou les chefs-lieux des provinces que les travaux concernent, et les intéressés, prévenus par voie d'affiches en français, quôc-ngu et caractères chinois, peuvent formuler librement leurs observations et propositions que le maire ou le chef de province mentionne sur un registre à ce destiné.

L'arrêté de cessibilité est précédé d'une 2e enquête dont la durée est de 30 jours à compter de l'avertissement donné au moyen d'insertions au *Journal Officiel de l'Indochine* et d'affiches en français, quôc-ngu et caractères chinois indiquant les propriétés qui, suivant les plans dressés par les ingénieurs ou autres gens de l'art, sont à exproprier. Ces affiches sont apposées dans la commune où sont situées les propriétés, tant à la porte principale de la mairie ou de la maison commune qu'à un autre endroit apparent et très fréquenté du public qui sera désigné par arrêté du maire ou du chef de la province.

L'arrêté de cessibilité détermine les propriétés qui doivent être cédées et indique l'époque à laquelle il y aura lieu d'en prendre possession. Il est signé, sur le vu des résultats de l'enquête, précitée, par le Chef de l'Administration locale qui peut statuer définivement ou ordonner une enquête supplémentaire.

A défaut de conventions amiables, soit avec les propriétaires des terrains ou bâtiments dont la cession est reconnue nécessaire, soit avec ceux qui les représentent, le Chef de l'Administration locale transmet au Procureur général intéressé une ampliation de l'acte déclarant l'utilité publique et autorisant les travaux, de l'arrêté désignant les localités ou les territoires traversés et de l'arrêté de cessibilité.

Dans les 3 jours de cette transmission, le ministère public requiert et les tribunaux prononcent l'expropriation. Le jugement, qui prononce l'expropriation, est publié et affiché par extrait dans la commune de la situation des biens et au *Journal Officiel.* Il est également notifié à chacun des intéressés.

Il ne peut être attaqué que par la voie du recours en annulation devant la Cour d'appel et seulement pour incompétence, excès de pouvoir ou vice de forme du jugement. Un délai de 3 jours est accordé pour ce faire.

Dans la huitaine qui suit la notification dont il a été question ci-dessus, le propriétaire est tenu d'appeler et de faire connaître à l'Administration les fermiers, locataires, ceux qui ont des droits d'usufruit, d'habitation, d'usage ou de servitude.

A l'expiration de ce délai, l'Administration notifie aux propriétaires et à tous les autres intéressés, les sommes qu'elle offre pour indemnité. Ces offres sont en outre affichées et publiées.

Dans la quinzaine suivante, les propriétaires et autres intéressés sont tenus de déclarer leur acceptation ou s'ils n'acceptent pas les offres qui leur sont faites, d'indiquer le montant de leur prétention. Dans ce cas, ils sont cités devant le jury chargé de procéder au règlement des indemnités.

Ce jury se compose du président du tribunal de 1re instance ou du juge de paix à compétence étendue du lieu de la situation de l'immeuble à exproprier, *président,* et de 5 personnes, désignées par lui sur la liste générale des notables choisis pour régler, le cas échéant, les indemnités pour cause d'utilité publique. Deux jurés supplémentaires sont désignés en même temps. Cette liste est transmise au Chef de l'Administration locale qui, après s'être concerté avec le directeur du jury, convoque les jurés et les parties en leur indiquant, au moins 8 jours à l'avance, le lieu, le jour et l'heure de la réunion. L'Administration et la partie adverse ont le droit d'exercer une récusation. Le jury spécial n'est constitué que lorsque les 3 jurés sont présents: chaque juré prête alors serment de remplir ses fonctions avec impartialité. Après discussion en séance publique, les jurés se retirent pour délibérer. La décision du jury fixe le montant de l'indemnité à la majorité des voix. En cas de partage, la voix du directeur est prépondérante. Cette indemnité ne peut, en aucun cas, être inférieure aux offres de l'Administration ou supérieure à la demande de la partie intéressée.

La décision du jury, signée des membres qui y ont concouru, est lue par le magistrat-directeur, qui la déclare exécutoire, statue sur les dépens et envoie l'Administration en possession de la propriété à charge par elle de se conformer aux règles relatives au paiement ou à la consignation des indemnités allouées.

Les décisions du jury et du magistrat-directeur ne peuvent être attaquées que par la voie du recours en annulation. Le délai accordé est de 15 jours à compter de la notification.

Les indemnités réglées par le jury, doivent, préalablement à la prise de possession, être acquittées entre les mains des ayants-droit. S'ils se refusent à les recevoir, la prise de possession aura lieu après offres réelles et consignation.

CHAPITRE XVI

Le Budget général et les divers Budgets

Dispositions générales communes aux divers budgets. — Le budget est l'acte par lequel sont prévues et autorisées les recettes et les dépenses annuelles de l'Etat ou des autres services que les lois assujettissent aux mêmes règles. (*Art. 5 du décret du 31 Mai 1862 portant règlement général sur la comptabilité publique*).

On peut dire plus exactement, à notre avis, que le budget constitue l'ensemble des recettes et des dépenses prévues et régulièrement votées par les pouvoirs compétents en vue d'assurer les services publics pendant une période d'un an, laquelle prend le nom d'exercice.

Sont seuls considérés comme appartenant à un exercice les services faits et les droits acquis du 1er Janvier au 31 Décembre de l'année qui lui donne son nom.

Les délais nécessaires, soit pour compléter le recouvrement des produits ainsi que la liquidation, l'ordonnancement et le paiement des dépenses, sont déterminés par des dispositions spéciales.

Les crédits ouverts pour les dépenses de chaque exercice ne peuvent être employés à l'acquittement des dépenses d'un autre exercice.

Aucun paiement ne peut être effectué qu'au véritable créancier justifiant de ses droits et pour l'acquittement d'un service fait. — Toutefois, pour les services régis par économie, c'est-à-dire confiés à des agents intermédiaires, des avances peuvent être faites exceptionnellement aux agents de ces services aux conditions et dans les limites prévues par l'article 94 du décret précité.

Toute ordonnance ou tout mandat énonce l'exercice, le crédit, ainsi que les chapitres, et, s'il y a lieu, les articles auxquels la dépense s'applique.

Aucune stipulation d'intérêts ou de commissions de banque ne peut être consentie au profit d'un entrepreneur, fournisseur ou régisseur, en raison d'emprunts temporaires ou d'avances de fonds pour l'exécution et de paiement des services publics.

Aucun marché, aucune convention pour travaux et fournitures ne doit stipuler d'à-compte que pour un service fait. — Les à-comptes ne doivent pas excéder les cinq sixièmes des droits constatés par pièces régulières présentant le décompte du service fait, à moins que des règlements spéciaux n'aient exceptionnellement déterminé une autre limite.

Les administrateurs et les ordonnateurs sont chargés de l'établissement et de la mise en recouvrement des droits et produits, ainsi que de la liquidation et de l'ordonnancement des dépenses — Des comptables responsables sont préposés à la réalisation des recouvrements et des paiements.

Les administrateurs sont responsables de l'exactitude des certifications qu'ils délivrent.

La loi confère une hypothèque légale à l'Etat, aux communes et aux établissements publics, sur les biens des comptables pour la conservation des droits et créances à exercer contre eux.

....

Les principaux budgets exécutés en Indochine sont :

1° *Le budget de l'État ou budget colonial ;*
2° *Le budget général et les budgets annexes ;*
3° *Les budgets locaux ;*
4° *Les budgets provinciaux ou régionaux ;*
5° *Les budgets municipaux*
6° *Les budgets communaux ;*
7° *Les budgets des Chambres de Commerce ;*
8° *Le budget du Port de Commerce de Saigon.*
9° *Le budget du Bureau de bienfaisance de Saigon.*

Budget de l'État ou budget colonial.

Le sénatus-consulte du 3 Mai 1854 avait fixé, en principe, la liste des dépenses que le budget métropolitain devait supporter aux colonies, sous la rubrique « *Dépenses de Gouvernement* ». Cette liste avait été réduite, par le sénatus-consulte du 4 Juillet 1866, au traitement du Gouverneur, au personnel de la Justice et des Cultes, au service de la Trésorerie et aux Services militaires.

L'article 33 de la loi de finances du 13 Avril 1900 (1) a pro-

---

(1) Loi portant fixation du budget général des dépenses et des recettes de l'exercice 1900

(13 Avril 1900)

....

TITRE III

Dispositions spéciales

Art. 33. — Le régime financier des colonies est modifié à partir du 1er Janvier 1901, conformément aux dispositions suivantes :

Paragraphe 1er. — Toutes les dépenses civiles et de la gendarmerie sont supportées, en principe, par les budgets des colonies.

Des subventions peuvent être accordées aux colonies sur le budget de l'Etat.

Des contingents peuvent être imposés à chaque colonie jusqu'à concurrence du montant des dépenses militaires qui y sont effectuées.

Paragraphe 2. — Les dépenses inscrites au budget des colonies pourvues de conseils généraux sont divisées en dépenses obligatoires et en dépenses facultatives.

Dans les colonies d'Océanie et des continents d'Afrique et d'Asie, les dépenses obligatoires ne peuvent se rapporter que :

1o Aux dettes exigibles ;

2o Au minimum de traitement du personnel des secrétariats généraux. Ce minimum est fixé par décret ;

3o Aux traitements des fonctionnaires nommés par décret ;

4o Aux frais de la gendarmerie et de la police et à ceux de la justice ;

5o Aux frais de représentation du Gouverneur, au loyer, à l'ameublement et à l'entretien de son hôtel, aux frais de son secrétariat et aux autres dépenses imposées par des dispositions législatives.

Mais, dans ces mêmes colonies, l'initiative des propositions de dépenses est réservée au Gouverneur. (*Voir page 514*).

Dans les colonies d'Amérique et à la Réunion, la nomenclature et le maximum des dépenses obligatoires sont fixés, pour chaque colonie, par décret en Conseil d'Etat.

Dans la limite du maximum, le montant des dépenses obligatoires est fixé, s'il y a lieu, par le Ministre des colonies.

Il n'est apporté aucune modification aux règles actuelles en ce qui concerne les dépenses facultatives.

Paragraphe 3. — Les conseils généraux des colonies délibèrent sur le mode d'assiette, les tarifs et les règles de perception des contribu-

fondément modifié cet état de choses : toutes les dépenses civiles et de la gendarmerie sont désormais supportées, en principe, par les budgets des colonies ; quant aux dépenses militaires, des contingents peuvent être imposés à chaque colonie, jusqu'à concurrence des dépenses qui y sont effectuées de ce chef.

C'est d'ailleurs ce qui a lieu pour l'Indochine. Aussi bien, le budget colonial n'a-t-il plus, en définitive, pour cette colonie, d'importantes prévisions de dépenses, puisque le budget général prend à sa charge la solde, les frais de déplacement du personnel militaire des troupes de la guerre et de la marine du groupe de l'Indochine ainsi que les retraites des militaires indigènes.

En ce qui concerne les recettes dont la perception est autorisée au profit de l'État, en Indochine, signalons le produit de certaines exploitations : (Câble du Tonkin), le produit des retenues de logement effectuées sur la solde des fonctionnaires et des officiers logés dans les bâtiments de l'État ; le remboursement par les budgets intéressés des frais d'inspections d'armes par les soins de la direction d'Artillerie, etc...

Le budget de l'État est administré aux colonies par des ordonnateurs secondaires qui sont, en Indochine :

1° Le directeur de l'Intendance, pour les dépenses militaires y compris les dépenses de l'Inspection des colonies ;

2° Le Gouverneur général, pour les autres dépenses comprises dans le budget de l'État.

---

tions et taxes autres que les droits de douanes, qui restent soumis aux dispositions de la loi du 11 Janvier 1892.

Ces délibérations ne seront applicables qu'après avoir été approuvées par des décrets en Conseil d'Etat.

En cas de refus d'approbation par le Conseil d'Etat des tarifs ou taxes proposés par un Conseil général de colonie, celui-ci est appelé à en délibérer de nouveau.

Jusqu'à l'approbation du Conseil d'Etat, la perception se fait sur les bases anciennes (1).

---

(1) En ce qui concerne l'Indochine, ces dispositions ont été modifiées tant par le décret du 20 Octobre 1911 que par celui du 30 Décembre 1912 sur le régime financier des colonies.

Le règlement législatif de tous les services de recettes et de dépenses accomplis pour le compte de l'État aux colonies a lieu en même temps que le règlement des autres services métropolitains concernant le même exercice et prend place dans la même loi.

Budget général et budgets annexes

En dehors des budgets locaux des colonies proprement dits, il existe dans les groupes de colonies constitués en Gouvernements généraux un *budget général* où sont inscrites les dépenses d'intérêt commun et alimenté par les produits — habituellement des impôts indirects — énumérés dans les actes organiques concernant chaque gouvernement général ou déterminés par des actes subséquents. Les autres recettes et dépenses d'intérêt local forment dans chaque colonie du groupe le *budget local* propre à cette colonie. C'est ce qui a lieu pour l'Indochine.

En outre, les recettes et les dépenses concernant spécialement certains territoires dépendant d'une colonie, de même que celles concernant l'exploitation de grands services publics (chemins de fer, ports etc...) forment pour chaque exercice, des *budgets annexes*, rattachés pour ordre au budget général ou au budget local de la colonie intéressée. La création de ces budgets annexes ne peut résulter que d'un décret. De même, les opérations à effectuer sur les fonds d'emprunt, figurent à des budgets spéciaux d'emprunt annexés aux budgets qui supportent l'annuité d'amortissement.

a) **Budget général**. — Le budget général, créé par décret du 31 Juillet 1898, a été modifié par ceux des 20 Octobre 1911 et 30 Décembre 1912.

Il groupe les dépenses d'intérêt commun à l'Indochine française.

Ce budget pourvoit aux dépenses :

1° Du Gouvernement général et des services qui en dépendent directement ;

2° Du Service de la dette ;

3° Des Contributions à verser à la Métropole ;

4° De l'Inspection mobile des colonies ;

5° Du Parquet général et des Cours d'appel ;

6° Des Travaux publics d'intérêt général qui ne sont pas entrepris sur le budget spécial des fonds d'emprunt ;

7° Des Administrations des Douanes et Régies et des autres contributions indirectes;

8° Des Postes et Télégraphes.

9° Des services divers (services géographique, économique, radiotélégraphique etc... etc...).

Il est alimenté par:

1° Les recettes des services mis à sa charge;

2° Le produit des régies et des contributions indirectes ;

3° Le produit des droits de toute nature perçus à l'entrée et à la sortie dans toute l'Indochine française sur les marchandises et les navires, à l'exception des droits consentis au profit des Chambres de commerce ou des Municipalités.

Le budget général peut recevoir des subventions de la Métropole ou être appelé à verser des contributions à celle-ci. Le montant de ces subventions et contingents est fixé annuellement par la loi de finances.

Le budget général peut également recevoir des contributions des divers budgets locaux de l'Indochine ou leur attribuer des subventions. Le montant de ces contributions ou subventions est fixé annuellement par le Gouverneur général en Conseil de Gouvernement et arrêté définitivement par l'acte portant approbation des budgets.

Le budget général est arrêté par le Gouverneur général en Conseil de Gouvernement et approuvé par décret. Au cas où cette approbation ne serait pas intervenue à la date de l'ouverture de l'exercice, le Gouverneur général, ainsi que nous l'avons dit plus haut, a qualité pour rendre le budget provisoirement exécutoire par arrêté pris en Commission permanente. Toutefois, aucune réforme nouvelle incorporée dans le nouveau budget ne peut recevoir un commencement d'exécution avant l'approbation par décret.

Les actes modifiant le budget, qu'il s'agisse de crédits supplémentaires, d'annulations de crédits ou d'opérations sur la caisse de réserve, ainsi que les comptes administratifs, sont arrêtés et rendus exécutoires dans les mêmes conditions que le budget général lui-même.

Toutefois, en cas d'urgence et lorsque les circonstances ne permettent pas de provoquer l'intervention d'un décret utile, le Gouverneur général de l'Indochine peut, par arrêté pris en Commission permanente et rendu provisoirement exécutoire, soit opérer des virements de crédits de chapitre à chapitre, soit ouvrir des crédits supplémentaires proprement dits, c'est-à-dire non compensés par des annulations égales sur d'autres chapitres du budget général.

Ces arrêtés provisoires, qui devront obligatoirement mentionner l'avis du directeur du Contrôle financier, seront immédiatement transmis au Ministre des colonies pour être soumis à l'approbation du Chef de l'Etat.

Ordonnateur et Ordonnateurs secondaires

Le directeur des Finances est ordonnateur du budget général comme, d'ailleurs, des budgets annexes. Il peut déléguer des crédits de ces budgets au Gouverneur de la Cochinchine, aux Résidents supérieurs et à l'Administrateur du territoire de Kouang-tchéou-wan, qui sont, en la circonstance, constitués ordonnateurs secondaires.

Les ordonnateurs secondaires sont autorisés à disposer des crédits du budget général et des budgets annexes du budget général par des ordonnances de délégations.

Les délégations de crédit sont trimestrielles. Elles sont notifiées par l'ordonnateur au Trésorier général de l'Indochine, comptable centralisateur des opérations du budget général et des budgets annexes qui notifie, à son tour s'il y a lieu, aux comptables du Trésor des divers pays de l'Indochine, le montant des crédits délégués et jusqu'à concurrence desquels les paiements sont autorisés sur leur caisse.

Ils administrent les crédits qui leur sont délégués exactement dans les mêmes conditions que les crédits du budget local, dont ils ont l'ordonnancement direct.

Sont approuvés directement par les ordonnateurs secondaires du budget général et des budgets annexes du budget général agissant par délégation permanente du Gouverneur général ;

1° Les projets, plans, marchés et adjudications intéressant le budget général et les budgets annexes du budget général lorsque la dépense ne dépasse pas 10.000$00 ou 25.000fr.00.

2° Les procès-verbaux des adjudications de travaux et fournitures autorisées par le Gouverneur général et dont le montant de la dépense engagée est supérieure à 10.000$00 ou 25.000 fr. 00, lorsque ces procès-verbaux ne relèvent pas d'incident au cours des séances de la commission d'adjudication ou qu'il ne résulte pas des offres présentées et agréées par la dite commission, une charge budgétaire plus importante que celle autorisée lors de l'approbation des projets.

Sont au contraire soumis à l'approbation du Gouverneur général :

1° Les projets, plans, marchés et cahiers des charges des adjudications intéressant le budget général et les budgets annexes lorsque la dépense s'élève au-dessus de 10.000$00 ou 25.000 fr. 00 et ne dépasse pas 40.000$00 ou 100.000fr.00;

2° Les procès-verbaux des adjudications de travaux ou fournitures ayant donné lieu, soit à augmentation sur les crédits prévus, soit à incident, lorsque la dépense est inférieure à 40.000$00 ou 100.000 fr. 00.

b) **Budgets annexes.** — Les recettes et les dépenses concernant certains territoires dépendant d'une colonie, de même que les recettes et les dépenses concernant spécialement l'exploitation de grands services publics (chemins de fer, ports, etc.) forment, pour chaque exercice, des budgets annexes rattachés pour ordre au budget général ou au budget local de la colonie intéressée. La création de ces budgets annexes ne peut résulter que d'un décret.

Les opérations à effectuer sur les fonds d'emprunt, tant en recettes qu'en dépenses, figurent à des budgets spéciaux d'emprunt annexés aux budgets qui supportent l'annuité d'amortissement. Ces budgets sont administrés dans les mêmes formes que le budget général ou le budget local intéressé, et la plupart des dispositions du décret du 30 Décembre 1912 leur sont applicables.

Les budgets annexes exécutés en Indochine sont :

1° *Le budget du territoire de Kouang-tchéou-wan ;*
2° *Le budget de l'exploitation des chemins de fer ;*
3° *Les budgets des fonds d'emprunt.*
4° *Le budget de l'Arsenal de Saigon.*

Le budget annexe du territoire de Kouang-tchéou-wan, dont la création remonte au 1er Janvier 1912, comprend :

En recettes, les produits des droits, taxes et fermages locaux, ainsi que toutes les recettes inscrites précédemment aux budgets des Kong-kocs. Le mode d'assiette, la quotité et les règles de perception en sont établis par le Gouverneur général en Conseil de Gouvernement.

En dépenses, les soldes et accessoires de soldes des fonctionnaires et agents français non imputés au budget général de l'Indochine, les soldes et accessoires de soldes des agents asiatiques, les dépenses de matériel et de travaux non imputés au budget général, ainsi que toutes les dépenses inscrites précédemment aux budgets des Kong-kocs.

L'Administrateur en chef établit le budget du territoire et en assure l'exécution, en qualité d'ordonnateur secondaire, lorsque ce budget a été approuvé, comme le budget général auquel il est annexé, par décret du Président de la République.

Tout changement d'affectation des crédits inscrits au budget ne peut être fait sans une autorisation du Gouverneur général.

L'établissement du budget annuel du territoire de Kouang-tchéou-wan, son exécution, les règles de comptabilité et la reddition des comptes de ce budget sont réglés par l'arrêté du 31 Janvier 1900, modifié par les décrets des 20 Octobre 1911 et 30 Décembre 1912.

Budgets locaux

Les dépenses d'intérêt local à effectuer pour le service de chaque exercice et les recettes affectées à ces dépenses forment, dans chaque colonie, le budget local de cet exercice.

Les divers pays composant le Gouvernement général de l'Indochine possèdent leur autonomie financière sous les réserves déterminées ci-après : les budgets locaux de la Cochinchine, de l'Annam, du Tonkin, du Cambodge, du Laos et celui du territoire de Kouang-tchéou-wan sont alimentés par les recettes propres aux territoires de ces colonies ou protectorats, à l'exception de celles attribuées au budget général, ou aux communes et aux Chambres de commerce. Ils pourvoient à toutes les dépenses autres que celles inscrites au budget général ou aux budgets des Municipalités ou des Chambres de commerce.

Les budgets locaux de l'Annam, du Tonkin et du Cambodge sont établis par le Résident supérieur en Conseil de Protectorat ; celui du Laos, par le Résident supérieur. Le budget local de la Cochinchine est délibéré par le Conseil colonial et arrêté par le Gouverneur en Conseil privé.

Tous ces budgets sont approuvés et rendus exécutoires par le Gouverneur général en Conseil de Gouvernement.

Le Gouverneur de la Cochinchine, les Résidents supérieurs de l'Annam, du Tonkin, du Cambodge et du Laos sont, sous le contrôle du Gouverneur général, ordonnateurs des budgets qu'ils administrent.

Le mode d'assiette, la quotité et les règles de perception des impôts, taxes et redevances de toute nature profitant aux budgets locaux de l'Annam, du Tonkin et du Cambodge sont sous réserves des droits des Souverains des Etats protégés, établis par le Résident supérieur en Conseil de Protectorat ; ceux profitant au budget local du Laos sont, sous les mêmes réserves, établis par le Résident supérieur. Les arrêtés, pris par ces fonctionnaires ou les ordonnances royales qui les remplacent, sont soumis à l'approbation du Gouverneur général en Conseil de Gouvernement. Aucune perception ne peut être effectuée avant que l'approbation du Gouverneur général ne soit intervenue.

Les délibérations prises par le Conseil colonial de Cochinchine sur le mode d'assiette, la quotité et les règles de perception des contributions et taxes sont approuvées par le Gouverneur général en Conseil de Gouvernement. L'annulation des votes du Conseil colonial concernant les taxes et contributions autres que les droits de douane ou d'octroi de mer est également prononcée par le Gouverneur général en Conseil de Gouvernement. (*Décret du 20 Octobre 1911*).

Nous allons passer succinctement en revue les recettes qui alimentent les budgets locaux et les dépenses auxquelles ils ont à faire face.

Recettes

Les recettes peuvent se répartir en plusieurs catégories :

1° *Produits des contributions directes et taxes assimilées* (1).

---

(1) A l'occasion d'une action intentée devant le Conseil du contentieux administratif du Tonkin contre la légalité de la taxe instituée sur les chevaux et véhicules, par l'arrêté de l'administrateur-maire d'Hanoi en date du 20 Mars 1914, la question s'est posée de savoir si une municipalité pouvait voter et établir une semblable taxe.

A notre avis, une taxe municipale, même assimilée aux contributions directes, doit être considérée comme légale, si la délibération du Conseil municipal par laquelle elle a été votée a été approuvée par le Gouverneur général, cette approbation constituant la régularité de l'institution de ladite taxe.

En effet, l'Indochine étant placée sous le régime des décrets simples, c'est le Président de la République qui est le législateur de droit commun ; or, comme le décret du 11 Juillet 1908 (art. 58) laisse aux Conseils municipaux toute initiative pour la création des taxes de toute nature, et que, d'autre part, le Président de la République a délégué sur ce point ses pouvoirs au Gouverneur général, il en résulte que c'est, en définitive, au Chef de la colonie à apprécier, en vertu de la délégation du législateur, la légitimité et l'opportunité des taxes votées par les conseils municipaux au profit des budgets communaux.

En conséquence, l'arrêt du Conseil du contentieux administratif du Tonkin, déclarant que la taxe sur les chevaux et véhicules a été illégalement établie et qu'elle manque de base légale, ne paraît pas, à notre avis du moins, acceptable au point de vue juridique.

C'est d'ailleurs ce que vient de confirmer un récent arrêt de la Cour de cassation, dans son audience du 30 Juillet 1918 ; les considérants sont à retenir.

« Attendu qu'il résulte des énonciations du jugement attaqué et qu'il n'est pas contesté par Poinsard et Veyret, que la taxe sur les véhicules de la ville d'Hanoi a été établie par le Conseil municipal de cette ville le 8 Décembre 1913, et que cette mesure a été approuvée par le G. G. le 28 Février 1914, que les articles 58 et 95 du décret du 11 Juillet 1908 n'exigent pas d'autres formalités pour l'établissement des taxes municipales, et qu'aucune règle applicable en Indochine n'interdit aux municipalités d'établir des taxes sur les véhicules ;

« Attendu, en conséquence, qu'en refusant de déclarer que la taxe litigieuse avait été illégalement établie, la décision attaquée, loin de

comprenant l'impôt foncier des centres, l'impôt d'immatriculation des rizières, l'impôt foncier des cultures variées, l'impôt personnel des indigènes, l'impôt des barques, l'impôt des patentes, l'impôt personnel des asiatiques étrangers, les taxes de vérification des poids et mesures, les frais de poursuites, l'impôt sur les ponteas, sur les chamcars, sur les cardamomes (Cambodge), les impôts des prestations et les centièmes additionnels à l'impôt foncier et à l'impôt personnel (Annam, Cambodge, Tonkin) (2), l'impôt de rachat de corvées, la taxe d'abonnement pour la fabrication et la consommation de l'alcool (Laos), l'impôt personnel des européens et assimilés, etc. etc.;

2° *Produits du Domaine,* comprenant la vente des terrains et immeubles domaniaux, les locations et concessions temporaires, les revenus du Domaine proprement dits, la vente de matériel condamné ou saisi, etc., etc.;

3° *Produits des forêts,* comprenant les permis de coupes et commissions de bûcherons, les produits des forêts proprement dits, les produits accessoires;

4° *Produits affermés,* comprenant les fermes des pêcheries, les fermes des monts-de-piété, les fermes des bacs, abattoirs, marchés, etc,..

5° *Prodnits du Cadastre,* comprenant les travaux particuliers, les expertises judiciaires, les copies de plans, les ventes de cartes publiées par le service.

6° *Produits du Service judiciaire,* comprenant les droits de greffe, les amendes judiciaires.

7° *Produits divers,* comprenant les amendes administratives, les délivrances et visas de permis d'armes, les dupli-

---

violer les textes visés au moyen, en a fait au contraire, une exacte application...

« Par ces motifs,

« Rejette le pourvoi formé par les appelants contre le jugement du tribunal civil d'Hanoi du 1er Avril 1916 déclarant que c'est à bon droit que la taxe sur les véhicules a été établie.

(2) Les produits de ces trois impôts sont incorporés aux budgets locaux de ces pays par suite de la suppression des budgets résidentiels.

cata de livrets de barque, les produits du travail des condamnés, les produits des services agricoles, les redevances pour frais de contrôle des tramways d'intérêt local, etc. etc..

8° *Produits de remboursements divers et recettes scolaires*, comprenant les remboursements effectués par les provinces ou par les autres pays de l'Union dans les dépenses d'intérêt commun, telles que les frais de fonctionnement et d'entretien de la léproserie et de l'asile des incurables de Culao-rông en Cochinchine ou les frais occasionnés par le service de la vaccine mobile ; les prix de pension dans les collèges et écoles, etc. ;

9° *Produits de la subvention du budget général*, s'il y a lieu.

Dépenses

Les dépenses auxquelles doivent faire face les budgets locaux sont réparties en 5 groupes. (*Circulaire ministérielle du 28 Septembre 1911*).

1° *Dépenses politiques et d'administration générale*, comprenant la solde du personnel et les dépenses de matériel de l'Administration locale (Gouvernement ou Résidences supérieures, Cabinet, Bureaux, Provinces), des Tribunaux de 1re instance et des Justices de paix, de la Gendarmerie et de la Police administrative, des Services pénitentiaires, les frais de transport, les dépenses diverses, les fonds secrets. Il y a lieu d'ajouter, pour les pays de Protectorat, les dépenses de la Cour et de la famille royale ; la solde de la Garde indigène en Annam, au Cambodge, au Tonkin et au Laos, et la solde des linh-co et partisans au Tonkin, etc. etc...

2° *Dépenses des services financiers*, comprenant les dépenses de personnel et de matériel des services de la Trésorerie, de l'Immigration, de l'Identification et des Contributions directes.

3° *Dépenses d'intérêt économique*, comprenant les dépenses de personnel et de matériel du Cadastre et de la Topographie, des Travaux publics, des Services maritimes et fluviaux, des Ports et rades, des Services agricoles et commerciaux, du Service des Forêts, du Service vétérinaire, etc. ;

4º *Dépenses d'intérêt social*, comprenant les dépenses de personnel et de matériel des services sanitaires et de l'Assistance publique, du Service de l'Instruction publique, etc. ;

5º *Dépenses diverses et d'ordre.*

Dispositions générales commune au budget général, aux budgets annexes et aux budgets locaux

Ces dispositions résultent tant du décret du 30 Décembre 1912, modifiant le régime financier des colonies, institué par le décret du 20 Novembre 1882, que du décret du 20 Octobre 1911, sur l'organisation financière de l'Indochine.

Les colonies sont dotées de la personnalité civile. Elles peuvent posséder des biens entreprendre des travaux, contracter des emprunts dans les formes déterninées par la loi, gérer ou concéder l'exploitation des services d'utilité publique (chemins de fer, tramways, lignes de navigation côtière ou fluviale, etc.).

Dans les groupes de colonies constitués en Gouvernements généraux, le « Gouvernement général » est doté d'une personnalité civile indépendante de celle des colonies qui le composent. Chaque colonie du groupe conserve son autonomie administrative et financière, sous réserve des droits et charges attribués au Gouverneur général par les décrets organiques.

Dans chaque colonie et dans les pays de Protectorat relevant du Ministère des colonies, le Gouverneur ou Résident supérieur représente la colonie dans tous les actes de la vie civile.

Dans les groupes de colonies constitués en Gouvernements généraux, le Gouverneur général représente le groupement pour les actes intéressant les finances du Gouvernement général. Le Gouverneur de chaque colonie du groupe est le représentant légal de cette colonie pour tous les actes intéressant exclusivement les finances locales.

La comptabilité financière du service local est, en principe, soumise aux mêmes règles que celles de l'Etat. Elle comporte toutefois certaines dispositions spéciales qui sont mentionnées ci-après.

Le service local des colonies en matière financière s'entend de l'ensemble des opérations concernant la gestion des deniers publics attribués exclusivement à chaque colonie ou à chaque groupe de colonies constitué en Gouvernement général.

Les services financiers des colonies s'exécutent dans les périodes de temps dites de gestion et d'exercice.

Les trésoriers-payeurs tiennent les comptes du service local par gestion annuelle, du 1er Janvier d'une année au 30 Juin de l'année suivante.

La gestion d'un comptable embrasse l'ensemble des actes de ce comptable. Elle comprend, en même temps que les opérations budgétaires qui se règlent par exercice, celles qui s'effectuent hors budget.

L'exercice est la période d'exécution d'un budget.

Les droits acquis et les services faits du 1er Janvier au 31 Décembre de l'année qui donne son nom à un budget sont seuls considérés comme appartenant à l'exercice de ce budget.

Toutefois, l'Administration peut, dans la limite des crédits ouverts au budget d'une année et jusqu'au 28 Février de l'année suivante, achever les services du matériel dont l'exécution commencée n'a pu être terminée avant le 31 Décembre. pour des cas de force majeure ou d'intérêt public qui doivent être énoncés dans une déclaration motivée de l'ordonnateur, ratifiée par un arrêté du Chef de la Colonie.

La période d'exécution des services d'un budget embrasse, outre l'année même à laquelle il s'applique, des délais complémentaires accordés sur l'année suivante, pour achever les opérations relatives au recouvrement des produits, à la constatation des droits acquis, à la liquidation, à l'ordonnancement et au payement des dépenses.

A l'expiration de ces délais, l'exercice est clos.

La clôture de l'exercice est fixée, pour les recettes et les dépenses qui se perçoivent et qui s'acquittent pour le compte des budgets généraux, locaux et annexes :

1° Au 20 Mai de la seconde année, pour compléter les opérations relatives à la liquidation et au mandatement des dépenses;

2° Au 31 Mai de la seconde année, pour compléter les opérations relatives au recouvrement des produits et au payement des dépenses.

Etablissement et vote des budgets

Les projets de budget sont préparés par le Gouverneur de chaque colonie d'après une nomenclature-type fixée en recettes et en dépenses par le Ministre des colonies. Ces projets sont délibérés par le Conseil général ou le Conseil colonial. Dans les colonies où il n'existe pas de Conseil général ou de Conseil colonial, les projets sont délibérés par les Conseils privé, d'Administration, de Protectorat ou de Gouvernement.

Les projets de budget sont arrêtés par les Gouverneurs en Conseil, en temps utile, sauf exception dûment justifiée, pour parvenir au Ministre des colonies, avant le 1er Septembre de chaque année.

Si le Conseil général ou colonial ne se réunissait pas, ou s'il se séparait avant d'avoir voté le budget, le Ministre des colonies l'établirait d'office, sur la proposition du Gouverneur en Conseil, sans préjudice du droit d'intervention du Ministre lorsque les dépenses obligatoires ont été omises ou insuffisamment pourvues.

Dans les groupes de colonies constitués en Gouvernements généraux, le budget général est approuvé par décret rendu sur le rapport du Ministre des colonies, et les budgets locaux sont approuvés par arrêté du Gouverneur général, rendu en Conseil de Gouvernement.

Les budgets annexes sont approuvés dans les mêmes formes que les budgets auxquels ils sont annexés.

Les budgets sont rendus exécutoires, avant l'ouverture de chaque exercice, par des arrêtés locaux.

Au cas où l'approbation par décret ne serait pas intervenue à la date de l'ouverture de l'exercice, ces arrêtés rendent les budgets provisoirement exécutoires en attendant les arrêtés de promulgation des décrets. Toutefois, aucune disposition nouvelle incorporée dans les projets de budget ne peut recevoir un commencement d'exécution avant approbation.

Les budgets sont rendus publics par la voie de l'impression et communiqués au Parlement.

A chaque budget est annexé un tableau des droits, produits et revenus dont la perception est autorisée pendant l'exercice.

Les budgets sont notifiés aux trésoriers-payeurs et aux contrôleurs des dépenses engagées.

Ils se divisent comme il suit :

Recettes ordinaires ;
Recettes extraordinaires ;
Dépenses ordinaires ;
Dépenses extraordinaires.

Les recettes ordinaires sont :

1° Le produit des taxes et contributions de toute nature ;

2° Le produit des droits de douane fixés par le tarif général ou par des tarifs spéciaux régulièrement établis ;

3° Les revenus des propriétés appartenant à la colonie ;

4° Les produits divers ;

5° Les subventions accordées, s'il y a lieu, par la Métropole ou par les colonies ;

6° Le prélèvement sur les fonds de réserve pour assurer le fonctionnement régulier des services du budget.

Les droits de douane et d'octroi de mer restent soumis aux dispositions des lois des 7 Mai 1881, 11 Janvier 1892, 29 Mars 1910 et 11 Novembre 1912.

Pour les autres taxes et contributions il y a lieu de distinguer entre les taxes et contributions indirectes et les taxes et contributions directes ;

Les premières sont établies par le Gouverneur général en Conseil de Gouvernement. Le mode d'assiette et les règles de perception sont approuvés par décret ; aucune perception sur les nouvelles bases ne peut être effectuée avant l'approbation par décret.

Les autres, au contraire, sont établies, en Cochinchine, par le Conseil colonial ; dans les autres pays de l'Union, par le

Résident supérieur en Conseil, et approuvées par arrêté du Gouverneur général en Conseil de Gouvernement.

Aucune perception sur les nouvelles bases ne peut être effectuée avant cette approbation.

Les *dépenses ordinaires* sont destinées à satisfaire aux besoins annuels et permanents de chaque colonie, ainsi qu'à permettre le versement des contingents imposés par la Métropole et des subventions consenties aux autres colonies.

Elles se divisent en dépenses obligatoires et en dépenses facultatives. La répartition en est effectuée dans chaque budget conformément aux prescriptions des lois et décrets (1).

Le budget est divisé en chapitres comprenant, dans des colonnes distinctes, les dépenses obligatoires et les dépenses facultatives. Les chapitres peuvent être subdivisés en articles et paragraphes. Les services du personnel et du matériel doivent être présentés en des chapitres distincts.

---

(1) Les textes législatifs visés sont :

a) La loi du 13 Avril 1900, art. 33 modifiée par l'article 125 de la loi de finances du 13 Juillet 1911, aux termes duquel les dépenses obligatoires ne peuvent se rapporter que :

1° Aux dettes exigibles ;

2° Au minimum du traitement du personnel des secrétariats généraux, aux traitements des fonctionnaires nommés par décret ;

3° Aux frais de la gendarmerie, de la police, de la justice, de l'instruction publique ;

4° Aux frais de représentation du Gouverneur ; au loyer, à l'ameublement et à l'entretien de son hôtel ; aux frais de son secrétariat et aux autres dépenses imposées par des dispositions législatives.

L'initiative des propositions de ces dépenses est réservée au Gouverneur.

b) La loi du 11 Janvier 1892, art. 6, relative aux dépenses du service des douanes.

c) La loi du 30 Décembre 1903, art. 3, au sujet des indemnités et des frais de mission de l'Inspection des colonies.

d) La loi du 26 Décembre 1908, art. 61, mettant à la charge des colonies les dépenses de transport et d'entretien en Nouvelle-Calédonie et en Guyane des transportés et relégués.

e) La loi du 13 Juillet 1911, art. 27, relative à l'entretien et aux frais de voyage du personnel militaire du corps de santé hors cadre.

Le budget est voté par chapitre (1).

Chaque chapitre ne contient que des services corrélatifs de même nature.

Les crédits nécessaires à l'acquittement des dépenses ordinaires sont inscrits au budget.

Les crédits supplémentaires reconnus nécessaires en cours d'exercice sont votés, arrêtés et approuvés dans les mêmes conditions et par les mêmes autorités que les budgets.

En dehors des dépenses inscrites dans un budget général ou local, nulle dépense ne peut être mise à la charge de ce budget, si ce n'est en vertu d'une loi.

L'initiative des inscriptions de dépenses, tant pour les créations d'emploi que pour les relèvements de crédits concernant le personnel, appartient au Gouverneur seul.

Les *recettes extraordinaires* sont :

1° Les contributions extraordinaires ;

2° Les prélèvements exceptionnels sur les fonds de réserve ;

3° Les produits éventuels extraordinaires avec ou sans affectation spéciale.

Les recettes extraordinaires peuvent être destinées soit à subvenir aux insuffisances des ressources budgétaires en cas d'événements inprévus, soit à faire face aux besoins résultant d'entreprises ou de travaux d'utilité publique, non déterminés au moment de l'établissement des budgets, ou effectués sur des ressources ayant une affectation spéciale.

Les *dépenses extraordinaires* sont celles à l'acquittement desquelles il est pourvu au moyen des recettes extraordinaires.

Le budget des recettes et dépenses extraordinaires est préparé, délibéré et ratifié dans les mêmes conditions que le budget des recettes et dépenses ordinaires.

Les recettes et les dépenses extraordinaires non prévues au budget primitif, réserve faite des règles applicables aux

---

(1) Les Gouverneurs autorisés à se mouvoir dans l'intérieur d'un même chapitre, peuvent ainsi assurer le fonctionnement des divers services sans violer la spécialité des crédits par chapitre, et sans recourir, sauf dans les cas exceptionnels, à la procédure des demandes de crédits supplémentaires.

emprunts, sont délibérées et autorisées dans les mêmes conditions que les crédits supplémentaires.

Les emprunts faits pour le compte du budget général sont décidés par le Gouverneur général, le Conseil de Gouvernement entendu. Ils doivent être approuvés par décret pris en Conseil d'État et même par une loi si la garantie de l'État est demandée.

EXÉCUTION DES BUDGETS

Agents de l'ordre administratif et ordonnateurs.—Les agents de l'ordre administratif et les ordonnateurs sont chargés de l'établissement et de la mise en recouvrement des droits et produits ainsi que de la liquidation et de l'ordonnancement des dépenses.

Sauf les cas exceptionnels d'avances autorisées par les règlements, les services liquidateurs ne peuvent constater et arrêter les droits des créanciers que pour des services faits.

La constatation des droits des créanciers est faite d'office ou sur la demande des intéressés. Elle résulte des pièces justificatives établies dans les formes réglementaires ; ces pièces sont datées, certifiées et arrêtées en toutes lettres par les services liquidateurs suivant les tarifs, prix ou conditions fixés par les règlements ou déterminés par des contrats, des conventions ou des décisions des autorités administratives ou judiciaires. Les agents liquidateurs sont responsables de l'exactitude des certifications qu'ils délivrent.

Dans les groupes de colonies constitués en Gouvernements généraux, le Gouverneur général est ordonnateur du budget général et des budgets annexes. Il a la faculté de confier ce pouvoir, par délégation spéciale, à un fonctionnaire de son choix agissant sous son contrôle et sous sa responsabilité.

Le Gouverneur général peut, par arrêté délibéré en Conseil, constituer des ordonnateurs secondaires, pour le mandatement des dépenses soit du budget général, soit des budgets annexes.

Dans les colonies non groupées et dans chacune des colonies groupées en Gouvernement général, le Gouverneur est ordonnateur du budget. Il a également la faculté de confier ce pouvoir à un fonctionnaire de son choix agissant sous son contrôle et sous sa responsabilité.

Quand les circonstances l'exigent, les Gouverneurs peuvent instituer, par des arrêtés délibérés en Conseil, des sous-ordonnateurs

Conformément à la règle générale, les fonctions d'agent de l'ordre administratif et d'ordonnateur sont incompatibles avec celles de comptable.

Comptables. — Les trésoriers-payeurs et les comptables subordonnés sous leurs ordres, chargés dans chaque colonie des opérations du budget de l'Etat, sont également chargés des opérations du service local.

Ils perçoivent ou font percevoir pour leur compte et centralisent tous les produits réalisés soit au profit de l'Etat, soit au profit des budgets généraux ou locaux. Ils pourvoient aux payements de toutes les dépenses publiques et justifient des payements conformément aux dispositions des règlements.

Ils sont chargés du service des mouvements de fonds.

Tous les comptables du Trésor, trésoriers particuliers, payeurs, percepteurs, sont placés sous les ordres des trésoriers-payeurs qui répondent de leur gestion.

Leur gestion annuelle se compose des opérations accomplies du 1er Juillet d'une année au 30 Juin de l'année suivante.

Les services exécutés aux colonies sont, en principe, soumis aux règles générales de la comptabilité publique.

L'emploi de comptable est incompatible avec l'exercice d'une profession d'un commerce ou d'une industrie quelconque.

Chaque comptable ne doit avoir qu'une seule caisse dans laquelle sont réunis tous les fonds appartenant aux divers services.

Chaque comptable n'est responsable que de sa gestion personnelle, sauf les comptables supérieurs qui sont, en outre, responsables des préposés du Trésor et des percepteurs placés sous leurs ordres.

Chaque comptable est responsable du recouvrement des droits liquidés sur les redevables et dont la perception lui est confiée.

Lorsqu'un comptable a soldé de ses deniers personnels les droits dûs par les redevables ou débiteurs, il demeure subrogé dans tous les droits du Trésor ou dans ceux de la colonie.

Les dispositions de la loi du 5 Septembre 1807, relatives aux droits du Trésor sur les biens des comptables sont applicables dans toutes les colonies.

Pour faciliter l'exécution des budgets, les Gouverneurs peuvent instituer, par des arrêtés délibérés en Conseil, des agents intermédiaires chargés sous le contrôle de l'Administration et sous certaines conditions, d'assurer le recouvrement de certaines recettes et d'effectuer le payement des dépenses courantes. Les opérations effectuées par ces agents doivent toujours être rattachées à la gestion d'un comptable du Trésor.

Recettes. — Aucun impôt, contribution ou taxe ne peut être perçu s'il n'a été délibéré par les conseils locaux, établi et approuvé par les autorités compétentes et rendu exécutoire par arrêté du Gouverneur publié au *Journal officiel* de la colonie.

Les autres revenus et produits divers du budget sont déterminés et perçus suivant des règles fixées par la loi ou par les règlements spéciaux à chaque nature de produits.

Les impôts directs et taxes assimilées sont perçus sur rôles et exigibles aux dates déterminées par les règlements locaux; le contentieux de ces contributions relève de la juridiction administrative.

Les contributions perçues sur liquidation sont exigibles soit au comptant, soit après établissement d'un titre de liquidation ; le contentieux de ces contributions relève des tribunaux ordinaires, tout comme celui des contributions indirectes.

Il doit être fait recette aux budgets du montant intégral des produits. Les frais de perception et de régie et les autres frais accessoires sont portés en dépense aux mêmes budgets.

Les sommes dues par les contribuables pour les impôts perçus sur rôles sont prescrites à leur profit après un délai de 3 ans depuis l'ouverture de l'exercice, ou depuis que les poursuites commencées contre le contribuable ont été abandonnées.

La prescription est acquise aux redevables pour les droits de douane et les taxes de consommation que l'Administration n'a pas réclamés dans l'espace d'un an à compter de la date à laquelle ces droits ou taxes étaient exigibles.

Dépenses. — Les ordonnateurs des budgets généraux, locaux et annexes disposent seuls et sous leur responsabilité, des crédits ouverts par les budgets ou par les autorisations supplémentaires et extraordinaires.

Les ordonnateurs ne peuvent, sous leur responsabilité, engager aucune dépense avant qu'il ait été pourvu au moyen de la payer par un crédit régulier.

Aucune créance à la charge du service local ne peut être définitivement liquidée que par les Gouverneurs ou par leurs délégués.

Les titres de chaque liquidation doivent offrir la preuve des droits acquis aux créanciers du service local et être rédigés dans la forme déterminée par les règlements.

Aucune stipulation d'intérêts ou de commission de banque ne peut être consentie au profit d'entrepreneurs, fournisseurs ou régisseurs, à raison d'emprunts temporaires ou d'avances de fonds, pour l'exécution et le payement des services locaux.

Aucun marché, aucune convention pour travaux et fournitures ne doit stipuler d'acompte que pour un service fait. Les acomptes ne doivent, en aucun cas, excéder les cinq sixièmes des droits constatés par pièces régulières présentant le décompte en quantités et en deniers du service fait.

Toutes les dépenses du service local doivent faire l'objet de mandats, soit de payement, soit de régularisation, émis par les ordonnateurs des budgets généraux, locaux et annexes.

Tous mandats émis par les ordonnateurs sur les caisses des trésoriers-payeurs doivent, pour être admis par ces comptables, porter sur des crédits régulièrement ouverts et se renfermer dans la limite des distributions mensuelles de fonds.

L'acquittement des dépenses est assuré sans distinction d'exercice au moyen des recettes de toute nature recouvrées pour le compte du service local.

Sauf le cas d'urgence, l'époque du payement des mandats est fixée au cinquième jour après la date de l'émission. La solde du personnel militaire est toujours payable à vue.

Avant de procéder au payement des mandats délivrés sur leur caisse ou de les viser pour être payés par d'autres comptables, les trésoriers-payeurs doivent s'assurer, sous leur responsabilité :

Que la dépense porte sur un crédit disponible régulièrement ouvert et renfermé dans la limite des distributions mensuelles de fonds et dans celle des budgets ou des crédits supplémentaires ;

Que l'avis d'émission des mandats leur a été donné par l'ordonnateur ;

Que toutes les pièces justificatives ont été produites à l'appui de la dépense ;

Que la délivrance des mandats pour indemnités de route a été mentionnée sur la feuille de route de la partie prenante.

Sont prescrites et définitivement éteintes, au profit du service local, sans préjudice des déchéances spéciales prononcées par les lois et règlements ou consenties par des marchés ou conventions, toutes les créances qui, n'ayant pas été acquittées avant la clôture de l'exercice auquel elles appartiennent n'auraient pu, à défaut de justifications suffisantes, être liquidées, ordonnancées et payées dans un délai de cinq années, à partir de l'ouverture de l'exercice, pour les créanciers domiciliés dans la colonie débitrice, et de six années pour les créanciers résidant hors de la colonie. Les colonies groupées en un Gouvernement général sont considérées, au point de vue de la prescription, comme ne constituant qu'une seule et même colonie.

Toutes les dépenses d'un exercice doivent être liquidées et mandatées au plus tard le 20 Mai de la seconde année de l'exercice.

L'époque de la clôture des payements à faire sur les mandats des ordonnateurs est fixée au 31 Mai de la seconde année de l'exercice.

Faute par les créanciers de réclamer leur payement avant le 31 Mai de la seconde année, les mandats délivrés à leur profit sont annulés, sans préjudice des droits de ces créanciers et sauf réordonnancement jusqu'au terme de déchéance, fixé comme il est dit ci-dessus.

Au 31 Mai de la seconde année de l'exercice, les crédits ou portions de crédits qui n'ont pas été employés par des payements effectifs sont définitivement annulés dans la comptabilité des ordonnateurs.

Compte annuel et compte définitif de l'exercice. — Dans les trois mois qui suivent la clôture de l'exercice, c'est-à-dire à la date du 31 Août au plus tard, les ordonnateurs dressent, pour chaque budget local, le compte de l'exercice expiré. Le Gouverneur le soumet au visa du contrôleur des dépenses engagées qui formule ses observations, s'il y a lieu.

Ce compte est soumis à l'examen de la commission prévue à l'article 400 du décret du 30 Décembre 1912.

Le compte à la suite duquel est inséré le procès-verbal de la commission, est arrêté par le Gouverneur en Conseil, dans la deuxième quinzaine de Septembre.

Dans les groupes de colonies constitués en Gouvernement général, le Gouverneur général, en Conseil de Gouvernement ou en commission permanente si le Conseil de Gouvernement ne se réunit pas en Octobre, arrête le compte du budget général et des budgets annexes de ce budget ainsi que les comptes des budgets spéciaux sur fonds d'emprunt.

Le Gouverneur général arrête, en outre, les comptes des budgets locaux des colonies du groupe. Les Gouverneurs de chaque colonie lui soumettent ces comptes aussitôt après qu'ils les ont eux-mêmes provisoirement arrêtés en Conseil.

Les comptes administratifs, ainsi arrêtés par les autorités locales, sont transmis, en triple expédition, au Ministre des colonies.

Le Ministre des colonies soumet à l'approbation du Chef de l'Etat les comptes des colonies dont les budgets sont approuvés par décret.

Les comptes définitifs des colonies dont les emprunts sont garantis par l'Etat sont soumis, chaque année, à l'approbation des Chambres.

Le Ministre des colonies transmet à la Cour des comptes un exemplaire de chaque compte, dûment accompagné des arrêtés locaux ou des décrets d'approbation.

Le compte d'exercice se compose :

1° D'un tableau général présentant, par nature de produits pour les recettes et par chapitre pour les dépenses, tous les résultats de la situation définitive de l'exercice expiré, lesquels servent de base au règlement définitif du budget dudit exercice ;

2° D'un tableau de l'origine des crédits ;

3° De développements destinés à faire connaître les détails propres à chaque nature de service :

Pour les recettes :

Les prévisions du budget ; les droits acquis à la colonie ; les recouvrements effectués ; les restes à recouvrer.

Pour les dépenses :

Les crédits résultant soit du budget, soit des autorisations supplémentaires ; les dépenses liquidées ; les payements effectués ; les créances restant à payer.

4° De la comparaison des dépenses avec les prévisions du budget ;

5° De la situation des fonds de réserve ;

6° De la situation des emprunts et autres services se rattachant directement et indirectement à l'exécution des services locaux ;

7° Enfin, de tous les développements de nature à éclairer l'examen des faits relatifs à la gestion administrative et financière de l'exercice et à en compléter la justification.

Les comptes d'exercice du service local, dûment approuvés, sont rendus publics par la voie de l'impression et communiqués au Parlement.

Ces comptes sont notifiés aux trésoriers-payeurs.

Compte de gestion. — Les comptables justiciables de la Cour des comptes ou du Conseil privé rendent annuellement des comptes qui comprennent tous les actes de leur gestion et de celle de leurs subordonnés ; la forme de ces comptes et les justifications à fournir par les comptables sont déterminées par des règlements et instructions.

En cas de mutation en cours de gestion, le compte est

divisé suivant la durée de la gestion des différents comptables et chacun d'eux rend séparément à l'autorité compétente le compte des opérations qui le concernent.

Les comptes de gestion, rendus par les trésoriers-payeurs tant pour les services métropolitains que pour les services locaux, sont divisés en deux parties : la première, applicable aux opérations complémentaires de l'exercice clos ; la deuxième comprenant, dans les formes prescrites par les règlements et instructions et avec les totaux de la première partie qui y sont rappelés, toutes les autres opérations de la gestion effectuées par le comptable.

Les comptes de gestion des comptables doivent présenter :

1° La situation des comptables au commencement de la gestion ;

2° Les recettes et les dépenses de toute nature effectuées dans le cours de cette gestion ;

3° La situation des comptables à la fin de la gestion, avec l'indication des valeurs en caisse et en portefeuille composant le reliquat.

Dans les trois mois qui suivent, soit la clôture de l'exercice applicable au budget de l'Etat, soit celle de leur gestion, les trésoriers-payeurs transmettent directement leurs comptes de gestion des opérations métropolitaines au Ministère des Finances qui les envoie à la Cour des comptes en état d'examen.

Les trésoriers-payeurs établissent, en ce qui concerne les opérations des budgets généraux et locaux et de leurs annexes, des comptes distincts du compte de gestion métropolitain.

Dans les trois mois qui suivent soit la clôture de l'exercice applicable à ces budgets, soit celle de la gestion, ces comptables transmettent les comptes au Ministre de Finances et les pièces justificatives directement à la Cour des comptes.

Le Ministre des Finances certifie la concordance de ces comptes avec les écritures des comptables et les transmet à la Cour.

Les comptes de gestion des autres comptables sont transmis au Gouverneur dans le délai déterminé pour chacun par les lois et règlements.

Les comptes des comptables justiciables de la Cour des comptes sont visés par le Gouverneur et transmis directement par ses soins au greffe de la Cour, dans le délai d'un mois au maximum après leur production.

Les comptes des autres comptables, revêtus du visa du Gouverneur, sont soumis au jugement du Conseil privé.

Contrôle des budgets

Vérification administrative. — Le Gouverneur surveille par lui-même et par ses délégués le fonctionnement des divers services financiers de la Colonie qu'il administre. Il les contrôle au moyen du rapprochement des états périodiques (Situations administratives et comptables) qui lui sont adressés. Il se fait rendre compte de la situation des diverses caisses et ordonne toutes vérifications extraordinaires qu'il juge nécessaires.

Les écritures et les livres des comptables des deniers publics sont arrêtés, chaque année, le 31 Décembre (1).

Ils le sont également à l'époque de la cessation des fonctions de chaque comptable.

La situation de caisse et de portefeuille est vérifiée aux mêmes époques, par un fonctionnaire désigné par le Gouverneur et constatée par un procès-verbal.

Une expédition du procès-verbal de vérification des caisses des trésoriers particuliers, des préposés du Trésor et des percepteurs est remise au trésorier-payeur et produite par lui à l'appui de son compte de gestion.

Le trésorier-payeur est tenu de vérifier inopinément, aussi souvent que possible et au moins une fois par an, soit par lui-même, soit par un de ses délégués, les caisses et les écritures des trésoriers particuliers, des préposés du Trésor et des percepteurs de la colonie. Les procès-verbaux de ces vérifications sont transmis par le Gouverneur au Ministre des Finances, avec les observations auxquelles la vérification a donné lieu.

---

(1) Précédemment, les écritures et les livres de certains comptables étaient arrêtés le 30 Juin.

Le contrôle des comptables supérieurs sur les agents qui leur sont subordonnés s'exerce par le visa des registres, la vérification de la caisse, l'appel des valeurs, les pièces justificatives et les divers éléments de leur comptabilité ainsi que par tous les autres moyens indiqués par les règlements de chaque service.

La libération des comptables subordonnés s'opère par la représentation des récépissés du comptable supérieur qui justifient le versement intégral des sommes qu'ils étaient tenus de recouvrer.

Lorsque des irrégularités sont constatées dans le service d'un comptable subordonné, le comptable supérieur prend ou provoque à son égard les mesures prescrites par les règlements. Il est même autorisé à le suspendre immédiatement de ses fonctions et à le remplacer par un gérant provisoire, en donnant avis de ces dispositions au Gouverneur de la colonie.

L'application de ces mesures aux comptables des produits indirects appartient à leurs chefs de service.

Rapprochement des écritures administratives et comptables. — La comptabilité administrative des ordonnateurs est contrôlée par le rapprochement de ses résultats avec ceux des écritures du trésorier-payeur.

Les directeurs du Contrôle financier exercent leur contrôle d'une façon permanente, tant sur les opérations des agents chargés de l'administration des crédits que sur celles des comptables du Trésor.

Ils procèdent conformément aux dispositions du décret du 22 Mars 1907, instituant des contrôleurs financiers dans les grandes colonies.

Les inspecteurs des colonies en mission exercent leur contrôle conformément aux instructions générales du service et aux instructions spéciales qui leur sont données par le Ministre des colonies, en vertu des attributions qui leur sont conférées par la loi du 25 Février 1901, article 54, et les décrets des 3 Février 1891 et 15 Septembre 1904.

Les Conseils placés auprès de chaque Gouverneur (Conseil de Gouvernement, Conseil privé, Conseil d'Administration, Conseil de Protectorat), constatent la concordance des comptes annuels de gestion du trésorier-payeur et des autres comptables du service local, et du compte définitif de l'Administration.

A cet effet, une commission de trois membres, choisis dans le Conseil, est nommée par le Gouverneur dans le courant du mois d'Avril, pour le budget de l'Etat et pour les services spéciaux dont les comptes sont arrêtés au 31 Décembre ; dans le courant du mois d'Août, pour les budgets du service local ; cette commission reçoit communication des comptes administratifs et des comptes des comptables, appuyés des pièces justificatives.

Les procès-verbaux de la commission, énonçant le résultat des comparaisons qu'elle a dû établir, sont examinés et ratifiés par le Gouverneur en Conseil.

Ces procès-verbaux sont mis à l'appui du compte définitif de l'exercice et transmis au Ministre des colonies et au Ministre des Finances.

Quand ces procès-verbaux concernent les comptes de gestion des comptables des services locaux soumis au jugement de la Cour des comptes, une ampliation en est jointe au compte de gestion que le Gouverneur transmet directement à la Cour.

Contrôle judiciaire. — La Cour des comptes juge les comptes des recettes et des dépenses :

1° Des comptables chargés de recouvrer aux colonies les recettes perçues au profit du budget de l'Etat et des budgets du service local.

2° Des comptables des budgets régionaux, provinciaux ou municipaux, ainsi que des hospices et établissements de bienfaisance et autres établissements publics des colonies, lorsque le montant des recettes ordinaires, constaté dans les trois dernières années, dépasse 100.000 francs (1) par an.

Le Conseil privé juge les comptes des autres comptables.

Lorsque le montant des droits constatés sur les revenus ordinaires, déduction faite des réductions, a dépassé 100.000

(1) En vertu du décret du 15 Août 1924.

francs (1) pendant trois exercices consécutifs, le Gouverneur prend un arrêté pour déférer les comptes à la Cour des comptes. Les arrêtés pris à cet effet doivent être immédiatement transmis aux Ministres des colonies et des Finances, ainsi qu'au Procureur général près la Cour des comptes, chargé de provoquer un arrêt de compétence attributif de juridiction.

Dans les trois derniers mois de chaque année, les Gouverneurs envoient à la Cour des comptes, par l'intermédiaire du Ministre des colonies, un état faisant connaître, pour le dernier exercice clos, le montant des droits constatés sur les revenus tant ordinaires qu'extraordinaires des divers services dont les comptes sont jugés par les Conseils privés. Au vu de cet état, le Procureur général près la Cour des comptes recherche si la Cour a été saisie de tous les comptes qui doivent lui être soumis, et il provoque, le cas échéant, un arrêté du Gouverneur déclaratif de changement de juridiction.

La Cour des comptes statue sur les pourvois qui lui sont présentés contre les jugements prononcés par le Conseil privé à l'égard des comptes annuels des comptables soumis à la juridiction de ce Conseil.

Ces pourvois sont soumis aux mêmes règles que les pourvois formés devant la même Cour contre les arrêts des Conseils de préfecture métropolitains, sauf application de l'article 73 du Code de procédure civile, modifié par la loi du 3 Mai 1862, et de l'article 11 du décret du 5 Août 1881.

Le greffier en chef de la Cour des comptes notifie aux comptables les arrêts rendus sur leur gestion, par l'intermédiaire du Ministre des Finances, en ce qui concerne les comptes des trésoriers-payeurs, et par l'intermédiaire du Ministre des colonies, pour les autres comptables.

Les injonctions que les arrêts imposent aux comptables doivent être exécutées dans le délai fixé par la Cour.

Les comptables adressent à la Cour des comptes, par les mêmes intermédiaires, leurs réponses aux injonctions. Ces réponses sont accompagnées d'un état présentant dans des colonnes distinctes :

---

(1) En vertu du décret du 15 Août 1924.

1° La copie textuelle des injonctions ;

2° Les explications du comptable et l'indication des pièces produites.

En cas de rejet par la Cour des comptes de paiements faits sur des pièces qui ne constatent pas régulièrement une dette du service local, l'Administration statue sur le recours à exercer contre la partie prenante ou le signataire du mandat et sur les mesures d'exécution à prendre à l'égard du comptable, sauf révision par la Cour ou pourvoi au Conseil d'Etat.

Il ne peut être formé de pourvoi devant le Conseil d'Etat contre les arrêts de la Cour des comptes que pour violation des formes ou de la loi.

Le pourvoi doit être introduit dans le délai de deux mois à partir de la notification de l'arrêt.

Contrôle Financier.— En dehors de ces modes de contrôle, les budgets général, annexes et locaux en Indochine sont également soumis à celui du contrôleur financier, dont les attributions et les pouvoirs ont été déjà étudiés plus haut. *(Voir chap. II)*.

Contrôle de la Direction des Finances.— Enfin, en tant qu'ordonnateur du budget général et des budgets annexes, le directeur des Finances exerce une surveillance et un contrôle permanents sur l'engagement et la liquidation de toutes les dépenses qui sont imputables à ces budgets et qu'il ne peut engager et liquider lui-même.

A cet effet, tous les actes des chefs de service liquidateur portant engagement de dépenses, à l'exception de ceux qui s'appliquent aux dépenses que les dits chef de service sont autorisés, par l'arrêté du 26 Janvier 1912, à engager directement, doivent être soumis, au préalable, à l'examen et au visa du directeur des Finances.

Tous projets d'arrêtés ou de décisions relatifs à l'organisation de services ou de personnels, à des promotions ou à des nominations dans un cadre, doivent être de même soumis à son visa.

En définitive, le contrôle sur les engagements de dépenses est double, puisqu'il est exercé par le contrôleur financier et par le directeur des Finances, en ce qui concerne les crédits non délégués, et par l'ordonnateur secondaire et le délégué du Contrôle, pour les crédits délégués.

Le directeur des Finances suit et contrôle, en outre, la gestion des budgets locaux.

Caisses de réserve et de prévoyance des budgets généraux et locaux des colonies

L'institution des caisses de réserve et de prévoyance qui n'existent pas dans la Métropole a été jugée nécessaire aux colonies, car elles répondent à des besoins qui ne se produisent pas en France.

Rôle de la caisse

Cette caisse sert tout d'abord comme régulateur du budget ; en effet, si, à un moment donné, il apparaît des insuffisances de recettes, un prélèvement sur la caisse permet d'y faire face sans recourir à l'emprunt ; s'il y a, au contraire, à la clôture de l'exercice, un excédent de recettes, c'est le versement de cet excédent à la caisse qui sert à alimenter celle-ci.

Elle remplit, en outre, le rôle de banquier des budgets généraux et locaux, et permet le paiement d'un mandat lorsque le montant des fonds disponibles appartenant au service local (1) est insuffisant.

D'autre part, comme les colonies sont, plus fréquemment que la Métropole, sujettes à des calamités imprévues (cyclones, tremblements de terre, épidémies, inondations, etc.), il était nécessaire de constituer un fonds permettant de faire face aux nécessités les plus urgentes.

Constitution de la caisse

Comme nous l'avons dit plus haut, le fonds de réserve et de prévoyance est constitué au moyen du versement de l'excédent des recettes sur les dépenses résultant du règlement annuel de l'exercice.

Les colonies sont autorisées à employer ce fonds à l'achat de valeurs produisant intérêts ; toutefois une partie du fonds de réserve doit être conservée disponible pour per-

(1) « Service local » est pris ici dans son sens général.

mettre de faire face aux besoins courants pendant la durée de l'exercice.

Un arrêté des Ministres des Colonies et des Finances pris sur la proposition du Gouverneur, en tenant compte des nécessités locales, détermine tous les trois ans, le chiffre minimum auquel doivent s'élever, dans chaque colonie, à la date du règlement annuel de l'exercice, les fonds disponibles de la caisse de réserve.

Dans les colonies non soumises au régime monétaire métropolitain, ce chiffre est déterminé en monnaie locale.

La partie des fonds de réserve dépassant le chiffre minimum prévu ci-dessus peut être employée en rentes sur l'État, en valeurs du Trésor, ou en obligations dont l'amortissement et l'intérêt sont garantis par l'État pendant toute leur durée. Elle peut être également employée, mais dans la proportion du quart seulement des fonds placés, en titres des emprunts de la colonie non garantis par l'État, si ces titres sont côtés à la Bourse de Paris ; tous prêts à des particuliers, à des communes ou à des établissements publics sur les fonds de réserve sont interdits.

Prélèvements de la caisse

La question des prélèvements est l'une des plus importantes qui se pose au sujet du fonctionnement des caisses de réserve, l'objet même de ces caisses étant de permettre que des fonds y soient prélevés lorsque la nécessité en est établie.

L'art. 258 du décret du 30 Décembre 1912 prévoit que des prélèvements sur les fonds de réserve peuvent être faits dans les 3 cas suivants :

1° Subvenir aux besoins courants ;

2° Subvenir à l'insuffisance des recettes de l'exercice ;

3° Faire face aux dépenses extraordinaires que des événements imprévus peuvent nécessiter.

C'est ce que nous avons déjà fait connaître lorsque nous avons parlé du rôle des caisses de réserve.

La procédure d'autorisation des prélèvements sur la caisse de réserve doit être la même que celle d'ouverture des crédits supplémentaires et d'approbation du budget.

Néanmoins en cas d'extrême urgence et sous réserve d'en rendre compte immédiatement au Ministre des colonies pour approbation ultérieure, les Gouverneurs, en Conseil, peuvent ordonner des prélèvements destinés à faire face aux premiers besoins dans le cas de calamité publique ou de désastre attaquant tout ou partie de la population de la colonie.

Tout prélèvement sur les fonds de réserve donne lieu à l'inscription d'une recette au budget général ou local bénéficiaire.

Budgets provinciaux ou régionaux

Les dépenses d'intérêt provincial ou régional, ainsi que les recettes affectées à ces dépenses, forment les budgets provinciaux ou régionaux.

Les budgets provinciaux ou résidentiels du Tonkin, de l'Annam et du Cambodge ayant été supprimés, nous nous bornerons à étudier les budgets des provinces de Cochinchine, encore que l'autorité supérieure en ait prévu la suppression dans un temps plus ou moins éloigné (1). (*Exposé des motifs du budget général de l'Indochine de 1914, page XXI*).

On distingue le *budget primitif* et le *budget complémentaire.*

---

(1) Voici, à ce sujet, ce qu'on lit dans l'*Exposé des motifs du budget général de 1914 :*

« L'expérience qui avait déjà montré les inconvénients des budgets provinciaux, vient de confirmer l'effet excellent qu'a eu leur suppression au Cambodge, au Tonkin et en Annam. Il ne s'agit pas ici de reprendre contre les budgets provinciaux les critiques qui seraient basées sur des actes de mauvaise gestion de certains chefs de province. Ces critiques ne prouveraient rien contre l'institution et il faut bien reconnaître que s'il y a eu parfois des chefs de province négligents, la grande majorité de ces fonctionnaires ont administré leur budget provincial avec le sincère désir de servir les intérêts généraux de la province.

« Mais si la province coloniale est une unité politique, elle n'est pas une circonscription budgétaire. Comment peut-on concevoir la réalisation d'un programme d'enseignement, d'assistance ou de travaux publics, quand les projets sont éparpillés dans vingt dossiers, les fonds répartis entre vingt caisses et que chaque chef de province se place, bien entendu, et nul ne saurait l'en blâmer, au point de vue de ses intérêts provinciaux. C'est ainsi qu'on est arrivé à cette conception administrative qui, en Cochinchine surtout, frappe l'observateur et d'après laquelle la province devient la cellule vitale de la colonie. Chaque administrateur a sa route, son hôpital : poussé par une émulation, respectable, il veut faire mieux et plus que son collègue voisin. Résultat : ici, il y a pléthore, là, il y a pénurie ; nulle part, il n'y a un plan logiquement conçu et méthodiquement exécuté ».

A.— Budget primitif

Le mode d'établissement du budget *primitif* est le même pour toutes les provinces. Il est présenté par l'administrateur chef de province, rédigé en quoc-ngu et en français, voté par chapitres et articles, en session ordinaire du Conseil de province, arrêté et rendu exécutoire par le Gouverneur en Conseil privé.

A la date fixée par circulaire du Gouverneur, l'administrateur adresse au Gouverneur, avec un rapport de présentation au Conseil de province, le projet de budget qu'il a l'intention de soumettre à cette assemblée.

Ce projet lui est renvoyé en temps utile avec les observations auxquelles son examen a donné lieu.

Le budget est réglé par exercice ; on entend par exercice la période d'exécution des services du budget.

Cette période est fixée, pour le budget provincial :

1° Du 1er Janvier au 31 Décembre pour l'exécution des services ;

2° Du 1er Janvier de la première année au 20 Janvier de l'année suivante, pour la liquidation et le mandatement des dépenses ;

3° Du 1er Janvier de la première année au 31 Janvier de l'année suivante, pour toutes opérations relatives au recouvrement des produits constatés pendant l'exercice et pour le paiement des dépenses.

Les crédits inscrits au budget sont spéciaux aux services faits pendant le cours de l'exercice.

Il s'ensuit que les dépenses ne peuvent être engagées que dans la limite des crédits prévus pour cet exercice.

Les excédents de recettes non employés, contrôlés par le compte de gestion du receveur-comptable, sont reportés à l'exercice suivant.

De même, les dépenses qui n'auront pas été acquittées à la clôture de l'exercice, seront soumises au réordonnancement, sur la demande des créanciers, sur les fonds de l'exercice suivant.

B. — Budget complémentaire

Il est établi en temps utile pour être soumis au Conseil

de province, à la session ordinaire de Février, un budget dit *complémentaire*.

Ce budget comprend :

Pour les *Recettes :*

1° L'excédent dont il est parlé ci-dessus et qui constitue le reliquat ;

2° Les recettes complémentaires ressortant de la plus-value des droits constatés, au moment de l'établissement des rôles, sur les prévisions budgétaires primitives ;

3° Les recettes d'exercice clos ;

4° Toutes autres recettes dont l'inscription n'aurait pas été prévue au budget primitif.

Pour les *Dépenses :*

1° Les dépenses d'exercice clos ;

2° Les dépenses de toute nature omises dans le budget primitif ou dotées de crédits insuffisants.

3° La portion devant servir à la constitution du fonds de réserve, au cas où il n'aurait pas atteint le quantum réglementaire.

Ce budget est arrêté et présenté dans les mêmes conditions que le budget primitif.

L'administrateur le communique au Gouverneur qui le lui retourne en temps utile pour être soumis au Conseil de province avec les observations qu'il comporte ; après avoir été arrêté et rendu exécutoire, il est intercalé à la suite du budget primitif.

Recettes et dépenses

Les recettes et les dépenses sont rangées en deux sections, conformément à l'article 72 du décret du 30 Décembre 1912.

Section 1re. — Recettes et dépenses ordinaires.
Section 2e. — Recettes et dépenses extraordinaires.

Recettes. — Les recettes du budget provincial primitif et complémentaire se divisent en six chapitres :

1° *Centièmes additionnels* ;
2° *Prestations* ;

3° Produits des droits affermés ;
4° Produits divers ;
5° Recettes ordinaires ;
6° Recettes extraordinaires.

Dépenses. — Les dépenses se divisent en neuf chapitres :

Les six premiers sont divisés en trois groupes, savoir :

Dépenses d'administration ;
Dépenses d'intérêt social ;
Dépenses d'intérêt économique.

Chaque groupe comporte deux chapitres distincts, un pour les dépenses de personnel, l'autre pour les dépenses de matériel.

Ce nouveau classement des recettes et des dépenses présente l'avantage de rendre le budget plus clair et d'une étude plus aisée.

Des tableaux donnent, dans la colonne « Observations » l'énumération ou la répartition du personnel. Dans cette colonne, se trouvent également toutes les références et indications de nature à éclairer les chiffres portés en regard.

Les trois nouveaux chapitres des dépenses ont pour titre : « Dépenses imprévues », « Dépenses d'ordre » et « Dépenses extraordinaires » ; les deux premiers formaient des paragraphes dans les précédents budgets.

Les dépenses se divisent en dépenses obligatoires et en dépenses facultatives, les dépenses obligatoires étant celles qui résultent du décret du 5 Mars 1889.

Dans le cas où le Conseil de province aurait omis ou refusé d'inscrire au budget des fonds suffisants pour l'acquittement des dépenses obligatoires, il en serait référé au Gouverneur, qui y ferait pourvoir sur les fonds des dépenses facultatives.

Les crédits sont spéciaux aux chapitres et articles pour lesquels ils ont été votés.

Aucun virement de crédit de chapitre à chapitre ou d'article à article du même chapitre ne peut avoir lieu sans l'autorisation du Gouverneur.

Lorsqu'il y a lieu de rétablir au crédit d'un des chapitres du budget provincial, le montant des sommes remboursées, pendant la durée d'un exercice, sur les paiements effectués, l'administrateur en dresse un état détaillé qu'il remet au receveur-comptable.

Cet état, établi par exercice, par chapitre et article, indique autant que possible la date et le numéro des mandats sur lesquels porte la réintégration. (*Article 82, règlement 20 Novembre 1882*).

Lorsqu'une dépense a reçu une imputation qui ne peut être régulièrement maintenue, il est remis au receveur-comptable, par l'administrateur ordonnateur, un certificat de réimputation au moyen duquel le comptable augmente la dépense d'un chapitre et diminue d'une somme égale celle d'un autre chapitre. Ce certificat est joint aux pièces justificatives de la gestion du comptable.

De même lorsqu'une dépense régulièrement imputée par l'administrateur a été mal classée dans les écritures du receveur-comptable, celui-ci établit un certificat de faux classement dont il est fait emploi de la manière qui vient d'être indiquée pour le certificat de réimputation.

Au vu des pièces mentionnées aux deux paragraphes précédents, le receveur-comptable constate, dans sa comptabilité, les augmentations et diminutions de dépenses qui lui sont demandées. Il en donne immédiatement avis à l'administrateur.

Au moyen de ces opérations, les crédits sur lesquels les dépenses annulées avaient été originairement imputées, redeviennent disponibles.

Les dépenses ne peuvent être acquittées que dans la limite des crédits votés et des recettes réalisées.

Sont seuls considérés comme appartenant à un exercice les services faits et les droits acquis du 1er Janvier au 31 Décembre de l'année qui donne son nom à l'exercice.

Les dépenses d'exercice clos font l'objet de paragraphes spéciaux à la fin de chaque chapitre du budget.

Crédit provisionnel

Le règlement sur la comptabilité des services provinciaux du 11 Juin 1925 a supprimé le *fonds de réserve* créé en 1910 et l'a remplacé par un *crédit provisionnel*, prévu à la suite de chaque budget et dont le quantum est fixé, suivant l'importance du budget, par arrêté spécial du Gouverneur de la Cochinchine.

Ce crédit provisionnel fait l'objet d'un compte hors budget dont le solde créditeur est porté chaque année au quantum réglementaire au moyen d'un prélèvement sur l'excédent des recettes budgétaires de l'exercice clos. En cas d'insuffisance, le maximum est complété lors du règlement de l'exercice suivant.

Ce prélèvement donne lieu à une inscription de crédit au budget complémentaire et se justifie par l'émission d'un mandat sur les fonds budgétaires et l'établissement d'un ordre de recettes au titre des services hors budget.

Le compte du crédit provisionnel est annuel. Il est tenu du 1er Janvier au 31 Décembre, pour correspondre avec la gestion du comptable.

Les opérations relatives aux services hors budget sont justifiées conformément aux instructions et règlements en vigueur. Les recettes sont effectuées au moyen d'un ordre de recette et les dépenses, au moyen d'un ordre de paiement émis par l'ordonnateur.

Les seuls cas où il est possible d'avoir recours au crédit provisionnel sont :

1° Insuffisance de recettes de l'exercice ;

2° Nécessité de faire face à des dépenses occasionnées par des calamités publiques, des accidents et, en général, toutes autres causes d'un caractère absolument exceptionnel.

Aucun prélèvement ne peut être fait sur le crédit provisionnel qu'après avoir été autorisé par le Gouverneur en Conseil privé, et par arrêté spécial. En cas de prélèvements ainsi opérés en cours d'exercice, le quantum devra en être, à nouveau, reconstitué dans les deux exercices suivants.

Exécution des services compris dans le budget provincial

Dépenses de personnel. — Les traitements et les allocations périodiques sont payés par douzième et à terme échu.

La solde peut être payée le dernier jour du mois; toutefois, si cette date coïncide avec un dimanche ou un jour férié, le paiement devra être reporté au lendemain, ou si le lendemain est également férié, au premier jour ouvrable. *(Dép. minist., 15 Décembre 1897).*

La situation des employés des services provinciaux, tant au point de vue de la solde et des indemnités que des congés, est soumise soit aux prescriptions des décrets des 3 Juillet, 23 Décembre 1897 et 2 Mars 1910, soit aux clauses et conditions des contrats intervenus entre eux et l'Administration provinciale.

Dépenses de matériel. – Les adjudications publiques, marchés de gré à gré, achats sur factures sont passés pour le compte de la province par l'administrateur chef de la province, dans les conditions spécifiées au décret du 18 Novembre 1882 et l'arrêté du 31 Décembre 1899 rendus applicables aux services provinciaux, par l'arrêté du Gouverneur général du 11 Mai 1900.

Les marchés comportant exécution de travaux ou de fournitures se rapportant aux travaux sont obligatoirement soumis à l'examen préalable du service technique des Travaux publics qui les visera. *(Arrêté du 15 Mai 1906).*

Pour les dépenses sur simple convention verbale ou sur factures, l'administrateur chef de province peut les engager jusqu'à concurrence de 3.000 francs ou 1.200 piastres; toutefois, au-dessus de 1.500 francs, ou 600 piastres suivant que la dépense aura été engagée en francs ou en piastres, il doit en demander l'autorisation au Gouverneur, même lorsque le crédit aura été prévu au budget. *(Arrêté du 9 Juin 1922).*

Les dépenses de mobilier sont soumises aux prescriptions de l'arrêté du 13 Février 1916.

Les fonds qui n'auront pas reçu leur emploi dans le cours de l'exercice sont reportés, après la clôture, sur l'exercice en cours d'exécution, avec l'affectation qu'ils avaient précédemment au budget. Les fonds libres provenant d'une recette quelconque, seront cumulés, suivant la nature de leur origine, avec les ressources de l'exercice en cours, pour recevoir l'affectation nouvelle qui pourra leur être donnée par le Conseil, à sa prochaine session. Le Conseil peut porter au budget un crédit pour dépenses imprévues. Tout virement de fonds est interdit, à moins d'une autorisation spéciale du Gouverneur.

Un caissier-comptable est chargé du recouvrement des ressources de toute nature et du paiement des dépenses. Il se conforme à tous les règlements de la comptabilité publique sur la matière. Les rôles et états de produits sont établis par l'administrateur, approuvés par le Gouverneur et remis au comptable.

Le comptable ne peut payer que sur mandats délivrés par l'administrateur, dans la limite des crédits ouverts au budget de la province.

La comptabilité et la caisse sont vérifiées, quand le Gouverneur le juge convenable, par un fonctionnaire désigné à cet effet.

Les comptes de la province concernant les recettes et les dépenses sont présentés, chaque année, en clôture d'exercice, au conseil de province qui les entend et les débat. Ces comptes sont soumis, depuis le 1er Janvier 1914, au contrôle judiciaire de la Cour des comptes, conformément à l'art. 402 du décret du 30 Décembre 1912 sur le régime financier des colonies.

Budgets municipaux

Les budgets municipaux (1) sont à peu près tous établis de la même manière ; ce sont, également à quelque chose près, les mêmes ressources qui les alimentent et c'est aux mêmes dépenses qu'ils ont à faire face.

Nous n'examinerons donc que les budgets des villes de Saigon, Hanoi, Haiphong tels qu'ils sont fixés par le décret du 11 Juillet 1908. (*Art. 94 et suivants*), et par celui du 30 Décembre 1912, sur le régime financier des colonies. (*Art. 333 et suivants*).

(1) En Indochine, les « budgets municipaux » sont ceux des villes constituées en municipalités ; par contre, les budgets des villages et agglomérations indigènes sont désignés sous le nom de « budgets communaux ».

1° — Décret du 11 Juillet 1908

Du Budget municipal

Section I. — Recettes et dépenses

....

Art. 94. — Le budget municipal se divise en *budget ordinaire* et *budget extraordinaire.*

Art. 95 (Modifié). — Les recettes du budget ordinaire se composent :

1° Des revenus de tous les biens dont les habitants n'ont pas la jouissance en nature ;

2° Des cotisations imposées annuellement sur les ayants-droit aux fruits qui se perçoivent en nature ;

3° Du produit des centièmes ordinaires ou spéciaux votés par le Conseil municipal dans la limite d'un maximum fixé chaque année, pour l'exercice suivant, par le Gouverneur général, le Conseil de Gouvernement ou sa Commission permanente entendu ;

4° De la portion attribuée au budget municipal sur le princial des contributions directes de toute nature perçues sur le territoire de la ville ;

5° Du produit des bacs établis dans les limites des villes desservant les routes dont l'entretien est à la charge des municipalités ;

6° Du produit des droits de place perçus dans les halles, foires, marchés, abattoirs, d'après les tarifs dûment établis ;

7° Du produit des permis de stationnement et de location sur la voie publique, sur les rivières, ports et quais fluviaux et autres lieux publics, même ressortant de la grande voirie ; excepté dans les limites de la circonscription des ports qui auront été érigés en établissements publics.

8 Du produit des péages communaux, des droits de pesage, mesurage et jaugeage, des droits de voirie et autres droits légalement établis ;

9° Du prix des concessions dans les cimetières communaux et de leurs produits ;

10° Du produit des concessions d'eau et de l'enlèvement des boues et immondices de la voie publique et autres concessions autorisées pour les services municipaux ;

11° Du produit des expéditions des actes administratifs et des actes de l'état-civil ;

12° De la portion que les lois accordent aux communes dans les produits des amendes prononcées par les tribunaux de police correctionnelle et de simple police ;

13° Et, généralement, du produit des contributions, taxes et droits dont la perception est autorisée par les règlements (1).

---

(1) Voir page 507 la note au sujet des taxes municipales.

Art. 96. — L'assiette, le mode de perception et la quotité des contributions directes dont il est fait, en totalité ou en partie, abandon par les budgets locaux au profit des budgets municipaux, conformément à l'article 95, 4°, ne pourront être modifiés que par arrêté du Gouverneur général.

Ces abandons d'impôts ne pourront être consentis que pour des périodes qui ne devront pas être inférieures à deux ni excéder cinq exercices ; les délibérations du Conseil colonial de Cochinchine ou du Conseil de Protectorat du Tonkin concluant à ces abandons devront être approuvées par décret du Président de la République.

L'établissement des rôles, le recouvrement de leur produit seront exclusivement assurés par les soins de l'Administration locale. Une part des frais nécessités de ce chef, proportionnelle aux recettes dont il sera fait abandon à la ville, sera supportée par le budget municipal.

L'impôt personnel et les prestations pourront être remplacés par une taxe spéciale dont seront exempts tous ceux qui, en vertu des règlements et de la coutume, sont exempts de l'impôt personnel et des corvées.

Art. 97. — Les recettes du budget extraordinaire se composent :

1° Des contributions extraordinaires dûment autorisées ;

2° Du prix des biens aliénés ;

3° Des dons et legs ;

4° Du remboursement des capitaux exigibles et des rentes rachetées ;

5° Du produit des emprunts et de toutes autres recettes accidentelles ;

6° Des subventions qui pourraient être accordées à la ville sur les fonds du budget local.

Art. 98. — Sont *obligatoires*, pour la ville, les dépenses suivantes :

1° La solde et les frais de représentation de l'inspecteur ou administrateur-maire et d'entretien de l'hôtel de ville ;

2° Les frais de bureau et d'impression pour le service de la ville ; l'abonnement au *Bulletin des lois* ;

3° Les frais des assemblées électorales ;

4° Les frais des registres de l'état-civil et la portion des tables décennales à la charge de la ville ;

5° Le traitement et les remises du receveur municipal et les frais de perception ;

6° Les traitements et autres frais du personnel de la police municipale ;

7° Les grosses réparations aux édifices communaux et leur entretien ;

8° La clôture et l'entretien des cimetières municipaux ;

9° Les frais d'établissement, de conservation et de tenue à jour des plans d'alignement et nivellement ;

10° Les contributions et prélèvements établis par les règlements sur les biens et revenus municipaux ;

11° L'acquittement des dettes exigibles ;

12° Le traitement du secrétaire et des employés de la Mairie, de l'agent-voyer et des employés de la voirie ;

13° Les dépenses occasionnées par l'application des articles 79 et 82 du présent décret.

Toutes dépenses autres que les précédentes sont *facultatives.*

Art. 99. — Le Conseil municipal vote, sauf approbation du Chef de l'Administration locale, le Conseil privé ou le Conseil de Protectorat entendu, les contributions extraordinaires qui dépasseraient 5 centièmes, sans excéder le maximum qui sera fixé chaque année par le Gouverneur général, comme il est dit à l'article 95, 3°, du présent décret, et dont la durée ne serait pas supérieure à douze années.

Art. 100. — Toute contribution extraordinaire dépassant le maximum fixé par le Gouverneur général, sans excéder un délai de douze années et tout emprunt, de quelque nature qu'il soit, sont autorisés, par arrêté du Gouverneur général pris en Conseil de Gouvernement, ou en Commission permanente du Conseil de Gouvernement, sous réserve, en ce qui concerne les emprunts, des dispositions de l'article 78 de la loi de finances du 13 Avril 1898.

Section II.— Vote et règlement du budget.

Art. 101. — Le budget municipal est proposé par le maire, voté par le Conseil municipal dans sa session d'Octobre et réglé par le Chef de l'Administration locale, le Conseil privé ou de Protectorat entendu.

Lorsqu'il pourvoit à toutes les dépenses obligatoires et que les dépenses facultatives ne sont contraires à aucune prescription des lois ou des règlements, les allocations qui leur sont affectées ne peuvent être modifiées par l'autorité supérieure.

Exception est faite toutefois au principe posé par le paragraphe précédent, pour le cas où le budget municipal bénéficierait, en totalité ou en partie, du produit des contributions directes perçues sur le territoire de la ville, conformément à l'article 95, 4°, du présent décret.

La même exception sera également faite dans le cas où une garantie d'intérêt accordée à un emprunt municipal soit par le budget local de la Cochinchine ou du Protectorat du Tonkin, soit par le budget général de l'Indochine, aura été appelée à jouer. Cette exception sera toutefois limitée à l'année qui suivra l'exercice pendant lequel le service de l'emprunt aura dû être assuré, en totalité ou en partie, par le budget local ou le budget général.

Art. 102. — Les crédits qui seront reconnus nécessaires après le règlement du budget sont délibérés conformément aux articles précédents et autorisés par le Chef de l'Administration locale.

Art. 103. — Dans le cas où, pour une cause quelconque, le budget de la ville n'aurait pas été approuvé avant le commencement de l'exercice, les recettes et les dépenses ordinaires continueront, jusqu'à l'approbation de ce budget, à être faites conformément à celui de l'année précédente.

Art. 104. — Les conseils municipaux peuvent porter au budget un crédit pour les dépenses imprévues. La somme inscrite pour ce crédit, qui ne peut être supérieure à 20.000 piastres, ne peut être réduite ou rejetée qu'autant que les revenus ordinaires, après avoir satisfait à toutes les dépenses obligatoires, ne permettraient pas d'y faire face.

Le crédit pour dépenses imprévues est employé par le maire sur l'autorisation du Chef de l'Administration locale.

Dans la première session qui suivra l'ordonnancement de chaque dépense, le maire rendra compte au Conseil, avec pièces à l'appui, de l'emploi de ce crédit.

Art. 105. — L'arrêté du Chef de l'Administration locale qui règle le budget d'une ville peut rejeter ou réduire les dépenses qui y sont portées, sauf les cas prévus aux articles 101 et 104, mais il ne peut les augmenter ni en introduire de nouvelles qu'autant qu'elles sont obligatoires.

Art. 106. — Si le Conseil municipal n'allouait pas les fonds exigés pour une dépense obligatoire ou n'allouait qu'une somme insuffisante, l'allocation nécessaire serait inscrite d'office au budget par arrêté du Chef de l'Administration locale.

Aucune inscription d'office ne peut être opérée sans que le Conseil municipal ait été, au préalable, appelé à prendre une délibération spéciale à ce sujet. S'il s'agit d'une dépense annuelle et variable, le chiffre en est fixé sur sa quotité moyenne pendant les trois dernières années. S'il s'agit d'une dépense annuelle et fixe de sa nature, ou d'une dépense extraordinaire, elle est inscrite pour sa quotité réelle.

Si les ressources de la ville sont insuffisantes pour subvenir aux dépenses obligatoires inscrites d'office en vertu du présent article, il y est pourvu par le Conseil municipal ou, en cas de refus de sa part, au moyen d'une contribution extraordinaire établie d'office par arrêté du Gouverneur général.

De la comptabilité municipale

Art. 107. — Les comptes du maire, pour l'exercice clos, sont présentés au Conseil municipal avant la délibération du budget. Ils sont définitivement approuvés par le Chef de l'Administration locale.

Art. 108. — Le maire peut seul délivrer des mandats. S'il se refusait à ordonnancer une dépense régulièrement autorisée et liquidée, il serait statué par le Chef de l'Administration locale, dont l'arrêté tiendrait lieu de mandat.

Art. 109. — Les recettes et dépenses municipales s'effectuent par un comptable chargé, seul et sous sa responsabilité, de poursuivre la rentrée de tous les revenus de la ville et de toutes sommes qui lui seraient dues, ainsi que d'acquitter les dépenses ordonnancées par le maire jusqu'à concurrence des crédits régulièrement accordés. Tous les rôles de taxes, de sous-répartitions et de prestations locales doivent être remis à ce comptable.

Art. 110.— Toutes les recettes municipales pour lesquelles les lois et règlements n'ont pas prescrit un mode spécial de recouvrement, s'effectuent sur des états dressés par le maire. Ces états ne sont exécutoires qu'après qu'ils ont été visés par le Chef de l'Administration locale.

La ville peut défendre aux oppositions sans autorisation du Chef de l'Administration locale.

Art. 111. — Toute personne autre que le receveur municipal qui, sans autorisation légale, se serait ingérée dans le maniement des deniers de la ville sera, par ce seul fait, constituée comptable, sans préjudice des poursuites qui pourront être exercées contre elle.

Art. 112.— Les recettes et les dépenses des villes s'effectuent par les soins du préposé-payeur du Trésor qui sera rémunéré pour ce service, dans les conditions fixées par un arrêté du Chef de l'Administration locale.

Art. 113.— Les comptes du receveur municipal sont apurés par le Chef de l'Administration locale, le Conseil privé ou de Protectorat entendu. Les dispositions du décret du 20 Novembre 1882 seront appliquées à la comptabilité municipale et au receveur municipal en tout ce qui n'est pas contraire au présent décret.

Art. 114.— Le budget et les comptes de la ville restent déposés à la mairie, où tout contribuable a le droit d'en prendre connaissance.

Art. 115.— Le Directeur général des Finances et de la Comptabilité de l'Indochine est chargé de la surveillance des services financiers des Villes de Saigon, Hanoi et Haiphong. Les projets d'arrêtés ou décisions, marchés, mandats, etc., intéressant en recette ou en dépense les budgets de ces villes sont, avant signature ou approbation, présentés à l'examen du Directeur général des Finances et de la Comptabilité ou de son délégué et visés par lui.

2° Décret du 30 Décembre 1912

Service des communes aux colonies

....

Art. 331.— Dans les colonies de la Martinique, de la Guadeloupe et de la Réunion, le service des communes est réglementé d'après les lois sur l'organisation municipale de la Métropole ; les dispositions du décret du 30 Décembre 1912 sur le régime financier des colonies sont applicables à la comptabilité communale en tout ce qui n'est pas contraire aux énonciations ci-dessus.

....

Art. 333.— Dans toutes les autres colonies et dans les pays de Protectorat relevant du Ministère des colonies, les recettes et les dépenses des communes sont effectuées conformément aux règles indiquées ci-après :

Art. 334.— L'exercice commence au 1er Janvier et finit au 31 Décembre de l'année qui lui donne son nom.

Néanmoins, un délai est accordé pour en compléter les opérations et l'époque de clôture de l'exercice est fixée au 31 Mars de la deuxième année.

Art. 335.— Les dépenses portées au budget de chaque commune se divisent en dépenses *obligatoires* et dépenses *facultatives*

Les dépenses obligatoires sont fixées par les décrets relatifs au service municipal et, à défaut, par les arrêtés des Gouverneurs pris en Conseil.

Art. 336.— Les budgets de chaque commune sont préparés par le maire ou par l'administrateur-maire, délibérés par le Conseil municipal ou la Commission municipale et arrêtés par le Gouverneur en Conseil. Le budget primitif est délibéré et arrêté avant l'ouverture de l'exercice. Le budget supplémentaire, ou additionnel, est délibéré ou arrêté au cours de l'exercice qu'il concerne.

Ce dernier budget comprend les crédits supplémentaires reconnus nécessaires depuis l'ouverture de l'exercice, les recettes non prévues dans le budget primitif, ainsi que les opérations tant en recette qu'en dépense, reportées de l'exercice précédent.

Les opérations spéciales de dépenses sont délibérées et approuvées dans la même forme que les budgets primitifs et supplémentaires.

Art. 337.— Lorsque les budgets votés par les Conseils municipaux sont susceptibles de modifications, ces modifications sont prononcées par des arrêtés du Gouverneur en Conseil.

Elles ne peuvent avoir pour objet l'augmentation des dépenses facultatives.

Art. 338.— Les Conseils municipaux peuvent porter au budget un crédit pour dépenses imprévues.

Le maire peut employer le montant de ce crédit aux dépenses urgentes, sans approbation préalable, à la charge d'en informer immédiatement le Gouverneur et d'en rendre compte au Conseil municipal dans la première session ordinaire qui suit la dépense effectuée.

Art. 339.— Aucun emprunt ne peut être autorisé au profit des communes que par un arrêté du Gouverneur en Conseil.

Toutefois, lorsque la somme empruntée dépasse 500.000 francs ou que, réunie aux chiffres d'autres emprunts non encore remboursés, elle dépasse 500.000 francs, l'autorisation est donnée par décret en forme de règlement d'administration publique.

Ces emprunts peuvent être réalisés, soit avec publicité et concurrence, soit de gré à gré, soit par souscription publique avec faculté d'émettre des obligations négociables, soit directement auprès de la Caisse des dépôts et consignations ou de la Caisse nationale des retraites pour la vieillesse, par extension de l'article 22 de la loi du 20 Juillet 1886, aux conditions de ces établissements.

Art. 340. — Dans le cas où le maire négligerait de dresser et de soumettre au Conseil municipal le budget de la commune, le Gouverneur peut préparer ce budget et convoquer d'office le Conseil municipal.

Dans le cas où un Conseil municipal ne se réunirait pas ou se séparerait sans avoir voté le budget de la commune, ce budget sera arrêté d'office et mis à exécution après avoir été approuvé par le Gouverneur en Conseil.

Art. 341. — Le maire tient la comptabilité des recettes et des dépenses communales.

Il présente par exercice le compte administratif du service municipal et le soumet aux délibérations des Conseils municipaux dans la première session que tiennent ces conseils après clôture de l'exercice.

Ce compte est arrêté par le Gouverneur en Conseil.

Art. 342. — Les recettes et les dépenses communales s'effectuent par un receveur municipal chargé, seul et sous sa responsabilité, de poursuivre la rentrée de tous les revenus de la commune et de toutes les sommes qui lui sont dues, ainsi que d'acquitter les dépenses mandatées par le maire jusqu'à concurrence des crédits régulièrement accordés.

Toutefois, les droits d'octroi de mer sont perçus dans les ports de débarquement par le trésorier-payeur pour être répartis ultérieurement entre les diverses communes par les soins du Gouverneur.

Art. 343. — Les rôles d'impositions, taxes et cotisations communales doivent être remis au receveur municipal, après qu'ils ont été rendus exécutoires.

Le receveur municipal doit également recevoir une expédition en forme de tous les baux, contrats, jugements, déclarations, titres annuels et autres concernant les revenus dont la perception lui est confiée, et il est autorisé à demander, au besoin, que les originaux de ces divers actes lui soient remis sur son récépissé.

Art. 344. — Les rôles d'impositions, baux et autres actes dont il est question dans l'article précédent sont adressés par le Gouverneur au trésorier-payeur, qui les fait parvenir aux receveurs municipaux.

Le Gouverneur donne avis aux maires des communes de l'envoi de ces documents.

Art. 345. — Toutes les recettes municipales pour lesquelles les règlements n'ont pas prescrit un mode spécial de recouvrement s'effectuent sur des états dressés par le maire. Ces états sont exécutoires après qu'ils ont été visés par le Gouverneur.

Les oppositions, lorsque la matière est de la compétence des tribunaux ordinaires, sont jugées comme affaires sommaires et la commune peut y défendre sans autorisation du Conseil privé.

Art. 346. — Le receveur municipal est tenu de faire, sous sa responsabilité personnelle, toutes les diligences nécessaires pour la perception des revenus, legs et donations, et autres affectés aux services des communes : de faire contre les débiteurs en retard, à la requête des maires, les exploits, significations, poursuites et commandements nécessaires ; d'avertir les administrateurs de l'expiration des baux, d'empêcher les prescriptions, de veiller à la conservation des domaines, droits, privilèges et hypothèques ; de requérir, à cet effet, l'inscription au bureau des hypothèques de tous les titres qui en sont susceptibles ; enfin, de tenir registre de ces inscriptions et autres poursuites et diligences. Les certificats de quitus ne sont délivrés aux comptables à l'effet de remboursement de leur cautionnement, qu'après qu'il a été reconnu par l'autorité qui juge les comptes qu'ils ont satisfait aux obligations imposées par le présent article pour la conservation des biens et des créances appartenant aux communes.

Art. 347. — Les comptes de gestion annuels des receveurs des communes visés par le comptable supérieur de l'arrondissement sont soumis aux délibérations des Conseils municipaux avant d'être adressés au Gouverneur qui les transmet à l'autorité chargée de les juger.

Art. 348. — Lorsque le montant des recettes ordinaires constatées dans les trois dernières années dépasse 100.000 fr., les comptes des communes sont soumis au jugement de la Cour des comptes.

Dans le cas contraire, le jugement des comptes des communes appartient au Conseil privé.

Art. 349. — Les comptes des receveurs municipaux doivent être soumis à la délibération des Conseils municipaux avant le 30 Juin de l'année qui suit celle pour laquelle ils sont rendus.

Ils doivent être transmis au Gouverneur le 1er Septembre suivant au plus tard, après avoir été vérifiés sur pièces par le comptable supérieur de l'arrondissement.

Art. 350. — Les comptes qui doivent être jugés par la Cour des comptes lui sont transmis directement par le Gouverneur avec les pièces à l'appui, dans le courant de Septembre, pour parvenir à la Cour avant le 15 Novembre.

Les autres comptes doivent être jugés avant la fin de l'année par le Conseil privé, qui en est saisi avant le 30 Septembre.

Art. 351. — Les receveurs municipaux qui n'ont pas transmis leurs comptes à la date prescrite peuvent être condamnés par l'autorité chargée de juger lesdits comptes, à une amende de 10 fr. à 100 fr. par chaque mois de retard pour les receveurs et trésoriers justiciables des Conseils privés, et de 50 fr. à 500 fr. également par mois de retard pour ceux qui sont justiciables de la Cour des comptes.

Ces amendes sont attribuées aux communes ou établissements que concernent les comptes en retard.

Elles sont assimilées, quant au mode de recouvrement et de poursuites, aux débets des comptables des deniers de l'Etat, et la remise n'en peut être accordée que d'après les mêmes règles.

Art. 352.— Des arrêtés du Gouverneur en Conseil font l'application au service des communes dans les colonies, en ce qui n'a pas été prévu par le décret du 30 Décembre 1912, des règles de la comptabilité municipale en vigueur en France.

NOTA.— Les villes de l'Indochine érigées en municipalités et soumises par suite aux prescriptions du décret du 30 Décembre 1912, sont celles de Saigon, Hanoi, Haiphong, Cholon, Pnompenh, Tourane, Namdinh, Dalat et Haiduong.

Les trois premières sont régies par le décret du 11 Juillet 1908; les autres, par des arrêtés spéciaux.

En vertu des dispositions combinées des décrets du 11 Juillet 1908 et 28 Mai 1913, le Contrôle financier est chargé de la surveillance des services financiers de ces municipalités; en conséquence, les projets d'arrêtés ou décisions, marchés, mandats etc..., intéressant en recettes ou en dépenses les budgets de ces villes doivent être, avant signature ou approbation, présentés à l'examen du directeur du Contrôle financier ou de son délégué et visés par lui.

Budgets communaux

Les budgets communaux groupent les recettes et les dépenses nécessaires à l'administration des villages (1). Nous

---

(1) « Si les budgets provinciaux sont difficiles à justifier dans une bonne organisation financière, en revanche, les budgets communaux devraient avoir un développement beaucoup plus considérable que celui qu'ils ont. On sait que la commune annamite a son budget communal et, en Cochinchine, ces budgets qui ont pris un développement extrême, sont déjà contrôlés ou réglementés. Au Tonkin, rien n'a encore été fait dans ce sens, et il serait désirable que l'attention des autorités locales fût appelée sur ce point. Il serait de même très désirable que les centres, et il faut entendre par là les groupements urbains importants, fussent dotés de budgets urbains. Le Département, à qui le Gouverneur général a exprimé cet avis, y a donné son approbation et, en 1914, un effort sera fait en vue d'un essai dans chaque

prendrons comme type, les budgets des villages de Cochinchine dont la réglementation fixée par l'arrêté du 19 Mai 1909 a été modifiée par celui du 3 Octobre 1921.

Cette réglementation, dont le besoin se faisait grandement sentir, s'est inspirée du principe qui domine toute la législation annamite : l'autonomie de la commune s'administrant librement et soumise seulement au contrôle de l'Etat pour lui assurer la protection morale et matérielle qui lui est due. *(Circulaire du Lieutenant-Gouverneur de la Cochinchine, 19 Mai 1909)*.

L'intervention des chefs de province doit se borner à diriger et à contrôler la gestion des notables. Leur rôle consiste surtout à ce que les chefs de canton et les chefs de circonscription opèrent fréquemment des vérifications inopinées de la comptabilité et de l'encaisse des villages placés sous leur surveillance ; ces vérifications doivent toujours être faites en présence de plusieurs notables. Au besoin, les chefs de province eux-mêmes doivent, au cours de leurs tournées, procéder personnellement à ces vérifications de caisses.

Arrêté fixant la réglementation des budgets communaux en Cochinchine.

(Du 3 Octobre 1921)

Article premier. — Dans les communes indigènes de Cochinchine, les recettes perçues, suivant les conditions du présent arrêté, et les dépenses d'intérêt communal auxquelles ces recettes sont affectées

---

pays de l'Union. Le centre aura un budget qui sera alimenté par des ressources municipales (taxes sur les chiens, taxes de balayage, d'abatage) et une subvention du budget local. Les dépenses comprendront uniquement les travaux d'édilité (éclairage, eau, entretien, embellissement du centre). Le centre sera administré suivant la formule de la commune mixte, c'est-à-dire par une Commission municipale présidée par l'Administrateur et composée de notables français et indigènes. C'est là de bonne décentralisation. Il est inadmissible, en effet, que l'ordonnateur du budget local ait à se préoccuper de l'éclairage ou des vidanges d'une agglomération urbaine. Celle-ci est parfaitement capable de s'administrer elle-même et tout le monde y gagnera. On peut attendre beaucoup de cette réforme ». *(Exposé des motifs du budget général de 1914, page XXI).*

font l'objet chaque année d'un budget dont la période d'exécution est fixée de la façon suivante :

1° Du 1er Janvier au 31 Décembre pour l'exécution des services ;

2° Du 1er Janvier de la première année au 20 Janvier de l'année suivante, pour toutes les opérations relatives au recouvrement des produits constatés pendant l'exercice et à la liquidation et au paiement des dépenses.

Préparation et approbation du budget communal

Art. 2. — Le budget communal est préparé et voté chaque année avant le 1er Février par le Conseil des notables et approuvé par l'administrateur, chef de province.

Art. 3. — Il est établi en double expédition, sur un modèle uniforme rédigé en français et en quôc-ngu. L'une des expéditions reste entre les mains des notables ; la seconde est déposée dans les bureaux de l'administrateur.

Art. 4 — Les notables conservent la gestion exclusive du budget communal, sous le contrôle et la surveillance des divers représentants de l'autorité administrative : chefs et sous-chefs de canton, délégués administratifs, chefs de province.

Aucune modification ne peut être apportée au budget communal en cours d'exercice sans un vote du Conseil des notables approuvé par l'administrateur.

Recettes

Art. 5. — Le chapitre des recettes est divisé en six articles dont chacun correspond à une catégorie spéciale de recettes :

Article 1. — Taxes communales.
Article 2. — Revenus communaux.
Article 3. — Droits affermés.
Article 4. — Rachats des veilles.
Article 5. — Produits divers.
Article 6. — Fonds de réserve et reliquat.

Les taxes communales comprennent les centièmes additionnels aux diverses contributions directes (impôt personnel, impôt foncier, impôt des barques et impôt des patentes), les taxes sur les chevaux, buffles et bœufs, sur les automobiles, les voitures à chevaux et les charrettes agricoles, etc...

Les revenus communaux sont constitués par le produit de la location des propriétés communales : rizières, terrains de cultures diverses, compartiments, théâtres, etc...

Les droits affermés proviennent de l'adjudication du marché, de l'abattoir, des bacs, des pêcheries, des fosses à poissons, des taxes d'amarrage et de stationnement, des droits d'occupation du domaine public, etc..,

Les produits divers comprennent les amendes communales et celles prononcées par le tribunal de simple police, le produit des aliénations de propriétés communales, les subventions, les dons et legs, les certifications, etc..

Le rachat des veilles est perçu sur tous les inscrits, les propriétaires étrangers aux villages et les Asiatiques étrangers.

Art. 6. — Les taxes communales sont votées chaque année par le Conseil des notables, à l'époque de la préparation du budget. Ce vote doit être approuvé par l'administrateur.

Les taxes dont la perception est autorisée au profit du village sont perçues en même temps que le principal des impôts directs, les centièmes et journées de prestations dûs à la province.

Art. 7. — Le montant maximum auquel les villages peuvent s'imposer est fixé comme suit :

Impôt personnel	Indigènes	1 $ 00	
	Chinois	2 , 00	
Contributions des indigènes et des asiatiques étrangers non inscrits aux charges du village où ils résident		1 , 50	
Rachats des veilles	Asiatiques étrangers	3 , 50	
	Inscrits	2 , 50	
Impôt foncier	Rizières	20 %	du principal.
	Cultures diverses		id.
	Terrains bâtis		id.
Impôt des barques			id.
Impôt des patentes			id.
Chevaux		0 $ 50	par tête.
Buffles			id.
Bœufs			id.
Automobiles		5 $ 00	par unité.
Voitures à chevaux		2 , 00	id.
Charrettes agricoles		0 , 50	

Art. 8. — Au cas où pour exécuter des travaux d'utilité communale, tels que : constructions de maison commune, école, marché, route, etc., des ressources excédant les revenus normaux d'un village sont nécessaires, le village peut être autorisé, par arrêté du Gouverneur, après avis du Conseil de province, à s'imposer extraordinairement pour la durée des travaux. Il peut également contracter des emprunts, conformément aux dispositions de l'article 17 de l'arrêté du 27 août 1904, auprès des autres communes de la province disposant de ressources dont elles n'ont pas l'utilisation immédiate. L'intérêt de ces emprunts ne peut être supérieur à 2 % par an.

Art. 9. — L'exploitation des propriétés communales et la perception des droits affermés font l'objet d'adjudications aux enchères publiques dont la durée ne doit pas, en principe, excéder trois ans et qui sont soumises à l'approbation de l'administrateur chef de province.

Toutefois, les *công-diên*, *công-thô*, *bôn-thôn-diên* et *bôn-thôn-thô* peuvent être affermés, par les soins des conseils de notables, pour trois, six ou neuf années. Dans ce cas, les actes de location sont soumis à l'autorisation préalable du Gouverneur en Conseil privé.

Art. 10 — Les dons et legs sont acceptés par le conseil des notables après autorisation de l'administrateur.

Art. 11. — Le droit d'apposition de cachet sur les transactions mobilières et immobilières dont la quotité ne peut dépasser 1 % du montant des actes profite aux notables certificateurs responsables de l'authenticité des transactions. Seules les appositions de cachet sur les requêtes donnent droit à la perception au profit du village d'un droit maximum de 0 $ 10.

Art. 12. — Le taux du rachat des veilles est fixé, tant pour les indigènes que pour les Asiatiques étrangers, par le conseil des notables, selon les besoins de la commune, mais leur nombre ne peut être supérieur à 5 et le montant dépasser celui de la journée de prestation afférente à chaque catégorie. Toutefois, les indigènes conservent le droit de fournir cette prestation en nature.

Art. 13. — Toutes les recettes communales sont effectuées par le maire, secondé par le huong-thân et le huong-hao.

Toute somme perçue par le village donne droit à la délivrance immédiate d'une quittance extraite d'un registre à souches spécial, d'une couleur différente de celle adoptée pour le quittancier en usage pour le recouvrement des impôts locaux ou régionaux. La quittance est signée par le maire et, en cas d'empêchement de ce dernier, par le huong-hao. Les recettes y sont inscrites sans ratures ni surcharges, sauf à l'encre rouge, au fur et à mesure de la perception. Ce registre est coté et paraphé par les soins de l'administrateur ou de son délégué.

Art. 14. — Si une somme due au village ne peut être recouvrée dans les délais prévus, les notables en avisent l'administrateur, qui leur prête son concours pour en opérer le recouvrement selon les voies légales.

Art. 15. — L'encaisse du village ne peut excéder, en principe, le sixième des recettes annuelles. L'excédent, quand il n'est pas nécessaire pour faire face aux besoins immédiats du village, doit être versé à la Banque de l'Indochine, par l'intermédiaire du Trésor, dans les conditions fixées à l'article 24 ci-dessous.

Dépenses

Art. 16. — Les dépenses communales sont réparties, d'après leur nature, en cinq chapitres, de la façon suivante :

Chapitre premier. — Dépenses d'administration

Article 1er — Personnel.

Indemnités aux notables — Salaires des agents communaux (écrivain du village, secrétaire du commissaire de police, agents de police, veilleurs, rameurs, plantons, lampistes, etc.) — Frais de réunion, de déplacement et de transport des notables — Indemnité au commissaire de police.

Art. 2. — Matériel.

Fournitures de bureau, registres, imprimés, abonnements aux journaux, frais de confection des rôles, budgets, dia-bô, achat de registres et imprimés pour l'état-civil – Achat et entretien du matériel et du mobilier — Habillement des agents divers — Eclairage des bâtiments communaux et des rues — Impôts dûs par le village — Fêtes rituelles et publiques.

CHAPITRE II. — DÉPENSES D'INTÉRÊT SOCIAL

Article 1er. — Personnel.

Solde des instituteurs et institutrices — Solde des infirmiers-vaccinateurs et des sages-femmes — Indemnité de logement aux mêmes — Bourses scolaires.

Art. 2. — Matériel.

Fournitures classiques, achat et entretien du mobilier et du matériel scolaires — Secours aux pauvres, frais d'hospitalisation et de sépulture des indigents.

CHAPITRE III. — DÉPENSES D'INTÉRÊT ÉCONOMIQUE

Article 1er. — Personnel.

Surveillants, cantonniers et ouvriers divers.

Art. 2. — Matériel.

Travaux neufs: Routes, Canaux, Bâtiments. — Travaux d'entretien: Routes, Canaux, Bâtiments — Travaux de bornage — Bouages et vidanges.

CHAPITRE IV. — DÉPENSES D'INTÉRÊT COMMUN

Article 1er. — Personnel.

Solde des secrétaires des chefs et sous-chefs de canton — Frais de déplacement des chefs et sous-chefs de canton — Dépenses de personnel de la Garde civile (moitié (1) de la dépense mise à la charge du budget provincial et des budgets communaux).

Solde des infirmiers et sages-femmes des ambulances-maternités.

Indemnité à l'agent provincial — Solde des cantonniers des routes communales — Solde du personnel de la poste rurale.

Article 2. — Matériel.

Fournitures de bureau des délégués administratifs, chefs et sous-chefs de canton — Habillement, armement et équipement de la Garde civile (moitié (1) de la dépense mise à la charge du budget provincial et

(1) Modifié par arrêté du 31 décembre 1924.

des budgets communaux)— Eclairage des délégations administratives — Entretien des moyens de transport des délégués — Subvention à l'hôpital ou à la maternité du chef-lieu, à des groupements et établissements divers — Vaccine.

Article 3. — Travaux.

Travaux d'entretien : Routes, Canaux, Bâtiments.

Travaux neufs : Routes, Canaux, Bâtiments.

Matériel de la Poste rurale.— Dépenses diverses.

CHAPITRE V.— DÉPENSES DIVERSES ET IMPRÉVUES

Article unique.

Remboursement des avances consenties par d'autres villages et des emprunts — Dépenses imprévues — Fonds de réserve.

Art. 17. — En aucun cas, les dépenses engagées ne peuvent dépasser le montant des crédits correspondants inscrits au budget communal. Quand un crédit est épuisé, il peut être renforcé, si cela est nécessaire, au moyen d'un virement voté par le conseil des notables et approuvé par l'administrateur.

Art. 18. — Les dépenses de personnel sont engagées et acquittées par les notables, sans autorisation spéciale.

Cependant, toute nomination d'un agent européen à un emploi rétribué sur les fonds communaux doit être approuvée par le Gouverneur. En outre, aucune indemnité, aucune gratification ne peut être accordée à des agents n'appartenant pas aux services communaux sans l'autorisation préalable du Chef de l'Administration locale.

Art. 19 (modifié). — Les dépenses de matériel et de travaux ne peuvent être engagées que sur l'autorisation de l'administrateur.

Les fournitures et travaux dont le montant dépasse 600 piastres doivent faire l'objet de marchés passés après adjudication ou appel d'offres Ils doivent, en outre, être reçus par une commission nommée par l'administrateur et donner lieu à un procès-verbal de réception.

Les projets et devis de travaux dont le montant dépasse 1.500 piastres sont soumis avant leur mise en adjudication au visa de l'ingénieur en chef et à l'approbation du Gouverneur.

Les résultats des adjudications et appels d'offres ne seront définitifs qu'après approbation du Gouverneur de la Cochinchine.

Art. 20. — Aucune dépense d'intérêt commun ne peut être imposée à un village si elle n'a été, au préalable, autorisée par le Gouverneur. A cet effet, chaque année, lors de la préparation des budgets communaux, l'administrateur soumet à l'approbation du Gouverneur un état faisant ressortir les dépenses de cette nature que les villages auront à supporter dans le courant de l'exercice et leur répartition entre eux. Cette répartition doit être effectuée proportionnellement au montant global du budget de chaque village.

Art. 21.— Les dépenses d'intérêt commun à l'ensemble des villages de la province sont liquidées et acquittées par l'intermédiaire du village du chef-lieu, qui reçoit, au fur et à mesure des besoins, les contributions des autres communes pour chacune de ces dépenses. Il est procédé de la même façon pour les dépenses d'intérêt commun aux villages d'une circonscription administrative ou d'un canton. Elles sont liquidées et payées par le village où réside le délégué ou le chef de canton.

Ces opérations font l'objet de comptes spéciaux qui ne doivent pas se confondre avec les budgets des villages chargés de leur gestion.

Aucun maniement de fonds communaux ne doit avoir lieu à l'Inspection.

Art. 22. — Lorsque plusieurs villages ont à procéder à des travaux neufs ou de gros entretien d'intérêt commun, payables sur les fonds communaux et excédant 1.500 piastres, il est institué, par décision de l'administrateur approuvée par le Gouverneur, une commission syndicale, présidée par un chef ou un sous-chef de canton, et composée du buong-ca ou du buong-chu et du maire de chacune des communes intéressées ou, à défaut et en cas d'absence, de tout autre notable régulièrement désigné à cet effet.

La commission syndicale est consultée obligatoirement sur l'opportunité des travaux dont l'exécution est envisagée, sur le mode d'exécution de ces travaux, sur la répartition de la dépense entre les diverses communes et, d'une façon générale, sur toutes les questions se rattachant à ces travaux.

La commission syndicale ne peut délibérer que si les deux tiers au moins de ses membres sont présents. Ces délibérations sont prises à la majorité des voix. Elles ne sont exécutoires qu'après approbation du Gouverneur.

Art. 23. — Les pièces justificatives des dépenses (factures, mémoires de journées, états de solde, autorisations de dépenses, etc.), sont conservées par le village, qui doit pouvoir les présenter à toute vérification.

Pour les dépenses d'intérêt commun, les pièces justificatives sont constituées par les états de répartition dressés dans les bureaux du chef de province et signés par lui, ainsi que par les récépissés des notables chargés de réunir les contributions des villages et d'effectuer les paiements.

Dépots des fonds communaux a la banque
Retraits. — Paiements par chèques

Art. 24. — Pour effectuer leurs dépôts à la Banque, conformément aux dispositions de l'article 15 ci-dessus, les notables ou leur délégué, munis d'une fiche de versement délivrée par le chef de province, se présentent chez le préposé-payeur qui leur remet une quittance à souche en échange de chaque somme versée. Celle-ci est transmise au moyen d'un avis de crédit par le préposé-payeur au trésorier particulier qui la fait parvenir à la Banque par un mandat de Trésorerie.

Les fonds versés par les communes de la province figurent dans les écritures de la Banque à un compte global par province, intitulé : « Trésor — Communes de la province de.......». — Ces fonds sont productifs d'un intérêt fixé à 2 % par an.

Art. 25. — Pour effectuer les retraits, les notables adressent une demande à l'administrateur, qui la vise et la transmet à la Banque. Sur le vu de cette demande, la Banque fait parvenir au trésorier particulier le montant des retraits que ce dernier transmet aux notables au moyen d'un mandat établi à leur nom sur la caisse du préposé-payeur de leur province. Le mandat, avant d'être payé, doit être soumis au visa du chef de province.

Art. 26. — Les dépenses payables à Saigon sont acquittées au moyen de chèques sur la Banque signés par l'administrateur et contresignés par le huong-ca du village du chef-lieu pour les paiements à faire pour le compte de cette commune ou par le comptable de l'Inspection pour les autres villages.

Dès qu'un chèque a été établi pour le compte d'un village, un avis d'émission est adressé aux notables pour qu'ils portent ce retrait et ce paiement dans leur comptabilité.

S'il s'agit d'une dépense incombant à plusieurs villages, un état de répartition est joint à l'avis d'émission adressé à chaque village intéressé.

A la fin de chaque trimestre, l'administrateur envoie au Gouverneur un état donnant le relevé des chèques ainsi émis et indiquant sommairement les dépenses auxquelles ils se rapportent.

Art. 27. — Le compte-courant des fonds déposés par chaque commune à la Banque est tenu par l'administrateur au moyen d'un livre-journal des dépôts et retraits et d'un registre-balance qui doit indiquer:

a) Pour les versements ; la date du versement, le montant de la somme versée et le numéro du récépissé délivré par le préposé-payeur;

b) Pour les retraits par mandats de Trésorerie ; la date de la demande de retrait formulée par les notables, le montant de la somme retirée, le numéro du mandat de Trésorerie, la date du versement aux notables ;

c) Pour les paiements par chèques ; la date, le numéro et le montant du chèque, le nom du bénéficiaire.

Après chaque opération, la balance est faite entre les versements et les retraits.

Comptabilité communale. — Contrôle et vérification

Art. 28. — Les notables ordonnateurs des dépenses communales sont le huong-ca, le huong-chu et le huong-su. Toutes les factures et pièces de dépenses doivent être visées, avant paiement, par deux au moins de ces notables.

La comptabilité communale est tenue par le maire, assisté du huong-thân et du huong-hào.

Art. 29. — Les livres de comptabilité que les notables doivent obligatoirement tenir sont :

1° Un quittancier à souches spécial pour les recettes communales, qui tient également lieu de livre-journal et de grand-livre des recettes;

2° Un livre-journal des dépenses ;

3° Un grand-livre des dépenses.

Art. 30. — En outre, le village établit, en double expédition, à la fin de chaque mois, un état des recettes et des dépenses effectuées et l'adresse à l'administrateur dans les cinq premiers jours du mois suivant (1). Après vérification, une expédition est retournée au village, qui la classe dans ses archives; la seconde est jointe à l'exemplaire du budget conservé à l'Inspection.

Art. 31. — Ces états portent l'énumération des articles du budget des recettes et des dépenses. Ils comportent cinq colonnes où sont mentionnés :

1° Les prévisions budgétaires ;

2° Les opérations des mois antérieurs ;

3° Les opérations du mois ;

4° Le total des opérations effectuées ;

5° Le montant total des restes à recouvrer ou des crédits disponibles.

L'état fourni pour le dernier mois de l'année doit être adressé à l'administrateur avant le 25 janvier de l'année suivante. Il tient lieu de compte-rendu des recettes et des dépenses de l'exercice écoulé et permet d'établir le montant du reliquat à reporter au budget de l'exercice suivant.

Art. 32. — La comptabilité communale est soumise au contrôle et à la surveillance des chefs et sous-chefs de canton, des délégués administratifs et du chef de province.

Art. 33. — Le chef et le sous-chef de chaque canton doivent vérifier respectivement la comptabilité d'un village par quinzaine. Cette vérification ne doit pas se borner à la constatation de l'encaisse. Elle doit s'étendre à toutes les opérations faites par le village et comporter l'examen approfondi des livres de comptabilité et des pièces justificatives des dépenses faites. A chaque vérification, les quittanciers et registres de comptabilité sont arrêtés et datés.

(1) Les totaux des recouvrements ou des dépenses inscrits au bas de chaque colonne permettent, soit au conseil des notables, soit au chef de la province, de se rendre compte très exactement de la situation financière de la commune. La balance de ces états indique l'avoir du village. Une page est, en outre, réservée pour permettre aux notables de justifier de leurs opérations ou exprimer des desiderata au sujet desquels le chef de province doit prendre sa décision.

Le chef et le sous-chef de canton s'assurent que les impôts perçus au compte du budget local et du budget provincial sont versés régulièrement au Trésor au fur et à mesure de leur recouvrement.

Si une dépense leur paraît abusive, quoique justifiée par des pièces régulières, ils la signalent à l'attention de l'administrateur.

Après chaque vérification, ils établissent un procès-verbal en double expédition, dont l'une est adressée à l'administrateur par l'intermédiaire du chef de la circonscription administrative; l'autre est conservée dans les archives du village.

Art. 34.—Les délégués administratifs vérifient également la comptabilité de chaque village de leur circonscription une fois au moins par trimestre. Après chaque vérification, ils rendent compte à l'administrateur des constatations faites au cours de ces opérations.

Art. 35.— L'administrateur veille à ce que les chefs et sous-chefs de canton et les délégués se conforment avec exactitude aux prescriptions ci-dessus. Il procède de son côté, le plus fréquemment possible, à des vérifications semblables dans les principaux villages. A la fin de chaque semestre, il adresse au Gouverneur un rapport sur la gestion des finances communales.

Budgets des Chambres de Commerce

Les Chambres de Commerce de l'Indochine sont dotées d'un budget qu'elles préparent, votent et qu'elles exécutent ensuite après approbation du Gouverneur général.

Ces budgets sont alimentés par des impositions additionnelles au principal de la contribution des patentes et, le cas échéant, par une subvention du budget local.

Les dépenses auxquelles ces Compagnies ont à faire face sont, entr'autres :

La solde du personnel européen et indigène du Secrétariat ;

Les frais d'impression du bulletin quotidien et des comptes-rendus ;

Les annuités des emprunts qu'elles ont été autorisées à contracter, etc., etc.

Budget du Port de Commerce de Saïgon

Le décret du 2 Janvier 1914, en dotant le Port de Saigon de la personnalité civile et en faisant un établissement public dans des conditions analogues à celles fixées par la loi du 5 Janvier 1912 pour les ports maritimes de commerce de la Métropole, constitue, en Indochine, une innovation très intéressante.

« Doté de l'autonomie administrative et de son budget particulier, le Port de Commerce de Saigon pourra utiliser rapidement au mieux des intérêts du commerce les ressources financières disponibles dont il ne pouvait faire emploi, et compléter ainsi son outillage, inférieur jusqu'à présent aux besoins d'un trafic qui augmente chaque année ». (*Rapport de présentation au Président de la République*).

Ce décret étant très important fera l'objet d'une étude spéciale.

Dispositions générales

Le Port de Commerce de Saigon est un établissement public investi de la personnalité civile et soumis aux règles générales, qui régissent dans les colonies la gestion des deniers publics.

L'administration en est confiée, dans les conditions déterminées ci-après, à un conseil dénommé « *Conseil d'administration du Port de Commerce de Saigon* ».

Le président du Conseil d'administration le représente dans tous actes de gestion et dans toutes instances devant les tribunaux judiciaires ou administratifs, soit par lui-même, soit par un délégué désigné dans les conditions qui doivent être fixées par un arrêté du Gouverneur général.

La circonscription dans l'étendue de laquelle le Conseil d'administration est appelé à exercer ses attributions doit être également déterminée par un arrêté du Gouverneur général.

Dans les limites de cette circonscription, le Port et ses dépendances continuent à faire partie du domaine public.

Les droits et obligations de l'Etat, en matière de domanialité et de travaux publics sont conférés au Conseil d'administration du Port dans les mêmes conditions qu'aux compagnies de chemins de fer.

Composition et attributions du Conseil d'Administration.

Le Conseil d'administration du Port de Commerce de Saigon est composé de douze membres, savoir :

1° Le président de la Chambre de Commerce de Saigon, *Président ;*

2° Un conseiller citoyen français et un conseiller sujet français choisis par le Conseil colonial de Cochinchine parmi les membres de cette assemblée, *Membres ;*

3° Deux membres citoyens français de la Chambre de Commerce de Saigon désignés par cette compagnie, *Membres ;*

4° Un conseiller citoyen français choisi par le Conseil municipal de Saigon parmi les membres de ce conseil, *Membre ;*

5° Un commissaire citoyen français choisi par la Commission municipale de Cholon parmi les membres de cette commission, *Membre ;*

6° Un commissaire chinois choisi par la Chambre de Commerce chinoise de Cholon parmi les membres de cette compagnie, *Membre ;*

7° Deux membres choisis par le Gouverneur général de l'Indochine, sur la proposition du Gouverneur de la Cochinchine, parmi les armateurs ou les négociants ou industriels de la Colonie, *Membres ;*

8° Un membre désigné par la Chambre de Commerce dans la Chambre ou hors la Chambre, parmi les armateurs, constructeurs de navires, courtiers maritimes ou capitaines au long cours, *Membre ;*

9° Un membre désigné par le Gouverneur général sur la liste établie par la Chambre de Commerce, *Membre ;*

Le Conseil nomme un *vice-président* choisi parmi les membres.

Le mandat de membre du Conseil d'administration du Port est gratuit. Sa durée est de deux ans. Le mandat peut être renouvelé indéfiniment.

En même temps que les conseillers titulaires, sont nommés en nombre égal, et dans les mêmes conditions, des conseillers suppléants.

En cas d'absence ou d'empêchement quelconque du président, le vice-président ou, à défaut, le doyen d'âge des conseillers citoyens français le remplace d'office.

Ne peuvent être membres du Conseil :

1° Les fonctionnaires, employés ou agents attachés au service du Port de Commerce de Saigon ;

2° Les fonctionnaires, employés ou agents rétribués sur les fonds du budget spécial de ce Port ;

3° Les entrepreneurs des travaux ou services administrés par ledit Conseil.

Tout membre du Conseil, se trouvant dans l'un des cas d'incompatibilité spécifiés ci-dessus, est déclaré démissionnaire d'office par le Gouverneur général, sur la proposition du Gouverneur de la Cochinchine. Il est pourvu à son remplacement d'après la procédure suivie pour sa désignation.

Le Gouverneur de la Cochinchine et l'Inspecteur général des Travaux publics de l'Indochine ont entrée au Conseil ; ils prennent part à ses délibérations, mais ne votent pas avec le Conseil.

L'ingénieur en chef de la circonscription territoriale de la Cochinchine assiste aux séances du Conseil, auprès duquel il représente l'Administration de la colonie. Il est chargé de l'exécution des décisions du Conseil d'administration dans les conditions qui doivent être fixées par un arrêté du Gouverneur général, ainsi que de l'instruction préalable des affaires qui intéressent le Port, à l'exception de celles prévues à l'article 18 du décret de constitution.

Les chefs de service des autres Administrations publiques de la Ville de Saigon sont tenus d'assister ou de se faire représenter aux séances du Conseil toutes les fois qu'ils y sont convoqués et de lui fournir verbalement ou par écrit tous les renseignements qui seraient réclamés par lui sur les affaires intéressant le Port et rentrant dans ses attributions.

Le Conseil d'administration *statue*, sauf opposition du Gouvernement local et dans les conditions fixées ci-après, sur les objets suivants :

1° Entretien du Port et de ses accès ;

2° Travaux d'amélioration du Port et de ses accès n'entraînants aucune modification essentielle dans les ouvrages existant et effectués sans le concours financier de la colonie ;

3° Installation et administration de l'outillage du Port (grues, hangars, magasins, engins de radoub, remorquage, halage, etc.,) et questions relatives à la surveillance des outillages concédés ou privés ;

4° Questions relatives à la surveillance de l'établissement et de l'exploitation des voies ferrées, des quais, et, éventuellement, établissement et exploitation desdites voies sous réserve du contrôle exercé par la colonie ;

5° Établissement du service d'éclairage, de distribution d'eau, de force et de lumière, pour tout ce qui n'incombe pas au service municipal ou au service des phares ;

6° Organisation de secours contre l'incendie ainsi que des services de sauvetage des navires et de leurs cargaisons ; participation au service de la sécurité, de la propreté, de la police et de la surveillance des quais et dépendances du Port ;

7° Modification et affectation des péages locaux temporaires dans les limites des maxima de taux et de durée fixées par l'acte d'institution de ces péages ;

8° Passation de baux n'excédant pas neuf ans.

Les décisions du Conseil d'administration prévues par ces 8 paragraphes sont transmises, dans les quinze jours, au Gouverneur de la Cochinchine, avec l'avis de l'ingénieur en chef de la circonscription territoriale. Le Gouverneur déclare, dans le délai de deux mois, s'il y fait ou non opposition.

L'avis de non-opposition ou l'expiration du délai de deux mois à partir de la date de la réception du texte de la délibération par le Gouverneur de la Cochinchine, rend lesdites décisions exécutoires.

Toute décision peut être annulée par le Gouverneur de la Cochinchine en Conseil privé. L'arrêté d'annulation doit être motivé.

Le recours contentieux exercé contre cette annulation n'est pas suspensif.

Le Conseil d'administration *délibère* sur les objets suivants :

1° Travaux entraînant des transformations ou des modifications essentielles dans les ouvrages du Port ou de ses accès ;

2° Travaux d'amélioration du Port ou de ses accès n'entraînant aucune modification essentielle dans les ouvrages existants, mais effectués avec le concours financier de la colonie ;

3° Passations des baux de plus de neuf ans, acquisitions, aliénations ou échanges d'immeubles ;

4° Emprunts.

Ces délibérations ne seront exécutoires qu'après leur approbation par le Gouverneur de la Cochinchine.

Le Conseil d'administration est *appelé obligatoirement à donner son avis* sur les questions suivantes :

1° Organisation et fonctionnement du service des phares et balises, des sémaphores, de la police sanitaire et du pilotage, de l'organisation matérielle des services de douane dans les limites du Port de Commerce ;

2° Règlement de police du Port et de ses accès, mesures de police applicables à terre, dans un périmètre qui sera déterminé par le Gouvernement local;

3° Entretien et établissement des voies d'accès au Port de Commerce situées sur le territoire de la ville de Saigon et des provinces de Cholon et de Giadinh;

4° Établissement ou modification des tarifs de chemins de fer ou voies navigables, desservant le Port ou y aboutissant.

Le Conseil peut être dissous par arrêté motivé du Gouverneur général rendu, en Commission permanente du Conseil de Gouvernement, sur la proposition du Gouverneur de la Cochinchine.

En cas d'urgence, il peut être provisoirement suspendu par arrêté motivé du Gouverneur de la Cochinchine, en Conseil privé. Il est rendu compte immédiatement de cette mesure au Gouverneur général.

En cas de dissolution du Conseil, ou si le Conseil, pour une raison quelconque, ne peut être constitué, une commisson instituée par arrêté du Gouverneur général en Commission permanente du Conseil de Gouvernement, sur la proposition du Gouverneur de la Cochinchine, est chargée d'expédier provisoirement les affaires courantes.

Budget

Le Conseil d'administration établit chaque année un *budget ordinaire* et un *budget extraordinaire*, ainsi qu'un compte général des recettes et des dépenses.

Les *recettes* du *budget ordinaire* se composent :

1° Du produit des taxes de toute nature dont la perception au profit du budget du Port de Commerce aura été régulièrement autorisée et notamment du produit des taxes d'outillage instituées par l'arrêté du Gouverneur général de l'Indochine en date du 30 Novembre 1910 approuvé par le décret du 31 Mars 1911, sous réserve d'une somme qui sera prélevée annuellement au profit de la Chambre de Commerce de Saigon pour le fonctionnement de ses services et dont le montant sera fixé chaque année pour l'exercice suivant par le Gouverneur de la Cochinchine en Conseil privé ;

2° Du produit de l'exploitation de l'outillage public directement administré ou affermé par le Conseil ;

3° Du produit des péages locaux destinés à payer les dépenses relatives aux services que le Conseil d'administration du Port de Commerce de Saigon organise ou subventionne en vue d'assurer le sauvetage des navires et de leurs cargaisons, ainsi que la sécurité la propreté, la police et la surveillance des quais et dépendances du Port ;

4° D'une contribution de la colonie aux dépenses de personnel et de matériel dont le montant sera fixé chaque année lors de l'établissement des budgets général et local ;

5° Des produits industriels ou naturels du domaine public.

Les *dépenses* du *budget ordinaire* comprennent :

1° Les dépenses de personnel ;

2° Les dépenses d'entretien normal de réparations courantes des ouvrages ;

3° Les dépenses d'entretien normal, et de réparations courantes et de fonctionnement du matériel et de l'outillage non concédés ;

4° Les dépenses de travaux neufs effectués sur les ressources du budget ordinaire ;

5° Les sommes nécessaires au service des emprunts;

6° Toutes dépenses annuelles et permanentes et notamment les frais de contrôle.

Les *recettes* du *budget extraordinaire* comprennent les ressources ci-après:

1° Subsides éventuels qui peuvent être alloués au Port de Commerce par les budgets général ou local, les villes de Saigon et de Cholon et les établissements publics ou particuliers, à titre de contribution aux travaux d'amélioration et d'extension du Port et de ses accès ;

2° Produit des péages locaux qui pourront être établis par application des règlements sur la Marine marchande ;

3° Reliquat des exercices antérieurs ;

4° Produit des emprunts autorisés ;

5° Dons et legs ;

6° Toutes autres recettes accidentelles.

Les *dépenses du budget extraordinaire* comprennent :

1° Les dépenses de grosses réparations exceptionnelles des ouvrages ;

2° Les dépenses de grosses réparations exceptionnelles du matériel et de l'outillage concédés ;

3° Les dépenses nécessaires à l'exécution des travaux neufs effectués, soit sur les ressources provenant des emprunts, soit sur les ressources provenant des subsides extraordinaires ;

4° Les dépenses nécessaires à l'acquisition du matériel et d'outillage neuf, à moins que ce matériel et cet outillage ne soient acquis en remplacement d'inventaire ;

5° Toutes dépenses autres que celles considérées comme dépenses du budget ordinaire et celles considérées au présent paragraphe.

Le budget de l'année suivante est délibéré par le Conseil d'administration avant la fin du mois de Septembre; il est soumis à l'approbation du Gouverneur de la Cochinchine, en Conseil privé.

Les dépenses sont liquidées et ordonnancées par l'ingénieur en chef de la circonscription territoriale en Cochinchine.

Le Gouverneur de la Cochinchine est chargé de surveiller l'exécution du budget du Port de Commerce, ainsi que de l'instruction préalable de toutes les questions concernant les recettes effectuées pour le compte de ce budget.

Les recettes et les dépenses du budget du Port de Commerce sont centralisées par le trésorier particulier de la Cochinchine qui est rémunéré, pour ce service, dans les conditions qui sont fixées par un arrêté du Gouverneur général. Cet arrêté doit être approuvé par les Ministres des Finances et des Colonies.

Nota. — Des arrêtés du Gouverneur général doivent déterminer les conditions d'application de ce décret qui a été mis en vigueur depuis le 1er Janvier 1914, et fixer notamment les limites de la circonscription dans l'étendue de laquelle le Conseil d'administration du Port de Commerce est appelé à exercer ses attributions, le mode de réalisation des emprunts que le Conseil peut être autorisé à contracter, la durée de l'exercice du budget du Port, le mode de perception des recettes et de payement des dépenses, les conditions d'exercice du contrôle dévolu au Gouverneur de la Cochinchine, la rémunération qui sera allouée au comptable, le mode d'approbation des comptes, le mode de nomination du personnel du Port et les cadres de ce personnel, les attributions des divers services du Port.

Budget du Bureau de bienfaisance de Saigon

Le budget du Bureau de bienfaisance de Saigon, institué par décret du 9 Avril 1914, est alimenté par des *recettes ordinaires* et des *recettes extraordinaires*.

Les *recettes ordinaires* comprennent :

1° Le produit de la location des immeubles ;
2° Les intérêts des fonds placés ;
3° Les subventions des divers budgets ;
4° Les dons, quêtes et souscriptions.

Les *recettes extraordinaires* comprennent :

1° Les legs et donations ;
2° Les ventes d'immeubles ;
3° Le remboursement des capitaux, actions et obligations ;
4° Les emprunts.

Les *dépenses* comprennent :

Les frais d'administration et de traitement du personnel.

Les secours en nature et en espèces.

Le receveur municipal de Saigon est receveur du Bureau de bienfaisance. Les règles générales de comptabilité prévues par le décret du 30 Décembre 1912 sur le régime financier des colonies sont, conformément à l'article 353 de ce décret, applicables à la comptabilité du Bureau de bienfaisance.

Règlement sur la Comptabilité-matières des Services généraux ou locaux de l'Indochine.

(Arrêté du 23 Décembre 1912)

TITRE PREMIER

GÉNÉRALITÉS

Article premier. — La comptabilité du matériel des services compris dans les différents budgets indochinois est tenue par chapitre budgétaire. Dans chaque chapitre, elle comporte, s'il y a lieu, les divisions suivantes :

I. — Comptabilité du matériel en approvisionnement, ou comptabilité des mouvements des matières brutes et ouvrées, des effets et des objets confectionnés, du matériel industriel ou autre, formant l'approvisionnement de magasins.

II. — Comptabilité du matériel en service, c'est-à-dire de tous les objets qui, par leur nature ou à raison de leur affectation spéciale, ne font pas partie d'approvisionnement, savoir :

Mobilier et matériel en service dans les hôtels et logements ;

Mobilier et matériel en service dans les bureaux ;

Objets de sciences et arts, bibliothèques, échantillons et types ;

Apparaux, machines, ustensiles et outils en service dans les ateliers ou chantiers ;

Matériel en service à bord des bâtiments, chaloupes, embarcations, matériel de transport ;

Matériel de traction et des voies ferrées.

III. — Comptabilité du matériel en cours de transformation ou de confection, c'est-à-dire de l'emploi des matières aux travaux et de la main-d'œuvre qui s'y rattache.

IV. — Compte des propriétés immobilières bâties et non bâties.

Art. 2. — Tous ces comptes sont soumis à la période annale.

Ils sont suivis en quantités et sont évalués en piastres.

Art. 3. — Le directeur ou le chef de chaque service est ordonnateur en matières ; il peut, au besoin, déléguer ses pouvoirs à un ou plusieurs subordonnés.

TITRE II

De la comptabilité du matériel en approvisionnement.

Art. 4. — Des comptables-gestionnaires ont la garde des matières, denrées, objets, etc.., en approvisionnement. Pécuniairement responsables, ils rendent compte, tant au point de vue des quantités que des valeurs, des mouvements du matériel qui leur est confié.

Art. 5. — Aucun mouvement affectant les existants ne peut être effectué sans un ordre écrit régulier émanant de l'ordonnateur en matières ou de son délégué. Toutefois par un ordre écrit motivé sur l'urgence, un chef de service peut requérir qu'une délivrance soit faite en attendant la production de la pièce justificative.

Art. 6. — Tout matériel venant en augmentation des approvisionnements est obligatoirement reçu par une commission ordinaire des recettes.

Art. 7. — Les entrées et les sorties constatées dans les comptes doivent être appuyées de pièces justificatives indiquant la nature exacte de l'opération et établissant régulièrement la charge ou la décharge du comptable.

Les pièces d'entrée préciseront le mode d'entrée, seront revêtues de l'ordre régulier de prendre en recette et du certificat de prise en charge par le comptable.

Les ordres de sortie signés par l'ordonnateur en matières porteront récépissé déchargeant le comptable ou seront accompagnés d'un certificat administratif tenant lieu du récépissé.

Art. 8. — Les matières, denrées et objets impropres au service doivent, pour sortir des écritures, être condamnés par une commission ; quand leur destruction n'a pas été prononcée, ils sont, sur l'ordre de l'ordonnateur en matières, remis aux receveurs ou aux préposés des Domaines pour être vendus au profit du budget intéressé, dans les conditions prévues par l'article 43 du décret du 31 Mai 1862 sur la comptabilité publique.

Art. 9. — Les cessions de matériel sont autorisées, suivant le cas, par le Gouverneur général ou par les Chefs des Administrations locales. La décision qui intervient détermine si la cession est à titre gratuit ou à titre onéreux, et dans ce dernier cas, s'il y a ou non majoration. Les cessions gratuites à des tiers sont interdites. Il en est de même des locations de matériel.

Des prêts de matériel non consommable, ni susceptible d'être transformé, peuvent être autorisés de service à service.

Art. 10. — Les comptables gestionnaires tiennent un « journal » un « grand-livre » et autant de livres auxiliaires qu'il est utile pour inscrire les mouvements qui affectent en quantités et en valeurs les existants dont ils ont la garde.

Art. 11. — Chaque année, au 31 Décembre, tout comptable gestionnaire d'approvisionnements établit un « compte de gestion » résumant les mouvements effectués pendant l'année. Ce compte de gestion, appuyé des pièces justificatives des opérations, est remis au directeur ou au chef de service.

Art. 12. — En cas de mutation de comptables, la gestion se continue sans interruption jusqu'au 31 Décembre, chaque comptable demeurant responsable des faits propres à sa gestion, dans les limites fixées par les procès-verbaux de prise et de remise de service.

Art. 13. — Les comptes de gestion de l'année écoulée transmis au directeur ou chef de service dans le courant des trois premiers mois de l'année qui suit, servent, après vérification, à l'établissement d'un tableau récapitulant par chapitre budgétaire et par magasin, l'existant en valeurs au 31 Décembre.

Art. 14. — Les comptes de gestion sont transmis pour vérification à l'ordonnateur du budget, puis sont arrêtés, suivant le cas, par le Gouverneur général en Commission permanente du Conseil de Gouvernement, ou par les Chefs des Administrations locales en Conseil privé ou en Conseil de Protectorat.

Les tableaux récapitulatifs qui accompagnent les comptes de gestion sont fondus par l'ordonnateur de chaque budget en un « relevé général ».

Les résultats concernant les budgets provinciaux de Cochinchine sont groupés sur un même relevé général.

TITRE III

De la comptabilité du matériel en service

Art. 15. — La comptabilité du « matériel en service » est tenue sur « inventaire » annuel, par un fonctionnaire désigné par l'ordonnateur en matières et qui est comptable de ce matériel.

Il n'est dressé qu'un inventaire par localité, pour le mobilier et le matériel d'un service. S'il existe dans ce service plusieurs détenteurs de matériel, l'inventaire se subdivise en autant d'inventaires particuliers.

L'inventaire doit toujours prendre pour premiers termes les existants accusés par les inventaires particuliers au 31 Décembre de l'année précédente. L'inventaire décrit sommairement les objets et le matériel.

Les inscriptions de prise en charge, quelle que soit la division adoptée dans chaque inventaire particulier, se font dans le cours de l'année les unes à la suite des autres, à la fin de cet inventaire.

Au 31 Décembre, lorsque l'inventaire particulier de l'année suivante est établi, les articles pris en charge dans le courant de l'année précédente sont alors répartis, suivant leur nature ou leur emplacement, entre les différentes divisions adoptées. Une nouvelle série de numéros est donnée au nouvel inventaire particulier, avec référence pour chaque article au numéro de l'inventaire précédent.

Art. 16. — Le matériel et les articles destinés à être mis en service, à l'exception des menus achats, et pour les hôtels et logements, les articles fournis en vertu de marchés, sont obligatoirement visités et reçus par la commission ordinaire des recettes.

Il en est de même des animaux, lesquels doivent être également pris en charge sur l'inventaire, dès leur acquisition ou leur naissance.

Art. 17. — Les sorties constatées sur l'inventaire doivent toujours être appuyées de pièces justificatives.

Art. 18. — Indépendamment de l'inventaire annuel, le comptable du matériel en service doit tenir un « journal » sur lequel il inscrit au jour le jour les entrées et les sorties.

Ce « journal » sert en outre à enregistrer les matières et objets consommables ou nécessaires à la propreté et à l'entretien du matériel en service, qu'il n'y a pas lieu de coucher sur les inventaires et qui sont portés par le détenteur du matériel sur une feuille à part à la suite des inventaires particuliers.

Art. 19. — Les achats de mobilier ne peuvent être effectués que sur autorisation de l'ordonnateur du budget. Cette autorisation doit être rapportée à l'ordonnateur lors du mandatement de la dépense. Pour les achats de mobilier des hôtels et logements, aucun paiement ne peut être effectué par le Trésor sans la production de la demande d'acquisition dûment approuvée par l'ordonnateur du budget.

Art. 20. — Les dispositions des articles qui précèdent concernant le matériel en approvisionnement et relatives à l'établissement des tableaux récapitulatifs et des relevés généraux, aux mutations de comptables, aux commissions de recettes, aux condamnations, à la remise aux Domaines du matériel condamné et non détruit, enfin aux cessions, aux prêts et locations sont applicables à la comptabilité du matériel en service.

TITRE IV

De la comptabilité du matériel en cours de transformation ou de confection

Art. 21. — La comptabilité du matériel mis en consommation ou en cours de transformation, de réparation ou de confection est une comptabilité purement administrative ; elle est suivie, rendue et contrôlée d'après des instructions spéciales à chaque service.

Les travaux de menu entretien et de réparation sont décidés par l'ordonnateur en matières.

Les travaux de confection, de grosse transformation ou de construction ne sont entrepris qu'en vertu d'autorisations générales ou particulières du Gouverneur général ou des Chefs d'Administration locale, suivant le cas.

TITRE V

Des comptes évalués des propriétés immobilières baties et non baties

Art. 22. — Chaque directeur ou chef de service tient pour les bâtiments affectés à son service, une matricule des propriétés immobilières, bâties ou non bâties.

Cette comptabilité est indépendante de celle qui est tenue par la direction des Finances (Domaine colonial) ou par les Chefs des Administrations locales (Domaine local).

Art. 23. — Les chefs des circonscriptions territoriales des Travaux publics établissent, chaque année, avant la fin du mois de mars, pour l'année précédente, par budget et par service, des relevés de l'accroissement des immeubles. Ces relevés distinguent :

1° Les immeubles et ouvrages terminés au cours de l'exercice précédent ; 2° les immeubles et ouvrages non encore terminés. Chacune de ces deux divisions se subdivise en immeubles affectés (le service d'affectation doit être indiqué) et immeubles non affectés. Ces relevés font ressortir la valeur de chaque immeuble terminé, et pour chaque immeuble et ouvrage non terminé, les dépenses faites au cours de l'exercice écoulé, ainsi que, le cas échéant, celles afférentes à l'avant-dernier exercice.

Des relevés identiques sont également dressés par les directeurs de service autorisés à faire certains travaux en régie.

Art. 24. — Les directeurs et chefs de service sont tenus de fournir, chaque année, avant la fin du mois d'avril, à l'ordonnateur du budget intéressé, un état rappelant la valeur au dernier jour de l'avant-dernier exercice des immeubles affectés à leur service, et indiquant les changements survenus au cours de l'exercice écoulé, dans la consistance des immeubles affectés soit par additions ou nouvelles constructions, soit par distraction ou démolition.

Art. 25. — Les dispositions qui précèdent s'appliquent également aux propriétés immobilières édifiées ou acquises par les budgets des provinces. Les tableaux dressés par les chefs de province sont résumés en un seul relevé par le Gouverneur de la Cochinchine.

Art. 26. — A l'aide des états et des tableaux qui leur sont fournis, les ordonnateurs des budgets dressent des relevés récapitulatifs. Les relevés intéressant les budgets autres que le budget général sont transmis à la direction des Finances pour être incorporés dans le relevé général annuel du matériel de l'Indochine.

TITRE VI

De la responsabilité des comptables de matériel

§ 1er. — *Comptables-gestionnaires d'approvisionnements.*

Art. 27. — Les comptables d'approvisionnements ne sont pas astreints à fournir un cautionnement.

Ils sont néanmoins pécuniairement responsables de tous les faits de leur gestion dont ils ne pourraient justifier dans les formes réglementaires.

Art. 28. — Aucune perte ou avarie n'est admise à la décharge des comptables d'approvisionnements qu'autant qu'elle provient d'événements de force majeure ou de cas fortuits dûment constatés tels que : Vol ; prise ou destruction par l'ennemi, destruction ou abandon à son approche ; incendie ; inondation, submersion ; écroulement de bâtiment ; événement de voyage par terre et par eau ; perte et avarie naturelle résultant du vice propre de la chose.

Art. 29. — Dans les cas visés à l'article précédent, il appartient au comptable de faire constater immédiatement ou de prouver que le fait ne peut être imputé à un défaut de soin ou de prévoyance de sa part.

Aucune perte, aucune avarie qu'aurait occasionnée l'état des bâtiments n'est admise à la décharge du comptable, s'il ne prouve avoir fait en temps utile, auprès de l'autorité compétente, les démarches ou réclamations nécessaires.

Si, par suite de circonstances de force majeure, un comptable s'est trouvé dans l'impossibilité d'observer les formalités prescrites, il est admis à se pourvoir auprès du Gouverneur général ou des Chefs d'Administration locale, suivant le cas, pour obtenir décharge de sa responsabilité.

Art. 30. — Un comptable d'approvisionnements ne peut se livrer à aucun commerce ou négoce.

§ 2. — *Comptables de matériel en service.*

Art. 31. — La responsabilité pécuniaire des comptables de matériel en service est limitée en ce sens qu'elle ne peut être mise en cause que si la perte ou la détérioration provient d'une négligence ou d'un fait qui leur soit directement imputable.

Quand un comptable de matériel n'est pas détenteur du matériel, sa responsabilité se trouve déchargée au point de vue de l'existence et de la conservation du matériel par la signature que le détenteur effectif est tenu d'apposer après vérification, sur l'inventaire qui lui est présenté et dont il est remis copie.

Mais le comptable de matériel en service est, dans tous les cas, disciplinairement responsable de l'exécution des dispositions réglementaires concernant la tenue de la comptabilité, et, en particulier, de la régularisation en temps opportun de toutes les opérations.

Le détenteur effectif du matériel en service est tenu de représenter en bon état, sauf les détériorations résultant d'un dépérissement normal ou de la nature même des choses, les meubles et objets qui lui sont confiés pour les besoins du service ou son usage personnel. Il est pécuniairement responsable des pertes et détériorations provenant de son fait.

§ 3. — *Mutations de comptables*

Art. 32. — La remise et la prise de service sont constatées par un procès-verbal dressé par le directeur ou chef de service intéressé ou son délégué.

Si le procès-verbal est accepté sans réserve par les parties, il est considéré, pour le comptable sortant, comme la constatation de la conformité de l'existant avec les écritures, et pour le comptable entrant, comme sa déclaration de prise en charge des quantités existant d'après les écritures.

Le comptable entrant a le droit de provoquer le recensement de tout ou partie des articles dont il va prendre la charge. Il ne peut se faire représenter aux opérations de vérification.

Le comptable sortant peut, au contraire, se faire représenter par un fondé de pouvoirs, agréé par l'Administration.

Le comptable décédé, disparu ou empêché, ou ses ayants-cause, sont représentés à la prise de service du nouveau comptable par un fondé de pouvoirs agréé par l'Administration, ou, à défaut, par un tiers désigné d'office par le directeur ou chef de service ou son délégué.

TITRE VII
Surveillance

Art. 33. — En dehors des vérifications de droit que peut effectuer l'ordonnateur du budget tant sur pièces que dans les magasins, dans les ateliers et sur les chantiers, les comptes de matériel sont établis sous la surveillance immédiate et permanente des directeurs ou chefs de service, ordonnateurs en matières.

Art. 34. — Les Chefs d'Administration locale, les directeurs et chefs de service font procéder aussi souvent qu'ils le jugent nécessaire, par des fonctionnaires sous leurs ordres, à des recensements généraux ou partiels des approvisionnements dont ils ont la surveillance. Les diverses parties des approvisionnements ne doivent pas rester plus de deux ans sans être recensées et ce, en dehors des recensements ordonnés à l'occasion des mutations de comptables.

Pour le matériel en service, il est procédé au récolement des inventaires en fin d'année et à chaque mutation des comptables ou fonctionnaires détenteurs. Ce récolement est opéré par le receveur ou le préposé des Domaines, en présence d'une commission.

Art. 35. — Les résultats constatés par le fonctionnaire recenseur ou les commissions de récolement sont consignés dans un procès-verbal dressé contradictoirement avec le comptable. Les excédents sont immédiatement pris en charge ; les déficits sont portés en sortie. Le Gouverneur général ou les Chefs d'Administration locale, suivant le cas, statuent sur la responsabilité du comptable quand elle est mise en cause.

TITRE VIII

Centralisation des comptes. — Relevé général du matériel de l'Indochine

Art. 36. — Les relevés généraux établis par les Chefs des Administrations locales et les tableaux récapitulatifs préparés par les directeurs et chefs de service relevant du Gouvernement général sont centralisés par la direction des Finances et de la Comptabilité.

Aussitôt que les comptes de gestion ont été arrêtés, la direction des Finances établit le relevé général évalué du matériel appartenant à l'Union et existant au 31 Décembre de l'exercice en cause.

Ce document est inséré au *Journal officiel de l'Indochine*.

CHAPITRE XVII

Les impôts — Les douanes — Les régies financières — Les taxes de consommation.

Considérations générales sur les impôts perçus en Indochine. — « L'impôt ou contribution mise à la charge des individus pour subvenir aux dépenses publiques existe aux colonies comme en France, mais avec cette différence qu'il n'y a pas d'impôts de répartition ; tous les impôts perçus aux colonies sont des impôts de quotité. »

Ils sont en outre très variés, en Indochine notamment, ainsi que nous allons le voir par l'étude particulière qui va suivre.

Les uns sont des impôts directs, tels que : l'impôt foncier, l'impôt personnel des indigènes, l'impôt des barques, l'impôt des patentes, etc. Les autres, au contraire, sont des impôts indirects, tels que les droits de Douane, les taxes de consommation, les droits d'enregistrement et de timbre. A ces impôts proprement dits s'ajoutent les produits des Régies (opiums, alcools indigènes, sels), qui peuvent être considérés comme de véritables impôts indirects. D'autre part. certains profitent au budget général, tels que : droits de Douane, produits des Régies, taxes de consommation ; d'autres : aux budgets locaux (impôt foncier, impôt personnel, impôts des patentes) ; aux budgets provinciaux (en Cochinchine) (centièmes additionnels, produits des péages, des bacs et passages d'eau, prestations) ; aux budgets municipaux (droits de places, droits d'expédition des actes de l'état-civil) ; d'autres, enfin, aux budgets communaux des villages (rachat de veilles, taxes sur les non-inscrits, etc., etc.).

Il y a lieu de remarquer à ce sujet que le budget général est alimenté par des contributions et droits indirects, tandis que ce sont des contributions directes et taxes assimilées qui, *d'une manière générale*, constituent les recettes des autres budgets. Mais on ne saurait raisonnablement en conclure que tous les impôts directs ou taxes assimilées ne peuvent être perçus qu'au profit des seuls budgets locaux.

Nous avons, en effet, en énumérant les recettes alimentant les budgets locaux, fait remarquer, textes à l'appui, que les municipalités ont le droit — en Indochine tout au moins — de percevoir à leur profit les impôts directs et taxes assimilées dont l'établissement a été approuvé par le Gouverneur général (1).

Le grand avantage des impôts indirects sur les impôts directs, en Indochine du moins, est leur souplesse et la facilité de leur perception. Les imperfections que leur application a révélées sont plus faciles à corriger que pour les impôts directs dont l'assiette et la perception peuvent donner lieu, dans les villages, à de nombreux abus.

Voici, d'ailleurs, comment M. Demorgny dans son ouvrage « *Les principales réformes financières en Indochine* » démontre, si judicieusement, la supériorité, dans cette colonie, des impôts indirects sur les impôts directs ;

....

....

« Dans les pays neufs comme notre belle colonie d'Extrê-« me-Orient, il est difficile d'atteindre la masse de la popu-« lation par des impôts directs ; déjà, dans les pays d'Europe, « de civilisation très avancée, on sait combien l'établisse-« ment de l'impôt direct sur le revenu est difficile : notam-« ment en France, le contribuable dissimule avec le plus « grand soin sa fortune personnelle et la moindre investi-« gation sur ses moyens d'existence lui semble une atteinte « profonde à la liberté individuelle ; or, en Indochine, nous « le savons, il n'y a ni état-civil ni cadastre.

« Les quelques travaux qui ont été faits en ce sens sont « tellement imparfaits, insuffisants, qu'ils ne peuvent servir « que d'indications très vagues. Les Annamites et les Chinois « peuvent, en conséquence, dissimuler avec la plus grande « facilité leurs biens et leurs revenus qui sont pour ainsi « dire insaisissables. L'indépendance de la commune aggra-« ve encore cet état de choses et soustrait aisément le con-« tribuable à l'action de l'Etat. Dans ces conditions, l'appré-

---

(1) Voir page 507.

« ciation de la fortune personnelle des indigènes est chose « à peu près impossible, et le régime des impôts directs est « bien difficile à améliorer. Ce n'est donc pas de ce côté que « doivent se porter, au moins quant à présent, les efforts « des financiers. Au contraire, les impôts indirects s'éta-« blissent aisément sur les matières de consommation géné-« rale, telles que l'alcool, l'opium et le sel ; ils sont facile-« ment acceptés de la population et ils peuvent procurer au « Trésor des ressources considérables.

« D'ailleurs, les nouvelles contributions indirectes que « nous venons d'étudier n'épuisent pas la population, loin « de là ; l'Annamite est assez imprévoyant et de plus, il n'a « jamais eu beaucoup de loisir pour songer à l'avenir ; « exploité de tous côtés, en effet, il a fini par se décourager « et par renoncer à tout effort, travaillant juste pour vivre et « se contentant de peu. En lui assurant la sécurité et la « jouissance tranquille du produit de son travail, on peut « exiger de lui un peu plus de sacrifices et augmenter ses « charges. Devant payer plus d'impôt, il secoue sa torpeur « et travaille davantage ; le cultivateur étend ses champs, « varie ses cultures ; l'industriel, le commerçant cherchent « à multiplier leurs opérations.

« Le principal argument en faveur du développement des « impôts indirects en Indochine est fourni par le plus simple « examen du caractère et des mœurs annamites. Nous savons « que les mandarins, ainsi que les représentants du peuple « (notables, maires et chefs de cantons), s'entendent avec « une parfaite unanimité pour prélever respectivement, à « l'occasion de chaque perception d'impôts directs, une part « souvent considérable : la confection des rôles de ces impôts « leur est confiée en grande partie ; ils connaissent aussi « l'ignorance et les ressources des contribuables, ils en profi-« tent pour pressurer leurs congénères et soustraire à l'Etat « une grosse part de ses revenus. Avec l'impôt indirect, la « même situation devient impossible : la consommation de « chacun échappe forcément au contrôle des autorités indi-« gènes, qui se trouvent dans l'impossibilité de se réserver « une part quelconque dans la perception des contributions « indirectes et des régies. Ainsi l'indigène est sûr de ne payer

« à l'État que ce qu'il lui doit, et la moindre concussion « expose le mandarin à une répression sévère (1).

« C'est là, du moins à notre avis, une réponse vraiment « péremptoire à faire aux adversaires des impôts indirects « en Indochine ».

Les autorités compétentes pour établir les impôts dans les diverses colonies diffèrent selon qu'il s'agit d'impôts directs ou indirects.

Les règles qui fixent ces diverses modalités sont déterminées, pour les colonies, en général, par le décret du 30 Décembre 1912 sur le régime financier des colonies et, pour l'Indochine, en particulier, par le décret du 31 Juillet 1898, créant un budget général et par le décret du 20 Octobre 1911, qui fixe le régime financier en ce qui concerne spécialement cette colonie.

Avant de les passer en revue en distinguant entre les impôts directs et les impôts indirects, nous allons examiner les garanties accordées au Trésor pour le recouvrement rapide des divers impôts perçus en Indochine.

Garanties accordées au Trésor pour le recouvrement rapide des impôts directs et indirects. — Il importe, pour que les impôts soient productifs, que le fisc ait des garanties pour assurer leur recouvrement.

Ces garanties sont :

1° *Les mesures contre la fraude.* — Les contrevenants sont ordinairement frappés de sanctions pécuniaires très rigoureuses; exceptionnellement, les règlements fiscaux édictent des peines corporelles. Le degré de rigueur varie suivant les impôts.

(1) Ces lignes, se rapportant à une situation constatée, par l'auteur, au Tonkin et Annam, il y a une vingtaine d'années, ne sont peut-être plus très exactes en ce moment. En tout cas, elles ne sauraient s'appliquer à la Cochinchine où la perception des impôts directs dûs par la population indigène s'accomplit très régulièrement, sous la surveillance de l'Administration locale et régionale, conformément aux dispositions du décret du 30 Décembre 1912 sur le régime financier des Colonies.

Pour les impôts directs et taxes assimilées où le redevable est astreint à des déclarations sur le vu desquelles l'Administration rédige les matrices, le redevable qui n'a pas fait sa déclaration dans les delais, ou qui a fait une déclaration inexacte, peut être frappé d'un droit plus élevé, ce qui équivaut à une amende.

Pour les impôts indirects (douanes, régies, etc.), les lois fiscales édictent non seulement des sanctions pécuniaires (amende, confiscation), mais encore, dans les cas graves, des peines corporelles (emprisonnement).

En outre, afin d'exciter le zèle des agents du fisc, il leur est parfois alloué soit des primes, soit une part dans le produit des amendes. (*D'après* G. Jèze).

2° *La procédure rapide de recouvrement.* — « Les agents du Trésor, en prévision de la mauvaise volonté du contribuable, doivent avoir les moyens de la vaincre rapidement. Il convient d'organiser une procédure expéditive. Ceci est d'ailleurs commun à toutes les créances du Trésor. » (G. Jèze. *Ibid*).

Pour les contributions directes et taxes assimilées, le contribuable qui ne paie pas, peut être poursuivi ; avant de commencer *les poursuites administratives*, l'Administration adresse une *sommation sans frais* — puis *une sommation avec frais* — s'il persiste à ne pas payer, on passe aux *poursuites judiciaires* qui comprennent : *le commandement* adressé, trois jours au moins après la sommation avec frais, en vertu d'une contrainte délivrée par le receveur particulier et visée par le Gouverneur. — La *saisie des meubles et fruits* pendants par branches et par racines, qui peut être pratiquée trois jours après le commandement — *la vente aux enchères publiques* qui ne peut avoir lieu que huit jours au moins après la saisie, et après autorisation donnée par le Gouverneur.

« Pour les impôts indirects, les agents du Trésor ont la *contrainte*, écrit rédigé par l'Administration et visé par une autorité publique. Elle forme titre exécutoire emportant les voies d'exécution forcée : saisie et vente des biens. » (G. Jèze. *Ibid*).

3° *Les garanties de paiement.* — « La loi française confère à la créance d'impôt un privilège de premier ordre et fait peser en outre la responsabilité du paiement sur un grand nombre de personnes. » (G. Jèze. *Ibid*).

Pour les impôts directs, la loi du 12 Novembre 1808, promulguée dans la colonie, accorde au Trésor un privilège: *a)* pour les contributions foncières de l'année échue et de l'année courante, sur les récoltes, fruits, loyers et revenus des biens immeubles sujets à la contribution; *b)* pour la contribution personnelle (taxe des Européens et assimilés), les patentes et toute autre contribution directe et personnelle de l'année échue et de l'année courante, sur tous les meubles et autres effets mobiliers appartenant aux redevables en quelque lieu qu'ils se trouvent; en aucun cas le privilège ne porte sur les immeubles (1).

Pour les impôts indirects, le fisc a également un privilège sur tous les meubles et effets mobiliers des redevables et même, en matière de douanes, un droit de gage sur les objets déposés ou entreposés dans les magasins de la douane.

A). — IMPOTS DIRECTS.

Assiette et recouvrement des impôts directs. — Le service des Contributions directes se divise en deux branches d'administration distinctes; l'une est chargée de la constatation de la matière imposable (service de l'assiette); l'autre du recouvrement de l'impôt (service du recouvrement).

---

(1) Le privilèges des contributions directes est donc essentiellement mobilier; il ne frappe jamais les immeubles du redevable. Pour ceux-ci, c'est le droit commun applicable à tous les créanciers, qui doit être suivi.

Le Trésor a, indépendamment de son privilège sur les fruits et revenus pour le recouvrement des contributions directes, le droit comme tout autre créancier, de prendre jugement, hypothèque judiciaire, d'exproprier et de se faire colloquer dans l'ordre à son rang hypothécaire. Mais il n'a pas de privilège sur l'immeuble et sur le prix d'adjudication.

Cette question de droit ne fait plus de doute en doctrine et jurisprudence. Tous les auteurs sont d'accord pour enseigner que le privilège des contributions directes n'est pas immobilier, que cela résulte de la lettre, de l'esprit et de l'exposé des motifs de la loi de 1808 sus-énoncée.

1° *Services de l'assiette.* — « Le caractère distinctif des impôts directs ne consiste pas en ce qu'ils atteignent directement les personnes ou les biens, mais dans ce fait qu'ils sont perçus d'après un rôle nominatif des contribuables, tandis que les contributions indirectes frappent certains produits ou certaines marchandises, abstraction faite des contribuables.

« Il en résulte que toute imposition directe, c'est-à-dire assise directement sur les fonds de terre ou sur les personnes, se lève par les voies du cadastre ou des rôles nominatif. » (Block, *Dictionnaire de l'Administration française).*

Les services de l'assiette sont précisément ceux qui sont chargés de l'établissement de tous les rôles en vertu desquels sont perçues les contributions directes et taxes assimilées.

Nous allons les passer en revue :

1° Il y a tout d'abord dans les villes, telles que Saigon et Cholon, des contrôleurs des Contributions directes, dont la mission est justement d'établir les rôles des impôts directs;

2° Dans les provinces, les rôles des différentes contributions sont préparés par le chef de la province, d'après les rôles nominatifs dressés par les villages, en ce qui concerne les indigènes (1), et rendus exécutoires par le Gouverneur en Conseil privé ou le Résident supérieur en Conseil de Protectorat.

Ces rôles dits « primitifs » sont généralement établis en un original et en trois extraits, dans le courant du dernier trimestre de l'année et, en outre, à la fin de chaque trimestre, il est émis des rôles « supplémentaires » pour chaque nature d'impôt.

Après approbation, une des expéditions est retournée au chef de province, une autre est envoyée au payeur, chef de service, la troisième reste dans les bureaux du Gouvernement ou de la Résidence supérieure.

---

(1) Les rôles des villages, établis en double expédition, sont approuvés par le chef de province, qui retient un des exemplaires et remet l'autre au village intéressé.

Le chef de province, en possession des rôles approuvés, fait établir les cartes-quittances des communes qui sont envoyées aux phu et huyên soit directement, soit par l'intermédiaire des délégués ou des mandarins provinciaux. Elles parviennent aux villages par les soins des phu et huyên qui les leur remettent directement ou par l'intermédiaire des chefs de canton.

3° Dans les villes où il existe un bureau de l'Immigration, le chef de ce bureau établit, concurremment avec les chefs de province, les rôles d'impôt de capitation des Asiatiques étrangers.

Aucun impôt, contribution ou taxe ne peut être perçu s'il n'a été délibéré par les Conseils locaux, établi par les autorités compétentes et rendu exécutoire par arrêté du Gouverneur publié au *Journal officiel* de la Colonie.

Les autres revenus et produits divers des budgets sont déterminés et perçus suivant les règles fixées par la loi ou par les règlements spéciaux à chaque nature de revenus ou produits.

Sont perçus sur rôles les impôts directs et les taxes assimilées.

Les rôles sont nominatifs, chaque contribuable y figurant à un article distinct. Toutefois, pour les rôles d'impôt de capitation, dans les colonies où l'organisation administrative, encore incomplète, ne permet pas d'identifier chaque contribuable, les Gouverneurs peuvent autoriser par des arrêtés motivés, délibérés en Conseil, l'établissement de rôles numériques émis, au nom des villages dont le compte d'impôt est arrêté d'après le nombre réel ou présumé des contribuables appartenant au village, multiplié par le taux de la taxe individuelle.

Les rôles d'impôt, préparés par l'autorité administrative sont arrêtés et rendus exécutoires par les Gouverneurs ou leurs délégués. Ils sont publiés dans les formes usitées dans chaque colonie.

Les contributions perçues sur liquidation sont exigibles, soit au comptant, soit après établissement d'un titre de liquidation.

2° *Services du recouvrement.* — Les contributions directes sont exigibles dès l'ouverture de l'exercice, en vertu des rôles rendus exécutoires par le Gouverneur ou le Résident supérieur; elles sont payables dans les termes et délais qui sont fixés par les arrêtés spéciaux à chacune d'elles.

Les droits et privilèges attribués au Trésor pour le recouvrement des contributions directes, par la loi du 12 Novembre 1808 (1), promulguée dans la Colonie, sont applicables dans tous les cas et s'étendent également au recouvrement des frais de poursuites dûment liquidés et taxés.

Les règles de perception diffèrent selon qu'il s'agit d'européens ou assimilés, d'indigènes ou d'asiatiques étrangers.

---

(1) LOI DU 12 NOVEMBRE 1808, RELATIVE AU PRIVILÈGE DU TRÉSOR PUBLIC POUR LE RECOUVREMENT DES CONTRIBUTIONS DIRECTES.

Article premier. — Le privilège du Trésor Public pour le recouvrement des contributions directes est réglé ainsi qu'il suit et s'exerce avant tout autre: 1° pour la contribution foncière de l'année échue et de l'année courante, sur les récoltes, fruits, loyers et revenus des biens immeubles sujets à la contribution; 2° pour l'année échue et l'année courante des contributions des portes et fenêtres, des patentes et toute autre contribution directe et personnelle, sur tous les meubles et autres effets mobiliers appartenant aux redevables en quelque lieu qu'ils se trouvent.

Art. 2. — Tous fermiers, locataires, receveurs, économes, notaires, commissaires-priseurs et autres dépositaires et débiteurs de deniers provenant du chef des redevables, et affectés au privilège du Trésor Public, seront tenus, sur la demande qui leur en sera faite, de payer, en l'acquit des redevables et sur le montant des fonds qu'ils doivent, ou qui sont en leurs mains, jusqu'à concurrence de tout ou partie des contributions dues par ces derniers. Les quittances des percepteurs pour les sommes légitimement dues leur seront allouées en compte.

Art. 3. — Le privilège attribué au Trésor Public pour le recouvrement des contributions directes, ne préjudicie point aux autres droits qu'il pourrait exercer sur les biens des redevables, comme tout autre créancier.

Art. 4. — Lorsque, dans le cas de saisie de meubles et autres effets mobiliers pour le payement des contributions, il s'élèvera une demande en revendication de tout ou partie desdits meubles et effets, elle ne pourra être portée devant les tribunaux ordinaires, qu'après avoir été soumise, par l'une des parties intéressées, à l'autorité administrative, aux termes de la loi des 23 et 28 Octobre 1790.

Les impôts des premiers sont perçus sur rôles nominatifs. Les impôts des indigènes, sont, au contraire, perçus sur rôles numériques ; quant à l'impôt de capitation des Asiatiques étrangers, il est perçu sur rôles nominatifs pour les premières catégories, et sur rôles numériques pour les autres catégories.

Comme on le voit, les rôles collectifs ne sont adoptés que pour les indigènes et certains asiatiques étrangers. Les contributions dont ils sont redevables sont levées par les soins des villages ou des congrégations, c'est-à-dire que chaque village ou congrégation étant considéré comme une communauté d'habitants solidairement responsables en la personne du maire ou du chef de congrégation et, après le maire, des notables, fait au rôle l'objet d'un seul article. En présence, en effet, de la grande difficulté qu'a paru présenter dans l'intérieur le recouvrement individuel de l'impôt, l'Administration a cru devoir laisser en vigueur la loi annamite qui confie aux maires des villages et aux chefs de congrégation la rentrée des impôts.

Prenons par exemple un village de Cochinchine comptant 250 inscrits. L'impôt personnel des Annamites étant fixé à 1 piastre — abstraction faite des centièmes perçus au profit de la province ou du village — le montant du rôle de l'impôt personnel de ce village sera de 250 piastres. Mais le percepteur, chargé du recouvrement de cette somme, n'a nullement à se préoccuper si tous les inscrits ont payé leur impôt. Il ne connaît que le village au nom duquel le rôle a été établi et c'est le village — représenté par le maire, et le conseil des notables — qui est redevable de cette somme, quitte à l'avancer, si les intéressés n'ont versé entre leurs mains le montant de leur impôt personnel (1).

---

(1) Les notables ou chefs de congrégation qui, à raison de la responsabilité pécuniaire qui leur incombe pour la rentrée des impôts (Arrêtés du 27 Août 1904 et du 16 Octobre 1906) ont fait, à ce titre, l'avance de certaines sommes pour le compte de leurs administrés ou congréganistes ont, de ce fait, un recours contre ces derniers. Ce recours doit être intenté, à peine de nullité, devant le Tribunal civil, quelle que soit la qualité du débiteur *(Cour d'Appel de Saigon, 24 Septembre 1909)*.

Pour les Asiatiques étrangers des trois premières catégories, les rôles d'impôt de capitation sont bien dressés aux noms personnels des intéressés, mais la congrégation dont ils dépendent est civilement responsable de l'impôt personnel dû par chacun d'eux, et c'est contre elle que se retourne le Gouvernement si les intéressés n'acquittent pas les taxes dont ils sont redevables.

Les trésoriers-payeurs et les comptables subordonnés sous leurs ordres, chargés, dans chaque colonie ou protectorat, des opérations du budget de l'Etat, sont également chargés des opérations du service local — (budget général, budgets annexes et budgets locaux proprements dits).

En cette qualité, ils sont chargés de la perception des impôts directs, des taxes assimilées, des impôts indirects, des produits divers du budget et, en général, du recouvrement de tous les droits, produits et impôts, appartenant au service local, toutes les fois que ce recouvrement n'a pas été attribué à d'autres comptables.

Dans les places — ou paieries — des préposés du Trésor — payeurs ou commis — assurent, sous les ordres et sous la surveillance du trésorier-payeur et du trésorier-particulier, l'exécution des services confiés à ces comptables.

Le trésorier-payeur et le trésorier particulier sont responsables de la gestion des préposés du Trésor et des percepteurs des contributions directes ; ils sont chargés dans leurs écritures et dans les comptes annuels de la totalité des rôles d'impôts directs ; ils doivent justifier de leur entière réalisation dans les délais déterminés par l'article 172 du décret du 30 Décembre 1912.

A cet effet, une expédition authentique de chaque rôle est transmise, par le Gouverneur ou son délégué, au trésorier-payeur dès que le rôle est rendu exécutoire. Toutefois quand le recouvrement des impôts directs est confié à un agent spécial, l'expédition authentique des rôles à transmettre au trésorier-payeur est remplacée par un état récapitulatif, dressé par le Gouverneur ou son délégué, au nom de chaque agence spéciale et présentant, en articles distincts, par nature d'impôt, le montant de chaque rôle.

Les impôts directs sont exigibles aux dates déterminées par les règlements locaux.

Les comptables du Trésor chargés de la perception des impôts directs sont tenus d'émarger, à chaque article du rôle, le montant des versements totaux ou partiels, effectués à leur caisse, la date de ces versements, et le numéro de la quittance.

Ils délivrent pour chaque versement, une quittance extraite d'un registre à souche.

Le contentieux des contributions perçues sur rôle relève de la juridiction administrative.

Un délai de deux ans et cinq mois est accordé aux trésoriers-payeurs et aux trésoriers particuliers pour l'apurement des rôles des contributions directes.

A la date du 31 mai, les trésoriers-payeurs dressent, par arrondissement financier, état des restes à recouvrer de l'exercice arrivé au terme de sa clôture. Ils soumettent cet état au visa du Gouverneur pour servir de titre de perception à la nouvelle prise en charge de ces sommes sur l'exercice courant.

Lorsque l'exercice a atteint le terme de la deuxième année, les trésoriers-payeurs, à la date du 31 Décembre et les trésoriers particuliers, à celle du 20 du même mois, font recette, au profit de l'exercice courant, des sommes non encore recouvrées à ces époques, au moyen d'une dépense égale qu'ils constatent à un décompte de Trésorerie. Ces opérations sont justifiées par un état visé par le Gouverneur. Cet état représente le montant total des sommes restant à recouvrer par arrondissement financier.

Au 31 Mai de la troisième année, le trésorier-payeur et le trésorier particulier — pour leur arrondissement respectif — sont tenus de solder de leurs deniers personnels les sommes qui n'auraient pas été recouvrées ou admises régulièrement en non-valeurs, sauf leur recours contre les percepteurs ou les préposés du Trésor chargés de la perception.

A partir du 31 Mai de la troisième année, il est accordé aux préposés du Trésor et aux percepteurs un délai d'un an pour faire rentrer les sommes que le trésorier-payeur et le trésorier particulier auraient versées au Trésor.

Dégrèvements. — Les demandes en décharge ou en réduction doivent être adressées au Gouverneur dans les trois mois de la mise en recouvrement des rôles, par le contribuable figurant à un rôle nominatif, ou par le fonctionnaire, chef de la circonscription administrative, s'il s'agit de rôles numériques établis par village, ou de rôles récapitulatifs dressés au nom d'une agence spéciale.

Ces demandes sont déférées au Conseil du Contentieux de la Colonie qui prononce, sauf recours devant le Conseil d'Etat (1).

Les demandes en remise ou en modération doivent être adressées au Gouverneur dans le mois de l'événement qui les a motivées. Elles sont établies dans les mêmes formes et conditions que les demandes en décharge ou en réduction.

Le Gouverneur prononce en Conseil sur ces demandes, sauf appel, par la voie gracieuse, au Ministre des Colonies.

L'ordonnateur avise chaque bénéficiaire du dégrèvement qui lui est accordé.

Le montant des dégrèvements accordés pour décharge, réduction, remise ou modération, fait l'objet d'un mandat de payement émis au profit du trésorier-payeur, qui émarge chaque article du rôle ; le mandat est appuyé d'une ampliation de l'arrêté prononçant les degrèvements. Les quittances établies au nom de chaque bénéficiaire de dégrèvement sont jointes par le trésorier-payeur au dossier des pièces justificatives à transmettre à l'appui du compte de gestion.

Quand un contribuable, avant le dégrèvement, a versé des sommes qui, jointes au dégrèvement dont il bénéficie, excèdent le montant de la cote, l'excédent est versé à un compte d'opérations hors budget ouvert dans la comptabilité du trésorier-payeur, où il est conservé pendant cinq ans.

L'excédent est remboursé au bénéficiaire contre reçu, au vu d'un ordre de payement.

Dans les deux premiers mois de la deuxième année de l'exercice, les comptables chargés de la perception des impôts directs présentent au Gouverneur un état des cotes indûment imposées et des cotes irrécouvrables, avec l'indication des frais de poursuites, qui ont été engagés pour obtenir le recouvrement.

---

(1) Pour la procédure à suivre voir Chap. IX (*Procédures spéciales*).

Le Conseil du Contentieux statue sur les cotes indûment imposées, sauf pourvoi devant le Conseil d'Etat.

Le Gouverneur en Conseil prononce sur les cotes irrécouvrables, sauf appel auprès du Ministre des Colonies qui prend l'avis du Ministre des Finances.

Le montant des cotes admises en non-valeurs est régularisé comme il est dit ci-dessus au sujet des dégrèvements accordés aux contribuables.

Poursuites. — Tout contribuable d'impôt direct qui n'a pas acquitté, à la date réglementaire, le premier terme de l'impôt, est susceptible de poursuites portant sur la totalité des sommes dues par lui sur les impôts directs.

A cet effet, le comptable chargé de la perception prévient le contribuable retardataire par un avertissement ou sommation sans frais, remis à son domicile ou au domicile de son représentant.

En cas de non payement, huit jours après l'avertissement, le trésorier-payeur ou le trésorier particulier — chacun dans son arrondissement — peut décerner une contrainte contre le redevable.

Les poursuites sont exercées par des porteurs de contraintes, agents assermentés, commissionnés par le Gouverneur et remplissant les fonctions d'huissiers pour les contributions directes.

Des règlements locaux déterminent les frais de poursuites indépendamment desquels les porteurs de contraintes peuvent recevoir une indemnité fixe, payée sur les fonds du budget.

Les porteurs de contraintes tiennent un répertoire servant à l'inscription de tous les actes de leur ministère, avec l'indication du coût de chacun d'eux.

A défaut de porteurs de contraintes, le Gouverneur autorise le trésorier-payeur ou le trésorier particulier à se servir du ministère d'huissiers, dûment commissionnés, porteurs de contraintes.

Trois jours francs après la sommation avec frais comportant contrainte, un commandement est établi et délivré par le porteur de contraintes.

Trois jours après la signification du commandement, le porteur de contraintes peut procéder à la saisie dans les formes prescrites par le code de procédure civile. Si le redevable offre de se libérer en totalité ou en partie, le trésorier-payeur ou le trésorier particulier est autorisé à suspendre la saisie.

Aucune vente ne peut s'effectuer qu'en vertu d'une autorisation spéciale du Gouverneur accordée sur la demande du trésorier-payeur.

La vente ne peut avoir lieu que huit jours après l'autorisation donnée par le Gouverneur, sauf autorisation spéciale lorsqu'il y a lieu de craindre le dépérissement des objets saisis.

La vente est faite par le commissaire-priseur ou, à défaut de commissaire-priseur, par le porteur de contraintes, dans la forme des ventes qui ont lieu par autorité de justice. La vente est interrompue dès que le produit est suffisant pour solder les contributions exigibles au jour de cette vente ainsi que l'ensemble des frais de poursuites. Le produit est immédiatement versé au comptable chargé de la perception qui donne quittance au saisi des sommes dues pour contributions et conserve le surplus jusqu'à liquidation des frais.

Le trésorier-payeur ou le trésorier particulier — chacun dans son arrondissement respectif — fait l'avance des frais de poursuites sur état en double expédition. L'une des expéditions est annexée au dossier des pièces justificatives à transmettre à la Cour des comptes, l'autre sert au recouvrement.

Tout versement de frais de poursuites donne lieu à la délivrance d'une quittance au nom de la partie versante, c'est-à-dire du contribuable, s'il acquitte les frais, ou du trésorier-payeur qui a fait l'avance si, par suite de dégrèvement, la colonie prend les frais à sa charge.

Dans le cas où le contribuable retardataire n'est ni domicilié ni représenté dans la colonie, la contrainte est remise au fonctionnaire, chef de la circonscription administrative, ou au Maire s'il en existe dans la localité. Les poursuites continuent dans la forme ordinaire aux frais du redevable.

Tous les trois mois le trésorier-payeur adresse au Gouverneur une situation des recouvrements effectués en vertu des rôles numériques et récapitulatifs.

Les restes à recouvrer au titre de ces rôles sont suivis en écritures comme pour les rôles nominatifs. Toutefois, au 31 Mai de la troisième année, les trésoriers-payeurs ou les trésoriers particuliers n'ont pas à solder de leurs deniers personnels les sommes qui n'auraient pas été recouvrées ou admises en non-valeurs au titre de ces rôles. Le trésorier-payeur dresse un relevé détaillé des reliquats et le transmet au Gouverneur comme état de cotes irrécouvrables sur rôles numériques et récapitulatifs. Un double de cet état revêtu du visa du Gouverneur est transmis à la Cour des comptes et sert de pièce justificative libératoire pour le comptable. Une troisième expédition du même document est jointe à l'état de développement du solde du compte de Trésorerie à transmettre au Département des Finances.

....

Les impôts directs ou taxes assimilées dont la perception est autorisée en Indochine alimentent indifféremment (1) les budgets locaux, régionaux, municipaux et communaux (2) ; nous allons donc examiner successivement pour chacun de ces budgets les divers impôts directs et taxes assimilées actuellement perçus à leur profit.

Impôts directs et taxes assimilées établis au profit des Budgets locaux.

COCHINCHINE

1° *Impôt foncier des centres.* — Cet impôt frappe les terrains d'habitations et les constructions qu'ils soient situés ou non dans des localités érigées en centres.

---

(1) Nous ne pourrions que répéter ici ce que nous avons écrit au sujet des contributions directes et taxes assimilées qui alimentent les budgets locaux, mais qui peuvent très bien être perçues légalement et régulièrement au profit d'une commune. (Voir note page 507).

(2) En Indochine, les budgets *municipaux* sont ceux des villes constituées en municipalités ; par contre, les budgets des villages et agglomérations indigènes sont désignés sous le nom de budgets *communaux*.

Cette remarque est nécessaire afin d'éviter toute confusion.

La contribution foncière des terrains d'habitation comprend :

A. — Un élément proportionnel à la superficie imposable calculé d'après un tarif.

B. — Un élément proportionnel à la valeur locative des constructions, cette valeur étant fixée d'une manière invariable selon le type de construction et comportant la taxation prévue à un tableau.

Sont exonérés :

1° De la partie de l'impôt correspondant à la valeur locative : *a)* les immeubles offrant un caractère précaire (paillotes) ; *b)* les bâtiments servant aux exploitations agricoles (granges, écuries, etc.).

2° De la totalité de l'impôt foncier : les pagodes et temples des différents cultes ainsi que les terrains sur lesquels ils sont édifiés, les édifices publics, les établissements d'assistance gratuite et de bienfaisance.

Des arrêtés (1) fixent les catégories des terrains urbains, suivant leur nature et leur valeur.

Le minimum de perception de la taxe foncière pour chaque contribuable ne peut être inférieur à 10 cents quelle que soit la catégorie à laquelle est classé son terrain.

2° *Droit d'immatriculation des rizières* — Par arrêté en date du 13 Octobre 1910, les rizières de Cochinchine sont réparties en 6 classes et imposées comme suit :

1re catégorie	hors classe		à raison de	2$	00	l'hectare.
2e	—	1re classe	—	1	50	—
3e	—	2e —	—	1	00	—
4e	—	3e —	—	0	50	—
5e	—	4e —	—	0	25	—
6e	—	5e —	—	0	10	—

La répartition dans les 6 classes énumérées ci-dessus est faite en tenant compte du rendement moyen par hectare et de la valeur locative des rizières.

(1) Arrêté du 7 Décembre 1910, pour la Ville de Saigon et de Cholon, modifié par la délibération du Conseil colonial de la Cochinchine dans sa séance du 7 Octobre 1920.

Pour effectuer cette répartition, la Commission administrative qui en est chargée prend comme première base *le rendement moyen à l'hectare*, calculé comme suit :

100 gia et au-dessus, par hectare : catégorie hors classe.
Moins de 100 gia et plus de 60 — : 1re classe.
Moins de 60 — 35 — : 2e —
Moins de 35 — 25 — : 3e —
Moins de 25 — — : 4e —
Rizière en friche — : 5e —

Ce premier classement est maintenu ou rectifié suivant *la valeur locative* des terres estimée d'après toutes les causes influant sur leur revenu.

3° *Impôt foncier des cultures diverses.* — Ces cultures sont divisées en 4 classes :

La 1re (aréquiers, poivriers, tabac, bétel, ananas, cultures maraîchères et arbres fruitiers), est imposée à raison de 3 $ 00 l'hectare.

La 2e (cocotiers, caféiers, cannes à sucre, arachides, maïs, ortie de Chine, sésame, pastèques), est imposée à raison de 2 $ 00 l'hectare ;

La 3e (palmiers d'eau, jardins), est imposée à raison de 1 $ 00 l'hectare.

La 4e (mûriers (1), indigo), est imposée à raison de 0 $ 60 l'hectare.

Les terrains dont les revenus sont affectés aux cultes sont exempts de cet impôt. Il en est de même des cultures de caféiers, de cocotiers et de mûriers qui sont dites cultures *recommandées.*

4° *Taxe personnelle des Européens et assimilés.* — Sont assujettis à cette taxe les citoyens français et les étrangers autres que les asiatiques étrangers tels qu'ils sont définis par l'article 10 de l'arrêté du 16 Octobre 1906.

Sont également soumises à cet impôt : les femmes séparées de biens, veuves ou divorcées, les filles majeures non à la

(1) A partir du 1er Janvier 1924, les terrains affectés à la culture du même seront exemptés de l'impôt foncier pendant 10 ans, en vertu de l'arrêté du Gouverneur général en date du 12 Décembre 1923.

charge de la famille, les femmes mariées possédant des revenus ou exerçant une profession distincte du mari.

En sont exonérés :

1° Les sous-officiers, caporaux et soldats des armées de terre et de mer à solde journalière.

2° Les personnes ne disposant pas d'un revenu mensuel supérieur à 100 $ dont l'existence est consacrée à des œuvres de bienfaisance.

3° Les femmes ne disposant pas d'un revenu annuel supérieur à 1.200 $ 00.

4° Les personnes justifiant par un certificat du maire ou du chef de province qu'elles sont dépourvues de ressources personnelles.

5° Les pensionnés pour invalidité résultant de blessures de guerre ainsi que leurs veuves.

5° *Impôt personnel des Annamites.*— Tout Annamite *valide* (1) de 18 à 60 ans paie une taxe personnelle et annuelle de 1 $ 00. En sont exemptés :

1° *Totalement* : *A)* Les élèves boursiers des écoles normales et professionnelles.

B) Les tirailleurs en activité de service.

C) Les retraités indigènes pensionnés pour invalidité résultant de blessures de guerre. *(Arrêté de 30 Décembre 1924).*

2° *Partiellement* : *A)* Les tirailleurs réservistes, durant tout le temps de leur passage dans

---

(1) Cette distinction n'est pas spécifiée dans la délibération du Conseil colonial en date du 18 février 1920 rendue exécutoire par arrêté du 26 Juin 1920, mais il est admis, conformément à la législation annamite, et ainsi d'ailleurs que c'était prévu par l'arrête du 15 Décembre 1897 que les individus atteints d'infirmités graves, sont exempts du paiement de l'impôt personnel. En conséquence, il leur est délivré, par les soins des administratenrs, chefs de province, une carte gratuite d'infirme, analogue à la carte de vieillard. Cette pratique est d'ailleurs implicitement approuvée par la circulaire du Gouverneur de la Cochinchine du 23 Décembre 1903 recommandant de retirer les cartes des infirmes et des vieillards décédés.

la réserve. Ils sont également exemptés des prestations, mais ils doivent payer les taxes communales. *(Arrêté du 6 Décembre 1924).*

B) Les agents de la garde civile, pour les prestations seulement.

C) Les engagés agricoles qui, pendant une période de 5 ans à compter de la date de l'arrêté de concession provisoire, paieront 1 $ de principal au profit du budget local et 0 $ 20 au profit du budget communal du lieu de l'exploitation. (Cette durée de 5 ans pourra être prorogée une fois).

6° *Impôt des barques.* — Cet impôt, frappant les barques de rivières naviguant en Cochinchine, a été modifié par l'arrêté du 29 Novembre 1914.

7° *Contribution des patentes.* — Cet impôt, perçu en vertu de l'arrêté du 30 Décembre 1925, se compose d'un droit fixe et d'un droit proportionnel. Le droit proportionnel est calculé sur la valeur locative des locaux et immeubles servant à l'exercice de la profession ou à l'habitation principale du patentable.

Il y a 6 catégories de patentables et un certain nombre de classes dans chaque catégorie.

8° *Droit d'immatriculation des Asiatiques étrangers.*— Tous les Asiatiques étrangers et assimilés, tels qu'ils sont définis à l'article 1er de l'arrêté du 16 Octobre 1906, résidant en Cochinchine, sont astreints à l'impôt personnel à partir de l'âge de 18 ans (1).

(1) Par arrêté du Gouverneur général en date du 5 avril 1915 a été approuvée et rendue exécutoire la délibération du Conseil colonial de Cochinchine assujettissant les *Indiens, sujets français non renonçants,* résidant en Cochinchine, aux mêmes charges fiscales que les autres indigènes sujets français.

L'impôt personnel comprend un *droit fixe* de 15 piastres et un *droit gradué* égal aux cent centièmes du principal des patentes et des côtes foncières payé par chaque asiatique étranger ou assimilé.

Pour les nouveaux immigrants, l'impôt personnel est décompté par quart, suivant le trimestre de leur arrivée dans la Colonie. Il est exigible au moment du débarquement ou de l'arrivée par voie de terre.

Les cotes foncières ou les patentes payées par le même individu dans des circonscriptions administratives différentes s'additionnent pour le calcul de la taxe ; mais le même individu ayant des établissements dans des différentes localités, ne peut être assujetti qu'à une seule cote personnelle, exigible dans la localité où il a son principal établissement.

Tout asiatique étranger gérant un commerce, une industrie ou un immeuble pour le compte d'un autre asiatique étranger n'habitant pas la colonie, comme fondé de pouvoirs ou en toute autre qualité, sera assujetti à l'impôt personnel déterminé par la catégorie de la patente ou le chiffre de l'impôt foncier afférent au commerce, à l'industrie ou aux immeubles dont il a la gérance, comme s'il en était lui-même propriétaire,

Le chef d'une maison de commerce qui s'absente momentanément de la Colonie reste soumis à l'impôt, comme s'il était présent. En cas de nécessité, le fisc aura recours contre sa maison. Les associés paieront l'impôt d'après le montant de la patente à laquelle ils sont astreints.

Dans les provinces, les rôles émis pour l'impôt personnel sont numériques et établis au nom des chefs de congrégation pour le montant total des contributions dues par leurs ressortissants tant en principal qu'en accessoires.

Dans les villes de Saigon et de Cholon, le droit fixe est perçu sur des rôles numériques établis par le chef du service de l'Immigration ; le droit gradué est perçu sur des rôles nominatifs, établis par les contrôleurs des Contributions directes, d'après les rôles des patentes et d'impôt foncier.

Sont exempts de cet impôt :

1° Les femmes et les enfants des 2 sexes âgés de moins de 18 ans.

2° Les infirmes et les vieillards au-dessus de 60 ans dans l'incapacité notoire de subvenir à leurs besoins ;

3° Les chefs de congrégation, à l'exception de ceux qui, sans excuse reconnue valable, quitteraient leurs fonctions sans avoir dirigé leur congrégation pendant 6 mois consécutifs ;

4° Les Asiatiques employés dans les exploitations agricoles appartenant à des Européens ou assimilés ;

5° Les Asiatiques âgés de 61 ans, comptant 15 années de séjour dans la colonie, et non inscrits aux rôles fonciers ou des patentes.

Les femmes chinoises sont astreintes à payer, à leur arrivée dans la Colonie et à leur départ, une somme de deux piastres.

Le maximum de l'impôt gradué pour les asiatiques étrangers et assimilés ne pourra, dans la même ville ou circonscription, excéder 4.000 piastres.

9° *Taxes de vérification des poids et mesures.* — Ces taxes, établies par l'arrêté du 15 Décembre 1897 et le décret du 14 Janvier 1911, s'appliquent, comme leur nom l'indique, aux poids et mesures détenus par des particuliers.

10° *Taxe de circulation et de possession sur les automobiles, les motocyclettes et les cyclecars.* — (Délibérations du Conseil colonial dans ses séances des 8 Octobre 1920, 11 Avril 1922 et 4 Décembre 1922.)

Les voitures automobiles, les motocyclettes et les cyclecars sont astreints au paiement des droits ci-dessous :

Automobiles :

Droit fixe :	Automobiles à 2 places	20$00
	Automobiles à 3 —	25 00
	Automobiles à 4 —	30 00
Droit proportionnel :	Par cheval-vapeur....	2$00

Motocyclettes :

Droit fixe :...............................	10$00

Cyclecars :

Droit fixe :...............................	15$00
Droit proportionnel : Par cheval-vapeur....	1 00

Les voitures affectées à des usages commerciaux et déjà soumises de ce fait à la contribution des patentes ne seront imposées qu'au droit fixe. Il en est de même des voitures affectées à un usage agricole.

AUTRES DROITS ET PRODUITS

1° *Produits du Domaine.—(Arrêtés des 15 Janvier 1903, 27 Décembre 1913, 11 Novembre 1914).*

2° *Produits des forêts,* comprenant les permis de coupe et commissions de bûcherons, les prix de vente de bois, les produits accessoires, les amendes et transactions;

3° *Produits des affermages et des exploitations en régie:* (pêcheries, monts-de-piété, bacs).

4° *Produits divers:* (amendes administratives, droits de greffe, permis de port d'armes, ventes et locations d'immeubles du Service local, subventions et parts contributives, redevances pour frais de contrôle payées par les sociétés de tramways, etc., etc.)

TONKIN

Sans entrer dans le détail, nous dirons que les contributions directes et taxes assimilées perçues au Tonkin diffèrent selon qu'il s'agit des Européens ou étrangers ou Asiatiques étrangers ou des indigènes et des impôts et taxes auxquels ils sont assujettis. Ces diverses catégories de contribuables supportent :

A. — Européens et étrangers:

1° L'impôt foncier;
2° L'impôt de patentes;
3° L'impôt personnel.

B. — Asiatiques et étrangers:

1° Le droit d'immatriculation;
2° Le laissez-passer et permis;
3° Les taxes de passeport.

C. — *Indigènes:*

1° L'impôt foncier et centièmes additionnels à l'impôt foncier;
2° L'impôt personnel;
3° L'impôt des patentes;
4° L'impôt des barques et jonques de rivières;
5° La taxe foncière urbaine.

Autres droits et produits

1° *Produits du Domaine.—(Arrêtés des 15 Janvier 1903 et 27 Décembre 1913).*

2° *Produits des forêts. — (Arrêtés divers).*

3° *Produits des affermages et des exploitations en régie,* comprenant les produits des bacs, marchés, abattoirs, monts-de-piété, cercles indigènes, droits de pêche dans le Grand-Lac, etc., etc..

4° *Produits divers.* — Tels que les droits de chancellerie, les amendes et condamnations prononcées par les tribunaux indigènes et les amendes administratives, les droits de greffe pour toutes les juridictions autres que la Cour d'appel, les permis de port d'armes, les taxes sanitaires, les taxes de pousse-pousse et de charrettes, les produits des rachats de peines, les retenues exercées sur la solde des agents des Services civils du Protectorat traités dans les hôpitaux, les remboursements divers, les ventes de matériel et d'animaux réformés, les ventes et locations d'immeubles du Service local, les subventions et parts contributives, les redevances pour frais de contrôle payées par les sociétés de tramways, etc., etc.

ANNAM

Les contributions directes et taxes assimilées dont la perception est autorisée en Annam sont:

A. — *Européens et étrangers :*

1° L'impôt foncier (rizières et terrains divers);
2° L'impôt personnel,

B. — Asiatiques étrangers:

1° L'impôt de capitation ;

2° Les taxes des laissez-passer, passeports et permis de circulation.

C. — Indigènes:

1° L'impôt foncier (rizières et terrains divers) ;

2° Les centièmes additionnels à l'impôt foncier ;

3° L'impôt personnel ;

4° L'impôt des Chau-muong du Nghe-an ;

5° L'impôt des Moïs ;

6° L'impôt des corvées (différent selon qu'il s'agit des Annamites ou des Moïs);

7° L'impôt des patentes.

AUTRES DROITS ET PRODUITS

1° *Produits du Domaine. — (Arrêtés des 15 Janvier 1903 et 27 Décembre 1913)* ;

2° *Produits des forêts ;*

3° *Produits affermés*, comprenant les produits des fermes des nids d'hirondelles, des marchés, pêcheries, abattoirs, bouages et vidanges, monts-de-piété ;

4° *Produits divers*, comprenant les ventes de matériel et d'animaux réformés, les cessions du service de l'Agriculture, les permis de port d'armes, les produits de la fourrière, des amendes administratives, de simple police, les droits de greffe, les recettes diverses et accidentelles, etc., etc.

CAMBODGE

Sont perçues au Cambodge les contributions directes et taxes assimilées suivantes :

1° L'impôt personnel des Européens et étrangers.

2° L'impôt personnel des Cambodgiens et assimilés.

3° L'impôt personnel des Annamites.

4° Les droits d'immatriculation des Chinois et des Indiens.

5° L'impôt des prestations des Cambodgiens et assimilés.

6° L'impôt des prestations des Annamites, Asiatiques étrangers et assimilés.

7° L'impôt des centièmes additionnels.

8° L'impôt sur les terrains de cultures appartenant aux Européens, Annamites et Asiatiques étrangers ou assimilés.

9° L'impôt des paddys.

10° L'impôt sur les palmiers à sucre.

11° L'impôt sur les poivres.

12° Les taxes de circulation des automobiles et cyclecars.

13° L'impôt des patentes.

14° L'impôt des barques.

15° Les taxes de permis de circulation et passeports.

16° Les droits d'engins de pêche.

Autres droits et produits divers

L'énumération de ces autres droits et produits ne pourrait que faire double emploi avec celle qui a été exposée à l'occasion des impôts perçus en Cochinchine, au Tonkin et en Annam.

LAOS

Sont perçus au Laos :

1° L'impôt personnel des Européens et étrangers.

2° L'impôt personnel des indigènes.

3° L'impôt des prestations.

4° L'impôt personnel des Annamites.

5° L'impôt de rachat de corvées des Annamites.

6° L'impôt de capitation des Asiatiques étrangers.

7° L'impôt des patentes.

8° La taxe d'abonnement pour la fabrication et la consommation de l'alcool.

Autres droits et produits divers

(Voir ce qui a été dit, ci-dessus, pour les droits et produits divers perçus au Cambodge).

Impôts directs et taxes assimilées établis au profit des budgets régionaux *(en Cochinchine).*

1° Centièmes additionnels. — Les centièmes additionnels au principal des impôts fonciers, des patentes, personnel, etc., sont fixés annuellement par le Gouverneur en Conseil Privé. Ils sont variables suivant les provinces et suivant les catégories d'impôts (1) ;

2° Prestations. — Chaque indigène ou assimilé de 18 à 55 ans doit, en principe, accomplir 5 journées de prestations, pour des travaux d'utilité régionale (1).

Mais dans la pratique, ces journées sont rachetées à 0$40. 0$50 ou 0$60 l'une, de sorte que le rachat des 5 journées dues s'élève à 2$, 2$50 ou 3$. Cette taxe est perçue en même temps que le principal de l'impôt personnel voté par le Conseil colonial et les centièmes fixés par le Gouverneur en Conseil privé.

Les voitures, les chevaux, bœufs, buffles et barques, appartenant à des indigènes et asiatiques étrangers sont également soumis à l'impôt des prestations.

Par contre, toutes les automobiles, quels que soient leurs propriétaires, doivent payer invariablement dans toutes les provinces 5 journées de prestations à 8 piastres soit 40 piastres.

Nota. — Les taxes de prestations établies et votées par les Conseils de province, au profit du budget régional, sur toutes les voitures automobiles — y compris par conséquent celles appartenant à des Européens et assimilés — sont, paraît-il, contestées par ces derniers qui en dénient la légitimité et la régularité sous prétexte que, n'étant pas représentés au sein de ces conseils, ils ne sauraient être imposés de ce chef. Des recours au Conseil du contentieux administratif ont déjà même été intentés.

A notre avis, ces recours ne doivent pas impressionner l'administration car, ainsi que nous allons le démontrer, l'imposition par les Conseils de province des taxes de rachat

(1) Les centièmes additionnels et les prestations sont délibérés et votés par les Conseils de province, au moment de la préparation du budget pour l'année suivante. Mais c'est le Gouverneur qui les fixe définitivement par arrêté pris en Conseil Privé.

de prestations sur toutes les automobiles — quelle que soit la qualité ou la nationalité de leurs propriétaires, — est absolument régulière et légale.

Le principal argument de ceux qui contestent la légalité et la régularité de cette imposition est connu :

« Une assemblée composée d'indigènes ne peut pas imposer les Européens et assimilés. »

Au premier abord l'argument paraît sérieux et serait, à notre avis, sans réplique si l'on ne faisait pas la discrimination entre l'impôt *personnel* et l'impôt *réel*.

Il n'est pas douteux - et ce principe est à la base de notre législation — que l'impôt personnel ne peut être voté que par les représentants de la nation et puisque nous sommes dans une colonie — par les conseillers coloniaux élus de la population française et indigène, sous la condition que le vote soit approuvé par le Gouverneur général en Conseil de Gouvernement conformément aux dispositions de l'article 4 du décret du 20 Octobre 1911. Si, demain, un Conseil de province s'avisait d'établir une taxe personnelle quelconque *sur les Européens et assimilés* **pris en cette qualité**, cette taxe serait éminemment illégale, puisque cette catégorie de citoyens n'est pas représentée — par ses élus — au sein de ce Conseil. Bien plus, si en dehors des centièmes additionnels et des prestations qu'ils sont autorisés à voter, ces conseils établissaient un impôt personnel supplémentaire quelconque sur les indigènes et assimilés, cette imposition serait également illégale, le décret organique de 1889 ne leur conférant le droit que de voter des *centièmes additionnels* et des *prestations*.

Mais si les conseils de province n'ont pas le droit de voter des impôts personnels — sur les Européens, et même, à notre avis, sur les indigènes, en dehors des centièmes additionnels et des prestations, — ils ont, au contraire, en vertu même du décret organique du 5 Mars 1889, le droit exclusif de voter et d'établir des *centièmes additionnels* au principal des impôts déjà votés par le Conseil colonial *et des taxes de prestations*.

Les premiers — centièmes additionnels — constituent des impôts accessoires — les autres — prestations sur les voitures, chevaux, bœufs, buffles, barques, automobiles (en dehors des prestations des indigènes) constituent des impôts réels puisqu'il est fait abstraction de la qualité ou de la nationalité du propriétaire — en effet ce n'est pas ici Mr X ou Z, européen ou indigène, qui est imposé, mais bien l'automobile 525 ou 824, par exemple.

Or le législateur ne spécifie pas. Que dit-il en effet ?

Art. 29.— Les recettes du budget se composent :

1° Du produit des centièmes additionnels dont le nombre est fixé annuellement par le Gouverneur en Conseil Privé ;

2° Du produit du rachat des prestations.

En l'absence de toute limitation et de toute spécification ou distinction dans le texte, il n'est pas douteux :

1° Que les centièmes additionnels s'appliquent à tous les impôts principaux -- quelle que soit la qualité et la nationalité du contribuable ;

2° Que les prestations établies sur les voitures, chevaux, bœufs, buffles, barques, automobiles s'appliquent également à tous ces objets, abstraction faite de la qualité et de la nationalité du contribuable, sous réserve, bien entendu, des exemptions que le Gouverneur a décidé ou déciderait d'accorder.

En effet, de même que comme nous l'avons vu plus haut, c'est le Gouverneur général qui, par son approbation, confère la légalité et la régularité aux taxes municipales en vertu du décret du 11 Juillet 1908, de même c'est l'approbation du Gouverneur en Conseil Privé, qui, en vertu de l'article 28 du décret organique du 5 Mars 1889, la confère aux délibérations du Conseil de province.

En conséquence, les centièmes et les prestations, établis et votés par le Conseil de province lorsqu'ils sont approuvés par le Gouverneur en Conseil Privé, sont absolument réguliers et légaux et s'appliquent à tous les contribuables même à ceux qui n'ont pas été appelés à les voter (1), sous réserve,

---

(1) M. Marcel Moye, professeur à la faculté de droit de Montpellier, écrit, dans son *Traité de Législation financière*, ces lignes qui confirment ce que nous avançons : « *Une fois l'impôt inscrit dans la loi* — ici nous sommes sous le régime des décrets, et le décret du 5 Mars

bien entendu, des exceptions que fixe limitativement le Gouverneur et qui sont actuellement les prestations des chevaux, buffles, bœufs (arrêté du 15 septembre 1912) et des voitures et barques appartenant à des Européens et assimilés. *Les automobiles n'étant pas comprises dans ces exceptions,* il en résulte que — à défaut de toute distinction — les taxes de rachat de prestations établies et votées par les Conseils de province et approuvées par le Gouverneur en Conseil Privé sont et demeurent régulières et légales jusqu'à ce qu'il en soit décidé autrement par le Gouverneur lui-même et, ce, même malgré l'avis contraire du Conseil Privé. En effet, (voir plus haut page 237) l'avis de ce Conseil ne lie pas le Gouverneur. Il suffit, pour qu'une décision prise en Conseil Privé soit valable, que ce Conseil ait été consulté. Cette formalité accomplie, le Gouverneur prend la décision qui lui paraît convenable.

Pour conclure, nous dirons donc que les prestations auxquelles sont assujetties les automobiles sont régulières, légales et obligatoires pour tous, lorsqu'elles ont été établies et votées par délibération du Conseil de province, approuvée par le Gouverneur en Conseil Privé et, ce, tant que le Gouverneur n'a pas décidé que telle ou telle catégorie de ces véhicules est dispensée du paiement de ces taxes.

Impôts directs et taxes assimilées établis au profit des budgets municipaux

Les impôts directs et taxes assimilées ne peuvent être établis au profit des budgets municipaux des Villes de Saigon, Hanoi et Haiphong qu'en vertu de délibérations du Conseil municipal intéressé dûment approuvées par le Gouverneur général (1).

1889 constitue la loi — *nul ne peut d'y soustraire, alors même qu'il soutiendrait n'avoir pas consenti au vote de l'impôt, ou dans l'hypothèse également d'un étranger privé du droit de suffrage* » et plus loin : « *L'impôt est dû par la fortune (mobilière et immobilière) et non par la personne des redevables.* »

(1) Voir page 507.

Ces impôts et taxes perçus au profit desdits budgets municipaux comprennent :

1° Les centièmes ordinaires ou spéciaux votés par le Conseil municipal et approuvés par le Chef de l'Administration locale, dans la limite d'un maximum fixé chaque année par le Gouverneur général, le Conseil de Gouvernement de l'Indochine ou sa Commission permanente entendus ;

2° La portion attribuée au budget municipal sur le principal des contributions directes de toute nature perçues sur le territoire de la Ville.

L'assiette, le mode de perception et la quotité en totalité ou en partie dont il est fait abandon par les budgets locaux au profit des budgets municipaux ne peuvent être modifiés que par arrêté du Gouverneur général.

Ces abandons d'impôt, en ce qui concerne les trois villes, ne peuvent être consentis que pour des périodes qui ne doivent pas être inférieures à deux ni excéder cinq exercices ; les délibérations du Conseil colonial de la Cochinchine ou du Conseil du Protectorat du Tonkin concluant à ces abandons doivent être approuvées par décret.

L'établissement des rôles, le recouvrement de leur produit sont exclusivement assurés par les soins de l'Administration locale. Une part des frais nécessités de ce chef, proportionnelle aux recettes dont il est fait abandon à la ville, est supportée par le budget municipal.

3° Les contributions, taxes et droits de toute nature spéciaux à la commune.

Ce sont, notamment, pour Saigon :

1° Les taxes sur les voitures de maître, chevaux, mulets, ânes, motocyclettes et automobiles. *(Arrêtés des 18 Septembre 1912 et 14 Mars 1914).*

2° Les droits de place dans les halles et marchés. *(Arrêté du 25 Février 1919).*

3° Les taxes sur les marchands ambulants et à poste fixe. *(Arrêté du 10 Décembre 1915).*

4° Les taxes sur les voitures publiques et les pousse-pousse. *(Arrêtés des 26 Septembre 1906, 19 Juin et 27 Novembre 1913).*

5° Les taxes sur les charrettes à bœufs et à bras. *(Arrêté du 26 Septembre 1906).*

6° Les taxes d'alignement. *(Arrêté du 19 Juillet 1907).*
7° Les taxes sur les auvents. *(Arrêté du 26 Septembre 1906).*

Impôts directs et taxes assimilées établis au profit des budgets communaux.

1° Taxes communales, (taxe personnelle sur les grands notables, sur les petits notables, sur les *dân*, taxe sur les rizières, les cultures diverses, les patentes, les barques, les buffles, les bœufs, les chevaux, les voitures, les charrettes ; taxe sur les non-inscrits.) — Comme on peut le penser, ces taxes varient suivant les localités ;

2° Taxe de rachat de veilles ; comme pour les prestations, chaque indigène ou assimilé est astreint, en principe, à assurer un certain nombre de journées de veille à la maison commune ; mais ces journées qui ne doivent pas dépasser cinq, peuvent être rachetées au profit du village au taux ordinaire du rachat de la journée de prestation dans la province ;

Ces taxes sont votées chaque année par le Conseil des notables du village à l'époque de la préparation du budget.

Ce vote doit être approuvé par l'administrateur, chef de province.

B) IMPOTS INDIRECTS

Les taxes et contributions indirectes autres que les droits de douane et d'octroi de mer — lesquels ne peuvent être fixés que par une loi ou un décret suivant le cas — sont établies par le Gouverneur général en Conseil de Gouvernement. Le mode d'assiette et les règles de perception doivent être approuvés par décret.

Il est à remarquer que pour les taxes et contributions indirectes, l'approbation par décret est nécessaire en ce qui concerne le mode d'assiette et les règles de perception, tandis que, pour les impôts directs, l'approbation du Gouverneur général en Conseil de Gouvernement suffit.

Un arrêté du Gouverneur général qui, en vertu des texes en vigueur, doit être approuvé par un décret, est néanmoins provisoirement exécutoire en vertu du décret du 30 Janvier

1867, mais, comme en matière de police et d'Administration, l'approbation par décret explicite et individuelle dans le délai prévu par les décrets des 6 Mars et 20 Septembre 1877, devient une nécessité absolue chaque fois qu'un arrêté même fiscal comporte des peines supérieures à celles de simple police. *(Arrêt de la Cour de cassation du 10 Juillet 1920).*

Les impôts et produits indirects (1) perçus au profit du Budget général de l'Indochine sont :

1° Les droits de Douane qui comprennent :

Les droits de Douane à l'importation, c'est-à-dire ceux qui sont perçus d'après les tarifs en vigueur sur les marchandises ou produits importés en Indochine. (Tarif général résultant des lois des 11 Janvier 1892 et 29 Mars 1910, combinées, sauf modifications y apportées sous forme de tarif spécial à l'Indochine).

Les droits de Douane à l'exportation, c'est-à-dire ceux qui sont perçus, également, d'après les tarifs en vigueur, sur les marchandises ou produits exportés de l'Indochine à destination des pays étrangers. (Décret du 29 Décembre 1898, modifié par les décrets du 10 Octobre 1908 et 18 Février 1909 (Décrets du 22 Mars 1923 et du 24 Mars 1926) (2).

Les droits de statistique. (Arrêté du 19 Décembre 1914, approuvé par décret du 27 Avril 1915).

---

(1) L'art. 23 de la loi du 5 Germinal an XII, relatif au droit de transaction en matière de contributions indirectes est rendu applicable en Indochine.

Les attributions conférées en France aux Directeurs de Département, au Directeur général et au Ministre des Finances sont dévolues en Indochine respectivement aux sous-directeurs et chefs de service, au Directeur des Douanes et Régies de l'Indochine et au Gouverneur général. *(Décret du 31 Mai 1898).*

(2) Les produits exportés de l'Indochine à destination de la France ou des Colonies françaises sont exempts de tout droit de sortie. Ne sont pas considérés comme exportés à destination de la France ou des Colonies françaises, les produits qui n'y sont pas transportés en droiture. *(Décret du 24 Mars 1926).*

En vertu de ce même texte, le droit de sortie représentatif de l'impôt foncier, sur les paddys, riz cargo et blanc, les brisures de riz et les farines est supprimé ; ces produits sont assujettis au tarif des droits de Douane à l'exportation fixés par le décret précité.

Les droits de transit. (Loi du 11 Janvier 1892, décret du 29 Novembre 1892, arrêtés des 3 Janvier 1893 et 19 Mars 1907).

Les droits d'entrepôt (huiles minérales). (Arrêté du 11 Juin 1912, décret du 28 septembre 1912 et arrêté du 17 mars 1920).

Les droits de navigation. (Arrêté du 11 Octobre 1899, décret du 11 Mars 1900, arrêté du 14 Février 1901).

Les droits de docks, magasins, etc. (Arrêté du 4 Mai 1898).

La taxe à la sortie du caoutchouc. (Arrêté du 24 Décembre 1925),

La taxe à la sortie des produits miniers. (Décret du 23 Novembre 1918).

2° LES DROITS D'ENREGISTREMENT DES ACTES RÉGIS PAR LA LOI FRANÇAISE ET DES ACTES INDIGÈNES. (Arrêtés du 13 Novembre 1900, décret du 2 Février 1901, arrêtés des 10 Février, 22 Avril 1901 et 24 Octobre 1903, décret du 10 Mars 1904, arrêté du 17 Décembre 1906, décret du 23 Mai 1907, arrêtés des 7 Juin 1907, 17 Novembre 1908, 5 Août 1909, 14 Novembre 1912, décrets des 29 Avril 1913 et 5 Janvier 1917).

3° LES DROITS DE TIMBRE. (Arrêté du 13 Novembre 1900, décret du 2 Février 1901, arrêtés des 9 et 10 Février, 12 Mars, 20 Mai et 4 Juillet 1901, 24 Octobre et 9 Décembre 1903, décret du 10 Mars 1904, arrêté du 15 Septembre 1904, décret du 22 Novembre 1914, arrêté du 17 Décembre 1916, décret du 23 Mai 1907, du 7 Juin 1907, décret du 25 Novembre 1910, arrêté du 24 Décembre 1913, approuvé par décret du 18 Février 1914, arrêtés des 26 Mai et 19 Décembre 1914, décret du 14 Avril 1915, arrêtés des 24 Juin et 28 Juillet 1915, décret du 5 Janvier 1917).

4° LES DROITS D'HYPOTHÈQUE. (Arrêté du 13 Novembre 1900, décret du 2 Février 1901, arrêtés des 10 Février, 20 Mai 1901 et 17 Décembre 1906, décret du 23 Mai 1907, arrêté du 7 Juin 1907 et décret du 5 Janvier 1917).

5° LA TAXE SUR LES REVENUS MOBILIERS. (Arrêtés des 29 Juillet 1921 et 10 Février 1922).

6° LES PRODUITS DU DOMAINE. (Arrêté du 15 Janvier 1903).

7° Les redevances minières. (Arrêté du 20 Mars 1893, décret du 25 Février 1897, arrêtés des 6 Août 1903 et 14 Juin 1904, décret du 31 Décembre 1904, arrêté du 8 Mars 1905, décret des 23 et 26 Janvier 1912).

8° Les produits des taxes postales, télégraphiques et téléphoniques les produits des taxes sur les mandats d'articles d'argent, les produits divers, etc. (Décrets et arrêtés divers).

9° Les produits des régies financières (1).

10° Les produits des taxes de consommation.

Régies financières

Les Régies financières actuellement en vigueur sont : la régie de l'opium, la régie des alcools indigènes au Tonkin et dans le Nord-Annam et la régie des sels.

La régie des alcools indigènes en Cochinchine a cessé de fonctionner à compter du 21 Novembre 1913, date à laquelle a été remis en vigueur le régime de la liberté de fabrication et de vente, régime instauré en Indochine par arrêté du 20 Décembre 1902.

Au Cambodge et en Annam, les alcools indigènes ne sont également soumis qu'au droit de consommation.

Opium (2).— L'achat, la fabrication et la vente de l'opium constituent un monopole dont l'exploitation est confiée à l'Administration des Douanes et Régies.

Le monopole d'achat et de fabrication est absolu et ne peut être exploité qu'en régie directe. Le monopole de vente

---

(1) Des arrêtés en date du 18 Octobre 1921 approuvés par décret du 7 Mars 1922 ont modifié les règles relatives aux régies des alcools, de l'opium et du sel.

(2) Aux termes de l'art. 7 de la loi du 12 Juillet 1916, un délai de dix années est imparti aux colonies françaises pour cesser de tirer un revenu fiscal de l'opium, et d'après les instructions du Département concernant la manière d'appliquer cette décision législative, il avait été prescrit à l'Indochine de réduire chaque année d'un dixième les quantités d'opium mises en vente par la Régie. Après nouvel examen de la question, le ministre a décidé que cette mesure serait prorogée jusqu'à nouvel ordre.

peut être exercé soit en régie directe par l'Administration, soit par des tiers autorisés, fermiers ou régisseurs intéressés.

La culture du pavot en vue de son exploitation en opium ne peut avoir lieu en Indochine qu'en vertu d'une autorisation préalable de l'Administration des Douanes et Régies et dans certaines conditions.

Tout l'opium, livré, sous quelque forme que ce soit, à la consommation tant en Cochinchine, au Cambodge et au Laos qu'au Tonkin et en Annam, est fabriqué, manipulé et préparé par les soins de l'Administration des Douanes et Régies.

Les entreposeurs, à quelque titre que ce soit, ne peuvent détenir ni mettre en vente un autre opium que celui de la Régie.

Toute personne voulant se livrer à la vente au détail de l'opium doit se munir d'une licence valable pour une année, du 1er Janvier au 31 Décembre.

Cette licence, dont le prix est fixé par l'Administration, n'est valable que dans la localité pour laquelle elle aura été délivrée et pour un seul débit. Elle doit être affichée à l'endroit le plus apparent de ce débit.

Les débitants au détail peuvent vendre l'opium soit en récipients fermés revêtus des marques de la Régie, soit au détail.

Lorsqu'ils ouvrent un récipient pour en vendre le contenu au détail, ils doivent laisser subsister les marques de la Régie et ne pas transvaser le contenu à moins d'autorisation spéciale.

Il leur est interdit de mélanger ou d'ajouter, à l'opium qu'ils sont autorisés à vendre, une substance quelconque.

Ils ne peuvent faire aucune vente en dehors de leurs débits.

Ils ne peuvent vendre l'opium en boîtes fermées qu'aux prix fixés par arrêté du Gouverneur général.

L'ouverture de fumeries d'opium est interdite sur tout le territoire de l'Annam et du Tonkin. En Cochinchine et au Cambodge, aucune installation de nouvelle fumerie ou translation d'une annexe ne sera autorisée.

Le local affecté à la fumerie ne peut servir à aucun autre usage, même à la vente de l'opium destiné à être fumé. Cet opium doit être livré préalablement dans le débit.

Toute importation d'opium, faite sans déclaration dans les deux myriamètres des côtes ou dans un port d'Indochine, sera poursuivie et punie conformément aux lois.

Seront également poursuivis et punis le transport par barque, voiture ou chemin de fer, et la détention d'opium de contrebande.

Tout particulier qui fabrique ou a fabriqué de l'opium ou mêlé à l'opium de la Régie quelque substance de quelque nature que ce soit, sera puni d'une amende de 500 à 2.000 francs et d'un emprisonnement de 2 mois à 3 ans.

Les opiums saisis en fraude, les ustensiles servant ou ayant servi à la fabrication et les objets contenant l'opium saisi seront confisqués.

Tout colportage, toute vente, toute cession à titre gratuit de cet opium sera puni des mêmes peines.

Toute saisie d'opium faite au préjudice d'un inconnu en fuite sera constatée par un procès-verbal contre inconnu, et la confiscation de l'opium sera prononcée par le tribunal sur requête de l'Administration des Douanes et Régies.

Tout individu non débitant qui est trouvé détenteur sans autorisation régulière d'un opium quelconque autre que celui de la Régie, est punissable d'une amende de 100 à 1.000 francs et d'un emprisonnement porté de deux à trois ans.

L'opium saisi en fraude, les ustensiles servant ou ayant servi à la fabrication et les récipients le contenant sont toujours confisqués.

Les prix de vente des divers opiums sont fixés par arrêté du Gouverneur général. *(Arrêtés du Gouverneur général des 16 juin 1910, 3 Janvier et 28 Octobre 1911).*

Tout opium de la Régie qui est trouvé chez un débitant dans des récipients autres que ceux de la Régie ou dans des récipients non revêtus de la marque officielle est confisqué et le contrevenant est punissable d'une amende de 100 à 1.000 francs.

En cas de récidive dans la même année, il est puni du maximum de la peine et sa licence lui est retirée.

Tout débitant qui a vendu un opium autre que celui de la Régie ou qui y a mêlé quelque substance de quelque nature que ce soit, est punissable d'une amende de 500 à 2.000 francs et d'un emprisonnement de quinze jours à trois ans.

Les opiums de contrebande ou altérés sont confisqués, ainsi que leur contenant.

Le débitant qui aura contrefait la marque de la Régie est punissable d'une amende de 300 francs à 3.000 francs et d'un emprisonnement de trois mois à cinq ans, sans préjudice des poursuites criminelles qui peuvent être exercées en vertu des dispositions du Code pénal. La licence lui est en outre retirée.

Tout débitant qui se sera approvisionné à un autre entrepôt qu'à celui désigné par la Régie ou par les débitants généraux est passible d'une amende de 100 à 500 francs.

Dans les cas de fraudes prévus ci-dessus, la Régie a toujours droit à des dommages-intérêts dont le montant ne peut pas être inférieur à cinq fois la valeur de la quantité de matière frauduleuse calculée au prix officiel de l'opium de la Régie.

Les maîtres ou patrons de fumeries ou maisons d'opium sont responsables des contraventions commises dans leur établissement.

Alcools indigènes. — La régie des alcools indigènes fonctionne encore au Tonkin et dans le Nord-Annam, avec monopole de fabrication au profit de la société des Distilleries de l'Indochine et de la société des Distilleries du Tonkin. Ces sociétés se sont engagées individuellement et solidairement à fournir, pendant 10 ans à compter du 12 Avril 1913 (1), à l'Administration des Douanes et Régies, toutes les quantités d'alcools de riz et de spiritueux ou liqueurs à base d'alcool de riz qui leur seront commandées par ladite Administration et jugées nécessaires à la consommation du Tonkin et du Nord-Annam.

Les livraisons sont faites sur commandes de l'Administration des Douanes et Régies ou de ses représentants, dans

(1) Ce contrat qui venait à expiration le 12 Avril 1923 a été renouvelé pour 10 autres années.

les conditions stipulées par les arrêtés des 20 et 22 Décembre 1902.

Ces alcools de riz, vins de Chine et les alcools parfumés sont payés par l'Administration aux sociétés contractantes à des prix fixés par le directeur des Douanes au commencement de chaque mois, d'après la moyenne des cours pratiqués le mois précédent sur les marchés de Hanoi, Namdinh et Haiphong.

La Régie les vend à ces débitants à un prix fixé par l'Administration.

Sels. — Dans toute l'étendue de l'Indochine, les sociétés ou particuliers qui veulent se livrer à l'exploitation des marais salants, sables salifères ou mines de sel, doivent obtenir de l'Administration une autorisation spéciale.

Les demandes de mise en exploitation sont adressées au directeur général des Douanes et Régies, par l'intermédiaire de ses agents locaux.

L'autorisation est donnée, s'il y a lieu, après enquête.

Les demandes de mise en exploitation sont inscrites à leur date, avec numéro d'ordre, par le receveur des Douanes et Régies, sur un livre des sauniers spécialement ouvert à cet effet.

L'inscription comporte indication des nom et signalement du demandeur, de son domicile, du lieu de la saline, de son étendue et importance, du mode d'exploitation.

Lorsque, sauf le cas de force majeure, l'exploitation est abandonnée pendant un an, l'inscription est annulée au livret des sauniers.

Les agents de l'Administration des Douanes et Régies sont chargés de surveiller l'exploitation des salines. A cet effet, ils ont accès à toute heure de jour et de nuit sur les salines, où ils ont droit de visiter les hangars de dépôts, les jonques, chaloupes et embarcations de toute nature. Ils peuvent procéder à toutes vérifications qu'ils jugeront utiles.

Le livret de saunier doit leur être représenté à première réquisition.

Les sauniers doivent livrer à l'Administration la totalité du produit de leur exploitation.

Dans aucun cas, ils ne peuvent user, pour leur propre consommation, ni céder, ni vendre du sel à d'autres qu'à l'Administration des Douanes et Régies, seule détentrice du monopole de vente de cette denrée.

En conséquence, les sels doivent être livrés sans retard à l'Administration, au lieu et dans les conditions fixées par le receveur des Douanes et Régies de la localité. En principe et sauf autorisation contraire dûment justifiée, la livraison doit être faite au plus tard le troisième jour après la fabrication ou la récolte.

L'Administration des Douanes et Régies entretiendra et gérera, soit par elle-même, soit par l'intermédiaire d'un particulier agréé par elle, à proximité des salines et dans les conditions les plus favorables pour faciliter les transactions et les transports, des magasins de dépôts ou entrepôts pour loger et conserver les approvisionnements de sel.

La même administration entretiendra et gérera, soit par elle-même, soit par l'intermédiaire d'un particulier agréé, des magasins constitués dans les diverses localités de l'intérieur pour satisfaire aux besoins de la consommation.

Dès leur livraison, les sels sont payés au producteur au prix officiel publié périodiquement dans le *Journal officiel* de l'Indochine.

Ce prix est fixé par le directeur général des Douanes et Régies et n'est dû que pour les sels propres à la consommation. Les sels chargés de matières étrangères sont payés à un prix réduit, s'ils peuvent être utilisés pour la raffinerie, sinon ils sont détruits.

Chaque livraison de sel est enregistrée par le représentant de l'Administration à un journal des entrées, où mention est faite du numéro du livret du producteur, de la quantité de sel livré et du prix payé.

Une inscription conforme est faite immédiatement au livret du saunier.

Les sels livrés aux entrepôts des salines sont vendus pour l'exportation aux personnes pourvues d'un livret industriel ; ils sont, en outre, répartis dans les magasins de l'intérieur pour pourvoir aux besoins de la consommation, et dans les usines à raffiner et à comprimer.

Dans le cas de force majeure, lorsque les stocks existant dans les entrepôts et dans les magasins de l'intérieur seront jugés strictement suffisants pour assurer la consommation, l'Administration, pour empêcher toute spéculation sur cette denrée de première nécessité, pourra restreindre la vente à tout acheteur à telle quantité qu'il sera utile.

(Arrêté du 19 Avril 1906). — Les sels vendus pour la consommation locale sont frappés d'une taxe fixée par quintal métrique.

Dans les localités où la mesure usuelle est le picul, cette mesure s'entend d'un poids de 60 kilogrammes.

Toutes les ventes sont immédiatement enregistrées à un journal des sorties, mentionnant le nom de l'acheteur, la quantité, la somme encaissée.

L'acheteur reçoit une quittance détachée d'un registre à souches.

Les saumuriers et industriels qui font, dans l'exploitation de leur industrie, une importante consommation de sel, reçoivent, sans frais, un livret dit « Livret d'Industriel » comportant le compte courant de leurs achats.

Dans une zone de deux myriamètres environ autour des salines, les agents des Douanes et Régies ont le droit d'exiger de tout transporteur de sel, la production d'un laissez-passer.

Au delà de cette zone réservée, les agents des Douanes et Régies peuvent exiger la production d'un laissez-passer à tous les transporteurs de quantités égales ou supérieures à 100 kilogrammes.

Les laissez-passer dont il est question ci-dessus sont délivrés :

1° Dans la région des salines, par les agents de la Régie, ou par les personnes habilitées à cet effet par l'Administration ;

2° Au delà de la zone réservée, par les débitants eux-mêmes.

Les laissez-passer sont détachés d'un carnet à souches fourni aux intéressés, à titre remboursable, par l'Administration.

Ils doivent indiquer :

1° La quantité et la qualité du sel transporté ;
2° Le lieu d'enlèvement ;
3° Le lieu de destination ;
4° La route à suivre ;
5° Les moyens de transport successifs à employer ;
6° Le délai accordé pour le transport ;
7° La date et l'heure du départ.

Les énonciations doivent être identiques sur le volant rémis à l'intéressé et sur la souche.

Tout laissez-passer dont les énonciations ne concorderont pas avec les constatations faites par le service sera déclaré inapplicable et procès-verbal sera dressé contre le transporteur.

Les sels exportés par mer sont exempts de la taxe de consommation.

Des dépôts sont constitués près des bureaux de Douane réglementairement ouverts à l'exploitation des sels. Toute exportation de sel, d'un point autre que ces dépôts, est interdite.

Aussi souvent que l'utilité en sera reconnue, les receveurs d s Douanes et Régies procèderont au recensement des stocks de sel en approvisionnement dans les entrepôts et magasins.

Tout déficit, supérieur à 8 °/₀ par an, des quantités entrées et non justifié, engage directement la responsabilité des comptables.

Dans les entrepôts gérés par des particuliers agréés par l'Administration dans les conditions prévues ci-dessus, les agents des Douanes et Régies pourront faire tous recensements utiles. Les excédents constatés seront saisis par procès-verbal judiciaire.

Les décifits dépassant l'allocation de huit pour cent par an donneront lieu à la liquidation immédiate de la taxe de consommation.

Dans le cas d'exploitation clandestine, soit par défaut de déclaration, soit par fausses déclarations sur le nombre des fours, la superficie des salines, l'importance du rendement, le propriétaire de la saline est passible d'une amende de 100 à 1.000 francs.

La reprise d'une exploitation, après abandon de plus d'une année, est considérée comme exploitation clandestine.

En cas de récidive, les appareils servant à l'exploitation (fours et laboratoires, tables d'évaporation, etc.) seront détruits et l'exploitation définitivement interdite, sans préjudice de l'amende encourue.

Dans tous les cas, les stocks de sel fabriqué clandestinement seront confisqués au profit de l'Administration des Douanes et Régies.

Tout colportage ou cession, par un propriétaire de saline ou par un particulier, de sel dont la provenance ne sera pas justifiée, dans les conditions prévues ci-dessus, tout usage de sel par les sauniers, en contravention des dispositions également ci-dessus, sera puni d'une amende de 50 à 2.000 francs et d'un emprisonnement de cinq jours à six mois. En cas de récidive, le maximum de l'amende sera appliqué et le minimun de l'emprisonnement porté à un mois.

Le sel, les récipients ou le contenant et les objets servant au transport seront, dans tous les cas, confisqués au profit de l'Administration des Douanes et Régies.

Dans le cas de vente ou cession, l'acheteur ou cessionnaire sera puni comme le vendeur ou cédant.

Le transporteur de sel dont le propriétaire est inconnu sera déclaré personnellement responsable.

Tout retard dans la livraison des sels fabriqués sera puni d'une amende de 50 à 1.000 francs. Le sel sera confisqué au profit de l'Administration des Douanes et Régies.

L'importation et l'exportation frauduleuses de sel sont traitées comme contrebande, et punies suivant la législation en vigueur en Indochine.

Seront considérés comme sels de contrebande, les sels transportés dans des barques ou voitures en dedans d'une zone de cinq myriamètres, le long de la frontière maritime ou terrestre, sans que le patron de barque ou voiturier puisse justifier la provenance de ces sels, par la production d'un livret de saunier ou d'un livret industriel accompagné d'un laissez-passer réglementaire. Le propriétaire et le transporteur sont solidairement responsables.

En cas de découverte de sel de contrebande abandonné dans cette zone de cinq myriamètres par un inconnu, il sera procédé à la saisie de ce sel : procès-verbal sera dressé contre inconnu, et la confiscation du sel, ainsi que des récipients et matériel de transport, sera demandée aux tribunaux qui devront toujours la prononcer au profit de l'Administration des Douanes et Régies.

Les patrons des jonques ou barques de pêche, les capitaines ou patrons de navires, chaloupes, jonques ou barques affectés au cabotage, qui seront convaincus d'avoir embarqué clandestinement du sel, en dehors des entrepôts ou magasins de l'Administration ou qui seront trouvés en possession de quantités de sel supérieures à celles dont l'achat sera justifié par le laissez-passer, seront punis d'une amende de 100 à 2.000 francs et d'un emprisonnement d'un mois à deux ans.

Dans tous les cas, la totalité de leur chargement de sel sera confisquée au profit de l'Administration des Douanes et Régies. Les navires, chaloupes, jonques ou barques et la cargaison seront saisis, en garantie du paiement de l'amende encourue.

En cas de récidive, les navires, chaloupes, jonques et barques et la totalité de la cargaison seront confisqués au profit de l'Administration des Douanes et Régies, sans préjudice des peines d'amende et d'emprisonnement prononcées par les tribunaux.

Tout capitaine de navire ou patron de chaloupe, jonque ou barque qui aura débarqué, en un point quelconque de la côte, ou vendu ou cédé en mer, dans le rayon des eaux territoriales, à des barques de pêche ou autres, du sel provenant des entrepôts d'exportation et dégrevé du droit de consommation comme destiné à des pays étrangers, sera puni d'une amende de 500 à 5.000 francs et d'un emprisonnement de trois mois à deux ans.

Dans tous les cas, le sel faisant partie de la cargaison sera confisqué au profit de l'Administration des Douanes et Régies.

Les navires, chaloupes, jonques ou barques et la cargaison seront saisis en garantie du paiement de l'amende encourue.

Tout transporteur de sel muni d'un laissez-passer reconnu inapplicable sera poursuivi et passible de certaines peines.

Taxes de consommation

Les taxes de consommation perçues en Indochine au profit du budget général portent sur :

1° Les alcools européens. — Comme son nom l'indique, cette taxe frappe les alcools ou spiritueux européens importés ou fabriqués en Indochine. Elle est fixée à 1$20 par litre d'alcool pur. (*Arrêtés des 20 Décembre 1902, 17 Mars 1920 et 17 Octobre 1921*).

2° Les alcools indigènes. — Ainsi que nous l'avons dit plus haut, la Régie des alcools indigènes en Cochinchine ayant cessé de fonctionner à compter du 21 Novembre 1913, ce pays se trouve replacé sous le régime de l'arrêté du 20 Décembre 1902, c'est-à-dire sous le régime de la distillerie autorisée, mais soumise à l'exercice.

Il faut entendre par là que nul ne peut distiller sans autorisation et que l'Administration est seule juge des conditions dans lesquelles elle délivre ou refuse cette autorisation. Le distillateur autorisé n'est pas limité dans sa production. Nul ne peut installer un débit sans autorisation, mais le débitant autorisé peut vendre telle quantité d'alcool qui lui plaît, au prix qu'il juge convenable.

La taxe de consommation est perçue à la sortie de la distillerie : elle est de 0$30 par litre, pour l'alcool indigène et de 0$50 pour les vins de Chine.

Les dispositions suivantes sont communes aux alcools européens et indigènes. (*Arrêté du 18 Octobre 1921*).

Les boissons hygiéniques ayant une force alcoolique égale ou inférieure à 12° (vins, cidres, poirés, hydromels) sont exonérées en Indochine de toute taxe de consommation.

Les vins de liqueur acquittent la taxe sur les quantités d'alcool qu'ils contiennent.

Les produits pharmaceutiques à base d'alcool, inscrits aux pharmacopées officielles, les alcools et les vins de liqueur destinés à la préparation de ces produits, sont exonérés de la taxe de consommation.

Les alcools exportés hors de l'Indochine sont également exonérés de cette taxe.

Les industriels et commerçants qui veulent bénéficier de cette exonération, doivent déclarer, au préalable, les alcools destinés à l'exportation ou à la préparation des produits pharmaceutiques. Les alcools sont placés en entrepôt sous la surveillance de la Régie.

Au Tonkin et dans le Nord-Annam, pays où fonctionne encore le système de Régie avec monopole de fabrication, cette taxe est perçue sur le prix de vente du litre d'alcool et est représentée par la différence entre le prix de revient et le prix de vente.

Toute personne ou société, tout village ou association de villages, voulant se livrer en Indochine à la fabrication des alcools *européens* ou *indigènes*, des liqueurs, eaux-de-vie, vins de Chine ou autres spiritueux, doit, au préalable, en obtenir l'autorisation du directeur des Douanes et Régies de l'Indochine.

Cette autorisation peut être refusée si la création d'une nouvelle distillerie est jugée inopportune pour les besoins des consommateurs. Ce refus constitue un acte d'administration pure qui ne peut être déféré au Conseil du Contentieux.

La demande indique les procédés de fabrication qui doivent être mis en usage, ainsi que la quantité journalière approximative, l'espèce et la qualité de l'alcool, des liqueurs ou de tous autres spiritueux qui seront produits. Elle doit être accompagnée d'un plan général de l'établissement et de l'engagement de se soumettre aux règlements en vigueur pour la construction et le fonctionnement des distilleries ou fabriques.

L'autorisation est donnée par une décision écrite du directeur, après avis du Conseil d'Administration des Douanes et Régies. La décision fixe les quantités approximatives de la production mensuelle autorisée, ainsi que les procédés généraux de fabrication, le mode et le lieu de paiement des droits liquidés.

Les alcools destinés à la consommation des indigènes doivent être, en principe, le produit de la mise en œuvre du *nêp* et du riz.

Le directeur des Douanes et Régies peut toutefois autoriser l'addition d'une proportion déterminée de maïs, jus de canne ou mélasses.

Nul ne peut faire circuler des alcools sur le territoire de l'Indochine, sans obtenir, au préalable, un permis de circulation. Les quantités égales ou inférieures à un litre de liquide sont dispensées de permis.

Les alcools de toute nature circulant sans permis, ou circulant avec permis inapplicable, sont assujettis d'office au tarif plein des alcools rectifiés, quelle que soit leur qualité et sans préjudice des pénalités encourues pour transport frauduleux d'alcool.

Tout agent des Douanes et Régies a le droit de réclamer la production du permis de circulation qui doit accompagner les alcools transportés dans l'intérieur du territoire.

A cet effet, les agents ont le droit de vérifier le liquide trouvé en cours de transport. En cas de doute, ils conduisent le convoi au plus prochain bureau pour visite et vérification complète.

Le permis de circulation doit être formulé en mesures de capacité françaises; il doit être en français

Les alcools accompagnés de permis en langue étrangère sont assujettis d'office au paiement du droit plein des alcools rectifiés quelle que soit leur qualité, sans préjudice des pénalités pour transport frauduleux d'alcool.

Les permis de circulation sont détachés de carnets à souches délivrés par la Régie.

Le permis de circulation qui doit être présenté à toute réquisition des agents de l'autorité doit contenir les indications suivantes :

1° Désignation de la distillerie ou nom du débitant qui a fait la livraison ;

2° Nom de l'acheteur;

3° Lieu de destination des alcools ;

4° Mode de transport ;

5° Quantités, espèce du liquide, degré réel en alcool pur;
6° Nombre de litres d'alcool pur;
7° Nature des récipients leur nombre (A, pleins, B, en vidange);
8° Route à suivre;
9° Délai dans lequel le transport doit s'effectuer;
10° Heure, date et jour de l'enlèvement de la marchandise;
11° Signature du vendeur.

Les transporteurs d'alcool doivent, pour se rendre à destination, à moins d'un cas de force majeure dûment constaté, suivre le chemin le plus direct d'après la voie indiquée au permis de circulation; la durée du transport ne doit pas excéder le délai accordé par l'Administration.

La durée des transports par chemin de fer, tramway ou chaloupe fluviale, est déterminée par l'horaire des trajets officiels.

Pour les transports par voie de terre non desservis par des lignes régulières de chemin de fer, tramway ou voiture, la durée du trajet est calculée à raison de 40 kilomètres en 24 heures.

Pour les transports par les voies fluviales, le trajet quotidien est évalué à 60 kilomètres.

Dès l'arrivée au point de destination, le réceptionnaire d'alcool indigène accompagné d'un permis de circulation remet cette pièce de mouvement à l'agent de la Régie, si le bureau de ce dernier n'est pas éloigné de plus de deux kilomètres. Dans le cas contraire, il annexe le permis à son cahier de vente, où l'agent de la Régie pourra, après vérification, en effectuer le retrait.

Nul ne peut vendre ou céder des alcools de toute nature, s'il n'est, au préalable, muni d'une licence délivrée par l'Administration des Douanes et Régies.

Les licences sont de deux catégories:

1° Licence de marchand ou débitant en gros;
2° Licence de débitant au détail.

Outre cette licence, les débitants d'alcool à consommer sur place doivent être munis d'une autorisation de l'Administration. *(Décret du 23 Novembre 1898 : circulaire L. G. du 12 Novembre 1910).*

La licence de gros ou de détail n'est valable que pour un seul établissement et pour la durée d'une année (du 1er Janvier au 31 Décembre).

Le titre de licence doit être affiché dans l'endroit le plus apparent de l'établissement. Les débitants ambulants doivent garder leur licence et la présenter à la première réquisition des agents de l'autorité publique.

Toute délivrance de licence de marchand d'alcool en gros ou en détail donne lieu à la remise au titulaire d'une enseigne en fer blanc du modèle réglementaire dont le prix de cession est fixé à 0$30.

Les commerçants n'ayant qu'une licence de marchand en gros ne peuvent vendre en une seule fois que des quantités égales ou supérieures à quinze litres.

Les commerçants qui n'ont pris qu'une licence de débitant au détail ne peuvent, en aucun cas, vendre en une seule fois des quantités égales ou supérieures à quinze litres.

Les commerçants peuvent cumuler les professions de marchands en gros et de débitants au détail à condition d'être munis des licences de chacune de ces catégories.

Est puni d'une amende de 500 à 5.000 francs et d'un emprisonnement de quinze jours à trois ans, ou de la première de ces deux peines seulement, quiconque, sans y avoir été autorisé, se livre en Indochine, à la fabrication des alcools indigènes, liqueurs, eaux-de-vie, spiritueux de toute sorte, alcools indigènes et dénaturés.

En cas de récidive dans la même année, les deux peines seront cumulativement appliquées.

Quiconque est convaincu d'avoir acheté sciemment des alcools ou produits alcooliques de toute nature, pris par lui chez un distillateur clandestin, est puni des mêmes peines comme complice.

Les ustensiles servant à la fabrication, les substances en macération ou en fermentation, les matières dénaturantes, les alcools et leurs contenants sont saisis et confisqués au profit de la Régie.

La détention de substances en macération ou fermentation (riz, fruits, mélasses, etc.), la possession d'un ou plusieurs alambics, constituent l'infraction en matière de fabrication d'alcools.

Tout industriel ou commerçant, sauf dans les cas autorisés, qui aura fait une addition d'eau à des alcools pris en charge, ou qui aura substitué de l'eau ou un liquide quelconque à ces alcools, sera puni d'une amende de 500 à 2.000 francs. Il sera en outre condamné au paiement du quadruple droit (droit plein des alcools rectifiés) pour les quantités manquantes ou falsifiées quelles qu'elles soient.

Toute personne qui entreposera ou vendra des alcools ou produits alcooliques de toute nature sans être munie de la licence réglementaire sera punie d'une amende de 500 à 2.000 francs et d'un emprisonnement de huit jours à un an, ou de la première de ces deux peines seulement. Les alcools et leurs contenants seront confisqués au profit de la Régie.

En cas de récidive dans la même année, l'amende ne pourra pas être inférieure à 500 francs et l'emprisonnement à deux mois.

Les distillateurs liquoristes, fabricants, dénaturateurs, entrepositaires, marchands en gros, débitants au détail, hôteliers, restaurateurs, etc., et, en général, tous les industriels faisant commerce d'alcools et produits alcooliques de toute nature, devront avoir constamment leur licence affichée dans l'endroit le plus apparent de leur établissement à peine d'une amende de 25 francs.

La même pénalité sera applicable aux débitants ambulants qui ne pourront pas produire leur licence à la première réquisition des agents de l'autorité.

Quiconque vendra ou transportera des alcools indigènes ne titrant pas le degré impératif fixé par l'Administration est punissable d'une amende de 100 à 500 francs. La confiscation des liquides et récipients sera prononcée au profit de la Régie.

Toute vente d'alcool indigène inférieure à quinze litres faite par un distillateur, entrepositaire, marchand en gros, qui ne s'est pas muni d'une licence de débitant au détail ; toute vente égale ou supérieure à quinze litres consentie par un débitant au détail, est traitée comme une vente d'alcool sans licence et punie comme il est dit ci-dessus.

Tout retard, tout changement de route ou de moyen de transport, non justifiés, entraînent le paiement du double droit afférent à la qualité et à la quantité de l'alcool transporté. Le transporteur et le destinataire peuvent être mis en cause.

Quiconque fabrique, vend, met en vente, expose, détient colporte, fait circuler des boissons spiritueuses falsifiées est déféré aux tribunaux correctionnels, qui lui feront l'application des peines prévues au Code pénal. Ces boissons spiritueuses doivent être ensuite détruites après la confiscation qui en aura été prononcée par les tribunaux. (*Arrêté du Gouverneur général du 20 Décembre 1902*).

La préparation des vins de Chine est effectuée dans des fabriques particulières ; elle est subordonnée à l'obtention d'une autorisation spéciale donnée par le directeur des Douanes et Régies.

Les vins de Chine fabriqués dans la Colonie sont mis en vente dans des récipients revêtus d'étiquettes délivrées par la Régie ; ils titrent entre 26 degrés et 40 degrés. Ceux provenant d'importation titrent en général plus de 40 degrés et sont dispensés de l'apposition des étiquettes officielles. Ils sont, comme nous l'avons dit plus haut, assujettis à une taxe de 0$50 par litre d'alcool pur.

3° **Les tabacs.** — Dans toute l'étendue de l'Indochine, les tabacs destinés à la consommation sont frappés d'une taxe de circulation dont la perception est confiée à l'Administration des Douanes et Régies (1).

L'assiette et la quotité du droit de circulation sur les tabacs, dont les règles de perception ont été déterminées par

(1) Cette taxe est indépendante des droits de Douane à l'entrée et à la sortie fixées par le tarif spécial à l'Indochine. Elle frappe indistinctement et également tous les tabacs, cigares et cigarettes quelle que soit leur origine ou leur provenance si le poids net des colis est supérieur au minimum légal. Seuls sont exempts du droit de circulation les produits déclarés pour l'exportation et réellement exportés hors de l'Indochine.

arrêté du 21 Octobre 1899, sont fixées par l'arrêté du 19 Avril 1906 ainsi qu'il suit : *(Modifié par l'arrêté du 17 Octobre 1921).*

CATÉGORIES	UNITÉ de perception	QUOTITÉ de la taxe
	Kilo	Piastres
1° Tabacs en feuilles ou coupés mais non préparés pour être chiqués ou fumés........	1	0.20
2° Tobacs de qualité inférieure préparés pour être fumés ou chiqués, en vrac ou en ballots..................................	1	0.30
3° Tabacs dits chinois......................	1	0.75
4° Tabacs préparés pour être fumés ou chiqués en boîtes ou paquets sous bandes ou revêtus d'étiquettes ou de marques de fabrique et cigarettes.................	1	1.25
5° Cigares..................................	1	2.50

Les quantités inférieures au kilogramme pour chacune des catégories ci-dessus indiquées ne seront pas taxées.

Les tabacs, autres que ceux destinés à une fabrique ou à l'exportation, ne peuvent circuler en Indochine, au delà d'une certaine quantité, sans être accompagnés d'un laissez-passer délivré gratuitement par le Bureau des Douanes et Régies le plus rapproché de la résidence de l'expéditeur ou le premier bureau des Douanes et Régies rencontré sur la route, du lieu de départ au lieu de destination.

Les tabacs, cigares et cigarettes importés de l'étranger peuvent, toutefois, être admis au bénéfice de l'entrepôt fictif dans certaines villes de l'Indochine.

Toute personne, voulant se livrer à la fabrication de tabacs, cigares et cigarettes, devra en obtenir, au préalable, l'autorisation du directeur des Douanes et Régies. Les fabriques dont l'ouverture a été autorisée seront soumises à l'exercice. *(Décret du 3 Août 1912).*

Les tabacs, cigares et cigarettes fabriqués sont immédiatement placés en entrepôt fictif. Le droit n'est liquidé et perçu que sur les quantités sortant de l'entrepôt pour être livrées à la consommation locale.

4° Les huiles minérales. — La taxe de consommation sur les huiles minérales en Indochine a été modifiée en dernier lieu par l'arrêté du 17 Octobre 1921. Cette taxe est fixée à 2$20 par 100 kilos bruts.

Sont exempts de cette taxe les pétroles bruts destinés par les Administrations publiques à être répandus sur les eaux stagnantes, mares et marais pour la destruction des moustiques.

Cette exemption est subordonnée à la condition que l'opération d'épandage sera faite en présence d'un agent des Douanes et Régies, désigné à cet effet, qui constatera par procès-verbal les quantités ainsi employées.

5° Les allumettes. — Les allumettes chimiques de toutes provenances sont assujetties à une taxe de consommation fixée à 0$025 par paquet de 10 boîtes de 70 allumettes au maximum.

Elles supportent, en outre :

Les frais d'exercice si elles sont fabriquées dans les usines locales ;

Ou bien :

Une taxe représentative de ces frais fixée également à 0$025 par paquet de 10 boîtes de 70 allumettes au maximum, si elles sont importées de l'étranger.

La perception de la taxe de consommation sur les allumettes, des frais d'exercice ou de la taxe représentative de ces frais d'exercice est confiée à l'Administration des Douanes et Régies. Elle s'effectue à l'entrée des allumettes en Indochine, ou au moment où elles sortent des fabriques ou des entrepôts pour être livrées à la consommation locale.

Les allumettes chimiques étrangères ou de fabrication locale ne peuvent circuler et être mises en vente qu'en boîtes scellées des vignettes de la Régie. (*Arrêté du 24 Novembre 1906*).

Toute personne voulant se livrer à la fabrication des allumettes chimiques en Indochine devra en obtenir, au préalable, l'autorisation de l'autorité administrative du pays où elle voudra établir son usine, autorisation qui pourra être accordée après avis conforme de l'Administration des Douanes et Régies.

Elle devra se conformer, à cet effet, aux prescriptions des lois, arrêtés et règlements relatifs aux établissements dangereux, incommodes ou insalubres.

Les fabriques dont l'ouverture a été autorisée sont soumises à l'exercice.

Les infractions relatives à l'importation, la contrebande ou la circulation, dans le rayon de Douane, d'allumettes importées en contrebande, sont passibles des peines édictées par la loi du 2 Juin 1875.

Sont également applicables aux allumettes toutes les règles de Douane en vigueur en Indochine, relatives à la répression des fraudes en matière de transit, exportation, réexportation ou entrepôt.

Tout individu convaincu de fabrication d'allumettes sans autorisation préalable sera puni d'une amende de 100 francs à 2.000 francs ; les allumettes ainsi que les instruments ustensiles et matières servant à la fabrication, seront saisis et confisqués au profit de la Régie.

En cas de récidive, le maximum de l'amende sera toujours prononcé, et le contrevenant sera condamné à un emprisonnement de 15 jours à 1 an.

Sera responsable pécuniairement de la fraude commise par ses employés et domestiques, le chef d'un établissement public qui aura négligé de vérifier la provenance des allumettes introduites dans son établissement.

Tout détenteur, vendeur ou colporteur de boîtes, ou paquets d'allumettes, revêtus des étiquettes locales, mais non munis des marques et du timbre de la Régie, qui ne peut justifier de leur provenance, est puni d'une amende de 100 à 1.000 francs. Les allumettes sont en outre saisies et confisquées.

En cas de récidive, le délinquant est condamné au maximum de l'amende et à un emprisonnement de 6 jours à 6 mois. (*Arrêté G. G, 7 Février 1899*).

Les procès-verbaux sont dressés et les poursuites exercées par les agents des Douanes et Régies et par tous les agents de la force publique, dans les formes et conditions prescrites par l'arrêté du 15 Septembre 1898.

6° Les poudres de chasse, cartouches chargées, artifices et pétards pour divertissements. — Ces objets sont, en vertu de l'arrêté du 21 Novembre 1913, soumis à une taxe de consommation dont la perception est confiée au service des Douanes et Régies. La quotité de la taxe est fixée comme suit :

Poudres noires......................	0 $ 50	par kilo.
Poudres pyroxilées..................	1 50	—
Cartouches chargées à poudre noire....	5 00	les 100 kilos.
Cartouches chargées à poudre pyroxilée.	7 00	—
Artifices et pétards pour divertissements	4 00	—

La perception de la taxe s'effectue à l'entrée de ces matières en Indochine, avant enlèvement des magasins des Douanes, ou à la sortie des fabriques.

Toutefois la faveur de l'entrepôt peut être accordée par l'Administration des Douanes et Régies. Dans ce cas, la taxe est perçue au moment où ces matières sortent de l'entrepôt pour être livrées à la consommation.

La taxe n'est pas due sur les poudres, cartouches de chasse chargées, artifices et pétards pour divertissements sortant de l'entrepôt pour la réexportation ou transitant à destination d'un pays étranger.

Toute fausse déclaration, soit à l'entrée en Indochine, soit à l'entrée ou à la sortie de l'entrepôt, et toute manœuvre tendant à éluder la taxe de consommation seront punies d'une amende égale au quintuple du droit compromis.

7° Les cartes à jouer. — L'assiette et la quotité de la taxe de circulation sur les cartes à jouer ont été fixées par arrêté du Gouverneur général du 16 Février 1922. Elles sont fixées ainsi qu'il suit :

a) *Cartes à l'usage des Asiatiques :*

Par 100 kilos net..................	30 $ 00

b) *Cartes à portrait français ou étranger :*

Jeu de 32 cartes..................	0 $ 04
Jeu de 52 cartes..................	0 06

Nul ne pourra se livrer à la fabrication des cartes à jouer en Indochine s'il n'est patenté et s'il n'a fait, 15 jours au moins avant tout acte relatif au fonctionnement de la fabrique, une déclaration écrite au directeur des Douanes et Régies, qui lui délivrera une commission.

Procédure en matière de fraudes de Contributions indirectes et exécution des Jugements prononcés en matière de Douanes et Régies contre les indigènes.

(Arrêté du G. G. du 5 Juin 1903, modifié par les arrêtés des 1er Août 1907, 12 Novembre 1908, 25 Août 1909, 25 Août 1911 et 28 Juin 1922).

TITRE PREMIER

DE LA CONSTATATION DES CONTRAVENTIONS

Article premier. — Les contraventions aux règlements et arrêtés sur les contributions indirectes de toute nature, qui sont ou seront perçues sur le territoire de l'Indochine seront spécialement constatées par les fonctionnaires, employés et agents de l'Administration des Douanes et Régies et, en général, par tout agent de la force publique.

Art. 2. — (Modifié par l'arrêté du 28 Juin 1922). — Les fonctionnaires, employés et agents des Douanes et Régies, dont il est parlé dans l'article précédent, seront citoyens français et âgés de vingt ans accomplis.

Avant d'entrer en fonctions, ils prêteront serment dans les conditions prescrites par le décret du 15 Septembre 1894. Les agents asiatiques, sujets ou protégés français, admis dans le cadre des Douanes et Régies, pourront concourir au service de surveillance et de répression pour seconder les agents européens ; ces asiatiques pourront prêter serment, mais, dans aucun cas, sauf celui de flagrant délit, ils ne pourront agir isolément. Ces mêmes agents, pourvu qu'ils soient au nombre de deux au moins, pourront perquisitionner dans les voitures publiques ou privées, les chemins de fer, les embarcations de toute espèce, à l'exclusion des navires, dans les charrettes, charges, ballots, bagages et autres colis transportés par terre et par eau. Leur rapport sert de base pour la rédaction du procès-verbal que l'agent européen duquel ils relèvent a seul qualité pour établir.

« Toutefois les agents assermentés du cadre supérieur indigène faisant fonctions de receveurs auront qualité au même titre que les agents européens pour agir isolément et dresser des procès-verbaux.»

Art. 3. — (Modifié par l'arrêté du 25 Août 1911). — Hors des territoires des villes de Saigon, Hanoi, Haiphong, Tourane, Hué et Pnom-

Penh, les autorités indigènes (administratives ou communales) pourront constater les délits et les contraventions commis par les indigènes et assimilés, procéder à toute saisie de matières délictueuses et conduire sans retard les délinquants ou les contrevenants devant un agent des Douanes et Régies, à qui elles remettront, avec les pièces à conviction, s'il en a été saisi, un rapport détaillé sur les faits qu'elles auront constatés. Cet agent se livrera immédiatement à une enquête sur les causes qui auront motivé la saisie et l'arrestation et dressera un procès-verbal, dans lequel seront relatés, entre autres faits et circonstances, les aveux comme les dénégations des délinquants ou contrevenants.

Le rapport des autorités indigènes sera joint au procès-verbal. Les autorités indigènes seront tenues de prêter aide et assistance à l'agent des Douanes et Régies.

Art. 4. — Les fonctionnaires, employés ou préposés des Douanes et Régies, lorsqu'ils opèreront une perquisition quelconque, devront être porteurs de leur nomination ou commission, ou d'une carte délivrée par le directeur ou le sous-directeur de cette administration, certifiant leur qualité et leur identité.

Art. 5. — A défaut d'un signe extérieur révélant leurs fonctions, ils devront exhiber la pièce désignée en l'article précédent, aux personnes intéressées, sous peine de dommages-intérêts et de poursuites pour violation de domicile, en cas de perquisition illégale chez des particuliers.

Les agents européens et asiatiques présentés par un concessionnaire de monopole et agréés par l'Administration des Douanes et Régies pourront, s'ils sont commissionnés par elle et assermentés, constater les contraventions aux lois et règlements concernant ce monopole : mais leurs procès-verbaux ne feront foi que jusqu'à preuve du contraire.

TITRE II

Des visites et des perquisitions

Art. 6.—*(Modifié par l'arrêté du 28 Juin 1922)*.— Les perquisitions et visites domiciliaires, ailleurs que chez les débitants ou autres assujettis, ne pourront être faites, sauf l'exception prévue à l'article 3, que par les fonctionnaires, employés et préposés européens de la Régie, par les employés du cadre supérieur indigène faisant fonctions de receveurs, accompagnés ou non d'agents indigènes, par la gendarmerie, les officiers de police judiciaire et, généralement, par tout agent européen de la force publique délégué, en cas d'empêchement, par un officier de police judiciaire.

Hors le territoire des villes de Saigon, Hanoi, Haiphong, Hué et Pnompenh, où cette assistance sera toujours nécessaire en cas d'opposition, il pourra être procédé à toutes perquisitions, visites domiciliaires sans l'assistance d'un officier de police judiciaire ou de son délégué.

Art. 7. — Les visites et perquisitions domiciliaires chez les européens non soumis à l'exercice ne pourront avoir lieu qu'en vertu d'un ordre d'un fonctionnaire ou d'un employé remplissant les fonctions de receveur des Douanes ou d'entreposeur principal ou ayant au moins le grade de contrôleur. Il sera rendu compte des motifs de ces visites à l'Administration.

Art. 8. — Dans les centres indiqués à l'article 6, les ordres spécifiés à l'article 7 seront exhibés à l'officier de police judiciaire requis d'assister à la visite domiciliaire ou, s'il est absent, à son représentant, ainsi qu'au particulier chez lequel il sera procédé à une perquisition et mention de cette exhibition sera faite au procès-verbal.

Art. 9. — La présence à la visite d'un fonctionnaire ayant le grade de contrôleur ou remplissant les fonctions de receveur des Douanes, d'entreposeur principal, équivaudra à l'ordre exigé par l'article 6 ci-dessus. Mais ce chef devra faire connaître sa qualité au particulier chez qui il sera appelé à perquisitionner et mention en sera faite au procès-verbal, sous peine de nullité de ce procès-verbal.

Art. 10. — Les réquisitions à adresser aux officiers de police judiciaire appelés à prêter assistance à l'Administration dans les centres indiqués au paragraphe 2 de l'article 6 ci-dessus, et, en cas de visites domiciliaires, seront faites par les fonctionnaires et préposés des Douanes et Régies. Elles seront écrites ou verbales.

Mention de cette réquisition, soit verbale, soit écrite, sera faite au procès-verbal, sans toutefois, que l'omission de cette mention puisse entraîner la nullité du procès-verbal.

Art. 11. — L'officier de police judiciaire est tenu, sous les peines de droit, de déférer aux réquisitions ci-dessus.

Art. 12. — Dans les villes et localités autres que celles indiquées au 2e paragraphe de l'article 6, les fonctionnaires, employés et agents européens des Douanes et Régies pourront se faire assister, s'ils le jugent convenable, des maires, adjoints ou notables indigènes de ces localités. Les autorités indigènes qui n'obtempéreront pas à toute réquisition verbale ou écrite des agents des Douanes et Régies à l'occasion de l'exercice de leurs fonctions et ne prêteront pas aide et assistance en toutes circonstances, seront punies administravement, à la demande du directeur de cette Administration, et resteront, en outre, passibles des peines prévues, en pareil cas, par le Code pénal.

Art. 13. — Les fonctionnaires et préposés des Douanes et Régies auront, dans l'exercice de leurs fonctions et lorsque les circonstances l'exigeront, droit de passage sur les propriétés privées, sans avoir besoin d'être assistés d'un officier de police judiciaire et pourront y pénétrer de jour, en cas de poursuite à vue ou à la suite de marchandises transportées en fraude.

Ils pourront, sans se conformer aux prescriptions de l'article 6 précité, pénétrer dans un local dépendant de la maison d'un assujetti et en communication intérieure avec le jardin de la maison, si, au moment de la visite, il n'est pas présenté un bail authentique établissant la location à un tiers : s'il est trouvé dans ce local des objets provenant de fraudes, la saisie pourra en être opérée.

Art. 14.— Les visites et perquisitions chez les particuliers ne pourront avoir lieu, même en cas de poursuite à vue, que de 5 heures du matin à 6 heures et demie du soir.

Toutefois, un procès-verbal commencé avant 6 heures et demie du soir, pourra être continué pendant la nuit dans le domicile du contrevenant, lorsque les préposés jugeront convenable de ne pas discontinuer les opérations commencées.

Il pourra être procédé aux visites domiciliaires en plusieurs vacations.

Art. 15. — La surveillance extérieure pourra être exercée à toute heure autour ou dans les environs du domicile des particuliers soupçonnés de se livrer à la fraude.

Art. 16. — Toute perquisition domiciliaire restée infructueuse devra être constatée par un rapport fait, même sur papier libre et indiquant la date et l'heure de la visite, les noms et grades des employés qui l'auront effectuée, les nom, profession et domicile du particulier soupçonné, les motifs de la visite et l'heure précise à laquelle elle aura été terminée. Ce rapport sera signé par les employés qui auront fait la visite et visé par l'employé ou le fonctionnaire supérieur qui l'aura ordonnée ou y aura assisté.

Art. 17.— Aucune perquisition ne pourra être faite dans les établissements de l'Etat, dans les casernes ou autres bâtiments militaires, sans un ordre spécial émanant, lorsque cela sera possible, du directeur ou du sous-directeur ou, à défaut et en cas d'urgence, du chef du service des Douanes et Régies de la circonscription.

En outre, lorsqu'il y aura lieu de procéder à une visite domiciliaire dans un de ces établissements, il sera nécessaire d'en obtenir la permission du chef du corps ou du commandant d'armes.

Quand les employés éprouveront des refus ou des obstacles, pour l'exercice de leurs fonctions, dans les casernes, camps, forts, citadelles ou autres établissements militaires de même catégorie, autres que les hôpitaux militaires, ils devront se borner à constater le refus et faire parvenir leurs procès-verbaux au directeur qui agira auprès des autorités compétentes et qui, s'il éprouve lui-même des difficultés, en réfèrera au Gouverneur général.

Art. 18. — Lorsque les agents des Douanes et Régies auront, hors des villes où sont installées des autorités de l'ordre judiciaire, à procéder à des perquisitions ou visites domiciliaires chez les mandarins ou représentants de l'autorité annamite, à partir du grade de tri-huyên et des grades équivalents, ils devront, au préalable, réclamer l'assistance d'un représentant de l'Administration gouvernementale ou résidentielle.

En cas de refus de concours, ils préviendront immédiatement le directeur.

Art. 19. — Les visites corporelles pourront être opérées en tous lieux sur les indigènes.

Elles ne seront faites sur les européens que dans le cas de soupçons de fraude fondés sur des apparences sérieuses.

Elles devront, autant que possible, être effectuées dans les bureaux et à l'intérieur des postes des Douanes et Régies, et si l'individu soupçonné refuse de suivre les préposés au bureau, ceux-ci pourront l'y contraindre par la force.

L'assistance d'un officier de police judiciaire n'est pas exigée pour la visite corporelle.

Elle peut être effectuée de jour comme de nuit.

Art. 20. — Les employés des Douanes et Régies auront libre accès dans les gares, stations, magasins et autres établissements dépendant des chemins de fer ou d'un service quelconque de voitures publiques.

Ils seront, en outre, autorisés, dans l'exercice de leurs fonctions et munis de leurs commissions, à traverser et parcourir librement la voie des chemins de fer toutes les fois que le service l'exigera, en se conformant aux mesures de précaution qui auront été déterminées.

Art. 21. — Les employés des Douanes et Régies auront non seulement le droit d'opérer des visites dans les gares ou stations ou au siège de l'exploitation de chaque compagnie, mais ils pourront encore étendre leurs recherches et vérifications à toutes les opérations de comptabilité concernant les transports.

Art. 22. — Les compagnies de chemins de fer et autres entreprises de transports par terre ou par eau seront tenues de communiquer aux fonctionnaires et agents des Douanes et Régies, tant au siège de l'exploitation que dans les gares, stations, escales, dépôts et succursales, les registres et documents de toute nature concernant le transport d'objets soumis à l'impôt, sous peine, par chaque refus de communication constaté par procès-verbal, d'une amende de 100 à 1.000 francs. En cas de récidive, l'amende sera toujours de 500 francs au moins.

Art. 23. — Les employés des Douanes et Régies continueront, comme par le passé, à opérer des visites et perquisitions dans les barques et jonques en cours de route ou de voyage et en station dans les localités où ils les rencontreront, même pour les chefs-lieux indiqués à l'article 6 ci-dessus, sans l'assistance d'un officier de police judiciaire ou sans ordre spécial.

Art. 24. — Les visites et perquisitions à bord des navires de commerce et bâtiments de guerre seront effectuées conformément aux prescriptions des articles 8 et 10 du titre XIII de la loi du 22 Août 1791, promulguée en Indochine suivant décret du 16 Février 1895 et par arrêté du 10 Avril 1895.

Il ne sera procédé à des visites à bord des bâtiments de guerre qu'après que le directeur ou le sous-directeur en aura donné l'autorisation soit écrite, soit verbale.

Art. 25. — Les fonctionnaires, employés et agents sont autorisés à pénétrer, sans être assistés d'un officier de police judiciaire et sans ordre spécial, à toute heure du jour, dans des fabriques, usines, distilleries, débits, gares, stations et autres établissements ou lieux analogues où sont fabriqués, manipulés, vendus, déposés ou transportés des produits soumis à l'impôt. Ils y opéreront visites, perquisitions, exercice et surveillance qu'ils jugeront utiles.

Ils pourront également s'introduire la nuit dans les fabriques, usines, distilleries et autres établissements de l'espèce, lorsqu'il résultera des déclarations faites par les propriétaires, directeurs ou gérants de ces établissements qu'ils sont en activité. Ces établissements seront considérés comme étant en activité lorsqu'il existera dans les ateliers ou autres lieux dépendant de ces établissements des matières en fermentation, des liquides produits ou denrées susceptibles d'être distillés, rectifiés, transformés, manipulés ou fabriqués.

Art. 26. — Tout agent de la force publique, tout préposé de la Régie pourra, à toute heure du jour et de la nuit, entrer et circuler dans les débits et fumeries d'opium et y faire toutes les visites qu'il jugera nécessaires.

Art. 27. — Les visites et exercice chez les marchands en gros et débitants au détail de tous produits autres que l'opium pourront également avoir lieu de nuit comme de jour, mais pendant seulement le temps où leurs débits seront ouverts au public. Ils seront tenus d'ouvrir leurs caves, celliers, magasins et autres lieux de dépôt pour y laisser faire des visites, même les jours de fêtes et dimanches.

Art. 28. — Ce droit de visite s'étend à toutes les parties de la maison et de ses dépendances et aux habitations des voisins, dans le cas prévu par le 2e paragraphe de l'article 13 ci-dessus.

Art. 29. — Au domicile des personnes soumises à leurs visites et exercice, les employés des Douanes et Régies pourront constater les contraventions étrangères à la matière qui fait l'objet de l'assujettissement.

TITRE III

Du refus de l'exercice et de la rebellion

Art. 30. — En aucun cas, le droit de visite ne pourra être paralysé par un obstacle quelconque, prétexte, excuse, opposition verbale ou de fait, refus d'entrer, injures, menaces ou acte de rebellion, et les exercices ne pourront être retardés, sous peine d'une amende de 5.000 francs, en dehors de la répression qui serait prévue pour opposition à l'exercice, par les règlements spéciaux à chaque régie.

Art. 31. — Tout refus d'exercice sera constaté au procès-verbal qui mentionnera que l'assujetti a été requis ou sommé de s'y soumettre et qu'il s'y est opposé.

Art. 32. — Ce procès-verbal fera foi, en ce qui concerne le trouble et l'opposition aux exercices, jusqu'à inscription de faux.

La preuve testimoniale pourra être admise contre les procès-verbaux pour injures, menaces, voies de fait contre les fonctionnaires employés et agents dans l'exercice ou à l'occasion de l'exercice de leurs fonctions.

Art. 33. — Les actes de rebellion et voies de fait contre des fonctionnaires, employés et agents des Douanes et Régies seront poursuivis devant les tribunaux qui ordonneront l'application des peines prononcées par le Code pénal, indépendamment des amendes et confiscations qui pourraient être encourues par les contrevenants.

Quand les rebellions ou voies de fait auront été commises par un débitant ou un assujetti quelconque, l'Administration pourra ordonner la fermeture de ses établissements, soit après condamnation, soit d'urgence, par mesure de sûreté publique.

TITRE IV

DE L'ARRESTATION ET DE LA DÉTENTION DES FRAUDEURS ET CONTREBANDIERS

Art. 34. — ***(Modifié par l'arrêté du 1er Août 1907).*** — Les fonctionnaires, les préposés et les employés assermentés de la Régie, les officiers de la police judiciaire, les gardes forestiers et, généralement, tout employé européen de même que les autorités indigènes, pourront, en constatant la fraude et en opérant la saisie des objets prohibés ou de contrebande, ou servant à leur fabrication, procéder à l'arrestation des fraudeurs et colporteurs.

Art. 35. — ***(Modifié par l'arrêté du 1er Août 1907).*** — Lorsque, conformément à l'article précédent, les employés auront arrêté un fraudeur ou colporteur de matières sus-désignées, ils seront tenus de le conduire sur-le-champ devant un officier de police judiciaire ou devant le juge de paix ou le magistrat qui en remplit les fonctions, lequel statuera de suite, par une décision motivée, sur son emprisonnement ou sa mise en liberté sous caution suffisante pour garantir une présentation en justice du prévenu, ainsi que le paiement des amendes et condamnations encourues.

Lorsque l'arrestation aura été pratiquée par les autorités indigènes l'agent des Douanes et Régies à qui le fraudeur sera remis, devra le conduire devant l'officier de police judiciaire, le juge de paix ou le magistrat chargé de statuer sur son emprisonnement ou sa mise en liberté sous caution.

Art. 36. — ***(Modifié par l'arrêté du 1er Août 1907).*** — Dans le cas où, pour un motif quelconque, les employés qui auront arrêté un fraudeur ne pourront le conduire immédiatement devant le fonctionnaire ou le magistrat appelé à statuer sur son emprisonnement ou sa mise, en liberté sous caution, ils devront le remettre à la force armée ou aux autorités indigènes des villages qui seront tenues de le conduire devant le dit fonctionnaire ou magistrat. Dans ce cas, une copie du procès-verbal sera remise à l'autorité chargée de la garde et de la conduite du délinquant.

Les notables qui auront assuré la garde et la conduite des prévenus dans les cas prévus aux articles 34 et 35 du présent arrêté auront droit à des indemnités de déplacement ainsi qu'au remboursement des frais de nourriture et de transport.

Ils seront classés à la 4e catégorie du tableau annexé à l'arrêté du 22 Février 1902, qui fixe les indemnités de séjour et de route à payer aux agents indigènes.

TITRE V

DES PROCÈS-VERBAUX

Art. 37. — Toute contravention aux lois, arrêtés et règlements sur les contributions indirectes sera constatée par un procès-verbal rédigé en triple expédition. Une de ces expéditions sera adressée, sans délai, au directeur des Douanes et Régies ou à son représentant, la seconde au chef de la province ; la troisième sera transmise, aussitôt, que possible, au procureur de la République de la province ou de la circonscription judiciaire, ou au président du tribunal résidentiel compétent. Il pourra être fait autant de copies qu'il sera jugé utile. Elles seront certifiées conformes par les verbalisants ou, à défaut, par les fonctionnaires chargés des poursuites.

Les contraventions relevées par les autorités indigènes dans les conditions prévues à l'article 3, feront l'objet d'un simple rapport qui sera transmis au procureur de la République ou au président du tribunal résidentiel compétent, et copie sera adressée au directeur des Douanes et Régies et au chef de la province.

Art. 38. — Les procès-verbaux en matière de contributions indirectes seront dressés dans les huit jours de la constatation de l'acte même de contravention ou des autres faits matériels qui en prouvent directement l'existence.

Art. 39. — Les procès-verbaux énonceront la date et la cause de la saisie, la déclaration qui en aura été faite au prévenu, les noms, qualités et demeure des saisissants et de celui chargé des poursuites, l'espèce, poids et mesure des objets saisis, la présence de la partie à leur description ou la sommation qui lui aura été faite d'y assister, les noms et qualités du gardien, s'il y a lieu, le lieu de la rédaction du procès-verbal et l'heure de la clôture.

Art. 40. — Dans le cas où le motif de la saisie portera sur le faux ou l'altération des expéditions ou des marques de la Régie, le procès-verbal énoncera le genre de faux, les altérations ou surcharges. Les dites pièces fausses seront signées et paraphées du saisissant et annexées au procès-verbal qui contiendra la sommation faite à la partie de les parapher et sa réponse.

Art. 41. — Il sera offert main-levée sous caution solvable ou en consignant la valeur des navires, bateaux, barques et voitures, chevaux et équipages saisis pour autre cause que pour importation de marchandises dont la consommation est défendue, et cette offre, ainsi que la réponse de la partie, sera mentionnée au procès-verbal.

Il pourra aussi être offert main-levée des objets saisis sous caution solvable et suivant estimation de gré, s'ils sont sujets à dépérissement, surtout en cas de fraude simple et quand la saisie n'est pas motivée par la prohibition.

Art. 42. — Si le prévenu est présent, le procès-verbal énoncera qu'il lui en a été donné lecture et copie. En cas d'absence du prévenu, la copie sera affichée dans le jour à la porte de la maison commune du lieu de la saisie ou notifiée soit au domicile naturel du prévenu, soit en parlant à sa personne en quelque lieu qu'il se trouve. Ces procès-verbaux affichés et notifications pourront être faits tous les jours indistinctement.

Art. 43. — Les procès-verbaux dressés par un ou plusieurs agents et les rapports dressés par les autorités indigènes dans les conditious stipulées par l'article 3, seront affirmés dans les trois jours (soixante-douze heures) de leur clôture, devant le juge de paix ou le magistrat qui en remplira les fonctions, si la contravention a été constatée au chef-lieu d'une circonscription judiciaire, et dans les huit jours, si la constatation s'est faite en dehors de ce chef-lieu. Dans les arrondissements et provinces où il n'existe pas de juge de paix, ni de magistrat en remplissant les fonctions, le procès-verbal sera affirmé, dans les mêmes conditions, devant l'administrateur ou le résident, ou leurs adjoints.

L'affirmation énoncera qu'il a été donné lecture du procès-verbal aux affirmants.

En cas d'empêchement ou de difficultés résultant de la distance ou de l'absence de moyens de transport, l'affirmation des procès-verbaux dressés en matière de contributions indirectes dans l'un des pays de l'Indochine, Cochinchine exceptée, pourra être faite par écrit selon la formule suivante :

« Nous soussignés, commis ou préposés assermentés des Douanes
« et Régies de l'Indochine, demeurant à........ affirmons sincère et
« véritable dans tout son contenu, le procès-verbal ci-contre. »

(*Signature*).

« En foi de quoi, nous...... Président du Tribunal de...... avons
« dressé le présent acte pour valoir ce que de droit. »

(*Date et signature*).

Art. 44. — Les procès-verbaux ainsi rédigés et affirmés par deux agents européens, seront crus jusqu'à inscription de faux. Les tribunaux ne pourront admettre contre lesdits procès-verbaux d'autres nullités que celles résultant de l'omission des formalités prescrites par l'article précédent.

Les procès-verbaux nuls pour défaut de forme ou qui n'auraient été rédigés que par un seul agent des Douanes et Régies ou des agents étrangers à cette administration (agents des débitants généraux, gardes forestiers, gendarmes), et les rapports dressés par les autorités indigènes, feront néanmoins foi jusqu'à preuve du contraire.

Art. 45. — L'irrégularité du procès-verbal portant saisie d'objets prohibés ou délictueux, n'empêchera pas les juges de prononcer l'amende encourue et la confiscation desdits objets, si la contravention n'a pas été détruite par la preuve contraire.

TITRE VI

De la procédure judiciaire sur les procès-verbaux de contravention et du mode de recours contre les jugements et arrêts.

Art. 46. — Les contraventions aux lois, règlements et arrêtés sur les contributions indirectes seront poursuivies devant les tribunaux correctionnels qui prononceront les condamnations.

Elles seront jugées en première instance par le tribunal dans l'arrondissement duquel l'infraction aura été commise.

Art. 47. — L'administration des Douanes et Régies sera représentée devant les tribunaux de l'Indochine par les fonctionnaires désignés par décision du directeur des Douanes et Régies de l'Indochine.

Art. 48. — Le tribunal correctionnel se trouvera saisi de l'affaire par une assignation donnée au nom de l'Administration des Douanes et Régies, dans les formes et suivant les prescriptions des articles 182 et 184 du Code d'Instruction criminelle, seules applicables en l'espèce.

Art. 49. — L'assignation à fin de condamnation sera donnée dans les trois mois de la date du procès-verbal et, en cas d'arrestation du contrevenant, dans le mois, au plus tard, de la date du procès-verbal.

Elle pourra être donnée tous les jours indistinctement par les agents assermentés des Douanes et Régies ou tous autres agents de la police publique.

Art. 50. — Si le tribunal juge la saisie mal fondée, il pourra condamner la Régie, non seulement aux frais du procès et à ceux de fourrière, le cas échéant, mais encore à une indemnité proportionnée à la valeur des objets dont le saisi aura été privé pendant le temps de la saisie, jusqu'à leur remise ou l'offre qui en aura faite ; mais cette indemnité ne pourra excéder 1 % (1 pour cent) par mois de la valeur des dits objets.

Art. 51. — Si, par l'effet de la saisie et de leur dépôt dans un lieu et à la garde d'un dépositaire qui n'aurait pas été choisi ou indiqué par le saisi, les objets saisis avaient dépéri avant leur remise, ou l'offre valable de cette remise, la Régie pourra être condamnée à en payer la valeur ou l'indemnité de leur dépérissement.

Art. 52. — Dans le cas où la saisie n'étant pas déclarée valable, l'Administration des Douanes et Régies interjeterait appel du jugement, les navires, bateaux, barques, voitures, chevaux et autres animaux saisis et tous les objets sujets à dépérissement ne seront remis que sous caution solvable, après estimation de leur valeur.

Art. 53. — Les propriétaires des marchandises seront responsables du fait de leurs facteurs, agents, ou domestiques, en ce qui concerne les droits, confiscations, amendes ou dépens.

Art. 54. — La confiscation des objets saisis pourra être poursuivie contre les conducteurs, colporteurs, ou détenteurs, sans que la Régie soit obligée de mettre en cause les propriétaires, quand même ils lui seraient indiqués sauf si le ou les propriétaires intervenaient ou étaient appelés, par ceux sur qui les saisies auraient été faites pour être statué ainsi que de droit, sur leur intervention ou réclamation.

Art. 55.— Les condamnations pécuniaires contre plusieurs personnes pour un même fait de fraude seront solidaires.

Art. 56. — Les objets, soit saisis pour fraude ou contravention, soit confisqués, ne pourront être revendiqués par les propriétaires, ni le prix, soit consigné ou non, réclamé par aucun créancier, même privilégié, sauf le recours contre les auteurs de la fraude.

Art. 57. — Les juges ne pourront, sous aucun prétexte, modérer les confiscations ou amendes, ni en ordonner l'emploi au préjudice de la Régie.

Toutefois, dans le cas où la peine de l'emprisonnement est prévue contre les délinquants, les tribunaux pourront appliquer, mais seulement en ce qui concerne cette peine et s'il n'y a pas récidive, l'article 463 du Code pénal.

Le bénéfice de la loi du 26 Mars 1891 pourra être accordé, dans les mêmes conditions, aux contrevenants aux lois et règlements sur les contributions indirectes en Indochine : mais, en aucun cas, ce bénéfice ne pourra s'étendre aux amendes et confiscations.

Art. 58. — En cas de préjudice réel causé au service des contributions indirectes ou aux débitants généraux agissant au nom de l'Administration, les tribunaux pourront accorder des dommages-intérêts dont le montant ne pourra, en aucun cas, être inférieur au montant de l'amende encourue. Les juges ne pourront pas refuser ou modérer les dommages-intérêts dans le cas où leur allocation est prévue aux arrêtés et règlements spéciaux à chaque régie.

Art. 59.— L'opposition aux jugements et arrêts correctionnels rendus en matière de contravention aux règlements sur les contributions indirectes sera faite, à peine de nullité, dans les 5 jours de la signification de l'extrait du jugement ou de l'arrêt par défaut.

Ce délai sera augmenté d'un jour par cinq myriamètres de distance du domicile du défendeur au chef-lieu de la circonscription judiciaire ou de la Cour d'appel.

L'opposition sera notifiée au ministère public et à la partie civile.

Art. 60. — (Modifié par l'arrêté du 25 Août 1909). — L'appel de l'Administration des contributions indirectes devra être notifié au prévenu vingt jours au plus tard après celui où il aura été prononcé et, si le prévenu n'habite pas au siège du tribunal, ce délai sera augmenté d'un jour par deux myriamètres de distance entre le siège du tribunal et la résidence du prévenu.

La notification d'appel contiendra assignation à quinzaine devant la Cour d'appel. Le délai sera prolongé d'un jour par deux myriamètres de distance du domicile du défendeur au siège de la Cour.

Art. 61 — (Modifié par l'arrêté du 25 Août 1909). — Le ministère public et les prévenus, sans préjudice de l'application de l'art. 205 du Code d'instruction criminelle, pourront interjeter appel dans le même délai de 20 jours à compter du prononcé du jugement en faisant la déclaration d'appel au greffe du tribunal qui a prononcé le jugement.

La notification de l'appel du ministère public ou du prévenu sera faite à l'Administration des contributions indirectes par simple lettre du Parquet contenant assignation à quinzaine devant la Cour.

Le Parquet fera également assigner le prévenu appelant à comparaître dans le même délai devant la Cour d'appel.

Art. 62 — (Modifié par l'arrêté du 25 Août 1909). — Les significations et notifications faites à la requête de l'Administration des Douanes et Régies pourront, même dans les villes où sont établis les huissiers titulaires, être faites aux contrevenants et à des tiers, s'il y a lieu, par les agents assermentés des Douanes et Régies ou par tous les autres agents de la force publique.

Celles à la requête des Parquets devront être faites par les huissiers et tous autres agents de la force publique ; enfin, celles des seuls prévenus devront être faites par les huissiers.

Art. 63. — Les pourvois en cassation en matière correctionnelle seront faits conformément aux prescriptions du Code d'instruction criminelle, sous la réserve que les actes et exploits à signifier ou à notifier en pareils cas par les huissiers pourront être faits, signifiés ou notifiés pour le compte et au profit de l'Administration des Douanes et Régies, par les agents assermentés de cette administration ou tous autres agents de la force publique.

Art. 64. — La déclaration de pourvoi devra être faite par un employé de l'Administration des Douanes et Régies agissant en qualité d'agent de l'Administration et sur l'ordre du directeur.

A ce titre, il bénéficiera de la dispense, accordée par le 1er paragraphe de l'article 420 du Code d'instruction criminelle, aux agents publics pour affaires concernant l'Administration et les Domaines de l'État.

Art. 65. — Les jugements portant condamnation à des amendes ou réparations civiles, ou aux frais et dépens seront exécutés selon les dispositions des lois et règlements en vigueur en Indochine. La contrainte par corps leur sera applicable. L'Administration des Douanes et Régies pourra recourir à ce moyen de recouvrement de préférence à tous autres.

Les indigènes et assimilés condamnés pour contraventions en matière de régies, seront conservés en état d'arrestation ou constitués prisonniers immédiatement après le jugement, nonobstant opposition ou appel.

Art. 66. — Les agents assermentés des Douanes et Régies et tous les agents de la force publique pourront, même dans les villes où sont établis les huissiers titulaires de ces fonctions, faire tous actes, opérations, exploits, notifications et ventes de biens meubles nécessaires pour l'exécution des ordonnances de justice, jugements et arrêts en matière de contributions indirectes et procéder, en ce qui concerne la vente des immeubles des redevables qui n'auront pas satisfait aux commandements à eux signifiés, ainsi qu'il est prévu à l'arrêté du 5 Janvier 1898, ainsi conçu :

« Les agents assermentés des Douanes et Régies et tous agents de « la force publique pourront, en dehors des villes de Saigon et Cholon, « faire tous actes, opérations, exploits, notifications et vente des biens « meubles nécessaires pour l'instruction des procès et l'exécution des « ordonnances de justice, jugements et arrêts en matière de contri- « butions indirectes.

« Ils pourront également requérir les notables des villages, en leur « remettant un extrait du jugement contenant le dispositif signé du « greffier et visé par le procureur de la République, de procéder à « la vente des immeubles du redevable qui n'aura pas satisfait au « commandement. En cas d'opposition de la partie condamnée à ce « qu'il soit procédé à la vente de ses immeubles par les notables, « cette vente aura lieu devant le tribunal civil, sans autre formalité « que le dépôt du procès-verbal constatant l'état descriptif des im- « meubles à vendre, leur inscription sur le registre du contrôle de la « propriété foncière et l'affichage opéré depuis trente jours au moins « des dites constatations et de l'indication du jour de la vente.

Art. 67. — Les jugements portant confiscation des objets saisis sur des particuliers inconnus et par eux abandonnés et non réclamés, ne serront exécutés qu'après le mois de l'affichage des dits jugements à la porte du bureau des Douanes et Régies où ont été déposés les objets saisis.

Passé ce délai, aucune demande ou répétition ne sera valable et les objets saisis seront vendus au profit de l'Administration saisissante.

TITRE VII

De l'inscription de faux

Art. 68. — Celui qui voudra s'inscrire en faux contre un procès-verbal, sera tenu d'en faire la déclaration par écrit, en personne ou par un fondé de pouvoir spécial et authentique, au plus tard à l'audience indiquée dans l'assignation à fin de condamnation. Cette déclaration sera reçue et signée par le président du tribunal et par le greffier. Dans le cas où le déclarant ne saurait écrire ni signer cette déclaration indiquera les moyens du faux, le nom et la qualité des témoins qui devront être entendus, le tout à peine de déchéance de l'inscription de faux.

Art. 69.— Le délai pour l'inscription de faux contre le procès-verbal ne commencera à courir que le jour de la signification du jugement, s'il y a été rendu par défaut.

Art. 70.— Les moyens de faux proposés contre les procès-verbaux des préposés de la Régie ne seront admis qu'autant qu'ils tendront à justifier les prévenus de la fraude ou des contraventions qui leur sont imputées.

TITRE VIII

Des contraintes

Art. 71.— La Régie pourra employer contre les redevables en retard la voie de la contrainte.

Art. 72.— La contrainte sera décernée par le directeur; elle sera visée et déclarée exécutoire sans frais par le juge de paix de la circonscription où est domicilié le redevable ou par le magistrat qui en remplit les fonctions.

Ce magistrat ne pourra refuser de viser la contrainte pour être exécutée, à peine de répondre des valeurs pour lesquelles la contrainte aura été décernée.

Celle-ci pourra être notifiée par les préposés des Douanes et Régies.

Les significations de contrainte seront enregistrées dans les quatre jours de leur date.

Art. 73. — Les contraintes seront exécutoires nonobstant opposition et sans y préjudicier.

Toutefois, quand il n'y aura pas urgence de passer outre à l'opposition et faire procéder à la vente des meubles saisis à sa requête, l'Administration des Douanes et Régies pourra déférer à l'opposition qui sera formée. Cette opposition sera motivée et sera portée dans la huitaine devant le tribunal civil de l'arrondissement ou de la province de l'opposant, à peine de nullité de son opposition.

Art. 74. — Les redevables désignés en l'article 2 du décret du 24 Juillet 1893, et sur lesquels auraient été protestées, faute de paiement, des obligations souscrites par eux envers l'Administration des Douanes et Régies par suite de crédits obtenus, seront contraignables par corps.

TITRE IX

De la contrainte par corps

Art. 75. — Les arrêtés et jugements définitifs portant condamnation à des amendes et dommages-intérêts prononcés à la requête de l'Administration des Douanes et Régies, ne peuvent être exécutés, par la voie de la contrainte par corps, que cinq jours après le commandement qui est fait au condamné demeuré en liberté. Sur le vu du commandement et sur la demande de l'Administration des Douanes et Régies, le procureur de la République adresse les réquisitions nécessaires aux agents de la force publique et aux autres fonctionnaires chargés de l'exécution des mandements de justice.

Si le débiteur est détenu, la recommandation peut être ordonnée immédiatement après la notification du commandement, sauf l'exception prévue au deuxième paragraphe de l'article 65.

Art. 76. — La durée de la contrainte par corps est réglée ainsi qu'il suit :

De deux jours à vingt jours, lorsque l'amende et les autres condamnations n'excèdent pas 50 francs ;

De vingt jours à quarante jours, lorsqu'elles sont supérieures à 50 francs et qu'elles n'excèdent pas 100 francs :

De quarante jours à soixante jours, lorsqu'elles sont supérieures à 100 francs et qu'elles n'excèdent pas 200 francs ;

De deux mois à quatre mois, lorsqu'elles sont supérieures à 200 francs et qu'elles n'excèdent pas 500 francs ;

De quatre mois à huit mois, lorsqu'elles sont supérieures à 500 francs et qu'elles n'excèdent pas 2.000 francs ;

D'un an à deux ans, lorsqu'elles s'élèvent au-dessus de 2.000 francs.

Art. 77. — Les condamnés qui justifient de leur insolvabilité, suivant l'article 420 du Code d'instruction criminelle sont mis en liberté après avoir subi la contrainte pendant la moitié de la durée fixée par le jugement, lorsque cette durée sera supérieure à six mois et que le condamné ne sera pas sous le coup d'une condamnation pour récidive.

Art. 78. — Si le débiteur a commencé sa soixantième année la contrainte par corps est réduite à la moitié de la durée fixée par le jugement.

Art. 79. — La contrainte par corps ne peut être exercée simultanément contre le mari et la femme.

Art. 80. — La transaction acceptée par les autorités compétentes en matière de Douanes et Régies entraine la mise en liberté immédiate des débiteurs contraints par corps.

Art. 81. — L'exécution de la contrainte par corps est indépendante du droit qui appartient à l'Administration des Douanes et Régies de poursuivre le recouvrement des amendes et dommages-intérêts sur les biens du débiteur.

Art. 82. — Les individus contre lesquels la contrainte a été prononcée peuvent en prévenir ou en faire cesser l'effet en fournissant une caution reconnue bonne et valable par l'Administration des Douanes et Régies. La caution offerte par les villages est toujours tenue pour bonne et valable.

La caution doit s'exécuter dans le mois, à peine de poursuite. La caution peut être admise à transiger avec l'Administration des Douanes et Régies.

Art. 83. — L'Administration des Douanes et Régies est dispensée de toute consignation d'aliment.

TITRE X

De la prescription

Art. 84. — La prescription sera acquise à l'Administration des Douanes et Régies contre toute demande en restitution de droits, de marchandises ou objets, ou dommages-intérêts, après un délai de un an.

Elle sera acquise aux redevables contre l'Administration des Douanes et Régies pour les droits que les préposés n'auraient pas réclamés pendant le délai d'un an à compter de l'époque où ils étaient exigibles.

L'Administration sera, d'autre part, déchargée de la garde des registres des recettes antérieures de trois années à l'année en cours.

Art. 85. — La prescription trentenaire restera applicable, tant aux redevables que contre eux, dans les cas prévus par l'article 2262 du Code civil.

Art. 86. — Les contraventions pour fraudes et infractions aux dispositions des arrêtés et règlements sur les contributions indirectes, seront prescrites par l'absence de toute poursuite pendant trois ans, à compter du jour où elles auront été commises, conformément aux prescriptions de l'article 638 du Code d'instruction criminelle.

En conséquence, les contraventions pourront être constatées et les poursuites pourront même être reprises, dans le délai ci-dessus, sur charge nouvelle après ordonnance ou arrêt de non-lieu.

Art. 87. — Les peines portées par les jugements rendus pour contravention aux règlements de la Régie, seront prescrites après cinq années révolues, du jour où la décision judiciaire aura acquis l'autorité de la chose jugée, conformément à l'article 636 du Code d'instruction criminelle.

TITRE XI

Des transactions

Art. 88. — L'Administration des Douanes Régies est autorisée à transiger, soit avant soit après jugement, sur les contraventions en matière de contributions indirectes. Les objets prohibés ou sujets à confiscation qu'elle aura saisis ne pourront être revendiqués par leurs propriétaires et lui resteront, de plein droit, acquis.

Lorsqu'il aura été constaté une contravention en matière de contributions indirectes pouvant, par ses conséquences, intéresser l'Administration générale, il appartiendra aux chefs de province de faire à l'Administration des Douanes et Régies toutes communications utiles en vue des transactions ou autres suites que les constatations peuvent comporter.

Art. 89. — Avant jugement définitif, la transaction aura pour effet d'arrêter la poursuite des contraventions prévues par les règlements sur les contributions indirectes, même de celles qui seraient punies d'une peine correctionnelle.

Art. 90. — Après jugement définitif, l'Administration des Douanes et Régies ne pourra transiger que sur les condamnations purement pécuniaires.

TITRE XII

Dispositions générales

Art. 91. — Les greffiers des Cours et Tribunaux de l'Indochine devront, dans les quinze jours du prononcé des jugements et arrêts de condamnation rendus à la requête de l'Administration des Douanes et Régies, délivrer à ladite administration des extraits en forme exécutoire contenant le nom des parties et le dispositif des jugements et arrêts prononcés soit contradictoirement, soit par défaut, contre les indigènes ou asiatiques assimilés.

Le prix de chaque extrait est fixé à soixante cents (0$60) pour tout droit de greffe. Le droit d'enregistrement des jugements et arrêts sera de une piastre (1 $ 00), quel que soit le montant des condamnations pécuniaires prononcées

Art 92. — Les extraits de jugements prononcés à la requête de la Régie et portant condamnation contre les indigènes domiciliés hors des villes, sièges des tribunaux de 1re instance et des justices de paix à compétence étendue, seront adressés aux administrateurs, chefs de province, qui sont chargés d'en faire assurer l'exécution par toute voie de droit.

Les actes de signification et de notification des jugements en matière de Douanes et Régies sont enregistrés gratis.

Art. 93. — Le montant des amendes, confiscations et transactions prononcées, faites ou intervenues en matière de contributions indirectes, sera réparti conformément aux arrêtés du Gouverneur général en la matière.

Art. 94. — L'Administration des Douanes et Régies aura privilège et préférence à tous créanciers conformément aux dispositions du Code civil, pour le recouvrement des frais, droits et condamnations qui lui seront dus.

Toutes saisies du produit de droits faites entre les mains de ses employés ou dans celles de ses redevables seront nulles et de nul effet.

Art. 95. — La force publique sera tenue de prêter assistance aux préposés des Douanes et Régies dans l'exercice de leurs fonctions.

Art. 96. — Tout préposé ou agent révoqué, licencié ou démissionnaire sera tenu, sous peine d'y être contraint, de remettre à l'Administration, en quittant son emploi, sa commission, ainsi que les registres et autres effets qu'elle lui aura remis ou confiés et de rendre des comptes.

Art. 97. – (*Modifié par l'arrêté du 12 Novembre 1908*). — § 1er. — « Les « autorités indigènes (administratives ou communales) qui auront « interposé pour couvrir une fraude, en matière de contributions indi- « rectes, un individu qui n'en est pas l'auteur, seront rendues person- « nellement responsables des condamnations pécuniaires encourues, « sans préjudice des poursuites criminelles qui pourront être dirigées « contre elles.

§ 2. — « Les dites autorités seront, en outre, rendues personnelle- « ment responsables des condamnations pécuniaires prononcées ou « encourues à la suite d'infractions en matière de contributions in- « directes commises sur leur territoire, lorsque, par suite de refus « d'assistance, d'inexécution de réquisition, ou de négligence grave, « le délinquant ou les pièces à conviction auront été soustraits à la « justice, sans préjudice des poursuites correctionnelles qui pourront « être exercées, lorsque les faits revêtiront le caractère de délit d'en- « trave ou de rebellion à l'égard d'agents dans l'exercice de leurs « fonctions

§ 3. — « Les communes seront civilement responsables des dégâts « et dommages résultant des crimes ou délits commis, à force ouverte « ou par violence, sur leur territoire, par des attroupements ou ras- « semblements armés, ou non armés, envers les agents ayant qualité « pour constater les fraudes en matière de contributions indirectes. « Les dommages dont la commune sera responsable seront répartis « entre tous les habitants domiciliés dans ladite commune, en vertu « du rôle d'impôt de la commune.

§ 4. — « Si les attroupements ou rassemblements ont été formés d'habitants de plusieurs communes, chacune d'elles sera responsable des dégâts et dommages dans la proportion qui sera fixée par les tribunaux.

§ 5. — « Les dispositions des paragraphes 3 et 4 du présent article ne seront pas applicables, lorsque la commune pourra prouver que toutes les mesures qui étaient en son pouvoir ont été prises à l'effet de prévenir et de disperser les attroupements ou rassemblements et d'en faire connaître les auteurs.

§ 6. — « La commune déclarée responsable pourra exercer recours contre les auteurs et complices du désordre.

« Les communes, poursuivies comme civilement responsables, seront « valablement assignées devant les diverses juridictions par la remise « de l'exploit de citation à l'un des notables de la commune.

« Lesdites communes seront aussi valablement représentées en « justice par l'un des notables de la commune, porteur de l'exploit « d'assignation indiqué ci-dessus.

« Le Conseil des notables pourra, s'il le juge utile, désigner une « délégation prise dans le conseil ou telles personnes de la commune « qu'il jugera bon pour présenter la défense de la dite commune. La « délégation ou toutes autres personnes désignées seront accréditées « près le tribunal par la simple décision écrite du Conseil, visée par « le chef de la province à laquelle appartiendra la commune. »

Art. 98. — Tout individu, convaincu d'avoir volontairement déposé chez un particulier des objets ou des substances de contrebande ou de fraude, sera considéré comme coupable de la contravention qu'il a voulu simuler, sans préjudice des réparations dues à la victime de ces machinations.

Si le coupable a servi d'indicateur, les pénalités applicables seront portées au double, sans préjudice de l'application des autres dispositions du Code pénal au cas où il serait agent assermenté de l'Administration, des fermiers, débitants et entreposeurs de l'Administration des Douanes et Régies.

CHAPITRE XVIII

Caisses locales de retraites

Un décret du 5 Mai 1898, modifié par ceux des 6 Décembre 1905, 24 Août 1908, 31 Octobre 1911, 17 Mai et 19 Juin 1913, a créé en Indochine une caisse de retraites des Services civils locaux pour les employés et agents civils citoyens français qui ne peuvent prétendre à l'obtention de pensions payables sur le budget de l'Etat ou qui ont renoncé, dans les conditions prévues à l'art. 43 de la loi de finances du 13 Avril 1898 (1), au bénéfice de la loi du 9 Juin 1853.

Le 15 Septembre suivant, un arrêté du Gouverneur général a institué une caisse de retraites pour les militaires et

---

(1) Art. 43 de la loi de finances du 13 Avril 1898 :

Art. 43. — Les fonctionnaires, employés et agents civils placés sous le régime de la loi du 9 Juin 1853, qui seront admis, à titre définitif, dans les services locaux de l'Indochine à partir du 1er Janvier 1899, ne pourront plus prétendre à une pension de retraite payable sur le trésor public.

Les pensions de retraite à leur attribuer seront payées sur les fonds d'une caisse locale de retraites à l'entretien de laquelle les divers budgets locaux de l'Indochine contribueront obligatoirement, proportionnellement au nombre des participants, et dont le régime et le fonctionnellement seront réglés par un décret rendu sur la proposition du Ministre des Colonies, après avis du Ministre des finances.

Les fonctionnaires, employés et agents des services civils, placés sous le régime de la loi du 9 Juin 1853, et actuellement en fonctions en Indochine, seront autorisés à renoncer au bénéfice de la dite loi, et placés sous le régime nouveau.

La renonciation sera définitive. Elle devra être déclarée dans le délai d'un an, à compter de la promulgation en Indochine du décret portant organisation de la caisse locale de retraites. Elle n'entraînera, en aucun cas, le remboursement aux services locaux de l'Indochine des retenues pour le service des pensions civiles régulièrement encaissées par l'Etat.

Les retenues au profit de l'Etat pour le service des pensions civiles cesseront d'être opérées à compter de la renonciation.

Les dispositions du présent article ne seront pas applicables aux magistrats ni aux agents appartenant aux administrations métropolitaines mis à la disposition du Ministère des Colonies.

employés indigènes de l'Indochine. Cet arrêté qui a été modifié par de nombreux textes, a été refondu, en ce qui concerne les pensions civiles indigènes, dans l'arrêté du 29 Décembre 1913 qui édicte des dispositions plus libérales.

De même, la réglementation de la caisse locale de retraites a fait l'objet d'un nouveau décret en date du 1er Mars 1923.

Nous allons étudier le fonctionnement de ces deux caisses :

1° Caisse de retraites des Services civils locaux.

(Décret du 1er Mars 1923, modifié par celui du 12 Janvier 1924).

TITRE PREMIER

Dispositions générales.

Article premier. — Ont droit à des pensions payées sur les fonds de la Caisse de retraites des Services civils coloniaux et locaux de l'Indochine, les fonctionnaires, employés et agents civils, citoyens français, des divers services locaux de l'Indochine (services communs à l'Indochine et services locaux de la Cochinchine, de l'Annam, du Tonkin, du Cambodge, du Laos et territoire de Kouang-tchéou-wan) dont les emplois ne conduisent pas à pension de l'Etat, ou qui ont renoncé, dans les conditions prévues à l'art. 43 de la loi de finances du 13 Avril 1898, au bénéfice de la loi du 9 Juin 1853.

Les Asiatiques naturalisés français, mais employés au titre indigène, demeurent tributaires de la caisse des pensions civilles indigènes de l'Indochine, créée par l'arrêté du Gouverneur général du 15 Septembre 1898.

Art. 2. — I. — La caisse de retraites des Services civils coloniaux et locaux de l'Indochine est alimentée :

1° Par une retenue de **10 p. 100** opérée sur la totalité de la solde dégagée de tous accessoires, payée aux fonctionnaires, employés et agents désignés à l'article précédent, suivant la position de présence ou d'absence dans laquelle ils se trouvent ;

2° Par un versement de **15 p. 100** sur la totalité de la même solde, effectué par le budget qui supporte cette solde.

3° Par la retenue du douzième de la solde fixée lors de la première nomination à un emploi conduisant à une pension de la caisse locale, ou dans le cas de réintégration, et du douzième de toute augmentation ultérieure.

La retenue du premier douzième de nomination ou de réintégration est opérée par quart sur les quatre premières mensualités complètes que reçoit l'intéressé à partir du jour de sa nomination ou de sa réintégration.

4° Par le versement effectué par les budgets de la portion de solde que ne reçoivent pas les fonctionnaires, employés et agents tributaires de la caisse locale qui obtiennent des autorisations d'absence à solde réduite ou sans solde, exception faite toutefois de ceux qui sont placés dans la position hors cadres ou en service détaché, à l'égard desquels il est statué à ce point de vue par l'article 16, paragraphe 4 ci-après.

D'autre part, la mise en disponibilité sans traitement n'est pas considérée comme une autorisation d'absence au sens du présent paragraphe ;

5° Par le versement, effectué par les budgets, de la solde dont sont privés les tributaires de la caisse locale de retraites se trouvant en position d'absence irrégulière, en détention suivie de condamnation ou enfin ayant subi une réduction temporaire de solde par mesure disciplinaire ;

6° Par le versement du quantum fixé par l'article 44 de la loi de finances du 31 mars 1903 ou les lois subséquentes sur le produit des amendes, saisies ou confiscations en matière de Douanes et Régies pour toute l'Indochine ;

7° Par l'intérêt des fonds placés de la caisse ;

8° Par les dons et legs à la caisse.

II.— Lorsque le compte de gestion annuel fera ressortir un excédent de dépenses de la caisse sur ces recettes, le budget général de l'Indochine versera obligatoirement à cette caisse un contingent supplémentaire.

Ce contingent, égal audit excédent, sera versé à la caisse locale dans le courant du mois qui suivra l'approbation par le Gouverneur général du compte de gestion constatant le déficit.

Les divers budgets de l'Indochine rembourseront, chaque année au budget général proportionnellement au nombre des participants entretenus par eux, la part qui leur incombera dans le versement du contingent prévu au présent paragraphe.

TITRE DEUXIÈME

Art. 3. — Les pensions à la charge de la caisse comprennent :

1° Les pensions pour ancienneté de services ;

2° Les pensions proportionnelles :

3° Les pensions pour invalidité ;

4° Les pensions pour infirmités :

5° Les pensions des veuves et les secours annuels aux orphelins.

PENSIONS D'ANCIENNETÉ

DÉTERMINATION DU DROIT A LA PENSION D'ANCIENNETÉ

Art. 4. — I. — Le droit à la pension pour ancienneté de services est acquis, sans condition d'âge, à vingt-cinq ans accomplis de service effectifs. Sont exclusivement considérés comme services effectifs au sens dudit article :

1° Le temps de services militaires effectifs non rémunérés par une pension basée sur la durée des services jusqu'à concurrence de la durée de service militaire actif obligatoire prévu par les lois sur le recrutement des armées de terre et de mer applicables à la classe à laquelle appartient l'intéressé.

Est toutefois considéré comme faisant partie de la durée du service militaire normal, le temps passé sous les drapeaux par les militaires et marins maintenus aux armées, rappelés ou rengagés à l'occasion des hostilités ayant commencé le 2 août 1914. Cette période s'ajoute, s'il y a lieu, à celle imposée par la loi sur le recrutement à la condition qu'elle n'ait pas été déjà rémunérée par une pension basée sur la durée des services.

2° Les services accomplis sous le rég me de la caisse locale de retraites à la condition que les trois quarts au moins de ces services aient été effectués soit en Indochine, soit dans les colonies ou possessions françaises et pays extra-européens, dans une position régulière de service conférée par le Gouverneur général, soit pour une durée maxima de trois années à l'Agence économique de l'Indochine à Paris ou au Ministère des colonies, le quatrième quart comprenant : *a)* les congés; — *b)* les services rendus en France ou dans les colonies ou possessions françaises dans la position hors cadres ou en service détaché.

3° Les services accomplis en Indochine à titre précaire suivis, dans le délai maximum d'une année, d'admission dans les cadres permanents des Services généraux ou locaux, sous réserve du versement à la Caisse locale de retraites par les intéressés, du 10 p. 100 des salaires qu'ils ont reçus pour lesdits services et par le budget, de la contribution de 15 p. 100 correspondante. Cette contribution est payée par le budget qui supporte la solde de l'intéressé au moment où celui-ci effectue son versement qui doit avoir lieu dans les délais fixés par le Gouverneur général. Les services de cette nature ne sont admis que jusqu'à concurrence de dix ans.

II. — Les services antérieurs, accomplis sous un régime de pension autre que celui de la Caisse locale de retraites de l'Indochine, sont admis en complément des services prévus au 1er paragraphe du présent article jusqu'à concurrence de cinq ans, pour la constitution du droit à pension sur ladite caisse. Ces services n'entrent pas en ligne de compte dans le calcul de la liquidation de la pension.

A titre exceptionnel, les candidats militaires classés, en application des lois sur le recrutement de l'armée, pour un emploi conduisant à une pension de la Caisse de retraites des Services civils coloniaux et locaux de l'Indochine qui, au moment de leur nomination audit emploi, auraient dépassé la limite d'âge fixée par le décret du 17 Mai 1913, seront admis à comprendre pour la constitution de leur droit à une pension, en sus des cinq années accordées par le présent paragraphe et de la période visée par l'alinéa 1er du paragraphe précédent, leur temps de service militaire dépassant ces deux périodes, qu'il ait été ou non rémunéré par une pension, jusqu'à concurrence de la durée nécessaire pour leur permettre de réunir, à l'âge de cinquante-cinq ans, les conditions exigées pour l'obtention d'une pension d'ancienneté du présent décret.

III. — La durée des traversées d'aller et de retour est comptée comme présence effective en Indochine.

Cette disposition ne s'applique pas au temps de voyage qui, par la volonté du fonctionnaire, excéderait la durée normale de la traversée accomplie par la voie régulière.

IV. — Sont comptés comme services effectifs rendus sous le régime de la Caisse locale les services accomplis dans l'Administration locale, avant la promulgation du décret du 5 Mai 1898 susvisé, par les agents désignés à l'article 2 de ce dernier décret. Pour ceux de ces agents dont les emplois ne conduisaient à aucune pension, le montant des retenues qu'ils ont subies pour le service des pensions sera versé à la Caisse locale de retraite, conformément aux termes de l'article 29 du décret du 5 Mai 1898 susvisé.

Liquidation de la pension d'ancienneté

Art. 5. — I. — La pension d'ancienneté est réglée à raison d'un quarantième par année de service de la solde moyenne (dégagée de tous accessoires) des trois dernières années d'activité du fonctionnaire, employé ou agent. Au montant de la pension décomptée comme ci-dessus s'ajoutera une prime de 20 f. pour tous les mois de séjour effectif en service en Indochine, au-delà de dix-huit ans neuf mois de présence en Indochine, toute fraction de mois étant négligée.

La pension d'ancienneté ne peut, en aucun cas, être supérieure à **12.000** frs par an, ni être inférieure à **4.000** frs par an.

II. — Les services effectués sous le régime de la Caisse n'entrent en compte dans la liquidation que dans la proportion où ils sont admissibles dans la constitution du droit à pension.

Les seuls services accomplis sous un régime étranger à celui de la Caisse locale de retraites de l'Indochine qui soient admissibles dans la liquidation d'une pension sur les fonds de cette institution sont ceux limitativement mentionnés aux alinéas 1er et 3 du paragraphe 1er de l'article précédent.

PENSIONS PROPORTIONNELLES

Détermination du droit a la pension proportionnelle

Art. 6. - I. — Tout fonctionnaire, employé ou agent tributaire de la Caisse des retraites réunissant au moins quinze années de services admissibles, a droit, quel que soit son âge, à une pension proportionnelle, lorsque, son emploi ayant été supprimé, il ne lui a pas été offert une situation équivalente dans la possession ou ailleurs.

II. — Les services admissibles pour la pension proportionnelle sont évalués dans les conditions et proportions déterminées à l'article 4 du présent décret.

III. — Il n'y a suppression d'emploi au sens du paragraphe 1er du présent article que si le nombre des emplois du grade occupé par l'agent intéressé a été diminué d'au moins une unité par un acte rendu dans la même forme que celui ayant fixé ce nombre.

IV. — En cas de suppression d'emploi, sont licenciés en premier lieu, les agents ayant acquis des droits à pension.

Liquidation de la pension proportionnelle

Art. 7. — I. — La pension proportionnelle est calculée à raison d'un cinquantième par année de service du traitement moyen des trois dernières années d'activité, sans pouvoir être inférieure à 2.000 frs ni dépasser 8.000 frs.

II. — Le paragraphe 2 de l'article 5 du présent décret règle la liquidation de la pension proportionnelle.

PENSIONS POUR INVALIDITÉ

Détermination du droit a la pension pour invalidité

Art. 8. — I. — Tout fonctionnaire, employé ou agent tributaire de la Caisse locale de retraites réunissant au moins vingt années de services admissibles dans les conditions et proportions déterminées par l'article 4 du présent décret, a droit, quelque soit son âge, à une pension pour invalidité, s'il est dûment constaté qu'il n'est plus apte à continuer son service en Indochine.

II. — Si l'incapacité de service résulte pour l'intéressé d'un état d'invalidité moral inappréciable pour les médecins, cette inaptitude est constatée sur le rapport du chef d'administration ou de service et après avis d'une commission composée de trois fonctionnaires désignés par le Gouverneur général. Sauf dans le cas où l'emploi de l'intéressé ne le permet pas, l'un de ces trois fonctionnaires doit appartenir au cadre du fonctionnaire en cause et être soit d'un grade supérieur au sien, soit plus ancien en cas d'égalité de grade.

Le rapport motivé du chef d'administration ou de service et les procès-verbaux de la commission, ainsi que les pièces justificatives sont produites l'appui de la liquidation de la pension pour invalidité.

Si l'impossibilité d'être maintenu en activité est le résultat de l'invalidité physique du fonctionnaire, employé ou agent, l'acte prononçant son admission à la retraite doit être appuyé, indépendamment des justifications ci-dessus spécifiées, de certificats de médecins qui lui ont donné leurs soins et, s'il y a lieu, d'un médecin de l'Administration, déclarant que l'intéressé est hors d'état de continuer utilement l'exercice de son emploi.

Les formalités et justifications imposées par le présent paragraphe s'appliquent aussi bien aux admissions à la retraite d'office qu'à celles prononcées sur la demande du fonctionnaire, employé ou agent en cause.

Liquidation de la pension

Art. 9. — La pension pour invalidité est liquidée d'après les mêmes bases et suivant les mêmes rèlges de la pension proportionnelle.

PENSIONS POUR INFIRMITÉS

Détermination du droit a la pension pour infirmités

Art. 10. — I. — Ont droit à la pension, quelque soit leur âge et la durée de leurs services, les fonctionnaires, employés ou agents qui ont été mis hors d'état de continuer leurs fonctions, soit par suite d'un acte de dévouement, accompli dans un intérêt public, soit en exposant leurs jours pour sauver la vie d'une ou plusieurs personnes, soit par suite de luttes ou de combats soutenus dans l'exercice de leurs fonctions, soit par suite d'un accident de service, soit par suite d'infirmité ou d'affection provenant de fatigues ou dangers du service ou du climat de l'Indochine.

II. — Il est institué deux catégories de pensions pour infirmités :

1° La pension d'infirmité de première catégorie, correspondant à l'incapacité absolue de l'intéressé à tout service, même hors de l'Indochine ; 2° la pension d'infirmité de 2e catégorie, correspondant à l'inaptitude de l'intéressé à tout service en Indochine seulement.

III. — Les infirmités et les affections donnant droit à une pension sont justifiées par tout document susceptible de déterminer leur cause, leur origine, leur évolution et leur suite.

Ces documents doivent être contemporains des faits qu'ils constatent ; s'ils ont été dressés postérieurement à ces faits, ils doivent être accompagnés de rapports complémentaires de nature à leur donner un caractère d'authenticité indiscutable.

IV. — Les fonctionnaires, employés ou agents qui sollicitent une pension d'infirmité, ou qui sont proposés pour une concession de cette nature sont hospitalisés obligatoirement par les soins de l'Administration en vue de l'examen de leurs droits à cette pension, sauf dans le cas où le médecin désigné par l'Administration juge impossible le déplacement de l'intéressé.

Le dossier médical antérieur de l'intéressé est communiqué au médecin chef de l'hôpital désigné par l'Administration pour recevoir ce fonctionnaire.

Les certificats médicaux devront constater la gravité des lésions ou affections invoquées, l'impotence fonctionnelle qui en résulte et la relation existant entre ces lésions ou affections et les fatigues, dangers ou obligations du service.

Au point de vue de l'incapacité physique ou intellectuelle résultant de ces lésions, les médecins experts devront se prononcer d'une façon très précise, soit sur l'incapacité absolue de l'intéressé à tout service même hors de l'Indochine, soit sur l'inaptitude de l'intéressé à tout service en Indochine seulement.

V. — Après l'examen médical prévu au paragraphe précédent, le dossier de l'intéressé, complété par les avis des médecins experts et du médecin chef de l'hôpital est transmis au conseil d'administration de la Caisse locale de retraites.

Le Conseil d'administration, assisté d'un médecin désigné par le Gouverneur général, formule son appréciation motivée.

VI. — Le Gouverneur général statue. Sa décision peut être déférée au Conseil du Contentieux administratif d'Hanoï, dans le délai de trois mois à compter du jour de sa notification aux parties intéressées. Ce délai est augmenté, s'il y a lieu, des délais de distance.

VII. — Des arrêtés du Gouverneur général de l'Indochine déterminent les détails de l'application du présent article.

Liquidation de la pension pour infirmité

Art. 11. — I. — La pension pour infirmité de 1re catégorie est égale au maximum de la pension d'ancienneté afférente à la solde moyenne (dégagée de tout accessoire) des trois dernières années d'activité du fonctionnaire, employé ou agent.

II. — La pension pour infirmité de 2e catégorie est fixée comme suit :

1° Jusqu'à 15 ans inclus de services effectifs, elle est égale à 1,60e par année de service, de la solde moyenne des trois dernières, sans pouvoir être inférieure à 1.000 francs ni supérieure à 5.000 francs.

2° Après 15 ans de services effectifs, elle est réglée selon les dispositions des articles 6, paragraphe 2, et 7, paragraphe 1er du présent décret.

III. — Le paragraphe 2 de l'article 5 du présent décret règle la liquidation de la pension pour infirmité.

PENSIONS DE VEUVES

Détermination du droit a pension

Art. 12. — I. — Les veuves de fonctionnaires, employés ou agents tributaires de la Caisse locale des retraites, sous la réserve qu'elles ne soient pas elles-mêmes agents des services locaux, ont droit à pension :

1° Quand le mari est mort titulaire d'une pension d'invalidité ou d'une pension d'infirmité.

2° Quand le mari est mort en activité réunissant les conditions pour prétendre à une pension d'ancienneté ;

3° Quand le mari est mort en activité après avoir accompli le temps de service exigé par l'article 8 du présent décret pour la pension d'invalidité ;

4° Quand le mari, dans l'exercice de ses fonctions ou à l'occasion de ses fonctions, a perdu la vie dans un naufrage ou quand il est mort dans l'une des circonstances énumérées au paragraphe 1er de l'article 10 du présent décret, que le décès ait eu lieu immédiatement ou qu'il ait été causé par les suites de l'évènement ou des circonstances sus-indiqués ; quand la mort du mari a été causée par l'une des infirmités ou affections également prévues au paragraphe 1er de l'article 10 du présent décret.

Dans les cas prévus au présent alinéa les droits de la veuve sont justifiés selon les dispositions du paragraphe 3 du susdit article 10.

Le dossier est transmis au conseil d'administration de la Caisse locale de retraites. Ce conseil, composé comme le prévoit le paragraphe 5 de l'article 10, formule son appréciation motivée.

II. — Le droit à pension est subordonné à l'une ou l'autre des deux conditions suivantes :

1° Que le mariage ait été contracté deux ans au moins avant l'époque de la mise à la retraite du mari, ou de son décès s'il est mort en activité :

2° Qu'il existe soit un ou plusieurs enfants issus du mariage contracté avec le fonctionnaire antérieurement à la cessation de l'activité, soit un ou plusieurs enfants mineurs légitimés par le mariage subséquent de leurs auteurs contracté avant la cessation de l'activité du fonctionnaire.

Toutefois, dans le cas prévu à l'alinéa 4e du paragraphe 1er du présent article, ou lorsque le mari est mort titulaire d'une pension d'infirmité, il suffit, à défaut de l'une ou de l'autre des deux conditions précitées, que le mariage soit antérieur à l'événement ou à l'infirmité ou à la maladie qui a amené la mort ou la mise à la retraite du mari.

III — Le droit à pension pour la veuve n'existe pas dans le cas de séparation de corps prononcée contre elle.

La jouissance de la pension est suspendue pour la veuve qui contracte un nouveau mariage pendant la durée de ce mariage.

Liquidation de la pension

Art. 13. — La pension de la veuve est égale à la moitié de celle que le mari avait obtenue ou aurait pu obtenir.

Art. 14. — (Abrogé par décret du 12 Janvier 1924).

SECOURS AUX ORPHELINS

Art. 15. — Les orphelins mineurs légitimes des fonctionnaires, employés et agents décédés dans les conditions prévues à l'article 12 du présent décret ont droit, sous la réserve que le mariage de leurs auteurs ait précédé la cessation des services du père, à un secours annuel lorsque la mère est décédée, ou divorcée, ou inhabile à recueillir la pension, ou déchue de ses droits.

Les enfants mineurs naturels reconnus des fonctionnaires, employés et agents décédés dans les conditions sus-indiquées, ont également droit à un secours annuel, sous la réserve que la reconnaissance ait eu lieu dans le délai d'un an à partir de la naissance, ou ait précédé la cessation des services du père si la naissance est survenue moins d'un an avant cette cessation.

L'obligation de la reconnaissance dans le délai d'un an à partir de la naissance ne s'applique pas aux enfants naturels déjà reconnus à la date de la promulgation en Indochine du présent décret ou qui le seraient dans le délai d'un an à partir de cette promulgation.

II.— Le secours est, quel que soit le nombre des enfants, égal à la moitié de la pension que le père avait obtenue ou aurait pu obtenir et partagé entre eux par égales portions.

Tout orphelin mineur émancipé ou marié perd ses droits au secours annuel.

La part de ceux qui décéderaient, celle des mineurs émancipés ou mariés et celle des majeurs font retour aux mineurs.

III. — S'il existe à la fois une veuve et un ou plusieurs orphelins mineurs provenant d'un mariage antérieur du fonctionnaire, employé ou agent, ou reconnu par lui dans les conditions stipulées au paragraphe 1er du présent article, il est prélevé sur la pension de la veuve et sauf reversibilité en sa faveur, le quart au profit de l'orphelin mineur, s'il n'en existe qu'un et la moitié, s'il en existe plusieurs.

TITRE III

DISPOSITIONS D'ORDRE ET DE COMPTABILITÉ

Art. 16. — I. — Tout fonctionnaire, employé ou agent démissionnaire, destitué ou révoqué de son emploi, perd ses droits à la pension. En cas de réadmission à un emploi conduisant à une pension du régime de la Caisse locale de retraites, ses premiers services lui sont comptés et il subit de nouveau la retenue intégrale du 1er douzième de son traitement et des augmentations ultérieures.

II. — Celui qui, sans interruption de ses services, est nommé dans un autre cadre à un emploi conduisant également à pension sur la Caisse locale, ne subit que la retenue du 1er douzième d'augmentation.

III. — Celui qui, par mesure disciplinaire ou par mutation volontaire d'emploi, est descendu à un traitement inférieur, subit la retenue du 1er douzième des augmentations ultérieures.

IV. — Le fonctionnaire tributaire de la Caisse de retraites des services coloniaux et locaux, qui est placé en service détaché ou qui obtient un congé hors cadres et sans solde dans les conditions déterminées par les règlements sur la solde, tout en conservant ses droits à pension, doit verser à la Caisse locale des retraites, le montant des retenues de 10 % et du premier douzième d'augmentation ainsi que la contribution budgétaire de 15 %, prévus par l'article 2 du présent décret, sur la totalité des allocations qui lui sont attribuées dans sa nouvelle situation, déduction faite des rétributions suivantes :

Supplément colonial ;
Indemnité pour frais de représentation ;
Gratifications éventuelles ;
Salaire de travail extraordinaire ;
Indemnité pour mission extraordinaire ;
Indemnité de perte ;

Frais de voyage, d'abonnement, de bureau, de régie, de table, de loyer et, en général, toutes les allocations représentant des remboursements de dépenses ;

Le montant des allocations passibles de retenues et de celles qui doivent en être affranchies est déterminé par le Gouverneur général au moment de la délégation ou de la mise en congé de l'agent intéressé sur le vu de l'acte spécifiant les conditions d'engagement.

Ce document est accompagné, par l'agent mis en congé, de la décision accordant ledit congé ; en aucun cas, la retenue ne peut être inférieure à celle qu'aurait subie l'intéressé s'il avait continué à remplir son service.

La pension est basée sur le traitement de grade de l'intéressé dans l'Administration dont il relevait au moment de sa mise hors cadres et non sur les émoluments passibles de retenues qu'il reçoit dans sa nouvelle situation.

Art. 17. — Les retenues régulièrement perçues par la caisse, en vertu des dispositions des articles 2 et 16 du présent décret, sont définitivement acquises et ne peuvent être restituées sous aucune forme et en aucun cas.

Art. 18. — I. — L'admission à la retraite sur la demande de l'intéressé ou d'office est prononcée par le Gouverneur général ou, lorsqu'il s'agit d'un fonctionnaire dont la nomination appartient à l'autorité métropolitaine, par cette autorité, sur la proposition du Gouverneur général et après constatation de ses droits à pension par le conseil d'administration de la Caisse de retraites des services coloniaux et locaux de l'Indochine.

En aucun cas, le fonctionnaire, employé ou agent ne peut être maintenu en activité après cinquante-cinq ans d'âge, si, à cet âge, il réunit les conditions exigées pour l'obtention d'une pension.

II. — Le fonctionnaire, employé ou agent admis à la retraite doit, à peine de déchéance, présenter sa demande de liquidation de pension avec les pièces à l'appui, dans le délai de cinq ans à partir du jour de la publication au *Journal Officiel de l'Indochine* de l'arrêté l'admettant à la retraite.

Le même délai de prescription est imparti aux veuves et orphelins pour faire valoir leurs titres ; ce délai court du jour soit du décès du mari, soit du décès du père ou de la mère, suivant le cas.

Le délai prévu aux deux alinéas précédents est prolongé d'une année pour ceux des ayants-droit qui auraient quitté l'Indochine avant l'expiration de la période quinquennale comportant la déchéance et qui n'y seraient pas retournés.

III. — La liquidation de pension est préparée par les soins de l'Administration à laquelle appartient le fonctionnaire, employé ou agent.

L'arrêté de concession ou de refus est rendu par le Gouverneur général sur l'avis conforme du conseil d'administration de la Caisse locale de retraites. Il est publié au *Journal Officiel de l'Indochine*. Le titulaire a un délai de trois mois, à compter du jour où il a reçu notification de cet acte, pour se pourvoir, s'il le juge à propos, devant le Conseil du Contentieux administratif à Hanoi.

Les pensions sont liquidées d'après la durée des services en négligeant, sur le résultat final du décompte, les fractions de mois et de francs.

Les services civils ne sont comptés qu'à partir de l'âge de 20 ans accomplis.

IV. — Chaque pensionnaire reçoit un titre de pension signé par le Gouverneur général. Ce titre est enregistré sur une matricule ou grand-livre tenu par la Caisse locale de retraites.

Art. 19. — La jouissance de la pension commence du jour de la cessation du traitement d'activité ou du lendemain du décès du fonctionnaire, celle du secours annuel, du lendemain du décès du fonctionnaire ou du décès de la veuve.

Toutefois, il ne peut, en aucun cas, y avoir lieu au rappel de plus de cinq années d'arrérage antérieur à la date de l'insertion au *Journal Officiel de l'Indochine* de l'arrêté de concession.

Art. 20. — Les pensions et secours annuels sont payés par trimestre et à terme échu, les 15 janvier, 15 avril, 15 juillet et 15 octobre.

Les pensionnaires résidant en France, en Algérie ou dans les colonies pourront, en vertu d'une décision du Gouverneur général, être payés aux mêmes époques, à titre d'avance aux services locaux de l'Indochine, sur la Caisse centrale du ministère des Finances, à Paris, ou sur la Caisse des trésoriers payeurs généraux dans les départements et des trésoriers payeurs en Algérie et dans les colonies.

Art. 21. — Les pensions et secours annuels sont rayés du grand-livre de Caisse après cinq ans de non réclamation des arrérages, sans que le rétablissement donne lieu à aucun rappel d'arrérage antérieur à la réclamation.

La même déchéance est applicable aux héritiers ou ayants-cause des pensionnaires, qui n'auront pas produit la justification de leurs droits dans les cinq ans qui suivront la date du décès de leur auteur.

Art. 22. — Le droit à l'obtention ou la jouissance d'une pension est suspendu par les circonstances qui font perdre la qualité de Français durant la privation de cette qualité.

La liquidation ou le rétablissement de la pension ne peut donner lieu à aucun rappel pour les arrérages antérieurs.

Art. 23. — Celui qui est constitué en déficit pour détournement de deniers ou de matières ou convaincu de malversation, perd son droit à la pension lors même qu'elle aurait été liquidée ou inscrite au grand-livre.

La même disposition est applicable au fonctionnaire convaincu de s'être démis de son emploi à prix d'argent et à celui qui aurait été condamné à une peine afflictive ou infamante. Dans ce dernier cas, s'il y a réhabilitation, les droits à la pension sont rétablis.

Art. 24. — (*Modifié par décret du 12 Janvier 1924*). — I. — Les pensions d'ancienneté ou d'infirmité, servies par la Caisse locale de retraites de l'Indochine, peuvent se cumuler avec un traitement de l'Etat, des Départements, colonies ou pays de protectorat, communes ou établissements publics jusqu'à concurrence de 12.000 francs ou, s'il était supérieur à ce chiffre, du dernier traitement d'activité (sans les accessoires).

« Les veuves des fonctionnaires, fonctionnaires elles-mêmes, des services locaux, peuvent cumuler une pension de la Caisse locale avec un traitement quelconque ou une pension de la Caisse locale avec une autre pension jusqu'à concurrence de 12.000 francs. »

Les pensions proportionnelles ou d'invalidité, attribuées sur les fonds de l'institution susvisée, ne peuvent se cumuler avec un traitement de l'Etat, des départements, colonies ou pays de protectorat, communes ou établissements publics, que jusqu'à concurrence du traitement d'activité (sans les accessoires), dont jouissait le titulaire au moment de son admission à la retraite.

II. — Pour l'application du paragraphe 1er du présent article sont considérées comme traitement les sommes allouées sous quelque dénomination que ce soit, à raison de services rémunérés au mois ou à l'année. Toutefois, il n'est pas fait état de celles qui sont attribuées à titre de supplément colonial, ni de celles ayant le caractère d'un remboursement de dépenses.

Les traitements afférents à des fonctions rétribuées par des remises variables sont déterminés par arrêtés du Gouverneur général de l'Indochine.

III. — En ce qui touche les pensionnaires de la Caisse locale de retraites admis dans un nouvel emploi soumis au régime de cette institution, la faculté de cumul, prévue au paragraphe 1er ci-dessus, emporte affranchissement des retenues, mais fait obstacle à l'acquisition de nouveaux droits à la retraite. La renonciation à cette faculté de cumul, en vue de l'acquisition de nouveaux droits à la pension devra être expresse et faite dans les huit jours de la notification aux intéressés de leur remise en activité.

IV. — Les dispositions qui précèdent sont applicables seulement aux pensions concédées sous le régime institué par le présent décret.

Art. 25. — Les pensions sont incessibles : aucune retenue ne peut être opérée du vivant du fonctionnaire que jusqu'à concurrence :

D'un cinquième pour débet envers l'Etat ou l'un des services locaux de l'Indochine, ou pour les créances privilégiées aux termes de l'article 2101 du code civil.

D'un tiers dans les circonstances prévues par les articles 203, 205, 206, 207 et 214 du même code.

Art. 26. — I. — La caisse est autonome. Elle a la personnalité civile. Elle est administrée par un conseil d'administration composé de quatre membres, dont un secrétaire archiviste, nommés par le Gouverneur général.

Trois de ces membres, au moins, doivent être choisis parmi les tributaires de l'institution. En cas de partage des voix, celle du président est prépondérante.

II. — Un caissier-comptable justiciable de la Cour des comptes a la gestion et la responsabilité des fonds de la Caisse de retraites. Il est chargé des opérations de la Caisse et de la tenue des écritures. Il est nommé par le Gouverneur général sur une liste de trois candidats présentés par le conseil d'administration.

Il prête serment avant d'entrer en fonctions.

Il est astreint à un cautionnement dont la nature et l'importance sont fixées par arrêté du Gouverneur général.

Il rend ses comptes par gestions annuelles. La gestion annuelle commence le 1er Janvier et finit le 31 Décembre.

Art. 27. — Le conseil d'administration représente la Caisse. Il exerce en son nom toutes actions utiles ; il surveille les différentes parties du service et ordonne les mesures d'exécution qu'il juge nécessaires.

Il délibère sur les dépenses d'administration de la Caisse, sur le placement des fonds libres, sur l'acceptation des dons et legs et sur toutes autres matières qui lui sont soumises par l'Autorité supérieure.

Le conseil reçoit les comptes du caissier-comptable et les fait parvenir, revêtus de son attache, à la juridiction compétente.

Il adresse annuellement au Gouverneur général un rapport sur le fonctionnement de la caisse. Ce rapport est transmis au Ministre des colonies.

Art. 28. — Le président du conseil d'administration est ordonnateur des dépenses d'administration dont le payement est assigné sur la Caisse.

Il vise tous les titres de pension et certifie leur inscription au grand-livre des pensionnaires.

Art. 29. — Le montant maximum de l'encaisse laissé à la disposition du caissier-comptable est déterminé par arrêté du Gouverneur général. Les fonds et valeurs excédant ce maximum sont versés, au commencement de chaque quinzaine, à la caisse du trésorier-payeur.

Les fonds disponibles peuvent être employés :

1° A l'achat de fonds ou effets publics émis en France, émis ou garantis par le Gouvernement français ;

2° A l'achat de fonds et effets émis en Indochine avec autorisation du Gouvernement français ;

3° A des prêts sur ces fonds ;

4° A des prêts hypothécaires garantis par première hypothèque.

TITRE IV

Dispositions transitoires

Art. 30. — Les dispositions du présent décret ne sont pas applicables aux pensions déjà inscrites au grand-livre de la Caisse locale de retraites ou en cours de liquidation au moment de sa promulgation. Les titulaires de ces concessions conservent les avantages des dispositions dont ils bénéficient actuellement, notamment des arrêtés locaux attribuant dans certains cas des allocations venant s'ajouter aux pensions sans préjudice, toutefois, des mesures qui viendront modifier ces derniers actes.

Art. 31. — *(Modifié par décret du 12 Janvier 1924).*

« Les dispositions du présent décret sont applicables à tous les tributaires de la Caisse locale des retraites en fonctions au moment de sa promulgation en Indochine.

« Les pensions des fonctionnaires, employés et agents de l'Indochine, tributaires de la Caisse locale des retraites et en activité au moment de la promulgation du présent décret dans cette possession, ainsi que celles de leurs veuves ou orphelins, seront, s'il y a lieu, l'objet d'une majoration provisoire, destinée à les porter au même chiffre que si elles avaient été liquidées conformément aux dispositions du décret du 23 Mars 1921 et des arrêtés du Gouverneur général de l'Indochine des 28 Mai 1920 et 19 Février 1921 accordant des majorations.

« Toutefois, pour la constitution du droit à pension et pour la liquidation de la retraite de ces fonctionnaires, les services donnant droit à pension, mais étrangers au régime de la Caisse locale, continueront à être décomptés, dans les conditions prévues par les deuxième et troisième paragraphes de l'article 3 du décret du 6 Décembre 1905, et par le décret du 20 Avril 1919 et intégralement pour tous les fonctionnaires entrés dans l'Administration locale avant la promulgation en Indochine du décret du 6 Décembre 1905 ».

TITRE V

Art. 32. — Des arrêtés du Gouverneur général régleront les détails d'exécution du présent décret, le mode de la comptabilité de la Caisse ainsi que la nature, le nombre et la forme des justifications à produire.

Art. 33. — Sous réserve des dispositions transitoires prévues aux articles 30 et 31 ci-dessus, sont abrogées les stipulations des textes antérieurs contraires au présent décret.

NOTA. — En vertu du décret du 17 Mai 1913, nul ne peut être nommé à un emploi soumis au régime de la Caisse locale des retraites s'il est âgé de plus de trente ans, à moins qu'il ne puisse réunir, à cinquante-cinq ans d'âge, les conditions d'ancienneté nécessaire pour l'obtention d'une pension d'ancienneté dudit régime.

Cette condition est indépendante de celles exigées par les règlements organiques pour l'obtention dudit emploi et s'ajoute à ces derniers.

2° Caisse de retraites indigènes

Les indigènes et Asiatiques étrangers titulaires d'un emploi rétribué sur le budget général ou sur les budgets locaux de l'Indochine, les sous-officiers et soldats indigènes ou asiatiques des régiments de tirailleurs, les gradés et les linhs de la garde indigène ont droit à une pension de retraite.

Ces pensions sont *civiles* ou à *forme militaire.*

A). — PENSIONS CIVILES

(Arrêté du 20 Décembre 1913, modifié par arrêté du 9 Juillet 1925).

La Caisse des pensions civiles indigènes de l'Indochine, créée par l'arrêté du 15 Septembre 1898, sert des pensions aux fonctionnaires, employés et agents indigènes et asiatiques étrangers des divers services locaux de l'Indochine (services communs à l'Indochine et services locaux de la Cochinchine, de l'Annam, du Tonkin, du Cambodge, du Laos et du Territoire de Kouang-tchéou-wan), qui font partie des cadres réguliers et permanents de l'Administration de ces pays.

La Caisse sert également des pensions aux indigènes et aux Asiatiques étrangers naturalisés français mais employés au titre indigène.

La Caisse est alimentée :

1° Par une retenue de 6 % opérée sur le traitement (dégagé de tous accessoires) des fonctionnaires et employés, agents désignés ci-dessus ;

2° Par un versement de 5 % sur le même traitement effectué par le budget qui supporte ce traitement ;

3° Par l'intérêt des fonds placés de la Caisse ;

4° Par les dons et legs qui peuvent lui être faits.

Lorsque les dépenses annuelles de la Caisse excéderont le montant des recettes annuelles, le budget général de l'Indochine versera obligatoirement, à cette Caisse, un contingent supplémentaire.

Ce contingent, égal à l'excédent des dépenses sur les recettes, sera versé, à la Caisse, annuellement et dans le courant du mois de Janvier qui suivra l'année où sera constaté cet excédent.

Les divers budgets de l'Indochine rembourseront, chaque année, au budget général, proportionnellement au nombre des participants entretenus par eux, la part qui leur incombera dans le versement du contingent.

Les pensions à la charge de la Caisse comprennent :

1° *Les pensions pour ancienneté de services ;*

2° *Les pensions proportionnelles ;*

3° *Les pensions pour invalidité ;*

4° *Les pensions pour veuves ;*

5° *Les secours annuels aux orphelins.*

Pensions pour ancienneté

Le droit à la pension pour ancienneté de services est acquis pour les fonctionnaires, employés et agents des services sédentaires à 55 ans d'âge et après 30 ans de services effectifs.

Le même droit est acquis par les employés et agents des services actifs après 30 ans de services effectifs sans condition d'âge.

Est dispensé de la condition d'âge, le fonctionnaire, employé ou agent d'un service sédentaire, qui est reconnu, par le chef de service, hors d'état de continuer ses fonctions.

La pension pour ancienneté est réglée à raison de un quatre-vingtième, pour chaque année de service, du traitement moyen (dégagé de tous accessoires) des trois dernières années d'activité du fonctionnaire, employé ou agent).

Elle ne peut, en aucun cas, excéder la moitié dudit traitement, être supérieure 2.400$ ni être inférieure à 90$ par an.

Pensions proportionnelles

Tout fonctionnaire, employé ou agent réunissant 20 années de services effectifs a droit à une pension proportionnelle, s'il est dûment constaté qu'il n'est plus apte à remplir ses fonctions.

L'inaptitude au service est prononcée, pour le personnel des Administrations locales, sur le rapport du Chef de l'Administration locale, et pour le personnel des services relevant du Gouvernement général, sur le rapport du chef de service, après avis d'une commission nommée par le Gouverneur général. Cette commission est composée d'un fonctionnaire européen qui la préside et de deux fonctionnaires indigènes d'un grade élevé.

La pension proportionnelle est réglée à raison de un quatre vingt-dixième, par année de service, du traitement moyen (dégagé de tous accessoires) des trois dernières années d'activité du fonctionnaire, employé ou agent.

Elle ne peut être inférieure à 72$ ni dépasser 2.000$ par an.

Pensions pour invalidité

Ont droit à pension, quels que soient leur âge et la durée de leurs services, les fonctionnaires, employés ou agents qui ont été mis hors d'état de les continuer soit par suite d'infirmités ou d'affections provenant uniquement des fatigues ou dangers du service, soit par suite d'un acte de dévouement accompli dans un intérêt public.

Les infirmités et les affections sont justifiées par tous documents susceptibles de déterminer leurs causes, leur origine, leur évolution et leurs suites. Les circonstances susceptibles de donner ouverture au droit à pension sont constatées par des procès-verbaux administratifs accompagnés des pièces justificatives qu'il appartiendra.

Les documents, les procès-verbaux et les pièces justificatives susvisés doivent être contemporains des faits qu'ils constatent. S'ils ont été dressés après coup, ils doivent être accompagnés de rapports complémentaires de nature à leur donner un caractère d'authenticité indiscutable. Le conseil d'administration de la Caisse pourra toujours faire procéder à telles enquêtes qu'il jugera utiles.

La pension pour invalidité est calculée à raison de un quatre-vingt-dixième, pour chaque année de service, du traitement, dégagé de tous accessoires, du fonctionnaire, employé ou agent pendant les trois dernières années. Elle ne peut descendre au-dessous du cinquième de ce traitement ou de 72 $ si le cinquième est inférieur à ce chiffre, ni s'élever au-dessus 2.400 $.

Pensions de veuves

Les veuves des fonctionnaires, employés ou agents ont droit à pension :

1° Quand le mari est mort titulaire d'une pension ;

2° Quand le mari est mort en activité réunissant les conditions pour prétendre à pension ;

3° Quand le mari est mort en activité après avoir accompli plus de 20 ans de services effectifs admissibles pour la retraite.

Le droit à pension pour la veuve est subordonné à l'une ou à l'autre des deux conditions suivantes :

1° Que le mariage ait été contracté deux ans au moins avant l'époque de la mise à la retraite du mari ou de son décès s'il est mort en activité ;

2° Qu'il existe un ou plusieurs enfants issus du mariage contracté avec le fonctionnaire, employé ou agent, antérieurement à la cessation de l'activité.

Le droit à pension n'existe que pour l'épouse dite « femme du premier rang », considérée comme légitime par les lois indigènes de l'Indochine.

Le droit à pension n'existe pas dans le cas de séparation de corps prononcée contre elle.

La veuve, lorsqu'elle contracte un nouveau mariage, perd tout droit à pension.

La pension de la veuve est égale au tiers de celle que le mari avait obtenue ou aurait pu obtenir, sans pouvoir être inférieure à 30 $ par an.

Secours aux orphelins

Les orphelins légitimes des fonctionnaires, employés ou agents décédés dans les conditions prévues ci-dessus ont droit, sous la réserve que le mariage du père ait précédé la cessation de ses services, à un secours annuel, lorsque la femme légitime est remariée, décédée, divorcée ou inhabile à recueillir la pension ou déchue de ses droits.

Conformément aux lois indigènes de l'Indochine, tout orphelin est considéré comme légitime quel que soit le degré de l'union dont il est issu.

Le secours annuel est, quel que soit le nombre des enfants, égal à la pension que la veuve avait obtenue ou aurait pu obtenir. Il leur est payé jusqu'à l'âge de dix-huit ans accomplis, la part de ceux qui atteignent cet âge ou celle de ceux qui décéderaient, faisant retour aux enfants âgés de moins de dix-huit ans.

Dispositions d'ordre et de comptabilité

Tout fonctionnaire, employé ou agent démissionnaire, licencié, destitué ou révoqué de son emploi, perd ses droits à pension. En cas de réintégration, ses premiers services lui sont comptés.

Les retenues, régulièrement perçues par la Caisse en vertu des dispositions du présent arrêté, sont définitivement acquises à la Caisse et ne peuvent être restituées sous aucune forme et en aucun cas.

L'admission à la retraite est prononcée par le Gouverneur général sur la demande des intéressés ou d'office.

L'admission à la retraite pour ancienneté de services est obligatoirement prononcée à l'égard de tout fonctionnaire, employé ou agent réunissant 30 années de services effectifs et 60 ans d'âge, à moins d'une décision spéciale du Gouverneur général ordonnant son maintien en activité jusqu'à l'âge de 65 ans au maximum.

b). — PENSIONS A FORME MILITAIRE

(Arrêté du 16 Avril 1906).

Des pensions spéciales, dites pensions à forme militaire, sont allouées aux gardes indigènes.

Elles sont payées sur les crédits des budgets locaux pour les services rétribués tant sur les fonds de ces budgets que sur les ressources extraordinaires (fonds d'emprunt, etc...) ou sur tous autres budgets, à raison soit de missions spéciales quelles qu'en soient la nature et la durée, soit de mutations n'ayant pas entraîné de changement d'affectation des intéressés. Le budget général prend seulement à sa charge une quote-part calculée en proportion de la durée des services accomplis au titre militaire proprement dit.

Les arrêtés de concession de pension indiquent la part contributive incombant respectivement au budget général et aux budgets locaux.

Le droit à la pension de retraite pour ancienneté de services est acquis par les gardes indigènes de tous grades, à 20 ans de services effectifs.

Les gardes indigènes ayant plus de quinze années de services, qui, à la suite d'une visite médicale, sont reconnus trop fatigués pour rester en activité, pourront recevoir une pension proportionnelle, sur la proposition du chef de la province dans laquelle ils servent.

Les blessures et les infirmités donnent droit à la pension de retraite, quelle que soit la durée des services, lorsqu'elles sont graves et incurables et qu'elles proviennent d'un fait de service nettement établi.

Les causes, la nature et les suites des blessures et infirmités seront justifiées dans les formes prévues pour les pensions de l'armée. (*Ordonnance de 1831, titre 1*[er]).

Les blessés de guerre, blessés en service commandé (faits de piraterie, recherche ou répression de la contrebande, etc...) comptant au moins 15 ans de services, bénéficieront toujours, en cas de réforme, de la pension maxima.

Nota. — En vertu de l'arrêté du Gouverneur général en date du 31 Mars 1920. nul ne peut être nommé à un emploi soumis au régime des pensions civiles indigènes s'il est âgé de plus de 25 ans à moins qu'il ne puisse réunir à 55 ans d'âge les conditions nécessaires pour l'obtention d'une pension d'ancienneté dudit régime.

Cette condition est indépendante de celles exigées par les règlements organiques pour l'obtention dudit emploi et s'ajoute à ces derniers.

Pour les candidats pourvus du diplôme des écoles de l'enseignement supérieur, cette limite sera reculée d'une durée égale au nombre d'années passées par eux dans les écoles, sans toutefois pouvoir être reportée au delà de l'âge de 30 ans.

LOI du 14 Avril 1924 sur les Pensions civiles et militaires.

Dispositions générales

Les dispositions de cette loi s'appliquent aux fonctionnaires civils et aux employés appartenant au cadre permanent de l'Administration ou des Etablissements de l'État, aux militaires et marins de tous grades des armées de terre et de mer, au personnel civil admis au bénéfice de la législation militaire ainsi qu'à leurs veuves et leurs orphelins.

Les fonctionnaires et employés civils de l'Afrique du Nord, des Colonies, pays de protectorat et à mandat, dont les emplois conduisent à pension de l'Etat y sont également soumis.

La pension civile ou militaire est basée sur la moyenne des traitements, soldes et émoluments de toute nature soumis à retenue, dont l'ayant-droit a joui pendant les trois dernières années d'activité.

Le minimum de la pension allouée à titre d'ancienneté de services est, en principe, fixée à la moitié du traitement moyen ou de la solde moyenne. Toutefois, il est élevé aux trois cinquièmes, sans pouvoir excéder 4.000 francs, lorsque le traitement moyen ou la solde moyenne ne dépassent pas 8.000 francs.

Le minimum de la pension est accru au delà de la durée de services exigée pour obtenir droit à pension, à raison :

D'1/60e des émoluments moyens pour chaque année de services civils rendus dans la partie sédentaire ;

D'1/50e des émoluments moyens pour chaque année de services rendus dans la partie active ou dans les armées de terre et de mer.

En règle générale, le montant des pensions civiles et militaires ne peut dépasser les trois quarts du traitement moyen ou de la solde moyenne ni excéder 18.000 francs.

Les bénéficiaires de la loi supportent une retenue de 6 pour 100 sur les sommes payées à titre de traitement fixe ou éventuel, de soldes ou accessoires de soldes, de suppléments ou de solde, de remises proportionnelles de commissions ou constituant un émolument personnel faisant corps avec le traitement ou la solde.

Pensions d'ancienneté

Le droit à pension d'ancienneté est acquis à 60 ans d'âge et 30 ans accomplis de services effectifs.

Il suffit de 55 ans d'âge et de 25 ans de services pour les fonctionnaires ou employés qui ont passé 15 ans dans la partie active.

Les services civils rendus hors d'Europe par les bénéficiaires de la présente loi sont comptés pour un tiers en sus de leur durée effective.

L'âge exigé pour avoir droit à la pension d'ancienneté est réduit d'un an pour chaque période de 3 ans de services sédentaires ou de 2 ans de services actifs accomplis hors d'Europe.

Pensions d'invalidité

Ont exceptionnellement droit à pension dite d'invalidité, quels que soient leur âge et la durée de leur activité, les fonctionnaires et employés civils qui ont été mis hors d'état de continuer leurs services soit par suite d'un acte de dévouement dans un intérêt public, soit en exposant leurs jours pour sauver une ou plusieurs personnes, soit par suite de luttes soutenues ou d'attentat subi à l'occasion de leurs fonctions.

La pension dans ce cas est égale aux trois quarts du dernier traitement d'activité.

Lorsque les fonctionnaires et employés civils se trouvent dans l'impossibilité absolue de continuer leur service par suite de maladie, de blessures ou d'infirmités graves dûment établies, ils peuvent être admis à la retraite soit sur leur demande, soit d'office.

L'invalidité devra être constatée par une commission de réforme composée comme suit :

1° Un médecin assermenté de l'Administration ;

2° Trois agents désignés par le Ministre ;

3° Deux agents du même service que l'intéressé et élus par leurs collègues.

L'intéressé a le droit de prendre connaissance de son dossier et de faire entendre, par la commission de réforme, un médecin de son choix.

En cas d'invalidité constatée, ainsi qu'il est dit ci-dessus, les fonctionnaires et employés civils ont droit, quels que soient leur âge et la durée de leur activité, à une pension immédiate dont le montant est déterminé dans les conditions prévues ci après :

Si le fonctionnaire ou employé civil est atteint d'une maladie qui résulte de l'exercice de ses fonctions, il lui est alloué une pension dont le montant est égal au tiers du dernier traitement d'activité, sans que cette pension puisse être inférieure à 1.500 francs ou à la pension d'ancienneté, calculée pour chaque année de services, à 1/30e ou 1/25e de la pension, minimum mentionnée ci-dessus (partie sédentaire ou partie active), ces services étant accrus, s'il y a lieu, de la bonification coloniale et des bénéfices de campagne.

Toutefois, en raison du risque colonial, les pensions des fonctionnaires coloniaux, retraités pour blessures ou infirmités contractées en services ne pourront être inférieures au minimum de la pension d'ancienneté afférente au dernier traitement d'activité, les services étant accrus de bonifications coloniales et du bénéfice des campagnes.

Lorsque l'invalidité ne résulte pas de l'exercice des fonctions, le fonctionnaire ou employé civil qui compte au moins quinze années de services, bonifiés, le cas échéant, comme il est dit ci-dessus, a droit à une pension calculée à raison d'un 60e ou d'un 50e du traitement moyen.

Si la durée des services du fonctionnaire ou employé civil invalide n'atteint pas quinze années, il est alloué à celui-ci une rente viagère à jouissance immédiate constituée à la caisse nationale des retraites pour la vieillesse.

Pensions des veuves et des orphelins

Les veuves des fonctionnaires et employés civils ont droit à une pension égale à 50 pour 100 de la retraite d'ancienneté ou d'invalidité obtenue par leur mari ou qu'il aurait obtenue le jour de son décès.

Ce droit à pension est subordonné à la condition, s'il s'agit d'une pension d'invalidité, que le mariage soit antérieur à l'événement qui a amené la mise à la retraite ou la mort du mari et s'il s'agit d'une pension d'ancienneté, que le mariage ait été contracté 2 ans avant la cessation de l'activité, à moins qu'il existe un ou plusieurs enfants issus du mariage antérieur à cette cessation.

Chaque orphelin a droit en outre jusqu'à l'âge de 21 ans à une pension temporaire égale à 10 °/o de la retraite d'ancienneté ou d'invalidité sans toutefois que le cumul de la pension de la mère et de celle des orphelins puisse excéder le montant de la pension attribuée ou qui aurait été attribuée au père.

Les enfants naturels reconnus sont assimilés aux orphelins de père et de mère.

DISPOSITIONS COMMUNES AUX PENSIONS CIVILES ET MILITAIRES.

Les pensions instituées par la loi du 14 avril 1924 sont incessibles et insaisissables, sauf en cas de débet envers l'Etat, les services locaux des colonies ou pays de protectorat, ou pour les créances privilégiées aux termes de l'article 2101 du Code civil et dans les circonstances prévues par les articles 203, 205, 206, 207 et 214 du même Code.

Les débets envers l'État, ainsi que ceux contractés envers les services locaux des colonies ou pays de protectorat, rendent les pensions passibles de retenues jusqu'à concurrence d'un cinquième de leur montant. Il en est de même pour les créances privilégiées. Dans les autres cas prévus au précédent alinéa, la retenue peut s'élever jusqu'au tiers du montant de la pension.

La retenue du cinquième et celle du tiers peuvent s'exercer simultanément.

Les titulaires de pensions civiles et militaires d'ancienneté, nommés à un emploi civil rétribué soit par l'État, soit par les départements, colonies ou pays de protectorat, communes ou établissements publics, ne peuvent cumuler leurs pensions avec le traitement attaché à cet emploi qu'autant que ce total n'excède pas 18.000 francs.

Dans tous les cas, si la limite est dépassée, la réduction porte sur le traitement attaché à l'emploi et non sur la pension. Toutefois les indemnités afférentes audit traitement ayant un caractère temporaire ou représentatives de dépenses personnelles occasionnées par la résidence ne sont pas sujettes à réduction.

Les sommes attribuées à titre de supplément colonial et celles ayant le caractère d'un remboursement de dépenses ou d'allocations non personnelles imposées par la fonction, ne rentrent pas en compte pour la détermination du maximum du cumul.

Le cumul de plusieurs pensions servies par l'Etat, les départements, colonies ou pays de protectorat, les communes ou établissements publics, est autorisé dans la limite de 18.000 francs. Au cas où cette limite est dépassée, l'excédent est retenu sur la pension servie par l'Etat.

CAISSE INTERCOLONIALE DE RETRAITES.

Il est créé une caisse intercoloniale de retraites à laquelle seront assujettis les fonctionnaires et agents des cadres locaux européens des colonies, pays de protectorat et territoires à mandat, relevant du Ministère des Colonies, dont les emplois ne conduisent pas à pension sur le Trésor public, sans qu'il y ait lieu de distinguer si ces pays possèdent ou non actuellement des caisses ou organisations de retraites ou de prévoyance.

Elle est alimentée :

1° Par des retenues opérées sur le traitement des fonctionnaires et agents intéressés des colonies et dont le taux est fixé par la loi du 14 Avril 1924, soit 6 % ;

2° Par les subventions actuellement versées aux caisses existantes par les budgets généraux, locaux et spéciaux.

La caisse intercoloniale absorbera toutes les caisses ou organisations de retraites ou de prévoyance existant lors de la promulgation de la loi.

Les fonctionnaires coloniaux intéressés qui se trouveront en activité de service, au moment de la mise en vigueur de la loi du 14 Avril 1924, et désireront être maintenus sous le régime des dispositions antérieures auxquelles ils étaient assujettis, devront formuler, par écrit, leur option à cet égard. Celle-ci sera définitive ; elle emportera détermination du régime éventuellement applicable à la veuve ou aux orphelins.

NOTA. — Un règlement d'administration publique doit déterminer les modalités d'application des diverses dispositions ci-dessus.

Indemnité de réinstallation

Un décret en date du 12 Décembre 1923 supprimant le compte d'assistance a institué, en faveur des fonctionnaires européens des divers services locaux de l'Indochine admis à faire valoir leurs droits à une pension de retraite et quittant définitivement la Colonie, une indemnité dite de réinstallation dont les modalités sont fixées comme suit :

Cette indemnité est calculée quels que soient le grade, la classe ou l'emploi du bénéficiaire, à raison de 500 francs par année de services effectifs, sans pouvoir dépasser le chiffre de 4.000 francs pour les célibataires et de 8.000 francs pour les fonctionnaires mariés ou veufs avec enfant mineur.

Sont comptés comme services effectifs, tous les services considérés comme tels dans la détermination du droit à la pension d'ancienneté par les règlements organiques de la Caisse locale des retraites de l'Indochine, à l'exception : 1° des congés ; 2° des services rendus en France, dans les Colonies ou possessions françaises dans la position hors cadres ou en service détaché.

Lorsque deux conjoints sont fonctionnaires, cette indemnité n'est due qu'à celui des deux qui a le plus de présence effective dans la Colonie au moment où le dernier abandonne l'Administration.

En cas de décès d'un fonctionnaire, l'indemnité dont il aurait bénéficié est acquise à sa veuve et à ses enfants mineurs, y compris les enfants naturels reconnus, que ces ayants-droit puissent ou non prétendre, au titre des services du défunt, à une pension ou à un secours annuel.

La somme à payer est partagée entre les bénéficiaires existant au moment du décès du fonctionnaire, une moitié revenant à la veuve, l'autre moitié aux orphelins.

S'il n'existe pas d'enfants mineurs, la somme entière revient à la veuve.

S'il n'existe pas de veuve, la somme entière revient aux enfants mineurs.

Dans les autres cas, il n'y a lieu à aucun payement.

Le bénéfice de l'indemnité de réinstallation est étendu dans les conditions et limites ci-dessus indiquées, aux magistrats et agents détachés des cadres métropolitains et coloniaux, cessant leurs services au titre de l'Administration indochinoise, pour être admis à faire valoir leurs droits à une pension de retraite, pourvu qu'ils aient accompli au moins 10 années de services effectifs.

Toutefois, cette obligation n'est pas imposée à ces fonctionnaires lorsqu'ils peuvent prétendre à une pension pour blessures reçues au service de la colonie ou affections contractées dans les mêmes conditions.

Les dispositions relatives à l'indemnité de réinstallation sont applicables à tous les fonctionnaires se trouvant au jour de la promulgation du décret en question, au service de l'Indochine, pour compter du jour de leur affectation à cette colonie, le temps passé, le cas échéant, comme agent temporaire, contractuel ou journalier, n'étant pas admis dans le décompte de la dite indemnité.

Toutefois, un délai d'une année, à compter de cette promulgation, a été accordé aux dits fonctionnaires pour opter entre le régime de l'indemnité de réinstallation et celui du compte d'assistance.

Les fonctionnaires du Ministère des Travaux publics mis à la disposition du Ministre des Colonies pour servir en Indochine, ne sont pas soumis aux dispositions qui précèdent et demeurent régis par celles des articles 9 et 10 du décret du 16 Décembre 1915, modifiées par l'article 4 du décret du 10 Mars 1921.

SUPPLÉMENT

CHAPITRE XIX

TEXTES RELATIFS A L'ORGANISATION DU PERSONNEL DES SERVICES CIVILS DE L'INDOCHINE.

Décret portant réorganisation du personnel des Services civils de l'Indochine.

(Du 1er Décembre 1920).

Le Président de la République française,

Sur le rapport du Ministre des Colonies ;

Vu l'article 18 du sénatus-consulte du 3 Mai 1854 ;

Vu le décret du 16 Septembre 1899, portant organisation du personnel des Services civils de l'Indochine, modifié par les décrets des 9 Mars 1906 et 3 Septembre 1910, 24 Juin 1912, 28 Février 1915, 5 Septembre 1917 et 26 Février 1920 ;

Vu l'article 43 de la loi de finances du 13 Avril 1898 et le décret du 5 Mai 1898, portant création de la Caisse de retraites des Services locaux de l'Indochine, modifié par le décret du 6 Décembre 1905 ;

Vu l'article 65 de la loi de finances du 22 Avril 1905 ;

Vu le décret du 2 Mars 1910 sur la solde et les allocations accessoires des fonctionnaires, employés et agents des Services coloniaux ou locaux, et ensemble les décrets du 12 Juin 1911 et du 11 Septembre 1920 ;

Vu le décret du 17 Mai 1913, portant fixation de la limite d'âge d'admissibilité aux emplois conduisant à une pension de la Caisse locale des retraites de l'Indochine ;

Le Conseil d'Etat entendu,

DÉCRÈTE :

TITRE PREMIER

DISPOSITIONS GÉNÉRALES

Article premier. — Le personnel des Services civils de l'Indochine est chargé d'assurer le fonctionnement de l'Administration générale, soit dans les provinces, soit dans les bureaux du Gouvernement général, soit dans les bureaux des Résidences supérieures, du Gouvernement de la Cochinchine et du Territoire de Kouang-tchéou-wan.

Art. 2. — Le personnel des Services civils de l'Indochine se divise :

En personnel des administrateurs, des administrateurs-adjoints et élèves-administrateurs des Services civils ;

En personnel des chefs, sous-chefs de bureau et rédacteurs des Services civils.

Art. 3. — La hiérarchie et le traitement de ces personnels sont fixés ainsi qu'il suit :

Cadre des Administrateurs

GRADES ET CLASSES		SOLDE	POURCENTAGE
Administrateur de 1re classe.	Après 3 ans...	19.000 »	12 p. 100
	Avant 3 ans...	18 000 »	
Administrateur de 2e classe		16.000 »	28 —
Administrateur de 3e classe		14.000 »	60 —
Administrateur-adjoint hors classe		13.000 »	
Administrateur-adjoint de 1re cl.	Après 3 ans.	12.000 »	»
	Avant 3 ans.	11.000 »	»
Administrateur-adjoint de 2e classe		10.000 »	»
Administrateur-adjoint de 3e classe		8.000 »	»
Élève-administrateur		6.000 »	»

Cadre des Bureaux

GRADES ET CLASSES		SOLDE	POURCENTAGE
Chef de bureau hors classe...	Après 3 ans...	16.000 »	10 p. 100
	Avant 3 ans...	14.000 »	
Chef de bureau de 1re classe		13.000 »	25 —
Chef de bureau de 2e classe		12 000 »	
Sous-chef de bureau de 1re classe....	Après 3 ans.	11.000 »	
	Avant 3 ans.	10.000 »	
Sous-chef de bureau de 2e classe		9.000 »	65 —
Rédacteur de 1re classe		8.000 »	
Rédacteur de 2e classe		6.000 »	

Ce personnel reçoit, en outre, un supplément colonial dont la quotité et les conditions d'attribution sont fixées par le règlement général sur la solde et les accessoires de solde du personnel colonial.

Les cadres seront fixés annuellement par des arrêtés du Ministre des Colonies, après avis du Gouverneur général.

Art. 4. — Les administrateurs sont chargés :

1° En Cochinchine, des fonctions d'administrateur, chef de province ;

2° Au Cambodge, en Annam et au Tonkin, des fonctions de résident ;

3° Au Laos, des fonctions de commissaire du Gouvernement ;

4° A Kouang-tchéou-wan, des fonctions d'administrateur ;

5° Eventuellement, au Gouvernement général, dans les Résidences supérieures et au Gouvernement de la Cochinchine, de la direction des principaux services et, exceptionnellement, en cas d'insuffisance numérique des chefs de bureau titulaires, de la direction d'un bureau.

Les administrateurs-adjoints exercent les fonctions d'adjoint ou de délégué. En cas d'insuffisance numérique des administrateurs ou du personnel des bureaux, ils peuvent également être appelés, soit à remplir les fonctions de résident ou de chef de province, soit à servir dans les bureaux comme chefs ou sous-chefs de bureau.

Les élèves-administrateurs concourent au service de l'administration des provinces et des bureaux.

Les chefs de bureau, sous-chefs de bureau et rédacteurs sont répartis suivant les besoins du service dans les bureaux du Gouvernement général, du Gouvernement de la Cochinchine et des Résidences supérieures. Les rédacteurs et, exceptionnellement, les sous-chefs de bureau peuvent également servir dans les provinces.

Le personnel des bureaux est toujours subordonné au personnel des administrateurs.

Art. 5. — Le Gouverneur général peut allouer une indemnité spéciale aux administrateurs et administrateurs-adjoints qui, appelés à servir dans les bureaux suivant les conditions de l'article 4, ne bénéficient pas des avantages en nature dont jouissent les administrateurs et les administrateurs-adjoints dans les postes de l'intérieur.

Art. 6. — Le classement du personnel des Services civils de l'Indochine, au point de vue des indemnités de route et de séjour, du traitement dans les hôpitaux, des passages et des voyages à l'étranger, est fixé, conformément aux règlements sur les indemnités de déplacement et sur les passages du personnel colonial, y compris ceux concernant le personnel des cadres locaux, régulièrement recruté et nommé par les autorités locales.

Art. 7. — Le personnel des Services civils demeure placé, pour les pensions de retraite, sous le régime de la Caisse locale de retraites créée en Indochine par le décret du 5 Mai 1898, sauf les exceptions prévues par l'article 43 de la loi de Finances du 13 vril 1898 et l'article 31 du décret du 16 Septembre 1899.

Un décret ultérieur fixera, à l'égard du personnel encore soumis en vertu des dispositions du paragraphe précédent à l'article 14 de la loi du 5 Août 1879, les assimilations applicables pour la retraite aux nouvelles dénominations d'emplois prévues par les articles 2 et 3 du présent décret.

Art. 8. — Les administrateurs et administrateurs-adjoints sont nommés par décret du Président de la République sur la présentation du Gouverneur général de l'Indochine et sur la proposition du Ministre des Colonies. Les élèves-administrateurs sont nommés par arrêté du Ministre des Colonies.

Les chefs de bureau, sous-chefs de bureau et rédacteurs sont nommés par arrêté du Gouverneur général.

TITRE II

Recrutement

Art. 9. — Les élèves-administrateurs sont recrutés parmi les élèves brevetés l'école coloniale inscrits à la section indochinoise. Cinq places au moins leur sont réservées chaque année.

Après une première année de stage effectuée dans la colonie, les élèves administrateurs sont inscrits, dans l'ordre de leur nomination, sur la liste d'admissibilité aux fonctions d'administrateur-adjoint de 3e classe et nommés dans le même ordre à cet emploi au fur et à mesure des vacances qui leur sont réservées pourvu qu'ils aient témoigné d'une aptitude générale suffisante pour remplir l'emploi d'administrateur.

Les élèves-administrateurs qui n'ont pas témoigné d'une aptitude générale suffisante peuvent être licenciés dès l'expiration de la première année sur la proposition du Gouverneur général et après avis de la commission instituée au Ministère des Colonies pour le classement des administrateurs coloniaux; ils peuvent être autorisés à faire une seconde année de stage à l'expiration de laquelle ils sont inscrits sur la liste d'admissibilité ou définitivement licenciés dans les formes indiquées ci-dessus.

Dans tous les cas, le licenciement est prononcé par le Ministre des Colonies; les élèves-administrateurs licenciés ont droit à l'indemnité de licenciement prévue par le décret sur la solde.

Pendant la durée de leur séjour à l'école coloniale, ces élèves reçoivent, s'ils en font la demande, une indemnité mensuelle de 250 francs, au compte du budget de l'Indochine, payable à partir du premier du mois qui suit leur admission à l'école jusqu'au dernier jour du trimestre qui suit la clôture des examens de sortie définitifs.

Les élèves bénéficiaires de ces allocations seront tenus de rembourser à la colonie le montant des subventions perçues au cas où ils abandonneraient volontairement l'école coloniale ainsi qu'au cas où ils seraient licenciés en cours d'études pour insuffisance de notes ou par mesure disciplinaire.

Ces élèves doivent, en faisant leur demande d'allocation, à leur entrée à l'école, prendre, en retour, l'engagement d'accomplir, après leur nomination, dix années de services effectifs dans le personnel des Services civils, sauf cas de force majeure résultant de leur état de santé ou de leur licenciement pour non aptitude à l'expiration de leur stage. Faute de tenir cet engagement, ils seront tenus de rembourser à la colonie le montant des allocations qu'ils auront reçues d'elle pendant leur séjour à l'école. L'admission dans le corps de l'Inspection des colonies n'entraîne pas l'obligation de ce remboursement.

Art. 10. — Peuvent être également nommés administrateurs-adjoints de 3e classe, les rédacteurs des Services civils comptant deux années de services en Indochine, n'ayant pas dépassé l'âge de trente-cinq ans et ayant subi avec succès les épreuves d'examen d'aptitude dont le programme est fixé par arrêté du Gouverneur général.

Art. 11. — Les rédacteurs se recrutent par la voie d'un concours qui a lieu dans les conditions fixées au paragraphe 3 de l'article 16 du présent décret. Les candidats devront être âgés de vingt ans au moins et de trente ans au plus, justifier de la qualité de Français et de leur aptitude physique à servir aux colonies, avoir satisfait aux obligations de la loi sur le recrutement de l'armée et être pourvus, en outre, du diplôme de bachelier, soit d'un diplôme de « langue, extrême-orientale » délivré par l'école des Langues orientales vivantes, du diplôme de l'école des Chartes, de l'école des Hautes études commerciales, de l'Institut national agronomique, de l'école des Sciences politiques, soit d'un certificat attestant qu'ils ont satisfait aux examens de sortie de l'école coloniale sans avoir été classés toutefois pour un emploi colonial, aux examens de sortie de l'école polytechnique, de l'école nationale supérieure des Mines, de l'école des Ponts et Chaussées, de l'école centrale des Arts et Manufactures, de l'école des Mines de Saint Etienne, de l'école militaire de Saint-Cyr ou de l'école navale, soit du diplôme de docteur en médecine, de licencié ès-sciences, de licencié ès-lettres ou de licencié en droit.

Les rédacteurs des Services civils nouvellement nommés, qui n'auraient pas témoigné d'une aptitude générale suffisante ou dont la manière de servir aurait été jugée défectueuse, peuvent être, au cours de leurs deux premières années de services, licenciés par arrêté du Gouverneur général pris sur la proposition des Chefs d'Administration ou de service intéressés, après avis d'une commission spéciale instituée au Gouvernement général. Les rédacteurs licenciés reçoivent l'indemnité de licenciement prévue par le décret sur la solde.

TITRE III

AVANCEMENT

Art. 12. — Les emplois d'administrateurs-adjoints de 3e classe sont attribués, pour trois septièmes aux élèves-administrateurs admissibles aux fonctions d'administrateur et, pour trois septièmes, aux rédacteurs des Services civils remplissant les fonctions prévues à l'article 10.

Les emplois vacants sont attribués, pour les premier, troisième et cinquième tours, aux rédacteurs, pour les deuxième, quatrième et sixième tours, aux élèves-administrateurs

Peuvent être nommés administrateurs-adjoints de 3e classe au septième tour, à condition de ne pas être âgés de plus de trente-trois ans :

1° Les rédacteurs de 3e classe de l'administration centrale des colonies ayant au moins dix-huit mois de services effectifs dans leur classe et les rédacteurs de 2e classe de l'administration centrale des colonies ayant au moins six mois de services effectifs dans leur classe ;

2° Les lieutenants et officiers assimilés des armées de terre et de mer, en activité, ayant quatre années de grade d'officier dont deux passées en Indochine, et ayant subi avec succès les épreuves de l'examen d'aptitude prévu à l'article 10.

Si, par suite du défaut de candidats, il n'est pas fait de nomination dans les conditions du précédent paragraphe, le septième tour est attribué aux rédacteurs.

Art. 13. — Les cinq sixièmes des emplois d'administrateur-adjoint de 2e classe sont réservés aux administrateurs-adjoints de 3e classe, comptant au minimum deux ans de services dans leur classe.

Peuvent être nommés administrateurs-adjoints de 2e classe au sixième tour, à condition de ne pas être âgés de plus de trente-cinq ans :

1° Les rédacteurs de 1re classe de l'administration centrale des colonies ayant au moins trois ans de services effectifs dans leur classe ; les rédacteurs principaux de 2e classe de l'administration centrale des colonies ayant au moins dix-huit mois de services effectifs dans leur classe ; les rédacteurs principaux de 1re classe de l'administration centrale des colonies ayant au moins six mois de services effectifs dans leur classe ;

2° Les juges de paix et lieutenants de juge appartenant à la magistrature de l'Indochine comptant au moins quatre années de services dans la magistrature dont deux années de services effectifs en Indochine ;

3° Les capitaines ou officiers assimilés des armées de terre et de mer en activité, ayant servi au moins pendant trois années en Indochine en qualité d'officier et ayant subi avec succès les épreuves de l'examen d'aptitude prévu à l'article 10.

Si, par suite du défaut de candidats, il n'est pas fait de nomination dans les conditions du précédent paragraphe, le tour est attribué aux administrateurs-adjoints de 3e classe.

Art. 14. — Les cinq sixièmes des emplois d'administrateur-ajoint de 1re classe sont réservés aux administrateurs-adjoints de 2e classe comptant au minimum deux années de services dans leur classe.

Peuvent être nommés administrateurs-adjoints de 1re classe au 6e tour, sous réserve de réunir les conditions déterminées par le décret du 17 Mai 1913.

1° Les sous-chefs de bureau de l'administration centrale des colonies ;

2° Les juges de paix et lieutenants de juges appartenant à la magistrature de l'Indochine ayant au moins six années de services dans la magistrature dont quatre années de services effectifs en Indochine ;

3° Les capitaines ou officiers assimilés des armées de terre et de mer ayant servi quatre années au moins en Indochine en qualité d'officier et ayant subi avec succès les épreuves de l'examen d'aptitude prévu à l'article 10.

Si, par suite du défaut de candidats, il n'est pas fait de nomination dans les conditions du précédent paragraphe, le tour est attribué aux administrateurs-adjoints de 2e classe.

Art. 15. — Les emplois d'administrateur-adjoint hors classe sont exclusivement attribués aux administrateurs-adjoints de 1re classe comptant plus de cinq ans de services dans leur classe et qui en feront la demande.

Art. 16. — Les emplois d'administrateur de 3e classe sont réservés pour les cinq sixièmes aux administrateurs-adjoints de 1re classe comptant au minimum deux années de services dans leur classe.

Le dernier sixième est réservé par voie de concours aux fonctionnaires et officiers, candidats à cet emploi, âgés de trente ans au moins et de quarante ans au plus, énumérés ci-dessous et réunissant les conditions déterminées par le décret du 17 Mai 1913 :

1° Les sous-chefs de bureau de l'administration centrale des colonies ayant au moins deux années de services effectifs en cette qualité ;

2° Les juges-présidents, juges, procureurs de la République ou substituts appartenant à la magistrature de l'Indochine comptant au moins deux années de services effectifs dans cette possession ;

3° Les fonctionnaires des services locaux de l'Indochine ayant une solde de grade d'au moins 10.000 frs, non compris les accessoires et le supplément colonial (y compris les administrateurs-adjoints des deux premières classes) et comptant au moins dix ans de services effectifs ;

4° Les capitaines ou officiers assimilés des armées de terre et de mer en activité, comptant au moins quatre ans de grade et trois années de séjour en Indochine en qualité d'officiers.

Les demandes d'inscription sont adressées au Gouverneur général qui fixe la date extrême à laquelle elles doivent lui parvenir ; elles sont accompagnées de l'acte de naissance du postulant et d'un certificat d'aptitude physique. La liste des candidats admis à prendre part aux épreuves est arrêtée par le Gouverneur général quatre mois avant la date fixée pour l'ouverture du concours. La date du concours, l'organisation du jury, la nature et le mode des épreuves et les matières sur lesquelles elles portent sont déterminés par arrêté du Gouverneur général.

Le nombre des candidats pouvant être reçus est déterminé par celui des vacances existant au moment de la clôture des opérations. Les candidats déclarés reçus sont classés par ordre de mérite et nommés dans cet ordre au fur et à mesure des vacances qui leur sont attribuées. Les candidats ne peuvent se présenter plus de trois fois au concours.

Art. 17. — Les emplois d'administrateurs des deux premières classes sont attribués aux administrateurs de la classe immédiatement inférieure comptant au minimum deux années de services dans leur classe.

Art. 18. — Les trois quarts des emplois de rédacteurs de 1re classe sont attribués aux rédacteurs de 2e classe comptant au minimum dix-huit mois de services dans leur classe.

Le quatrième quart peut être attribué aux rédacteurs de 1re classe de l'administration centrale des colonies comptant au moins dix-huit mois de services effectifs dans leur classe et réunissant les conditions déterminées par le décret du 17 Mai 1913. Si, par suite du défaut de candidats, il n'est pas fait de nomination dans les conditions du présent paragraphe, le tour est attribué aux rédacteurs de 2e classe.

Art. 19. — Les trois quarts des emplois de sous-chef de bureau de 2e classe sont attribués aux rédacteurs de 1re classe comptant au minimum deux ans de services dans leur classe.

Le quatrième quart peut être attribué aux rédacteurs principaux de 3e classe de l'administration centrale des colonies comptant au moins dix-huit mois de services effectifs dans leur classe et réunissant les conditions déterminées par le décret du 17 Mai 1913. Si, par suite du défaut de candidats, il n'est pas fait de nomination dans les conditions du présent paragraphe, le tour est attribué aux rédacteurs de 1re classe.

Art. 20. — Les trois quarts des emplois de sous-chef de bureau de 1re classe sont attribués aux sous-chefs de bureau de 2e classe comptant au moins deux ans de services dans leur classe.

Le quatrième quart peut être attribué aux rédacteurs principaux de 2e classe de l'administration centrale des colonies comptant aux moins dix-huit mois de services effectifs dans leur classe et réunissant les conditions déterminées par le décret du 17 Mai 1913. Si, par suite du défaut de candidats, il n'est pas fait de nomination dans les conditions du présent paragraphe, le tour est attribué aux sous-chefs de bureau de 2e classe.

Art. 21. — Les emplois de chef de bureau de 2e classe sont attribués pour les cinq sixièmes aux sous-chefs de bureau de 1re classe comptant au moins deux ans de services dans leur classe.

Le dernier sixième est recruté au concours parmi tous les fonctionnaires des services métropolitains, coloniaux ou locaux, ayant une solde de grade d'au moins 10.000 frs, non compris les accessoires et le supplément colonial et réunissant les conditions déterminées pas le décret du 17 Mai 1913.

Les concours prévus pour les emplois de chef de bureau ont lieu aux époques fixées par le Gouverneur général, en raison des vacances prévues ou survenues dans le personnel des bureaux des Services civils et dans les conditions déterminées à l'article 16 du présent décret.

Si, par suite du défaut de candidats, il n'est pas fait de nomination dans les conditions du 2e § du présent article, le sixième tour est attribué aux sous-chefs de bureau de 1re cl.

Art. 22. — Les emplois de chef de bureau de 1re classe sont attribués aux chefs de bureau de 2e classe comptant au minimum deux ans de services dans leur classe.

Art. 23. — Les emplois de chef de bureau hors classe sont attribués aux chefs de bureau de 1re classe comptant au minimum trois ans de services dans leur classe.

Art. 24. — L'avancement des rédacteurs est donné pour trois quarts au choix et pour un quart à l'ancienneté.

L'avancement des sous-chefs de bureau et des chefs de bureau est donné exclusivement au choix.

Art. 25. — Pour obtenir un avancement, les fonctionnaires des Services civils doivent :

1° Avoir accompli effectivement en Indochine la moitié du temps de service exigé pour passer à la classe ou au grade supérieurs. Le temps des services dans la classe accompli par eux dans certains postes qui font chaque année l'objet d'un classement du Gouverneur général à raison de leur insalubrité ou de leur insécurité est décompté, pour moitié en sus, en vue des droits à l'avancement.

Le temps passé en France par les fonctionnaires des Services civils à y servir dans la limite de 2 p. 100 des effectifs, en vertu d'une décision du Ministre des Colonies ou du Gouverneur général, entre en compte, au point de vue de l'avancement, comme le temps passé en Indochine, mais seulement jusqu'à concurrence de la moitié de sa durée effective et pour l'obtention d'un seul avancement.

Par contre, sont assimilés aux services rendus en Indochine, les séjours accomplis par le personnel des Services civils dans les postes diplomatiques ou consulaires en Extrême-Orient.

2° Pour les promotions au choix, être portés au tableau d'avancement dressé dans les conditions fixées par arrêté du Gouverneur général et établi conformément à l'avis d'une commission administrative comprenant un ou plusieurs représentants du personnel en cause.

Les candidats seront inscrits par ordre de préférence, les nominations étant faites dans cet ordre et les inscriptions ne pouvant dépasser d'un tiers le nombre des vacances prévues. Les fonctionnaires des Services civils ne peuvent être inscrits au tableau d'avancement que si au moment de la réunion de la commission administrative, ils satisfont aux obligations spéciales prévues au présent décret pour la promotion aux différents grades ou classes et s'ils réunissent au 1er Janvier qui suivra l'établissement du tableau ou, si ce tableau est dressé en cours d'années, au premier du mois qui suivra son établissement, les conditions réglementaires d'ancienneté et de séjour effectif dans la colonie.

Dans le cas où il n'aura pas été possible de promouvoir tous les candidats inscrits au tableau établi pour l'année, les intéressés conserveront le bénéfice de leur inscription et devront figurer en tête du tableau de l'année suivante, à moins que la commission administrative n'en décide autrement sur rapport motivé du Gouverneur Général ou sauf dans les cas prévus au titre IV.

Art. 26. — Les fonctionnaires des diverses administrations métropolitaines ou coloniales peuvent être admis, par voie de permutation, dans le personnel des Services civils de l'Indochine à la condition :

1° Qu'ils n'aient pas dépassé la limite d'âge nécessaire pour prétendre à cinquante-cinq ans à une pension pour ancienneté sur la Caisse locale des retraites de l'Indochine ;

2° Qu'ils soient reconnus, dans les formes déterminées par le Ministre des Colonies, physiquement aptes au service colonial ;

3° Qu'il n'existe pas un écart de plus de cinq ans entre les années de services des deux permutants ;

4° Que la différence entre les deux traitements d'Europe ne soit pas supérieure à deux mille francs.

Les demandes de permutation sont soumises à l'agrément du Gouverneur général.

Les fonctionnaires nommés par permutation dans le personnel des Services civils prennent rang à la fin de la liste d'ancienneté de leur classe.

Art. 27. — L'honorariat du grade peut, sur la proposition du Gouverneur général, être conféré par décret aux administrateurs des Services civils retraités ou démissionnaires.

L'honorariat du grade peut être conféré, par arrêté du Gouverneur général, aux chefs et sous-chefs de bureau des Services civils retraités ou démissionnaires.

TITRE IV

Discipline

Art. 28. — Les peines disciplinaires applicables au personnel des Services civils de l'Indochine sont :

Le blâme avec inscription au dossier ;

La radiation du tableau d'avancement pour une période n'excédant pas une année ;

La rétrogradation ;

La révocation.

Art. 29. — Si l'intérêt public ou la discipline l'exige, le Gouverneur général peut interdire à un fonctionnaire l'exercice de ses fonctions.

L'affaire doit être soumise à la commission d'enquête prévue à l'article 31 dans le délai de deux mois ou, le cas échéant, à la commission prévue par l'article 31, paragraphe 4, dans le délai de quatre mois.

Art. 30.— Le blâme avec inscription au dossier est infligé par le Gouverneur général sur la proposition des Chefs d'Administration locale ou des chefs de service.

La radiation du tableau d'avancement ou le retard dans l'avancement sont prononcés par le Gouverneur général après avis de la commission prévue à l'article 31.

La rétrogradation et la révocation sont prononcées, après avis de la commission d'enquête prévue à l'article 31, par décret, en ce qui concerne les administrateurs et les administrateurs-adjoints, par arrêté ministériel, en ce qui concerne les élèves-administrateurs, par arrêté du Gourverneur général, en ce qui concerne les fonctionnaires des bureaux des Services civils.

Art. 31. — La commission d'enquête prévue aux articles précédents se compose de trois fonctionnaires des Services civils désignés par le Gouverneur général. L'un d'eux doit être d'un grade supérieur à celui du fonctionnaire inculpé, les deux autres doivent être ou d'un grade supérieur à celui de l'inculpé ou plus anciens en cas d'égalité de grade.

Si le fonctionnaire en cause est un administrateur de 1re classe, la composition de la commission d'enquête est déterminée par un arrêté du Gouverneur général qui, à défaut d'administrateurs plus anciens, peut y comprendre des magistrats d'appel ou des fonctionnaires d'autres services d'un grade au moins équivalent.

Le fonctionnaire inculpé reçoit communication des notes, dans les conditions déterminées par les dispositions de l'article 65 de la loi de Finances du 22 Avril 1905; il est admis à présenter sa défense, soit verbalement, soit par écrit.

Dans le cas où les faits incriminés ne se sont pas passés en Indochine, le ministre fixe le lieu de réunion de la commission, en détermine la composition et en désigne les membres, à moins que l'intéressé ne se trouve dans la colonie.

TITRE V

Dispositions transitoires

Art. 32. — Les administrateurs des trois premières classes des Services civils (ancienne formation) sont versés dans le nouveau cadre avec leur grade et leur ancienneté actuels.

Art. 33. — Les administrateurs des Services civils de 4e et de 5e classe restant inscrits au tableau d'avancement au moment de la publication du présent décret pourront être promus ou nommés dans le nouveau cadre exceptionnellement, dans les conditions ci-dessous :

Administrateurs de 3e classe : Les Administrateurs de 4e classe ;

Administrateurs-adjoints de 1re classe: Les Administrateurs de 5e classe.

Les administrateurs des Services civils des deux dernières classes sont versés dans le nouveau cadre, les administrateurs de 4e classe en qualité d'administrateurs-adjoints de 1re classe, les administrateurs de 5e classe en qualité d'administrateurs-adjoints de 2e classe; ces fonctionnaires conservent dans le nouveau cadre le bénéfice de leur ancienneté dans leur ancien emploi.

Toutefois, les administrateurs de 4e classe, comptant plus de cinq ans de grade au moment de la publication du présent décret et qui en feront la demande, pourront, sur la proposition de leurs chefs hiérarchiques, être nommés dans le nouveau cadre des administrateurs-adjoints hors classe. En outre, les administrateurs des deux dernières classes qui en feront la demande pourront, sur la proposition de leurs chefs hiérarchiques, être nommés à des emplois du personnel des bureaux des Services civils avec le classement ci-après :

Administrateur de 4e classe après 3 ans d'ancienneté : Chef de bureau de 2e classe ;

Administrateur de 4e classe avant 3 ans d'ancienneté : Sous-chef de bureau de 1re classe après 3 ans ;

Administrateur de 5e classe : Sous-chef de bureau de 1re classe avant 3 ans.

Ces fonctionnaires conserveront dans le nouveau cadre le bénéfice de leur ancienneté dans leur ancien emploi.

Art. 34. — A titre exceptionnel et pour la première formation seulement, pourront être nommés administrateurs par assimilation, les chefs de bureau du Gouvernement général et de la Direction des finances ayant appartenu au corps des Services civils (ancienne formation) et qui en feront la demande.

Art. 35. — Les élèves de l'école coloniale (section indochinoise) qui ont été admis au concours d'entrée avant la mobilisation, mais qui n'ont pas suivi de cours du fait de leur appel sous les drapeaux, sont nommés administrateurs-adjoints s'ils n'ont pas été réformés pour blessures ou infirmités les rendant inaptes au service colonial et si, ayant continué leurs études, en vue de l'obtention du diplôme de l'école, ils satisfont aux examens de sortie. Leur ancienneté remontera comme élève-administrateur au 1er Janvier 1917 et comme administrateur-adjoint de 3e classe, au 1er Janvier 1918.

Les administrateurs-adjoints, nommés par application de ces dispositions, pourront, s'ils n'ont pas témoigné d'une aptitude générale suffisante, être licenciés dans un délai d'un an, à compter de leur arrivée dans la colonie, sur la proposition du Gouverneur général et après avis de la commission instituée au Ministère des Colonies pour le classement des administrateurs coloniaux.

Dans ce cas, ils auront droit à l'indemnité de licenciement prévue par le décret sur la solde.

Sur la proposition de la commission de classement, le délai de licenciement fixé ci-dessus pourra être porté à deux ans.

Les dispositions des paragraphes 3 et 4 du présent article sont également applicables aux administrateurs-adjoints nommés par application des articles 1er et 2 du décret du 5 Septembre 1917.

Art. 36. — Seront dispensés de subir les épreuves prévues à l'article 10 pour être promus administrateurs-adjoints, les commis des Services civils (ancienne formation) ayant subi avec succès, avant la publication du présent décret, l'examen d'aptitude au grade d'administrateur de 5e classe.

Les commis des Services civils qui, au moment de la publication du présent décret, auraient dépassé l'âge de trente-cinq ans fixé par l'article 10, pourront exceptionnellement se présenter une fois à l'une des deux premières sessions de l'examen d'aptitude pour le grade d'administrateur-adjoint de 3e classe.

Les commis de 3e classe des Services civils seront promus ultérieurement au grade de rédacteur de 2e classe, à condition de remplir les obligations déterminées à l'article 25 du présent décret. A titre transitoire, il pourra leur être attribué une solde provisoire qui sera fixée par arrêté du Gouverneur général de l'Indochine.

Art. 37. — Pendant la période d'organisation du cadre des bureaux des Services civils qui ne pourra excéder un an, les fonctionnaires ayant le grade de chef et de sous-chef de bureau au Gouvernement général, à la Direction des Finances et au Contrôle financier, s'ils en font la demande, pourront être nommés, sur l'avis d'une commission de classement désignée par le Gouverneur général et selon les conditions de grade et d'ancienneté déterminées par cette commission, chefs ou sous-chefs de bureau dans le personnel des bureaux des Services civils de l'Indochine.

Art. 38. — Les commis principaux et commis des Services civils (ancienne formation) inscrits au tableau d'avancement avant la publication du présent décret seront promus ou nommés dans le nouveau cadre exceptionnellement dans les conditions ci-dessous :

Commis principaux de 1re classe ;	Chefs de bureau de 1re classe ;
Commis principaux de 2e classe ;	Chefs de bureau de 2e classe ;
Commis principaux de 3e classe ;	Sous-chefs de bureau de 1re classe;
Commis de 1re cl. au tableau pour le grade de commis principal ;	Sous-chefs de bureau de 2e classe;
Commis de 1re classe au tableau pour le grade d'administrateur;	Administrateurs-adjoints de 3e cl.;
Commis de 2e classe ;	Rédacteurs de 1re classe ;
Commis de 3e classe.	Rédacteurs de 2e classe.

Art. 39. — Les commis principaux et commis des Services civils (ancienne formation) sont versés dans le nouveau cadre avec bénéfice de l'ancienneté acquise dans leur grade actuel dans les conditions ci-dessous :

Commis principaux hors classe ;	Chefs de bureau de 1re classe ;
Commis principaux de 1re classe;	Chefs de bureau de 2e classe ;
Commis principaux de 2e classe ;	Sous-chefs de bureau de 1re clase ;
Commis principaux de 3e classe ;	Sous-chefs de bureau de 2e classe ;
Commis de 1re classe ;	Rédacteurs de 1re classe ;
Commis de 2e classe.	Rédacteurs de 2e classe.

Art. 40. — Le temps passé sous les drapeaux par les fonctionnaires des Services civils mobilisés en exécution du décret du 1er Août 1914, ou engagés pour la durée de la guerre comptera comme temps de présence effective dans la colonie à laquelle ils étaient affectés et dans l'emploi qu'ils occupaient, dans tous les cas où une durée minimum de séjour aux colonies est exigée pour l'avancement.

La période pendant laquelle les fonctionnaires des Services civils, mobilisés ou engagés pour la durée de la guerre, auront été maintenus en France en congé de convalescence après leur libération comptera comme temps de présence effective aux colonies, s'il est reconnu que c'est par suite de blessures reçues ou de maladies contractées aux armées qu'ils sont été déclarés inaptes à rejoindre immédiatement leur poste colonial.

Les anciens militaires mobilisés ou engagés volontaires pendant la guerre 1914-1919, qui auront été soit blessés, soit l'objet de citations à l'ordre du jour, pourront se présenter au concours ouvert pour le grade de rédacteur des Services civils, jusqu'au 31 Décembre 1923, sans condition de diplômes.

Art. 41. — Sont abrogés le décret du 24 Juin 1912 ainsi que toutes les dispositions contraires au présent décret.

Art. 42. — Le Ministre des Colonies est chargé de l'exécution du présent décret, qui sera publié au *Journal Officiel de la République française*, au *Journal Officiel de l'Indochine* et inséré au *Bulletin des lois* et au *Bulletin Officiel du Ministère des Colonies.*

Fait à Paris, le 1er Décembre 1920.

A. MILLERAND.

Par le Président de la République:
Le Ministre des Colonies,

A. SARRAUT.

Arrêté du Gouverneur général fixant les conditions et le programme de l'examen d'aptitude pour le grade d'administrateur-adjoint de 3e classe des Services civils de l'Indochine.

(Du 16 Mars 1921).

Article premier. — L'examen d'aptitude pour le grade d'administrateur-adjoint de 3e classe, prévu à l'article 10 du décret du 1er Décembre 1920, portant réorganisation du corps des Services civils de l'Indochine, comprend quatre épreuves subies à raison de une épreuve par jour.

Art. 2. — L'épreuve No 1 consiste en une composition sur une question d'ordre général choisie par les candidats entre trois sujets ayant trait à :

1° Notions générales de législation métropolitaine et coloniale ;

2° Principes d'économie politique ;

3° Le régime financier et la comptabilité, et rentrant dans les limites du programme annexé au présent arrêté.

Durée de l'épreuve : trois heures.
Coefficient : un.
Notes : de 0 à 20.

Art. 3. — Chacune des épreuves Nos 2, 3 et 4 consiste en une réponse sous forme de rapport à une question ayant trait :

Pour l'épreuve No 2, à l'administration générale de l'Indochine ;

Pour l'épreuve No 3, à des notions de droit français ;

Pour l'épreuve No 4, à des notions générales sur l'histoire des divers pays de l'Indochine.

Ces questions sont choisies parmi les matières inscrites au programme annexé au présent arrêté.

Durée : quatre heures... ⎫
Coefficient : un.......... ⎬ pour chaque épreuve.
Notes : 0 à 20........... ⎭

Art. 4. — Le minimum de points pour être reçu est fixé à 52. Toutefois, sera éliminatoire toute note inférieure : 1°) à

11 pour la première épreuve ; 2°) à 10 pour chacune des trois autres épreuves.

Art. 5. — Les candidats doivent faire parvenir leur demande par la voie hiérarchique au Gouvernement général, avant le 15 Janvier de chaque année.

L'examen d'aptitude a lieu, chaque année, dans le courant du mois de Février ou de Mars au chef-lieu de chaque pays de l'Indochine et, à Paris, au Ministère des Colonies.

Les dates et heures de ces examens sont fixées par arrêté du Gouverneur général.

En cas de nécessité, des sessions supplémentaires peuvent être ouvertes, mais un délai de quatre mois doit s'écouler entre la date de signature de l'arrêté et celle de l'examen.

Art. 6. — Les différents sujets de composition sont choisis en temps voulu par le Secrétaire général du Gouvernement général de l'Indochine assisté de la commission instituée par le paragraphe ci-dessous.

Les épreuves sont corrigées et notées par une commission composée du Secrétaire général ou, en cas d'absence ou d'empêchement, d'un Résident supérieur, *président*, de deux administrateurs des Services civils désignés par le Gouverneur général et d'un magistrat délégué du Directeur de l'Administration judiciaire.

La liste alphabétique des candidats ayant obtenu le minimum de points à l'article 4 est publiée à l'*Officiel.*

Police de l'examen et correction des épreuves

Art. 7. — Une commission composée de trois membres, désignés dans chaque pays par arrêté du Chef d'Administration locale, et, à Paris, par décision du Ministre des Colonies, sera chargée de la surveillance dans chaque centre d'examen.

Art. 8. — Tout candidat surpris à copier sur son voisin ou qui se servirait de livres, brochures ou pièces manuscrites quelconques sera immédiatement invité à quitter la salle d'examen et ne pourra se présenter aux deux sessions suivantes.

Tout candidat dont les compositions seront reconnues par l'unanimité des membres de la commission de correction comme étant manifestement inspirées d'autres compositions aura ses compositions annulées et sera exclu des deux sessions suivantes.

Les candidats qui auront communiqué leurs compositions seront frappés des mêmes sanctions.

Art. 9. — Les sujets de compositions seront envoyés, sous pli cacheté, par le Cabinet du Gouverneur général, aux Chefs d'Administration locale et au Département des Colonies qui les remettront au début de chaque séance d'examen, au président de la commission de surveillance. Ce dernier ouvrira le pli contenant les sujets à traiter en présence des candidats.

Chaque candidat inscrira en tête de ses compositions et sur un bulletin séparé une devise suivie d'un chiffre ou d'un signe ; le bulletin portera en plus les nom, prénoms et signature du candidat.

La devise et le chiffre ou le signe devront être les mêmes pour toutes les épreuves.

A l'issue de chaque séance, la commission chargée de la surveillance des épreuves établira un procès-verbal relatant les incidents qui se sont produits en y joignant, le cas échéant, toutes pièces utiles.

Les compositions seront, à l'issue de chaque épreuve, enfermées en présence des candidats, sous pli cacheté. Il en sera de même pour les bulletins à l'issue des deux premières épreuves.

Les plis seront immédiatement remis au Chef d'Administration locale intéressé avec le procès-verbal de la séance.

Art. 10. — Les plis contenant les compositions et les bulletins, ainsi que les procès-verbaux des séances d'examen seront transmis, dès l'achèvement des épreuves, au président de la commission de correction. Lorsque le travail de correction sera terminé, la commission procédera au classement des compositions d'après les devises. Les plis contenant les noms des candidats ne seront ouverts qu'après que le classement sera définitivement arrêté.

Art. 11. — A titre exceptionnel, l'examen d'aptitude aura lieu en 1921 dans le courant du mois de Juillet à des dates qui seront ultérieurement fixées par décision du Gouverneur général.

Les candidats devront faire parvenir leur demande avant le 15 Juin 1921.

Art. 12. — Conformément à l'article 36 du décret du 1er Décembre 1920, portant réorganisation du personnel des Services civils, seront dispensés de subir les épreuves prévues pour être promus administrateurs-adjoints, les commis des Services civils (ancienne formation) ayant subi avec succès, avant la publication de ce décret, l'examen d'aptitude au grade d'administrateur de 5e classe.

Les commis des Services civils qui, au moment de la publication du décret du 1er Décembre 1920, auraient dépassé l'âge de trente-cinq ans, pourront exceptionnellement se présenter une fois à l'une des deux premières sessions de l'examen d'aptitude pour le grade d'administrateur-adjoint de 3e classe.

Art. 13. — Les commis des Services civils, promus à la 5e classe avec dispense de l'examen professionnel prévu par l'arrêté du 1er Octobre 1912 et classés dans la nouvelle formation avec le grade d'administrateur-adjoint de 2e classe, seront tenus, pour obtenir un nouvel avancement, de satisfaire à l'examen d'administrateur-adjoint de 3e classe des Services civils. Toutefois, seront, à titre exceptionnel, dispensés de cet examen, les commis des Services civils promus avec dispense au grade d'administrateur de 5e classe et qui auront demandé à être classés dans le cadre des bureaux.

Art. 14. — Sont abrogées les dispositions de l'arrêté du 1er Octobre 1912 contraires à celles du présent arrêté.

PROGRAMME DE L'EXAMEN

Première épreuve :

NOTIONS GÉNÉRALES DE LÉGISLATION MÉTROPOLITAINE ET COLONIALE

Organisation constitutionnelle et administrative de la France.

Le pouvoir législatif, son fonctionnement, représentation des colonies au Parlement.

Le pouvoir exécutif, administration centrale, administration régionale.

Organisation judiciaire.

Régime législatif des colonies. Ordonnances et décrets organiques, sénatus-consultes des 3 Mai 1854 et 4 Juillet 1866.

Régime des décrets. Application des codes, lois et règlements métropolitains aux colonies.

Promulgation des lois et décrets.

Pouvoirs du Ministre vis-à-vis des Gouverneurs des Colonies.

PRINCIPES D'ÉCONOMIE POLITIQUE

Les facteurs de la production : la nature — le travail — le capital.

La circulation et l'échange : loi de l'offre et de la demande.

Système monétaire : bimétallisme, mono-métallisme, monnaie de papier, balance des échanges.

Politique commerciale : protectionnisme, libre-échangisme, régime des traités.

Le crédit. — Les banques : émission des billets, dépôts, escompte, change.

RÉGIME FIMANCIER ET COMPTABILITÉ

Budgets. — Budgets de l'Etat, des Département et des communes, budgets locaux des colonies : Etablissement, exécution et contrôle, Décrets des 31 Mai 1862 et 20 Novembre 1882, article 33 de la loi de finances du 13 Avril 1900.

Impôts. — Autorités compétentes pour établir les impôts dans les diverses colonies.

Adjudications et marchés.

Comptabilité publique : ordonnateurs, comptables du Trésor, autres comptables des deniers publics.

Régime donanier : loi des 7 Mai 1881 et 11 Janvier 1892. Tarif spécial.

Deuxième épreuve :

ADMINISTRATION GÉNÉRALE DE L'INDOCHINE

Responsabilité, attributions et pouvoirs du Gouverneur général.

Conseil de Gouvernement et Commission permanente du Conseil de Gouvernement — Conseil de défense — Contrôle financier.

Service et organisation judiciaires.

Services militaires et maritimes.

Services relevant du Gouvernement général.

Responsabilité, attributions et pouvoirs du Gouverneur de la Cochinchine et des Résidents supérieurs.

Conseil colonial.

Conseil privé et Conseils de Protectorat.

Conseils du Contentieux administratif.

Chambres de Commerce et d'Agriculture.

Municipalités.

Services locaux.

Administration provinciale.

Administration indigène.

Le Domaine.

Le budget général et les divers budgets.

Les impôts — Les douanes — Les régies financières — Les taxes de consommation.

Caisses locales de retraites.

Troisième épreuve :

NOTIONS DE DROIT FRANÇAIS

Code civil. — Des actes de l'état-civil (livre I, titre II).

Du domicile, des absents (livre I, titres III et IV.

De la propriété (livre II, titre II).

Des successions (livre III, titre I).

De la prescription (livre III, titre XX).

Code pénal. — Crimes et délits contre la chose publique (livre III, titre I).

Crimes et délits contre les particuliers (livre III, titre II).

Contraventions de police et peines (livre IV).

Code d'instruction criminelle. — Des tribunaux de police (livre II, titre I).

Des manières de se pourvoir contre les arrêts ou jugements (livre II, titre III).

Quatrième épreuve :

NOTIONS GÉNÉRALES SUR L'HISTOIRE DE L'INDOCHINE

Description générale de l'Indochine — Origine des races indochinoises — La domination chinoise en Annam — Emancipation de l'Annam — L'ancien Cambodge — Aperçus sur la législation, les coutumes et les religions indigènes en Annam, au Cambodge et au Laos.

Les Européens en Indochine avant le XIXe siècle — Conquête de la Cochinchine — Etablissement du Protectorat au Cambodge, en Annam et au Tonkin — Occupation du Laos.

Traités divers réglant les rapports de la France avec l'Annam, le Cambodge, la Chine et le Siam.

Arrêté du Gouverneur général fixant la nature, le mode des épreuves et les détails d'organisation du concours pour l'admission à l'emploi d'administrateur de 3e classe des Services civils de l'Indochine.

(Du 26 Avril 1921).

Article premier. — Le concours prévu pour l'admission à l'emploi d'administrateur de 3e classe des Services civils dans les limites fixées par l'art. 16 du décret du 1er Décembre 1920 aura lieu, chaque année, au chef-lieu de chaque pays de l'Indochine et, à Paris, au Ministère des Colonies.

Art. 2. — La date de ces concours, ainsi que le nombre des vacances disponibles seront fixés par un arrêté du Gouverneur général de l'Indochine.

Art. 3. — Les candidats pourront se faire inscrire sur demande écrite adressée au Gouverneur général. La liste des inscriptions sera close cinq mois avant la date du concours. Celle des candidats admis à subir les épreuves sera arrêtée définitivement par le Gouverneur général 4 mois au moins avant l'ouverture des épreuves.

Art. 4. — Pour être admis à prendre part au concours, les candidats devront être âgés de 30 ans au moins et de 40 ans au plus et compter des services antérieurs leur permettant d'obtenir de la Caisse locale de retraites de l'Indochine à 55 ans d'âge une pension pour ancienneté de service. Ils devront, en outre, exercer les fonctions et réunir les conditions suivantes :

1° Sous-chefs de bureau de l'Administration centrale des colonies ayant au moins deux années de services effectifs en cette qualité ;

2° Juges-présidents, juges, procureurs de la République ou substituts appartenant à la Magistrature de l'Indochine comptant au moins deux années de services effectifs dans cette possession ;

3° Les fonctionnaires des Services locaux de l'Indochine ayant une solde de grade d'au moins 10.000 frs, non compris les accessoires et le supplément colonial (y compris les administrateurs-adjoints des deux premières classes) et comptant au moins dix années de services effectifs.

4° Les capitaines ou officiers assimilés des armées de terre et de mer en activité, comptant au moins quatre ans de grade et trois années de séjour en Indochine en qualité d'officiers.

Art. 5. — Les demandes d'inscription seront accompagnées des pièces mentionnées ci-après :

1° Extrait de l'acte de naissance établi sur papier timbré et dûment légalisé ;

2° Certificat médical attestant que les postulants ne sont atteints d'aucune affection les rendant impropres au service colonial.

Art. 6. — Les différents sujets de composition sont choisis en temps voulu par une commission composée du Secrétaire général du Gouvernement général de l'Indochine ou d'un Résident supérieur, du Directeur de l'Administration judiciaire, de deux administrateurs de 1re classe des Services civils désignés par le Gouverneur général et d'un professeur agrégé délégué du Directeur de l'Instruction publique. La correction des épreuves sera assurée par cette même commission.

Art. 7. — Les sujets des épreuves sont placés sous plis cachetés par le président de la commission et adressés aux Chefs d'Administration locale et au Département des Colonies qui les remettent au début de chaque séance d'examen au président de la commission de surveillance. Ce dernier ouvre les plis contenant les sujets à traiter en présence des candidats.

Art. 8. — Une commission de surveillance, de trois membres désignés, en France, par le Ministre des Colonies et, en Indochine, par le Gouverneur général, sera chargée dans chaque centre, de la surveillance des candidats. Chacun des membres de la commission de surveillance à Paris aura droit à une indemnité fixée par le Ministre des Colonies et imputable sur les crédits du budget général de l'Indochine.

Art. 9. — Tout candidat surpris à copier sur son voisin ou qui se servirait de livres, brochures ou pièces manuscrites quelconques sera immédiatement invité à quitter la salle et ne pourra se présenter aux sessions suivantes. Les candidats qui auront communiqué seront frappés des mêmes sanctions.

Art. 10. — Chaque candidat inscrira en tête de ses compositions et sur un bulletin séparé une devise suivie d'un chiffre. Le bulletin portera en plus les nom, prénoms et signature du candidat. La devise et le chiffre devront être les mêmes pour toutes les épreuves.

Art. 11. — A l'issue de chaque séance, la commission chargée de la surveillance des épreuves établira un procès-verbal relatant les incidents qui auraient pu se produire et y joindra, le cas échéant, toutes pièces utiles.

Art. 12. — Les mémoires seront, après chaque épreuve, enfermés, en présence des candidats, sous pli cacheté. Il en sera de même pour les bulletins à l'issue de la première épreuve. Les plis seront adressés avec le procès-verbal de la séance, en France, au Département des Colonies, en Indochine, aux Chefs d'Administration locale, qui en assureront la transmission au président de la commission de correction.

Art. 13. — Chacun des membres de cette commission examinera les compositions et inscrira sur chacune d'elles sa note suivie de sa signature. La moyenne des chiffres ainsi donnés deviendra la note définitive de la commission. La commission après avoir procédé au classement d'après les devises, et seulement lorsque ce classement aura été définitivement arrêté, ouvrira le pli contenant les noms des candidats et établira la liste par ordre de mérite de ceux qui, dans la limite des places mises au concours, pourront être déclarés admis. Cette liste sera publiée au *Journal Officiel de l'Indochine* et transmise au Ministère des Colonies pour être insérée au *Journal Officiel de la République française.*

Art. 14. — Le concours pour l'obtention du grade d'administrateur de 3e classe des Services civils comporte 3 épreuves écrites cotées de 0 à 20 et suivant les coefficients indiqués ci-après :

1re épreuve. — Rédaction d'un mémoire sur une question tirée des matières suivantes :

1° Economie politique — Droit public et privé ;

2° Législation financière — Comptabilité administrative.

Durée de l'épreuve : 6 heures — Coefficient { forme 10. fond 8.

2e épreuve. — Rédaction d'un mémoire sur une question tirée des matières suivantes :

1° Principes généraux de colonisation — Politique indigène.

2° Organisation générale des colonies : Politique, administrative, économique.

Durée de l'épreuve : 6 heures — Coefficient { forme 10. fond 8.

3e épreuve. — Composition sur l'une ou l'autre des matières suivantes :

1° Organisation administrative de l'Indochine.

2° Législation et administration indochinoises. Réformes intervenues.

Durée de l'épreuve : 5 heures — Coefficient { forme 8. fond 6.

Art. 15. — Toute note inférieure à 10 sera éliminatoire. Nul ne peut être nommé administrateur de 3e classe des Services civils s'il n'a obtenu au moins la moyenne générale 14.

PROGRAMME DU CONCOURS

Pour le grade d'administrateur de 3e classe des Services civils

I. — Economie politique

Objet de l'économie politique — Les diverses écoles — Besoins et richesses — Valeur — Prix.

Production — Facteurs de la production – Conditions de la production — Crises industrielles.

Circulation – Echanges et transports, commerce—Echange international — Douanes — Libre-échange et protection — Monnaie — Crédit et change, circulation métallique et fiduciaire — Remises et traites — Principaux systèmes monétaires - Banques—Crédits foncier et agricole—Répartition des richesses—Bases de la répartition: salaire, rente, intérêt, profit — Question sociale — Droit de propriété — Consommation — Dépenses productives et improductives — Luxe, paupérisme — Dépenses privées, épargne, placement — Dépenses publiques, impôts, rôle de l'Etat.

Droit public et privé

1° Droit constitutionnel :

Théorie de l'Etat — Gouvernement — Souveraineté nationale — Suffrage universel—Régime parlementaire—Séparation des pouvoirs — Constitution de 1875 — Caractères et division des pouvoirs publics — Pouvoir législatif — Droit de suffrage politique — Sénat et Chambre des députés — Attributions politiques, législatives, financières, judiciaires et constitutionnelles du Parlement.

Proposition, vote, promulgation, interprétation et abrogation des lois. Pouvoir exécutif — Président de la République : Ses pouvoirs, sa responsabilité — Ministres : leurs attributions politiques et administratives, actes par lesquels se manifeste leur autorité — Responsabilité ministérielle.

2° Droit administratif :

État — Pouvoir central — Agents régionaux : leurs attributions — Département — Préfet — Conseil général — Conseil d'arrondissement — Communes — Maire — Conseil municipal.

Etablissements publics : Organisation et attributions ; personnalité juridique — Établissements d'utilité publique.

Personnalité juridique de l'État — L'État puissance — Droits régaliens, police administrative — L'État personne privée, administration publique — Collation et exercice des fonctions publiques, responsabilité des fonctionnaires — Séparation de la délibération, de l'action et de la justice administrative — Actes administratifs, pouvoir réglementaire, droits de gestion.

Domaine public et privé de l'Etat, domaine départemental, domaine communal.

Expropriation pour cause d'utilité publique. Servitudes d'utilité publique — Passation des marchés — Contrats de fournitures — Législation relative aux chemins de fer, aux mines et carrières. Contentieux administratif — Organisation, compétence et procédure des tribunaux administratifs : Conseil d'Etat — Cour des comptes — Conseils de préfecture — Ministres statuant au contentieux. Contentieux de pleine juridiction, de l'annulation, de l'interprétation, de la répression. Conflits d'attributions et conflits de juridiction, tribunal des conflits.

3° Droit civil :

Titre préliminaire. — De la publication, des effets et de l'application des lois en général.

Livre I, titre 1er, de la jouissance et de la privation des droits civils.

Titre II, des actes de l'état-civil.

Titres III et IV, du domicile, de l'absence.

Livre II, titre 1er, de la distinction des biens.

Titre II, de la propriété.

Livre III, titre 1er, des successions.

Titre III, des contrats et des obligations conventionnelles en général.

Titre IV, des engagements qui se forment sans convention.

Titre VIII, du contrat de louage.

Titre VIII, du mandat.

Titre XIV, du cautionnement.

Titre XX, de la prescription.

4° Notions de droit pénal :

Livre III, titre 1er, du Code pénal — Crimes et délits contre la chose publique.

Titre II, crimes et délits contre les particuliers.

Livre IV, contraventions de police et peines.

Livre II, titre 1er, du Code d'Instruction criminelle. Des tribunaux de police.

Livre II, titre III, des pourvois contre les arrêts et jugements.

5° Législation du travail et de la prévoyance sociale :

Contrat de travail — Réglementation du travail dans l'industrie et les mines— Syndicats professionnels et associations — Institutions de prévoyance et d'assurance — Sociétés de secours mutuels — Accidents du travail

II. — Législation financière

Notions générales sur l'administration générale des finances :

Trésor public, son rôle, ses agents.

Ressources ordinaires — Théorie générale des impôts — Assiette et quotité — Contributions directes et indirectes ;

avantages — inconvénients. Les grands impôts indochinois — Régies de l'opium, de l'alcool, du sel. Ressources extraordinaires — De l'emprunt : crédit public — dette perpétuelle — dette amortissable — dette viagère. — Moyens de trésorerie — dette flottante.

Budget général de l'Etat - Définition — Préparation — vote du budget — exercice et gestion — budget des recettes — budget des dépenses : constitution des crédits et emploi des crédits (engagement, liquidation, ordonnancement, payement). Dépassement de crédits — Clôture de l'exercice — Reddition des comptes. Budget colonial — Préparation, vote et exécution du budget des colonies — Emploi des crédits - Recettes de l'Etat aux colonies, compte administratif d'exercice du Ministre.

Règles spéciales d'administration des budgets généraux et locaux — Préparation et approbation — Recettes et dépenses — Emploi des crédits (délégation, ordonnancement, paiement) — Compte définitif de l'exercice - Caisse de réserve — Service du Trésor en Indochine.

III. — Principes généraux de colonisation — Politique indigène.

Utilité des colonies — Emigration — Emploi des capitaux — Développement du commerce — But et légitimité de l'expansion coloniale — Systèmes coloniaux : assimilation et autonomie — annexion et protectorat — appréciation critique — application de ces systèmes aux colonies françaises et étrangères — Modes d'occupation : compagnies privilégiées, conquête, cession à bail, zones d'influence.

IV. — Organisation générale des colonies

A). — Organisation politique et administrative.

Historique de la législation et du régime, politique, administratif, financier, commercial et économique des colonies depuis 1814.

Législation coloniale — Colonies à législature et colonies régies par décrets — Pouvoirs réglementaires du Président de la République, du Ministre, du Gouverneur — Législation empruntée à la Métropole, promulgation. Législation applicable aux indigènes : leur condition politique et juridique, leurs tribunaux.

Gouverneur, secrétaires et attributions — Conseil supérieur ou de Gouvernement — Conseils privé, d'Administration ou de Protectorat, Conseil général — Attributions spécialement en matière financière — Organisation municipale. Maires et conseils municipaux, leurs attributions spécialement en matière financière.

B). — Organisation économique.

Régime industriel et agricole. Main-d'œuvre indigène — réglementation du travail — Colonisation libre — Immigration et émigration. Régime douanier — organisation du service – Relations douanières des colonies entre elles et avec la Métropole. Fixation des tarifs : droits à l'importation, droits de sortie, taxes accessoires, taxes de consommation, octroi de mer.

Banques coloniales — Constitution, privilèges, obligations.

Régime foncier des colonies — Immatriculation des immeubles. Propriété indigène — Concessions temporaires et définitives, réserves indigènes.

Domanialité — Détermination, administration et aliénation du domaine public et privé de l'Etat, des colonies, des communes.

Organisation administrative de l'Indochine

Rappel historique — Création de l'Unité indochinoise — Décret du 17 Octobre 1887 — Décrets des 21 Avril 1891 — 31 Juillet 1898 — 20 Octobre 1911.

Responsabilité, attributions et pouvoirs du Gouverneur général — Conseil de Gouvernement et Commission permanente — Conseil de défense · Contrôle financier — Organisation judiciaire – Services militaires et maritimes — Services relevant du Gouvernement général — Responsabilité, attributions et pouvoirs des Résidents supérieurs.

Conseil colonial — Conseil privé et Conseils de Protectorat.

Conseils du Contentieux administratif — Le Domaine — Caisse locale des retraites.

LÉGISLATION ET ADMINISTRATION INDOCHINOISE.
RÉFORMES INTERVENUES

Organisation mandarinale — Mandarins de cour — Mandarins provinciaux, mandarins de circonscription — Nomination, leur rôle — Nature de leur autorité, leur responsabilité. La commune annamite — Origine — Assemblées communales — les notables — attributions — Responsabilité des villages — Responsabilité des notables — Rapports des individus avec le village — Répartition des charges — Biens communaux — coutumiers — Cantons — Chefs et sous-chefs de canton — attributions.

L'enseignement donné aux indigènes :

1°) Enseignement indigène proprement dit: matières enseignées. (Les livres et les caractères) ;

2°) Enseignement franco-indigène. Réforme de l'enseignement traditionnel. Université franco-indigène — Règlement général de l'Instruction publique.

Crédit et épargne — prêts sur récolte — question du prêt hypothécaire — Difficultés soulevées.

La main-d'œuvre et le contrat de travail.

Justice indigène — Organisation de la justice en Annam — Dispositions essentielles du Code de Gia-Long — Réforme de la justice au Tonkin — Différents degrés de juridiction — Etude générale du nouveau Code pénal annamite — Organisation de la justice en Cochinchine, au Cambodge et au Laos.

Arrêté du Gouverneur général fixant la nature, le mode des épreuves et les conditions du concours pour l'admission à l'emploi de rédacteur de 2e classe des Services civils de l'Indochine.

(Du 26 Avril 1921)

Article premier. — Le concours prévu pour l'admission à l'emploi de rédacteur de 2e classe des Services civils de l'Indochine aura lieu, suivant les besoins du service : à Paris, Lyon, Marseille, Bordeaux, Montpellier, Toulouse, Rennes, Besançon, Aix, Clermont-Ferrand, Poitiers, Caen, Dijon,

Grenoble, Lille, Nancy, Strasbourg et Alger ; en Indochine, à Hanoi et Saigon.

Art. 2. — La date de ce concours ainsi que le nombre des vacances disponibles seront fixés par un arrêté du Gouverneur général de l'Indochine.

Art. 3. — Les candidats pourront se faire inscrire sur demande écrite adressée à M. le Ministre des Colonies à Paris. Ceux des candidats résidant en Indochine devront adresser directement leur demande au Gouverneur général.

Art. 4. — Pour être admis à prendre part aux épreuves, les candidats devront être âgés de vingt ans au moins et de trente ans au plus, justifier de la qualité de français et de leur aptitude physique à servir aux colonies, avoir satisfait aux obligations de la loi sur le recrutement de l'armée et être pourvus, en outre, du diplôme de bachelier, soit d'un diplôme de « langue extrême-orientale » délivré par l'école des Langues orientales vivantes, du diplôme de l'école des Chartes, de l'école des Hautes Etudes commerciales, de l'Institut national agronomique, de l'école des Sciences politiques, soit d'un certificat attestant qu'ils ont satisfait aux examens de sortie de l'école coloniale sans avoir été classés toutefois pour un emploi colonial, aux examens de sortie de l'école polytechnique, de l'école nationale supérieure des Mines, de l'école des Ponts et Chaussées, de l'école centrale des Arts et Manufactures, de l'école des Mines de Saint-Etienne, de l'école militaire de Saint-Cyr ou de l'école navale, soit du diplôme de docteur en médecine, de licencié ès-lettres, de licencié ès-sciences ou de licencié en droit.

Toutefois, à titre transitoire et par application des dispositions prévues par l'article 40 du décret du 1er Décembre 1920, les anciens militaires mobilisés ou engagés volontaires pendant la guerre 1914-1919, qui auront été soit blessés, soit l'objet de citations à l'ordre du jour, pourront se présenter au concours ouvert pour le grade de rédacteur des Services civils, jusqu'au 31 Décembre 1923 sans condition de diplômes.

Art. 5. — Les demandes d'inscription sur lesquelles les intéressés devront indiquer leur adresse seront accompagnées des pièces mentionnées ci-après :

1° Extrait de l'acte de naissance établi sur papier timbré et dûment légalisé ;

2° Extrait du casier judiciaire délivré depuis moins de trois mois ;

3° Certificat de bonnes vie et mœurs ayant également moins de trois mois de date ;

4° Certificat médical attestant que les postulants ne sont atteints d'aucune affection les rendant impropres au service colonial ;

5° Pour tous les candidats autres que ceux qui en ont été exceptionnellement dispensés par l'article 4 du présent arrêté, une copie certifiée conforme des diplômes dont la possession est exigée par ce même règlement pour pouvoir prendre part au concours.

Art. 6. — Toutes les indications susceptibles d'être utiles aux candidats au présent concours, telles que le nombre des vacances disponibles, les avantages de solde accordés aux rédacteurs de 2e classe, les avancements successifs qu'ils pourront obtenir en cours de carrière, etc... seront portées par voie d'affiches à la connaissance des candidats éventuels.

Ces affiches indiqueront également le lieu où les candidats devront se réunir et l'heure à laquelle commenceront les différentes épreuves.

Art. 7. — Les différents sujets de compositions sont choisis par une commission désignée par le Ministre des Colonies. Le président et les membres de cette commission auront droit à une indemnité fixée par le Département de l'Indochine.

Art. 8. — Les sujets des épreuves sont placés sous plis cachetés par le président de la commission et adressés au Gouvernement général de l'Indochine et au Ministère des Colonies qui en assurent la transmission dans les différents centres d'examen. Dans chaque centre, le président de la commission de surveillance ouvre, en présence des candidats, le pli contenant les sujets à traiter.

Art. 9. — Une commission de surveillance de trois membres désignés par le Ministre des Colonies, pour la France, et par le Gouverneur-général, pour la colonie, sera chargée, dans chaque centre, de la surveillance des candidats.

Chacun des membres des commissions de surveillance des épreuves aura droit pour l'établissement du procès-verbal et autres formalités dont la commission sera chargée, à une indemnité fixée par le Département des Colonies et payable sur les crédits du budget général de l'Indochine.

Art. 10. — Tout candidat surpris à copier sur son voisin ou qui se servirait de livres, brochures, ou pièces manuscrites quelconques, sera immédiatement invité à quitter la salle et ne pourra se présenter aux deux sessions suivantes.

Tout candidat dont les compositions seront reconnues à l'unanimité des membres de la commission comme étant manifestement inspirées d'autres compositions, aura ses compositions annulées et sera exclu des deux sessions suivantes. Les candidats qui auront communiqué seront frappés des mêmes sanctions.

Art. 11. — Chaque candidat inscrira en tête de ses compositions et sur un bulletin séparé une devise suivie d'un chiffre. Le bulletin portera en plus les nom, prénoms et signature du candidat. La devise et le chiffre devront être les mêmes pour toutes les épreuves. Les compositions seront faites sur un papier spécial qui sera envoyé dans les différents centres par le Ministère des Colonies.

Art. 12. — A l'issue de chaque séance, la commission chargée de la surveillance des épreuves établira un procès-verbal relatant les incidents qui auraient pu se produire et y joindra, le cas échéant, toutes pièces utiles.

Art. 13. — Les compositions seront, après chaque épreuve, enfermées, en présence des candidats, sous pli cacheté ; il en sera de même pour les bulletins à l'issue de la première épreuve. Les plis seront envoyés avec le procès-verbal de la séance à M. le Ministre des Colonies qui en assurera la transmission au président de la commission de correction.

Art. 14. — Chacun des membres de cette commission examinera les compositions et inscrira sur chacune d'elles sa note suivie de sa signature. La moyenne des chiffres ainsi donnés deviendra la note définitive de la commission. La commission, après avoir procédé au classement d'après les devises et seulement lorsque ce classement aura été définitivement arrêté, ouvrira le pli contenant les noms des candidats et établira la liste par ordre de mérite de ceux qui, dans la limite des places mises au concours, pourront être déclarés admis. Cette liste sera tranmise au Ministre des Colonies qui avisera les intéressés. La même liste, adressée au Gouvernement général de l'Indochine par les soins du Ministère des Colonies, sera publiée au *Journal Officiel de l'Indochine*.

Art. 15. — (Modifié par arrêté du 11 Février 1925). — Les épreuves du concours comprennent :

1° Une dissertation sur une question d'ordre général choisie par les candidats entre trois sujets ayant trait à :

a) Philosophie,
b) Economie politique,
c) Sciences morales et politiques ;

2° Une composition sur un sujet d'histoire et de géographie coloniales.

Les candidats disposent de quatre heures pour traiter chacune des deux épreuves.

Pour chaque épreuve une note distincte est attribuée :

I — pour la forme et le plan.
II — pour le fond.

Il est fait application par moitié à ces deux notes des coefficients prévus ci-dessous.

En outre de ces deux épreuves obligatoires, les candidats peuvent demander à subir un examen sur l'une des langues étrangères suivantes : Anglais, Allemand, Espagnol.

Ils doivent faire connaître cette intention au moment de leur inscription pour le concours.

Cette épreuve facultative, d'une durée d'une heure, se compose d'une version sans l'aide d'un lexique.

Les épreuves sont cotées de 0 à 20.

La moyenne est multipliée par les coefficients ci-après :

1re épreuve,........................ 6
2e épreuve......................... 8
Epreuve facultative de langue vivante. 2

Nul n'est admis si la somme des points qu'il a obtenus aux épreuves obligatoires est inférieure à 168 ou si la cote qui lui a été donnée pour l'une de ces épreuves est inférieure à 9.

La note obtenue à l'épreuve facultative de langue vivante ne compte pas si elle est inférieure à 12.

Art. 16. — Toute note inférieure à 10 sera éliminatoire ainsi que toute moyenne inférieure à 13.

Arrêté du Gouverneur général fixant les conditions et le programme du Concours pour le grade de chef de bureau de 2e classe des Services civils de l'Indochine.

(Du 20 Mai 1921)

Article premier. — Le concours prévu pour l'admission à l'emploi de chef de bureau de 2e classe des Services civils dans les limites fixées par l'article 21 du décret du 1er Décembre 1920 aura lieu, chaque année, au chef-lieu de chaque pays de l'Indochine et, à Paris, au Ministère des Colonies.

Art. 2. — La date de ce concours ainsi que le nombre des vacances disponibles seront fixés par un arrêté du Gouverneur général de l'Indochine.

Art. 3. — Les candidats pourront se faire inscrire sur demande écrite adressée au Gouverneur général. La liste des inscriptions sera close cinq mois avant la date du concours. Celle des candidats admis à subir les épreuves sera arrêtée définitivement par le Gouverneur général quatre mois au moins avant l'ouverture des épreuves.

Art. 4. — Pour être admis à prendre part au concours, les candidats devront appartenir en qualité de fonctionnaires à l'un quelconque des services métropolitains, coloniaux ou locaux et jouir d'une solde de grade d'au moins 10.000 frs non compris les accessoires et le supplément colonial.

Ils devront, en outre, compter des services antérieurs leur permettant d'obtenir à 55 ans d'âge une pension pour ancienneté de service sur la Caisse locale de retraites.

Art. 5. — Les demandes d'inscription seront accompagnées des pièces mentionnées ci-après :

1° Extrait de l'acte de naissance établi sur papier timbré et dûment légalisé ;

2° Certificat médical attestant que les postulants ne sont atteints d'aucune affection les rendant impropres au service colonial.

Art. 6. — Les différents sujets de composition sont choisis en temps voulu par une commission composée du Secrétaire général du Gouvernement général de l'Indochine ou d'un Résident supérieur, d'un administrateur de 1re classe et d'un chef de bureau hors classe ou, à défaut de fonctionnaire de ce grade, d'un administrateur des Services civils désigné par le Gouverneur général, d'un professeur agrégé désigné par le Directeur de l'Instruction publique et d'un magistrat à la désignation du Directeur de l'Administration judiciaire. La correction des épreuves sera assurée par cette même commission.

Art. 7. — Les sujets des épreuves sont placés sous plis cachetés par le président de la commission et adressés aux Chefs d'Administration locale et au Département des Colonies qui les remettent, au début de chaque séance d'examen, au président de la commission de surveillance. Ce dernier ouvre les plis contenant les sujets à traiter en présence des candidats.

Art. 8. — Une commission de surveillance de trois membres désignés, en France, par le Ministre des Colonies et, en Indochine, par le Gouverneur général, sera chargée dans chaque centre, de la surveillance des candidats. Chacun des membres de la commission de surveillance à Paris aura droit à une indemnité fixée par le Ministre des Colonies et imputable sur les crédits du budget général de l'Indochine.

Art. 9. — Tout candidat surpris à copier sur son voisin. ou qui se servirait de livres, brochures ou pièces manuscrites quelconques, sera immédiatement invité à quitter la salle et ne pourra se présenter aux sessions suivantes. Les candidats qui auront communiqué seront frappés des mêmes sanctions.

Art. 10. — Chaque candidat inscrira en tête de ses compositions et sur un bulletin séparé, une devise suivie d'un chiffre. Le bulletin portera en plus les nom, prénoms et signature du candidat ; la devise et le chiffre devront être les mêmes pour toutes les épreuves.

Art. 11. — A l'issue de chaque séance, la commission chargée de la surveillance des épreuves établira un procès-verbal relatant les incidents qui auraient pu se produire et y joindra, le cas échéant, toutes pièces utiles.

Art. 12. — Les mémoires seront, après chaque épreuve, enfermés en présence des candidats, sous pli cacheté. Il en sera de même pour les bulletins à l'issue de la première séance. Les plis seront adressés avec le procès-verbal de la séance, en France, au Département des Colonies, en Indochine, aux Chefs d'Administration locale qui en assureront la transmission au président de la commission de correction.

Art. 13. — Chacun des membres de cette commission examinera les compositions et inscrira sur chacune d'elles sa note suivie de sa signature. La moyenne des chiffres ainsi donnés deviendra la note définitive de la commission. La commission, après avoir procédé au classement d'après les devises et seulement lorsque ce classement aura été définitivement arrêté, ouvrira le pli contenant les noms des candidats et établira la liste par ordre de mérite de ceux qui, dans la limite des places mises au concours, pourront être déclarés admis.

Cette liste sera publiée au *Journal Officiel de l'Indochine* et transmise au Ministère des Colonies pour être insérée au *Journal Officiel de la République française.*

Art. 14. — Le concours pour l'obtention du grade de chef de bureau de 2e classe des Services civils comporte trois épreuves écrites cotées de 0 à 20 et suivant les coefficients ci-après :

1re épreuve. — Composition sur une question tirée des matières suivantes :

1° Droit civil et droit administratif métropolitains ;
2° Législation financière et comptabilité administrative.

Durée de l'épreuve : 4 heures — Coefficient : 1.

2e épreuve. — Composition sur une question tirée des matières suivantes :

1° Principes de législation coloniale ;
2° Régime administratif de l'Indochine.

Durée de l'épreuve : 4 heures — Coefficient : 2.

3e épreuve — Rédaction d'un rapport sur une question de service ayant trait soit au droit civil soit à la législation financière et à la comptabilité administrative.

Durée de l'épreuve : 4 heures — Coefficient : 1.

Art. 15. — Toute note inférieure à 10 sera éliminatoire.

Nul ne peut être déclaré apte à être nommé chef de bureau de 2e classe des Services civils s'il n'a obtenu au moins la moyenne générale 14.

PROGRAMME DU CONCOURS

Pour le grade de Chef de Bureau de 2e classe des Services civils

---

I

1° Droit administratif

Nation — État — Gouvernement — Souveraineté nationale — Suffrage universel — Régime parlementaire — Séparation des pouvoirs — Centralisation et décentralisation — Tutelle administrative — Pouvoir central — Président de la République : ses pouvoirs, sa responsabilité — Ministres : leurs attributions politiques et administratives — Agents régionaux — Département — Préfet — Conseil général — Conseil d'arrondissement — Communes — Mairie — Conseil municipal — Personnes morales du droit administratif — Établissements publics : organisations, personnalité juridique — Établissements d'utilité publique.

Personnalité juridique de l'État — l'État puissance publique — l'État personne privée – Administrations publiques — Collation et exercice des fonctions publiques, responsabilité des fonctionnaires. Séparation de la délibération, de l'action et de la justice administrative. Actes administratifs, actes d'autorité, actes de gestion — Domaine public et privé de l'État — Domaine communal et départemental.

Expropriation pour cause d'utilité publique. Servitudes d'utilité publique — Marchés — Contrats de fournitures. Législation relative aux mines et carrières.

Contentieux administratif — Organisation, compétence et procédure des tribunaux administratifs — Conseil d'Etat — Cour des comptes — Conseils de préfecture — Ministre statuant au Contentieux — Contentieux de pleine juridiction, de l'annulation, de l'interprétation, de la répression. Conflits d'attribution et de juridiction. Tribunal des conflits.

2° Droit civil

Titre préliminaire. — De la publication, des effets et de l'application des lois en général.

Livre II, des actes de l'Etat civil.

Livre II, titre 1er, de la distinction des biens.

Titre II, de la propriété.

Livre III, titre 1er, des successions.

Titre III, des contrats et des obligations conventionnelles.

Titre IV, des engagements qui se forment sans convention.

Titre VIII, du contrat de louage.

Titre XIII, du mandat.

Titre XIV, du cautionnement.

Titre XX, de la prescription.

II

Legislation financière et comptabilité administrative

Théorie générale des impôts — Impôts de quotité — Impôts de répartition — Contributions directes et indirectes — Avantages, inconvénients. Les grands impôts indochinois. Régies de l'acool, de l'opium, du sel. Ressources extraordinaires : emprunt — Crédit public. Dette perpétuelle, dette amortissable, dette viagère, moyens de trésorerie — dette flottante.

Principes fondamentaux d'administration de la fortune publique. Règlements financiers des 31 Mai 1862 — 14 Janvier 1869 — 30 Décembre 1912 — Le Trésor public, son rôle, ses agents — Division des attributions : administration, comptabilité, contrôle. Budget général de l'Etat — Définition, préparation, vote du budget — de l'unité du budget — Définition de l'exercice et de la gestion — Budget des recettes — Organisation et fonctionnement des services de perception — Centralisation des fonds — Service de trésorerie.

Budget des dépenses : constitution des crédits et emploi des crédits Dépassements de crédits. Clôture de l'exercice — Reddition des comptes et contrôle du budget. Budget colonial. Préparation, vote et exécution du budget des colonies. Emploi des crédits par voie de paiements — Recettes de l'Etat aux colonies (Liquidation — Imputation — Recouvrement). Emploi des crédits par voie d'opération en écritures. Comptabilité des dépenses engagées — Comptes administratifs des ordonnateurs secondaires, compte administratif du Ministre.

Règles spéciales d'administration des budgets généraux et locaux, agents d'administration, de contrôle et comptables des budgets généraux et locaux. Préparation et approbation (circulaire ministérielle du 28 Septembre 1911). Recettes et dépenses dans la colonie et hors de la colonie. Emploi des crédits — Compte définitif de l'exercice. Virements de crédits — Ouverture de crédits supplémentaires (circulaire ministérielle du 20 Novembre 1911). Fonds de réserve. Service du Trésor en Indochine. Personnel, attributions — Ordonnateurs secondaires et sous-ordonnateurs du budget général et des budgets locaux de l'Indochine. Décentralisation financière.

III

1° Principes de législation coloniale

Régime législatif des colonies — Colonies à législature et colonies régies par décrets — Sénatus-consulte des 3 Mai

1854 et 4 Juillet 1866 — Pouvoir réglementaire du Président de la République, du Ministre, du Gouverneur — Promulgation des lois et décrets aux colonies. Législation applicable en vertu d'une promulgation spéciale — Dispositions législatives applicables de plein droit aux colonies. Législation applicable aux indigènes : leur condition politique et juridique, leurs tribunaux. Régime administratif — Gouverneur : ses pouvoirs et attributions — Conseil supérieur ou de Gouvernement — Conseils privé, d'Administration ou de Protectorat — Conseil général : attributions spécialement en matière financière. Régime économique — régime douanier. Relations douanières des colonies entre elles et avec la Métropole — Fixation des tarifs — Droits à l'importation, droits de sortie — taxes accessoires, taxes de consommation — octroi de mer — Banques coloniales — Constitution — privilèges, obligations — principales opérations.

2° Organisation administrative de l'Indochine

Rappel historique — Création de l'unité indochinoise — Décret du 17 Octobre 1887 — Décrets des 21 Avril 1891 — 31 Juillet 1898 — 20 Octobre 1911.

Responsabilité, attributions et pouvoirs du Gouverneur général — Conseil de Gouvernement et Commission permanente. — Conseil de défense—Contrôle financier—Organisation judiciaire — Services militaires et maritimes — Services relevant du Gouvernement général — Responsabilité, attributions et pouvoirs du Gouverneur de la Cochinchine et des Résidents supérieurs.

Conseil colonial — Conseil privé et Conseils de Protectorat. — Chambres de Commerce et d'Agriculture — Chambres consultatives indigènes. — Conseils du Contentieux administratif — organisation — compétence — procédure — Le Domaine— Caisses locales de retraites — Services locaux — attributions — Administration provinciale et municipale — Administration indigène dans les différents pays de l'Union indochinoise.

CHAPITRE XX

Textes relatifs aux examens de langues orientales

Décret relatif à la réglementation des obligations imposées au personnel des divers services de l'Indochine concernant la connaissance des langues indigènes.

(Du 29 Juillet 1921)

Article premier. — Sont et demeurent abrogées toutes dispositions édictées par les décrets des 8 Octobre 1911 et 12 Juillet 1912 imposant au personnel des Douanes et Régies, du Service forestier et de la Garde indigène de l'Indochine, comme condition d'avancement à certains échelons de la hiérarchie, la connaissance de l'une des langues indochinoises ou de la langue chinoise.

Art. 2. — Les obligations imposées au personnel des divers services de l'Indochine concernant la connaissance des langues indochinoises ou de la langue chinoise, ainsi que les conditions d'attribution éventuelle audit personnel de primes en argent et de majoration de points pour l'avancement pour connaissance de ces langues, seront réglementées désormais par arrêtés du Gouverneur général de l'Indochine.

Arrêté du Gouverneur général portant nouvelle réglementatien des examens de langues orientales.

(Du 9 Novembre 1921).

TITRE PREMIER

Dispositions générales

Article premier. — Les langues orientales dont la connaissance peut donner lieu à l'obtention d'un brevet sont : les langues annamite, cambodgienne, laotienne et siamoise, les dialectes thaï, la langue chinoise, mandarine (Kouan-houa), le dialecte cantonais, la langue chinoise écrite (caractères chinois) et le dialecte laï.

Art. 2. — Les examens pour l'obtention des brevets de langues orientales ont lieu deux fois par an, en Mars ou Avril et en Septembre ou Octobre, à Hanoi, pour la langue annamite, les dialectes thaï, les langues chinoises parlées (mandarine et cantonaise) et la langue chinoise écrite ; à Saigon, pour la langue annamite, la langue chinoise écrite et le dialecte cantonais ; à Huê, pour la langue annamite et la langue chinoise écrite ; à Phnom-penh pour les langues cambodgienne, laotienne et siamoise ; à Vientiane et à Luangprabang, pour les langues laotienne et siamoise ; à Kouang tchéou-wan et à Hanoi, pour le dialecte laï.

Art. 3.— Les candidats qui subissent avec succès les examens de l'une des langues annamite, cambodgienne, laotienne, chinoise, mandarine, cantonaise, laï, siamoise ou dialectes thaï, reçoivent, suivant le cas, un brevet du 1er degré ou un brevet du 2e degré.

Ceux qui subissent avec succès l'examen de langue chinoise écrite reçoivent un brevet spécial.

Art. 4. — Sont admis à se présenter aux examens de langues orientales : les fonctionnaires, employés et agents civils des services généraux et locaux de l'Indochine, les militaires de tout grade des armées de terre et de mer et de la gendarmerie en service dans la colonie, et les Français non fonctionnaires habitant la colonie.

Toutefois seront seuls autorisés à subir : 1° les examens de dialecte laï (1er et 2e degré) : les fonctionnaires comptant au moins un an de service à Kouang-tchéou-wan ; 2° les examens de dialecte thaï (1er et 2e degré) : les candidats en service depuis 5 ans au moins dans une région du Tonkin ou du Nord-Annam où un dialecte thaï est la langue la plus couramment employée.

Art. 5.— Les personnes qui désirent se présenter aux examens doivent faire parvenir leur demande, avant le 1er Mars ou le 1er Septembre, aux Chefs d'Administration locale, qui arrêteront les listes d'inscription conformément aux prescriptions des articles 4, 6 et 7 du présent arrêté et en adresseront copie au Gouverneur général huit jours avant la date fixée pour l'ouverture des examens.

Les candidats trop éloignés du chef-lieu pourront être autorisés par le Gouverneur général à subir les épreuves des examens prévus par le présent arrêté dans un autre centre que celui du pays dont ils dépendent au point de vue administratif.

Les demandes des fonctionnaires et militaires devront être transmises par la voie hiérarchique.

Les fonctionnaires candidats à un examen de langue indigène n'ont droit ni au voyage sur réquisition ni à l'indemnité journalière.

Art. 6. — Nul ne peut se présenter à l'examen pour l'obtention d'un brevet du 2e degré s'il n'est titulaire du brevet du 1er degré de la même langue ou s'il en est titulaire depuis plus de trois ans.

Art. 7. — Le délai de validité des brevets est fixé à trois ans pour les brevets du 1er degré et à cinq ans pour les brevets du 2e degré ou de langue chinoise écrite, pour compter du jour de la signature de l'arrêté conférant le brevet ; passé ce délai, le brevet est considéré comme périmé.

Toutefois, les titulaires d'un brevet du 2e degré frappé de péremption pourront le renouveler sans être tenus de passer, au préalable, l'examen du 1er degré de la même langue.

Art. 8. — Les fonctionnaires en service pendant cinq ans au moins dans une région où n'est employée aucune des langues spécifiées à l'article 1er ci-dessus pourront être admis, en vertu d'une autorisation spéciale du Gouverneur général, à justifier de la connaissance du dialecte parlé dans cette région.

S'il est reconnu que ces fonctionnaires possèdent de ce dialecte une connaissance suffisante, il leur sera délivré, par arrêté du Gouverneur général, sur la proposition du Chef d'Administration locale et sur avis conforme du directeur de l'Instruction publique, un brevet du 1er ou du 2e degré, dans les conditions prévues à l'art. 1er du présent arrêté.

TITRE II

Nature des épreuves

Art. 9. — Les épreuves pour l'obtention des brevets de langues orientales comprennent, sous réserve des exceptions prévues à l'art. 14 ci-après, des épreuves écrites et des épreuves orales.

Chacune des épreuves est côtée de 0 à 20. Les notes données sont exprimées en nombre entier, avec addition possible d'un demi-point.

Les notes obtenues par les candidats sont multipliées, pour chaque épreuve, par les coefficients indiqués aux articles 11 et 15 ci-après.

Art. 10. — (*Modifié*). — Le minimum des points exigés pour l'obtention d'un brevet est fixé à 117 pour les brevets du 1er degré, à 169 pour les brevets du 2e degré et à 104 pour les brevets de langue chinoise écrite sauf dérogations spécifiées à l'article 14 ci-après.

Les épreuves écrites des examens du 2e degré de langues annamite, cambodgienne et laotienne sont éliminatoires; les candidats devront réunir, dans ces épreuves un total minimum de 60 points sans préjudice du nombre des points exigés ci-dessus pour l'ensemble des épreuves orales et écrites.

Toute note zéro obtenue dans un examen de langues orientales entraîne de droit l'exclusion du candidat et toute note égale ou inférieure à *cinq* provoque la même mesure après délibération de la Commission centrale.

Art. 11. — Les examens pour l'obtention des brevets de langues annamite, cambodgienne, laotienne siamoise, chinoise, mandarine et cantonaise, portent sur les matières suivantes:

A). — Brevet du 1er degré

Epreuves écrites :

Version (durée 2 heures) — coefficient : 2
Thème (durée 2 heures) — coefficient : 1

Epreuves orales :

Version orale : lecture et traduction à haute voix d'un texte en langue indigène — coefficient : 1.

Thème oral : traduction et explication en langue indigène d'un texte français — coefficient : 1.

Conversation en langue indigène du candidat, d'abord avec un examinateur puis avec un indigène ne faisant pas partie de la commission — coefficient : 2.

Interprétation : conversation d'un examinateur parlant en français avec un indigène parlant dans sa langue, le candidat faisant office d'interprète — coefficient : 2.

B). — Brevet du 2e degré

Epreuves écrites :

Version (durée 2 heures) — coefficient : 2.

Thème (durée 2 heures) — coefficient : 2.

Rédaction en langue indigène (durée 3 heures) — coefficient : 1.

Epreuves orales :

Version orale : lecture et traduction à haute voix d'un texte en langue indigène — coefficient : 1.

Thème oral : traduction et explication en langue indigène d'un texte français — coefficient : 1.

Exposé oral en langue indigène d'une question choisie par la commission (un délai de 15 minutes sera accordé pour la préparation de cette épreuve) — coefficient : 2.

Conversation en langue indigène du candidat, d'abord avec un examinateur, puis avec un indigène ne faisant pas partie de la commission — coefficient : 2.

Interprétation : conversation d'un examinateur parlant en français avec un indigène parlant dans sa langue, le candidat faisant office d'interprète — coefficient : 2.

Art. 12. — (Modifié). — Aux examens de langue annamite, les textes des versions, les traductions des thèmes et les rédactions seront écrits en lettres latines (quốc-ngữ).

Aux examens de langue cambodgienne, laotienne et siamoise, ils seront écrits en caractères indigènes ; aux examens de la langue chinoise écrite, en caractères chinois.

Aux examens de langue chinoise mandarine ou du dialecte cantonais, les textes des versions seront donnés simultanément en caractères chinois et en lettres latines.

Les traductions des thèmes et les rédactions seront écrites au choix du candidat, en caractères chinois ou en lettres latines avec, dans ce cas, obligation d'indiquer les tons.

Pour la langue chinoise mandarine, la transcription adoptée sera la transcription officielle française, système Vissière. Nulle règle n'est fixée pour la transcription du cantonais.

Art. 13. — L'usage des dictionnaires ou lexiques et généralement de tout document imprimé ou manuscrit, est interdit aux examens des deux degrés.

Art. 14. — Les examens pour l'obtention des brevets de dialecte laï et thaï du 1er et du 2e degré comprennent exclusivement les épreuves orales spécifiées à l'art. 11 ci-dessus.

Le minimum de points exigé pour l'obtention d'un brevet de dialecte laï et thaï est fixé à 78 pour le brevet du 1er degré et à 104 pour le brevet du 2e degré.

Art. 15. — L'examen pour l'obtention du brevet de langue chinoise écrite porte sur les matières suivantes :

Epreuves écrites :

Version avec dictionnaire (durée 2 heures) — coefficient : 2. L'usage des dictionnaires et lexiques est autorisé à cette épreuve à l'exclusion de tout autre ouvrage et des notes manuscrites.

Version sans dictionnaire (durée 2 heures) — coefficient : 2.

Epreuves orales :

Version orale : traduction à haute voix d'un texte en caractères chinois — coefficient : 2.

Thème oral : traduction au tableau, en caractère chinois, d'un texte français — coefficient : 1.

Grammaire : interrogation sur la grammaire de la langue chinoise écrite — coefficient : 1.

Les candidats pourront employer, à leur choix, la prononciation sino-annamite, mandarine ou cantonaise.

TITRE III

PROCÉDURE DES EXAMENS

Art. 16. — Les jours et heures des épreuves écrites seront fixés par le Gouverneur général. Les épreuves orales de chaque examen auront lieu immédiatement après les épreuves écrites, aux jours et heures fixés par les Chefs d'Administration locale.

Art. 17. — Les compositions écrites des candidats aux examens de langue annamite et de langue chinoise écrite seront jugées par une commission centrale d'examen présidée par le directeur de l'Instruction publique de l'Indochine et composée, en dehors du président, de trois membres européens au moins et de trois membres indigènes au moins, nommés, sur la proposition du directeur de l'Instruction publique, par arrêté du Gouverneur général.

Les sujets des épreuves écrites de ces examens seront choisis par les membres de cette commission désignés à cet effet par le président, et expédiés aux Chefs d'Administration locale, sous enveloppes cachetées quelques jours avant la date fixée pour l'ouverture des examens.

Art. 18. — Les examens de langues cambodgienne, laotienne, siamoise, chinoise, mandarine, cantonaise, thaï et laï et les épreuves orales des examens de langue annamite et de langue chinoise écrite seront subis devant des commissions locales d'examen, nommées par arrêté du Gouverneur général sur la proposition des Chefs d'Administration locale, composées de trois membres européens et de deux membres indigènes et présidées par le membre européen le plus élevé en grade ou à égalité de grade, le plus âgé.

Art. 19. — Les sujets des épreuves écrites des examens de langues cambodgienne, laotienne, siamoise, chinoise mandarine et cantonaise, seront choisis par les membres des commissions locales désignés à cet effet par les présidents de ces commissions et placés sous enveloppes cachetées.

Art. 20. — Les commissions d'examen pourront s'adjoindre pour la correction des épreuves écrites et pour les épreuves orales, des personnes qualifiées à cet effet par leurs connaissances linguistiques.

Art. 21. — La surveillance des épreuves écrites sera assurée dans les différents centres d'examen par les commissions locales d'examen prévues à l'art. 18.

Art. 22. — Tout candidat surpris à utiliser un document prohibé ou à communiquer avec ses voisins sera immédiatement exclu. Les fraudes constatées seront mentionnées par les commissions locales dans le procès-verbal de l'examen afin d'être soumises au Gouverneur général qui pourra interdire au candidat fautif de prendre part à un ou plusieurs examens.

Les pénalités seront les mêmes, lorsque les fraudes auront été constatées après examen par les examinateurs chargés de la correction des épreuves écrites.

Art. 23. — Les enveloppes cachetées renfermant les sujets des épreuves seront ouvertes en présence des candidats, à l'heure fixée pour le début de chaque épreuve.

Art. 24. — Les compositions écrites seront rédigées sur des feuilles spéciales fournies par l'Administration, comportant une partie qui puisse se détacher facilement et sur laquelle le candidat inscrira seulement son nom et la nature de l'examen et de l'épreuve. Toute indication d'origine portée sur la partie de la feuille consacrée à la rédaction entraînera l'exclusion du candidat.

Art. 25. — Les compositions écrites des candidats aux examens de langue annamite et de caractères chinois seront enfermées, immédiatement après la fin de chaque épreuve, dans une enveloppe cachetée, et expédiées par les soins des Chefs d'Administration locale, au président de la commission centrale d'examen.

Art. 26. — Le président de la commission centrale d'examen, avant de distribuer les copies aux examinateurs, détachera la partie sur laquelle est inscrit le nom du candidat et la marquera d'un numéro spécial qu'il reportera sur la copie elle-même.

Les présidents des commissions locales d'examen pour les langues cambodgienne, laotienne, siamoise, chinoise, mandarine et cantonaise, procéderont de même et placeront immédiatement sous enveloppe cachetée les feuillets détachés portant les noms des candidats.

Art. 27. — Après la clôture des épreuves orales, les copies, le relevé des notes d'écrit et les plis cachetés contenant les noms des candidats aux examens de langues cambodgienne, laotienne, siamoise, chinoise mandarine et cantonaise, le relevé des notes obtenues par les candidats aux épreuves orales des divers examens et les procès-verbaux des examens seront expédiés, par les soins des Chefs d'Administration locale, au président de la commission centrale qui transmettra au Gouverneur général les résultats définitifs avec la liste des candidats ayant le minimum de points requis pour l'obtention d'un brevet de langues orientales.

Les brevets seront délivrés aux ayants-droit par arrêté du Gouverneur général.

TITRE IV
PRIMES

Art. 28. — Les fonctionnaires, qui obtiennent un brevet dans les conditions prévues par le présent arrêté, reçoivent, pendant la durée de validité de ce brevet, une prime annuelle de cent piastres pour le 1er degré, quatre cents piastres pour le 2e degré, trois cent piastres pour le brevet pour connaissance de la langue chinoise écrite.

Art. 29. — Les primes ci-dessus ne peuvent se cumuler entre-elles. Toutefois, un brevet de 2e degré, un brevet de caractères chinois donnent droit à l'attribution d'une prime globale de cinq cents piastres (500$00). Ces primes sont imputables au budget sur lequel est payée la solde du bénéficiaire et sont payables par trimestre et à terme échu, dans les mêmes conditions que la solde de présence.

Ces primes sont fixées ainsi qu'il suit pendant la durée des congés :

Prime du 1er degré : 300 francs,

Prime de 2e degré : 1.200 francs,

Prime de caractères chinois : 900 francs,

Prime globale pour un brevet du 2e degré et caractères chinois : 1.500 francs.

Art. 30. — Le droit à la prime attachée au brevet du 1er degré n'est pas renouvelable.

Art. 31. — Il n'est rien innové en ce qui concerne les allocations attribuées pour connaissance des langues orientales aux officiers et sous-officiers des troupes coloniales et aux militaires de la Gendarmerie.

Art. 32.—Sont abrogées toutes les dispositions antérieures contraires au présent arrêté.

CHAPITRE XXI

TEXTES RELATIFS AUX OPÉRATIONS ÉLECTORALES DANS LA COLONIE

Décret portant règlement d'administration publique pour l'application, dans les colonies représentées au Parlement, de la loi du 29 Juillet 1913, ayant pour objet d'assurer le secret et la liberté du vote, ainsi que la sincérité des opérations électorales. *(Modifié par le décret du 11 Avril 1914).* (1)

(Du 3 Janvier 1914).

Le Président de la République française,

Sur le rapport du Ministre des Colonies :

Vu la loi du 29 Juillet 1913, ayant pour objet d'assurer le secret et la liberté du vote, ainsi que la sincérité des opérations électorales et, notamment l'article 16 de la dite loi ainsi conçu : « des règlements d'administration publique détermineront les conditions d'application de la présente loi aux colonies représentées au Parlement »;

Le Conseil d'État entendu,

DÉCRÈTE :

Article premier.— (Modifié par le décret du 11 Avril 1914). — Nul ne peut être inscrit sur plusieurs listes électorales.

Lorsqu'un électeur est inscrit sur plusieurs listes électorales, le maire, l'administrateur ou le commandant de cercle, suivant le cas, ou à leur défaut, tout électeur porté sur l'une de ces listes, peut exiger devant la commission de revision des listes électorales, huit jours au moins avant leur clôture, que cet électeur opte pour son maintien sur l'une seulement de ces listes.

A défaut de son option dans les huit jours de la notification de la mise en demeure faite par lettre recommandée, il restera inscrit sur la liste dressée dans la commune ou section de commune, chef-lieu de cercle ou chef-lieu de province où il réside depuis six mois et il sera rayé des autres listes.

Les réclamations et contestations à ce sujet sont jugées et réglées par les autorités compétentes pour opérer les revisions

(1) Les modifications sont en italique.

de la liste électorale sur laquelle figure l'électeur qui réclame l'option, et ce, suivant les formes prescrites par la législation sur les listes électorales.

Toute personne qui aura réclamé et obtenu une inscription sur deux ou plusieurs listes sera punie des peines prévues par l'article 31 du décret organique du 2 Février 1852.

Toute demande de changement d'inscription devra être accompagnée d'une demande en radiation de la liste du domicile électoral antérieur, pour être transmise au maire dudit domicile.

Tout fraude dans la délivrance ou la production d'un certificat d'inscription ou de radiation des listes électorales sera punie des peines portées à l'article 12 du présent décret.

Art. 2. — (Modifié par le décret du 11 Avril 1914). — *Le domicile réel ou l'habitation donnant droit à l'inscription sur la liste électorale doivent avoir une durée minimum de six mois ; les électeurs qui réclament leur inscription comme étant inscrits au rôle d'une des contributions directes, ou, le cas échéant, au rôle des prestations en nature, doivent justifier qu'ils figurent sur l'un de ces rôles pour la 5e fois sans interruption, l'année de l'élection. Néanmoins, les électeurs qui, en vertu des dispositions antérieurement en vigueur, ont été inscrits sur une liste électorale, continueront à y figurer de plein droit ou pourront, s'y faire réintégrer s'ils ont été rayés d'office, alors même qu'ils ne seraient pas inscrits pour la 5e fois aux rôles d'une des contributions directes, ou, le cas échéant, des prestations en nature.*

Les citoyens français établis à l'étranger et immatriculés au consulat de France conserveront le droit d'être inscrits, s'ils le demandent, sur la liste électorale de la commune de la colonie où ils ont satisfait à la loi sur le recrutement de l'armée et rempli leurs obligations militaires.

Art. 3. — (Modifié par le décret du 11 Avril 1914). — *Dans toutes les élections, le vote a lieu sous enveloppes. Ces enveloppes sont fournies par le Gouvernement de la colonie. Elles seront opaques, non gommées, frappées du timbre à date du Gouvernement de la colonie, et de type uniforme pour chaque collège électoral.*

Elles seront envoyées dans chaque mairie, chef-lieu de province ou chef-lieu de cercle, cinq jours au moins avant l'élection, en nombre égal à celui des électeurs inscrits.

Le maire, le commandant du cercle ou l'administrateur devra immédiatement en accuser réception.

Le jour du vote, elles seront mises à la disposition des électeurs dans la salle de vote.

Avant l'ouverture du scrutin, le bureau devra constater que le nombre des enveloppes correspond exactement à celui des électeurs inscrits.

Si, par suite d'un cas de force majeure, du délit prévu à l'article 12 ou pour toute autre cause, ces enveloppes réglementaires font défaut, le président du bureau électoral est tenu de les remplacer par d'autres, d'un type uniforme, frappées du timbre de la mairie, du chef-lieu de cercle ou du chef-lieu de province, et de procéder au scrutin conformément aux dispositions du présent décret. Mention est faite de ce remplacement au procès-verbal, et cinq des enveloppes dont il a été fait usage, y sont annexées.

Art. 4. — (Modifié par le décret du 11 Avril 1914). — A son entrée dans la salle du scrutin, l'électeur, après avoir fait constater son identité suivant les règles et usages établis, ou après avoir fait la preuve de son droit de voter par la production de la décision ou de l'arrêt mentionné à l'article 19 du décret réglementaire du 2 Février 1852, prend lui-même une enveloppe.

Sans quitter la salle du scrutin, il doit se rendre isolément dans la partie de la salle aménagée pour le soustraire aux regards pendant qu'il met son bulletin dans l'enveloppe ; il fait ensuite constater au président qu'il n'est porteur que d'une seule enveloppe ; le président le constate sans toucher l'enveloppe que l'électeur introduit lui-même dans l'urne.

Dans chaque section de vote, il y aura un isoloir par trois cents électeurs inscrits ou par fraction : les isoloirs ne devront pas être placés de façon à dissimuler au public les opérations électorales.

Art. 5. —(Modifié par le décret du 11 Avril 1914). — *L'urne électorale, n'ayant qu'une ouverture destinée à laisser passer l'enveloppe contenant le bulletin de vote, devra, avant le commencement du scrutin, avoir été fermée à deux serrures dissemblables, dont les clefs restent, l'une entre les mains du président, l'autre entre les mains de l'assesseur le plus âgé. Si au moment de la clôture du scrutin, le président n'a pas les deux clefs à sa disposition, il prendra toutes les mesures nécessaires pour procéder immédiatement à l'ouverture de l'urne.*

Art. 6. — Tout électeur atteint d'infirmités certaines et le mettant dans l'impossibilité d'introduire son bulletin dans l'enveloppe et de glisser celle-ci dans la boîte du scrutin, est autorisé à se faire assister par un électeur de son choix.

Art. 7. — Les frais de fourniture des enveloppes et ceux qu'entraîne l'aménagement spécial prévu à l'article 4, mis, par l'article 16 de la loi du 29 juillet 1913, à la charge du budget local, seront inscrits parmi les dépenses obligatoires.

Art. 8. — Après la clôture du scrutin, il sera procédé au dépouillement de la manière suivante : la boîte du scrutin est ouverte et le nombre des enveloppes est vérifié. Si ce nombre est plus grand ou moindre que celui des émargements, il en est fait mention au procès-verbal. Le bureau désigne parmi les électeurs présents un certain nombre de scrutateurs sachant lire et écrire, lesquels se divisent par table de quatre au moins. Si plusieurs candidats ou plusieurs listes sont en présence, il leur sera permis de désigner respectivement les scrutateurs, lesquels devront être répartis également, autant que possible, par chaque table de dépouillement. Dans ce cas, les noms des électeurs proposés seront remis au président, une heure avant la clôture du scrutin pour que la liste des scrutateurs par table puisse être établie avant le début du dépouillement. Le président répartit entre les diverses tables les enveloppes à vérifier. A chaque table, l'un des scrutateurs extrait le bulletin de chaque enveloppe et le passe déplié à un autre scrutateur ; celui-ci le lit à haute voix ; les noms portés sur les bulletins sont relevés par deux scrutateurs au moins sur des listes préparées à cet effet. Si une enveloppe contient plusieurs bulletins, le vote est nul quand ces bulletins portent des listes et des noms différents ; ils ne comptent que pour un seul, quand ils désignent la même liste ou le même candidat.

Art. 9. — Les bulletins blancs, ceux ne contenant pas une désignation suffisante ou dans lesquels les votants se sont fait connaître, les bulletins trouvés dans la boîte sans enveloppe ou dans des enveloppes non réglementaires, les bulletins écrits sur papier de couleur, les bulletins ou enveloppes portant des signes intérieurs ou extérieurs de reconnaissance, les bulletins ou enveloppes portant des mentions injurieuses pour les candidats ou pour des tiers, n'entrent pas en compte dans le résultat du dépouillement. Mais ils sont annexés au procès-verbal, ainsi que les enveloppes non réglementaires, et contresignés par les membres du bureau.

Chacun de ces bulletins annexés devra porter mention des causes de l'annexion. Si l'annexion n'a pas été faite, cette circonstance n'entraînera l'annulation des opérations qu'autant qu'il sera établi qu'elle aura eu pour but et pour conséquence de porter atteinte à la sincérité du scrutin.

Art. 10. — L'article 33 du décret réglementaire du 2 Février 1852 est modifié ainsi qu'il suit :

« Les procès-verbaux des opérations électorales de cha-« que commune, cercle ou province seront rédigés en dou-« ble. L'un de ces doubles restera déposé au secrétariat de la « mairie, du chef-lieu de province ou du chef-lieu de cercle ; « l'autre sera déposé de suite à la commission de recense-« ment. A défaut de service postal organisé, le pli sera remis « à un agent de l'autorité chargé de le remettre le plus rapi-« dement possible au Gouverneur. »

Art. 11. – *(Modifié par le décret du 11 Avril 1914).*—L'article 34 du décret réglementaire du 2 Février 1852 est modifié ainsi qu'il suit :

« Le recensement général des votes se fait pour toutes cir-« conscriptions électorales au chef-lieu de la colonie, en « séance publique, au plus tard le huitième jour qui suit le « scrutin.

« Il est opéré par une commission composée du président du tribunal de 1re instance ou, à son défaut, du juge le plus ancien, *président*, et de quatre membres du Conseil général, non candidats, qui compteront la plus longue durée de fonctions ; en cas de durée égale, le plus âgé se trouvera désigné.

« En Cochinchine, la commission est composée du président du tribunal de 1re instance ou, à son défaut, du vice-président et de deux membres du Conseil colonial élus au titre français, non candidats, qui y compteront la plus longue durée de fonctions ; en cas de durée égale, le plus âgé se trouvera désigné.

« Les conseillers sont, en cas d'empêchement, remplacés suivant l'ordre d'ancienneté.

« L'opération du recensement est constatée par un procès-verbal ».

« *Un arrêté du Gouverneur, publié cinq jours au moins avant l'ouverture du scrutin fera connaître les lieu, jour et heure de réunion de la commission.*

« *Les décisions de la commission ne seront valables que si elles sont rendues par 3 commissaires au moins* ».

Art. 12. — En dehors des cas spécialement prévus par les dispositions des lois et décrets actuellement en vigueur, quiconque, soit dans une commission administrative ou municipale, soit dans un bureau de vote, soit dans les bureaux des mairies ou de l'Administration locale, avant, pendant ou après un scrutin, aura, par une inobservation volontaire des dispositions ayant force législative ou des arrêtés du Gouverneur, ou par tous autres actes frauduleux, violé ou tenté de violer le secret du vote, porté atteinte ou tenté de porter atteinte à sa sincérité, empêché ou tenté d'empêcher les opérations du scrutin, ou qui en aura changé ou tenté de changer le résultat, sera puni d'une amende de 100 francs à 500 francs, et d'un emprisonnement d'un mois à un an ou de l'une de ces deux peines seulement.

Le délinquant pourra, en outre, être privé de ses droits civiques pendant deux ans au moins et cinq ans au plus.

Si le coupable est fonctionnaire de l'ordre administratif ou judiciaire, agent ou préposé du Gouvernement ou d'une administration publique, ou chargé d'un ministère de service public, la peine sera portée au double.

L'article 463 du Code pénal est applicable aux dispositions ci-dessus.

Art. 13. — Les dispositions de l'article 50 du décret organique du 2 Février 1852 sont applicables à l'action publique et à l'action civile intentées en vertu du présent décret.

Art. 14. — Les dispositions, rendues exécutoires aux Colonies, des articles 479 et 503 du Code d'instruction criminelle, seront désormais inapplicables aux crimes et aux délits ou à leurs tentatives, qui auront été commis, dans le but de favoriser ou de combattre une candidature, de quelque nature qu'elle soit.

Art. 15. — (Modifié par le décret du 11 Avril 1914).— *Des affiches contenant le texte du décret du 3 Janvier 1914, modifié et complété par le présent décret, seront fournies par l'Administration de la Colonie et placardées par les soins de l'administration de la commune, du cercle, de la province, à la porte des mairies et des bureaux des commandants de cercle et de province, pendant la période électorale et à la porte des sections de vote, le jour du scrutin.*

Les frais résultant de la fourniture des affiches seront inscrits parmi les dépenses obligatoires de la Colonie.

Art. 16. — Sont abrogées toutes dispositions contraires au présent décret.

Art. 17. — Le Ministre des Colonies est chargé de l'exécution du présent décret, qui sera publié au *Journal Officiel* de la République française et de la Colonie et inséré au *Bulletin des Lois* et au *Bulletin Officiel* du Ministère des Colonies.

Fait à Paris, le 3 Janvier 1914.

R. POINCARÉ.

Par le Président de la République :
Le Ministre des Colonies,
A. LEBRUN.

Circulaire ministérielle relative au décret du 3 janvier 1914 sur le secret et la liberté du vote, ainsi que la sincérité des opérations électorales.

(Du 9 Janvier 1914).

LE MINISTRE DES COLONIES, *à Messieurs les Gouverneurs généraux de l'Indochine, de l'Afrique Occidentale française, les Gouverneurs de la Martinique, de la Guadeloupe, de la Guyane, de la Réunion et des Etablissements français dans l'Inde.*

Comme suite à la circulaire du 14 Août 1913, n° 875, envoyée par mon prédécesseur, à ma circulaire du 22 Décembre 1913, n° 1222, relative à l'application dans les Colonies représentées au Parlement de la loi du 29 Juillet 1913 sur le secret et la liberté du vote, ainsi que la sincérité des opérations électorales et à ma circulaire du 31 Décembre 1913, par laquelle je vous adressais le texte, adopté par le Conseil d'Etat et que j'avais soumis à la haute sanction du Président de la République, d'un décret unique, portant règlement d'administration publique, étendant avec certaines modalités particulières aux Colonies représentées au Parlement, la loi du 29 Juillet 1913, j'ai l'honneur de vous faire savoir que ce dernier document a été inséré aux *Journaux Officiels* des 6 et 8 Janvier 1914.

Quoique le texte adopté par le Conseil d'Etat soit très explicite je crois devoir, pour vous faciliter l'application des mesures de détail, vous prier de prendre connaissance des circulaires du 9 Septembre 1913, (*J. O.* du 16 Septembre 1913), du 25 Septembre 1913, (*J. O.* du 1er Octobre 1913), du 14 Octobre 1913, (*J. O.* du 17 Octobre 1913) et du 16 Décembre 1913, (*J. O.* du 17 Décembre 1913), que M. le Ministre de l'Intérieur a adressées à MM. les Préfets des départements de la Métropole au sujet de l'application de la loi du 29 Juillet 1913.

J'appelle, en outre, votre attention sur certains points spéciaux du décret du 3 Janvier 1914. C'est ainsi qu'au sujet de l'article 3, il est fait mention de l'emploi d'enveloppes fournies par le Gouvernement de la Colonie ; ces enveloppes doivent être, suivant le texte même : « opaques, timbrées du cachet du Gouvernement de la Colonie et de type uniforme pour chaque collège électoral ». La commission interministérielle chargée, par arrêté en date du 30 Octobre dernier, d'examiner les conditions d'application aux Colonies de la loi du 29 Juillet 1913, a proposé, pour faciliter aux Gouvernements locaux l'approvisionnement en enveloppes réglementaires, que le Service administratif colonial fasse procéder, par un concours, sur échantillons, à une adjudication publique unique pour la fourniture de l'ensemble des enveloppes destinées aux Colonies. En raison du désir ainsi formulé par la commission, et en présence, d'une part, de la nécessité de recourir à un type uniforme, et, d'autre part, des termes de l'article 7 du décret du 3 Janvier 1914, qui met, conformément aux dispositions de l'article 16 de la loi précitée, les frais de fourniture des enveloppes à la charge du budget local, je vous prie de me faire savoir d'urgence le nombre appproximatif d'enveloppes qui vous sont nécessaires afin que le Département puisse vous les adresser en temps utile.

Le même article 7 du décret du 3 Janvier 1914 ajoute aux dépenses obligatoires les frais d'installation des isoloirs prévus à l'article 4. La commission interministérielle a demandé, pour ne pas donner aux Colonies un surcroît de charges trop considérable, (et je tiens à vous signaler ce point) que les isoloirs soient construits en matériaux légers et constitués au besoin, par de simples rideaux glissant sur un bambou ou une tringle de fer, apposés aux angles de la salle de vote. Il y a, là, une source de dépenses des plus modiques, l'isolement nécessaire pouvant être obtenu sans constructions coûteuses.

Je vous rappelle, en outre, conformément à la lettre envoyée aux Préfets par le Ministre de l'Intérieur, le 14 Octobre dernier, qui a été publiée au *Journal Officiel* du 17 Octobre 1913, que les électeurs doivent trouver, pour écrire, dans chaque isoloir, une planchette, de l'encre, des porte-plumes et de la poudre à sécher.

J'appelle tout particulièrement votre attention sur la nécessité de faire connaître aux présidents des bureaux de vote qu'ils devront refuser le vote de tout électeur qui ne serait pas, préalablement, passé par l'isoloir.

En ce qui concerne l'urne électorale, je vous prie de veiller à ce que les modèles, employés par les municipalités ou l'Administration locale, répondent bien aux dispositions de l'article 5 du décret du 3 Janvier 1914. Il y a intérêt à adopter un modèle d'urne d'une capacité suffisante pour recevoir les enveloppes, le nouveau mode de votation nécessitant l'emploi d'urnes plus grandes que celles ordinairement en service jusqu'ici. Ces urnes devront être en bois, en métal plein ou grillagé ou autres matières présentant des garanties de solidité demandées, au gré de votre Administration locale.

La fente, par laquelle doivent être introduites les enveloppes, devra correspondre à la plus large des dimensions linéaires de celles-ci, soit 0^{m}095.

Enfin, je crois devoir vous demander d'apporter tous vos efforts à ce que cette nouvelle réglementation, en matière électorale, soit portée à la connaissance des électeurs, conformément aux dispositions de l'article 15 du décret du 3 Janvier 1914. Je vous prie de me faire parvenir un exemplaire du *Journal Officiel* de la Colonie dans lequel aura été publiée la présente circulaire, qui sera, en outre, insérée au *Bulletin Officiel* du Ministère des Colonies.

A. LEBRUN.

LOI portant réglementation de l'affichage électoral

(Du 20 Mars 1914)

Le Sénat et la Chambre des Députés ont adopté;

Le Président de la République promulgue la loi dont la teneur suit :

Article premier. — Pendant la durée de la période électorale de *toutes les élections,* dans chaque commune, des emplacements spéciaux pour l'apposition des affiches électorales seront réservés par l'autorité municipale. Dans chacun de ces emplacements une surface égale sera attribuée à chaque candidat ou chaque liste de candidats. Le nombre maximum de ces emplacements, en dehors de ceux établis à côté des sections de vote, est fixé à cinq dans les communes ayant 500 électeurs et moins, à dix dans les autres plus un par 3.000 électeurs ou fraction supérieure à 2.000 dans les communes ayant plus de 5.000 électeurs.

Tout affichage relatif à une élection, même par affiches timbrées, est interdit en dehors de cet emplacement ou sur les emplacements réservés aux autres candidats.

Art. 2.—Si le maire refuse ou néglige de se conformer aux prescriptions de l'article premier, le préfet devra assurer immédiatement par lui-même ou par ses délégués, l'application de la loi.

Art. 3. — Toute personne qui aura contrevenu aux dispositions du dernier paragraphe de l'article 1er de la présente loi, sera punie d'une amende de 5 à 15 frs par contravention.

Art. 4. — En cas de récidive, les contrevenants seront poursuivis devant le tribunal correctionnel et punis d'une amende de 16 à 100 frs par contravention. Il y a récidive lorsque, dans les douze mois antérieurs au fait poursuivi, le contrevenant a déjà subi une condamnation pour une contravention identique. L'article 463 du Code pénal est applicable aux dispositions des articles 3 et 4 de la présente loi.

Art. 5. — Lorsqu'une commune devra comprendre plusieurs bureaux de vote, l'arrêté préfectoral déterminant ces bureaux, devra être notifié au maire avant l'ouverture de la période électorale.

Art. 6. — La présente loi sera applicable à l'Algérie et aux Colonies représentées au Parlement.

La présente loi, délibérée et adoptée par le Sénat et la Chambre des Députés, sera exécutoire comme loi de l'Etat.

Fait à Paris, le 20 Mars 1914.

R. POINCARÉ.

Par le Président de la République :

Le Garde des Sceaux, Ministre de la Justice,

BIENVENU-MARTIN.

Le Ministre de l'Intérieur,

MALVY.

LOI réprimant les actes de corruption électorale

(Du 31 Mars 1914)

Le Sénat et la Chambre des Députés ont adopté ;

Le Président de la République promulgue la loi dont la teneur suit :

Article premier.— Quiconque, par des dons ou libéralités en argent ou en nature, par des promesses de libéralités, de faveurs, d'emplois publics ou privés ou d'autres avantages particuliers faits en vue d'influencer le vote d'un ou de plusieurs électeurs, aura obtenu ou tenté d'obtenir leurs suffrages, soit directement, soit par l'entremise d'un tiers : quiconque, par les mêmes moyens aura déterminé ou tenté de déterminer un ou plusieurs d'entre eux à s'abstenir, sera puni de trois mois à deux ans d'emprisonnement et d'une amende de cinq cents à cinq mille francs. Seront punis des mêmes peines ceux qui auront agréé ou sollicité les mêmes dons, libéralités ou promesses.

Art. 2. — Ceux qui, soit par voies de fait, violences ou menaces contre un électeur, soit en lui faisant craindre de perdre son emploi ou exposer à un dommage sa personne, sa famille ou sa fortune, auront déterminé ou auront tenté de la déterminer à s'abstenir de voter, ou auront influencé ou tenté d'influencer son vote, seront punis d'un emprisonnement d'un mois à deux ans et d'une amende de deux cents à cinq mille francs.

Art. 3. — Quiconque, en vue d'influencer le vote d'un collège électoral ou d'une fraction de ce collège, aura fait des dons ou libéralités, des promesses de libéralités ou de faveurs administratives, soit à une commune, soit à une collectivité quelconque de citoyens, sera puni d'un emprisonnement de trois mois à deux ans et d'une amende de cinq cents à cinq mille francs.

Art. 4.— Dans les cas prévus aux articles précédents, si le coupable est fonctionnaire public, la peine sera double. L'article 463 du Code pénal est applicable aux condamnations prononcées en vertu de la présente loi.

Art. 5. — Lorsque la Chambre des Députés ou le Sénat auront annulé une élection, la question leur sera posée de savoir si le dossier de l'élection doit être renvoyé au Ministre de la Justice ; si la réponse est affirmative le dossier sera transmis dans les 24 heures.

Art. 6. — En cas de condamnation, par application des articles 1, 2 et 3 de la présente loi contre le député ou le sénateur invalidé, celui-ci sera, de plein droit, inéligible pendant une période de deux ans à dater de son invalidation.

Art. 7. — Le dernier paragraphe de l'article 22 de la loi du 2 Août 1875 sur les élections des sénateurs est ainsi modifié : «Dans le cas d'invalidation d'une élection, il est pourvu à la vacance par le même corps électoral et dans le délai de trois mois ».

Art. 8. – En cas d'invalidation avec renvoi au Ministre de la Justice, conformément aux dispositions de l'article 5, la nouvelle élection ne pourra avoir lieu avant un mois à dater de l'invalidation. Si dans ce mois, une instruction est ouverte, le sénateur ou le député invalidé, le délai de trois mois prévu par la loi du 30 Novembre 1875, sur l'élection des députés et par l'art. 7 de la présente loi pour l'élection des sénateurs, ne commencera à courir qu'à partir du jour où il aura été définitivement statué sur la poursuite. Dans le cas contraire, l'élection sera faite dans les trois mois à dater de l'invalidation.

Art. 9. — Les dispositions des articles 1er, 2, 3, 4, 10 et 11 de la présente loi sont applicables à toutes les élections. Les condamnations, prononcées en vertu des articles 1er, 2, 3 et 4, contre tous autres que ceux dont il s'agit à l'article 6, entraîneront l'inéligibilité pour une durée de deux ans. Sont abrogés les articles 28 et 29 du décret organique du 2 Février 1852, 19 de la loi du 2 Août 1875, le § 4 de l'article 3 de la loi du 30 Novembre 1875 et le dernier paragraphe de l'article 14 de la loi du 5 Avril 1885 mais seulement en tant qu'il se réfère au paragraphe 4 de l'article 3 de la loi du 30 Novembre 1875, ainsi que toutes dispositions qui seraient contraires à la présente loi.

Art. 10. — Aucune poursuite contre un candidat, en vertu des articles 1er et 3 de la présente loi ne pourra être exercée, aucune citation directe à un fonctionnaire ne pourra être donnée en vertu de l'article 14 de la loi du 29 Juillet 1913, avant la proclamation du scrutin.

Art. 11. — Le délai de prescription des actions prévues par les articles 1er, 2 et 3 de la présente loi est fixé à six mois partant du jour de la proclamation du scrutin.

Art. 12. — La présente loi est applicable à l'Algérie et aux Colonies. La présente loi, délibérée et adoptée par le Sénat et par la Chambre des Députés, sera exécutée comme loi de l'Etat.

Fait à Paris, le 31 Mars 1914.

R. POINCARÉ.

Par le Président de la République :

Le Garde des Sceaux, Ministre de la Justice,
BIENVENU-MARTIN.

Le Ministre de l'Intérieur,
MALVY.

Décret portant modifications des articles 1er, 2, 3, 4, 5, 11 et 15 du décret du 3 Janvier 1914 ayant pour objet d'assurer le secret et la liberté du vote ainsi que la sincérité des opérations électorales.

(Du 11 Avril 1914).

Le Président de la République française,

Vu la loi du 29 Juillet 1913, ayant pour objet d'assurer le secret et la liberté du vote, ainsi que la sincérité des opérations électorales, et notamment l'article 16 de ladite loi, ainsi conçu : « Des règlements d'administration publique détermineront les conditions d'application de la présente loi aux colonies représentées au Parlement » ;

Vu le décret du 3 Janvier 1914, portant règlement d'administration publique pour l'application dans les Colonies de la Guadeloupe, de la Martinique, de la Guyane, de la Réunion, du Sénégal, de la Cochinchine et des Établissements français dans l'Inde, de la loi du 29 Juillet 1913, ayant pour objet d'assurer le secret et la liberté du vote ainsi que la sincérité des opérations électorales ;

Vu la loi du 31 Mars 1914, portant modification des articles 1er, 2, 3, 4, 5 et 11 de la loi du 29 Juillet précitée et notamment l'article 10 ainsi conçu : « Les règlements d'administration publique prévus à l'article 16 de la loi du 29 Juillet 1913 déterminent les conditions d'application de la présente loi dans les colonies représentées au Parlement» ;

Le Conseil d'Etat entendu,

DÉCRÈTE :

Article premier. — L'article 1er, paragraphe 4, l'article 2, paragraphe 1er, l'article 3, l'article 4, paragraphe 3, l'article 5, l'article 11 et l'article 15 du décret susvisé du 3 Janvier 1914, sont modifiés ainsi qu'il suit et remplacés par les dispositions suivantes (1) :

....

....

Art. 2. — Le 4e paragraphe de l'article 23 du décret organique du 2 Février 1852 est modifié ainsi qu'il suit :

« Il est formé par simple requête dénoncée aux défendeurs par lettre recommandée dans les 10 jours qui suivent ; il est dispensé de l'intermédiaire d'un avocat et jugé d'urgence, sans frais ni consignation d'amende ».

Le 4e paragraphe de l'article 19 du décret organique du 2 Février 1852 est complété par la disposition suivante :

« Lorsqu'un électeur est décédé, son nom devra être rayé de la liste électorale aussitôt que l'acte de décès aura été dressé. Tout électeur de la commune, du cercle, ou de la province, a le droit d'exiger cette radiation ».

Art. 3. — Le Ministre des Colonies est chargé de l'exécution du présent décret qui sera publié au *Journal Officiel de la République Française* et à celui des Colonies, et inséré au *Bulletin des Lois* et au *Bulletin Officiel* du Ministère des Colonies.

Fait à Eze, le 11 Avril 1914.

R. POINCARÉ.

Par le Président de la République :
Le Ministre des Colonies,
A. LEBRUN.

---

(1) Les dispositions de ce décret, modifiant certains articles du décret du 3 Janvier 1914, ont été incorporées, en italique, dans ce dernier texte.

Arrêté du Gouverneur général relatif à l'exercice du droit d'option pour l'électorat indigène du Conseil Colonial de Cochinchine reconnu aux indigènes citoyens français.

(Du 25 Août 1922).

Article premier. — Tout indigène natif de Cochinchine, ayant la qualité de citoyen français, et désireux de bénéficier du droit d'option qui lui est reconnu par les articles 8 et 11 du décret du 9 Juin 1922 sus-visé (1), doit adresser à cet effet une déclaration sur papier timbré au chef de la circonscription administrative sur la liste électorale de laquelle il requiert inscription. Cette déclaration qui énoncera clairement ses nom, prénoms, qualité et domicile, devra porter sa signature dûment légalisée et parvenir sous pli recommandé au chef de la circonscription administrative avant l'expiration du délai réglementaire pour la réception des réclamations et oppositions pendant la période de formation ou de revision des listes électorales indigènes.

Art. 2. — Si la requête de l'intéressé est agréée par la commission chargée d'arrêter la liste électorale définitive de la circonscription administrative, notification immédiate lui en sera faite par l'autorité de cette circonscription en même temps qu'elle sera dénoncée à fin de radiation du nom de l'intéressé de la liste électorale coloniale française soit au maire de la ville de Saigon, soit au président de la commission municipale de Cholon, soit au chef de la province sur la liste de laquelle l'électeur est porté au titre français, suivant le cas.

L'inscription sur la liste électorale indigène sera opérée sur le vu d'un certificat de radiation qui devra être immédiatement transmis par ces dernières autorités au chef de la circonscription administrative d'option.

Art. 3. — Les conditions et les délais pour le dépôt et le jugement des réclamations contre l'inscription ou la non inscription des indigènes citoyens français sur les listes

---

(1) Décret réorganisant le Conseil colonial de Cochinchine.

électorales coloniales indigènes seront réglés conformément aux dispositions de l'arrêté du Gouverneur de la Cochinchine réglementant le mode d'établissement et de revision de ces listes.

Art. 4. — Tout indigène citoyen français ayant opté pour l'électorat colonial indigène, conserve la faculté de demander sa radiation de la liste électorale coloniale indigène et sa réinscription sur la liste électorale coloniale française.

Il ne pourra toutefois faire usage de cette faculté que pendant la période de revision annuelle de la liste électorale française et, au plus tôt, un an après son inscription sur la liste électorale coloniale indigène.

Art. 5.— Sa déclaration à cet effet sera adressée par lettre recommandée au président de la commission de revision de la liste électorale française sur laquelle l'intéressé requiert inscription. Si la requête est agréée, notification immédiate lui en sera faite par l'autorité compétente en même temps qu'elle sera dénoncée, à fin de radiation du nom de l'intéressé de la liste électorale indigène, au chef de la circonscription administrative où il était précédemment inscrit.

La réinscription sur la liste électorale française sera opérée sur le vu d'un certificat de radiation de la liste électorale indigène qui devra être transmis immédiatement soit au maire de Saigon, soit au président de la commission municipale de Cholon, soit au chef de la province, suivant le cas.

Art. 6. — Le dépôt et le jugement des réclamations contre l'inscription ou la non-inscription sur la liste électorale coloniale française des indigènes citoyens français sont réglés conformément aux dispositions des lois et règlements en vigueur.

Art. 7. — Le Gouverneur de la Cochinchine est chargé de l'exécution du présent arrêté.

Arrêté du Gouverneur de la Cochinchine instituant une Commission chargée de constater si les candidats indigènes au Conseil Colonial, dépourvus de tout diplôme ou titre universitaire, possèdent une connaissance suffisante de la langue française.

(Du 30 Août 1922).

Article premier. — Tout candidat aux élections coloniales indigènes doit produire, à l'appui de sa déclaration de candidature, un certificat constatant qu'il possède une connaissance suffisante de la langue française et délivré par une commission, composée pour chaque circonscription administrative, comme suit :

Le chef de la circonscription administrative ou son délégué........................	*Président,*
Un professeur français ou, à son défaut, un fonctionnaire européen....................	*Membres.*
Un fonctionnaire indigène, pourvu du diplôme de fin d'études complémentaires, tous deux à la désignation du chef de la circonscription administrative........................	

Art. 2. — Toute demande de justification de la connaissance de la langue française doit être présentée quinze jours au moins avant la date des élections coloniales, au président qui réunira immédiatement la commission à l'effet d'examiner si le candidat est apte à suivre et à comprendre une discussion orale sur un sujet d'ordre administratif, financier ou économique.

Art. 3. — La commission dressera procès-verbal de ses séances. Elle délivrera un certificat à ceux des candidats dont la connaissance de la langue française aura été jugée suffisante.

Art. 4.— Sont dispensés de l'examen précité les électeurs qui justifieront de la possession de l'un des diplômes énumérés ci-après :

1° Diplôme de fin d'études complémentaires,
2° Brevet de l'enseignement secondaire local,

3° Brevet d'enseignement primaire supérieur,

4° Brevet élémentaire,

5° Brevet supérieur,

6° Diplôme de l'enseignement supérieur local,

7° Brevet de capacité correspondant au baccalauréat de l'enseignement secondaire de la Métropole.

8° Titre universitaire de la Métropole.

Le certificat, prévu à l'article premier, sera remis aux intéressés par le chef de la circonscription, sur le vu de leur diplôme. Mention du diplôme produit sera portée sur le certificat.

Art. 5. — Le maire de la ville de Saigon, le président de la commission municipale de Cholon et les chefs de province et de circonscription sont chargés, chacun en ce qui le concerne, de l'exécution du présent arrêté.

Arrêté du Gouverneur de la Cochinchine fixant les dates d'ouverture, de revision, de clôture et de publication des listes électorales coloniales françaises et indigènes.

(*Du 30 Août 1922*).

Article premier. — Les dates d'ouverture, de revision de la liste électorale française pour les élections des membres français au Conseil colonial, celles de sa clôture et de sa publication ainsi que les délais pour le dépôt et le jugement des réclamations sont fixés conformément aux lois et règlements en vigueur dans la Colonie.

Art. 2. — Les listes électorales indigènes pour les élections des membres indigènes sont établies par les autorités municipales et communales.

A cet effet, chaque ville ou commune annamite dresse la liste de chacune des catégories d'électeurs, désignés à l'article 11 du décret du 9 Juin 1922.

Les listes ainsi formées sont affichées à compter du troisième jour qui suivra la signature du présent arrêté, pendant sept jours à la mairie ou à la maison commune où les intéressés peuvent en prendre connaissance et formuler leurs réclamations sous forme de demandes écrites et motivées d'inscription ou de radiation, déposées entre les mains du maire, lequel doit délivrer un récépissé indiquant le nom du réclamant et la date du dépôt de la requête.

Art. 3. — A l'expiration du délai d'affichage, dans les communes autres que les villes de Saigon et de Cholon, le conseil des notables délibère sur les demandes d'inscription ou de radiation d'électeurs, signe les listes électorales en les certifiant exactes et complètes et les remet dans un délai de trois jours au chef de canton en y joignant les réclamations et les procès-verbaux des délibérations y relatives.

Les listes électorales des villages, ainsi que les dossiers des réclamations qui y sont annexées sont transmises dans un délai de trois jours par le chef de canton, avec ses observations personnelles, au chef de province.

Art. 4. — Dans chaque province ou circonscription une commission composée de :

a) du chef de province, *président*,

b) d'un fonctionnaire indigène choisi de préférence parmi les délégués administratifs, à la désignation du chef de province, *membre*,

c) d'un délégué du conseil de province, désigné par cette assemblée, *membre*,

statue en dernier ressort, dans un délai de cinq jours, à compter de la réception des dossiers, sur les demandes en radiation ou en inscription d'électeurs et arrête définitivement les dites listes.

Une liste récapitulative unique sur laquelle sont inscrits par village et par catégorie, les électeurs de chaque province est ensuite établie, arrêtée et close par la commission.

Pour les îles de Poulo-Condore, la commission ci-dessus indiquée est composée du directeur du Pénitencier, *président*, d'un secrétaire des bureaux du Gouvernement et des provinces et d'un notable indigène délégué par le conseil des notables du village.

Art. 5. — Dans les villes de Saigon et de Cholon, les réclamations contre les radiations ou inscriptions d'électeurs sont soumises, à l'expiration du délai d'affichage, par les soins du maire ou du président de la commission municipale, à une commission composée :

a) du maire ou du président de la Commission municipale, *président* ;

b) d'un délégué indigène du Chef de l'Administration locale, désigné par le Gouverneur, *membre* ;

c) d'un délégué indigène du Conseil municipal ou de la Commission municipale, *membre*,

qui statue en dernier ressort, dans un délai de onze jours, et arrête la liste définitive.

Art. 6. — La revision des listes électorales coloniales indigènes commencera à partir de 1924, le 1er Janvier et se terminera le 31 Mars de chaque année.

Les tableaux de rectification de la liste électorale coloniale indigène comprenant les retranchements et les additions apportés à la liste arrêtée l'année précédente seront déposés à compter du 15 Janvier dans les bureaux des mairies de Saigon et de Cholon et dans les maisons communes où tout requérant pourra en prendre connaissance.

Art. 7. — Les délais impartis pour le dépôt et le jugement des réclamations sont ainsi fixés :

1° Délai pour le dépôt des réclamations : 20 jours (dernière limite : 4 Février).

Pour les provinces et circonscriptions administratives :

2° Délai dans lequel le conseil des notables doit transmettre les demandes d'inscription ou de radiation après en avoir délibéré : 7 jours (dernière limite : 11 Février).

3° Délai dans lequel le chef de canton doit transmettre les listes électorales et le dossier des réclamations aux chefs de province : 10 jours (dernière limite : 21 Février).

4° Délai pour les décisions de la commission administrative : 20 jours.

5° Délai pour notification des décisions de la commission aux intéressés : 5 jours.

Pour les villes de Saigon et de Cholon:

2° Délai pour les décisions de la commission administrative: 30 jours.

3° Délai pour notification des décisions de la commission aux intéressés: 5 jours.

Les listes seront définitivement closes le 31 Mars.

Art. 8. — Les présidents des commissions municipales de Saigon et de Cholon, les administrateurs, chefs de province et de circonscription et le directeur du Pénitencier de Poulo-Condore sont chargés, chacun en ce qui le concerne, de l'exécution du présent arrêté.

Arrêté du Gouverneur de la Cochinchine déterminant les circonscriptions électorales pour la nomination des conseillers coloniaux français et indigènes.

(*Du 18 Septembre 1922*).

Article premier. — Le territoire de la Cochinchine ne formera qu'une seule circonscription électorale pour la nomination des dix conseillers coloniaux citoyens français qui seront élus au scrutin de liste, conformément aux dispositions du dernier paragraphe de l'article 16 du décret du 9 juin 1922 susvisé.

Art. 2. — Les circonscriptions électorales des dix membres indigènes du Conseil colonial et les bureaux de chaque circonscription électorale où seront centralisés les résultats des scrutins par circonscription administrative sont fixés d'après le tableau ci-après:

DÉSIGNATIONS des circonscriptions électorales.	CIRCONSCRIPTIONS administratives	BUREAUX où seront centralisés les résultats des circonscriptions
1re Circonscription électorale.	Baria Biênhoa Thudaumot Giadinh Tâyninh Poulo-Condore	**Giadinh**
2e Circonscription électorale.	Saigon-Ville Cholon-Ville Cholon-province Mytho Tanan	**Saigon**
3e Circonscription électorale.	Bentré Gocong Travinh Vinhlong	**Bentré**
4e Circonscription électorale.	Sadec Longxuyèn Chaudoc Hatiên Rachgia	**Sadec**
5e Circonscription électorale.	Cantho Soctrang Baclièu	**Cantho**

Art. 3. — Chaque circonscription électorale élira 2 conseillers indigènes au scrutin de liste.

Art. 4. — Les présidents des commissions municipales de Saigon et Cholon, les administrateurs chefs de province et de circonscription et le directeur du Pénitencier de Poulo-Condore sont chargés, chacun en ce qui le concerne, de l'exécution du présent arrêté.

LOI concernant l'envoi et la distribution des bulletins de vote, des circulaires électorales et des cartes électorales.

(Du 20 Mars 1924).

Article premier. — Pour toutes les élections législatives et douze jours au moins avant le jour du scrutin, une commission composée de mandataires des listes en présence, à raison d'un mandataire par liste, sera constituée au chef-lieu de chaque département, sous la présidence du président du tribunal civil ou d'un juge désigné par lui, assisté du greffier en chef, *secrétaire*.

Cette commission sera chargée d'assurer l'impression et la distribution de tous les bulletins de vote et des circulaires dont le texte ou les exemplaires lui seraient remis par les listes.

Elle aura son siège au Palais de justice.

Art. 2. — Deux bulletins de vote de chaque liste et, s'il y a lieu, une circulaire dont le format ne pourra excéder deux pages in-4° double ou quatre pages in-8° format coquille, ou toute autre communication exclusivement relative aux élections, seront envoyés à chaque électeur, sous une même enveloppe fermée, qui sera déposée à la poste et transportée en franchise.

Quiconque se servira de cette franchise pour adresser aux électeurs des documents étrangers à l'élection sera puni d'une amende de 500 à 5.000 frs.

Les bulletins de chaque liste, en nombre au moins égal au nombre des électeurs, seront, en outre, envoyés dans chaque mairie pour être mis, le jour du scrutin, à la disposition des électeurs, dans tous les bureaux de vote. Le maire en accusera immédiatement réception par lettre adressée au greffier du tribunal civil, secrétaire de la commission.

Des bulletins de vote, en nombre double du nombre des électeurs, devront être mis à la disposition des listes qui en feraient la demande à la commission.

Art. 3. — Les enveloppes seront mises à la disposition de la commission par l'Administration préfectorale. Le Préfet ou le Ministre de l'Intérieur pourra se les procurer même par voie de réquisition.

Art. 4. — La commission établira le coût total des frais résultant de l'application des articles ci-dessus et déterminera la part incombant à chaque liste, laquelle part sera augmentée d'une somme de 100 francs à titre de rémunération au greffier en chef, secrétaire.

La contribution de chaque liste devra être versée, dans les vingt-quatre heures, entre les mains du greffier en chef qui en donnera récépissé.

Art. 5 — Dès que le versement aura été effectué, et douze jours au moins avant le jour du scrutin, le président du tribunal donnera l'autorisation d'imprimer les bulletins et, s'il y a lieu, les circulaires.

Art. 6. — Toute liste constituée postérieurement au délai imparti à l'article précédent et antérieurement au délai de cinq jours établi par la Loi du 17 Juillet 1889 bénéficiera d'un envoi en franchise comportant deux bulletins de vote, une circulaire ou autre communication exclusivement relative aux élections.

Cet envoi devra être fait de la recette principale des postes du chef-lieu du département.

Art. 7. — Dans chaque commune, les cartes électorales sont distribuées au domicile des électeurs, par les soins du maire, dans les huit jours qui précèdent l'élection.

Cette distribution doit être achevée trois jours avant le jour du scrutin.

Les cartes dont le titulaire ne pourra être touché font retour à la mairie.

Elles y sont conservées à la disposition des intéressés jusqu'au jour inclus de l'élection, si la mairie se trouve constituer, dans cette commune, la section unique de vote.

Dans les communes où existent, au contraire, plusieurs sections de vote, les cartes qui n'ont pas touché leur titulaire sont remises au bureau de vote de la section.

Elles y restent également à la disposition des intéressés.

Mais, dans l'un et l'autre cas, elles ne peuvent être délivrées à l'intéressé que sur le vu des pièces d'identité, ou bien sur la présentation de l'intéressé et l'authentification de son identité par deux témoins inscrits sur les listes de la section de vote.

Procès-verbal de cette opération est alors dressé, signé par le titulaire et, le cas échéant, par les témoins et paraphé par le bureau.

Dans chaque section de vote, lors de la clôture du scrutin, les cartes non retirées sont comptées par le bureau, paraphées par le président, mises sous pli cacheté et apportées à la mairie, avec le procès-verbal des opérations qui les mentionne nominativement.

Les plis ainsi cachetés ne pourront être ouverts que par la commission municipale chargée de la plus prochaine revision des listes électorales.

Cette commission tient compte, chaque année, des indications qui ont motivé le retour de la carte à la mairie, ainsi que les indications fournies par les électeurs (qui, non touchés à leur domicile, officiellement, mais faussement enregistrés sur la liste électorale, ont dû retirer directement leur carte à la section de vote), en vue de toutes opérations de radiations ou de mutations à effectuer dans les listes lors des travaux annuels de la revision desdites listes électorales.

Réglementation de l'électorat et des listes électorales politiques françaises dans la Colonie.

Sont électeurs, sans condition de cens, tous les français ou naturalisés français âgés de vingt-et-un ans accomplis, jouissant de leurs droits civils et politiques.

Une liste électorale unique est dressée ou revisée annuellement dans chaque pays de l'Union, appelé à nommer soit un député ou des conseillers coloniaux (Cochinchine), soit un délégué au Conseil supérieur des Colonies (Tonkin, Annam, Cambodge).

Elle comprend par ordre alphabétique : 1° Tous les électeurs résidant dans la Colonie depuis six mois au moins ; 2° Ceux qui n'ayant pas atteint, lors de la revision annuelle de la liste, les conditions d'âge et de résidence, doivent les acquérir avant la clôture définitive, c'est-à-dire avant le 31 Mars suivant.

Toutefois pour les élections au Conseil colonial de Cochinchine le délai de résidence est d'un an, au lieu de six mois.

Ne doivent pas être inscrits sur les listes électorales :

1° Les militaires en activité de service des armées de terre et de mer.

2° Les individus privés pour une cause quelconque de leurs droits civils et politiques soit :

a) Les individus condamnés soit à des peines afflictives ou infamantes, soit à des peines correctionnelles pour des faits qualifiés crimes par la loi ou pour délits de vol, escroquerie, abus de confiance, usure, attentat aux mœurs, contrebande ou fraude;

b) Les individus condamnés pour contravention aux lois sur les maisons de jeux, les loteries, les maisons de prêts sur gages ;

c) Les individus condamnés pour les délits prévus aux articles 413, 414, 419, 420, 421, 423, 430 paragraphe 2 du Code pénal et aux articles 596 et 597 du Code de commerce;

d) Les officiers ministériels destitués en vertu de jugements ou de décisions judiciaires;

e) Les faillis non réhabilités;

f) *Et, d'une manière générale, tous ceux que l'article 15 du décret du 2 Février 1852 prive du droit de voter aux élections législatives métropolitaines.*

Lors de la revision annuelle et dans les 20 jours de la publication de la liste, tout citoyen peut soit réclamer son inscription s'il a été omis, soit réclamer l'inscription ou la radiation d'un individu omis ou indûment inscrit (dernière limite: 4 Février).

Les réclamations sont jugées par une commission administrative dans un délai de 5 jours (dernière limite : 9 Février).

Notification de la décision de cette commission est, dans les trois jours, faite aux parties intéressées par le ministère d'un agent assermenté. Celles-ci peuvent interjeter appel dans les cinq jours de la notification.

L'appel est porté devant le juge de paix; il est formé par simple déclaration au greffe ;

En principe, le juge de paix doit statuer dans les 10 jours, sans frais ni forme de procédure et sur simple avertissement donné 3 jours à l'avance aux parties intéressées. Toutefois ce délai n'est pas impératif et ce magistrat pourrait très bien, le cas échéant, statuer même après la clôture de la liste électorale. Sur le vu de la décision du juge de paix, l'autorité compétente opère, sur la liste, l'inscription ou la radiation prononcée, mais il est admis par la jurisprudence que cette formalité n'est pas obligatoire et qu'un citoyen, porteur d'une décision du juge de paix reconnaissant sa qualité d'électeur, peut être admis à voter sans avoir été inscrit au préalable.

Le 31 Mars de chaque année, la liste électorale est définitivement arrêtée et reste valable telle quelle jusqu'au 31 Mars de l'année suivante, sauf néanmoins les changements qui y auraient été ordonnés par décision tardive du juge de paix et sauf aussi la radiation des noms des électeurs décédés ou privés des droits civils et politiques par jugement ayant force de chose jugée.

CHAPITRE XXII

Textes relatifs a la protection de la santé publique en Indochine

Décret rendant applicable dans certaines de ses dispositions la loi du 15 Février 1902 relative à la protection de la santé publique.

(Du 13 Mai 1905).

Le Président de la République française,

Vu l'article 18 du Sénatus-Consulte du 3 Mai 1854 ;

Vu la loi du 15 Février 1902, relative à la protection de la santé publique ;

Vu les décrets des 16 Février 1878 et du 14 Juin 1893, sur l'expropriation pour cause d'utilité publique en Cochinchine, au Tonkin et en Annam ;

Sur le rapport du Ministre des Colonies,

Décrète :

Article premier. — Sont rendues applicables en Indochine les dispositions du chapitre II du titre 1er et celles du titre IV de la loi du 15 Février 1902 susvisée, sauf les modifications ci-après.

Art. 2. — Les dispositions des articles 11, paragraphe 1er, 18 et 27, paragraphe 1er, de la loi précitée sont remplacées par les dispositions suivantes :

«*Art. 11, § 1er*.—Dans les agglomérations de 20.000 habitants et au-dessus, aucune habitation ne peut être construite sans un permis du maire constatant que, dans le projet qui lui a été soumis, les conditions de salubrité prescrites par les règlements sanitaires locaux sont observées.

«*Art. 18.* — Lorsque l'insalubrité est le résultat de causes extérieures et permanentes, ou lorsque les causes d'insalubrité ne peuvent être détruites que par des travaux d'ensemble, les propriétés comprises dans le périmètre des travaux pourront être acquises par la commune ou par la colonie, suivant les formes et après l'accomplissement des formalités prescrites par la législation locale sur l'expropriation pour cause d'utilité publique.

«Les portions de ces propriétés qui, après l'assainissement opéré, resteraient en dehors des alignements arrêtés pour les nouvelles constructions, pourront être revendues aux enchères publiques, sans que les anciens propriétaires, ou leurs ayants-droit puissent demander l'application des articles 64 et 65 du décret du 16 Février 1878, 61 et 62 du décret du 14 Juin 1893.

« *Art. 27*, § *1*er. — Sera puni des peines portées à l'article 471 du Code pénal quiconque aura commis une contravention aux prescriptions des règlements sanitaires prévus à l'article 2 et à celles de l'article 14 ».

Art. 3.—Les attributions dévolues aux préfets, aux maires, aux conseils départementaux d'hygiène et aux commissions sanitaires seront exercées, en Indochine, respectivement par le Lieutenant-Gouverneur de la Cochinchine et les Résidents supérieurs, par les maires et les inspecteurs et administrateurs des Services civils, chefs de province, ou remplissant les fonctions de maires et par des comités et commissions d'hygiène institués par des arrêtés locaux.

Le recours prévu à l'article 13 de la loi du 15 Février 1902 précitée, sera, dans les délais qui seront fixés par arrêté du Gouverneur général, porté devant le Conseil du contentieux compétent.

Art. 4. — Est rapporté le décret du 11 Avril 1884 rendant applicable en Indochine la loi du 13 Avril 1850, relative à l'assainissement des logements insalubres.

Art. 5. — Le Ministre des Colonies est chargé de l'exécution du présent décret.

Fait à la Bégude-de-Mazenc, le 13 Mai 1905.

Emile LOUBET.

Par le Président de la République :

Le Ministre des Colonies,

CLEMENTEL.

Extrait de la loi du 15 Février 1902 sur la santé publique

Texte des dispositions de cette loi rendues applicables en Indochine, avec les modifications apportées par le décret du 13 Mai 1905.

TITRE PREMIER

CHAPITRE II

Mesures sanitaires relatives aux immeubles

Art. 11, § 1er. — (*Modifié*). — « Dans les agglomérations de 20.000 habitants et au-dessus, aucune habitation ne peut être construite sans un permis du maire constatant que, dans le projet qui lui a été soumis, les conditions de salubrité prescrites par les règlements sanitaires locaux sont observées. »

A défaut par le maire de statuer dans le délai de vingt jours, à partir du dépôt à la mairie de la demande de construire dont il sera délivré récépissé, le propriétaire pourra se considérer comme autorisé à commencer les travaux.

L'autorisation de construire peut être donnée par le préfet en cas de refus du maire.

Si l'autorisation n'a pas été demandée ou si les prescriptions du règlement sanitaire n'ont pas été observées, il est dressé procès-verbal. En cas d'inexécution de ces prescriptions, il est procédé conformément aux dispositions de l'article suivant.

Art. 12. — Lorsqu'un immeuble, bâti ou non, attenant ou non à la voie publique, est dangereux pour la santé des occupants ou des voisins, le maire ou, à son défaut, le préfet invite la commission sanitaire, prévue par l'article 20 de la présente loi, à donner son avis :

1° Sur l'utilité de la nature des travaux ;

2° Sur l'interdiction de l'habitation de tout ou partie de l'immeuble jusqu'à ce que les conditions d'insalubrité aient disparu.

Le rapport du maire est déposé au secrétariat de la mairie, à la disposition des intéressés.

Les propriétaires, usufruitiers ou usagers sont avisés, au moins quinze jours d'avance, à la diligence du maire et par lettre recommandée, de la réunion de la commission sanitaire et ils produisent, dans ce délai, leurs observations.

Ils doivent, s'ils en font la demande, être entendus par la commission, en personne ou par mandataire, et ils sont appelés aux visites et constatations des lieux.

En cas d'avis contraire aux propositions du maire, cet avis est transmis au préfet qui saisit, s'il y a lieu, le conseil départemental d'hygiène.

Le préfet avise les intéressés, quinze jours au moins d'avance, par lettre recommandée, de la réunion du conseil départemental d'hygiène et les invite à produire leurs observations dans ce délai. Ils peuvent prendre communication de l'avis de la commission sanitaire, déposé à la préfecture, et se présenter, en personne ou par mandataire devant le conseil; ils sont appelés aux visites et constatations des lieux.

L'avis de la commission sanitaire ou celui du conseil d'hygiène fixe le délai dans lequel les travaux doivent être exécutés ou dans lequel l'immeuble cessera d'être habité en totalité ou en partie. Ce délai ne commence à courir qu'à partir de l'expiration du délai de recours ouvert aux intéressés par l'art. 13 ci-après ou de la notification de la décision définitive intervenue sur le recours.

Dans le cas où l'avis de la commission n'a pas été contesté par le maire, ou, s'il a été contesté, après notification par le préfet de l'avis du conseil départemental d'hygiène, le maire prend un arrêté ordonnant les travaux nécessaires ou portant interdiction d'habiter, et il met le propriétaire en demeure de s'y conformer dans le délai fixé.

L'arrêté portant interdiction d'habiter devra être revêtu de l'approbation du préfet.

Art. 13. — Un recours est ouvert aux intéressés contre l'arrêté du maire, devant le conseil de préfecture, dans le délai d'un mois à dater de la notification de l'arrêté.

Art. 14.— A défaut de recours contre l'arrêté du maire ou si l'arrêté a été maintenu, les intéressés qui n'ont pas exécuté, dans le délait imparti, les travaux jugés nécessaires, sont traduits devant le tribunal de simple police, qui autorise le maire à faire exécuter les travaux d'office, à leurs frais, sans préjudice de l'application de l'article 471, § 15, Code pénal.

En cas d'interdiction d'habitation, s'il n'y a pas été fait droit, les intéressés sont passibles d'une amende de 16 frs à 500 frs et traduits devant le tribunal correctionnel, qui autorise le maire à faire expulser, à leurs frais, les occupants de l'immeuble.

Art. 15.— La dépense résultant de l'exécution des travaux est garantie par un privilège sur les revenus de l'immeuble, qui prend rang après les privilèges énoncés aux articles 2101 et 2103, Code civil.

Art. 16. — Toutes ouvertures pratiquées pour l'exécution des mesures d'assainissement, prescrites en vertu de la présente loi, sont exemptes de la contribution des portes et fenêtres pendant cinq années consécutives, à partir de l'achèvement des travaux.

Art. 17.— Lorsque, par suite de l'exécution de la présente loi, il y aura lieu à la résiliation des baux, cette résiliation n'emportera, en faveur des locataires, aucuns dommages et intérêts.

Art. 18. (Modifié). — « Lorsque l'insalubrité est le résultat de causes extérieures et permanentes, ou lorsque les causes d'insalubrité ne peuvent être détruites que par des travaux d'ensemble, les propriétés comprises dans le périmètre des travaux pourront être acquises par la commune ou par la colonie, suivant les formes et après l'accomplissement des formalités prescrites par la législation locale sur l'expropriation pour cause d'utilité publique ».

« Les portions de ces propriétés qui, après l'assainissement opéré, resteraient en dehors des alignements arrêtés pour les nouvelles constructions, pourront être revendues aux enchères publiques, sans que les anciens propriétaires ou leurs ayants-droit puissent demander l'application des articles 64 et 65 du décret du 16 Février 1878, 61 et 62 du décret du 11 Juin 1893. »

TITRE IV

PÉNALITÉS

Art. 27, § 1er.— (Modifié).— « Sera puni des peines portées à l'article 471 du Code pénal quiconque aura commis une contravention aux prescriptions des règlements sanitaires prévus à l'article 2 et à celles de l'article 14 ».

Art. 28. — Quiconque, par négligence ou incurie, dégradera des ouvrages publics ou communaux destinés à recevoir ou à conduire des eaux d'alimentation ; quiconque, par négligence ou incurie, laissera introduire des matières excrémentielles, ou toute autre matière, susceptibles de nuire à la salubrité, dans l'eau des sources, des fontaines, des puits, citernes, conduites, aqueducs, réservoirs d'eau servant à l'alimentation publique, sera puni des peines portées aux articles 479 et 480, Code pénal.

Est interdit, sous les mêmes peines, l'abandon de cadavres d'animaux, de débris de boucherie, fumier, matières fécales et, en général, de résidus animaux putrescibles, dans les failles, gouffres, bétoires ou excavations de toute nature autre que les fosses nécessaires au fonctionnement d'établissements classés.

Tout acte volontaire de même nature sera puni des peines portées à l'article 257, Code pénal.

Art. 29.— Seront punis d'une amende de 100 frs et, en cas de récidive, de 500 frs à 1.000 frs, tous ceux qui auront mis obstacle à l'accomplissement des devoirs des maires et des membres délégués des commissions sanitaires, en ce qui touche l'application de la présente loi.

Art. 30. — L'article 463, Code pénal est applicable dans tous les cas prévus par la présente loi. Il est également applicable aux infractions punies de peines correctionnelles par la loi du 3 Mars 1822.

Arrêté du Gouverneur général, portant règlement pour l'application du décret du 13 Mai 1905, relatif à la protection de la santé publique en Indochine.

(Du 19 Septembre 1905).

Le Gouverneur général *p. i.* de l'Indochine, Officier de la Légion d'Honneur,

Vu le décret du 21 avril 1891 ;

Vu les arrêtés du 16 février 1878 et du 14 juin 1893 sur l'expropriation pour cause d'utilité publique en Cochinchine, au Tonkin et en Annam ;

Vu les décrets des 31 mars 1897 et 20 juillet 1899, sur la police sanitaire maritime dans les Colonies et Pays de Protectorat ;

Vu le décret du 17 août 1897, portant règlement d'administration publique pour l'application aux Colonies de la loi du 30 novembre 1892, sur l'exercice de la médecine ;

Vu l'arrêté du 25 juillet 1895, fixant les mesures sanitaires obligatoires en cas d'épidémie;

Vu l'arrêté du 1er juin 1902, constituant un Comité d'hygiène en Cochinchine, au Tonkin, en Annam et au Cambodge, modifié par l'arrêté du 10 novembre 1902 ;

Vu l'arrêté du 7 septembre 1902, rendant exécutoire en Indochine et dans le territoire de Kouang-tchéou-wan, l'arrêté du Ministre des Colonies, en date du 7 janvier 1902, fixant la liste des maladies épidémiques dont la déclaration est obligatoire aux Colonies ;

Vu l'arrêté du 25 octobre 1904, sur l'exercice de la médecine indigène au Tonkin, en Annam, au Cambodge et au Laos ;

Vu la loi du 15 février 1902, relative à la protection de la santé publique ;

Vu le décret du 13 mai 1905, relatif à la protection de la santé publique en Indochine ;

Sur la proposition du Secrétaire général et du Directeur général de la santé de l'Indochine ;

La Commission permanente du Conseil supérieur de l'Indochine entendue,

Arrête :

CHAPITRE PREMIER

Mesures sanitaires générales

Article premier.— Dans les villes de l'Indochine organisées en municipalités, le maire ou administrateur-maire est tenu, afin de protéger la santé publique, de déterminer, après avis du Conseil ou de la Commission municipale et sous forme d'arrêtés portant règlement sanitaire :

1° Les précautions à prendre pour prévenir ou faire cesser les maladies transmissibles, visées à l'article 5 du présent arrêté, spécialement les mesures de désinfection ou même de destruction des objets à l'usage des malades ou souillés par eux et, généralement, des objets quelconques pouvant servir de véhicule à la contagion ;

2° Les prescriptions destinées à assurer la salubrité des maisons et de leurs dépendances, des voies privées, closes ou non à leurs extrémités, des logements loués en garni et des autres agglomérations quelle qu'en soit la nature, notamment les prescriptions relatives à l'alimentation en eau potable et à l'évacuation des matières usées.

Dans les autres parties du territoire de l'Indochine, ces ordonnances sanitaires sont arrêtées sur la proposition de l'administrateur, chef de province, par le Chef de l'Administration locale, Lieutenant-Gouverneur ou Résident supérieur, le comité local d'hygiène entendu.

Art. 2. — Les règlements sanitaires municipaux sont approuvés par le Lieutenant-Gouverneur ou Résident supérieur, après avis du comité local d'hygiène.

Ils ne font pas obstacle au droit du Chef de l'Administration locale, de prendre dans tous les cas où il n'y aurait pas été pourvu par les autorités municipales, toutes mesures relatives à la protection de la santé publique. Ce droit ne pourra être exercé qu'après une mise en demeure au maire ou administrateur-maire, restée sans résultat.

Si, dans le délai de six mois après la publication du présent arrêté, une des villes désignées à l'article 1er n'a pas de règlement sanitaire, il lui en sera imposé un d'office, par un arrêté du Lieutenant-Gouverneur ou Résident supérieur, le comité local d'hygiène entendu.

Art. 3. — Les règlements sanitaires prévus aux deux articles précédents sont soumis à l'approbation du Gouverneur général, le Conseil supérieur d'hygiène de l'Indochine consulté.

Art. 4. — En cas d'urgence, c'est-à-dire en cas d'épidémie ou d'un autre danger imminent pour la santé publique, le Lieutenant-Gouverneur ou Résident supérieur peut ordonner l'exécution immédiate, tous droits réservés, des mesures prescrites par les règlements sanitaires prévus à l'art. 1er.

L'urgence doit être constatée, dans les villes désignées au dit article, par un arrêté de l'autorité municipale ou, à son défaut, par un arrêté du Lieutenant-Gouverneur ou Résident supérieur et, dans les autres parties du territoire, par un arrêté du Chef de l'Administration locale, que l'arrêté déclarant l'urgence s'applique, dans les deux cas, à une ou plusieurs personnes ou à tous les habitants de la localité.

Art. 5. — Les dispositions du présent arrêté sont applicables aux maladies dont la liste est dressée par arrêté du Ministre des Colonies.

Les déclarations des dites maladies ont lieu suivant le mode fixé par le même arrêté ministériel et sont obligatoires pour tout médecin civil ou militaire, pour tout officier de santé et pour toute sage-femme exerçant en Indochine. Elles sont également obligatoires pour les médecins et sages-femmes indigènes, dans les conditions déterminées par les décrets ou arrêtés locaux relatifs à l'exercice de la médecine indigène en Indochine.

Art. 6. — Le Gouverneur général détermine par arrêté, après avis du Conseil supérieur d'hygiène de l'Indochine, les mesures de protection à prendre à l'égard des personnes atteintes de lèpre.

Art. 7. — Dans les villes désignées à l'article 1er, la vaccination anti-variolique est obligatoire pour les enfants au cours de la première année de la vie, ainsi que la revaccination vers la onzième année.

Les parents ou tuteurs sont tenus personnellement de l'exécution de la dite mesure.

L'obligation de la vaccination peut être étendue par arrêté du Gouverneur général à toutes catégories d'indigènes et asiatiques assimilés, dans tout ou partie du territoire de l'Indochine.

Le Gouverneur général fixe également par arrêté les mesures nécessitées par l'application du présent article.

Art. 8. — La désinfection est obligatoire pour tous les cas des maladies prévus à l'article 4; les procédés de désinfection doivent être approuvés par le Gouverneur général, après avis du Conseil supérieur d'hygiène de l'Indochine.

Les mesures de désinfection sont mises à exécution par le service sanitaire, suivant les arrêtés de l'autorité municipale ou provinciale, approuvés par les Chefs de l'Administration locale compétente.

Les dispositions de la loi du 21 Juillet 1859, concernant les contraventions aux règlements sur les appareils à vapeur, sont applicables aux appareils de désinfection.

Un arrêté du Gouverneur général, rendu après avis du Conseil supérieur d'hygiène de l'Indochine, déterminera les conditions que devront remplir les appareils de désinfection au point de vue de l'efficacité des opérations à effectuer.

Art. 9. — Lorsque, dans une localité quelconque du territoire de l'Indochine, le nombre des décès dépasse sensiblement le chiffre de la mortalité moyenne du pays, le Chef de l'Administration locale est tenue de faire procéder à une enquête sur les conditions sanitaires de cette localité.

Les résultats de cette enquête, soumis à la commission d'hygiène de la localité, s'il en existe une, sont transmis avec les observations de cette commission, au Chef de l'Administration locale qui, après avis du comité d'hygiène, met l'autorité compétente en demeure de dresser le projet et de procéder aux travaux d'assainissement, s'il y a lieu.

Dans les villes désignées à l'article 1er, si, dans les trois mois qui suivent cette mise en demeure, l'autorité municipale n'a pris aucune mesure en vue de l'exécution des travaux, un arrêté du Gouverneur général, rendu sur la proposition du Chef de l'Administration locale, ordonne ces travaux dont il détermine les conditions d'exécution.

Art. 10. — L'arrêté du Gouverneur général déclarant d'utilité publique le captage d'une source ou de toute autre eau d'alimentation pour le service d'une ville ou autre localité, détermine, après avis du Conseil supérieur d'hygiène de l'Indochine, en même temps que les terrains à acquérir en pleine propriété, s'il y a lieu, un périmètre de protection ; il règlemente le captage, l'adduction et la canalisation de cette eau et prescrit les mesures nécessaires en vue d'en éviter la pollution.

L'indemnité qui pourra être due aux propriétaires des terrains acquis sera déterminée suivant les formes prescrites par les règlements en vigueur sur l'expropriation pour cause d'utilité publique en Indochine.

CHAPITRE II

Mesures sanitaires spéciales aux maladies pestilentielles (choléra, peste, etc...)

Art. 11. — Lorsqu'une épidémie de maladie pestilentielle (choléra, peste, etc...) menace tout ou partie du territoire de la colonie, ou s'y développe et que les moyens de défense locaux sont reconnus insuffisants, un arrêté du Gouverneur général détermine, après avis du Conseil supérieur d'hygiène de l'Indochine, les mesures propres à empêcher la propagation de cette épidémie.

Il règle les attributions, la composition et le ressort des autorités et administrations chargées de l'exécution de ces mesures, ainsi que de celles prévues au présent titre et leur délègue pour un temps déterminé le pouvoir de les exécuter dans les localités ou portions de territoires contaminées ou menacées.

Art. 12. — En cas d'urgence le Gouverneur général peut prescrire l'exécution immédiate des mesures qui lui semblent nécessaires pour supprimer les causes de contamination et assurer l'assainissement des habitations et des localités.

Art. 13. — La déclaration de tout cas suspect d'être un cas de maladie pestilentielle (choléra, peste, etc...) est obligatoire dans un délai de 24 heures pour les personnes énumérées à l'article 5 ci-dessus, qui en ont constaté l'existence et dans les conditions déterminées audit article.

Cette obligation est étendue aux chefs de famille, aux personnes qui ont soigné les malades, aux logeurs et, pour les indigènes et asiatiques assimilés, aux chefs de quartier et de village.

Art. 14. — Les malades atteints de maladie pestilentielle devront, lorsque l'autorité sanitaire le jugera nécessaire, être isolés dans les locaux affectés à cet usage.

Cet isolement pourra être, en outre, imposé aux personnes qui se sont trouvées en contact avec les malades.

Les groupes suspects seront disséminés sur place ou dans le voisinage immédiat.

Art. 15. — Les vêtements, le linge, le mobilier et le logement des personnes atteintes de maladie pestilentielle seront soumis obligatoirement à la désinfection.

L'évacuation des maisons contaminées pourra être ordonnée.

Les corps seront inhumés à part, loin des maisons habitées; la fosse sera désinfectée.

Art. 16.— (Modifié par arrêté du 8 Septembre 1914).— La destruction des locaux ou des objets mobiliers, ainsi que, généralement, de tous objets quelconques susceptibles de servir de véhicule à la contagion, pourra être ordonnée lorsque leur désinfection aura été reconnue impossible et que leur conservation constituerait un danger immédiat pour la santé publique.

Il en sera de même lorsque la désinfection ne paraîtrait pas une garantie ou si la valeur des locaux ou objets divers était inférieure aux frais de désinfection.

Lorsque la destruction aura été ainsi requise, l'évaluation des dommages, en vue d'une indemnisation des propriétaires, sera faite dans les cas urgents et peu importants par l'autorité qui prescrit la mesure et, dans les autres cas, par une commission dont la composition sera réglée par arrêtés des Chefs d'Administration locale (1).

---

(1) Pour donner à la mesure édictée toute sa valeur, notamment aux yeux des populations indigènes, il importe qu'aucune destruction d'objets ou d'immeubles ne soit effectuée sans que les intéressés aient perçu, *au préalable*, l'indemnité à laquelle ils sont désormais en droit de prétendre en vertu du nouveau texte. *(Circulaire G. G. du 8 Novembre 1914).*

Art. 17. — Dans le cas où certaines eaux servant à l'alimentation seront considérées comme contaminées ou suspectes, l'autorité sanitaire aura le droit d'en interdire l'usage et d'ordonner le comblement des puits, fossés, mâres, tranchées de captation, etc...

Art. 18. — Les voyageurs de l'intérieur partant de points contaminés, seront obligatoirement soumis, au départ, à la visite médicale et pourront être retenus en cas de symptôme suspect et en cas de conditions hygiéniques dangereuses. Les bagages seront soumis à la désinfection.

La sortie hors des lieux contaminés des drilles, chiffons, objets de literie usagés et, d'une manière générale, de tous les articles particulièrement sujets à suspicion, pourra être interdite.

Art. 19. — Les arrêtés et actes administratifs qui prescrivent l'application des mesures prévues au présent titre, sont exécutoires dans les 24 heures à partir de leur publication au *Journal Officiel* de l'Indochine.

Ils sont, en outre, publiés et affichés dans les villes ou autres localités qui doivent y être soumises et sont portés à la connaissance de la population indigène, par la voie des affiches et publications réglementaires.

CHAPITRE III

Administration sanitaire.

Art. 20. — Le service de contrôle et d'inspection sanitaire destiné à assurer l'exécution du présent arrêté est placé dans les attributions du Directeur général de la Santé de l'Indochine et des sous-directeurs du Service de Santé.

Art. 21. — Des arrêtés du Gouverneur général, pris sur la proposition du Chef de l'Administration locale et du Directeur général de la Santé, fixeront l'organisation et le fonctionnement tant à l'intérieur qu'aux frontières terrestres, des services de la police sanitaire, des épidémies, de l'hygiène et de la salubrité publique.

Les services de la police sanitaire maritime sont assurés dans les conditions déterminées par les décrets du 31 Mars

1897 et du 20 Juillet 1899 et les arrêtés locaux pris en exécution de ces actes.

Art. 22. — Il est institué, auprès du Gouverneur général, un Conseil supérieur d'hygiène publique, composé des membres de la Commission permanente du Conseil supérieur de l'Indochine, du directeur général de la Santé, du président de la Chambre d'Agriculture, du sous-directeur du Service de Santé, du directeur de l'école de médecine et du chef du service pharmaceutique.

Art. 23. — Les Chefs des Administrations locales sont assistés d'un comité d'hygiène institué par arrêté du Gouverneur général.

Il est institué, dans la même forme, des commissions d'hygiène, auprès des autorités municipales et provinciales des villes et autres localités dont l'importance paraît justifier cette mesure.

CHAPITRE IV

Pénalités

Art. 24. — Les contraventions aux dispositions inscrites au chapitre II du présent arrêté seront punies d'un emprisonnement de un à cinq jours et d'une amende de 5 à 15 francs, ou de l'une de ces deux peines seulement.

CHAPITRE V

Dispositions diverses

Art. 25 — Sont abrogées toutes les dispositions des arrêtés antérieurs contraires à celles du présent acte.

Est rapporté, notamment, l'arrêté du 25 Juillet 1895, fixant les mesures sanitaires obligatoires en cas d'épidémie.

Art. 26. — Le Secrétaire général de l'Indochine, les Chefs des Administrations locales, le Procureur général de l'Indochine et le Directeur général de la Santé de l'Indochine, sont chargés, chacun en ce qui le concerne, de l'exécution du présent arrêté.

Arrêté du Lieutenant-Gouverneur de la Cochinchine, portant règlement sanitaire pour les diverses parties du territoire de la colonie, à l'exception des villes de Saigon et de Cholon.

(Du 20 Janvier 1906).

Le Lieutenant-Gouverneur de la Cochinchine, Officier de la Légion d'Honneur,

Vu les décrets des 29 Octobre 1887 et 9 Mai 1899 ;

Vu l'arrêté du 13 Février 1899, fixant les attributions des Services généraux et locaux de l'Indochine ;

Vu l'arrêté du 7 Septembre 1902, rendant exécutoire en Indochine, l'arrêté ministériel du 7 Janvier 1902, fixant la liste des maladies dont la déclaration est obligatoire aux colonies ;

Vu l'arrêté du 7 Septembre 1902, relatif aux déclarations de maladies transmissibles ;

Vu l'arrêté du 3 Janvier 1903, modifiant l'article 3 de l'arrêté précédent ;

Vu le décret du 13 Mai 1905, rendant applicables en Indochine, sous certaines modifications, les articles 11, 12, 13, 14, 15, 16, 17, 18, 27, 28, 29 et 30 de la loi du 15 Février 1902 sur la protection de la santé publique ;

Vu l'arrêté du 19 Septembre 1905, portant règlement pour l'application dudit décret ;

Vu les propositions des administrateurs, chefs de province ;

Le Comité local d'hygiène de la Cochinchine entendu,

ARRÊTE :

Article premier. — Indépendamment des mesures sanitaires générales prescrites par l'arrêté du 19 Septembre 1905, les dispositions qui suivent sont applicables aux diverses parties du territoire de la Cochinchine autres que les villes de Saigon et de Cholon.

TITRE PREMIER

PROPHYLAXIE DES MALADIES TRANSMISSIBLES. — DÉCLARATION

Art. 2. — Indépendamment de la déclaration imposée aux médecins et sages-femmes, européennes ou indigènes, par l'article 5 de l'arrêté du 19 Septembre 1905, pour les maladies transmissibles ou épidémiques, les notables sont tenus de signaler immédiatement à l'administrateur, chef de province, tout cas de maladie suspecte qui se produirait dans leur commune, ainsi que le nom du médecin qui aurait été appelé à soigner le malade.

Isolement

Art. 3. — Tout individu atteint de l'une des maladies prévues à l'arrêté ministériel du 7 Janvier 1902 susvisé, sera isolé de telle sorte qu'il ne puisse propager cette maladie par lui-même ou par ceux qui sont appelés à le soigner.

L'isolement sera pratiqué soit à domicile, soit dans le local spécialement aménagé à cet effet, soit à l'hôpital.

Art. 4. — Jusqu'à la disparition complète de tout danger de contamination, on ne laissera approcher du malade que les personnes qui le soignent. Celles-ci prendront toutes les précautions pour empêcher la propagation du mal.

Désinfection

Art. 5. — Il est interdit de déverser aucune déjection (crachats matières fécales, matières vomies etc...) provenant d'un malade atteint de maladie transmissible, sur le sol des voies publiques ou privées, des cours, des jardins, ou dans les cabinets d'aisance, cours d'eau, puits, etc...

Ces déjections recueillies dans des vases spéciaux, seront enterrées profondément, mais seulement, après avoir été désinfectées à la chaux vive.

Art 6. — Pendant toute la durée d'une maladie transmissible, les objets à usage personnel du malade et des personnes qui l'assistent, de même que tous objets contaminés ou souillés seront désinfectés.

Les linges et effets à usage contaminés ou souillés seront également désinfectés, avant d'être lavés ou blanchis. L'immersion pendant un quart l'heure des linges dans l'eau en ébullition constitue un bon procédé de désinfection.

Art. 7. — Les locaux occupés par le malade seront désinfectés, après sa guérison ou son décès ; s'ils sont en paillote, ils seront détruits par le feu.

Art. 8. — Lorsque le malade sera guéri, il ne sortira qu'après avoir pris les précautions convenables de propreté et de désinfection.

Les enfants ne seront réadmis à l'école que sur le vu d'un certificat médical.

Art. 9. — Les cadavres des personnes mortes de maladie transmissible seront isolés immédiatement ; ils seront inhumés, le plus promptement possible, dans une fosse profonde de deux mètres au moins, éloignée de toute habitation, cours d'eau, puits ou fontaine, et dans laquelle de la chaux vive aura été préalablement placée.

TITRE II

Salubrité. — Habitations

Art. 10 — Les habitations seront, autant que possible, séparées les unes des autres; elles seront aérées et éclairées largement ; elles seront maintenues tant à l'intérieur qu'à l'extérieur, dans un état constant de propreté. Celles en briques doivent être blanchies à la chaux, au moins tous les deux ans.

Art. 11. — Les habitants devront faire balayer, chaque matin, les parties des rues, trottoirs, caniveaux, fossés, s'étendant devant leur maison ou dépendances ainsi que leurs cours intérieures. Les caniveaux seront lavés par leurs soins.

Art. 12. — Les cours doivent être nivelées et empierrées et leur niveau établi en contre-haut de la route, afin de permettre l'écoulement des eaux pluviales et ménagères. Des caniveaux communiquant avec les égoûts ou les fossés des rues, devront être construits.

Ecuries

Art. 13. — Les propriétaires d'écuries, porcheries ou étables devront s'étabir hors des centres, à moins d'une autorisation spéciale de l'administrateur, donnée après avis conforme de la commission sanitaire prévue à l'article 27 du présent arrêté.

Art. 14. — Les écuries et étables seront convenablement éclairées et aérées ; elles auront leur sol imperméable dans la partie qui doit recevoir les urines ; celles-ci devront s'écouler par une rigole ayant une pente suffisante.

Les fumiers et purins seront enlevés chaque jour.

Évacuation des eaux et matières usées

Art. 15. — Dans toute maison en briques et couverte en tuiles, il y aura un cabinet d'aisances, en bois ou en maçonneries, installé dans un local éclairé et aéré directement; ce cabinet devra être tenu dans un état constant de propreté ; le sol en sera cimenté.

L'ouverture destinée à l'enlèvement des tinettes sera munie d'une porte tenue fermée.

Art. 16. — Les tinettes devront être vidées le plus loin possible des habitations et des cours d'eau, puits et fontaines; elles seront désinfectées fréquemment par le flambage ou les solutions antiseptiques.

Art. 17. — Les dépôts de vidanges, immondices, pailles, balles, feuilles sèches en putréfaction sont interdits s'ils sont de nature à compromettre la santé publique.

Les maires des villages feront réserver, en dehors du périmètre du centre habité, un emplacement pour le dépôt public des ordures ménagères ; ils feront incinérer, à époques fixes, ces résidus.

Art. 18. — Il est interdit de déverser directement ou indirectement dans les cours d'eau, aucune matière excrémentielle.

Il est de même interdit de jeter les animaux morts dans les arroyos ou de les enterrer au voisinage des sources, puits et citernes et des habitations.

Inhumations

Art. 19. — Il est défendu d'inhumer auprès des cours d'eau, canaux, sources, puits et fontaines publiques ou privées.

Les inhumations doivent être faites dans des fosses ayant au minimum deux mètres de profondeur.

Alimentation d'eau

Art. 20. — Les réservoirs d'eau potable auront leurs parois formées de matières qui ne puissent être altérées par les eaux ; le plomb en sera exclu.

Ils seront hermétiquement clos à leur partie supérieure, de façon que les poussières n'y puissent pénétrer ; ils seront tenus en état constant de propreté et soustraits, autant que possible, au rayonnement solaire.

Art. 21. — Aucun puits ne pourra être utilisé pour l'alimentation privée ou publique, s'il n'est situé à une distance convenable des cabinets et fosses d'aisances et des cimetières.

Art. 22. — Les puits seront tenus en état constant de propreté; il sera procédé, en outre, à leur nettoyage ou à leur désinfection, sur injonction de l'administrateur, chef de la province, après avis conforme de la commission sanitaire, dans les conditions prévues à l'article 12 de la loi du 15 Février 1902.

Art. 23. — Les puits hors d'usage seront fermés et ceux dont l'usage est interdit seront comblés jusqu'au niveau du sol.

Marchés publics

Art. 24. — Les marchés et leurs alentours seront constamment surveillés par la police; ils seront lavés et désinfectés le plus souvent possible. Les viandes, poissons, fruits et légumes avariés seront détruits.

Immeubles insalubres

Art. 25. — Lorsqu'un immeuble, bâti ou non, attenant ou non à la voie publique, aura été signalé, par la police ou par les particuliers, comme dangereux pour la santé des occupants ou des voisins, l'administrateur invitera la commission sanitaire à donner son avis sur les mesures qu'il y a lieu de prendre, vis-à-vis de cet immeuble, en vue de protéger la santé publique.

Il sera procédé, en cette matière, comme il est dit aux articles 12 et suivants de la loi du 15 Février 1902.

Permis de construction

Art. 26. — A dater de la promulgation du présent règlement aucune maison en briques et couverte en tuiles ne pourra être construite, dans les chefs lieux de province, à Poulo-Condore et au Cap-Saint-Jacques, si elle ne satisfait pas aux prescriptions qui précèdent.

Les propriétaires, architectes ou entrepreneurs, présenteront, à cet effet, avant tout commencement de travaux, un plan à l'administrateur. Il en sera donné récépissé.

Si les prescriptions réglementaires sont observées, l'autorisation sera délivrée dans le plus bref délai possible. Un double du permis et du plan sera conservé à l'Inspection.

Si des modifications sont reconnues nécessaires, ou s'il y a lieu de refuser l'autorisation, la décision sera notifiée dans un délai de vingt jours.

TITRE III

Dispositions générales. — Commission sanitaire

Art. 27. — Il y aura, dans chaque province, une commission sanitaire composée de sept membres au moins et de onze au plus ; elle sera instituée par décision de l'administrateur, chef de province, et comprendra obligatoirement l'administrateur, *président ;* le docteur, l'agent-voyer et un conseiller d'arrondissement élu par ses collègues.

Cette commission se réunira au moins tous les deux mois. Elle est chargée de veiller à l'application des dispositions du présent arrêté ; elle sera appelée à donner son avis sur toutes questions intéressant la santé publique, et aura qualité pour formuler, en cette matière, toutes propositions qu'elle jugera utiles.

Pénalités

Art. 28. — Les contraventions aux dispositions du présent règlement seront passibles d'un emprisonnement de 1 à 5 jours et d'une amende de 1 à 15 francs ou de l'une de ces deux peines seulement, sans préjudice de l'application, s'il y a lieu, des pénalités prévues aux articles 27, 28, 29 et 30 de la loi du 15 Février 1902.

En cas de récidive, la peine de l'emprisonnement sera prononcée.

Art. 29. — L'article 462 du Code pénal est applicable dans tous les cas prévus par le présent arrêté.

Art. 30. — Les arrêtés de voirie particuliers à chaque province demeurent en vigueur dans la partie de leurs dispositions non contraires à celles du présent règlement.

Art. 31 — Les administrateurs, chefs de province, et le directeur des îles du Pénitencier de Poulo-Condore, sont chargés, chacun en ce qui le concerne, de l'exécution du présent arrêté.

Arrêté du Gouverneur général de l'Indochine relatif à la circulation et à l'isolement des lépreux et au fonctionnement des léproseries.

(Du 4 Décembre 1909).

Le Gouverneur général de l'Indochine, Officier de la Légion d'honneur,

Vu le décret du 21 Avril 1891 ;

Vu la loi du 15 Février 1902, relative à la protection de la santé publique ;

Vu le décret du 13 Mai 1905, relatif à la protection de la santé publique en Indochine ;

Vu l'arrêté ministériel du 7 Janvier 1902 au sujet de la déclaration obligatoire des maladies épidémiques aux colonies ;

Vu l'arrêté du 19 Septembre 1905, portant règlement pour l'application du décret du 13 Mai 1905, relatif à la protection de la santé publique en Indochine ;

Sur la proposition du Médecin-inspecteur, Directeur général de la Santé de l'Indochine ;

La Conseil supérieur d'hygiène entendu,

Arrête :

Article premier. — La circulation des lépreux sur les voies et lieux publics est interdite.

Art. 2. — Nul ne peut pénétrer sur le territoire de l'Indochine s'il est lépreux.

Art. 3. — Nul ne peut occuper un emploi public s'il est lépreux.

Art. 4. — Sont interdites aux lépreux :

1° Toute profession dans laquelle le marchand ou l'employé manipule des aliments, des boissons, des drogues, du tabac, etc... (boulanger, boucher, aubergiste, cuisinier, marchand de détail, etc...) ;

2° Toute profession dans laquelle le marchand ou l'employé est en contact avec des vêtements destinés au public (blanchisseur, tailleur, fripier, etc...) ;

3° Toute profession dans laquelle la personne peut prendre contact avec le public (domestique, barbier, écrivain public, nourrice, conducteur de voiture ou de pousse-pousse, etc...)

Art. 5. — Tout lépreux avéré doit être isolé :

1° Exceptionnellement, à domicile, s'il a les moyens d'existence nécessaires et si les garanties d'isolement ont été reconnues suffisantes par le Service de Santé ;

2° Dans tous les autres cas, dans une léproserie.

Art. 6. — Les léproseries sont en nombre variable selon les besoins.

Elles sont organisées avec les ressources nécessaires à cette fin en établissement ou en colonie agricole d'assistance et dans la forme administrative la mieux adaptée aux mœurs et aux coutumes locales.

Les léproseries relèvent de l'autorité administrative et sont placées sous le contrôle et l'action technique du service de Santé au même titre que les autres formations sanitaires de l'Assistance médicale.

Art. 7. — Nul ne peut être interné dans une léproserie sans un arrêté du Chef d'Administration locale pris sur la proposition du directeur local de la Santé et après examen clinique et bactériologique détaillé dans un certificat établi par deux médecins à la désignation du directeur local du service de Santé. De même, nul ne peut être l'objet d'une des mesures de sécurité publique prises à l'égard des lépreux, telles que la répulsion du sol ; la défense de circuler sur les voies publiques, l'interdiction de certaines professions ou métiers, sans une décision administrative prise au préalable et après constatation par deux médecins, à la désignation du directeur local du service de Santé, de l'état de la maladie dont il est atteint.

Art. 8. — Les léproseries sont visitées au moins deux fois par an par un médecin désigné par le directeur local du service de Santé.

Art. 9. — Les villages de lépreux et léproseries, libres ou appartenant soit à l'Administration soit à des particuliers, pourront être autorisés à fonctionner comme par le passé sous la réserve de se conformer aux dispositions du présent arrêté relatives à l'isolement des lépreux, au caractère d'établissement ou de colonie agricole d'assistance donné aux léproseries, à leur surveillance par un médecin et au contrôle par un médecin désigné par le directeur local du service de Santé.

Art. 10. — Le Lieutenant-Gouverneur de la Cochinchine, les Résidents supérieurs au Tonkin, en Annam, au Cambodge, au Laos et le Médecin-inspecteur, Directeur général de la Santé de l'Indochine, sont chargés, chacun en ce qui le concerne, de l'exécution du présent arrêté.

Circulaire du Lieutenant-Gouverneur de la Cochinchine, au sujet de la protection contre la lèpre.

(*Du 23 Avril 1910*).

LE GOUVERNEUR DES COLONIES, LIEUTENANT-GOUVERNEUR DE LA COCHINCHINE, *à Messieurs les Maires de Saigon et de Cholon et les Administrateurs chefs de province.*

En vue de l'application en Cochinchine de l'arrêté du Gouverneur général du 4 Décembre dernier, réglementant le régime auquel doivent être soumis les lépreux, j'ai l'honneur de vous prier de vouloir bien vous conformer, à l'avenir, aux mesures suivantes que j'ai prises en ce qui concerne le transfert des malades à la léproserie.

Il sera établi à Mytho chef-lieu, un dépôt sur lequel devront être dirigés et maintenus provisoirement, les malades provenant des provinces de Baclieu, Bentré, Cantho, Gocong, Hatien, Longxuyen, Mytho, Rachgia, Sadec, Soctrang, Tanan, Travinh, Vinhlong.

Tous les mois, ou suivant le nombre des malades à visiter, à des époques plus ou moins rapprochées, deux médecins désignés par le directeur local de la Santé se rendront au dépôt pour procéder à l'examen des malades.

Pour réduire les frais au minimum, les malades devront rester dans leur province d'origine et n'être dirigés sur Mytho qu'au moment de la visite, dont la date sera déterminée lorsque j'aurai reçu un nombre suffisant de demandes d'internement.

Quant aux lépreux provenant de Baria, Bienhoa, Cholon, Giadinh, Tayninh, Thudaumot, ainsi que des villes de Saigon et de Cholon, ils seront dirigés directement sur l'Hôpital de Choquan, examinés dans le plus bref délai et dirigés immédiatement sur la léproserie ou remis en liberté.

GOURBEIL.

Circulaire du Lieutenant-Gouverneur de la Cochinchine, au sujet de l'application de l'arrêté du 4 Décembre 1909, sur les lépreux.

(Du 31 Août 1910).

LE GOUVERNEUR DES COLONIES, LIEUTENANT-GOUVERNEUR DE LA COCHINCHINE, *à Messieurs les Administrateurs chefs de province.*

L'application rigoureuse de l'arrêté du 4 Décembre 1909, relatif aux lépreux, met l'Administration dans l'obligation de faire visiter par deux médecins tous les individus signalés comme atteints de cette maladie.

Cette nécessité devant entraîner des frais de tournée considérables et peut-être émouvoir la population, j'ai proposé à M. le Gouverneur général qui a bien voulu les accepter, les mesures suivantes qui ont également reçu l'approbation de M. l'Inspecteur des Services sanitaires et médicaux de l'Indochine.

Les médecins de l'assistance devront, au cours de leurs tournées professionnelles dans l'intérieur de leurs circonscriptions respectives, soit à l'occasion de la vaccine, soit pour la visite des dépôts de quinine d'Etat dont le service est en voie d'organisation, se faire présenter les individus malades ou ceux jugés tels d'après la liste qui leur en aura été fournie, au préalable, par les chefs de province. Ils devront s'enquérir de la qualité des lépreux, au point de vue de la contagiosité, de leurs moyens d'existence, de leurs conditions d'habitat, de leurs familles et suivant les résultats de cette enquête préliminaire, provoquer soit les interdictions prévues à l'article 4 de l'arrêté précité, interdictions pour lesquelles l'intervention d'un deuxième médecin ne paraît pas indispensable, ou ne serait requis qu'en cas de réclamation de l'intéressé, soit l'envoi dans les dépôts institués par ma circulaire du 23 Avril dernier, pour être de là transférés, après examen définitif, dans une léproserie.

Ce procédé d'élimination progressif des lépreux, suivi avec méthode par les médecins de l'assistance, sous le contrôle incessant du chef de province et du directeur local de la Santé permettra, selon toute probabilité, d'obtenir un accroissement très notable des pensionnaires des léproseries, sans jeter l'inquiétude dans la population, sans provoquer d'augmentations brusques de dépenses dans le Service de Santé, mais en sauvegardant cependant, avec toutes les garanties désirables, la liberté individuelle des malades qu'il s'agit, avant tout, de mettre dans l'impossibilité de propager le mal dont ils sont atteints.

GOURBEIL.

Arrêté du Gouverneur général relatif aux mesures à prendre en cas de peste.

(Du 7 Août 1914).

Article premier. — Tout immeuble dans lequel un cas de peste aura été constaté sera évacué immédiatement.

Art. 2. — Il sera procédé à un nettoyage à fond de l'immeuble ainsi que de ses dépendances et abords. L'immeuble sera immédiatement débarrassé des graines comestibles et denrées diverses susceptibles d'attirer les rats.

Le parquet, les murs, les meubles seront largement arrosés et lavés avec une solution forte de crésyl ou, à défaut, d'eau phéniquée à 50 pour 1.000.

Au besoin, et s'il y a possibilité de le faire, les différentes pièces de l'immeuble seront désinfectées au gaz sulfureux, soit à l'aide de l'appareil Clayton, soit par simple combustion du soufre dans les appartements clos hermétiquement.

Dans tous les cas, la désinfection au gaz sulfureux ne sera opérée qu'après arrosage et lavage avec la solution antiseptique indiquée plus haut.

Art. 3. — Les effets, hardes et linges de toute nature, susceptibles de contenir des insectes, seront ébouillantés, ou étuvés ou soumis à la sulfuration.

Art. 4. — Si l'immeuble est en paillote, et de peu de valeur, il sera brûlé. Le propriétaire devra être indemnisé.

Art. 5. — Après avoir pris un bain savonneux et avoir revêtu du linge et des effets propres, les habitants de l'immeuble contaminé seront logés dans un autre immeuble, à leur choix et à leurs frais, ou aux frais de l'Administration en cas d'indigence. Il ne sera pas nécessaire de les isoler ; ils pourront circuler librement et se livrer à leurs occupations. Il leur sera délivré un passeport sanitaire les obligeant à se représenter une fois devant l'autorité compétente au bout d'un laps de temps de quatre à huit jours.

Art. 6. — L'immeuble contaminé, après nettoyage et désinfection devra rester fermé pendant une durée minimum de trente jours. Il pourra être ensuite réoccupé.

Art. 7. — Dans le cas où la partie contaminée de l'habitation serait une dépendance affectée à la domesticité, les mesures précitées pourront être appliquées à cette seule dépendance.

Art. 8. — La dératisation sera systématiquement appliquée et de la façon la plus complète possible dans l'immeuble et tout le quartier contaminés.

Art. 9. — La vaccination par le vaccin antipesteux sera offerte à tous les habitants de l'immeuble contaminé et du quartier. Cette première vaccination devra, si possible, être suivie dix jours après, d'une deuxième inoculation double de la première.

Art. 10. — Quiconque aura refusé de se soumettre aux prescriptions du présent arrêté sera passible des mêmes pénalités que celles prévues à l'article 24 de l'arrêté du 19 Septembre 1905 portant règlement pour l'application du décret du 13 Mai 1905 relatif à la protection de la santé publique en Indochine.

Décret rendant applicable aux Colonies le décret du 20 Septembre 1911 qui a étendu à la Nouvelle-Calédonie la loi du 15 Février 1902 relative à la protection de la santé publique.

(Du 2 Septembre 1914).

Un décret en date du 14 Août 1914 a édicté, pour la France, les mesures exceptionnelles qu'il y a lieu de prendre en vue de prévenir et de combattre la propagation des maladies infectieuses. — Il est apparu qu'il y avait intérêt à le mettre en vigueur aux Colonies. Pour cela, il était nécessaire de déclarer applicables dans nos possessions d'outre-mer, les dispositions fondamentales de la loi du 15 Février 1902, dispositions auxquelles se refère, dans la plupart de ses articles, le décret dont il s'agit.

Comme d'autre part, un décret en date du 20 Septembre 1911 a étendu à la Nouvelle-Calédonie la loi du 15 Février 1902 et que ce texte peut être considéré, en la matière, comme un décret-type, le décret du 2 Septembre 1914 l'a rendu applicable aux autres colonies en vue d'y étendre ainsi la loi sus-visée.

Ce décret, très important, mais que nous ne pouvons reproduire ici, a été inséré au *Journal Officiel* de l'Indochine du 7 Décembre 1914, page 1939.

Arrêté du Gouverneur général fixant la liste des maladies dont la déclaration est obligatoire à la Colonie.

(Du 28 Décembre 1917).

Article premier. — La liste des maladies, dont la divulgation n'engage pas le secret professionnel et dont la déclaration est obligatoire aux colonies, est fixée ainsi qu'il suit :

PREMIÈRE PARTIE

Maladies pour lesquelles la déclaration est obligatoire

1. — La fièvre typhoïde et les fièvres paratyphoïdes;
2. — Le typhus exanthématique ;
3. — La variole et la varioloïde ;
4. — La scarlatine ;
5. — La diphtérie (croup et angine couenneuse) ;
6. — La suette miliaire ;
7. — Le choléra et les maladies cholériformes ;
8. — Les dysenteries (amibienne, bacillaire, etc.) ;
9. — La peste ;
10. — La fièvre jaune et la fièvre dite inflammatoire ;
11. — Les infections puerpérales, lorsque le secret au sujet de la grossesse n'aura pas été réclamé ;
12. — L'ophtalmie des nouveaux nés ;
13. — La rougeole ;
14. — La fièvre de Malte ou ondulante ;
15. — La lèpre ;
16. — La fièvre recurrente ;
17. — La méningite cérébro-spinale épidémique ;
18. — La trypanosomiase humaine (maladie du sommeil) ;
19. — La piroplasmose aigüe ou splénomégalie tropicale (Kala-Azar) ;
20. — La poliomyélite antérieure aigüe ou paralysie infantile.

DEUXIÈME PARTIE

Maladies pour lesquelles la déclaration est facultative

A. — La tuberculose pulmonaire ;
B. — La coqueluche ;
C. — La grippe ;
D. — La pneumonie et la broncho-pneumonie ;
E. — L'érysipèle ;
F. — Les oreillons ;
G. — La teigne;
H. — La conjonctivite et l'ophtalmie granuleuses;
I. — Le paludisme;
J. — La filariose;
K. — La bilhariose.

Art. 2. — L'autorité publique qui doit recevoir la déclaration des cas des maladies énumérées ci-dessus est représentée par le directeur ou par le chef du Service de Santé qui reçoit à cet effet délégation du Gouverneur. Des arrêtés locaux détermineront si la déclaration doit être faite simultanément au maire ou aux autorités administratives qui en remplissent les fonctions.

Art. 3. — Les praticiens mentionnés à l'article 10 du décret du 19 Août 1897 devront faire la déclaration, le diagnostic établi.

Dans les corps de troupes, cette déclaration devra être faite par l'autorité militaire locale.

Art. 4. — La déclaration sera faite à l'aide de cartes détachées d'un carnet à souche, qui porteront la date de la déclaration, l'indication du malade et de l'habitation contaminée, la nature de la maladie désignée par un numéro d'ordre, suivant la nomenclature inscrite à la première page du carnet.

Elles peuvent contenir, en outre, l'indication des mesures prophylactiques jugées utiles.

Les carnets sont mis gratuitement à la disposition de tous les docteurs, officiers de santé, médecins indigènes et sages-femmes qui en feront la demande. Ces cartes bénéficieront de la franchise postale.

CHAPITRE XXIII

TEXTES RELATIFS A L'APPLICATION DE L'ARTICLE 65 DE LA LOI DE FINANCES DU 22 AVRIL 1905 ET AUX CONSEILS D'ENQUÊTE.

Loi de finances du 22 Avril 1905.

....

Art. 65. — Tous les fonctionnaires civils et militaires tous les employés et ouvriers de toutes les administrations publiques, ont droit à la communication personnelle et confidentielle de toutes les notes, feuilles signalétiques et tous autres documents (1) composant leur dossier, soit avant d'être l'objet d'une mesure disciplinaire ou d'un déplacement d'office, soit avant d'être retardés dans leur avancement à l'ancienneté (2).

....

(1) Pour satisfaire à l'article 65, la communication du dossier doit être absolument *complète*. Si des pièces en ont été extraites et n'ont pas été mises sous les yeux de l'intéressé, l'annulation de la décision s'impose; le Conseil d'État veille avec un soin jaloux à l'exécution de cette prescription d'élémentaire loyauté. *(Ecole des communes, 1911).*

(2) Un fonctionnaire ne peut donc réclamer, en toutes circonstances, la communication de son dossier. Ce droit ne lui est ouvert que lorsqu'il est sous le coup d'une mesure disciplinaire, d'un déplacement d'office ou d'un retard dans son avancement à l'ancienneté. La jurisprudence a été amenée à préciser ces cas d'application de l'article 65.

Toute mesure défavorable à un fonctionnaire ne constitue pas nécessairement une mesure disciplinaire. C'est ainsi que le C. E. a décidé que la mise à la retraite des officiers remplissant les conditions de durée de services fixées par la loi du 11 Avril 1831 ne constitue pas une mesure disciplinaire. Quant au déplacement, il faut qu'il soit prononcé d'office pour rentrer dans les prévisions de l'article 65. Il n'y a donc pas lieu à communication du dossier si le déplacement est intervenu à la demande du fonctionnaire.

Par contre, la jurisprudence a décidé que tout déplacement *d'office* rentrait dans le champ d'application de l'article 65 sans qu'il y ait à s'arrêter à cette circonstance qu'aucun désavantage ne résulterait, pour le fonctionnaire déplacé, de la mesure prise à son égard.

....

Faut-il admettre une exception à la règle, dans le cas où le déplacement d'office a été motivé par l'intérêt du service? Le C. E. a admis la négative; car, avec la solution contraire, l'autorité prononçant le déplacement d'office, aurait *toujours* pu éluder l'application de l'article 65 en déclarant que la mesure prise avait été nécessitée par des raisons de service. *(Ecole des communes, 1911).*

NOTA. — Il n'y a également pas lieu à communication du dossier à l'occasion de l'affectation d'un fonctionnaire rentrant de congé.

Circulaire ministérielle fixant la procédure à suivre pour les Conseils d'enquête

(Du 25 Février 1909).

Vous avez pu constater, en recevant mes circulaires des 18 Avril et 6 Décembre 1907, relatives à l'application aux fonctionnaires et agents coloniaux et locaux, de l'article 65 de la loi de Finances du 22 Avril 1905, que je considère comme un impérieux devoir d'assurer à tout inculpé, quelque modeste que soit son grade, les facilités les plus larges pour se justifier des fautes qui lui sont reprochées.

La situation à laquelle a pu parvenir un fonctionnaire, si peu élevée soit-elle dans la hiérarchie administrative, doit inspirer le respect.

Il ne convient donc d'y porter atteinte, même légèrement, qu'avec la plus prudente circonspection.

Le droit de sévir est une prérogative dont il ne doit être fait usage qu'à bon escient, et lorsque, pour des raisons auxquelles demeure complètement étrangère toute circonstance ne se rattachant pas étroitement aux faits incriminés, il est définitivement acquis que les griefs élevés contre un fonctionnaire sont fondés.

Je ne saurais donc trop insister sur la nécessité de ne restreindre, en aucun cas, les garanties accordées aux inculpés par les règlements qui les régissent.

Le rappel de cette obligation est d'autant plus opportun que des exemples récents ont démontré que les prescriptions édictées à ce sujet ne sont pas toujours assez soigneusement observées.

Il en résulte que mon Département est constamment saisi de recours formés à l'occasion de sanctions intervenues sans que les formalités indispensables aient été remplies. La légitimité de certains pourvois introduits devant le Conseil d'Etat, pour des faits de cette nature, a déjà été reconnue par cette haute assemblée.

Or, l'annulation d'une décision nécessite normalement l'ouverture d'une procédure nouvelle ; le règlement de la situation de l'agent en cause subit ainsi des retards prolongés, qui lui sont préjudiciables ainsi qu'à la Colonie intéressée.

Enfin, il en résulte, pour mon Département, un surcroit de travail injustifié.

Je suis résolu à empêcher le retour de ces inconvénients. A cet effet, je crois nécessaire de vous tracer, d'une manière minutieuse, la ligne de conduite qui devra être scrupuleusement suivie toutes les fois que vous jugerez indispensable de déférer à un conseil d'enquête, un fonctionnaire placé sous votre autorité.

De la constitution des conseils d'enquête

Il est indispensable que les règlements régissant chaque personnel précisent, pour chaque grade et chaque classe d'agents, la qualité et le nombre des fonctionnaires devant faire partie du conseil d'enquête.

Ce nombre doit toujours être impair, afin que le partage des voix ne puisse pas se produire et que le vote émis ait, dans tous les cas, une signification bien précise, sans qu'il soit nécessaire de rendre prépondérante la voix du président.

Il vous appartiendra de modifier, s'il y a lieu, dans le plus bref délai, en conformité de ces règles, les actes organiques du personnel local de la colonie que vous administrez.

Vous devrez également compléter, sans retard, par l'addition de dispositions relatives à la discipline et à la constitution des conseils d'enquête, en vous conformant rigoureusement aux indications ci-dessus, les textes organisant les corps locaux qui ne contiendraient aucune prescription à ce sujet.

Vous prendrez soin d'observer scrupuleusement à l'avenir les règles ainsi édictées.

Vous veillerez également à l'application des prescriptions régissant, au point de vue disciplinaire, le personnel colonial en service dans la possession placée sous votre autorité.

Lorsque la désignation personnelle des fonctionnaires appelés à faire partie d'un conseil d'enquête sera laissée à votre choix, vous aurez soin de n'y comprendre :

1° Ni les parents ou les alliés de l'inculpé, jusqu'au 4e degré inclusivement ;

2° Ni les auteurs de la plainte, s'il en a été formé une ou des rapports, s'il en a été dressé, ni, généralement, tous ceux qui ont émis un avis au cours de l'enquête préliminaire.

Toutefois, les personnes désignées ci-dessus, peuvent, quand il est utile, être appelées à fournir des renseignements au conseil.

Un fonctionnaire ayant fait partie d'un conseil d'enquête ne peut, en principe, siéger dans un autre conseil appelé à connaître de la même affaire.

Des formes de l'enquête

L'envoi d'un fonctionnaire devant un conseil d'enquête constituant, à l'égard de celui-ci, une mesure grave susceptible de lui être préjudiciable, une telle décision ne doit être prise que si les raisons qui la motivent ont été suffisamment élucidées pour que la culpabilité de l'agent en cause apparaisse clairement.

Il n'est pas douteux que vous avez la faculté de traduire d'office devant un conseil d'enquête tout fonctionnaire colonial à qui cette procédure peut être appliquée. Toutefois, cette manière de faire doit être limitée aux cas où la faute est patente et où aucun doute ne peut subsister sur son auteur.

Le plus souvent, en effet, il est indispensable de faire procéder à une sorte d'instruction de l'affaire ou enquête préliminaire. Cette mission doit toujours être confiée à un fonctionnaire d'un grade supérieur à celui de l'inculpé et donner lieu à l'établissement d'un rapport dans lequel son auteur formule ses conclusions personnelles.

Il va de soi que, si ces conclusions sont favorables à l'inculpé, elles lui restent acquises et que si, contrairement à ces conclusions, vous croyez devoir déférer à un conseil d'enquête l'agent en cause, le rapport restera dans sa teneur et sans qu'il y soit apporté aucune modification, joint au dossier de l'affaire.

Au besoin, et en vue d'éviter toute mesure prématurée, vous ne devez pas hésiter à réclamer un rapport supplémentaire.

A). — Formalités préliminaires

Votre décision une fois prise de traduire un fonctionnaire devant un conseil d'enquête, il vous appartient, après en avoir informé le président et les membres, s'ils font partie de droit du conseil, ou procédé à leur nomination, dans le cas contraire, de désigner parmi eux un rapporteur et de fixer le lieu de réunion.

Le choix d'un rapporteur me paraît nécessaire dans tous les cas. Il est indispensable qu'il y ait, au sein du conseil, un fonctionnaire connaissant, dans les plus menus détails, l'affaire soumise à l'enquête. Outre que les investigations pourront être plus minutieuses et la discussion plus serrée, les travaux du conseil y gagneront encore en rapidité, les obscurités, les plus légers doutes pouvant être, grâce au rapporteur, immédiatement dissipés.

Vous devez, en même temps, notifier au fonctionnaire incriminé une expédition de votre décision le traduisant devant un conseil d'enquête et composant celui-ci, en lui faisant connaître les faits retenus à sa charge et en l'invitant à se tenir à la disposition du rapporteur et à répondre aux convocations qui lui seront adressées, soit par celui-ci, soit par le président.

Outre les indications spécifiées ci-dessus, votre décision devra mentionner les questions qui, à l'exclusion de toutes autres, devront être posées au conseil d'enquête.

Les modifications qui surviendraient dans la composition du conseil d'enquête sont notifiées au fonctionnaire soumis à l'enquête dans la même forme. L'intéressé pourra ainsi vérifier la régularité de la composition du conseil.

Les lettres de notification ou de convocation seront remises au fonctionnaire en cause sous pli fermé, par un exprès qui prendra reçu du pli, ou qui, si l'intéressé refuse de le recevoir ou s'il n'est pas trouvé à l'adresse indiquée par lui, rapportera le pli, en consignant sur l'enveloppe le motif du retour avec sa signature. Le pli avec son enveloppe ainsi annotée, sera alors retourné à l'autorité dont il émane et devra être joint au dossier du conseil d'enquête.

B). — Rôle du rapporteur

Le rapporteur convoque le fonctionnaire soumis à l'enquête et lui offre immédiatement, en conformité de l'article 65 de la loi de Finances du 22 Avril 1905, communication de toutes les pièces composant tant son dossier personnel que le dossier le l'affaire.

L'intéressé devra faire connaître par écrit, s'il désire ou non, user de la faculté qui lui est conférée par la disposition précitée ; si sa réponse est affirmative, il devra, la communication ayant été faite, reconnaître par une attestation écrite, qu'il a été admis, dans les conditions de l'article précité, à prendre connaissance de son dossier.

Le rapporteur reçoit ensuite ses explications écrites ou verbales, ainsi que les pièces qu'il désire présenter pour sa défense.

Le fonctionnaire soumis à l'enquête désigne les personnes qu'il se propose de faire entendre à sa décharge.

Si, après le commencement de l'enquête, l'intéressé demande l'audition d'autres personnes que celles ainsi désignées, ces nouveaux témoins ne sont entendus qu'avec l'assentiment du rapporteur.

Le rapporteur convoque ou invite à lui faire parvenir une déposition écrite, les personnes désignées par le fonctionnaire en cause. Celui-ci fait connaître les points sur lesquels il désire que ces personnes soient interrogées.

Mais, outre les questions indiquées par l'inculpé, le rapporteur a toute faculté pour poser aux témoins dont il s'agit les questions qu'il juge utiles.

Il peut également appeler d'office, devant lui toute personne dont le témoignage lui paraîtra de nature à faciliter la manifestation de la vérité, ou réclamer l'envoi d'éclaircissements écrits, lorsque la présence d'un témoin ne lui semblera pas indispensable.

Il dresse procès-verbal des dépositions des témoins recueillies par lui et en donne communication à l'inculpé, afin que celui-ci puisse les discuter. Chaque déposition doit être signée par le témoin entendu et par le rapporteur.

Il dresse également procès-verbal des interrogatoires du fonctionnaire soumis à l'enquête, le signe et invite l'intéressé à le signer avec lui. Si celui-ci s'y refuse, mention est faite de son refus, ainsi que des motifs de cette décision.

Si le fonctionnaire en cause n'a pas répondu à la convocation et s'il n'a fait valoir aucun empêchement légitime, il est passé outre par le rapporteur.

Lorsque le rapporteur a terminé son enquête, pour laquelle il doit disposer, bien qu'en faisant diligence, de tout le temps nécessaire, il en consigne les résultats dans un rapport, où il résume toutes les explications du fonctionnaire et les déclarations orales ou écrites des témoins, et mentionne que l'intéressé a obtenu communication de tout son dossier ainsi que des dépositions recueillies.

Il adresse ensuite le dossier au président.

Le rapporteur devra soigneusement éviter, non seulement de faire explicitement connaître son opinion dans son rapport, mais aussi de laisser cette opinion se manifester par la contexture de son travail, qui doit se borner à être un simple exposé de l'affaire.

Il n'est donné communication du rapport au fonctionnaire en cause qu'après sa lecture en séance du conseil.

Il n'est pas besoin de dire qu'au cours de l'enquête, le rapporteur doit faire preuve d'une impartialité absolue et rechercher avec le même soin ce qui peut être favorable à l'inculpé et ce qui peut confirmer les accusations dont il est l'objet, sans se départir un seul instant à son égard, ainsi qu'à l'égard des témoins, de l'attitude bienveillante nécessaire pour que l'intimidation ne nuise pas à la manifestation de la vérité.

C). — Réunion et procédure du conseil d'enquête

Le président fixe la date de la réunion du conseil et donne, au fonctionnaire soumis à l'enquête, l'ordre de se présenter aux lieu, jour et heure indiqués, en l'avisant que, s'il ne se présente pas et s'il ne fait valoir aucun empêchement légitime, il sera passé outre. En cas d'absence de l'intéressé, mention en est faite au procès-verbal contenant l'avis du conseil d'enquête.

Le président convoque toutes les personnes qu'il lui paraît utile d'appeler pour fournir des renseignements au conseil, que leur audition ait été ou non demandée par l'inculpé.

Si le fonctionnaire soumis à l'enquête sollicite l'audition de personnes autres que celles déjà interrogées à sa requête, par le rapporteur, le conseil apprécie l'opportunité de donner satisfaction à sa demande.

Il est d'ailleurs à remarquer que la procédure des conseils d'enquête n'étant pas une procédure judiciaire, aucune personne ne saurait être obligée, par les voies de droit, à comparaître ou à répondre à l'invitation du rapporteur ou du président.

Cependant, les fonctionnaires sont tenus de se rendre à la convocation qu'ils reçoivent du rapporteur ou du président, à moins d'empêchement admis par les autorités dont ils relèvent.

A l'ouverture de la séance, après avoir fait introduire le fonctionnaire en cause, le président donne lecture des textes visant le cas de ce fonctionnaire.

Les membres du conseil autres que le président et le rapporteur n'ayant pas vu le dossier avant la séance, il doit être donné lecture de toutes les pièces qu'il contient. Cependant, si le fonctionnaire incriminé ou un des membres du conseil n'en réclame pas la lecture intégrale, le président peut, après avoir mentionné la présence d'une pièce au dossier ou son objet, ne pas en donner lecture ou n'en lire que des extraits.

Le conseil entend ensuite successivement et séparément les personnes convoquées.

Le fonctionnaire incriminé et les membres du conseil peuvent adresser aux personnes appelées les questions qu'ils jugent convenables, mais par l'organe du président.

L'audition des témoins prend fin lorsque le fonctionnaire soumis à l'enquête déclare n'avoir plus aucune question à leur adresser et que les membres du conseil n'ont pas de nouveaux éclaircissements à leur demander.

Après que les personnes convoquées devant le conseil ont été entendues, l'agent en cause présente ses observations. Il doit avoir la parole le dernier.

Lorsque, suivant la déclaration expresse de l'intéressé, ses observations sont terminées, le président consulte les membres du conseil pour savoir s'ils sont suffisamment éclairés. Dans le cas de l'affirmative, il fait retirer le fonctionnaire soumis à l'enquête pour permettre au conseil de délibérer. Dans le cas contraire, l'enquête continue.

Si, au cours de l'enquête, des faits autres que ceux qui sont énoncés dans la décision réunissant le conseil, sont portés à la connaissance de celui-ci, le président les signale à l'autorité compétente ; mais, le conseil d'enquête ne peut pas s'en saisir et ne doit donner son avis que sur les faits soumis à son examen.

L'enquête terminée, le président pose au conseil les questions spécifiées dans la décision d'envoi devant le conseil.

Il met ensuite aux voix la question de la peine disciplinaire encourue par l'agent en cause. Il commence par la peine la plus élevée et descend, s'il y a lieu, jusqu'à la sanction la plus faible, parmi celles sur l'application desquelles le conseil doit être réglementairement consulté.

Sur chacune des questions, les membres du conseil votent au scrutin secret en déposant dans une urne, pour l'affirmative, une boule sur laquelle est inscrit le mot « *Oui* » et pour la négative, le mot « *Non* ».

La majorité forme l'avis du conseil.

Cet avis est consigné dans le procès-verbal, qui doit être signé par tous les membres dans l'ordre inverse du rang de préséance, le président signant le dernier.

Les séances des conseils d'enquête ne peuvent avoir lieu qu'à huis clos; il est interdit d'en rendre compte. Ces conseils sont dissous de plein droit aussitôt après avoir donné leur avis sur l'affaire pour laquelle ils ont été convoqués.

Tel est l'ensemble des règles présentées dans l'ordre où la succession des faits doit entraîner leur application que je désire voir suivies, tant pour assurer aux agents incriminés l'exercice aussi large que possible de leur droit de défense que pour mettre les intéressés dans l'impossibilité de se pourvoir utilement, pour vice de forme, devant le Conseil d'Etat contre la décision qui les aura frappés.

Les prescriptions ainsi édictées ne constituent pas seulement, en effet, pour les agents de tous ordres, des garanties de justice et d'impartialité. Elles mettront l'Administration en mesure de réprimer efficacement les fautes qui pourront être commises et, loin de porter atteinte à l'autorité nécessaire des chefs, elles sauvegarderont ainsi, à la fois, l'esprit de discipline et l'équité.

J'insiste donc de la façon la plus pressante pour que les instructions contenues dans la présente circulaire, dont vous voudrez m'accuser réception, soient rigoureusement observées à l'avenir.

MILLIÈS-LACROIX.

Circulaire du Gouverneur général relative aux instances disciplinaires ouvertes contre les fonctionnaires, employés ou agents indigènes.

(Du 23 Mai 1918).

Jusqu'à ce jour, les fonctionnaires indigènes ont été disciplinairement frappés dans des conditions particulières et notamment sans que les garanties prévues par l'article 65 de la loi du 22 Avril 1905 leur soient accordées.

Ces errements doivent être abandonnés, car ils exposent l'Administration à des recours contentieux dont l'issue n'est pas douteuse.

Le Conseil d'Etat a, en effet, reconnu à l'article 65 de la loi du 22 Avril 1905 un caractère général et absolu et décidé que les garanties qu'il édicte étaient dues à tous les *fonctionnaires, employés ou agents* des Administrations publiques. (Conseil d'Etat, 5 Avril 1911, J. J. 1911, p. 482).

Conformément à cette jurisprudence le droit des fonctionnaires indigènes d'obtenir communication de leur dossier semblait déjà incontestable.

Mais aujourd'hui aucune controverse ne peut s'élever à ce sujet.

Par plusieurs décisions, le Conseil d'Etat a nettement affirmé le droit des fonctionnaires indigènes d'obtenir communication préalable de leur dossier avant d'être l'objet d'une sanction disciplinaire.

Je citerai les deux décisions les plus récentes : Conseil d'Etat, 12 Juillet 1912, J. J. 1914, p. 102. — Conseil d'Etat 20 Janvier 1914, J. J. 1914, p. 457.

Dans la première de ces espèces, la Haute Assemblée a décidé qu'un sous-chef de canton en Cochinchine, révoqué de ses fonctions, n'était pas fondé à soutenir que l'article 65 de la loi du 22 avril 1905 avait été violé à son égard alors qu'il était établi qu'il avait été suffisamment avisé de la mesure dont il était menacé, et qu'au surplus, il n'avait pas réclamé la communication de son dossier.

Dans la 2e espèce, le conseil a expressément décidé que les chefs et sous-chefs de canton en Cochinchine étaient de *véritables fonctionnaires indigènes et avaient droit comme tels, aux garanties instituées par l'article 65 de la loi du 22 avril 1905.*

Il est donc manifeste que les indigènes faisant partie d'un cadre régulier et permanent leur assurant des droits à pension, tels que les secrétaires des diverses administrations indochinoises, peuvent se réclamer de l'article 65 susvisé et de la jurisprudence précitée.

En conséquence et contrairement aux errements suivis, vous voudrez bien veiller à ce que, à l'avenir, communication préalable de son dossier soit offerte à tout fonctionnaire indigène contre lequel vous envisagerez l'application d'une sanction disciplinaire.

Enfin, lorsqu'il y aura lieu de déférer un de vos subordonnés indigènes à un conseil d'enquête, vous prescrivez d'observer strictement, au cours de l'instance disciplinaire, la procédure prévue par la circulaire du 25 février 1909.

Par délégation:
Le Secrétaire général de l'Indochine,
MONGUILLOT.

CHAPITRE XXIV

TEXTES RELATIFS AUX ADJUDICATIONS ET MARCHÉS

Décret sur les adjudications et marchés pour le compte de l'Etat, rendu applicable aux colonies dans certaines de ses parties, par décret du 26 octobre 1898.

(Du 18 novembre 1882)

Article premier.— Les marchés de travaux, fournitures ou transports au compte de l'Etat sont faits avec concurrence et publicité, sauf les exceptions mentionnées à l'article 18 ci-après.

Art. 2. — L'avis des adjudications à passer est publié, sauf les cas d'urgence, au moins vingt jours à l'avance, par la voie des affiches et par tous les moyens ordinaires de publicité.

Cet avis fait connaître :

1° Le lieu où l'on peut prendre connaissance du cahier des charges ;

2° Les autorités chargées de procéder à l'adjudication ;

3° Le lieu, le jour et l'heure fixés pour l'adjudication.

Il est procédé à l'adjudication en séance publique.

Art. 3.—Les adjudications publiques relatives à des fournitures, travaux, transports, exploitations ou fabrications qui ne peuvent être, sans inconvénient, livrés à une concurrence illimitée, sont soumises à des restrictions permettant de n'admettre que les soumissions qui émanent de personnes reconnues capables par l'Administration, au vu des titres exigés par le cahier des charges et préalablement à l'ouverture des plis renfermant les soumissions.

Art. 4. — Les cahiers des charges déterminent l'importance des garanties pécuniaires à produire :

Par les soumissionnaires, à titre de cautionnements provisoires, pour être admis aux adjudications ;

Par les adjudicataires, à titre de cautionnements définitifs, pour répondre de leurs engagements.

Les cahiers des charges peuvent, s'il y a lieu, dispenser de l'obligation de déposer un cautionnement provisoire ou définitif. Ils peuvent disposer que le cautionnement provisoire réalisé avant l'adjudication à titre provisoire, servira de cautionnement définitif.

Les cahiers des charges déterminent les autres garanties, telles que cautions personnelles et solidaires, affectations hypothécaires, dépôts de matières dans les magasins de l'Etat, qui peuvent être demandées, à titre exceptionnel, aux fournisseurs et entrepreneurs, pour assurer l'exécution de leurs engagements. Ils déterminent l'action que l'Administration peut exercer sur ces garanties.

....

Art. 13. — Les soumissions, placées sous enveloppes cachetées, sont remises en séance publique.—Toutefois, les cahiers des charges peuvent autoriser ou prescrire l'envoi des soumissions par lettres recommandées ou leur dépôt dans une boîte à ce destinée ; ils fixent le délai pour cet envoi ou ce dépôt. — Lorsqu'un maximum de prix ou un minimum de rabais a été arrêté d'avance par le ministre ou par le fonctionnaire qu'il a délégué, le montant de ce maximum ou de ce maximum est indiqué dans un pli cacheté déposé sur le bureau à l'ouverture de la séance. — Les plis renfermant les soumissions sont ouverts en présence du public ; il en est donné lecture à haute voix.

Art. 14. — Dans le cas où plusieurs soumissionnaires offriraient le même prix et où ce prix serait le plus bas de ceux portés dans les soumissions, il est procédé à une réadjudication, soit sur de nouvelles soumissions, soit à l'extinction de feux, entre ces soumissionnaires seulement. — Si les soumissionnaires se refusaient à faire de nouvelles offres ou si les prix demandés ne différaient pas encore, le sort en déciderait.

Art. 15. — Les résultats de chaque adjudication sont constatés par un procès-verbal relatant toutes les circonstances de l'opération.

....

Art. 17. — Sauf les exceptions spécialement autorisées ou résultant des dispositions particulières à certains services, les adjudications et réadjudications sont subordonnées à l'approbation du Ministre et ne sont valables et définitives qu'après cette approbation.

Les exceptions spécialement autorisées doivent être relatées dans le cahier des charges.

Art. 18. — Il peut être passé des marchés de gré à gré :

1° Pour les fournitures, transports et travaux dont la dépense totale n'excède pas quarante mille francs, ou, s'il s'agit d'un marché passé pour plusieurs années, dont la dépense annuelle n'excède pas dix mille francs. (*Décret du 23 Août 1919*) ;

2° Pour toute espèce de fournitures, de transports ou de travaux, lorsque les circonstances exigent que les opérations du Gouvernement soient tenues secrètes ; ces marchés doivent préalablement avoir été autorisés par le Président de la République, sur un rapport spécial du Ministre compétent ;

3° Pour les objets dont la fabrication est exclusivement attribuée à des porteurs de brevets d'invention ;

4° Pour les objets qui n'auraient qu'un possesseur unique ;

5° Pour les ouvrages et objets d'art et de précision dont l'exécution ne peut être confiée qu'à des artistes ou industriels éprouvés ;

6° Pour les travaux, exploitations, fabrications et fournitures qui ne sont faits qu'à titre d'essai ou d'étude ;

7° Pour les travaux que des nécessités de sécurité publique empêchent de faire exécuter par voie d'adjudication ;

8° Pour les objets, matières et denrées qui, à raison de leur nature particulière et de la spécialité de l'emploi auquel ils sont destinés, doivent être achetés et choisis aux lieux de production ;

9° Pour les fournitures, transports ou travaux qui n'ont été l'objet d'aucune offre aux adjudications, ou à l'égard desquels il n'a été proposé que des prix inacceptables ; toutefois, lorsque l'Administration a cru devoir arrêter et faire connaître un maximum de prix, elle ne doit pas dépasser ce maximum ;

10° Pour les fournitures, transports ou travaux qui, dans les cas d'urgence évidente amenée par des circonstances imprévues, ne peuvent pas subir les délais des adjudications ;

11° Pour les fournitures, transports ou travaux que l'Administration doit faire exécuter aux lieu et place des adjudicataires défaillants et à leurs risques et périls ;

12° Pour les affrétements et pour les assurances sur les chargements qui s'ensuivent ;

13° Pour les transports confiés aux administrations de chemins de fer ;

14° Pour les achats de tabacs et de salpêtres indigènes, dont le mode est réglé par une législation spéciale ;

15° Pour les transports de fonds du Trésor.

Art. 19. — ....
....

Tout marché de gré à gré doit rappeler celui des paragraphes de l'article précédent dont il est fait application.

....

Art. 20.—A l'égard des ouvrages d'art et de précision dont le prix ne peut être fixé qu'après l'entière exécution du travail, une clause spéciale du marché détermine les bases d'après lesquelles le prix sera liquidé ultérieurement.

Art. 21. — Les droits de timbre et d'enregistrement auxquels donnent lieu les marchés, soit par adjudication, soit de gré à gré, sont à la charge de ceux qui contractent avec l'Etat.

Les frais de publicité restent à la charge de l'Administration.

Art. 22. — (Modifié par décret du 23 Août 1919). — Il peut être suppléé aux marchés écrits par des achats sur simple facture pour les objets qui doivent être livrés immédiatement, quand la valeur de chacun de ces achats n'excède pas trois mille francs.

La dispense de marché s'étend aux travaux ou transports dont la valeur présumée n'excède pas trois mille francs et qui peuvent être exécutés sur simple mémoire.

Art. 23. — Les dispositions du présent décret concernant les adjudications publiques et les marchés de gré à gré ne sont pas applicables aux travaux que l'Administration est dans la nécessité d'exécuter en régie, soit à la journée, soit à la tâche. — L'exécution en régie est autorisée par le Ministre ou par son délégué.

« Les fournitures de matériaux nécessaires à l'exécution en régie sont néanmoins soumises, sauf le cas de force majeure, aux dispositions des articles précédents. » (*Décret du 26 Octobre 1898*).

Art. 24. — Les travaux neufs exécutés par voie d'entreprise pour les bâtiments de l'Etat ne peuvent avoir lieu qu'après l'approbation des devis qui en déterminent la nature et l'importance.

Art. 25. — Conformément aux dispositions de l'article 9 de la loi du 15 mai 1850, il ne sera accordé aucun honoraire ni indemnité aux architectes chargés de travaux au compte de l'Etat, pour les dépenses qui excéderaient les devis approuvés.

....

Art. 27. — Les cahiers des charges, marchés, traités ou conventions à passer pour les services de matériel doivent toujours exprimer l'obligation, pour tout entrepreneur ou fournisseur, de produire les titres justificatifs de ses travaux, fournitures et transports dans un délai déterminé, sous peine de déchéance.

Art. 28. — ....

....

« A partir de l'ordre de mobilisation les dispositions du présent décret cessent d'être obligatoires pour les Départements de la Guerre et de la Marine. » *(Décret du 7 Avril 1916).*

Nota. — Le décret du 26 Octobre 1898 portant promulgation dans les colonies et pays de Protectorat dépendant du Ministère des colonies de divers articles du décret du 18 Novembre 1882 a été lui-même promulgué et rendu exécutoire en Indochine par l'arrêté du Gouverneur général en date du 16 Octobre 1899.

Arrêté ministériel rapportant en ce qui concerne l'Indochine celui du 20 Janvier 1899 et disposant que les clauses et conditions générales applicables à cette Colonie seront fixées par arrêté du Gouverneur Général.

(Du 19 Septembre 1918).

Le Ministre des Colonies,

Vu l'arrêté ministériel du 20 Janvier 1899, portant fixation des clauses et conditions générales imposées aux entrepreneurs des Travaux publics aux Colonies;

Sur le rapport du chef de service de l'Indochine et de l'Inspecteur général des Travaux publics des Colonies,

ARRÊTE :

L'arrêté sus-visé du 20 Janvier 1899 est rapporté en ce qui concerne l'Indochine où les nouvelles clauses et conditions seront fixées par arrêté du Gouverneur général.

Arrêté du Gouverneur général portant fixation des clauses et conditions générales imposées aux entrepreneurs des Travaux publics de l'Indochine.

(Du 7 Avril 1919).

ARRÊTE :

Article premier. — *Dispositions générales.*

Tous les marchés relatifs à l'exécution des travaux dépendant de l'Administration des Travaux publics de l'Indochine, qu'ils soient passés dans la forme d'adjudication publique ou qu'ils résultent de conventions faites de gré à gré, sont soumis, en tout ce qui leur est applicable, aux dispositions suivantes.

TITRE PREMIER

Adjudications.

Article 2. — *Conditions à remplir pour être admis aux adjudications.*

Nul n'est admis à concourir aux adjudications s'il ne produit une déclaration indiquant son intention de soumissionner. A cette déclaration doivent être joints des références et un acte régulier de cautionnement, sauf l'exception stipulée au dernier paragraphe de l'article suivant et les autres exceptions autorisées par les lois, décrets et règlements en vigueur.

Article 3. — *Déclarations et références.*

La déclaration fait connaître les nom, prénoms, qualité et domicile du candidat.

Les références consistent en une note émanant du candidat et indiquant le lieu, la date, la nature et l'importance des travaux qu'il a exécutés ou à l'exécution desquels il a concouru, l'emploi qu'il occupait dans chacune des entreprises auxquelles il a collaboré, ainsi que les noms, qualités et domiciles des hommes de l'art sous la direction desquels les travaux ont été exécutés. Les certificats délivrés par ces hommes de l'art peuvent être joints à la note.

La déclaration et les références sont visées à titre de communication par l'ingénieur en chef. A cet effet, elles doivent lui être présentées dans un délai qui, à défaut de stipulation contraire du cahier des charges, expire dix jours avant l'adjudication.

Il n'est pas exigé de références pour la fourniture des matériaux destinés à l'exécution des chaussées en empierrement, ni pour les travaux de terrassements dont l'estimation ne s'élève pas à plus de 5.000 piastres.

Article 4. — *Cautionnement.*

Le cahier des charges spécial à chaque entreprise peut déterminer l'importance des garanties pécuniaires à produire:

Par chaque soumissionnaire, à titre de cautionnement provisoire ;

Par l'adjudicataire, à titre de cautionnement définitif.

Ces cautionnements sont soumis aux conditions fixées par le cahier des charges.

A défaut de stipulations particulières dans le cahier des charges, le montant en est fixé, pour le cautionnement provisoire, au soixantième, et pour le cautionnement définitif au trentième de l'estimation des travaux, déduction faite de toutes les sommes portées à valoir pour dépenses imprévues et ouvrages en régie.

Le cautionnement définitif est constitué dans le lieu où se fait l'adjudication, et doit être réalisé dans les vingt jours qui suivent la notification de l'approbation du marché.

Il reste affecté à la garantie des engagements contractés par l'adjudicataire jusqu'à la réception définitive des travaux. Toutefois l'autorité qui a approuvé l'adjudication peut, dans le cours de l'entreprise, autoriser la restitution de tout ou partie du cautionnement.

Article 5. — *Approbation de l'adjudication.*

L'adjudication n'est valable qu'après qu'elle a été approuvée par l'autorité compétente.

L'entrepreneur ne peut prétendre à aucune indemnité dans le cas où l'adjudication n'est point approuvée.

Si l'approbation du marché n'a pas été notifiée à l'adjudicataire dans un délai qui sera fixé par le cahier des charges, l'adjudicataire sera libre de renoncer à l'entreprise et sur la déclaration écrite de cette renonciation il lui sera donné mainlevée de son cautionnement.

Mais, s'il n'a pas usé de cette faculté avant la notification de l'approbation du marché, il sera engagé irrévocablement par cette notification.

Article 6. — *Pièces à délivrer à l'entrepreneur.*

Aussitôt après l'approbation de l'adjudication, l'autorité désignée par le cahier des charges délivre à l'entrepreneur, sur son récépissé, une expédition, vérifiée par le chef du service technique ou son délégué et dûment légalisée, du cahier des charges, du bordereau des prix, du détail estimatif, et des autres pièces qui seraient expressément désignées dans le cahier des charges comme servant de base au marché, ainsi qu'une copie certifiée du procès-verbal d'adjudication et un exemplaire imprimé des présentes clauses et conditions générales.

L'entrepreneur peut d'ailleurs faire prendre copie dans les bureaux de l'ingénieur des autres pièces qui ont figuré au dossier public d'adjudication.

Article 7. — *Frais d'adjudication.*

L'entrepreneur acquitte les droits auxquels pourra donner lieu l'enregistrement de son marché, tels que ces droits résulteront des lois et règlements en vigueur.

Il paye, en outre, les droits de timbre, tant de la minute que de l'expédition, et les frais d'expédition des pièces ci-après : le cahier des charges, le bordereau des prix, le détail estimatif et les autres pièces expressément désignées dans le cahier des charges comme devant servir de base au marché ; enfin le procès-verbal d'adjudication.

L'état de ces frais est arrêté par l'autorité qui a approuvé l'adjudication. Le montant en est versé par l'entrepreneur à la caisse du trésorier-payeur général ou de ses préposés.

Article 8. — *Domicile de l'entrepreneur.*

L'entrepreneur est tenu d'élire un domicile à proximité des travaux et de faire connaître le lieu de ce domicile à l'autorité qui a approuvé l'adjudication. Faute par lui de remplir cette obligation dans un délai de quinze jours à partir de la notification de l'approbation de l'adjudication, toutes les notifications qui se rattachent à son entreprise sont valables, lorsqu'elles ont été faites à la mairie ou à la résidence du lieu désigné à cet effet par le cahier des charges.

Après la réception définitive des travaux, l'entrepreneur est relevé de l'obligation d'avoir un domicile à proximité des travaux. S'il ne fait pas connaître son domicile à l'autorité qui a approuvé l'adjudication, les notifications relatives à son entreprise sont valablement faites au lieu ci-dessus désigné.

TITRE II

Exécution des travaux

Article 9. — *Défense de sous-traiter sans autorisation.*

L'entrepreneur ne peut céder à des sous-traitants une ou plusieurs parties de son entreprise, sans le consentement de l'Administration.

Dans tous les cas, il demeure personnellement responsable, tant envers l'Administration qu'envers les ouvriers et les tiers.

Si un sous-traité est passé sans autorisation, l'Administration peut, suivant les cas, soit prononcer la résiliation pure et simple de l'entreprise, soit procéder à une nouvelle adjudication à la folle enchère de l'entrepreneur.

Article 10. — *Ordres de service pour l'exécution des travaux.*

L'entrepreneur doit commencer les travaux dès qu'il en a reçu l'ordre de l'ingénieur.

Il reçoit gratuitement de l'ingénieur, au cours de l'entreprise, une expédition certifiée de chacun des dessins de détail et autres documents nécessaires à l'exécution des travaux.

Il se conforme strictement aux plans, profils, tracés, ordres de service, et, s'il y a lieu, aux types et modèles qui lui sont donnés par l'ingénieur ou par ses préposés en exécution du cahier des charges.

L'entrepreneur se conforme également, aux changements qui lui sont prescrits pendant le cours du travail, mais seulement lorsque l'ingénieur les a ordonnés par écrit et sous sa responsabilité. Il ne lui est tenu compte de ces changements qu'autant qu'il justifie de l'ordre écrit de l'ingénieur.

Lorsque l'entrepreneur estime que les prescriptions d'un ordre de service dépassent les obligations de son marché, il doit, sous peine de forclusion, en présenter l'observation écrite et motivée dans un délai de dix jours. La réclamation ne suspend pas l'exécution de l'ordre de service, à moins qu'il n'en soit autrement ordonné par l'ingénieur.

Article 11. — *Règlement pour la police des chantiers.*

L'entrepreneur est tenu d'observer tous les règlements qui sont faits par l'autorité compétente, sur la proposition du chef du service technique, pour la police des chantiers.

Article 12. — *Présence de l'entrepreneur sur les lieux des travaux.*

Pendant la durée de l'entreprise, l'adjudicataire ne peut s'éloigner du lieu des travaux qu'après avoir fait agréer par l'ingénieur un représentant capable de le remplacer, de manière qu'aucune opération ne puisse être retardée ou suspendue à raison de son absence.

L'entrepreneur se rend dans les bureaux des ingénieurs et il les accompagne dans leurs tournées toutes les fois qu'il en est requis.

Article 13. — *Choix des commis, chefs d'ateliers et ouvriers.*

L'entrepreneur ne peut prendre pour commis et chefs d'atelier que des hommes capables de l'aider et de le remplacer au besoin dans la conduite et le métrage des travaux.

L'ingénieur a le droit d'exiger le changement ou le renvoi des agents et ouvriers de l'entrepreneur pour insubordination, incapacité ou défaut de probité.

L'entrepreneur demeure d'ailleurs responsable des fraudes ou malfaçons qui seraient commises par ses agents et ouvriers dans la fourniture et dans l'emploi des matériaux.

Article 14. — *Liste nominative des ouvriers.*

Le nombre des ouvriers de chaque profession est toujours proportionné à la quantité d'ouvrage à faire.

Pour mettre l'ingénieur à même d'assurer l'accomplissement de cette condition, il lui est remis périodiquement et aux époques par lui fixées une liste nominative des ouvriers.

Article 15. — *Paiement des ouvriers.*

L'entrepreneur paye ses ouvriers tous les mois ou à des époques plus rapprochées si l'Administration le juge nécessaire.

En cas de retard régulièrement constaté, l'Administration se réserve la faculté de payer d'office les salaires arriérés sur les sommes dues à l'entrepreneur.

Article 16. — *Secours aux ouvriers victimes d'accidents.*

L'entrepreneur a la charge entière de toutes les dépenses du service médical de l'entreprise, les soins, secours et indemnités qui pourraient être dus aux ouvriers et employés victimes d'accidents survenus sur les chantiers, des secours et indemnités aux veuves et aux familles de ces ouvriers et employés.

Il est soumis, à cet égard, à toutes les obligations résultant des textes en vigueur au moment de l'adjudication.

Article 17. — *Magasins, équipages et outils.*

L'entrepreneur est tenu de fournir à ses frais les magasins et équipages, voitures, ustensiles et outils de toute espèce nécessaires à l'exécution des travaux, sauf les exceptions stipulées au cahier des charges.

Article 18.— *Etablissement des chantiers et faux-frais de l'entreprise.*

L'entrepreneur a également à sa charge l'établissement des chantiers et chemins de service et les indemnités y relatives, les frais de tracé et de mesurage des ouvrages, les cordeaux, piquets et jalons, les frais d'éclairage des chantiers, s'il y a leiu, et, généralement, toutes les menues dépenses et tous les faux-frais relatifs à l'entreprise.

Article 19. — *Carrières désignées au devis.*

Les matériaux sont pris dans les lieux indiqués au cahier des charges.

L'entrepreneur y ouvre au besoin, des carrières à ses frais.

Il est tenu de se conformer aux lois et règlements pour tout ce qui concerne les extractions de matériaux.

Il paye, sans recours contre l'Administration, les dommages qu'ont pu occasionner la prise ou l'extraction, le transport et le dépôt des matériaux.

L'entrepreneur doit justifier, toutes les fois qu'il en est requis, de l'accomplissement des obligations énoncées dans le présent article, ainsi que du payement des indemnités pour l'établissement des chantiers et chemins de service.

Article 20. — *Carrières proposées par l'entrepreneur.*

Si l'entrepreneur demande à substituer aux carrières indiquées dans le cahier des charges d'autres carrières fournissant des matériaux d'une qualité que les ingénieurs reconnaissent au moins égale, il reçoit l'autorisation d'employer ces matériaux, et ne subit sur les prix de l'adjudication aucune réduction pour cause de diminution des frais d'extraction, de transport et de taille des matériaux.

A défaut d'accord avec les propriétaires des nouvelles carrières, il peut aussi obtenir l'autorisation de les exploiter.

Article 21. — *Emploi des matériaux extraits des carrières désignées.*

L'entrepreneur ne peut, sans l'autorisation écrite du propriétaire, employer soit à l'exécution de travaux privés, soit à l'exécution de travaux publics autres que ceux en vue desquels l'autorisation a été accordée, les matériaux qu'il a fait extraire dans les carrières exploitées par lui, en vertu du droit qui lui a été conféré par l'Administration.

Article 22. — *Qualité des matériaux.*

Les matériaux doivent être de la meilleure qualité dans chaque espèce, être parfaitement travaillés et mis en œuvre conformément aux règles de l'art ; ils ne peuvent être employés qu'après avoir été vérifiés et provisoirement acceptés par l'ingénieur ou par ses préposés. Nonobstant cette acceptation et jusqu'à la réception définitive des travaux, ils peuvent, en cas de surprise, de mauvaise qualité ou de malfaçon, être rebutés par l'ingénieur, et ils sont alors remplacés par l'entrepreneur.

Article 23. — *Dimensions et dispositions des matériaux et des ouvrages.*

L'entrepreneur ne peut, de lui-même, apporter aucun changement au projet.

Il est tenu de faire immédiatement sur l'ordre écrit des ingénieurs, remplacer les matériaux ou reconstruire les ouvrages dont les dimensions ou les dispositions ne sont pas conformes au cahier des charges ou aux ordres de service.

Toutefois, si les ingénieurs reconnaissent que les changements faits par l'entrepreneur ne sont contraires ni aux règles de l'art, ni au goût, les nouvelles dispositions peuvent être maintenues, mais alors l'entrepreneur n'a droit à aucune augmentation de prix, à raison des dimensions plus fortes ou de la valeur plus considérable que peuvent avoir les matériaux ou les ouvrages. Dans ce cas, les métrages sont basés sur les dimensions prescrites par le cahier des charges ou par les ordres de service. Si, au contraire, les dimensions sont plus faibles ou la valeur des matériaux moindre, les prix sont réduits en conséquence.

Article 24. — *Démolition d'anciens ouvrages.*

Lorsque l'exécution des travaux comporte la démolition d'anciens ouvrages, les matériaux doivent être déplacés avec soin pour qu'ils puissent être façonnés de nouveau et réemployés s'il y a lieu.

Article 25. — *Objets trouvés dans les fouilles.*

L'Administration se réserve la propriété des matériaux qui se trouvent dans les fouilles et démolitions faites dans les terrains appartenant à l'Administration, sauf à indemniser l'entrepreneur de ses soins particuliers.

Elle se réserve également les objets d'art et de toute nature qui pourraient s'y trouver, sauf indemnité à qui de droit.

Article 26. — *Emploi de matières neuves ou de démolition appartenant à l'Etat ou à la Colonie.*

Lorsque, en dehors des prévisions du marché, les ingénieurs jugent à propos d'employer des matières neuves ou de démolition appartenant à l'Administration, l'entrepreneur n'est payé que des frais de main-d'œuvre et d'emploi, réglés conformément aux indications de l'article 29 ci-après.

Article 27. — *Vices de construction.*

Lorsque les ingénieurs présument qu'il existe dans les ouvrages des vices de construction, ils ordonnent soit en cours d'exécution, soit avant la réception définitive, la démolition et la reconstruction des ouvrages présumés vicieux.

Les dépenses résultant de cette opération qui a lieu en présence de l'entrepreneur ou lui dûment convoqué, sont à sa charge lorsque les vices de construction sont constatés et reconnus.

Article 28. — *Pertes et avaries. — Cas de force majeure.*

Il n'est alloué à l'entrepreneur aucune indemnité à raison des pertes, avaries ou dommages occasionnés par retard dans l'exécution, négligence, imprévoyance, défaut de moyens ou fausses manœuvres.

Ne sont pas compris, toutefois, dans la disposition précédente les cas de force majeure qui, dans le délai de dix jours au plus après l'évènement, ont été signalés par écrit par l'entrepreneur ; dans ce cas, néanmoins, il ne peut rien être alloué qu'avec l'approbation de l'Administration. Passé le délai de dix jours, l'entrepreneur n'est plus admis à réclamer.

Article 29. — *Règlements de prix des ouvrages non prévus.*

Lorsqu'il est jugé nécessaire d'exécuter des ouvrages non prévus ou de modifier la provenance des matériaux telle qu'elle est indiquée par le cahier des charges, l'entrepreneur se conforme immédiatement aux ordres écrits qu'il reçoit à ce sujet, et il est préparé sans retard de nouveaux prix d'après ceux du marché ou par assimilation aux ouvrages les plus analogues. Dans le cas d'une impossibilité absolue d'assimilation, on prend pour termes de comparaison les prix courants du pays.

Les nouveaux prix, calculés de manière à être passibles du rabais de l'adjudication, après avoir été débattus par les ingénieurs avec l'entrepreneur, sont soumis à l'approbation de l'Administration.

A défaut d'entente amiable, il est statué par les tribunaux administratifs.

En attendant la solution du litige, l'entrepreneur est payé provisoirement aux prix préparés par les ingénieurs.

Article 30. — *Augmentation dans la masse des travaux.*

En cas d'augmentation dans la masse des travaux, l'entrepreneur ne peut élever aucune réclamation tant que l'augmentation n'excède pas le sixième du montant de l'entreprise. Si l'augmentation est de plus du sixième, il a droit à la résiliation immédiate de son marché sans indemnité, à la condition toutefois de l'avoir demandée par lettre adressée à l'autorité qui a approuvé l'adjudication dans le délai de deux mois à partir de la notification de l'ordre de service dont l'exécution entraînerait l'augmentation de plus du sixième. Le tout, sauf l'application, s'il y a lieu, de l'article 32 ci-après.

Article 31. — *Diminution dans la masse des travaux.*

En cas de diminution dans la masse des travaux, l'entrepreneur ne peut élever aucune réclamation tant que la diminution n'excède pas le sixième du montant de l'entreprise, sauf l'application de l'article 32. Si la diminution est de plus du sixième, il reçoit, s'il y a lieu, à titre de dédommagement, une indemnité qui, à défaut d'entente amiable, est fixée par les tribunaux administratifs, sans préjudice du droit à la résiliation immédiate qui doit être demandée dans la même forme et le même délai que ci-dessus.

Article 32. — *Changement dans l'importance des diverses natures d'ouvrages.*

Lorsque les changements ordonnés par l'Administration, ou résultant de circonstances qui ne sont, ni de la faute, ni du fait de l'entrepreneur, modifient l'importance de certaines natures d'ouvrages, de telle sorte que les quantités diffèrent de plus d'un quart en plus ou en moins des quantités portées au détail estimatif, l'entrepreneur peut présenter, en fin de compte, une demande en indemnité basée sur le préjudice que lui ont causé les modifications survenues à cet égard dans les prévisions du projet.

Article 33. — *Variation dans les prix.*

Si, pendant le cours de l'entreprise, les prix subissent une augmentation telle que la dépense totale des ouvrages restant à exécuter d'après le cahier des charges se trouve augmentée d'un sixième comparativement aux estimations du projet, l'entrepreneur a droit à la résiliation de son marché, sans indemnité.

Article 34. — *Cessation absolue ou ajournement des travaux.*

Lorsque l'Administration ordonne la cessation absolue des travaux, l'entreprise est immédiatement résiliée. Lorsqu'elle prescrit leur ajournement pour plus d'une année, soit avant, soit après un commencement d'exécution, l'entrepreneur a droit à la résiliation de son marché, s'il la demande, sans préjudice de l'indemnité qui, dans un cas comme dans l'autre, peut lui être allouée, s'il y a lieu.

Si les travaux ont reçu un commencement d'exécution, l'entrepreneur peut requérir qu'il soit procédé immédiatement à la réception provisoire des ouvrages exécutés, puis à leur réception définitive après l'expiration du délai de garantie.

Article 35. — *Mesures coercitives.*

Lorsque l'entrepreneur ne se conforme pas, soit aux dispositions du cahier des charges, soit aux ordres de service écrits qui lui sont donnés par les ingénieurs, un arrêté de l'autorité qui a approuvé l'adjudication le met en demeure d'y satisfaire dans un délai déterminé. Ce délai, sauf le cas d'urgence, n'est pas de moins de dix jours, à dater de la notification de l'arrêté de mise en demeure.

Passé de délai, si l'entrepreneur n'a pas exécuté les dispositions prescrites, un second arrêté de la même autorité peut soit prononcer la résiliation de l'entreprise avec confiscation du cautionnement à titre de dommages-intérêts, soit ordonner l'établissement d'une régie aux frais de l'entrepreneur. Dans ce dernier cas, il est procédé immédiatement en sa présence ou lui dûment appelé, à l'inventaire descriptif du matériel de l'entreprise et à la remise de la partie de ce matériel qui n'est pas utilisé par l'Administration pour l'achèvement des travaux.

L'Administration peut, selon les circonstances, soit ordonner une nouvelle adjudication à la folle enchère de l'entrepreneur, soit prononcer la résiliation pure et simple du marché, soit prescrire la continuation de la régie.

Pendant la durée de la régie, l'entrepreneur est autorisé à en suivre les opérations, sans qu'il puisse toutefois entraver l'exécution des ordres des ingénieurs.

Il peut d'ailleurs être relevé de la régie s'il justifie des moyens nécessaires pour reprendre les travaux et les mener à bonne fin.

Les excédents de dépenses qui résultent de la régie ou de l'adjudication sur folle enchère sont prélevés sur les sommes qui peuvent être dues à l'entrepreneur, sans préjudice des droits à exercer contre lui en cas d'insuffisance.

Si la régie ou l'adjudication sur folle enchère amène au contraire une diminution dans les dépenses, l'entrepreneur ne peut réclamer aucune part de ce bénéfice, qui reste acquis à l'Administration.

Article 36. — *Décès de l'entrepreneur.*

En cas de décès de l'entrepreneur, le contrat est résilié de droit, sauf à l'Administration à accepter, s'il y a lieu, les offres qui peuvent être faites par les héritiers pour la continuation des travaux.

Article 37. — *Faillite ou liquidation judiciaire de l'entrepreneur.*

Le contrat est également résilié de plein droit :

1° En cas de faillite de l'entrepreneur, sauf à l'Administration à accepter, s'il y a lieu, les offres qui peuvent être faites par les créanciers pour la continuation de l'entreprise.

2° En cas de liquidation judiciaire, si l'entrepreneur n'est pas autorisé par le tribunal à continuer l'exploitation de son industrie.

TITRE III

Règlement des dépenses

Article 38. — *Bases du règlement des comptes.*

A défaut de stipulations spéciales dans le cahier des charges, les comptes sont établis d'après les quantités d'ouvrages réellement effectuées, suivant les dimensions et les poids constatés par des métrés définitifs et des pesages faits en cours ou en fin d'exécution, sauf les cas prévus par l'article 23, et les dépenses sont réglées d'après les prix de l'adjudication.

L'entrepreneur ne peut, dans aucun cas, pour les métrés et pesages, invoquer en sa faveur les us et coutumes.

Article 39. — *Attachements.*

Les attachements sont pris au fur et à mesure de l'avancement des travaux, par l'agent chargé de la surveillance, en présence de l'entrepreneur et contradictoirement avec lui ; celui-ci doit les signer au moment de la présentation qui lui en est faite.

Lorsque l'entrepreneur refuse de signer ces attachements ou ne les signe qu'avec réserve, il lui est accordé un délai de dix jours à dater de la présentation des pièces pour formuler par écrit ses observations. Passé ce délai, les attachements sont censés acceptés par lui, comme s'ils étaient signés sans réserve.

Dans le cas de refus de signature ou de signature avec réserve, il est dressé procès-verbal de la présentation et des circonstances qui l'ont accompagnée. Ce procès-verbal est annexé aux pièces non acceptées.

Les résultats des attachements ne sont portés en compte qu'autant qu'ils ont été admis par les ingénieurs.

En cas de réclamations de l'entrepreneur produites dans les circonstances prévues au dernier paragraphe de l'article

10, des attachements contradictoires sont pris, soit sur sa demande, soit sur l'ordre de l'ingénieur, sans que ses constatations préjugent, même en principe, l'admission des réclamations présentées.

Article 40. — *Décomptes provisoires mensuels.*

A la fin de chaque mois, il est dressé un décompte provisoire des ouvrages exécutés et des dépenses faites pour servir de base aux payements d'acomptes à faire, s'il y a lieu, à l'entrepreneur.

Article 41. — *Décomptes annuels et décomptes définitifs.*

A la fin de chaque année, il est dressé un décompte de l'entreprise que l'on divise en deux parties, la première comprend les ouvrages et portions d'ouvrages dont le métré a pu être arrêté définitivement ; et la seconde, les ouvrages ou portions d'ouvrages dont la situation n'a pu être établie que d'une manière provisoire.

L'entrepreneur est invité, par un ordre de service dûment notifié, à venir prendre connaissance, dans les bureaux de l'ingénieur, de ce décompte, auquel sont joints les métrés et les pièces à l'appui et à le signer pour acceptation; procès-verbal est dressé de la présentation qui lui en est faite et des circonstances qui l'ont accompagnée.

L'entrepreneur, indépendamment de la communication qui lui est faite de ces pièces sans déplacement, est, en outre, autorisé à faire transcrire par ses commis, dans les bureaux de l'ingénieur, celles dont il veut se procurer des expéditions.

En ce qui concerne la première partie du décompte, l'acceptation de l'entrepreneur est définitive, tant pour les quantités d'ouvrages que pour l'application des prix.

S'il refuse d'accepter ou s'il ne signe qu'avec réserves, il doit déduire ses motifs par écrit dans les trente jours qui suivent la notification de l'ordre de service mentionné au paragraphe 2.

Il est expressément stipulé que l'entrepreneur n'est point admis à élever de réclamation, au sujet des pièces ci-dessus indiquées, après ledit délai de trente jours, et, que, passé ce délai, le décompte est censé accepté par lui, quand bien même il ne l'aurait signé qu'avec des réserves dont les motifs ne seraient pas spécifiés.

Le procès-verbal de présentation doit toujours être annexé aux pièces non acceptées.

En ce qui concerne la deuxième partie du décompte, l'acceptation de l'entrepreneur n'est considérée que comme provisoire.

Les stipulations des paragraphes 2, 3, 4, 5, 6 et 7 du présent article s'appliquent aux décomptes définitifs partiels qui peuvent être présentés à l'entrepreneur dans le courant de la campagne.

Elles s'appliquent aussi au décompte général et définitif de l'entreprise, à l'exception du délai des réclamations qui est porté à quarante jours.

A défaut de stipulation expresse dans le cahier des charges l'ordre de service invitant l'entrepreneur à prendre connaissance de ce décompte lui est notifié dans un délai de trois mois à partir de la date de la réception provisoire.

Article 42. — *L'entrepreneur ne peut revenir sur les prix du marché.*

L'entrepreneur ne peut, sous aucun prétexte, revenir sur les prix du marché qui ont été consentis par lui.

Article 43. — *Reprise du matériel en cas de résiliation.*

A moins de stipulation contraire du cahier des charges, l'Administration, dans les cas de résiliation prévus par les articles 9, 30, 31, 34, 35, 36 et 37, a la faculté, mais non l'obligation, d'acquérir telle partie du matériel de l'entreprise qu'elle juge utile à l'achèvement des travaux, si l'entrepreneur ou ses ayants-droit en font la demande.

Lorsque la résiliation a lieu par application de l'article 33, l'entrepreneur ne peut se refuser à céder à l'Administration les installations et le matériel visés par cet article.

Dans tous les cas de résiliation, l'entrepreneur est tenu d'évacuer les chantiers, magasins et emplacements utiles à l'entreprise dans le délai qui est fixé par l'Administration.

Les matériaux approvisionnés par ordre, s'ils remplissent les conditions du cahier des charges, sont acquis par l'Administration aux prix de l'adjudication ou à ceux résultant de l'application de l'article 29 ci-dessus, à moins de stipulations spéciales inscrites dans le cahier des charges de l'entreprise.

Les matériaux qui ne sont pas déposés sur les chantiers ne sont pas portés en compte, à moins de stipulations spéciales inscrites dans le cahier des charges de l'entreprise.

TITRE IV

Paiements

Article 44. — *Paiements d'acomptes.*

Les paiements d'acomptes s'effectuent tous les mois ou aux époques fixées par le cahier des charges, en raison de la situation des travaux exécutés, sauf retenue d'un dixième pour garantie.

Il est, en outre, délivré des acomptes sur les prix des matériaux approvisionnés sur les chantiers, jusqu'à concurrence des quatre cinquièmes de leur valeur.

Le tout sous la réserve énoncée à l'article 49 ci-après, et sauf le paiement des acomptes à des époques plus rapprochées, en vertu des stipulations spéciales qui pourraient résulter des lois et décrets en vigueur.

Article 45. — *Maximum de la retenue.*

Si la retenue du dixième est jugée excéder la proportion nécessaire pour la garantie de l'entreprise, il peut être stipulé au cahier des charges ou décidé en cours d'exécution qu'elle cessera de s'accroître lorsqu'elle aura atteint un maximum déterminé.

Article 46. — *Réception provisoire.*

Immédiatement après l'achèvement des travaux, il est procédé à une réception provisoire par les ingénieurs, en présence de l'entrepreneur ou lui dûment appelé par écrit. En cas d'absence de l'entrepreneur, il en est fait mention au procès-verbal.

Article 47. — *Réception définitive.*

Il est procédé de la même manière à la réception définitive après l'expiration du délai de garantie.

A défaut de stipulation expresse dans le cahier des charges, ce délai est de six mois à dater de la réception provisoire pour les travaux d'entretien, les terrassements et les chaussées d'empierrement, et d'un an pour les ouvrages d'art.

Pendant la durée de ce délai, l'entrepreneur demeure responsable de ses ouvrages et est tenu de les entretenir.

Réserve est faite au profit de l'Administration de l'action en garantie prévue par les articles 1792 et 2270 du Code civil.

Article 48. — *Paiement de la retenue de garantie.*

La retenue de garantie de l'entreprise n'est payée à l'entrepreneur qu'après la réception définitive et lorsqu'il a justifié de l'accomplissement des obligations énoncées à l'article 19.

Article 49. — *Intérêt pour retard de paiement.*

Les paiements ne pouvant être faits qu'au fur et à mesure des fonds disponibles, il ne sera jamais alloué d'indemnité, sous aucune dénomination, pour retard de paiement pendant l'exécution des travaux.

Toutefois, si l'entrepreneur ne peut être entièrement soldé dans les trois mois qui suivent la réception définitive régulièrement constatée, des intérêts calculés d'après le taux légal pour la somme qui lui reste due lui sont payés sur sa demande et à partir du jour de cette demande.

TITRE V

Contestations

Article 50. — *Contestations entre l'ingénieur et l'entrepreneur.*

Si, dans le cours de l'entreprise, des difficultés s'élèvent entre l'ingénieur et l'entrepreneur, il en est référé au chef du service technique.

Dans les cas prévus par l'article 22 et par le deuxième paragraphe de l'article 27, si l'entrepreneur conteste les faits, l'ingénieur dresse procès-verbal des circonstances de la contestation et le notifie à l'entrepreneur, qui doit présenter ses observations dans un délai de trois jours. Ce procès-verbal est transmis par l'ingénieur au chef du service technique pour qu'il soit donné telle suite que de droit.

Article 51. — *Intervention de l'Administration.*

En cas de contestation avec le chef du service technique, l'entrepreneur doit, à peine de forclusion, dans un délai maximum de trois mois à partir de la notification de la réponse de ce chef de service, remettre à l'autorité qui a approuvé l'adjudication un mémoire où il indique les motifs et le montant de ses réclamations.

Si, dans le délai de trois mois, à partir de la remise de ce mémoire, l'Administration n'a pas fait connaître sa réponse, l'entrepreneur peut, comme dans le cas où ses réclamations ne seraient pas admises, saisir desdites réclamations la juridiction administrative. Il n'est admis à porter devant cette juridiction que les griefs énoncés dans le mémoire prévu au présent article.

Si, dans le délai de six mois, à dater de la notification de la décision intervenue sur les réclamations auxquelles aura donné lieu le décompte général et définitif de l'entreprise, l'entrepreneur n'a pas porté ses réclamations devant le tribunal compétent, il sera considéré comme ayant adhéré à ladite décision, et toute réclamation se trouvera éteinte.

Article 52. — *Jugement des contestations.*

Toute difficulté entre l'Administration et l'entrepreneur concernant le sens ou l'exécution des clauses du marché est portée devant la juridiction administrative.

TITRE VI
Clauses diverses.

Article 53. — *Saisies-arrêts — Oppositions.*

Dans le cas de saisies-arrêts ou oppositions sur les sommes ordonnancées ou mandatées, ces sommes sont versées à la Caisse des dépôts et consignations.

Arrêté du Gouverneur général sur les adjudications et marchés pour le compte du Gouvernement général.

(*Du 4 Novembre 1899*).

Article premier. — Les dispositions du décret du 18 novembre 1882, rendues exécutoires dans les colonies et pays de

Protectorat par le décret du 26 Octobre 1898, sont applicables aux marchés de travaux, fournitures et transports conclus par les services généraux de l'Indochine pour le compte du Gouvernement général.

Art. 2. — Aucune adjudication ne peut être annoncée sans que le Gouverneur général ait approuvé, au préalable, les cahiers des charges qui doivent servir de base aux marchés à intervenir.

Lorsqu'il s'agit de marchés de gré à gré, le contrat lui-même est seul soumis à l'approbation du Gouverneur général.

Art. 3. — *(Complété par l'arrêté du 5 Septembre 1911).* — Les cautionnements définitifs à affecter, par les soumissionnaires ou adjudicataires, pour la garantie de l'exécution de leurs marchés, peuvent être constitués à leur choix :

1° En numéraire ;

2° En rentes sur l'Etat français et valeurs du Trésor au porteur ;

3° En rentes sur l'Etat français nominatives ou mixtes ;

4° En obligations de l'emprunt de 80 millions de francs contracté par le Protectorat de l'Annam et du Tonkin (loi du 10 Février 1896) et de l'emprunt de 200 millions de francs autorisé par la loi du 25 Décembre 1898, et de l'emprunt de 1.500.000 francs contracté par la Chambre de Commerce de Haiphong (décret du 25 Avril 1910) ou en tous autres titres qui seraient émis par le Gouvernement général de l'Indochine.

Les cautionnements provisoires ne sont constitués qu'en numéraire.

Art. 4. — Les cautionnements en numéraire sont versés à la caisse des dépôts et consignations ; ils sont soumis aux règlements spéciaux à cet établissement.

Les cautionnements en rentes et valeurs mobilières seront reçus au Trésor à titre de dépôts administratifs.

Le capital représentatif des rentes et valeurs données en cautionnement est évalué :

Pour les rentes, d'après le capital au pair ;

Pour les valeurs mobilières, d'après le capital nominal de chaque titre.

Lorsque le cautionnement consiste en titres nominatifs, le titulaire souscrit une déclaration d'affectation du titre et donne au trésorier-payeur un pouvoir irrévocable de l'aliéner s'il y a lieu.

Les oppositions sur cautionnements provisoires ou définitifs, doivent avoir lieu entre les mains du comptable qui a reçu lesdits cautionnements.

Toutes autres oppositions sont nulles et non avenues.

Pour la conservation des titres et l'encaissement des arrérages des intérêts, le trésorier-payeur touche un droit de garde de 1/2 pour 100.

Ce droit dû pour toute période de douze mois ou de fraction de douze mois sera prélevé lors du remboursement du cautionnement. Il est à la charge du déposant.

Art. 5. — Les cautionnements provisoires sont restitués, au vu de la mainlevée donnée par le fonctionnaire chargé de l'adjudication, ou d'office, aussitôt après la réalisation du cautionnement définitif de l'adjudicataire.

Les cautionnements définitifs ne peuvent être restitués, en totalité ou en partie, qu'en vertu d'une mainlevée donnée par le Gouverneur général ou le fonctionnaire délégué par lui à cet effet.

Sont acquis au Trésor, d'après le mode déterminé au paragraphe suivant, les cautionnements provisoires des soumissionnaires qui, déclarés adjudicataires, n'ont pas réalisé leurs cautionnements définitifs dans les délais fixés par les cahiers des charges.

L'application des cautionnements définitifs à l'extinction des débets liquidés par les chefs de service intéressés, a lieu à la diligence de ces chefs de service, qui demeurent chargés des poursuites qu'il peut être nécessaire d'exercer, conformément aux dispositions de l'article 211 du décret du 20 Novembre 1882, sur le régime financier des colonies.

Art. 6. — Les marchés par adjudication publique et les marchés de gré à gré sont subordonnés à l'approbation du Gouverneur général ou des chefs des services généraux, spécialement délégués à cet effet.

Peuvent être approuvés par les chefs des services généraux, en vertu d'une délégation permanente du Gouverneur général, les marchés dont la durée ne dépasse pas une année et l'importance 20.000 francs, lorsqu'un crédit spécial aura été ouvert pour cet objet, soit au budget de l'exercice courant, soit par décision du Gouverneur général.

Dans ce cas, cependant, les marchés devront être soumis à l'approbation du Gouverneur général, lorsqu'il se sera produit, soit pendant, soit après la séance d'adjudication, une difficulté ou réclamation quelconque, ou que le contrôle financier aura refusé de viser le marché.

Dans la formule d'approbation des marchés, les délégués du Gouverneur général doivent rappeler qu'ils agissent en conformité du présent article.

Art. 7. — Le Gouverneur général statue sur les contestations auxquelles l'interprétation ou l'exécution des marchés peuvent donner lieu, sauf recours au Conseil du contentieux administratif et, en dernier ressort, au Conseil d'Etat.

Art. 8. — Les dispositions qui précèdent sont applicables aux marchés passés pour le compte du Ministère des colonies, sous réserve des règles spéciales à ces marchés.

Arrêté du Gouverneur général fixant les conditions générales applicables : 1° aux fournitures de toute espèce (1) ; 2° à toutes les entreprises autres que celles des travaux des directions d'artillerie et de la direction des Travaux publics à exécuter en vertu de marchés passés en Indochine pour le compte du Département des colonies et du Gouvernement général.

(Du 31 Décembre 1899).

TITRE PREMIER

Dispositions générales applicables à tous les marchés

PRESCRIPTIONS GÉNÉRALES CONCERNANT LA PASSATION DES MARCHÉS

Article premier. — Les marchés passés en Indochine pour le compte du Département des colonies et du Gouvernement

---

(1) Bien que les mots *fournisseurs* et *fournitures* soient généralement employés seuls dans le texte des conditions générales, ce texte s'applique également à *entreprises* et *entrepreneurs*.

général de l'Indochine sont soumis, en tout ce qui leur est applicable, aux dispositions contenues :

1° Dans le décret du 31 Mai 1862, portant règlement général sur la comptabilité publique ;

2° Dans le décret du 18 Novembre 1882, dont divers articles ont été rendus exécutoires dans les colonies et pays de Protectorat par le décret du 26 Octobre 1898 ;

3° Et dans l'arrêté du 4 Novembre 1899, relatif aux adjudications et aux marchés passés par les services généraux de l'Indochine au nom du Gouvernement général.

CONDITIONS PARTICULIÈRES DES MARCHÉS.— RÉFÉRENCE AUX CONDITIONS GÉNÉRALES

Art. 2. — Chaque traité énonce les conditions particulières spécialement applicables à la fourniture et stipule l'obligation pour le fournisseur de prendre connaissance des présentes conditions générales et de s'y conformer en toutes celles de leurs dispositions auxquelles il n'a point été dérogé par les dites conditions particulières.

ÉCHANTILLONS, MODÈLES, ETC.

Art. 3. — Des échantillons, modèles, dessins ou devis, destinés à servir de terme de comparaison ou de règle pour l'examen des livraisons, sont préalablement adoptés toutes les fois que l'Administration juge que la nature de la fourniture le comporte. Ils sont conservés dans un lieu spécial pour être produits devant la commission de recette.

Les échantillons, modèles, dessins ou devis portent l'attache du service intéressé.

Ils sont communiqués dans le lieu où ils sont déposés, avant toute adjudication ou tout marché, aux personnes qui, par suite d'avis public ou d'appel à la concurrence, demandent à en prendre connaissance.

Tout fournisseur ou adjudicataire a, au moment de la signature du procès-verbal d'adjudication ou du marché, la faculté d'apposer sa signature, son cachet ou sa marque sur les échantillons, modèles, dessins ou devis. Dans le cas où il n'use pas de cette faculté, il n'est point admis à en contester l'identité.

Après l'approbation du marché, l'Administration remet, à titre de prêt, au fournisseur qui en fait la demande, un exemplaire des échantillons, modèles, dessins et devis adoptés. Lorsque ces échantillons, modèles, etc., sont perdus ou détériorés, le fournisseur rembourse le montant des pertes ou détériorations, avec augmentation du quart pour les frais généraux, conformément aux règles en vigueur.

Importance des marchés. — Quantités fixes. — Minimum et maximum

Art. 4. — Dans tous les cas où les marchés ne portent pas indication de quantités fixes à livrer, la fourniture, à moins de stipulations contraires, est limitée par un minimum et par un maximum exprimés, soit en quantités, soit en valeurs.

L'Administration est libre de régler les commandes, suivant les besoins du service, dans les limites du minimum et du maximum ; elle n'est pas liée par les rapports d'assortiment qu'elle a insérés dans les cahiers des charges pour permettre la comparaison des offres des soumissionnaires.

Marchés à commandes. — Dispositions relatives aux commandes urgentes

Art. 5, § 1er. — Lorsque l'importance du marché est limitée par un minimum et un maximum, l'Administration ne peut, pendant la durée du marché, s'adresser à d'autres qu'au titulaire, jusqu'à concurrence du maximum, pour la fourniture des quantités à commander.

Toutefois, lorsque les besoins urgents du service exigent que les livraisons soient effectuées dans un délai plus court que celui qui est accordé par le marché, il peut être traité avec d'autres fournisseurs, à moins que le titulaire dudit marché, préalablement consulté, ne s'engage formellement à opérer ces livraisons dans les délais fixés par l'Administration ; s'il prend cet engagement par écrit et qu'il soit reconnu en mesure de le remplir, la commande lui est adressée de préférence. En cas d'inexécution dans les nouveaux délais convenus, il est fait application au fournisseur des pénalités prévues par les conditions générales et par les conditions particulières du marché.

§ 2. — Les dispositions du présent article sont également applicables aux marchés dont l'importance est indéterminée.

Cautionnement définitif

Art. 6, § *1*er. — Le fournisseur, lorsqu'il n'en a pas été dispensé par une clause expresse des conditions particulières, est tenu de déposer un cautionnement comme garantie de l'exécution du marché.

Le cautionnement est fixé par le marché, d'après la valeur présumée de la totalité de la fourniture, généralement dans la proportion de 5 pour 100 de cette valeur.

Exceptionnellement, cependant, un taux supérieur ou inférieur à ce chiffre peut servir de base à la fixation du cautionnement.

Lorsque l'importance de la fourniture est limitée par un minimum et par un maximum, le cautionnement est calculé sur la valeur du minimum à livrer pendant la durée du marché.

§ 2. — La réalisation et la restitution de ce cautionnement s'effectuent dans les conditions prévues par l'arrêté du 4 Novembre 1899, qui est reproduit en annexe, à la fin des présentes conditions générales.

A moins de stipulations contraires exprimées au cahier des charges, le récépissé ou l'acte constatant la réalisation du cautionnement est présenté par le fournisseur à l'Administration dans un délai de vingt jours au plus, à partir de la notification de l'approbation du marché. Ce délai peut être abrégé, si le marché est passé pour des besoins urgents.

§ 3. — Lorsque l'acte constatant la réalisation du cautionnement définitif n'a pas été présenté dans le délai fixé, le Gouverneur général peut résilier le marché et saisir, en outre, le cautionnement provisoire dont le versement est prescrit pour les adjudications par l'article 17 ci-après ou passer un nouveau marché aux frais et risques du fournisseur.

§ 4. — Le fournisseur est dispensé d'opérer la réalisation du cautionnement définitif lorsque la totalité des matières ou objets qu'il s'est engagé à livrer a été admise en recette dans un délai de vingt jours, à partir de la notification de l'approbation du marché.

§ 5. — Lorsque la durée du marché est de six mois au plus, le cautionnement définitif peut être effectué sous forme de simple dépôt, et alors il ne produit pas intérêt, quand il est réalisé en numéraire.

Si le marché n'est pas entièrement exécuté dans le délai de six mois, la somme déposée est convertie d'office en cautionnement définitif, après l'avis préalable transmis par l'Administration au comptable qui a reçu le dépôt.

§ 6. — Les répétitions à exercer contre le fournisseur, dans les cas déterminés par les présentes conditions générales sont opérées sur le cautionnement, sans préjudice de l'application des dispositions énoncées en l'article 66 ci-après.

§ 7. — La restitution du cautionnement, sous la déduction de la portion dont la saisie a pu être prononcée, a lieu après l'exécution du marché, sur la demande du fournisseur.

Cette restitution ne peut être effectuée, en totalité ou en partie, qu'en vertu d'un certificat de mainlevée délivré par le Gouverneur général ou le fonctionnaire délégué par lui à cet effet.

§ 8. — En dehors du cautionnement mentionné ci-dessus, les cahiers des charges peuvent stipuler d'autres garanties, telles que cautions personnelles solidaires, affectations hypothécaires, dépôts de matières dans les magasins de l'Administration, etc., qui peuvent être demandées, à titre exceptionnel, aux fournisseurs et entrepreneurs pour assurer l'exécution de leurs engagements; ils déterminent l'action que l'Administration peut exercer sur ces garanties.

Election de domicile. — Fondé de pouvoir. — Mandat

Art. 7. — Tout titulaire d'un marché, s'il ne réside pas dans le lieu où le marché est exécutoire, est tenu d'y élire domicile et de s'y faire représenter par un fondé de pouvoir ; si le marché est exécutoire dans plusieurs localités, le titulaire doit élire domicile par un fondé de pouvoir dans chacune de ces localités.

Le mandat peut être donné ou par acte public, ou par acte sous-seing privé, ou par lettre, ou par dépêche télégraphique. Cette pièce, à moins qu'elle ne soit exigée à l'appui de la soumission même, ainsi qu'il est dit à l'article 20 ci-après, doit être remise à l'Administration aussitôt après la notification de l'approbation du marché.

NOTIFICATION DE L'APPROBATION DES MARCHÉS

Art. 8, § 1er. — Les marchés sont exécutoires, dans toutes leurs clauses, par le fait de la notification de leur approbation.

La date de la notification est certifiée par l'Administration sur les expéditions originales du traité.

§ 2. — En cas de non-approbation des marchés, les soumissionnaires n'ont droit à aucune indemnité.

§ 3. — Dans les cas d'urgence, le chef du service intéressé peut, sans attendre l'approbation du marché par le Gouverneur général, en ordonner immédiatement l'exécution, dans la limite des besoins pressants du service, pour tout ou partie de la fourniture.

DROITS À LA CHARGE DE L'ADMINISTRATION DES COLONIES

Art. 9. — Les droits d'octroi pour les matières et denrées qui en sont passibles, ainsi que les droits de consommation sur les boissons, sont à la charge de l'Administration.

Le règlement de ces droits se fait entre l'Administration intéressée et celle des Douanes et Régies. Dans le cas où le fournisseur fait l'avance des droits dont il s'agit, il en est remboursé sur la présentation des quittances authentiques délivrées par les receveurs des Douanes et Régies.

DROITS À LA CHARGE DU FOURNISSEUR.

Art. 10. — Les impositions indirectes, les droits de douanes et de navigation, les droits de canaux, de bacs, de passages et tous autres, à l'exception des droits d'octroi et des droits de consommation sur les boissons, sont à la charge du fournisseur.

La variation des tarifs, la création de droits nouveaux ou la suppression de droits établis ne peuvent motiver aucune répétition de la part du fournisseur, ni aucune réclamation contre lui.

PRIX ÉNONCÉS DANS LES MARCHÉS. — MILLIÈMES.

Art. 11. — Les prix sont exprimés en francs et centimes.

ou en piastres et cents suivant que les matières et objets demandés sont d'origine européenne ou d'origine locale (1).

Il n'est tenu aucun compte des fractions de centime et de cent, à moins qu'elles ne résultent des calculs d'application dont il est fait mention aux articles 18 et 19 ci-après. Dans ce cas, toute fraction de 5 millièmes et au-dessus est comptée pour un centime ou un cent; toute fraction au-dessous de 5 millièmes est négligée.

Nombre d'expéditions des marchés. — Enregistrement et impression

Art. 12, § 1er. — Les marchés sont établis en deux expéditions.

§ 2. — Tout marché, après la notification de son approbation par le Gouverneur général ou par ses délégués, est soumis à l'enregistrement, par les soins et aux frais du fournisseur.

Le fournisseur est tenu, en outre, de faire imprimer à ses frais, le marché ainsi que ses annexes, et de remettre à l'Administration, dans un délai de dix jours, à partir de la notification de l'approbation du traité, le nombre d'exemplaires déterminé par les conditions particulières.

Cette remise est opérée au chef du service intéressé.

Ces exemplaires doivent être conformes, pour les caractères, le format et le papier, au spécimen déposé dans les bureaux de l'Administration. Le tirage n'en a lieu qu'après vérification et approbation de l'épreuve.

§ 3. — Tout acte additionnel à un marché est soumis aux mêmes formalités que le contrat primitif.

§ 4. — Les frais de publicité restent à la charge de l'Administration.

Prohibition d'intérêts et d'indemnités

Art. 13. — Le fournisseur n'a droit à aucun intérêt ou commission pour avance de fonds, ni à aucune indemnité pour

(1) Par exception à ces dispositions, les prix des marchés passés au nom de l'Etat, au compte du budget colonial, seront toujours exprimés en francs et centimes. (*Arrêté du Gouverneur Général du 11 Septembre 1903*).

cause de pertes de quelque nature qu'elles soient, qui auraient été éprouvées par lui à raison de sa fourniture, même pour celles qui proviendraient de force majeure.

DÉCÈS OU FAILLITE DU FOURNISSEUR

Art. 14. — En cas de décès ou de faillite du fournisseur, ses héritiers ou ayants-cause continuent l'exécution du marché, à moins que le Gouverneur général, sur leur demande, ne les délie de cette obligation en autorisant la résiliation.

Toutefois, le Gouverneur général se réserve la faculté de prononcer d'office la résiliation des marchés pour fournitures de machines, d'objets d'art et de gros outillage ou de tous objets dont la bonne livraison ne peut être garantie que par la capacité personnelle, l'habileté et les connaissances spéciales du fournisseur, ce dont le Gouverneur général est le seul juge.

LES CONTESTATIONS ENTRE L'ADMINISTRATION ET LE FOURNISSEUR SONT JUGÉES ADMINISTRATIVEMENT

Art. 15. — Les contestations auxquelles l'interprétation des présentes conditions générales ou des conditions particulières ainsi que l'exécution du marché, peuvent donner lieu, sont jugées administrativement comme il est dit à l'article 7 de l'arrêté du 4 Novembre 1899 (1).

---

(1) Décret du 22 Juillet 1806, art. 11. — Le recours au Conseil d'Etat contre la décision d'une autorité qui y ressortit ne sera pas recevable après trois mois, du jour où cette décision aura été notifiée.

Décret du 2 Novembre 1864, art. 6. — Les Ministres statuent par des décisions spéciales sur les affaires qui peuvent être l'objet d'un recours par la voie contentieuse. Ces décisions sont notifiées administrativement aux parties intéressées.

Art. 7. — Lorsque les Ministres statuent sur des recours contre des décisions d'autorités qui leur sont subordonnées, leur décision doit intervenir dans le délai de quatre mois, à dater de la réception de la réclamation au Ministère. Si des pièces sont produites ultérieurement par le réclamant, le délai ne court qu'à dater de la réception de ces pièces.

Après l'expiration de ce délai, s'il n'est intervenu aucune décision, les parties peuvent considérer leur réclamation comme rejetée et se pourvoir devant le Conseil d'Etat.

TITRE II

Dispositions spéciales applicables à chaque espèce de marchés

Première section

Marchés passés par adjudication publique

Justifications a produire pour concourir a l'adjudication de certaines fournitures

Art. 16. — Lorsque l'Administration use de la faculté qui lui est donnée par l'article 3 du décret du 18 Novembre 1882, de n'admettre à concourir aux adjudications que des personnes préalablement reconnues capables par elle (1), la nature des justifications à produire par les soumissionnaires à l'appui de leurs soumissions est déterminée par le cahier des charges et, autant que possible, par les annonces publiques.

Cautionnement provisoire, saisie de ce cautionnement et annulation de l'adjudication

Art. 17, § 1er. — A moins de dispositions contraires insérées dans les conditions particulières, les soumissionnaires affectent à la garantie de leurs soumissions un cautionnement provisoire dont la quotité est fixée à la moitié du cautionnement définitif.

Cette proportion peut, toutefois, être exceptionnellement augmentée ou diminuée.

§ 2. — Le cautionnement provisoire est constitué dans les conditions prévues par l'arrêté du 4 Novembre 1899, qui est reproduit à la fin des présentes conditions générales (2).

§ 3. — Les soumissionnaires justifient du versement du cautionnement provisoire par la production d'un récépissé qu'ils joignent à leur soumission.

§ 4. — L'Administration garde, jusqu'à ce que la justification de la réalisation du cautionnement définitif lui ait été

(1) L'Administration n'est jamais obligée de faire connaître les motifs de son refus d'admission à concourir.

(2) Voir cet arrêté page 822.

fournie, le récépissé du cautionnement provisoire versé par le soumissionnaire déclaré adjudicataire.

Les autres récépissés de cautionnements provisoires sont rendus aux soumissionnaires ou à leurs représentants immédiatement après la clôture de la séance d'adjudication, sauf le cas indiqué ci-après :

Lorsque la vérification des soumissions pour l'application des prix stipulés aux quantités à livrer ne peut être effectuée en séance d'adjudication, les récépissés ne sont rendus qu'après cette vérification, laquelle doit toujours être opérée dans un délai maximum de vingt-quatre heures après la clôture de la séance d'adjudication, Tous les soumissionnaires restent engagés jusqu'à l'achèvement de cette opération.

Le remboursement du cautionnement provisoire a lieu dans les conditions prévues à l'article 5 de l'arrêté du 4 Novembre 1899.

§ 5. — Le cautionnement provisoire est acquis au Trésor, et l'adjudication est déclarée nulle, si l'adjudicataire ou son représentant refuse de signer soit le procès-verbal d'adjudication, soit le marché qui doit être passé à la suite de l'adjudication.

§ 6. — Le cautionnement provisoire peut être saisi également, conformément aux dispositions du paragraphe 3 de l'article 6, si l'acte constatant la réalisation du cautionnement définitif n'a pas été présenté dans le délai fixé par cet article.

Dans les deux cas qui précèdent, la saisie du cautionnement provisoire est prononcée par le Gouverneur général.

DIFFÉRENTS MODES D'APRÈS LESQUELS SONT SOUMISSIONNÉES LES FOURNITURES

Art. 18. — Le cahier des charges de chaque fourniture fait connaître :

1° Si les soumissionnaires doivent déterminer leurs prix eux-mêmes dans leurs soumissions ou faire, sur des prix de base, la diminution ou l'augmentation qu'ils jugent convenables ;

2° Si les soumissionnaires doivent se borner à fixer un prix par article, d'après l'unité assignée à cet article (kilogramme, mètre, stère, etc.), ou s'ils doivent faire l'application de leurs prix aux quantités déterminées pour chaque article dans le cahier des charges et établir, par l'addition de ces prix appliqués, l'évaluation totale de la fourniture ou de l'entreprise ;

3° Si les quantités déterminées dans le cahier des charges auxquelles les soumissionnaires doivent appliquer leurs prix représentent l'importance réelle de la fourniture ou de l'entreprise, ou si elles indiquent seulement des prévisions relativement à l'assortiment proportionnel, sans que l'Administration soit liée par ces prévisions ;

4° Si des prix maxima cachetés doivent être arrêtés par le Gouverneur général ;

5° Si l'adjudication doit avoir lieu à la fois sur concours d'échantillons et de prix et si les prix de soumission doivent être, par suite, combinés avec les coefficients assignés aux échantillons présentés par les soumissionnaires d'après la qualité relative desdits échantillons.

PRIX DE SOUMISSION, MILLIÈMES. — PRIX OU VALEUR A ÉNONCER EN TOUTES LETTRES. — SOUMISSION SUR PRIX DE BASE

Art. 19, § 1er. — Les prix des soumissions doivent être exprimés en francs et en centimes ou en piastres et en cents, suivant la distinction établie à l'article 11. Il n'est tenu aucun compte, dans les opérations d'adjudication, des fractions de centime ou de cent, à moins qu'elles ne résultent soit des calculs d'application des prix aux quantités, soit de diminution ou d'augmentation sur les prix de base, soit des rabais prévus par les articles 26 et 31 ci-après, pour les réadjudications.

Dans ces divers cas, toute fraction de cinq millièmes et au-dessus est comptée pour un centime ou un cent ; toute fraction au-dessous de cinq millièmes est négligée.

§ 2. — Toute somme doit être exprimée en toutes lettres dans les soumissions, à moins que celle-ci ne renferme une série de prix ; dans ce cas, c'est le montant total qui doit être arrêté en toutes lettres.

§ 3. — Lorsque les soumissions sont faites sur prix de base, la diminution ou l'augmentation que proposent les soumissionnaires est établie à raison de tant pour 100 et s'applique uniformément à chacun des prix de base des articles dénommés au cahier des charges. La diminution ou l'augmentation est exprimée en nombres entiers (1,2,3,4, etc., pour 10). Toute fraction est négligée.

Les soumissionnaires se bornent à énoncer, dans leurs soumissions, le taux de la diminution ou de l'augmentation qu'ils proposent sur l'ensemble des prix de base; l'application à chaque prix partiel de cette diminution ou de cette augmentation est faite ultérieurement sur le marché qui intervient, à la suite de l'adjudication, par le soumissionnaire déclaré adjudicataire, avec l'Administration.

Règles a suivre pour les soumissions ; pièces a y joindre

Art. 20.— Elles indiquent très exactement les noms des personnes, les raisons sociales ou les dénominations des sociétés commerciales qui se présentent comme soumissionnaires(1), ainsi que leur domicile et le lieu où elles demandent à être payées.

Elles sont accompagnées :

1° Du récépissé de cautionnement provisoire mentionné à l'article 17 ;

2° Des pouvoirs donnés par le soumissionnaire dans le cas où il se fait représenter dans les opérations ; ces pouvoirs sont donnés dans l'une des formes tracées par l'article 7 ;

3° Des certificats de capacité et de toutes autres justifications imposées aux soumissionnaires par le cahier des charges de la fourniture.

Obligations résultant du dépôt de toute soumission

Art. 21. — Toute soumission, par le fait seul de sa présentation, est considérée comme portant reconnaissance des conditions générales et du cahier des charges de la fourniture, ainsi que des échantillons, modèles, dessins ou devis, revêtus

---

(1) Les noms mis en tête des soumissions doivent être conformes à la signature des soumissionnaires.

Les raisons sociales doivent être conformes aux actes de société que les fournisseurs sont tenus de produire plus tard au Trésor pour obtenir le paiement de leurs livraisons. Lorsque les soumissions sont présentées par les directeurs ou administrateurs des sociétés anonymes, elles doivent mentionner que ces directeurs ou administrateurs stipulent ou non pour le compte desdites sociétés.

de l'attache du service intéressé, et comme impliquant également obligation pour le soumissionnaire de se conformer aux conditions stipulées pour la fourniture.

Elle doit, d'ailleurs, être suivie de la déclaration que le soumissionnaire possède une parfaite connaissance des présentes conditions générales et qu'il s'engage à s'y conformer en tout ce qui n'est pas contraire aux stipulations particulières du cahier des charges.

AVIS DES ADJUDICATIONS. — SÉANCE D'ADJUDICATION. — DÉPÔT, OUVERTURE, ACCEPTATION, REJET, VÉRIFICATION DES SOUMISSIONS. — ERREURS POUVANT ÊTRE RECTIFIÉES ; PRIX MAXIMUM.

Art. 22, § 1er. — L'avis des adjudications à passer est publié, sauf les cas d'urgence, au moins vingt jours à l'avance, par la voie des affiches et par tous les moyens ordinaires de publicité.

Cet avis fait connaître :

1° Le lieu où l'on peut prendre connaissance du cahier des charges ;

2° Les autorités chargées de procéder à l'adjudication ;

3° Le lieu, le jour et l'heure fixés pour l'adjudication.

§ 2. — Il est procédé à l'adjudication, en séance publique, par le chef du service intéressé ou, en cas d'absence, par son délégué, en présence des fonctionnaires désignés par les règlements.

Le cahier des charges et un exemplaire des présentes conditions générales sont déposés sur le bureau, ainsi que les plans, dessins et devis, quand il y a lieu.

§ 3. — Les soumissions, avec les pièces à l'appui, sont placées sous enveloppes fermées sur la suscription desquelles est indiqué l'objet de la fourniture. Elles sont remises sur le bureau en séance publique.

Toutefois, les cahiers des charges peuvent autoriser ou prescrire l'envoi des soumissions par lettres recommandées, ou leur dépôt dans une boîte à ce destinée ; ils fixent le délai pour cet envoi ou ce dépôt.

Les soumissionnaires ne sont admis à faire le dépôt de leurs soumissions que pendant l'intervalle des quinze minutes qui suivent l'heure indiquée par les affiches pour l'ouverture de la séance.

§ 4. — Aucune soumission déposée et reçue ne peut être retirée.

§ 5. — Les soumissions sont ouvertes par le président de la commission d'adjudication.

§ 6. — Est écartée toute soumission qui n'est pas dûment signée et arrêtée en toutes lettres au montant total, qui n'est point accompagnée des pièces régulières exigées, soit par le cahier des charges, soit par les présentes conditions générales, qui contient des clauses restrictives ou exceptionnelles, ou qui n'a pas été présentée dans les formes déterminées au paragraphe 3 du présent article.

§ 7. — Les soumissions écartées sont remises, après la séance d'adjudication, aux soumissionnaires ou à leurs représentants.

Les soumissions admises sont lues à haute voix par le président de la commission d'adjudication.

§ 8. — Lorsque les soumissions comportent l'application des prix d'unité aux quantités à livrer, la vérification des calculs est faite par les soins de l'Administration.

S'il s'est glissé des erreurs dans ces opérations, la rectification en est effectuée, mais sans que les prix d'unité puissent, en aucun cas, être modifiés.

§ 9. — Lorsqu'un maximum de prix ou un minimum de rabais a été arrêté d'avance par le Gouverneur général, le montant de ce maximum ou de ce minimum est indiqué dans un pli cacheté, déposé sur le bureau, à l'ouverture de la séance, par le président de la commission d'adjudication. Ce fonctionnaire ne prend connaissance des prix limites, qui doivent rester secrets, qu'après avoir donné lecture à haute voix des diverses soumissions ; il communique ensuite ces prix aux fonctionnaires qui assistent à l'adjudication.

Difficultés survenant en séance d'adjudication

Art. 23. — La commission d'adjudication prononce, séance tenante, sur les difficultés qui peuvent survenir pendant le cours de l'opération ; mention en est faite au procès-verbal.

Désignation de l'adjudicataire. — Réserves.

Art. 24. — Le président de la commission d'adjudication déclare provisoirement adjudicataire, sous réserve de la vérification des calculs, s'il y a lieu, et de l'approbation ultérieure du marché par le Gouverneur général, le soumissionnaire dont l'offre présente le prix le moins élevé, sauf le cas où cette offre dépasserait le prix maximum fixé par le Gouverneur général.

Le même mode est observé dans les cas des rabais déterminés par les articles 26 et 31 ci-après.

Vérification des soumissions après la séance d'adjudication. — Rectifications.

Art. 25. — Si la vérification des calculs des soumissions n'a pu se faire séance tenante, il y est procédé, par les soins de l'Administration, dans les vingt-quatre heures qui suivent l'adjudication, et, dans ce cas, comme le stipule l'article 17 ci-dessus, l'Administration conserve par devers elle tous les récépissés de cautionnements provisoires des diverses soumissions.

Si cette vérification amène la constatation d'erreurs, qui entraînent la modification de la soumission de l'adjudicataire provisoire ou qui doivent faire attribuer le bénéfice de l'adjudication à un autre soumissionnaire, il est dressé procès-verbal de ces rectifications et il en est donné avis aux soumissionnaires intéressés.

Egalité de prix entre soumissionnaires. — Comment il est procédé en pareil cas.

Art. 26. — Dans le cas où plusieurs soumissionnaires demandent le même prix et où ce prix serait le plus bas de ceux portés dans les soumissions, il est procédé, sur le champ, à une réadjudication entre ces soumissionnaires seulement.

Le président de la commission d'adjudication remet, en conséquence, aux concurrents leurs soumissions respectives, à la suite desquelles ils énoncent en secret le maximum du rabais qu'ils proposent sur leurs prix primitifs.

Si les soumissionnaires se refusent à faire de nouvelles offres ou si les prix demandés sont encore égaux, il est procédé par le tirage au sort à la désignation de l'adjudicataire.

Le rabais est établi à raison de tant pour 100; il est exprimé en nombres entiers (1, 2, 3, 4, etc., pour 100). Toute fraction est négligée.

L'application de ce rabais à chacun des prix est faite ultérieurement par le soumissionnaire déclaré adjudicataire, de concert avec l'Administration, conformément à l'article 19, § 3.

PROCÈS-VERBAL D'ADJUDICATION. — SIGNATURE ET DATE DU MARCHÉ

Art. 27, § 1er. — Le procès-verbal d'adjudication, rédigé sur un registre spécial, constate les résultats de l'opération et en relate toutes les circonstances. Il est signé en séance par l'adjudicataire provisoire ou par son représentant.

Ce procès-verbal et la soumission de l'adjudicataire provisoire qui, avec le cahier des charges, constituent le marché, sont transcrits, par les soins de l'Administration, à la suite dudit cahier des charges, lequel reproduit également, s'il y a lieu, le procès-verbal rectificatif dont il est question dans l'article 25 ci-dessus; la soumission ainsi transcrite est signée par l'adjudicataire provisoire ou par son représentant.

§ 2. — Pour les adjudications non suivies de réadjudication, la date du marché est celle de l'adjudication; pour les adjudications suivies de réadjudication, cette date est celle de la séance de réadjudication.

OFFRES DE RABAIS SUR LES PRIX DE L'ADJUDICATAIRE PROVISOIRE. — DISPOSITIONS GÉNÉRALES

Art. 28, § 1er. — Dans le cas où le cahier des charges admet le dépôt d'offres de rabais sur les prix auxquels l'adjudication a été dévolue (1), il indique si un délai est accordé pour la présentation de ces offres ou si elles doivent être faites, en

(1) *Décret du 10 Novembre 1882, relatif aux adjudications et aux marchés passés au nom de l'Etat, art. 16.* — Il peut être fixé par le cahier des charges un délai pour recevoir des offres de rabais sur le prix de l'adjudication. Si, pendant ce délai, qui ne doit pas dépasser vingt jours, il est fait une ou plusieurs offres de rabais d'au moins 10 pour 100, il est procédé à une réadjudication entre le premier adjudicataire et l'auteur ou les auteurs des offres de rabais pourvu qu'ils aient, préalablement à leurs offres, satisfait aux conditions imposées par le cahier des charges pour pouvoir se présenter aux adjudications.

séance d'adjudication immédiatement après la désignation de l'adjudicataire provisoire. Le délai sus-visé ne doit pas dépasser vingt jours.

Les offres de rabais ne peuvent être moindres de 10 pour 100; elles sont exprimées à raison de tant pour 100 en nombres entiers (10,11,12 etc., pour 100) et s'appliquent uniformément à chacun des prix de la soumission de l'adjudicataire provisoire.

Toute fraction est négligée.

Elles peuvent être déposées même par des personnes qui n'ont pas pris part à l'adjudication.

§ 2. — Les offres de rabais doivent être accompagnées des pièces exigées par le cahier des charges, si ces pièces n'ont pas déjà été produites.

Les soumissions relatives aux offres de rabais se bornent à indiquer quel est le taux du rabais proposé par le soumissionnaire, sans présenter le décompte des nouveaux prix qui en résultent. Ces prix sont calculés ultérieurement, conformément aux dispositions de l'article 19, § 3.

Offres de rabais en séance même d'adjudication

Art. 29.— Si, d'après les termes du cahier des charges, les offres de rabais d'au moins 10 pour 100 ne peuvent être présentées que dans la séance même d'adjudication, le soumissionnaire qui a déjà pris part à cette adjudication peut inscrire son offre à la suite de sa soumission primitive ; cette soumission lui est rendue à cet effet.

Les offres de rabais sont écrites en séance et en secret.

Dans le cas où des offres de rabais sont présentées ainsi en séance d'adjudication, conformément au cahier des charges, il est procédé immédiatement à une réadjudication.

Offres de rabais après la séance d'adjudication

Art. 30, § 1er. — Si le cahier des charges accorde un délai pour la présentation d'offres de rabais d'au moins 10 pour 100, ces offres doivent être adressées, dans le délai fixé, au président de la commission d'adjudication, sous enveloppe fermée et portant en suscription :

Adjudication du .. (date de l'adjudication);
Fourniture de... (nature de la fourniture);
Offres de rabais déposées par :
M. N... (nom du soumissionnaire);
M. N... (nom du fondé de pouvoirs).

Les offres de rabais ainsi adressées ne sont ouvertes qu'en séance de réadjudication.

§ 2. — La séance de réadjudication, dans le cas où des offres de rabais ont été présentées, a lieu le lendemain du jour de l'expiration du délai accordé par le cahier des charges pour le dépôt des dites offres. Si c'est un jour férié, la réadjudication a lieu le jour suivant.

Réadjudication à la suite du dépôt d'offres de rabais. — Comment il y est procédé

Art. 31, § 1er. — Lorsque, conformément au cahier des charges, des offres de rabais d'au moins 10 pour 100 ont été déposées, il est procédé à une réadjudication entre le premier adjudicataire et l'auteur ou les auteurs de ces offres de rabais, dans les formes déterminées pour l'adjudication (paragraphe 2 de l'article 22 des présentes conditions générales).

§ 2. — La réadjudication entre l'adjudicataire provisoire et l'auteur ou les auteurs des offres de rabais a lieu sur nouvelles offres qui sont écrites en séance et en secret à la suite des soumissions.

Le président de la commission d'adjudication remet, en conséquence, aux concurrents leurs soumissions respectives et ils y énoncent le maximum du rabais qu'ils proposent définitivement sur les prix résultant de l'adjudication provisoire, conformément au deuxième alinéa du paragraphe 1er de l'article 28.

Si ces nouvelles offres qui ne peuvent être faites qu'une fois sont égales, il est procédé par le tirage au sort à la désignation de l'adjudicataire.

§ 3. — Le procès-verbal de réadjudication est signé par l'adjudicataire ou par son représentant. Lorsque la réadjudication a lieu dans la même séance que l'adjudication, les résultats de ces deux opérations sont constatés dans un procès-verbal unique qui est signé par le dernier adjudicataire seulement.

Délai pour l'approbation des marchés passés par adjudication. — Désistement de l'adjudicataire en cas de retard dans la notification de cette approbation.

Art. 32, § 1er. — La décision relative à l'approbation ou au refus d'acceptation du marché par le Gouverneur général est notifiée à l'adjudicataire dans un délai maximum de 50 jours (1). Ce délai court, soit de la date du procès-verbal d'adjudication, soit de celle du procès-verbal rectificatif, dans le cas de vérification des soumissions après la séance d'adjudication, soit du terme stipulé pour la réception des offres de rabais de 10 pour 100 au moins, soit enfin, s'il y a eu réadjudication, par suite d'offres de rabais, de la date du procès-verbal de réadjudication.

Le délai sus-visé de 50 jours ne comprend que des jours pleins et ne court, en conséquence, que du lendemain des adjudications ou réadjudications. Les jours fériés ne sont pas déduits.

§ 2. — Tout adjudicataire qui n'a pas reçu notification de l'approbation de son marché dans les délais ci-dessus mentionnés est libre de renoncer à exécuter la fourniture et il lui est donné, dans ce cas, mainlevée du cautionnement provisoire versé par lui en conformité de l'article 17.

Si l'adjudicataire ne s'est pas encore désisté au moment où après l'expiration de ces délais, l'approbation du marché lui est notifiée ; son désistement, pour être valable, doit être adressé au chef du service intéressé dans un délai de quatre jours, à partir de celui de la notification de cette approbation. La date de la remise de cette notification est constatée par l'émargement de l'adjudicataire ou de son représentant, soit sur le registre des notifications, soit sur le carnet du bureau de poste qui lui a remis l'avis de l'Administration. Après ce terme de quatre jours, le silence de l'adjudicataire est considéré comme impliquant acceptation définitive du marché.

Adjudication sur concours d'échantillons.

Art. 33. — Lorsque l'adjudication doit avoir lieu sur con-

(1) Arrêté du 12 Novembre 1914.

cours d'échantillons, ainsi qu'il est prévu à l'article 18, cinquième alinéa, des présentes conditions générales, le cahier des charges détermine quels sont les échantillons à produire par les soumissionnaires et dans quel délai ils doivent être déposés.

Les soumissions et le pli contenant les pièces exigées par le cahier des charges sont remis au président de la commission d'adjudication, en même temps que les échantillons exigés sont déposés dans les lieux désignés par l'Administration.

Il est donné reçu daté, des uns et des autres, aux soumissionnaires.

Les échantillons sont examinés, avant la séance d'adjudication, par une commission qui les soumet aux épreuves prescrites par le cahier des charges et attribue à ceux qui ont satisfait à ces épreuves un coefficient gradué, en raison de leur qualité.

Il est donné lecture du procès-verbal de cette commission en séance publique d'adjudication. Les soumissions sont rendues, sans être décachetées, aux concurrents dont les échantillons n'ont point rempli les conditions de qualité exigées. Les soumissions des concurrents admis sont ensuite décachetées par le président de la commission d'adjudication lequel déclare provisoirement adjudicataire, le soumissionnaire dont le prix combiné avec le coefficient attribué à ses échantillons constitue l'offre la plus avantageuse pour l'Administration.

Marchés de gré a gré. — Achats sur facture

Art. 34, § 1er. — Les marchés de gré à gré, par application de la faculté laissée à l'Administration, dans les cas déterminés par l'article 18 du décret du 18 Novembre 1882, sont débattus entre le service intéressé et les fournisseurs, sous réserve de l'approbation du Gouverneur général.

§ 2. — La décision relative à l'approbation ou au refus d'acceptation de tout marché de gré à gré est notifiée dans un délai maximum de 50 jours (1), à partir de la date de la signature des expéditions du traité par le fournisseur ou par son représentant.

---

(1) Arrêté du 12 Novembre 1914.

§ 3. — Le fournisseur qui n'a pas reçu notification de l'approbation de son marché dans le délai mentionné au paragraphe 2 du présent article, est libre de renoncer à exécuter le traité.

Si le fournisseur ne s'est pas encore désisté au moment où l'approbation du marché lui est notifiée, son désistement, pour être valable, doit être adressé au chef du service intéressé dans un délai de quatre jours, à partir de celui de la notification de cette approbation. La date de la remise de cette notification est constatée dans les mêmes formes qu'il a été dit à l'article 32, § 2.

§ 4. — Les achats, travaux ou transports dont le montant ou la valeur présumée n'excède pas 1.500 francs peuvent être effectués sur simple facture, conformément à l'article 22 du décret du 18 Novembre 1882. Les factures relatives à ces dépenses portent l'acceptation du chef du service intéressé.

§ 5. — Les fournisseurs qui n'exécutent pas les livraisons qu'ils s'étaient engagés à faire sur facture sont passibles des pénalités prévues à l'article 63.

TITRE III.

Dispositions concernant l'exécution du service, les recettes et les paiements

Commandes, marchés déterminant les quotités et les époques de livraison

Art. 35, § 1er. — Lorsque les marchés sont exécutoires sur commandes, les commandes sont faites par écrit et adressées au fournisseur par le chef du service intéressé.

Les commandes peuvent être faites jusqu'au jour de l'expiration du marché exclusivement, quel que soit le délai d'exécution qu'elles comportent.

§ 2. — Lorsque les conditions particulières déterminent les quotités et les époques de livraisons, la simple notification de l'approbation du marché tient lieu de toute commande.

Délais supplémentaires de livraison

Art. 36. — Les demandes des fournisseurs tendant à obtenir des délais supplémentaires de livraison doivent être adressées, avant le terme d'exécution fixé par le marché ou par la commande, au chef du service intéressé qui statue.

INTRODUCTION DES LIVRAISONS. — ORDRE D'INTRODUCTION. — DATE ASSIGNÉE A LA LIVRAISON

Art. 37, § 1er. — Les matières ou objets livrés ne sont introduits dans les magasins que sur un ordre écrit du service intéressé.

Cet ordre est délivré sur la remise des factures détaillées, exigées par l'article 38 ; il est donné au bas de l'expédition de la facture.

L'ordre d'introduction indique le lieu de dépôt et le délai dans lequel l'introduction doit être effectuée.

Les matières ou objets livrés sont conduits au lieu de dépôt, par les soins et aux frais du fournisseur qui doit, s'il en est requis, classer ses marchandises, selon les catégories ou subdivisions indiquées dans le marché ou la commande, en se conformant d'ailleurs aux indications qui lui sont données à cet égard par l'Administration.

§ 2. — La livraison, relativement au délai d'exécution fixé par le marché, prend la date de l'introduction effective constatée sur la facture par l'agent chargé de la salle de dépôt.

Lorsque le fournisseur fractionne le transport des quantités pour lesquelles il a pris un ordre d'introduction, la livraison, dans son ensemble, prend la date de l'introduction de la dernière fraction.

FACTURES DES FOURNISSEURS. — DISPOSITIONS DIVERSES

Art. 38, § 1er. — Les matières ou objets livrés par le fournisseur sont accompagnés de factures en deux expéditions.

Il doit être produit des factures distinctes pour chacun des services auxquels les livraisons sont destinées d'après le marché ou les commandes,

§ 2. — Les factures portent en tête le nom du fournisseur, la date du marché, et, si le marché est à commandes successives, celle de la commande ; elles indiquent, conformément aux désignations du marché, la nature, les quantités, le prix d'unité et la valeur des matières ou objets livrés, les marques apposées sur lesdits matières et objets, ou sur les caisses et colis.

Les factures sont datées, arrêtées en toutes lettres et signées (mais sans être acquittées) par le fournisseur ou par son représentant.

§ 3. — Si, ultérieurement, les quantités admises en recette ne concordent pas avec celles qui sont portées sur les factures, la concordance entre ces factures et les procès-verbaux de recette est établie par le chef du service intéressé, au bas desdites factures qui sont de nouveau arrêtées en toutes lettres. Cette concordance est reconnue par le fournisseur ou par son représentant.

Marques, cachets, etc., a apposer sur les fournitures

Art. 39. — Les matières ou objets livrés doivent être revêtus, s'ils en sont susceptibles, des marques ou plombs des manufactures ou ateliers d'où ils sortent, ou des cachets, timbres ou noms des fournisseurs.

Lorsque ces signes n'ont pu être appliqués sur les matières ou objets, ils doivent l'être sur les caisses ou colis qui les renferment.

Irresponsabilité de l'Administration jusqu'à la recette

Art. 40. — L'Administration, non plus que ses agents, n'est responsable, jusqu'à la recette définitive, ni des quantités introduites, ni de la détérioration des matières ou objets.

Commission de recette, sa composition. — Mode de procéder de cette commission

Art. 41, § 1er. — Les matières ou objets livrés sont soumis à l'examen de la commission de recette qui en prononce l'admission ou le rejet, après s'être assurée que ces matières ou objets satisfont, en tous points, au clauses des marchés et sont, s'il y a lieu, conformes échantillons ou dessins,

Dans le cas où un marché commun, stipulant les mêmes conditions de recette ou d'épreuve, aura été passé pour les besoins de plusieurs services en vue de la livraison de matières ou d'objets destinés au même emploi, la commission de recette du service le plus intéressé, c'est-à-dire de celui qui doit employer la plus grande partie des articles à fournir, sera seule appelée à procéder à leur examen et à statuer sur l'admission ou le rejet de ces marchandises. Le président de la commission pourra toujours, d'ailleurs, faire convoquer, à titre consultatif, un représentant de l'autre service consommateur.

La commission de recette est composée d'un nombre impair de membres: ce nombre ne doit pas être inférieur à trois.

Les décisions de la commission de recette sont prises à la majorité des voix. Elles sont immédiatement exécutoires lorsqu'elles concluent à l'acceptation des matières ou objets. Dans le cas contraire, il y a sursis jusqu'à l'expiration du délai fixé par l'article 55 des présentes conditions générales pour l'appel éventuel des fournisseurs au Gouverneur général et, s'il y a appel, jusqu'à ce qu'il ait été statué sur cet appel.

En cas de rejet de la livraison, le président de la commission de recette notifie verbalement et séance tenante au fournisseur, ou à son représentant, s'il est présent, le motif de la décision de la commission. Mention en est faite dans le procès-verbal de la commission.

En cas d'absence du fournisseur à la séance de la commission, cette notification est faite par le chef de service intéressé.

§ 2. — La commission de recette peut se borner à statuer sur la qualité des matières ou objets livrés, sans en constater la quantité.

Dans ce cas, la reconnaissance des quantités est faite, après le prononcé de la commission de recette, par un délégué de l'Administration et sous la surveillance d'un des membres de la commission de recette. Si, dans cette opération, quelques-uns des objets sont trouvés défectueux, la commission de recette est appelée à les examiner de nouveau pour prononcer définitivement sur leur admission ou leur rejet.

Bonification, réparation des objets livrés

Art. 42, § 1er. — Lorsque la commission reconnaît que des matières ou objets qu'elle ne juge pas admissibles sont, cependant, susceptibles d'être réparés ou bonifiés par les soins du fournisseur, le chef du service intéressé détermine, sur la proposition du président de la dite commission, le délai dans lequel le fournisseur doit représenter ces matières ou objets, après en avoir effectué la réparation ou la bonification.

Les matières ou objets réparés ou bonifiés peuvent, lorsqu'ils sont de nouveau présentés à l'examen de la commission de recette, être soumis à toutes les épreuves prévues par le marché.

§ 2. — Le travail de réparation ou de bonification ne peut être effectué dans l'intérieur des magasins qu'en vertu d'une autorisation spéciale du chef du service intéressé.

§ 3. — Les mêmes matières ou objets ne peuvent être remis qu'une seule fois au fournisseur pour être bonifiés ou réparés; si, après cette bonification ou réparation, ils ne satisfont pas aux conditions stipulées par le marché, ils sont rebutés et, dans ce cas, le chef du service intéressé peut, s'il y a urgence, refuser au fournisseur la faculté de les remplacer et les faire acheter à son compte.

Cessions et prêts faits aux fournisseurs

Art. 43. — Lorsque, pour un travail qui doit être à la charge du fournisseur, d'après les stipulations du marché ou des présentes conditions générales (déchargement, transport dans les magasins de l'Administration, manutentions diverses, bonification, etc.), l'Administration, a mis à la disposition du fournisseur des hommes, des chevaux, des machines, des apparaux, des matières ou objets quelconques, le remboursement de la dépense est fait au Trésor sur un ordre de versement donné par l'ordonnateur.

Le montant en est évalué conforménent aux règlements et tarifs en vigueur, avec augmentation du quart pour les frais généraux, quand cette augmentation n'est pas déjà comprise dans les prix de ces tarifs.

Avis a donner aux fournisseurs pour les opérations de recette

Art. 44. — Les fournisseurs ou leurs représentants sont prévenus à l'effet d'assister aux séances de la commission de recette, aux épreuves, ainsi qu'aux constatations des pesées et mesurages.

Lorsque, ayant été prévenus, ils ne se sont pas présentés, leur absence ne peut arrêter ni suspendre aucune opération, et ils ne sont admis à réclamer ni contre les décisions de la commission, ni contre la constatation des quantités.

Épreuve des marchandises — Différences entre l'échantillon et les conditions du marché

Art. 45, § 1er. — La commission de recette se renferme strictement dans le programme des épreuves tracé par les conditions particulières du marché.

En l'absence de stipulations précises dans les marchés relativement aux épreuves, la commission de recette a toute latitude pour les essais et expériences à faire subir aux matières ou objets livrés, en se basant sur leur emploi probable.

Les fournisseurs ne sont point admis à réclamer contre la nature des épreuves auxquelles la commission de recette procède dans ces conditions.

§ 2. — Dans le cas où il n'y a pas parfaite conformité entre les modèles ou échantillons-types et les conditions du marché, ces dernières font foi.

Signe de rebut

Art. 46, § 1er. — Dans le cas où les conditions particulières du marché stipulent que les matières ou objets rebutés doivent être marqués d'un signe de rebut, elles déterminent le signe à appliquer sur ces matières ou objets, de façon que l'apposition de ce signe fasse subir le moins de préjudice possible à leur valeur commerciale.

Les fournisseurs ou leurs représentants sont prévenus du jour et de l'heure de l'apposition du signe de rebut. Cette opération est effectuée sous la surveillance d'un fonctionnaire ou agent de l'Administration.

Lorsque les fournisseurs ou leurs représentants ont réclamé contre la décision de la commission de recette, il est sursis, jusqu'à décision définitive, à l'apposition du signe de rebut.

§ 2. — Quand le rebut n'est pas motivé par un défaut de qualité, le chef du service peut, sur la demande du fournisseur, autoriser que le signe de rebut ne soit pas apposé.

Enlèvement des livraisons rebutées

Art. 47. — Les matières ou objets rebutés doivent être enlevés des magasins de l'Administration par les soins du fournisseur, dans le délai qui est fixé par les conditions particulières de chaque marché.

Si les matières ou objets ne sont pas enlevés à l'expiration de ce délai, le fournisseur est passible, par jour de retard, d'une retenue de 1/2 pour 100 de la valeur des matières ou objets.

Cette retenue, dans le cas où elle est appliquée, est prononcée par le Gouverneur général, sur le rapport du chef du service intéressé, et le montant en est précompté sur les sommes dues au fournisseur ; à défaut de sommes dues, le versement doit en être effectué par lui au Trésor, sinon, la reprise en est effectuée sur son cautionnement.

L'Administration peut également, à l'expiration du délai définitif fixé par la mise en demeure, faire procéder d'office à l'enlèvement des matières ou objets rebutés et à leur dépôt hors de ses magasins, aux frais et risques du fournisseur.

Frais éventuels a rembourser par les fournisseurs en cas de rebut des livraisons.— Frais d'épreuves

Art. 48. — Les frais de déchargement, de transport et tous autres qui, d'après les stipulations du marché ou en vertu des présentes conditions générales, auraient été supportés par l'Administration, doivent être, en cas de rebut des livraisons, remboursés par le fournisseur dans la proportion des quantités rebutées et selon la règle tracée par l'article 43.

Cette disposition ne s'applique pas aux frais pour les épreuves. Ces frais restent, dans tous les cas, à la charge de l'Administration.

Remplacement des livraisons rebutées. — Double rebut

Art. 49, § 1er. — Le remplacement des rebuts, sauf l'exception prévue par l'article 42, § 3, doit être effectué dans le délai qui est fixé par les conditions particulières du marché. Ce délai court à partir du jour où le rebut a été prononcé par la commission de recette ou, en cas d'appel, à partir de la notification de la confirmation du rejet.

Le fournisseur ne peut user qu'une seule fois de la faculté de remplacer les quantités rebutées, à moins d'autorisation spéciale accordée par le chef du service intéressé.

Si les objets présentés en remplacement sont rebutés définitivement, le Gouverneur général décide qu'il sera procédé à l'achat aux frais et risques du fournisseur, des quantités dues, ou prononce la résiliation du marché avec saisie de tout ou partie du cautionnement.

§ 2. — Dans le cas d'achat aux frais et risques du fournisseur, il est procédé selon les dispositions de l'article 66 ci-après.

Tolérance de quantité. — Enlèvement des excédents

Art. 50. — A moins de stipulation contraire dans les marchés, il est toléré une différence d'un vingtième, soit en plus, soit en moins, entre les quantités à fournir et les quantités admises en recette.

La tolérance s'applique à chaque article de la fourniture, à chaque commande ou contingent, et quand la fourniture est commune à plusieurs en vertu d'un marché général, à chacun des contingents affectés à chaque service.

Les excédents outrepassant la tolérance du vingtième ou celle qui est fixée par le marché doivent être retirés des magasins de l'Administration dans le délai déterminé pour l'enlèvement des quantités rebutées ; en cas d'infraction à cette règle, le fournisseur est passible des pénalités prévues à l'article 47. Dans certains cas particuliers, le chef du service intéressé peut autoriser l'admission de quantités dépassant le vingtième d'une livraison.

Admission avec réduction de prix d'une livraison d'abord refusée

Art. 51. — En règle générale, aucune livraison dont le rebut a été prononcé ne peut être admise en recette avec réduction de prix.

Il n'est fait d'exception à cette règle que lorsque des besoins très urgents, auxquels il ne peut être autrement pourvu, exigent absolument que l'Administration reçoive des matières ou objets d'abord rebutés.

Dans ce cas, le chef du service intéressé charge la commission de recette de faire une juste appréciation de la réduction à apporter dans les prix, eu égard aux défectuosités desdites matières ou objets. Il autorise ensuite l'admission en recette, avec la réduction de prix qu'il détermine, sous réserve de l'acceptation préalable du fournisseur.

Lorsque, sans être absolument conforme aux conditions du marché ou à l'échantillon, une livraison est cependant d'une qualité irréprochable, la commission de recette peut proposer son admission à titre tout à fait exceptionnel, sans qu'il y ait besoin d'invoquer la raison d'urgence. Cette admission en recette ne peut avoir lieu qu'avec une réduction de prix dont la quotité, proposée par la commission et acceptée par le fournisseur, est soumise à l'approbation du chef du service intéressé.

TARES

Art. 52.—Les procédés d'après lesquels doivent être constatées les tares (poids des contenants) sont déterminés par la commission de recette, lorsqu'ils n'ont pas été prévus par les conditions particulières au marché lui-même.

CAISSES, FUTS, ENVELOPPES.

Art. 53.— A moins de stipulations contraires dans les conditions particulières au marché, les caisses, fûts, toile d'emballage., etc., servant d'enveloppes aux matières ou objets livrés, demeurent en toute propriété à l'Administration sans indemnité pour le fournisseur.

QUANTITÉS CONSOMMÉES DANS LES ÉPREUVES

Art. 54. — Les matières employées dans les épreuves et prélevées sur les livraisons ne sont pas payées au fournisseur lorsque la catégorie d'objets sur laquelle a eu lieu ce prélèvement a été rebutée. Dans les autres cas, il est tenu compte de ces matières au fournisseur.

Ce procès-verbal de la commission de recette constate les quantités consommées pour les essais.

Les parties, déchets, résidus des matières employées dans les épreuves sont, en cas de rebut total, rendus au fournisseur sur sa demande, s'ils ne sont pas mêlés ou adhérents à d'autres matières ou objets appartenant à l'Etat.

APPEL AU GOUVERNEUR GÉNÉRAL CONTRE LA DÉCISION DE LA COMMISSION DE RECETTE. — DÉLAI D'APPEL. — FORMALITÉS A REMPLIR.

Art. 55, § 1er.— Les fournisseurs ou leurs représentants qui croient devoir réclamer contre un rebut prononcé par la commission de recette sont admis à porter appel devant le

Gouverneur général ; mais leur réclamation, pour être valable, doit être remise, dans les trois jours qui suivent celui de la séance de la commission, au chef du service intéressé, qui la transmet au Gouverneur général en l'accompagnant des explications qu'elle comporte.

Ne sont point admis à porter appel les fournisseurs ou leurs représentants qui n'ont point assisté aux séances de la commission de recette.

Dans le cas d'appel, il y a sursis, à l'égard des quantités rebutées ainsi qu'à l'apposition du signe de rebut, jusqu'à la décision du Gouverneur général qui, s'il juge qu'il y ait lieu, fait procéder préablement à un nouvel examen de ces quantités par une commission nommée extraordinairement, dont l'intervention a un caractère essentiellement consultatif. Les dispositions de l'article 44 des présentes conditions générales sont applicables aux séances de cette commission.

§ 2.—La décision du Gouverneur général, quand elle conclut au maintien du rebut de la livraison, est donnée sous forme de décision administrative et mentionne les principaux motifs du rebut. Il en est adressé ampliation au fournisseur ou à son représentant. Cette décision est immédiatement exécutoire.

§ 3. — Le fournisseur peut se pourvoir devant le Conseil du contentieux administratif et, en dernier ressort, devant le Conseil d'Etat contre la décision du Gouverneur général.

Frais de l'instruction

Art. 56. — Les frais de toute nature occasionnés par l'instruction spéciale que le Gouverneur général peut ordonner avant de statuer sont à la charge du fournisseur dont la réclamation est rejetée.

Liquidation des livraisons : paiements éventuels d'acomptes

Art. 57. — Le montant d'une livraison ne doit être liquidé que lorsque la recette de cette livraison a été effectuée.

Il n'est payé d'acompte que pour un service fait et lorsque cette condition a été stipulée expressément dans les clauses particulières du marché.

Lieu de paiement. — Formalités relatives au changement du lieu de paiement

Art. 58. — Le paiement des livraisons peut être effectué

au choix du fournisseur, dans une des caisses du Trésor en Indochine; le paiement peut aussi être effectué en France, lorsque les prix du marché sont exprimés en francs.

Le soumissionnaire doit toujours indiquer dans sa soumission le lieu où il demande à être payé.

Aucun changement ne peut avoir lieu ultérieurement à cet égard, à moins d'autorisation spéciale du Gouverneur général et sans être, d'ailleurs, régularisé par un acte additionnel qui doit être soumis à l'enregistrement dans le même lieu que le marché primitif.

DÉLAIS DE REMISE DES TITRES DE PAIEMENT.

Art. 59, § 1er. — Sauf les cas de force majeure, dont le Gouverneur général se réserve l'appréciation, et ceux de retards de livraison pouvant entraîner l'application de pénalités, les titres de paiement sont remis aux fournisseurs, ou à leurs représentants, avant l'expiration d'un délai de quarante jours.

Ce délai court à partir du jour de la constatation des quantités des matières ou objets admis en recette, sous la réserve, toutefois, que les fournisseurs n'apportent eux-mêmes aucun retard dans la production ou la régularisation de leurs factures.

§ 2. — Les titres de paiement sont remis aux fournisseurs, ou à leurs représentants par le chef du service intéressé.

Les fournitures et ouvrages dont le montant n'a pas été réclamé avant la clôture de l'exercice, en ce qui concerne les dépenses des services à la charge de l'Etat, ne peuvent être acquittés que sur ordonnances directes du Ministère des colonies. Des avis, par la voie du *Journal officiel de l'Indochine,* rappellent, chaque année, cette disposition aux créanciers de l'État.

TITRE IV

Dispositions concernant l'application des clauses de garantie pour l'exécution du service

EXIGIBILITÉ DES LIVRAISONS. — LE FOURNISSEUR EST CONSTITUÉ EN DEMEURE PAR L'ÉCHÉANCE DU TERME. — EMPÊCHEMENTS DE FORCE MAJEURE.

Art. 60, § 1er. — Le fournisseur est tenu d'effectuer ses livraisons et d'opérer le remplacement des objets rebutés dans les délais fixés soit par le marché, soit par les commandes, soit, dans le cas prévu à l'article 36, par la décision du chef de service. Il est constitué en demeure par la seule échéance du terme et sans qu'il soit besoin d'acte préalable de l'Administration.

Ces dispositions concernent également les délais qui ont pu être fixés par le Gouverneur général, dans les cas prévus à l'article 62 ci-après.

§ 2. — En cas de retard de livraison, le fournisseur doit présenter ses justifications au chef du service intéressé.

§ 3. — Les empêchements résultant de cas de force majeure régulièrement constatés peuvent seuls être invoqués par le fournisseur à sa décharge. L'appréciation en est faite par l'Administration.

RÉTARDS DE LIVRAISON NE DÉPASSANT PAS TRENTE JOURS

Art. 61, § 1er. — Sauf le cas d'urgence prévu au paragraphe 2 ci-après et qui donne lieu à l'application de dispositions particulières, il n'est statué sur les retards de livraison n'excédant pas trentre jours, qu'après que la livraison a été effectuée. Le jour de l'exigibilité de l'introduction doit être compris dans les jours de retard.

Si les justifications du fournisseur ne sont pas produites au plus tard quand il effectue la livraison ou si, ayant été produites, elles ne constatent pas d'empêchements de force majeure et ne sont pas reconnues valables, le Gouverneur général décide qu'il sera opéré sur la valeur de la livraison en retard une réduction de 20 centimes par 100 francs ou 20 cents par 100 piastres et par jour, à partir de l'expiration des délais mentionnés à l'article 60.

En cas de fractionnement dans les livraisons par suite de retards, les retenues ci-dessus indiquées sont effectuées sur chaque paiement, proportionnellement aux quantités admises en recettes.

§ 2. — Lorsque la livraison étant en retard, les besoins du service obligent l'Administration à recourir, par exception, à un achat d'urgence, le fournisseur est immédiatement informé des intentions de l'Administration à cet égard et invité à présenter ses justifications dans un délai de cinq jours, à partir de la notification de l'avis qui lui est adressé.

Si, à l'expiration de ce dernier délai, le fournisseur n'a pas produit ses justifications, ou si, ayant été produites, elles ne sont pas jugées valables, le Gouverneur général peut décider qu'il sera procédé, aux frais et risques du fournisseur, à l'achat de la totalité ou d'une partie seulement des quantités dont la livraison est en retard.

§ 3. — Dans le cas où l'Administration a dû acheter, par urgence, aux frais et risques du fournisseur, une partie de la livraison en retard, l'autre partie est passible de la réduction de 20 centimes par 100 francs ou 20 cents par 100 piastres et par jour.

Lorsque le retard de livraison résulte d'empêchements de force majeure reconnus valables et que l'Administration a été obligée, pour assurer le service, de recourir à un achat d'urgence, cet achat reste à son compte ; mais le fournisseur est admis, s'il le demande, à effectuer la livraison tardive.

§ 4. — Il est adressé au fournisseur, ou à son représentant, une ampliation de la décision motivée du Gouverneur général.

Le fournisseur qui croit devoir réclamer contre cette décision ne peut que se pourvoir devant le Conseil du contentieux administratif et, en appel, au Conseil d'Etat.

RETARDS DE LIVRAISON DÉPASSANT TRENTE JOURS

Art. 62, § 1er. — Il est également statué par le Gouverneur général à l'égard des retards de livraison qui se prolongent au-delà de trente jours.

La situation de la fourniture lui est alors transmise, en même temps que les justifications du fournisseur. Ces justifications sont exigibles, sans avis préalable de l'Administration, avant le trente et unième jour de retard.

§ 2. — Si le Gouverneur général reconnaît que les justifications présentées sont valables, il accorde au fournisseur un délai supplémentaire de livraison, sauf application, s'il y a lieu, de la disposition prévue par le 2e alinéa du paragraphe 3 de l'article 61.

Lorsque, à l'expiration de ce délai supplémentaire, la livraison n'a pas été effectuée, il est fait, de nouveau, application au fournisseur des dispositions des articles 60 et 61.

§ *3.* — Si le fournisseur ne produit pas de justifications ou si celles qu'il a produites ne s'appuient pas sur des circonstances reconnues par le Gouverneur général comme constituant des empêchements de force majeure, le Gouverneur général peut décider :

Soit que le marché sera résilié avec saisie de tout ou partie du cautionnement ;

Soit qu'il sera procédé, par l'Administration, aux frais et risques du fournisseur, à l'achat des matières ou objets pour la livraison desquels celui-ci est en défaut.

§ 4. — Toutefois, si le Gouverneur général, sans admettre que les justifications du fournisseur sont valables, juge convenable, en raison des circonstances, de ne pas user du droit que lui donne le paragraphe précédent, il peut se borner à prononcer une réduction de 6 °/₀ sur la valeur de la livraison en retard ; dans ce cas, le Gouverneur général fixe, s'il y a lieu, le délai extrême dans lequel le fournisseur doit effectuer la livraison.

Si la livraison n'est pas effectuée dans ce délai, le Gouverneur général peut appliquer au fournisseur une des pénalités prévues par le paragraphe 3 du présent article.

Art. 63. — Les pénalités prévues aux articles 61 et 62 ci-dessus ne sont pas applicables aux achats sur facture.

Lorsque la livraison d'objets achetés sur facture n'est pas faite dans le délai fixé, l'achat peut être immédiatement annulé par le chef du service intéressé. Il peut en être de même dans le cas de rebut.

Les fournisseurs qui ont encouru des annulations de l'espèce peuvent être exclus des appels à la concurrence pour les achats sur facture, pendant une période ne dépassant pas une année. L'exclusion est prononcée par le Gouverneur général.

Refus d'exécuter le marché.

Art. 64. — Lorsqu'un fournisseur déclare se refuser à l'exécution de son marché, les pénalités prévues par le paragraphe 3 de l'article 62 peuvent lui être appliquées aussitôt après qu'il a fait cette déclaration.

Notification de la décision du Gouverneur général. — Recours au Conseil du contentieux

Art. 65. — Dans les cas prévus par les articles 17, 47, 49, 56, 61, 62, 63, 64, 67, 68 et 70, ampliation de la décision du Gouverneur général, enregistrée préablement sur un registre *ad hoc*, est adressée au fournisseur ou à son représentant. Le fournisseur peut se pourvoir devant le Conseil du contentieux administratif et, en dernier ressort, devant le Conseil d'Etat, contre cette décision (1).

Si le fournisseur avait quitté son domicile sans laisser de représentant légal, un fonctionnaire de l'Administration devra dresser un procès-verbal constatant que, s'étant présenté au domicile du fournisseur et n'y ayant trouvé personne, il a remis copie de la décision ainsi que le procès-verbal de notification au maire ou à l'adjoint de la commune, qui visera l'original du procès-verbal. Si le marché est exécutoire dans une localité dépourvue de municipalité européenne, la copie de la décision et le procès-verbal de notification seront remis à l'administrateur faisant fonctions de maire, qui visera l'original du procès-verbal.

Cet original sera ensuite transmis au Gouverneur général.

Comment il est procédé en cas d'achat aux frais et risques du fournisseur

Art. 66, § 1er. — Dans les divers cas d'achat aux frais et risques du fournisseur, prévus par les présentes conditions générales, il est procédé conformément aux dispositions ci-après :

L'Administration pourvoit à l'achat, selon le mode qu'elle juge convenable, soit par voie d'adjudication publique, soit par voie de marché de gré à gré.

Le fournisseur en défaut n'est point admis à concourir aux adjudications qui sont faites à ses frais et risques.

Les quantités des matières ou objets achetés au compte du fournisseur sont déduites des quantités qu'il était tenu de fournir.

---

(1) Voir au nota de l'article 15 les dispositions des décrets du 22 Janvier 1806 et du 2 Novembre 1864, concernant les recours aux Ministres et au Conseil d'Etat en matière contentieuse.

Le montant de la plus-value, calculé à raison des quantités et des prix stipulés dans le marché passé aux frais et risques du fournisseur et déterminé par arrêté du Gouverneur général constituant le fournisseur en débet, est repris sur le cautionnement définitif ou, si ce cautionnement n'a pas encore été réalisé, sur le cautionnement provisoire versé par le fournisseur; celui-ci est, cependant, toujours libre de se libérer envers le Trésor au moyen d'un versement direct.

Le fournisseur n'est admis, en aucun cas, à réclamer pour cause de moins-value.

Lorsque le cautionnement primitif, ou la partie de ce cautionnement restée libre à la suite de reprises antérieurement exercées, ou le cautionnement provisoire, si le cautionnement définitif n'a pas encore été réalisé, est insuffisant pour couvrir la totalité de la plus-value, l'Administration a recours contre les biens du fournisseur (1).

Il en est de même lorsque, par exception, il n'a point été exigé de cautionnement comme garantie de l'exécution du marché.

Après un premier recours contre les biens du fournisseur, le Gouverneur général peut, suivant les circonstances, prononcer la résiliation du marché.

§ 2. — Le fournisseur ne peut être rendu responsable de l'inexécution des engagements contractés par le titulaire d'un marché passé à ses frais et risques.

Résiliation du marché en cas de rebuts successifs

Art. 67. — Lorsque, dans le cours d'une année, des livraisons faites par un fournisseur sur un même marché ont été rebutées dans la proportion de plus d'un tiers des quantités définitivement admises en recette pendant cette année, le Gouverneur général peut prononcer la résiliation du marché avec saisie de tout ou partie du cautionnement.

Délits, fraudes des fournisseurs

Art. 68. — Si, lors des recettes, il est reconnu que des matières ou objets précédemment rebutés sont reproduits,

---

(1) *Article 1092 du Code civil.* — Quiconque s'est obligé personnellement est tenu de remplir ses engagements sur tous ses biens mobiliers et immobiliers présents et à venir.

que des objets de mauvaise qualité sont présentés sous des formes ou des enveloppes propres à les déguiser, que des parties hétérogènes y ont été introduites dans le dessein d'en dénaturer la substance ou le poids, en un mot, qu'une fraude quelconque sur la nature, la qualité ou la quantité des choses fournies a été commise, le marché est résilié de plein droit, avec saisie du cautionnement, sans préjudice des poursuites qui peuvent être exercées devant les tribunaux, conformément aux lois et, notamment, aux dispositions du Code pénal relatives aux délits des fournisseurs.

Le Gouverneur général peut, d'ailleurs, avant la résiliation, faire acheter, aux frais et risques du fournisseur, les matières ou objets dont la livraison a été entachée de fraude.

SAISIE. — MODE DE PROCÉDER

Art. 69.—Il est procédé administrativement aux actes concernant les saisies déterminées par les articles précédents.

EXCLUSION DU CONCOURS AUX MARCHÉS DE L'ADMINISTRATION

Art. 70. — Tout fournisseur dont le marché a été résilié peut être exclu par le Gouverneur général du concours aux adjudications et aux traités de gré à gré.

PROROGATION DE MARCHÉS DONT L'EXÉCUTION A ÉTÉ SATISFAISANTE

Art. 71.— Lorsqu'une fourniture a été exécutée à la complète satisfaction de l'Administration, celle-ci peut, d'un commun accord avec le fournisseur, proroger le marché par un acte additionnel pour une durée égale ou inférieure à celle primitivement assignée audit marché, et pour une importance subordonnée aux besoins du service. Cette prorogation ne peut jamais être renouvelée.

Les prix ne doivent, en aucun cas, être supérieurs à ceux du marché primitif.

Le fournisseur qui désire obtenir la prorogation de son marché doit, avant l'expiration de ce marché, en adresser la demande au chef du service intéressé qui soumet l'acte de prorogation à l'approbation du Gouverneur général.

Arrêté du Gouverneur Général sur l'application de ceux des 4 Novembre et 31 Décembre 1899 aux marchés passés pour le compte des services locaux et provinciaux.

(*Du 11 Mai 1900*)

Article premier. — Les conditions générales fixées par l'arrêté du 31 Décembre 1899 susvisé sont, sous réserve des modifications prévues par le présent arrêté, rendues applicables : 1° aux fournitures de toute espèce ; 2° à toutes les entreprises autres que celles des travaux de la direction des Travaux publics, à exécuter en vertu de marchés passés en Indochine pour le compte des services locaux et provinciaux.

Sont également applicables, sous la même réserve, à tous les marchés passés en Indochine pour le compte desdits services, les dispositions de l'arrêté du 4 Novembre 1899 susvisé.

Art. 2. — Les pouvoirs réservés au Gouverneur général de l'Indochine par les arrêtés des 4 Novembre et 31 Décembre 1899 sont exercés respectivement, en ce qui concerne les marchés passés pour le compte des services locaux et provinciaux, par le Lieutenant-Gouverneur de la Cochinchine et par les Résidents supérieurs au Tonkin, en Annam, au Cambodge et au Laos, conformément aux décrets et arrêtés régissant l'organisation spéciale de chacun de ces pays.

Arrêté du Gouverneur Général fixant lee prescriptions auxquelles sont soumises toutes les adjudications publiques relatives à des marchés régis par les clauses et conditions générales du 20 Janvier 1899 (1).

(*Du 24 Octobre 1908*).

Article premier. — Toutes les adjudications publiques relatives à des marchés régis par les clauses et conditions générales du 20 Janvier 1899, sont soumises aux prescriptions suivantes.

ADMISSION À L'ADJUDICATION

Art. 2. — Nul ne sera admis à l'adjudication, s'il n'a les qualités requises pour garantir la bonne exécution des travaux.

---

(1) L'arrêté du 20 Janvier 1899 a été abrogé et remplacé par celui du 7 Avril 1919 (voir page 805).

Le cahier des charges de chaque entreprises fait connaître le délai dans lequel doit être présentée la déclaration prévue aux articles 2 et 3 des clauses et conditions générales et le fonctionnaire à qui elle doit être valablement adressée.

Les références doivent être jointes à la déclaration, sauf dans les cas où le cahier des charges, ou l'article 3 des clauses et conditions générales dispensent de les présenter.

Elles consistent en une note émanant du candidat et indiquant le lieu, la date, la nature et l'importance des travaux qu'il a exécutés, ainsi que les noms, qualités et domicile des hommes de l'art sous la direction desquels il les a exécutés. Le cahier des charges peut exiger que les certificats délivrés par ces hommes de l'art soient joints aux références ; il peut également stipuler que les certificats, pour être valables, aient été délivrés depuis moins de 3 ans.

La déclaration et les références seront retournés au candidat dûment visées, à titre de communication, par le fonctionnaire à qui elles auront été adressées.

Forme des soumissions

Art. 3. — Les soumissions devront être sur papier timbré et conformes aux modèles annexés soit aux cahiers des charges, soit aux affiches d'adjudication. Toute soumission non conforme pourra être déclarée nulle et non avenue.

Les rabais ou augmentations doivent être calculés par centième de franc ou de piastre, sans fraction de centième. Toute fraction de centième serait, le cas échéant, comptée pour un centième.

Les soumissions seront datées et signées.

Composition des plis d'adjudication

Art. 4. — Toute soumission devra être accompagnée :

1° de la déclaration sus-mentionnée dûment visée ;

2° des références quand elles sont exigées ;

3° d'un récépissé de cautionnement provisoire, quand le cahier des charges n'a pas stipulé de dispense de cautionnement provisoire, ou s'il y a lieu, d'une pièce tenant lieu de récépissé de cautionnement provisoire, lorsque le cahier des charges a prévu ce cas spécial.

Toute soumission non accompagnée des pièces exigées pourra être déclarée nulle et non avenue.

La soumission sera renfermée *seule dans une enveloppe cachetée.* Les autres pièces exigées ainsi que cette enveloppe seront placées dans un paquet cacheté qui portera l'indication des travaux auxquels la soumission se rapporte.

Lorsqu'il y aura plusieurs lots adjugés séparément mais successivement, les pièces annexes, sauf le récépissé de cautionnement, pourront ne figurer que dans le pli se rapportant au lot adjugé le premier, parmi ceux auxquels prend part le concurrent.

Dépôt des plis d'adjudication

Art. 5. — Les plis d'adjudication seront directement déposés entre les mains du président de la commission d'adjudication, par les soumissionnaires ou leurs représentants.

Les plis déposés après l'intervalle des cinq minutes, qui suivent l'heure indiquée par les affiches pour l'ouverture de la séance, pourront n'être pas reçus par le président de la commission.

Les plis déposés directement seront immédiatement rangés sur le bureau et recevront un numéro dans l'ordre de leur présentation.

Les concurrents pourront aussi, au cas où le cahier des charges ne l'interdirait pas, adresser leur soumission avec pièces à l'appui, au fonctionnaire président de la commission d'adjudication, par lettre recommandée. Ces lettres recommandées porteront extérieurement une mention faisant connaître la nature du contenu et indiquant qu'elles ne doivent pas être ouvertes avant l'adjudication.

Elles devront parvenir au président de la commission avant l'heure indiquée par les affiches pour l'ouverture de la séance.

Composition de la commission d'adjudication

Art. 6. — Le président et les membres de la commission d'adjudication seront désignés dans les cahiers des charges. A défaut de désignation ainsi faite, la composition de la commission sera fixée par décision de l'autorité chargée d'approuver l'adjudication.

Opération de la commission d'adjudication

Art. 7. — Lorsqu'un maximum ou minimum de rabais ou d'augmentation (1) aura été arrêté d'avance, soit en conformité du cahier des charges, soit par décision spéciale de l'autorité chargée d'approuver l'adjudication, un pli cacheté indiquant les limites fixées sera déposé sur le bureau à l'ouverture de la séance.

A l'instant fixé pour l'ouverture des plis déposés par les concurrents, le premier cachet sera rompu publiquement et il sera dressé un état des pièces contenues sous ce premier cachet.

L'état dressé, les concurrents et le public seront invités à se retirer de la salle d'adjudication, et le président, après avoir consulté les membres de la commission, arrêtera la liste des concurrents agréés.

Immédiatement après, la séance redeviendra publique, et le président annoncera sa décision par la lecture de la liste des concurrents agréés. Les enveloppes contenant les soumissions des concurrents évincés leur seront remises sans être ouvertes. Celles des concurrents agréés seront alors ouvertes en présence du public, et il sera donné lecture des soumissions à haute voix.

Avant de désigner l'adjudicataire provisoire, la commission pourra, s'il y a lieu, se constituer en séance privée pour examiner les incidents qui se seraient produits, décider si une soumission est acceptable lorsqu'elle n'est pas rigoureusement conforme au modèle, prendre connaissance, le cas échéant, des limites de rabais ou d'augmentation fixées à l'avance, et examiner les protestations qui auraient pu être présentées par les concurrents.

Le concurrent dont la soumission sera acceptable, et qui aura fait l'offre d'exécuter les travaux aux conditions les plus avantageuses, sans dépasser les limites fixées à l'avance, sera ensuite déclaré publiquement adjudicataire provisoire, sous réserve de l'approbation de l'adjudication.

(1) Le Conseil d'Etat a décidé que la clause du maximum de rabais était irrégulière. (Voir ci-après circulaire à ce sujet).

Ne peut être déclaré adjudicataire provisoire un concurrent ayant fait une augmentation sur les prix de base lorsque cette augmentation n'est pas expressément prévue dans les cahiers des charges ou sur l'affiche de l'adjudication.

Cas de rabais ou d'augmentations identiques

Art. 8. — Si plusieurs soumissionnaires ont offert des rabais ou des augmentations identiques, et ne dépassant pas les limites fixées à l'avance, il est ouvert un nouveau concours, soit séance tenante si ces soumissionnaires sont présents ou représentés, soit dans un délai déterminé par la commission d'adjudication.

Ce nouveau concours sera ouvert seulement aux soumissionnaires dont les offres sont identiques.

Les offres de cette nouvelle adjudication ne pourront être moins avantageuses pour l'Administration que celles de la première. Elles pourront être faites en millièmes de francs ou de piastres sans fraction de millième ; toute fraction de millième serait, le cas échéant, comptée pour un millième.

Si les soumissionnaires se refusaient à faire de nouvelles offres ou si les prix demandés ne différaient pas encore, il serait procédé à un tirage au sort entre ces soumissionnaires.

Lorsque les premières offres identiques atteindront le maximum de rabais fixé à l'avance, il ne sera pas ouvert de nouveau concours, et on procédera immédiatement par voie de tirage au sort.

Résultat définitif de l'adjudication

Art. 9. — Les adjudications et réadjudications sont subordonnées à l'approbation de l'autorité désignée dans le cahier des charges.

Arrêté relatif à l'exclusion des adjudications ou appels d'offres des entrepreneurs ou fournisseurs qui, à raison de faits constatés dans des travaux ou fournitures faits par eux, auront encouru ou auraient été susceptibles d'encourir la résiliation de l'entreprise ou de la fourniture.

(Du 12 Janvier 1914).

Article premier. — Les entrepreneurs ou fournisseurs qui, à raison de faits constatés dans des travaux ou fournitures faites par eux, auront encouru ou auraient été susceptibles d'encourir la résiliation de l'entreprise ou de la fourniture, pourront être exclus temporairement ou définitivement de toutes les adjudications ou appels d'offres pour le compte des budgets de la Colonie.

Cette exclusion sera prononcée par un arrêté du Gouverneur général

---

Arrêté relatif à l'approbation des marchés et adjudications intéressant le budget général et les budgets annexes de ce budget.

(Du 5 Avril 1916).

Article premier. — Sont approuvés directement par les ordonnateurs secondaires du budget général et des budgets annexes du budget général agissant par délégation permanente du Gouverneur général :

1° Les projets, plans, marchés et adjudications intéressant le budget général et les budgets annexes du budget général lorsque la dépense ne dépasse pas 10.000$00 ou 25.000fr.00 ;

2° Les procès-verbaux des adjudications de travaux et fournitures autorisées par le Gouverneur général et dont le montant de la dépense engagée est supérieure à 10.000$00 ou 25.000fr.00, lorsque ces procès-verbaux ne relèvent pas d'incident au cours des séances de la commission d'adjudication ou qu'il ne résulte pas des offres présentées et agréées par la dite commission, une charge budgétaire plus importante que celle autorisée lors de l'approbation des projets.

Art. 2. — Sont soumis à l'approbation du Gouverneur général :

1° Les projets, plans, marchés et cahiers des charges des adjudications intéressant le budget général et les budgets annexes lorsque la dépense s'élève au-dessus de 10.000$00 ou 25.000fr.00 et ne dépasse pas 40.000$00 ou 100.000fr.00 ;

2° Les procès-verbaux des adjudications de travaux ou fournitures ayant donné lieu, soit à augmentation sur les crédits prévus, soit à incident, lorsque la dépense est inférieure à 40.000 $ 00 ou 100.000 fr. 00.

Circulaire du Gouverneur général au sujet de la participation des asiatiques étrangers aux marchés et aux adjudications passés en Indochine pour le compte des Administrations de l'Etat ou de la Colonie.

(Du 22 Mai 1901).

Mon attention a été appelée, par un vœu récent de la Chambre de Commerce de Hanoi, sur la question de la participation des asiatiques étrangers, aux marchés et adjudications, passés en Indochine, pour le compte des Administrations de l'Etat ou de la Colonie.

Dans l'état actuel de l'industrie et du commerce en Indochine, il est impossible, sans porter un préjudice considérable au Trésor, de limiter d'une façon générale, la concurrence, dans les marchés et adjudications aux seuls commerçants européens. En le faisant, l'Administration s'exposerait, d'ailleurs à favoriser, bien souvent, non pas tant les intérêts des commerçants, véritablement dignes de ce nom, que la spéculation de soumissionnaires peu scrupuleux qui serviraient de prête-noms aux chinois. Mais si la libre concurrence doit demeurer la règle et l'élimination l'exception, rien ne s'oppose, à ce que, par application de l'article 3 du décret du 18 Novembre 1882, dans certaines circonstances et en raison de certaines considérations qu'il appartient aux chefs de service d'apprécier, les asiatiques étrangers ne soient écartés des fournitures et entreprises de travaux. Je citerai, par exemple, le cas où l'intérêt soit de la défense, soit de la sécurité intérieure de l'Indochine serait en jeu ou bien encore le cas où la nécessité d'accorder une protection temporaire à une industrie européenne naissante serait établie.

Cette exclusion, quand elle sera jugée opportune, devra faire l'objet d'une clause spéciale insérée au cahier des charges et être motivée dans le rapport mis à l'appui de ce document.

Circulaire du Gouverneur général au sujet des règles applicables aux différentes formes de marchés.

(Du 6 Janvier 1903).

Mon attention a été attirée sur la rédaction défectueuse de certains cahiers des charges et sur la nécessité qui s'impose de se conformer strictement aux règlements relatifs à la passation des marchés. (*Décret du 18 Novembre 1882; arrêté ministériel du 20 Janvier 1899; arrêtés du Gouverneur général des 4 Novembre 1899 et 31 Décembre 1899*).

Il m'a paru utile de rappeler brièvement les règles applicables :

1° Aux adjudications publiques ;

2° Aux appels d'offres ;

3° Aux marchés de gré à gré ;

4° A tous les contrats quels qu'ils soient.

Le tableau ci-dessous, dans lequel les deux premiers points ont été résumés, fait ressortir les différences essentielles qui existent entre l'adjudication publique et l'appel d'offres.

I. — Adjudication publique

La séance d'adjudication est publique. L'ouverture des enveloppes contenant les propositions est faite par le président en présence des soumissionnaires.

La commission examine toutes les propositions établies conformément aux prescriptions du cahier des charges, accepte toutes les soumissions pendant un laps de temps de 15 minutes, et porte son choix sur la proposition la plus avantageuse au point de vue des chiffres.

Le président donne lecture des soumissions à haute voix ; des réadjudications peuvent avoir lieu immédiatement. L'Administration n'admet que des personnes qu'elle reconnaît préalablement capables et n'est jamais obligée de faire connaître les motifs de son refus d'admission à concourir.

L'avis des adjudications à passer est publié, sauf les cas d'urgence, au moins vingt jours à l'avance, par la voie des affiches et par tous les moyens ordinaires de publicité.

Le procès-verbal de l'adjudication constate les résultats de l'opération et en relate toutes les circonstances. Il est signé en séance par l'adjudicataire provisoire ou par son représentant. Ce procès-verbal et la soumission de l'adjudicataire provisoire qui, avec le cahier des charges constituent le marché, sont transcrits par les soins de l'Administration, à la suite dudit cahier des charges.

II. — APPEL D'OFFRES.

La séance de la commission n'est pas publique, les soumissionnaires ne doivent même pas y être admis.

La commission n'a à examiner que les propositions des industriels ou maisons de commerce appelés nominativement à faire des offres.

La commission, après avoir examiné à loisir les offres qu'elle a reçues, porte son choix sur celles qui lui paraissent les plus avantageuses parmi toutes les propositions qu'elle juge acceptables.

Ce n'est pas le prix le plus bas qui l'emporte nécessairement. Diverses considérations peuvent influer sur la décision à intervenir : valeur des plans présentés, s'il y en a ; longueur des délais demandés; exactitude habituelle des maisons à livrer dans les délais stipulés; enfin les mérites particuliers des produits de ces maisons.

Ces différentes considérations doivent d'ailleurs être examinées sans qu'on perde de vue la modicité des prix.

Lorsque le choix est fait, les autres soumissionnaires sont informés que leurs offres ne sont pas acceptées, mais il est inutile de leur faire connaître les prix demandés par leurs concurrents.

En matière d'appel d'offres, on doit se contenter du cahier des charges suivi du procès-verbal d'appel d'offres et de la soumission signée de l'intéressé et approuvée par le Gouverneur général. Il n'y a pas lieu d'exiger la rédaction d'un marché de gré à gré par acte séparé.

Ce dernier document fait double emploi avec le précédent et impose inutilement au soumissionnaire des frais de timbre supplémentaires. Le procès-verbal d'appel d'offres doit être imprimé à la suite du cahier des charges et non sur feuille volante, indûment soumise, en double emploi, au droit de timbre.

L'appel d'offres limite la concurrence et constitue, en quelque sorte, une dérogation à la législation des marchés.

L'usage de cette exception à la règle générale doit, en conséquence, être très restreint et toujours justifié par des circonstances particulières. Sans vouloir énumérer tous les exemples qui peuvent rendre nécessaire l'adoption de l'appel d'offres, il semble utile d'indiquer, à titre de renseignement, la plupart des fournitures, transports et travaux visés par l'article 18 du décret du 18 Novembre 1882.

III. — Marchés de gré à gré.

Les cas dans lesquels il peut être passé des marchés de gré à gré sont énumérés à l'article 18 du décret du 18 Novembre 1882.

Tous les marchés de gré à gré doivent rappeler celui des paragraphes dudit article dont il est fait application.

IV. — Conditions générales communes à tous les contrats.

Les marchés sont toujours établis en deux expéditions et envoyés sans retard à l'autorité supérieure. Aux termes de l'article 5 de l'arrêté ministériel du 20 Janvier 1899, l'approbation doit être notifiée à l'adjudicataire dans le délai fixé par le cahier des charges. L'arrêté du 31 Décembre 1899, article 32, paragraphe 1, édicte que la décision relative à l'approbation ou au refus d'acceptation du marché, par le Gouverneur général, est notifiée à l'adjudicataire dans un délai maximum de *20 jours* (1).

L'article 4 de l'arrêté du 7 Novembre 1902 dispose que les contrats passés par les chefs des services généraux doivent être soumis au secrétariat général avant d'être présentés à l'approbation du Gouverneur général.

Les projets de marchés sont soumis au visa du Contrôle financier par les soins du secrétariat général.

Les timbres sont apposés par le receveur au moment de l'enregistrement.

---

(1) Ce délai est porté à 50 jours par l'arrêté du 12 Novembre 1914.

Les soumissions sont toujours timbrées.

Des difficultés s'étant souvent produites au sujet du mode de paiement à adopter en matière de marchés, je tiens à vous signaler que les paiements à effectuer en France sont faits en francs.

Dans la colonie, ils sont faits en piastres, au cours officiel du jour de la liquidation.

Vous devrez toujours indiquer, en marge des contrats :

L'objet de la fourniture, la date du marché, sa durée, la date de notification de l'approbation et de la réalisation du cautionnement.

Enfin, il conviendra d'insérer la clause suivante dans les cahiers des charges :

En cas de non-exécution d'une condition quelconque du présent cahier des charges, le contrat sera résilié de plein droit, après une seule mise en demeure préalable, faite au soumissionnaire, d'avoir à exécuter ses engagements dans un délai de ....jours (le délai peut varier selon la nature des contrats). En outre, le cautionnement sera confisqué, indépendamment des dommages et intérêts auxquels le soumissionnaire pourra être tenu.

En terminant, je vous rappellerai qu'en vertu de l'article 6 de l'arrêté du 4 Novembre 1899, les chefs des services généraux peuvent approuver, par délégation permanente du Gouverneur général, les marchés dont la durée ne dépasse pas une année et l'importance 20.000 francs, lorsqu'un crédit spécial aura été ouvert pour cet objet, soit au budget de l'exercice courant, par une décision du Gouverneur général.

Cette réglementation se trouve modifiée par le § 11 de l'article 13 de l'arrêté du 24 Février 1902. D'après ce dernier texte, le Gouverneur général approuve, en commission permanente, les cahiers des charges, adjudications et marchés, relatifs à tous les travaux et fournitures engageant les finances de l'Indochine et dont le montant est supérieur à 5.000 piastres (1).

Tous les marchés sans exception, devront être cependant soumis à l'approbation du Chef de la Colonie lorsqu'il se sera

(1) Ces dispositions ne sont plus exactes. Voir page 867 l'arrêté du 5 Avril 1916 relatif à l'approbation des marchés et adjudications.

produit soit pendant, soit après la séance d'adjudication, une difficulté ou réclamation quelconque ou que le contrôle financier aura refusé de viser le marché (1).

Les marchés sont subordonnés à l'approbation de l'Administration supérieure et ne sont valables et définitifs qu'après cette approbation.

Il paraît utile, à ce sujet, de citer un arrêt du Conseil d'Etat du 17 Mai 1895, au sujet des attributions du Gouverneur général en matière de marchés :

AFFAIRE C... CONTRE MINISTRE DES COLONIES

En refusant d'approuver une adjudication de fournitures à laquelle il a été procédé publiquement sur un cahier des charges lui réservant ce droit, le Gouverneur général de l'Indochine ne fait qu'user des pouvoirs qui lui appartiennent en vertu du décret du 12 Novembre 1887.

Aucune disposition de nouvelle adjudication n'étant, pour ledit cas, prescrite par le cahier des charges, l'adjudicataire primitif est sans droit pour prétendre à une indemnité à raison de ce que l'Administration a traité de gré à gré avec une autre personne pour la fourniture.

Telles sont dans leurs grandes lignes, les observations que j'ai cru devoir vous soumettre.

J'ai l'honneur de vous prier de tenir la main à leur stricte exécution.

Il est dit, au titre IV de cette circulaire, que les soumissions sont toujours timbrées.

En principe, toute soumission doit, en effet, être timbrée ; toutefois, comme cette formalité n'influe pas sur les conditions essentielles de l'engagement, son omission ne devra pas être considérée comme cause d'exclusion. Il demeure entendu que le défaut de timbre expose les signataires de l'engagement sur papier libre aux pénalités prévues par les lois et les arrêtés fiscaux.

Je vous prie de vous conformer strictement aux instructions qui précèdent et qui sont applicables, non seulement

(1) Ces dispositions ne sont plus exactes. Voir page 867 l'arrêté du 5 Avril 1916 relatif à l'approbation des marchés et adjudications.

aux marchés concernant les services généraux et locaux, mais aussi à ceux passés pour le compte des services provinciaux et municipaux.

Circulaire du Gouverneur Général relative aux formalités à observer dans les adjudications publiques.

(Du 25 Janvier 1904).

Mon attention s'est portée sur divers incidents, survenus récemment à l'occasion d'adjudications publiques et dans lesquels l'Administration ne me paraît pas à l'abri de tout reproche.

L'adjudication, avec concurrence et publicité, est, vous le savez, le mode normal d'après lequel l'Administration doit traiter pour ses travaux, fournitures ou transports. Mais pour que ce système procure tous les avantages et donne toutes les garanties qui ont déterminé le législateur à l'adopter, il est nécessaire que toutes les opérations préparatoires des marchés, notamment celles de la séance d'adjudication, soient conduites avec méthode et sûreté de telle sorte qu'elles ne puissent être ni attaquées par les intéressés, ni critiquées par les autorités de contrôle. Il ne faut pas perdre de vue que, par le fait seul du dépôt de sa soumission, le soumissionnaire est juridiquement lié envers l'Administration. En échange, et sans contracter toutefois aucune obligation, celle-ci prend, envers les soumissionnaires, l'engagement moral de donner le bénéfice du marché au moins demandant, à la condition, bien entendu, que ses offres ne soient pas exagérées. Hors ce cas, une adjudication ne devrait être annulée que tout à fait exceptionnellement, sous peine de discréditer ce mode de procéder qui est cependant considéré comme le plus avantageux pour le Trésor.

Il importe donc, pour les intérêts comme le bon renom de l'Administration, que les fonctionnaires, chargés de procéder aux adjudications s'attachent à observer scrupuleusement toutes les règles applicables en la matière et à éviter toute erreur qui mettrait l'autorité supérieure dans l'obligation d'annuler ces opérations pour vice de forme.

Il n'est pas possible d'indiquer à l'avance tous les cas susceptibles de se produire et encore moins les diverses solutions que ces cas comportent. Une étude approfondie des conditions générales qui régissent les marchés, jointe à l'expérience de ce service délicat, est nécessaire pour suppléer, à cet égard, aux règles précises qui font généralement défaut.

Il existe cependant quelques règles formelles qui ont été parfois perdues de vue et que je crois devoir rappeler ci-après :

Ainsi doit être écartée, de plano, toute soumission :

a) Qui n'est pas accompagnée des pièces régulières exigées, soit par les cahiers des charges, soit par les conditions générales. (La jurisprudence a toutefois admis que certaines de ces pièces, par exemple celles relatives à la justification de la nationalité ou de l'aptitude à soumissionner, peuvent être remplacées, par un certificat établi en séance, pour les soumissionnaires notoirement connus de l'Administration;

b) Qui n'est pas dûment signée et arrêtée en toutes lettres au montant total;

c) Qui n'est pas présentée dans les formes déterminées à peine de nullité, par les conditions générales;

d) Qui contient des clauses restrictives ou exceptionnelles;

e) Et, d'une façon générale, toute soumission qui peut laisser quelque doute soit sur l'identité des personnes ou sociétés soumissionnaires, soit sur la portée de l'engagement souscrit.

En dehors de ces vices formels, que j'appellerai rédhibitoires, il en est d'autres moins importants, moins caractérisés, qui ne sont pas, en principe, de nature à entraîner par eux-mêmes le rejet de la soumission.

Il appartient aux fonctionnaires qui président aux adjudications de statuer sur ces irrégularités, en raison de leur gravité et des circonstances.

Si une question leur paraît litigieuse, ils ne doivent pas hésiter à suspendre la séance, pour délibérer sur la solution à adopter.

Il en est de même pour toute autre difficulté qui peut survenir. Je vous prie d'appeler sur ces recommandations, dont la portée ne saurait vous échapper, la plus sérieuse attention des fonctionnaires de votre service, chargés des adjudications.

Je saisis cette occasion pour dissiper une confusion qui s'est produite au sujet d'un point de ma circulaire N° 84 du 6 Janvier 1903 ; je veux parler de l'appel d'offres. Par suite d'un défaut de rédaction, certaines personnes ont pu croire que l'appel d'offres était une forme de marché distincte à la fois de l'adjudication et du marché de gré à gré. Il n'en est rien, l'appel d'offres ne constitue pas une forme de marché particulière, mais simplement le mode auquel l'Administration a parfois recours pour provoquer une certaine concurrence, en vue de la conclusion d'un marché de gré à gré. Quant à la forme de ces derniers actes et aux règles concernant leur passation et leur approbation, il y a lieu de se référer, d'une part, aux articles 18 et 19 du décret du 18 Novembre 1882, d'autre part, à l'arrêté local du 4 Novembre 1899, relatif aux adjudications et aux marchés passés par les Services généraux de l'Indochine au nom du Gouvernement général.

Circulaire du Gouverneur général au sujet de la fixation en piastres des cautionnements provisoires déposés par les soumissionnaires de marchés ou adjudications publiques.

(Du 9 Juin 1909).

Mon attention a été appelée par M. le Trésorier général sur le préjudice qui résulte pour le budget de la fixation en francs des cautionnements provisoires déposés par les soumissionnaires de marchés ou adjudications publiques.

J'ai l'honneur de vous faire connaître qu'afin de remédier à cet inconvénient, j'ai décidé que les cautionnements provisoires seront fixés en piastres par une clause spéciale des cahiers des charges, tant pour les adjudications et marchés intéressant le budget général que pour les contrats de même nature souscrits pour le compte des budgets locaux, provinciaux ou municipaux de l'Indochine.

Je vous prie de porter cette décision à la connaissance de tous les services placés sous votre autorité, et de m'accuser réception de la présente circulaire.

Circulaire du Gouverneur général au sujet de la composition des commissions d'adjudications et d'appels d'offres.

(Du 8 Octobre 1909).

M. l'Inspecteur des finances, Directeur du Contrôle financier, a attiré mon attention sur l'intérêt qui s'attache à ce que les commissions d'adjudication et d'appel d'offres comprennent toujours un membre étranger au service pour le compte duquel la fourniture doit être faite.

Cette observation me paraissant entièrement fondée, j'ai l'honneur de vous faire connaître que les commissions d'adjudication et d'appel d'offres doivent toujours être composées de trois membres au moins, dont l'un sera choisi en dehors de votre Administration. Je ne verrais qu'avantages à ce que ce membre fût, pour les services locaux, un délégué du Chef d'Administration locale, et pour les services généraux, un représentant du Directeur général des Finances et de la Comptabilité.

Circulaire du Gouverneur général au sujet de l'admission des soumissions non timbrées

(Du 19 Décembre 1912).

A plusieurs reprises, des commissions d'adjudication ont écarté *de plano* des soumissions déposées par des fournisseurs ou des entrepreneurs, pour le motif qu'elles n'étaient pas timbrées.

J'ai l'honneur de vous faire connaître que cette pratique est de nature à provoquer des réclamations justifiées des intéressés et à léser les intérêts de l'Administration elle-même.

L'omission de la formalité du timbre n'influant, en aucune manière, sur les conditions de l'engagement souscrit, les soumissions non timbrés doivent être admises au même titre que les autres.

Il est bien entendu, toutefois, que le défaut de timbre expose le soumissionnaire aux pénalités prévues par les lois ou règlements fiscaux.

Je vous serai obligé de porter les prescriptions ci-dessus à la connaissance des fonctionnaires appelés à faire partie des commissions d'adjudication.

Circulaire du Gouverneur général au sujet du mode de dépôt des soumissions

(Du 20 Février 1913).

Il m'a été rendu compte que, récemment, une commission d'adjudication avait évincé un concurrent qui avait mêlé sa soumission aux pièces annexées (références, récépissé de cautionnement provisoire, autorisation de concourir, etc.).

La question s'étant posée de savoir si cette manière de procéder était régulière, il a été reconnu qu'elle ne découlait d'aucun des textes applicables sur la matière dans la Colonie et qu'elle ne pouvait avoir pour résultat que de léser, le cas échéant, les intérêts du Trésor aussi bien que ceux des particuliers.

J'ai, en conséquence, décidé qu'à l'avenir, aucune clause de la nature indiquée ci-dessus ne devra être insérée dans les cahiers des charges relatifs aux fournitures concernant les différents budgets de la Colonie.

J'ai l'honneur de vous prier de vouloir bien porter ces instructions à la connaissance des services placés sous votre autorité et de tenir la main à leur exacte exécution.

Circulaire du Gouverneur général au sujet de l'exécution des marchés.

(Du 1er Juillet 1913).

Mon attention a été appelée sur les conditions dans lesquelles un marché, passé pour le compte de l'Administration, a été résilié.

Le fournisseur, faisant valoir la hausse des prix de la marchandise qu'il devait livrer, a demandé tout d'abord une augmentation en sa faveur des prix stipulés au contrat.

Cette augmentation n'ayant pu lui être consentie, il sollicita la résiliation du traité. Elle lui fut accordée sous réserve de la retenue de son cautionnement et de son exclusion des adjudications auxquelles le service intéressé se trouvait ainsi dans l'obligation de procéder à nouveau.

Cette manière d'agir a eu pour conséquence de faire subir à l'Administration un préjudice considérable en la plaçant dans la nécessité de passer de nouveaux marchés à des prix beaucoup plus élevés que ceux stipulés au premier contrat.

Par contre, le fournisseur, grâce à la résiliation si obligeamment accordée, a pu éviter les pertes élevées qu'aurait entraînées pour lui l'exécution régulière de son traité.

La bienveillance de l'Administration ne l'a d'ailleurs pas empêché d'introduire devant la juridiction compétente une action ayant pour objet non seulement la restitution de son cautionnement, mais encore une indemnité pour exclusion des adjudications nouvelles que la résiliation de son marché avait rendues nécessaires.

Afin d'éviter, pour l'avenir, le préjudice que des résiliations de cette nature pourraient encore faire subir à l'Administration, j'ai l'honneur de vous prier de vouloir bien tenir la main à ce que désormais, dans l'exécution de tous les marchés, les clauses et conditions générales ainsi que celles des cahiers des charges soient strictement observées.

Il conviendra notamment de ne jamais perdre de vue les dispositions de l'article 13 de l'arrêté du 31 décembre 1899 où il est stipulé que le fournisseur n'a droit à aucune indemnité pour cause de pertes, de quelque nature qu'elles soient, qui auraient été éprouvées par lui en raison de sa fourniture même pour celles qui proviendraient de force majeure.

Les fournisseurs ou entrepreneurs devront, par conséquent, être mis dans l'obligation d'exécuter jusqu'au bout leurs contrats sous peine des sanctions prévues aux clauses et conditions générales ou particulières.

Ciculaie du Gouveneu généal au sujet de la suppession de la clause du abais maximum

(Du 5 Mars 1914).

Le Conseil d'Etat a décidé, par un arrêt du 30 Mai 1913, que la clause du maximum de rabais ne peut être introduite en France dans les cahiers des charges des adjudications parce qu'elle est contraire au principe général de la libre concurrence établi par le décret du 18 Novembre 1882, relatif aux adjudications et marchés à passer pour le compte de l'Etat et n'a fait l'objet, d'autre part, d'aucune disposition spéciale insérée soit dans ce décret, soit dans tout autre règlement ayant force de loi.

Le décret du 18 Novembre 1882 a été rendu applicable en Indochine non point par un simple arrêté du Gouverneur général qui serait susceptible d'être abrogé par un autre arrêté du Gouverneur général, mais par un décret spécial du 26 Octobre 1898 portant promulgation dans les Colonies, et pays de Protectorat dépendant du Ministère des Colonies, de divers articles du décret du 18 Novembre 1882.

Ce décret a été promulgué par un arrêté du Gouverneur général du 16 Octobre 1899; il y a lieu de retenir le considérant qui l'accompagne.

« *Considérant qu'il importe de rendre obligatoires dans les Colonies et pays de Protectorat dépendant du Ministère des Colonies les principes de la concurrence et de la publicité en matière d'adjudications et de marchés passés pour le compte du budget de l'Etat.* »

Conséquemment, aucun acte du Gouvernement général ne pouvant modifier un décret promulgué spécialement dans la Colonie, la clause du maximum de rabais doit être tenue pour irrégulière en Indochine aussi bien qu'en France.

Confirmant ma dépêche du 12 Janvier 1914, j'ai l'honneur de vous prier de supprimer d'office la clause du maximum de rabais qui aurait pu être introduite dans les cahiers des charges des marchés déjà approuvés, mais pour lesquels l'adjudication n'est pas faite, et de vouloir bien donner des instructions pour qu'à l'avenir la dite clause ne soit plus introduite dans les cahiers des charges des adjudications.

CHAPITRE XXV

TEXTES RELATIFS A LA SITUATION DES ASIATIQUES ÉTRANGERS, DES ÉTRANGERS, DES MINH-HUONG ET A LA NATURALISATION DES INDIGÈNES EN INDOCHINE.

I. — Réglementation relative aux Asiatiques étrangers, aux Étrangers et aux Minh-huong

Aux termes des dispositions combinées de l'arrêté du Chef du Pouvoir exécutif du 23 Août 1871 et de l'arrêté du Gouverneur général, en date du 16 Octobre 1906, dûment modifié, sont considérés comme asiatiques étrangers en Indochine : les Chinois, les Malais, les Javanais, les Arabes et, en outre : 1° les sujets des puissances chez lesquelles la France exerce un droit d'exterritorialité en vertu des traités existants ; 2° les sujets ou ressortissants d'origine asiatique des puissances étrangères. Tous les autres sont étrangers proprement dits.

Il y a donc lieu d'étudier séparément les conditions dans lesquelles les asiatiques étrangers et étrangers proprement dits peuvent séjourner en Indochine. Nous verrons ensuite quelle est la situation faite aux Minh-huong ou fils de chinois et de femmes annamites. Nous terminerons par les conditions dans lesquelles les indigènes d'Indochine, sujets ou protégés français, peuvent obtenir la qualité de citoyen français.

1° **Asiatiques étrangers.** — Les règles qui régissent l'immigration des asiatiques étrangers en Indochine ne sont pas les mêmes pour tous les pays de l'Union. Ne pouvant étudier tous les règlements particuliers, nous nous bornerons à prendre comme réglementation-type, celle actuellement en vigueur en Cochinchine, et qui est fixée par l'arrêté du Gouverneur général, en date du 16 Octobre 1906, modifié par des arrêtés divers, notamment par l'arrêté du 12 Janvier 1907, modifié par celui du 20 Octobre 1916 et par l'arrêté du 16 Août 1907, modifié par celui du 4 Janvier 1917.

Arrêté du 16 Octobre 1906

TITRE PREMIER

Réglementation générale

Chapitre premier.— Des Congrégations

Article premier. — Les asiatiques étrangers ou assimilés, résidant en Cochinchine, sont groupés, d'après leur pays d'origine, leur dialecte ou leur religion, en un certain nombre de corps spéciaux, appelés congrégations, établis dans chaque circonscription administrative. Ces congrégations sont les suivantes.

1° Pour les Chinois : celles de Canton, Foukien, Trieu-chau, Akas, Haïnam;

2° Pour les Indiens; celle des Mulsumans et celle des Bouddhistes ;

3° Les Malais, les Javanais et les Arabes ;

4° Les autres asiatiques étrangers et assimilés.

(Modifié).— Sont considérés, pour l'application du présent arrêté, comme asiatiques étrangers ou assimilés : 1° les sujets des puissances chez lesquelles la France exerce un droit d'exterritorialité, en vertu des traités existants; 2° les sujets ou ressortissants d'origine asiatique des puissances étrangères.

Art. 2. — (Modifié par l'arrêté du 4 Janvier 1917). — Les congrégations sont dirigées par un chef et un sous-chef, qui sont choisis à l'élection pour deux ans et indéfiniment rééligibles; ils sont nommés par le Lieutenant-Gouverneur.

Le collège électoral est composé, pour les villes de Saïgon et de Cholon, des asiatiques étrangers inscrits aux catégories hors-classe, 1re, 2e, 3e, 4e et 5e classes du rôle des patentes des villes de Saigon et de Cholon ou acquittant une cote foncière équivalente à une de ces classes de patentes, et pour les provinces, de tous les asiatiques inscrits aux rôles des patentes et de l'impôt foncier.

Sont éligibles, les asiatiques étrangers inscrits aux catégories hors-classe, 1re, 2e, 3e, 4e et 5e classes des patentes, ou acquittant une cote foncière équivalente à une de ces classes de patentes, résidant dans la colonie depuis 2 ans et n'ayant jamais subi de condamnation.

Toutes les congrégations comptant moins de cent membres, sont réunies en une seule pour l'élection d'un chef et d'un sous-chef communs, sauf décision contraire du Lieutenant-Gouverneur.

Les élections générales pour la désignation des chefs et des sous-chefs de congrégation ont lieu tous les deux ans, dans la deuxième quinzaine du mois de Novembre ; les élections des chefs alternent avec celles des sous-chefs, de façon que lorsqu'il a été procédé une année aux premières, il y a lieu de procéder, l'année suivante, aux secondes.

Les chefs et sous-chefs nouvellement nommés, entrent en fonctions le 1er Janvier qui suit les élections générales.

Le sous-chef remplace le chef en cas d'absence de moins de trois mois. En cas de décès, de démission ou d'absence de plus de trois mois, d'un chef ou d'un sous-chef de congrégation, des élections auront lieu dans un délai de deux mois, à compter de la vacance, pour la désignation du nouveau titulaire.

Toutefois, il ne sera procédé à aucune élection partielle dans les six mois qui précèdent les élections générales. Si, dans cette période, les emplois de chef et de sous-chef deviennent vacants à la fois, le Lieutenant-Gouverneur désigne un membre de la congrégation pour assurer le service jusqu'à la fin de l'année.

Le mandat des chefs et des sous-chefs nommés à la suite d'élection partielle, est renouvelé en même temps que celui des chefs et sous-chefs nommés pour deux ans.

Lorsqu'à la suite soit d'une élection partielle, soit d'une élection générale, le sous-chef de congrégation aura été élu à la place du chef décédé, démissionnaire, absent, ou dont le mandat est expiré, il ne devra être procédé au remplacement du sous-chef qu'après ratification de l'élection par le Lieutenant-Gouverneur.

Art. 3. — Le chef de congrégation est l'intermédiaire pour recevoir toute communication de l'Administration adressée à la collectivité des individus composant la congrégation.

Art. 4. — Les chefs ou sous-chefs de congrégation concourent, avec les agents de la force publique et les notables des villages, à la police en ce qui concerne les congréganistes. Ils peuvent faire appel à la force publique pour l'exercice de leur autorité.

Art. 5.— Les chefs de congrégation sont responsables de l'impôt dû par leurs ressortissants, en vertu de l'engagement pris lors du débarquement de l'immigrant.

Dans tous les cas où la responsabilité civile d'un chef de congrégation est engagée, elle est partagée solidairement par tous les membres de la congrégation, pour la totalité des sommes dues à la colonie par l'un d'entre eux.

Art. 6. — Les chefs de congrégation doivent tenir, dans leur langue ou en français, des contrôles nominatifs de tous leurs ressortissants. Ils y mentionnent le paiement de l'impôt, les mutations, disparitions et généralement tous autres renseignements relatifs à la situation administrative de leurs membres. Ces contrôles doivent être soumis tous les trois mois, à la vérification du chef du service de l'Immigration ou des administrateurs, qui s'assureront de leur correspondance avec les contrôles tenus par eux.

Art. 7. — Il est loisible aux congrégations d'admettre dans leur sein tel membre qui leur convient comme aussi d'en expulser tous les individus dont elles déclareraient ne pas vouloir se charger. Toutefois, la responsabilité du chef de la congrégation reste engagée, si, au moment de la déclaration d'expulsion, les individus qu'elle entend rejeter étaient déjà en fuite.

En matière d'impôt personnel, cette responsabilité pécuniaire est limitée au paiement des taxes de l'année courante.

Art. 8. — Aucun asiatique étranger ou assimilé, rejeté par une congrégation ou qui refuse de continuer à faire partie d'une congrégation, ne pourra séjourner dans la colonie. Il sera, après avoir été entendu par le *Cong-so*, ou conseil des congrégations réunies, expulsé à ses frais, par les soins de l'Administration ou, en cas d'insolvabilité, aux frais de sa congrégation.

Art. 9. — Les congrégations, en vue de couvrir leurs frais généraux, sont autorisées à percevoir, pour les actes de leur ministère, des taxes dont le tarif sera fixé par le Lieutenant-Gouverneur.

Chapitre II.— De l'Immigration.— Formalités à l'arrivée

Art. 10. — A leur arrivée à Saigon, les immigrants asiatiques soumis au régime de la congrégation, sont reçus à bord du navire transporteur par les agents du service de l'Immigration et par les chefs de congrégation ou leurs délégués, et soumis à une visite médicale.

Ceux d'entre eux qui ont l'intention de fixer leur résidence dans la colonie et pour lesquels les chefs de congrégation garantissent, séance tenante, le paiement des taxes en vigueur, reçoivent immédiatement, des mains des agents du service de l'Immigration, un laissez-passer individuel extrait d'un registre à souche numéroté. Ce laissez-passer est valable pendant trente jours et son numéro est le numéro matricule de l'immigrant.

Les autres sont conduits au dépôt des immigrants, pour y remplir les formalités nécessaires à leur acceptation par les chefs de congrégation, et y recevoir leur laissez-passer.

Après l'accomplissement de ces formalités, les immigrants sont libres.

Ceux qui ne sont pas acceptés par les congrégations sont rapatriés, à la première occasion, par les soins de la colonie et aux frais de qui de droit.

Art. 11.— *(Modifié par l'arrêté du 23 Janvier 1912).*— Dans le délai de trente jours, prescrit à l'article 10, l'immigrant doit, sous peine d'amende, se présenter, accompagné du chef de la congrégation qui l'a accepté :

a) Au service de l'Immigration, s'il désire établir son domicile à Saigon ou à Cholon ;

b) A l'administrateur chef de province, s'il a l'intention de se fixer dans l'intérieur de la colonie.

Son laissez-passer est alors remplacé par un permis de séjour sur lequel sont portés sommairement les renseignements généraux d'état-civil et le numéro du laissez-passer. Ce permis de séjour est accompagné, pour les asiatiques étrangers des 4e et 5e catégories, d'un bulletin individuel non périodiquement renouvelable, d'un modèle spécial, dont les intéressés devront être porteurs cumulativement avec la carte de séjour ou toute autre pièce en tenant lieu.

Ce bulletin reproduit les renseignements d'état-civil, le numéro d'inscription de la série générale et les empreintes digitales de la main droite, à l'exclusion de toute autre indication d'identité.

L'établissement de ces bulletins s'effectue lors du paiement du droit d'immatriculation ou lorsque les intéressés seront, par suite d'une circonstance fortuite, mis en rapport direct avec l'Administration (arrestation pour défaut de pièces d'identité, délivrance de laissez-passer ou de certificat de départ, etc...) .

Les permis de séjour ne sont valables que pour l'année dans laquelle ils sont délivrés ; périmés le 31 Décembre, ils doivent être renouvelés avant 1er Avril suivant.

Art. 12. — Les femmes et les filles reçoivent gratuitement, à leur arrivée, un permis nominatif non renouvelable ; il est également délivré aux jeunes garçons un permis nominatif gratuit, renouvelable chaque année, jusqu'à l'époque à laquelle ils sont astreints au paiement de l'impôt.

Art. 13. — L'administrateur chef de province tient un contrôle sur lequel sont inscrits tous les asiatiques étrangers ou assimilés venant s'établir dans la circonscription.

Ce contrôle porte mention, en outre, des renseignements généraux d'état-civil, de la date d'arrivée de l'immigrant dans la colonie et de toutes les mutations ultérieures.

Le chef du service de l'Immigration tient dans la même forme le contrôle général de tous les asiatiques étrangers ou assimilés immigrants et résidant dans la colonie, ainsi que les contrôles particuliers des villes de Saigon et de Cholon.

Art. 14. — Les administrateurs des provinces adressent au chef du service de l'Immigration au fur et à mesure des inscriptions, un état nominatif des immigrants inscrits dans leurs circonscriptions respectives, pour le contrôle général des asiatiques étrangers.

Art. 15.— Les immigrants asiatiques étrangers ou assimilés arrivant en Cochinchine par un autre port que Saigon ou par un point quelconque de la frontière terrestre, doivent, sous peine d'encourir la double taxe, se présenter, dans le plus bref délai, accompagnés du chef de congrégation, à l'administrateur.

Ce fonctionnaire leur délivre, après paiement de la taxe fixée par les règlements :

a) Un permis de séjour, s'ils déclarent vouloir fixer leur résidence dans la province :

b) Un laissez-passer, valable pendant trente jours, s'ils désirent résider ailleurs.

Dans ce dernier cas, ils doivent, dès leur arrivée au lieu de la résidence choisie, se présenter aux autorités comme il est dit à l'article 11. Le numéro matricule de l'immigrant à porter sur le permis de séjour ou le laissez-passer, est demandé télégraphiquement au service de l'Immigration.

Art. 16.— Les asiatiques étrangers ou assimilés qui, à leur arrivée, déclarent ne vouloir faire qu'un court séjour dans la colonie, reçoivent :

a) Par les soins du service de l'Immigration, s'ils débarquent à Saigon ;

b) Par les soins des administrateurs, s'ils arrivent par un autre point ;

Un permis de séjour spécial, valable pour trois mois et non renouvelable.

Munis de ce permis, ils ont la faculté de circuler librement dans toute la Cochinchine.

Avant l'expiration de ce délai de trois mois, s'ils désirent continuer à résider dans la colonie, ils doivent, sous peine d'encourir la double taxe, remplir les formalités prévues à l'article 11 ci-dessus.

Toutefois, ceux qui arrivent dans colonie dans les mêmes conditions, mais porteurs d'un passeport délivré par une autorité consulaire française, sont exempts des formalités qui précèdent ; ils ne sont soumis qu'au visa de leur passeport au service de l'Immigration.

Ce passeport ainsi visé, leur donne le droit de séjourner six mois en Cochinchine. Avant l'expiration de ce délai, s'ils désirent continuer à y résider, ils doivent accomplir les formalités énoncées à l'article 11, sous peine d'encourir la double taxe.

Art. 17. — Des laissez-passer nominatifs, dits «de passagers», sont délivrés gratuitement aux asiatiques étrangers ou assimilés, passagers de classe à bord des courriers ou autres navires faisant escale à Saigon ; ces laissez-passer sont valables pour quinze jours et renouvelables une seule fois pour une durée égale. Ils donnent la faculté de circuler librement à Saigon et à Cholon ; mais ils doivent être visés au service de l'Immigration si le titulaire veut se rendre dans une localité de l'intérieur.

Art. 18. — Les asiatiques étrangers ou assimilés, faisant partie de l'équipage d'un navire en escale, ne peuvent descendre à terre que munis d'un laissez-passer spécial qui sera délivré par un agent du service de l'Immigration au capitaine du navire.

Ces permis sont délivrés gratuitement et restitués par le capitaine au moment du départ du navire.

Art. 19. — Les asiatiques étrangers ou assimilés arrivant dans la colonie porteurs d'un contrat régulier passé avec un colon européen (agréé par l'Administration) devant une autorité compétente, sont reçus à leur débarquement par leurs engagistes ou leurs délégués. Les engagistes sont tenus de remplir toutes les formalités et soumis à toutes les obligations imposées au chef de congrégation, et au paiement des taxes ordinaires pour leurs engagés.

Une carte d'engagé est remise aux immigrants de cette catégorie, à Saigon et à Cholon, par le service de l'Immigration, et dans l'intérieur, par l'administrateur de la province, en échange du laissez-passer, dans le délai maximum de trente jours.

Art. 20. — Les immigrants, à destination des pays de protectorat limitrophes de la Cochinchine, reçoivent à leur débarquement un laissez-passer spécial gratuit, valable pendant quinze jours, pour leur permettre de se rendre à leur résidence.

Si, à l'expiration de ce délai, ils sont trouvés, sans excuse valable, sur le territoire de la Cochinchine, ils sont soumis au paiement de la taxe entière de la première année.

Chapitre III. — Séjour. — Mutations.

Art. 21. — Les asiatiques étrangers ou assimilés régulièrement inscrits, peuvent circuler librement dans toute l'étendue de la Cochinchine, mais ils doivent toujours être porteurs, suivant le cas, d'un permis de séjour, du laissez-passer valable pour trente jours ou d'un des autres documents dont il a été parlé aux articles 16 et 17 ci-dessus.

En cas de perte du permis de séjour, un duplicata de cette pièce peut être délivré par l'autorité compétente, moyennant le paiement du prix d'un nouveau permis, pourvu que la déclaration de perte ait été faite spontanément.

Art. 22. — Tout asiatique étranger ou assimilé, désireux de changer de résidence, est tenu, tout d'abord, d'en faire la déclaration au chef de sa congrégation, qui lui délivre un certificat portant :

1° La déclaration de changement de résidence et la fixation du nouveau domicile ;

2° La mention d'acquittement de toutes les sommes dues au Trésor ;

3° Le numéro du permis de séjour.

Muni de cette pièce, il se présente à l'autorité du lieu où il est inscrit, laquelle vise le certificat et retire le permis de séjour.

Dans le délai de trente jours, il doit se présenter, accompagné du chef de sa congrégation, à l'autorité de sa nouvelle résidence, c'est-à-dire :

a) Au chef du service de l'Immigration, dans les villes de Saigon et de Cholon ;

b) A l'administrateur, dans les provinces.

S'il se trouve déjà dans la localité où il veut fixer sa nouvelle résidence, il doit se présenter, muni de son permis de séjour et accompagné de son chef de congrégation, à l'autorité du lieu, qui avise celle de sa précédente résidence ; celle-ci vérifie s'il est en règle avec le Trésor.

Art. 23. — L'autorité qui a reçu la déclaration préalable de changement de résidence et qui a retenu par devers elle le permis de séjour, envoie immédiatement cette pièce à l'autorité de la nouvelle résidence. Dans les deux cas prévus à l'article 22, celle-ci, après inscription de l'immigrant sur ses contrôles, mentionne la mutation sur le permis de séjour et en avise l'autorité de l'ancienne résidence.

Le certificat prévu à l'article 22, est retiré et envoyé au service de l'Immigration.

Art. 24.—Le chef du service de l'Immigration est informé des changements de résidence au fur et à mesure qu'ils se produisent, afin que mention puisse en être faite sur le contrôle général.

Art. 25. — Les permis de séjour des asiatiques étrangers ou assimilés décédés doivent être envoyés par les provinces au service de l'Immigration.

En ce qui concerne les villes de Saigon et de Cholon, il est fourni mensuellement par les maires au service de l'Immigration, un état nominatif des décès survenus, auquel sont joints les permis de séjour ou les laissez-passer des asiatiques décédés. Le mot « décédé » est inscrit à l'encre rouge sur ces documents.

La radiation sur les contrôles des asiatiques étrangers est prescrite par le chef du service de l'Immigration.

Art. 26. —Tout asiatique étranger ou assimilé qui désire quitter la colonie, doit se munir d'un certificat de départ qui lui est délivré en échange de son permis de séjour, et d'un certificat du chef de sa congrégation ou de son engagiste constatant qu'il est libéré de toute obligation envers la colonie : ce dernier document engage la responsabilité pécuniaire de la congrégation ou de l'engagiste qui l'a délivré.

Art. 27.— Tout asiatique étranger ou assimilé qui désire quitter temporairement la Cochinchine pour voyager à l'étranger ou pour retourner dans son pays natal, peut obtenir, sur sa demande, un passeport valable pour un an, moyennant l'acquittement de la taxe prévue par les règlements en vigueur; son permis de séjour lui est alors retiré, mais lui est remis lors de son retour dans la colonie.

Toutefois, la délivrance de ce passeport est subordonnée à la condition que celui qui en fait la demande est inscrit à la catégorie hors classe ou à l'une des trois premières catégories du rôle de l'impôt personnel ou est présenté par sa congrégation.

Ce passeport tient lieu du certificat de départ prévue à l'article 26 ci-dessus.

Art. 28. — (Modifié par l'arrêté du 19 Juin 1910). — Les asiatiques étrangers ou assimilés résidant en Cochinchine, désireux de se rendre au Cambodge, de même que ceux résidant au Cambodge venant en Cochinchine, doivent se munir d'un laissez-passer valable pour trois mois et renouvelable une seule fois pour le même laps de temps.

Lorsqu'il est établi qu'un asiatique étranger résidant en Cochinchine a des intérêts permanents dans cette colonie et au Cambodge et, réciproquement, il peut lui être délivré un laissez-passer valable pour un an.

Toutefois, l'asiatique étranger résidant au Cambodge auquel un laissez-passer de ce genre aura été délivré, devra, chaque fois qu'il se rendra en Cochinchine, le faire viser à son arrivée dans cette colonie et à son départ. Ce laissez-passer sera immédiatement retiré à ceux qui ne se conformeront pas à cette prescription, sans préjudice des pénalités qu'ils pourront encourir conformément à l'article 35 du présent arrêté, s'il est établi qu'il y a eu fraude de leur part.

Les laissez-passer délivrés pour trois mois ou pour un an sont gratuits.

Tout individu qui présente un laissez-passer périmé, en vue de le faire renouveler, est passible d'une amende d'une piastre par mois de retard.

Chapitre IV. — Des pénalités.

Art. 29. — Tout chef de congrégation qui, en connaissance de cause, aura accepté à l'Immigration un asiatique étranger ayant été expulsé de la colonie ou auquel le territoire de la colonie est interdit à la suite d'une condamnation, sera révoqué de ses fonctions et puni d'une amende de 1 à 15 frs et d'un emprisonnement de 1 à 5 jours, ou de l'une de ces deux peines seulement. En cas de récidive, la peine de l'emprisonnement sera toujours appliquée.

Art. 30. — Tout chef de congrégation qui, volontairement ou dans quelque but que ce soit, aura fait disparaître de ses contrôles le nom d'un ou de plusieurs de ses ressortissants, pourra être révoqué de ses fonctions et sera puni d'une amende de 1 à 15 francs pour chaque nom ainsi disparu des contrôles. Sa responsabilité à l'égard du fisc n'en restera pas moins entière.

Art. 31. — Tout individu autorisé à débarquer librement sous la caution des chefs de congrégations et qui ne se présente pas à l'autorité compétente dans le délai d'un mois, sera passible de la triple taxe, exigible du chef de congrégation responsable, le lendemain même de l'expiration du délai, sauf son recours contre le contrevenant.

Tout immigrant ayant acquitté l'impôt à son arrivée dans la colonie et qui ne se présente pas à l'autorité compétente, dans le délai de trente jours prescrit à l'article 11 pour échanger son laissez-passer contre un permis de séjour, sera passible d'une amende de 1 à 15 francs et d'un emprisonnement de 1 à 15 jours ou de l'une de ces deux peines seulement.

Art. 32. — Tout asiatique étranger ou assimilé qui, à la demande des agents de l'autorité publique, ne peut pas présenter son permis de séjour ou toute pièce régulière en tenant lieu, sera conduit à l'administrateur. Il sera, suivant le cas, passible du paiement d'un nouveau permis et du paiement des impôts qu'il pourrait devoir, sans préjudice d'une amende de 1 à 15 francs et d'un emprisonnement de 1 à 5 jours, ou de l'une de ces deux peines seulement.

Le nouveau permis sera délivré en duplicata et avis en sera donné au service de l'Immigration et à l'autorité locale intéressée.

Art. 33. — Tout porteur d'un permis ou d'un passeport reconnu ne pas lui appartenir, sera frappé de la triple taxe du montant du permis de séjour ou du passeport qu'il est tenu de posséder. Il pourra, en outre, être puni de 1 à 5 jours d'emprisonnement. Le prêteur ou le vendeur sera puni des mêmes peines (1).

---

(1) L'infraction prévue par cet article constitue désormais un délit en vertu du décret du 31 Décembre 1912.

Art. 34. — *(Modifié par l'arrêté du 16 Août 1907)* — Tout asiatique étranger ou assimilé en retard pour le paiement de ses impôts sera passible d'une amende qui ne pourra excéder une piastre par mois de retard, ni en aucun cas, être supérieure à 3 piastres.

Art. 35. — Tout défaut de déclaration ou toute fausse déclaration ayant pour résultat l'exonération, soit totale, soit partielle de l'impôt personnel ou de toute autre taxe ayant trait à l'Immigration, donnera lieu à la perception d'un droit triple dont seront solidairement responsables le déclarant et celui qui fait l'objet de la déclaration.

Art. 36. — Les contrevenants insolvables sont contraints par corps, si, pendant la durée de leur incarcération, ils ne se sont pas acquittés. Ils seront, à l'expiration de cette contrainte, expulsés de la colonie, à moins que leur chef de congrégation ou leur engagiste ne les réclame.

Le prix du rapatriement sera à la charge du chef de congrégation ou de l'engagiste.

Art. 37. — Tout asiatique étranger ou assimilé expulsé de la colonie, conformément aux règlements en vigueur sur la matière sera soumis, avant son départ, à l'identification anthropométrique.

Art. 38.—Toutes les infractions aux dispositions du présent arrêté, pour lesquelles il n'est pas prévu de pénalités, seront punies d'une amende de 1 à 15 francs et d'un emprisonnement de 1 à 15 jours, ou de l'une de ces deux peines seulement.

Les augmentations de taxes fixées par le présent arrêté seront appliquées par le Lieutenant-Gouverneur, sur la proposition des administrateurs, dans les provinces, et du chef du service de l'Immigration, à Saigon et à Cholon.

Les infractions punies d'amende et d'emprisonnement seront déférées aux juridictions de simple police, sous réserve de l'application par les chefs de province, lorsqu'il il y a lieu, des dispositions des articles 5 et suivants du décret du 6 Janvier 1903, portant suppression de l'indigénat en Cochinchine.

Art. 39. — En ce qui concerne les infractions commises par les chefs de congrégation aux dispositions du présent arrêté et pour lesquelles aucune sanction spéciale n'a été prévue, le Lieutenant-Gouverneur, sur la proposition de l'administrateur chef de province ou du chef du service de l'Immigration, suivant le cas, mettra à la charge du chef de congrégation, le montant des taxes dues, qui pourront même être portées au quadruple de leur fixation. Dans le cas où il ne serait pas dû de taxes, ces infractions seront punies, dans les conditions prévues à l'article précédent, d'une amende de 1 à 15 francs et d'un emprisonnement de 1 à 5 jours, ou de l'une de ces deux peines seulement.

TITRE II

Chapitre unique. — Police de l'Immigration. — Contrôle.

Art. 40.— Tout bâtiment, jonque ou barque, à l'exception des navires de guerre, reçoit, à son arrivée sur rade de Saigon, la visite des agents de l'Immigration, placés sous la conduite d'un ou de plusieurs agents européens.

Le capitaine, maître ou patron du bâtiment, visité fait, par écrit, à l'agent européen, la déclaration du nombre d'asiatiques figurant au rôle d'équipage et des passagers asiatiques présents à son bord, en distinguant ceux qui sont à destination de la Cochinchine et ceux qui sont embarqués pour une autre destination.

Le débarquement des asiatiques étrangers ou assimilés à destination de la Cochinchine ou du Cambodge, s'effectue, dans le plus court délai possible après l'arrivée, par les soins et sous la surveillance des contrôleurs de l'Immigration, conformément aux dispositions de l'article 10 du présent arrêté.

Art. 41. —Des contrôleurs de l'Immigration peuvent, si le chef du service le juge nécessaire, être laissés à bord du bâtiment, pendant tout ou partie de son séjour sur rade, sous la seule condition que le capitaine, maître ou patron en soit informé.

Art. 42. — Au moment de son départ de la rade de Saigon, tout bâtiment, jonque ou barque est visité comme à son arrivé.

Trois heures au moins avant le moment présumé du départ, le capitaine, maître ou patron et, à son défaut, l'armateur ou le consignataire, avise le service de l'Immigration de l'heure probable de l'appareillage et du nombre approximatif des asiatiques étrangers ou assimilés qui doivent prendre passage à bord, et ce, à peine d'une amende de 1 à 15 francs et d'un emprisonnement de 1 à 5 jours, ou de l'une de ces deux peines seulement.

Il est donné récépissé de cet avis.

Une demi-heure avant l'heure fixée pour le départ d'un bâtiment non postal emportant cinquante passagers asiatiques, au moins, le capitaine, maître ou patron, peut être requis, par les contrôleurs européens de l'Immigration en visite à son bord, de faire quitter le bord à tout asiatique étranger ou assimilé non porté au rôle d'équipage.

Art. 43.—Pour s'assurer que des asiatiques étrangers ou assimilés non munis de billets de passage et non portés au rôle d'équipage ne se dissimulent pas parmi le personnel du bord, les contrôleurs de l'Immigration peuvent procéder à toutes vérifications et recherches qu'ils jugent nécessaires. Ils peuvent également requérir l'ouverture des cabines, soutes, magasins, caissons, armoires, etc.. susceptibles de servir de cachette à un ou plusieurs individus.

Art. 44.— Les capitaines de navire ou patrons de barque ne peuvent recevoir à leur bord, comme passagers, des asiatiques étrangers ou assimilés qu'autant que ceux-ci sont munis du passeport ou du certificat de départ spécifié à l'article 26 du présent arrêté.

Si au moment de la visite du navire ou barque, au départ, des asiatiques étrangers ou assimilés sont trouvés à bord, sans être munis du passeport ou du certificat de départ, le capitaine du navire ou patron de la barque, en cas de fraude ou de connivence avec les contrevenants, sera puni, pour chaque infraction constatée, d'une amende de 1 à 15 francs et d'un emprisonnement de 1 à 5 jours, ou de l'une de ces deux peines seulement. Le propriétaire du navire ou de la barque sera déclaré civilement responsable du paiement des amendes.

Les asiatiques en contravention seront immédiatement débarqués avec leurs bagages par les soins des contrôleurs de l'Immigration, avec le concours du capitaine, maître ou patron, pour être conduits au service de l'Immigration.

Art. 45. — Les contraventions relevées à bord contre les capitaines, maîtres ou patrons, sont constatées par des procès-verbaux dont copie est remise aux contrevenants.

Art. 46. — Concurremment avec le service de la Police, les contrôleurs de l'Immigration recherchent, tant le jour que la nuit, sur la voie publique et les cours d'eau des villes de Saigon et de Cholon, les contraventions aux règlements relatifs aux Asiatiques étrangers.

Les contrevenants sont conduits au service de l'Immigration pour y faire régulariser leur situation.

Art. 47. — Dans l'exercice de leurs fonctions, les contrôleurs européens de l'Immigration, assistés d'autant d'agents asiatiques qu'il peut être nécessaire, ont droit de visite dans les maisons ou établissements publics tenus par des asiatiques étrangers ou assimilés, ou bien des indigènes, tant que ces établissements restent ouverts au public. Les visites donnent toujours lieu, quel qu'en soit le résultat, à la rédaction d'un procès-verbal.

Art. 48. — Les contrôleurs de l'Immigration peuvent exercer leur surveillance dans les lieux affectés aux voyageurs ou au public, tels que les gares et les stations de chemins de fer et de tramways, les salles, cours ou hangars d'attente des services de transports maritimes, fluviaux, par voitures publiques ou autres, ainsi que dans les voitures, wagons, navires et embarcations non en marche.

Art. 49. — Toute entrave apportée au contrôle de l'Immigration quelle qu'en soit la nature, est constatée par un procès-verbal.

Les contrôleurs de l'Immigration dûment assermentés sont agents dépositaires de la force publique.

Art. 50. — Les procès-verbaux, dressés aux capitaines, maîtres ou patrons pour les contraventions aux dispositions du présent arrêté, sont établis en trois expéditions : l'une est remise au contrevenant; une autre est adressée au procureur de la République après affirmation; la troisième est conservée dans les archives du service de l'Immigration.

Art. 51. — Les procès-verbaux de visite dont il a été parlé à l'article 49, sont établis en double expédition : l'une des deux expéditions est remise au visité, dans les 24 heures qui suivent la visite; l'autre est conservée dans les archives du service de l'Immigration.

Art. 52. — Les procès-verbaux dressés aux capitaines, maîtres ou patrons et ceux constatant des entraves au contrôle sont seuls affirmés.

Ils doivent l'être dans les trois jours de leur clôture devant le juge de paix ou l'administrateur-juge ou tout officier de police judiciaire du lieu.

L'affirmation stipule que lecture du procès-verbal a été faite aux contrevenants.

Art. 53. — La force publique est tenue de prêter son concours, sur leur simple réquisition verbale, aux contrôleurs de l'Immigration justifiant de leur qualité.

Art. 54. — Sont et demeurent abrogées toutes dispositions antérieures contraires à celles du présent arrêté et notamment celles des arrêtés des 29 Février et 23 Avril 1890, 9 Février 1897, 27 Février 1899, 26 Juillet et 26 Décembre 1904, 16 Mai et 2 Octobre 1905.

Arrêté du 12 Janvier 1907

(Modifié par celui du 20 Octobre 1916 (1) *).*

Article premier.— Tous les asiatiques étrangers et assimilé tels qu'ils sont définis à l'article 1er de l'arrêté du 16 Octobre 1906, résidant en Cochinchine, sont astreints à l'impôt personnel à partir de l'âge de 18 ans.

L'impôt personnel comprend un droit fixe de 15 piastres et un droit gradué égal aux cent centièmes du principal des patentes et des côtes foncières payé par chaque asiatique étranger ou assimilé.

Pour les nouveaux immigrants, l'impôt personnel est décompté par quart, suivant le trimestre de leur arrivée dans la Colonie. Il est exigible au moment du débarquement ou de l'arrivée par voie de terre.

(1) Les modifications ont été incorporées en italique.

Art. 2. — Les côtes foncières et les patentes payées par le même individu dans des circonscriptions administratives différentes, s'additionnent pour le calcul de la taxe, mais le même individu ayant des établissements dans différentes localités ne peut être assujetti qu'à une seule cote personnelle, exigible dans la localité où il a son principal établissement.

Tous asiatique étranger gérant un commerce, une industrie ou un immeuble pour le compte d'un autre asiatique n'habitant pas la Colonie, sera assujetti à l'impôt personnel déterminé par la catégorie de la patente ou le chiffre de l'impôt foncier afférent au commerce, à l'industrie ou aux immeubles dont il a la gérance, comme s'il en était lui-même propriétaire.

Le chef d'une maison de commerce qui s'absente momentanément de la colonie reste soumis à l'impôt, comme s'il était présent. En cas de nécessité, le fisc aura recours contre sa maison. Les associés paieront l'impôt d'après le montant de la patente à laquelle ils sont astreints.

Les associés en nom collectif sont tenus de déclarer les noms et domiciles de leurs co-associés.

Les chefs de province et les contrôleurs des Contributions directes dans les villes de Saigon et de Cholon devront fournir au service de l'Immigration les renseignements de nature à lui permettre de contrôler l'exécution de ces prescriptions.

Art. 3. — Dans les provinces, les rôles émis pour l'impôt personnel sont numériques et établis au nom des chefs de congrégation pour le montant total des contributions dues par leurs ressortissants tant en personnel qu'en accessoires.

Art. 4. — Dans les Villes de Saigon et Cholon le droit fixe est perçu sur des rôles numériques établis par le service de l'Immigration. Le droit gradué est perçu sur des rôles nominatifs établis par les contrôleurs des Contributions directes à Saigon et à Cholon d'après les rôles des patentes et de l'impôt foncier.

Les centièmes additionnels à l'impôt personnel et au droit gradué sont réunis au principal tant pour les constatations sur les rôles que pour le versement au Trésor. Il en est compté avec qui de droit en fin d'exercice.

Art. 5. — Sont exempts de l'impôt personnel :

1° Les femmes et les filles ;

2° Les infirmes et les vieillards au-dessus de soixante ans dans l'incapacité notoire de subvenir à leurs besoins ;

3° Les chefs de congrégation, à l'exception de ceux qui, sans excuse reconnue valable par l'Administration, quitteraient leurs fonctions sans avoir dirigé leurs congrégations pendant six mois consécutifs.

4° Les asiatiques employés dans les exploitations agricoles appartenant à des Européens ou assimilés (1).

Art. 6. — Les permis de séjour délivrés conformément aux dispositions de l'article 16 de l'arrêté du 16 Octobre 1906, aux immigrants qui auront déclaré, à leur arrivée, ne vouloir faire dans la colonie qu'un séjour maximum de trois mois, donneront lieu à la perception d'un droit de deux piastres cinquante cents.

Le même droit sera dû par les immigrants porteurs de passeports délivrés par les Consuls de France et à l'étranger et qui auront déclaré, à leur arrivée, conformément aux dispositions du même article, ne vouloir faire dans la colonie qu'un séjour maximum de six mois.

S'ils désirent fixer leur résidence d'une façon définitive dans la colonie, ils devront payer l'impôt personnel à partir du jour de leur déclaration, qui devra être faite au plus tard à l'expiration des délais prévus.

Art. 7. — Les permis de sortie délivrés conformément aux dispositions de l'article 26 de l'arrêté du 16 Octobre 1906, donneront lieu à la perception d'un droit de visa de 5$00.

Les passeports délivrés par application de l'article 27 du même arrêté donneront lieu à la perception d'un droit de 15$00.

Art. 8. — L'impôt personnel des Asiatiques étrangers doit être versé intégralement au Trésor par les chefs de congré-

---

(1) Nota. — Sont également exempts de l'impôt personnel en vertu de l'arrêté du 16 Août 1907, les asiatiques étrangers de la 5e catégorie âgés de 60 ans et comptant 15 années de séjour dans la Colonie.

gation avant le 1er Avril. Il pourra leur être accordé des sursis dans des cas exceptionnels.

Il leur sera alloué, en leur qualité de collecteurs d'impôt, une remise de 1/2 °/o sur le montant de l'impôt personnel versé au Trésor avant le 1er Avril, ainsi que les sommes perçues au même titre dans le courant de l'année sur les immigrants.

Sont rapportées toutes dispositions antérieures contraires au présent arrêté.

Arrêté du 16 Août 1907

(Modifié par celui du 4 Janvier 1917).

Article premier. — *(Modifié).* — Les asiatiques étrangers classés à la catégorie hors classe, à la 1re, à la 2e et à la 3e catégorie de l'impôt personnel ou acquittant une côte foncière équivalente à l'une de ces classes, reçoivent une carte d'identité contenant :

1° Leur nom, les renseignements généraux d'état-civil et le numéro d'immatriculation ;

2° La congrégation et la ville ou province où ils sont inscrits;

3° La signature et la photographie du titulaire de la carte;

4° Un timbre mobile portant le millésime de l'année et constatant le paiement de l'impôt personnel.

Art. 2. — *(Modifié).*— Peuvent obtenir leur assimilation aux inscrits d'une des classes indiquées ci-dessus et la délivrance d'une carte photographique d'identité, sans être compris au rôle des patentes ou à celui l'impôt foncier :

1° Les commanditaires d'une maison de commerce non soumis personnellement à la patente ;

2° Les commis de banque, de commerce, compradores ou notables asiatiques présentés par leur chef de congrégation et agréés par le chef du service de l'Immigration.

Ces mêmes asiatiques peuvent, en renonçant, au bénéfice de la carte d'identité, être remis à la classe à laquelle ils étaient inscrits précédemment pourvu que la déclaration en soit faite avant l'établissement des rôles d'impôt.

Ceux d'entre eux, qui n'ont pas payé leur impôt personnel au 31 Décembre, sont radiés d'office de la classe à laquelle ils étaient inscrits, par assimilation.

Art. 3. — Les asiatiques titulaires d'une carte photographique d'identité ont la faculté de débarquer librement du navire sur lequel ils ont pris passage, sur la simple présentation de leur carte au contrôleur européen de l'Immigration de service à bord.

Leur femme et leurs enfants débarquent avec eux en informant le contrôleur européen.

Art. 4. — Les asiatiques porteurs de la carte photographique d'identité peuvent circuler librement dans toute l'étendue de l'Indochine sans être astreints au laissez-passer.

Art. 5. — Les déclarations de changement de résidence sont faites verbalement par les intéressés au chef du service de l'Immigration ou aux administrateurs chefs de province.

L'autorité qui reçoit la déclaration de changement de résidence informe, par état de mouvement, le service central de l'Immigration et, s'il y a lieu, la province intéressée.

Art. 6. — Les asiatiques porteurs de la carte d'identité, voyageant en Annam ou au Tonkin et désireux de se rendre dans leur pays d'origine sans passer par Saigon, peuvent obtenir des residents chefs de province la délivrance du permis de sortie ou du passeport prévus aux articles 26 et 27 de l'arrêté du 16 Octobre 1906.

Cette pièce, établie pour le compte de la Cochinchine, n'est délivrée aux intéressés que sur l'autorisation télégraphique donnée par le Lieutenant-Gouverneur sur la demande du résident.

Art. 7. — *(Modifié).* — Les asiatiques étrangers des catégories définies à l'article 1er sont inscrits sur un contrôle nominatif spécial tenu au service central de l'Immigration. Leur numéro d'immatriculation, tiré de ce contrôle, est toujours précédé de la lettre A.

Ce contrôle contient le nom et les renseignements généraux d'état-civil concernant chaque asiatique, la photographie, le nom de la congrégation, la catégorie, la résidence et les mutations, à l'exclusion de toutes autres indications.

Des extraits sont adressés aux administrateurs pour former le contrôle particulier de chaque province.

Art. 8. — Le droit fixe de l'impôt personnel des asiatiques classés aux catégories ci-dessus désignées, payable avant le 1er Avril, est perçu sur des rôles nominatifs établis par le chef du service de l'Immigration pour les villes de Saigon et de Cholon.

Deux rôles nominatifs, comprenant le montant total de l'impôt sont établis par les administrateurs pour les asiatiques habitant les provinces.

Le recouvrement de cet impôt est poursuivi comme celui des autres contributions directes.

Art. 9. — (*Modifié*). — Les immigrants désireux d'obtenir leur inscription à l'une des classes donnant droit à la carte photographique d'identité doivent en faire la déclaration à leur chef de congrégation à leur arrivée dans la Colonie.

Ils sont immédiatement conduits, suivant le cas, au service de l'Immigration ou devant l'administrateur, pour y accomplir les formalités nécessaires.

Art. 10. — Un duplicata de la carte perdue peut être délivré, sur la demande des intéressés, moyennant le paiement du prix du droit fixe de l'impôt personnel.

Les cartes hors d'usage sont remplacées gratuitement.

Art. 11. — Les articles 10, 11, 15, 16, 17, 18, 19, 20, 21, 22, 23, 28, et tout le chapitre IV, à l'exception de l'article 35 de l'arrêté du 16 Octobre 1906, ne sont pas applicables aux asiatiques titulaires d'une carte photographique d'identité.

2° **Étrangers.** — En vertu de l'arrêté du 3 Octobre 1911, nul émigrant étranger n'est autorisé à résider sur le territoire de l'Indochine qu'après production de son acte de naissance et d'un extrait « néant » du casier judiciaire ou, à défaut de ce dernier document, d'une pièce diplomatique en tenant lieu et datant de moins d'un an.

Ces pièces ne seront valables qu'à la condition d'être dûment établies, traduites en langue française, légalisées et accompagnées d'une photographie de l'intéressé, également certifiée.

Aucun émigrant ne peut débarquer dans l'un des pays de l'Indochine qu'après avoir été visité par un médecin désigné à cet effet et avoir obtenu la délivrance d'un certificat constatant qu'il n'est atteint d'aucune maladie épidémique ou contagieuse prévue par les règlements actuellement en vigueur ou à intervenir sur les mesures à prendre pour prévenir ou faire cesser ces maladies.

Tout émigrant étranger arrivant dans l'un des ports de l'Indochine est tenu de déposer avant son débarquement, entre les mains d'un agent de l'Administration préposé à cet effet, le prix de son passage de retour dans son pays d'origine.

Toute contravention aux dispositions qui précèdent est punie des peines de simple police, c'est-à-dire de 1 à 5 jours de prison et de 1 à 15 francs d'amende, sans préjudice de l'expulsion qui pourra être prononcée en vertu de la loi.

Les compagnies de navigation sont tenues, sous leur responsabilité, de fournir, dès l'arrivée au port de relâche de leurs bateaux, et avant tout débarquement, à l'agent de l'Administration préposé, la liste nominative des émigrants étrangers, lesquels ne seront autorisés à débarquer qu'après accomplissement des formalités et production des pièces prescrites par l'arrêté du 3 Octobre 1911. Tout émigrant dont le débarquement aurait eu lieu contrairement aux dispositions du dit arrêté est rapatrié par les soins et aux frais de la Compagnie de navigation en cause.

L'arrêté précité n'est applicable qu'aux étrangers autres que les asiatiques ou assimilés, énumérés à l'article premier de l'arrêté en date du 16 Octobre 1906, qui restent soumis aux dispositions de cet arrêté.

Les étrangers non émigrants restent, en outre, soumis à la loi des 13, 21 Novembre et 3 Décembre 1849 sur le séjour des étrangers en France, promulguée en Indochine par arrêté du 15 Septembre 1874.

En conséquence, et par analogie avec ce qui se passe en France, le Gouverneur général peut, par mesure de police, enjoindre à tout étranger, voyageant ou résidant en Indochine, de sortir immédiatement du territoire de la Colonie, et le faire conduire à la frontière.

Il a le même droit à l'égard de l'étranger qui aura obtenu l'autorisation d'établir son domicile en Indochine : mais après un délai de deux mois, la mesure cessera d'avoir effet si l'autorisation n'a pas été révoquée.

Tout étranger qui se serait soustrait à l'exécution des mesures énoncées ci-dessus ou dans l'article 272 du Code pénal, ou qui, après être sorti du territoire français par suite de ces mesures, y serait rentré sans la permission du Gouvernement, sera traduit devant les tribunaux et condamné à un emprisonnement d'un mois à six mois.

A l'expiration de sa peine, il sera conduit à la frontière.

3° Minh-Huong.— Les Minh-huong ou fils de chinois et de femmes annamites, ont un statut spécial en Cochinchine et en Annam.

a) En Cochinchine. — Le régime à appliquer aux Minh-huong est fixé par l'arrêté du 31 Août 1874. Cet arrêté dont les dispositions ont été empruntées aux coutumes annamites et au règlement édicté en cette matière par Minh-Mang, dans la dixième année de son règne, décide que les Minh-huong doivent être, entièrement et sans aucune réserve, assimilés aux Annamites pour ce qui concerne l'Administration, les lois et les règlements de police, l'état-civil et la redevance des impôts de toute nature. Les Minh-huong jouissent donc des mêmes droits et sont astreints aux mêmes charges que les Annamites (1).

On doit considérer comme Annamites et traiter comme tels tous les Minh-huong sans distinction d'âge ni de sexe. Cette assimilation ne leur retire pas le droit de suivre leur père en Chine avant leur majorité, mais il y a lieu de traiter comme Annamites, les Minh-huong qui, de retour de Chine, viendraient se fixer de nouveau en Cochinchine.

b) En Annam. — Aussi loin qu'on puisse remonter dans le *Recueil des actes administratifs*, dans l'Empire d'Annam

(1) Par arrêté du 3 août 1922 les métis Sino-annamites domiciliés au Cambodge sont déclarés « Minh-Huong » et assimilés entièrement et sans aucune réserve aux Annamites pour ce qui concerne l'Administration, les lois et règlements de police, l'état-civil et la redevance des impôts de toute matière.

on trouve des documents concernant les Minh-huong. Le Gouvernement annamite, qui attachait tant d'importance aux moyens de peupler et de coloniser son vaste territoire, ne pouvait se désintéresser de la question si intéressante à ce point de vue des métis sino-annamites; toutes les mesures prises eurent le même but : fixer les Minh-huong au sol en les fondant les plus rapidement possible dans la masse de la population indigène.

Le roi Minh-Mang décida que les fils de Chinois et de femmes annamites seraient détachés des congrégations de leurs pères et formeraient une caste à part. Il diminuait leur impôt de moitié par rapport à celui des Chinois et les admettait aux emplois et aux dignités du royaume. Dans chaque province il était créé une congrégation ou village de Minh-huong (*Minh-huong-xa*).

L'impôt était fixé à une taxe de deux *luong* d'argent (la valeur du luong d'argent variait de 1 $ 50 à 1 $ 60) par inscrit et par an, avec exemption du service militaire et de l'impôt des corvées.

Un décret de la 2e année de Tu-Duc autorisait les Minh-huong à se présenter aux concours bi-annuels (Khoa-thi) d'été et d'hiver. S'ils étaient reçus à la catégorie donnant droit à l'exemption du service militaire et des corvées pour une année, ils payaient moitié taxe, soit un luong d'argent : à la catégorie donnant droit à cette exemption pour la moitié de l'année, ils étaient exonérés d'un quart de taxe.

La concession de la nationalité annamite leur constituait donc une situation avantageuse même, puisque, jouissant des mêmes droits civiques que les Annamites, ayant au même titre, libre accès aux charges publiques, ils étaient exemptés du service militaire et de l'impôt des corvées.

Ainsi, les métis de Chinois et d'Annamites étaient *ipso facto* sujets de l'Empire et sans qu'ils puissent choisir eux-mêmes leur nationalité. Mais si le Gouvernement imposait la nationalité annamite aux Minh-huong, du moins ne leur donnait-il pas une condition inférieure à celle de ses nationaux d'origine. Il faisait à ces nouveaux sujets la place la plus large. Il y a le plus grand intérêt à conserver cette réglementation inspirée par des vues politiques pleines de sagesse et de prévoyance. Elle répond aux mêmes nécessités qu'autrefois: de vastes étendues de territoire restent encore incultes faute de bras pour les mettre en valeur. Nous avons le devoir de ne négliger aucun moyen d'accroître la population.

Conformément à l'ordonnance royale de Minh-Mang et sur avis du Comât, il sera créé, dans chaque province, s'il n'en existe déjà, un village théorique sous la dénomination de *Minh-huong-xa*, où seront inscrits tous les métis chinois, sur la déclaration que seront tenus de faire les chefs de congrégation chinoise et les maires.

Les Minh-huong seront entièrement et sans aucune réserve assimilés aux Annamites pour l'administration de leur personne et de leurs biens, les lois, règlements de la police, la redevance des impôts de toute nature.

En conséquence, on doit porter sur les rôles d'impôt le village des Minh-huong à la suite des autres villages » (1).

II. — Réglementation relative à la naturalisation des indigènes de l'Indochine.

Un décret du 25 Mai 1881 avait réglé les conditions d'admission à la qualité de citoyen français des indigènes de la Cochinchine; les règles suivant lesquelles les indigènes de l'Annam et du Tonkin pouvaient être naturalisés Français avaient été fixées par un décret en date du 29 Juillet 1887.

Aucune disposition n'avait été prise jusqu'alors pour permettre aux indigènes du Cambodge et du Laos d'obtenir la nationalité française. D'autre part, les décrets précités de 1881 et de 1887 manquaient de précision.

Sur la proposition du Gouvernement général de l'Indochine, et d'accord avec le Ministre de la Justice, le Ministre des Colonies a préparé un nouveau décret, qui détermine les conditions dans lesquelles les indigènes de l'Indochine, sujets ou protégés français, pourront obtenir la qualité de citoyen français: C'est le décret du 26 Mai 1913.

Conformément aux dispositions de ce décret, cette qualité sera accordée aux indigènes qui se seront rapprochés de

(1) Extrait du Recueil analytique de M. Gabriel MICHEL,

nous par leur culture ou qui se seront distingués par leurs services.

Le décret de 1913, qui considérait la naturalisation comme un bénéfice individuel ne s'étendant pas de plein droit au conjoint ni à la descendance de l'intéressé, a été modifié sur ce point par celui du 4 Septembre 1919. Ce dernier texte a également compris parmi les indigènes pouvant bénéficier, sous certaines conditions, de cette mesure, ceux qui ont été sous les drapeaux, hors de l'Indochine et dans la zone des armées, pendant la Grande guerre.

Décret du 26 Mai 1913, fixant les conditions requises des indigènes de l'Indochine pour obtenir la qualité de citoyen français.

(Modifié par ceux du 4 Septembre 1919 et du 7 Août 1925).

Art. 1er. — Peuvent obtenir la qualité de citoyen français après l'âge de vingt-et-un ans accomplis et après avoir justifié qu'ils savent écrire et parler la langue française:

1° Les indigènes de l'Indochine, sujets ou protégés français qui, pendant dix ans, ont avec mérite et dévouement servi la France soit dans ses armées de terre et de mer, soit dans les fonctions ou emplois civils rétribués sur les fonds de l'État français, d'un des budgets de l'Indochine ou d'un budget d'une colonie ou protectorat français ;

2° Ceux qui, pendant le même temps, ont, en Indochine, en France ou dans une autre colonie ou protectorat français, rendu dans le commerce, l'industrie ou l'agriculture, des services aux intérêts de la France ;

3° Les indigènes sujets ou protégés français décorés de la Légion d'Honneur ou ceux qui ont rendu à la France des services exceptionnels. Ils peuvent, dans ce cas, être dispensés de justifier de la connaissance de la langue française ;

4° Ceux qui, ayant obtenu un brevet de l'enseignement primaire supérieur ou professionnel ou un diplôme de l'enseignement secondaire, ont rendu, pendant cinq ans, des services importants aux intérêts de la France ;

5° Ceux qui ont obtenu, soit le diplôme de docteur ou licencié ès-lettres, ès-sciences, de docteur en médecine, en droit, de pharmacien de 1re classe, ou le titre d'interne des hôpitaux, nommé au concours dans une ville où existe une Faculté de Médecine ; soit le diplôme délivré par l'Ecole centrale des Arts et Manufactures, soit le diplôme supérieur délivré aux élèves externes par l'Ecole des Ponts et Chaussées, l'Ecole supérieure des Mines, l'Ecole du Génie maritime ; soit le diplôme de l'Ecole nationale des Mines de Saint-Etienne, le diplôme supérieur délivré par l'Institut national agronomique, l'Ecole des Haras du Pin, les écoles nationales d'agriculture de Grignon, Montpellier et Rennes ; l'Ecole nationale des Eaux et Forêts, l'Ecole des Hautes études commerciales et les Ecoles supérieures de commerce reconnues par l'Etat ; soit un prix ou médaille d'Etat dans les concours annuels de l'Ecole nationale des Beaux-Arts, du Conservatoire de musique et de l'Ecole nationale des Arts décoratifs et qui justifieront en outre du temps de scolarité effectif, nécessaire pour l'obtention des diplômes, prix ou médailles de ces facultés ou écoles ;

6° Ceux qui, patronnés, recueillis ou élevés, pendant les cinq années qui précèdent leur majorité, par des familles françaises ou par des sociétés de protection françaises reconnues d'utilité publique, ont obtenu un brevet de l'enseignement primaire supérieur ou professionnel ou un diplôme de l'enseignement secondaire ;

7° Ceux qui ont épousé, dans les formes prévues par le Code civil, une Française, en cas d'existence d'enfant issu de ce mariage.

« 8° Les indigènes sujets ou protégés français qui, ayant servi sous les drapeaux, ont fait campagne hors de l'Indochine « dans la zone des armées pendant deux ans au moins ou « sans condition de temps, s'ils ont été faits officiers ou sous-« officiers au front ou ont reçu soit la médaille militaire, soit « la croix de guerre ». *(Décret du 4 Septembre 1919).*

« 9° Les étudiants en médecine régulièrement inscrits à « l'École de plein exercice de Hanoi, reçus au concours « d'admission dans les écoles du service de Santé où sont « recrutés les médecins coloniaux et qui souscrivent l'enga-« gement de servir pendant un minimum de dix ans dans le « corps de Santé colonial. *(Décret du 7 Août 1925).*

Art. 2. — La demande formulée en vue d'obtenir soit la naturalisation, si elle émane d'un indigène protégé français, soit l'admission à la jouissance des droits de citoyen français, si elle émane d'un indigène sujet français (1), à laquelle sont joints l'acte de naissance du requérant et un extrait du casier judiciaire, est présentée au maire ou à l'administrateur, chef de province, dans le ressort duquel est domicilié l'intéressé. Le maire ou le chef de province procède à une enquête sur les antécédents, la situation, la moralité du requérant et sur sa connaissance de la langue française; il en consigne les résultats sur un procès-verbal; le requérant doit, dans sa demande, faire choix d'un nom patronymique.

Art. 3. — Si le demandeur est sous les drapeaux, la demande est adressée au chef de corps qui la transmet au Général commandant supérieur des troupes, chargé de diriger l'enquête et d'émettre son avis.

Art. 4. — Le dossier constitué pour chaque demande est communiqué au Gouverneur de la Cochinchine ou aux Résidents supérieurs qui donnent leur avis en Conseil privé ou de Protectorat.

« La demande est ensuite transmise au Gouverneur géné-« ral qui l'adresse, avec son avis motivé, au Ministre des « Colonies. Toute demande de naturalisation devra être ins-« truite et adressée au Ministre des Colonies dans un délai « maximum de six mois à dater du jour où elle a été présen-« tée. Il est statué par décret, sur la proposition collective « du Ministre des Colonies et du Garde des Sceaux, Ministre « de la Justice. » (*Décret du 4 Septembre 1919*).

« *Art. 5.* — Le bénéfice de l'admission à la jouissance des « droits de citoyen français accordé à un indigène dans l'un « des cas énumérés dans l'article 1er est étendu à sa femme si « elle a déclaré s'associer à la requête de son mari.

« Deviennent également citoyens français les enfants mi-« neurs de l'indigène qui obtient cette qualité, à moins que « le décret accordant cette faveur au père n'ait formulé une

(1) C'est le cas des Annamites originaire de Cochinchine et des villes d'Hanoi, Haiphong et Tourane.

« réserve à cet égard Les enfants majeurs pourront, s'ils le « demandent, obtenir la qualité de citoyen français, sans « autre condition, par le décret qui confère cette qualité au « père. » *(Décret du 4 Septembre 1919).*

Art. 6. — Toutefois, contrairement aux dispositions de l'article précédent, se trouvent définitivement placés sous le régime des lois civiles et politiques applicables aux Français, le conjoint et les enfants mineurs de l'indigène naturalisé français, ou admis à la jouissance des droits de citoyen français, né lui-même d'un indigène ayant obtenu la qualité de citoyen français.

Art. 7. — Les actes de l'état-civil dont production est exigée par le présent décret devront être accompagnés de leur traduction s'ils sont en langue étrangère.

Si les intéressés sont dans l'impossibilité de se procurer les actes de l'état-civil visés au paragraphe précédent, ces actes seront suppléés par un acte de notoriété délivré dans la forme prescrite par l'article 71 du Code civil.

Art. 8. — Aucun droit de sceau ne sera perçu pour la naturalisation ou l'admission à la jouissance des droits de citoyen français des indigènes de l'Indochine.

Circulaire du Ministre des Colonies au sujet du décret du 26 Mai 1913, sur la naturalisation française des indigènes de l'Indochine.

(Du 8 Juin 1914).

L'attention du Département a été appelée sur l'interprétation à donner à l'article 5, paragraphe 1er du décret du 26 Mai 1913, qui a déterminé les conditions dans lesquelles les indigènes de l'Indochine, sujets ou prétégés français, peuvent obtenir la qualité de citoyen français.

Ce texte dispose que la naturalisation française ou l'admission à la jouissance des droits de citoyen français est un bénéfice individuel qui ne s'étend pas de plein droit au conjoint ni à la descendance de l'intéressé.

Le Garde des Sceaux, Ministre de la Justice, consulté à ce sujet, m'a fait connaître qu'à son avis « l'article précité ne se préoccupe que de la condition de la femme mariée ou des enfants nés antérieurement à la concession de la faveur accordée au chef de famille.» La femme peut obtenir la qualité de française en formulant une demande spéciale jointe à celle de son mari : quant aux enfants, ils doivent, pour devenir français, solliciter leur naturalisation à l'époque de leur majorité, et, si satisfaction est donnée à leur demande, la nationalité française se trouve *ipso facto* attribuée, aux termes de l'article 6, à leur femme et à leurs enfants mineurs.

D'autre part, en ce qui concerne la femme épousée par un indigène après sa naturalisation, ainsi que les enfants nés postérieurement à l'obtention de la faveur, M. le Garde des Sceaux estime qu'en l'absence d'une dérogation expresse, cette femme devient française par l'effet de son mariage et que ses enfants naissent français puisque, par l'effet de sa naturalisation, leur mari ou père se trouve régi par les lois civiles et politiques applicables aux Français (article 5 du décret du 26 Mai 1913, paragraphe 1er, 2e phrase, — article 1er du décret du 7 Février 1897. — Décret du 6 Mars 1914, — article 8, paragraphes 1er et 12 du Code civil) (1).

(1) Le décret du 4 Septembre 1919 a consacré, en quelque sorte, l'interprétation libérale de cette circulaire.

ERRATA ET ADDITIONS

PAGE 9. — **Administration Générale.**

A la 13e ligne :

Au lieu de : C'est ainsi que les Résidents supérieurs de l'Annam et du Tonkin et le... etc.

Lire : C'est ainsi que le Résident général de l'Annam et du Tonkin et le... etc.

PAGE 16. — **Conseil supérieur des Colonies.**

Le décret du 28 Septembre 1920, réorganisant le Conseil supérieur des Colonies, a été modifié par celui du 6 Octobre 1925, ainsi qu'il suit :

Article premier. — L'article 2 du décret du 28 Septembre 1920 susvisé est modifié de la façon suivante:

« Le Conseil supérieur des colonies comprend :

« 1° Le haut Conseil colonial;

« 2° Le Conseil économique des colonies;

« 3° Le Conseil de législation coloniale.

« Chacun de ces Conseils se réunit et délibère séparément. Le Conseil supérieur peut toutefois se réunir en assemblée plénière et délibérer sur les questions qui lui sont soumises par le Ministre, après avoir été examinées d'abord par le Conseil économique ou le Conseil de législation. Le haut Conseil colonial, quand il a été appelé à se prononcer, rend des avis ayant un caractère définitif et qui ne sont pas soumis au Conseil supérieur en assemblée plénière.

« Le Conseil supérieur des Colonies en assemblée plénière réunit les membres des trois conseils qu'il comprend. Les membres du haut Conseil colonial ont également accès au Conseil économique et au Conseil de législation coloniale toutes les fois qu'ils désirent prendre part à leur séance. Ils y ont alors voix délibérative.

« Le nombre total des membres du Conseil supérieur, en dehors des membres de droit, ne peut dépasser cent. Leur répartition entre les divers conseils est fixée par arrêté du Ministre des Colonies.

« Le nombre des personnalités indigènes dont il est question à l'article 7, paragraphe 3, est fixé à dix en plus des cent membres prévus ci-dessus. »

Art. 2. — Le Ministre des Colonies préside le Conseil supérieur des Colonies réuni en assemblée plénière. Il peut, toutefois, déléguer la présidence soit au président du Conseil économique des colonies ou au président du Conseil de législation coloniale, soit à l'un des membres du haut Conseil colonial.

Art. 3. — L'article 8 du décret du 28 Septembre 1920 susvisé est modifié comme suit :

« Le Conseil économique des colonies et le Conseil de législation coloniale sont obligatoirement réunis par le Ministre des Colonies, dans une session qui se tient chaque année du 1er Octobre au 30 Novembre.

« Le haut Conseil colonial est consulté par le Ministre des Colonies toutes les fois que les circonstances semblent l'exiger et à toute époque de l'année.

« Le Conseil supérieur des colonies réuni en assemblée plénière, après consultation du Conseil économique ou du Conseil de législation coloniale, tient sa session au mois de Février de chaque année. Cette session ne peut se prolonger au delà d'une semaine. »

Art. 4. — Il est institué un Secrétariat général permanent du Conseil supérieur des Colonies, chargé de préparer et de suivre ses délibérations et de centraliser ses travaux.

Le Secrétariat général convoque le Conseil de législation coloniale et le Conseil économique des colonies à la session qui doit se tenir du 1er Octobre au 30 Novembre de chaque année. A la clôture de la session, il présente au Ministre un rapport sur les travaux des deux conseils pour lui permettre d'apprécier quelles sont celles des questions déjà discutées qui doivent être soumises, en outre, à l'assemblée plénière du Conseil supérieur des colonies au mois de Février. Le Secrétariat général convoque alors, conformément aux instructions du Ministre, le Conseil supérieur en assemblée plénière.

Le Secrétariat général assure également, quand les circonstances l'exigent, les convocations du haut Conseil colonial.

Art. 5. — Dans l'intervalle des sessions, le Secrétariat général est saisi par les divers services du Ministère des affaires que le Ministre juge opportun de soumettre aux sections du Conseil supérieur. Il réunit la documentation destinée à en permettre la discussion et l'examen.

A toute époque, le Secrétariat général est saisi directement par le Ministre des questions concernant la composition du Conseil supérieur, la répartition de ses membres entre les trois Conseils qu'il comprend, ainsi que les opérations électorales à prévoir ou à sanctionner pour la désignation des délégués élus.

Art. 6. — Le Secrétariat général du Conseil supérieur des colonies comporte les emplois suivants :

Un Secrétaire général.
Un Secretaire général adjoint.
Une sténodactylographe.

Art. 7. — Les fonctionnaires composant le Secrétariat général du Conseil supérieur des colonies sont nommés par arrêté du Ministre des Colonies qui fixe également les allocations auxquelles chacun d'eux a droit.

Art. 8. — Le Secrétaire général a sous sa direction les secrétaires spéciaux à chacun des conseils et dont la désignation, ainsi que les attributions demeurent fixées par l'article 9 du décret du 28 Septembre 1920.

Art. 9. — Les dépenses de personnel et de matériel résultant du fonctionnement du Secrétariat général du Conseil supérieur des colonies sont supportées par les budgets généraux et locaux des colonies. Le Ministre fixe annuellement la quote-part à imputer à chaque budget, d'accord avec les Gouverneurs généraux et les Gouverneurs.

Un arrêté ministériel réglementera le fonctionnement du Secrétariat général au point de vue comptable.

PAGE 33. — **Conseil de Gouvernement.**
Ajouter à la liste: le Directeur des Postes et Télégraphes.

PRINCIPES

D'ADMINISTRATION GÉNÉRALE

DE

L'INDOCHINE

(5e ÉDITION)

TABLE DES MATIÈRES

D'APRÈS

LE PROGRAMME DE L'EXAMEN D'ADMINISTRATEUR-ADJOINT

DE 3e CLASSE

SUPPLÉMENT

SAIGON
IMPRIMERIE DE L'UNION
1926

Tirage 600 Exemplaires
Saigon Le 19 / 10 / 1962

www.ingramcontent.com/pod-product-compliance
Lightning Source LLC
Chambersburg PA
CBHW070612270326
41926CB00011B/1664

* 9 7 8 2 3 2 9 0 8 5 4 6 3 *